SUSANNE GRAF

# Verdachts- und ereignisunabhängige
# Personenkontrollen

D1720242

Schriften zum Öffentlichen Recht

Band 1016

# Verdachts- und ereignisunabhängige Personenkontrollen

## Polizeirechtliche und verfassungsrechtliche Aspekte der Schleierfahndung

Von

Susanne Graf

Duncker & Humblot · Berlin

Die Rechtswissenschaftliche Fakultät
der Albert-Ludwigs-Universität Freiburg
hat diese Arbeit im Jahre 2004
als Dissertation angenommen.

Bibliografische Information Der Deutschen Bibliothek

Die Deutsche Bibliothek verzeichnet diese Publikation in
der Deutschen Nationalbibliografie; detaillierte bibliografische
Daten sind im Internet über <http://dnb.ddb.de> abrufbar.

Fremddatenübernahme: Klaus-Dieter Voigt, Berlin
Druck: Berliner Buchdruckerei Union GmbH, Berlin
Printed in Germany

ISSN 0582-0200
ISBN 3-428-11822-7

Gedruckt auf alterungsbeständigem (säurefreiem) Papier
entsprechend ISO 9706 ⊖

Internet: http://www.duncker-humblot.de

# Vorwort

Die vorliegende Arbeit wurde im November 2004 von der Rechtswissenschaftlichen Fakultät der Albert-Ludwigs-Universität Freiburg im Breisgau als Dissertation angenommen. Literatur und Rechtsprechung konnten für die Druckfassung bis zum Mai 2005 berücksichtigt werden.

Mein herzlicher Dank gilt allen, die mich bei der Fertigstellung der Arbeit unterstützt haben. In erster Linie danke ich meinem Doktorvater, Herrn Prof. Dr. Thomas Würtenberger, der mir in jeder Phase der Arbeit durch die Bereitschaft zur Diskussion der Thematik wertvolle Hilfe leistete. Die hervorragenden Bedingungen an seinem Freiburger Lehrstuhl ermöglichten mir eine intensive Auseinandersetzung mit aktuellen Problemfeldern des Polizeirechts. Besonders danken möchte ich Herrn Prof. Dr. Andreas Voßkuhle für die zügige Erstellung des Zweitgutachtens. Herrn Prof. Dr. Dr. h.c. mult. Klaus Tiedemann danke ich herzlich für seine Unterstützung in meiner Zeit am Institut für Kriminologie und Wirtschaftsstrafrecht, das mir eine zweite Heimat wurde.

Für die finanzielle Unterstützung bin ich dem Bundesministerium des Inneren verbunden, das diese Arbeit durch die Gewährung eines großzügigen Druckkostenzuschusses unterstützt hat; für eine weitere finanzielle Förderung der Drucklegung durch die Stiftung der Landesbank Baden-Württemberg gilt es ebenso Dank zu sagen.

Ganz besonders danke ich schließlich meinem Freund Helmut sowie meinen Eltern, ohne deren vielfältigen Rückhalt diese Arbeit nicht möglich gewesen wäre.

Freiburg, im Mai 2005                                                  *Susanne Graf*

# Inhaltsverzeichnis

Kapitel 3

**Rechtliche Einordnung der Schleierfahndung**     56

Kapitel 4

**Abgrenzung der Schleierfahndung zu anderen
präventiv-polizeilichen Maßnahmen**     73

*Teil 2*

**Polizeirechtliche Aspekte der Schleierfahndung**        98

Kapitel 5

**Formelle und tatbestandliche Voraussetzungen der
Polizeirechtsmäßigkeit einer Schleierfahndung**        98

Kapitel 6

**Zulässige Maßnahmen im Rahmen einer Schleierfahndung** 131

## Kapitel 7

## Die Schleierfahndung in der polizeilichen Praxis

## Teil 3

## Verfassungs- und europarechtliche Aspekte der Schleierfahndung 215

## Kapitel 8

## Die Schleierfahndung auf dem Prüfstand
## der Landesverfassungsgerichte 215

Kapitel 9

**Die formelle Verfassungsmäßigkeit der Schleierfahndungsnormen** 218

Kapitel 10

**Materielle Verfassungsmäßigkeit der Schleierfahndungsnormen** 249

*Teil 4*

**Sonstige Aspekte der Schleierfahndung**

Kapitel 11

**Die Vereinbarkeit der Schleierfahndung mit dem SDÜ und mit der EMRK**

Kapitel 12

**Rechtsschutz gegen Schleierfahndungsmaßnahmen** 352

Kapitel 13

**Staatshaftungsrechtliche Folgen der Schleierfahndung** 362

*Teil 5*

**Zusammenfassung** 368

# Abkürzungsverzeichnis

| | |
|---|---|
| a. A. | anderer Ansicht |
| a. a. O. | am angegebenen Ort |
| AB | Ausführungsbestimmungen |
| abgedr. | abgedruckt |
| AbgHs | Abgeordnetenhaus |
| Abl. | Amtsblatt |
| Abs. | Absatz |
| AG | Amtsgericht/Aktiengesellschaft |
| ÄndG | Änderungsgesetz |
| a. F. | alte Fassung |
| Alt. | Alternative |
| Anm. | Anmerkung |
| AöR | Archiv für öffentliches Recht |
| Art. | Artikel |
| ASOG Bln | Allgemeines Gesetz zum Schutz der öffentlichen Sicherheit und Ordnung in Berlin |
| AsylVfG | Asylverfahrensgesetz |
| AufenthG | Gesetz über den Aufenthalt, die Erwerbstätigkeit und die Integration von Ausländern im Bundesgebiet |
| AufenthV | Aufenthaltsverordnung |
| Aufl. | Auflage |
| Az. | Aktenzeichen |
| BayDSG | Bayerisches Datenschutzgesetz |
| BayObLG | Bayerisches Oberstes Landesgericht |
| BayPAG | Gesetz über die Aufgaben und Befugnisse der Bayerischen Staatlichen Polizei |
| BayVBl. | Bayerische Verwaltungsblätter |
| BayVerf | Bayerische Verfassung |
| BayVerfGH | Bayerischer Verfassungsgerichtshof |
| BayVerfGHG | Bayerisches Verfassungsgerichtshofgesetz |
| BayVwVfG | Bayerisches Verwaltungsverfahrensgesetz |
| Bbg | Brandenburg |
| BbgPolG | Gesetz über die Aufgaben und Befugnisse der Polizei im Land Brandenburg |
| BbgVerf | Verfassung des Landes Brandenburg |
| Bd. | Band |

| | |
|---|---|
| BDSG | Bundesdatenschutzgesetz |
| BFStrG | Bundesfernstraßengesetz |
| BGB | Bürgerliches Gesetzbuch |
| BGBl. | Bundesgesetzblatt |
| BGH | Bundesgerichtshof |
| BGHSt | Entscheidungen des Bundesgerichtshofs in Strafsachen (zitiert nach Band und Seite) |
| BGHZ | Entscheidungen des Bundesgerichtshofs in Zivilsachen (zitiert nach Band und Seite) |
| BGS | Bundesgrenzschutz |
| BGSG | Gesetz über den Bundesgrenzschutz |
| BImSchG | Bundes-Immissionsschutzgesetz |
| BJagdG | Bundesjagdgesetz |
| BKAG | Gesetz über das Bundeskriminalamt |
| BMI | Bundesministerium des Inneren |
| BRAK-Mitt. | Mitteilungen der Bundesrechtsanwaltskammer |
| BR-Drs. | Drucksache des Deutschen Bundesrates (zitiert nach Wahlperiode und Nummer) |
| BremPolG | Bremisches Polizeigesetz |
| BT-Drs. | Drucksache des Deutschen Bundestages (zitiert nach Wahlperiode und Nummer) |
| BtMG | Gesetz über den Verkehr mit Betäubungsmitteln |
| BVerfG | Bundesverfassungsgericht |
| BVerfGE | Entscheidungen des Bundesverfassungsgerichts (zitiert nach Band und Seite) |
| BVerfGG | Gesetz über das Bundesverfassungsgericht |
| BVerwG | Bundesverwaltungsgericht |
| BVerwGE | Entscheidungen des Bundesverwaltungsgerichts (zitiert nach Band und Seite) |
| BW | Baden-Württemberg |
| BWVerf | Verfassung des Landes Baden-Württemberg |
| BWVP | Baden-Württembergische Verwaltungspraxis |
| bzw. | beziehungsweise |
| ca. | circa |
| CDU | Christlich Demokratische Union |
| CR | Computer und Recht |
| CSU | Christlich-Soziale Union |
| ders. | derselbe |
| d.h. | das heißt |
| dies. | dieselben |
| DÖV | Die Öffentliche Verwaltung |
| DPolBl | Deutsches Polizeiblatt |
| DRiZ | Deutsche Richterzeitung |

| | |
|---|---|
| Drs. | Drucksache |
| DuD | Datenschutz und Datensicherung |
| DVBl. | Deutsches Verwaltungsblatt |
| EG | Ergänzungslieferung |
| EGGVG | Einführungsgesetz zum Gerichtsverfassungsgesetz |
| EGMR | Europäischer Gerichtshof für Menschenrechte |
| EGStPO | Einführungsgesetz zur Strafprozeßordnung |
| EGV | Vertrag zur Gründung der Europäischen Gemeinschaft vom 25.3.1957 (BGBl. 1957 II, S. 766) i.d.F. der Akte zum Beitrittsvertrag vom 16.4.2003 (BGBl. 2003 II, S. 1410) |
| EMRK | Europäische Konvention zum Schutze der Menschenrechte und Grundfreiheiten vom 4.11.1950 (BGBl. 1952 II, S. 685, 953) i.d.F. des 11. Protokolls vom 11.5.1994 (BGBl. 1995 II, S. 579) |
| etc. | etcetera |
| EU | Europäische Union |
| EuGH | Gerichtshof der Europäischen Gemeinschaften |
| EuGRZ | Europäische Grundrechte-Zeitschrift |
| EUV | Vertrag über die Europäische Union vom 7.2.1992 (BGBl. 1992 II, S. 1253) i.d.F. der Akte zum Beitrittsvertrag vom 16.4.2003 (BGBl. 2003 II, S. 1410) |
| e.V. | eingetragener Verein |
| f./ff. | folgende/fortfolgende |
| FahrlG | Fahrlehrergesetz |
| FDP | Freie Demokratische Partei |
| FeV | Fahrerlaubnis-Verordnung |
| Fn. | Fußnote |
| FreizügG/EU | Gesetz über die allgemeine Freizügigkeit von Unionsbürgern |
| FS | Festschrift |
| GA | Goltdammer's Archiv für Strafrecht |
| GastStG | Gaststättengesetz |
| GBl. | Gesetzblatt |
| GewArch | Gewerbearchiv |
| GewO | Gewerbeordnung |
| GG | Grundgesetz für die Bundesrepublik Deutschland |
| GMBl. | Gemeinsames Ministerialblatt |
| GVBl. | Gesetz- und Verordnungsblatt |
| GVG | Gerichtsverfassungsgesetz |
| Hess | Hessischer |
| Hrsg. | Herausgeber |
| HSOG | Hessisches Gesetz über die öffentliche Sicherheit und Ordnung |
| i.d.F. | in der Fassung |
| i.S.d. | im Sinne des |
| i.S.v. | im Sinn von |

| | |
|---|---|
| iVm. | in Verbindung mit |
| JA | Juristische Arbeitsblätter |
| JR | Juristische Rundschau |
| Jura | Juristische Ausbildung |
| JuS | Juristische Schulung |
| JZ | Juristenzeitung |
| Kap. | Kapitel |
| Kfz | Kraftfahrzeug |
| kg | Kilogramm |
| KJ | Kritische Justiz |
| km | Kilometer |
| KMR | Kommentar zur Strafprozeßordnung |
| KritV | Kritische Vierteljahresschrift |
| LKA | Landeskriminalamt |
| LKÄ | Landeskriminalämter |
| LKV | Landes- und Kommunalverwaltung |
| Losebl. | Loseblatt |
| LT | Landtag |
| LT-Drs. | Landtagsdrucksache |
| LuftVG | Luftverkehrsgesetz |
| LVerfG | Landesverfassungsgericht |
| LVerfGH | Landesverfassungsgerichtshof |
| LVwVfG | Landesverwaltungsverfahrensgesetz |
| MBl. | Mitteilungsblatt |
| MEPolG | Musterentwurf Polizeigesetz |
| MV | Mecklenburg-Vorpommern |
| MVVerf | Verfassung des Landes Mecklenburg-Vorpommern |
| mwN. | mit weiteren Nachweisen |
| Nds. | Niedersachsen |
| NdsGVBl. | Niedersächsisches Gesetz- und Verordnungsblatt |
| NdsVBl. | Niedersächsische Verwaltungsblätter |
| NGefAG | Niedersächsisches Gefahrenabwehrgesetz |
| NJ | Neue Justiz |
| NJW | Neue Juristische Wochenschrift |
| NordÖR | Zeitschrift für öffentliches Recht in Norddeutschland |
| Nr. | Nummer |
| NRW | Nordrhein-Westfalen |
| NSOG | Sicherheits- und Ordnungsgesetz des Landes Niedersachsen |
| NStZ | Neue Zeitschrift für Strafrecht |
| NStZ-RR | Neue Zeitschrift für Strafrecht – Rechtsprechungsreport |
| NVwZ | Neue Zeitschrift für Verwaltungsrecht |
| NVwZ-RR | Neue Zeitschrift für Verwaltungsrecht – Rechtsprechungsreport |

| | |
|---|---|
| NWVBl. | Nordrhein-Westfälische Verwaltungsblätter |
| OBG | Ordnungsbehördengesetz |
| OLG | Oberlandesgericht |
| OVG | Oberverwaltungsgericht |
| OWiG | Gesetz über Ordnungswidrigkeiten |
| PaßG | Paßgesetz |
| PBefG | Personenbeförderungsgesetz |
| PdW | Prüfe dein Wissen |
| PersAuswG | Gesetz über Personalausweise |
| PG | Polizeigesetz von Tschechien |
| Pkw | Personenkraftwagen |
| PlPr. | Plenarprotokoll |
| PM | Pressemitteilung |
| POG | Polizeiorganisationsgesetz |
| PolDatVG HH | Gesetz über die Datenverarbeitung der Polizei in Hamburg |
| PolG | Polizeigesetz |
| PolG BW | Polizeigesetz des Landes Baden-Württemberg |
| PolG NRW | Polizeigesetz des Landes Nordrhein-Westfalen |
| PrOVG | Preußisches Oberverwaltungsgericht |
| RDV | Recht der Datenverarbeitung |
| Rdnr. | Randnummer |
| RiA | Recht im Amt |
| RPFischG | Fischereigesetz des Landes Rheinland-Pfalz |
| RPPOG | Polizei- und Ordnungsbehördengesetz in Rheinland-Pfalz |
| Rs. | Rechtssache |
| RuP | Recht und Politik |
| S. | Satz/Seite |
| SaarFischG | Fischereigesetz des Saarlandes |
| SaarPolG | Saarländisches Polizeigesetz |
| SaarVerf | Verfassung des Saarlandes |
| SachsAnhVerf | Verfassung des Landes Sachsen-Anhalt |
| Sächs | Sächsischer |
| SächsDSG | Sächsisches Datenschutzgesetz |
| SächsGVBl. | Sächsisches Gesetz- und Verordnungsblatt |
| SächsPolG | Polizeigesetz des Freistaates Sachsen |
| SächsVerf | Verfassung des Freistaates Sachsen |
| SDÜ | Übereinkommen zur Durchführung des Übereinkommens von Schengen vom 14. Juni 1985 zwischen den Regierungen der Staaten der Benelux-Wirtschaftsunion, der Bundesrepublik Deutschland und der französischen Republik betreffend den schrittweisen Abbau der Kontrollen an den gemeinsamen Grenzen vom 19.6. 1990 – Schengener Durchführungsübereinkommen – (BGBl. 1993 II, S. 1013) |

| | |
|---|---|
| SGB | Sozialgesetzbuch |
| SHLVwG | Allgemeines Verwaltungsgesetz für das Land Schleswig-Holstein |
| SIS | Schengener Informationssystem |
| Slg. | Sammlung der Rechtsprechung des EuGH und des EuG |
| sog. | sogenannte/sogenannter/sogenannten |
| SOG HH | Gesetz zum Schutz der öffentlichen Sicherheit und Ordnung in Hamburg |
| SOG LSA | Gesetz über die öffentliche Sicherheit und Ordnung des Landes Sachsen-Anhalt |
| SOG MV | Gesetz über die öffentliche Sicherheit und Ordnung in Mecklenburg-Vorpommern |
| SPD | Sozialdemokratische Partei Deutschlands |
| SPG | Polizeigesetz von Österreich |
| SprengG | Sprengstoffgesetz |
| SRÜ | Seerechtsübereinkommen der Vereinten Nationen vom 10.12.1982 (BGBl. 1994 II, S. 1799) |
| StGB | Strafgesetzbuch |
| StPO | Strafprozeßordnung |
| StV | Strafverteidiger |
| StVG | Straßenverkehrsgesetz |
| StVO | Straßenverkehrs-Ordnung |
| StVZO | Straßenverkehrs-Zulassungs-Ordnung |
| SZ | Süddeutsche Zeitung |
| taz | die tageszeitung |
| Thür | Thüringen |
| ThürFischG | Fischereigesetz des Landes Thüringen |
| ThürJagdG | Jagdgesetz des Landes Thüringen |
| ThürLPAuswG | Personalausweisgesetz des Landes Thüringen |
| ThürPAG | Thüringer Gesetz über die Aufgaben und Befugnisse der Polizei |
| ThürVBl. | Thüringer Verwaltungsblätter |
| ThürVerf | Verfassung des Landes Thüringen |
| u. a. | und andere/unter anderem |
| u. ä. | und ähnlichem |
| USA | United States of America |
| VBlBW | Verwaltungsblätter für Baden-Württemberg |
| VerfGHE | Entscheidungen des Verfassungsgerichtshofs |
| VersG | Versammlungsgesetz |
| VerwArch | Verwaltungsarchiv |
| vgl. | vergleiche |
| VollzBK | Vollzugsbekanntmachung |
| VR | Verwaltungsrundschau |
| VV | Verwaltungsvorschrift |

| | |
|---|---|
| VVDStRL | Veröffentlichungen der Vereinigung der Deutschen Staatsrechtslehrer |
| VwGO | Verwaltungsgerichtsordnung |
| VwVfG | Verwaltungsverfahrensgesetz |
| VwVG | Verwaltungsvollstreckungsgesetz |
| WaffG | Waffengesetz |
| WaStrG | Bundeswasserstraßengesetz |
| WRV | Weimarer Reichsverfassung |
| ZAR | Zeitschrift für Ausländerrecht und Ausländerpolitik |
| z. B. | zum Beispiel |
| ZFIS | Zeitschrift für Innere Sicherheit in Deutschland und Europa |
| ZG | Zeitschrift für Gesetzgebung |
| Ziff. | Ziffer |
| zit. | zitiert |
| ZollVG | Zollverwaltungsgesetz |
| ZRP | Zeitschrift für Rechtspolitik |
| ZStW | Zeitschrift für die gesamte Strafrechtswissenschaft |

# Einleitung

Die Polizei benötigt zur effektiven Verbrechensbekämpfung und Verbrechensvorsorge Informationen.[1] Die wichtigste Art der Erlangung von Informationen
ist die direkte Kommunikation mit dem Bürger. Werden die erforderlichen ge-
fahrenbezogenen Informationen vom Bürger nicht freiwillig mitgeteilt, sondern
erst nach polizeilicher „Aufforderung", stellt sich in rechtlicher Hinsicht zunächst die Frage, ob überhaupt eine Auskunftspflicht besteht. Wenn eine solche
bejaht werden kann, stellt sich weiter vor allem die Frage der Vereinbarkeit
einer Auskunftspflicht mit dem vom Bundesverfassungsgericht entwickelten
Recht auf informationelle Selbstbestimmung.[2] Dieses Recht steht – vereinfacht
ausgedrückt – in einem Spannungsfeld zwischen einerseits dem Gemeininter-
esse, daß die Polizeibehörden die zur Aufgabenwahrnehmung benötigten Auskünfte erhalten, und andererseits dem Individualinteresse des Bürgers, über die
Preisgabe von Informationen selbst zu entscheiden. Um diesem Spannungsver-
hältnis gerecht zu werden und mit dem Grundrecht auf informationelle Selbstbestimmung vereinbar zu sein, müssen die Normen, die die Informationsgewinnung durch die Polizei regeln, besonderen rechtlichen Anforderungen genügen.
Vor allem das verfassungsrechtlich geltende Gebot der Normklarheit und das
ebenfalls grundgesetzlich verankerte Verhältnismäßigkeitsprinzip sind dabei von
entscheidender Bedeutung.

Beginnend im Jahr 1994 haben der Bund und die meisten Bundesländer[3] für
den Bundesgrenzschutz beziehungsweise die Landespolizeien ein neuartiges
polizeirechtliches Instrumentarium zur Informationsgewinnung geschaffen, die
sogenannte Schleierfahndung. Diese polizeiliche Maßnahme ist Gegenstand der
vorliegenden Untersuchung. Die Arbeit geht zum einen der Frage nach, welche
polizeirechtlichen Bestimmungen in welcher Weise die Durchführung einer
Schleierfahndung gestatten und dem Bürger eine Auskunftspflicht auferlegen.
Zum anderen wird erörtert, ob die Schleierfahndung den besonderen rechtlichen

---

[1] Vgl. *Würtenberger*, Besonderes Verwaltungsrecht, Rdnr. 30 mwN.

[2] Zum Recht auf informationelle Selbstbestimmung siehe BVerfGE 65, 1 (41 ff.);
78, 77 (85); 80, 137 (167); 80, 367 (373); 84, 192 (195); 88, 87 (97); 89, 69 (82); 90,
263 (270); 92, 191 (197); 93, 181 (187); *Hoffmann-Riem*, AöR 123 (1998), 513 ff.

[3] Baden-Württemberg, Bayern, Berlin, Brandenburg, Hessen, Mecklenburg-Vorpommern, Niedersachsen, Rheinland-Pfalz, Saarland, Sachsen, Sachsen-Anhalt, Thüringen. In Berlin wurde die 1999 eingeführte Schleierfahndung im Jahr 2004 wieder
abgeschafft.

Anforderungen genügt, die an staatliche Maßnahmen der Informationsgewinnung zu stellen sind.

## I. Schleierfahndung –
## Begriff und rechtspolitischer Rahmen

### 1. Der Begriff der Schleierfahndung

Der Begriff der Schleierfahndung steht für die Kontrolle von Personen in bestimmten Bereichen des öffentlichen Straßenverkehrs, des Grenzgebiets und in
bestimmten öffentlichen Verkehrseinrichtungen, ohne daß konkrete Verdachtsmomente oder – je nach Norm – tatsächliche Anhaltspunkte für eine Gefahrensituation vorliegen. Es geht also um eine Maßnahme der Informationsgewinnung in der Form einer Identitätsfeststellung oder einer Befragung ohne
Vorliegen einer Gefahrensituation, kurz gesagt um verdachts- und ereignisunabhängige Personenkontrollen.

Die Bezeichnung für solche Kontrollmaßnahmen in der Literatur und in der
polizeilichen Praxis ist je nach Autor beziehungsweise Bundesland unterschiedlich. Es finden sich die Bezeichnungen „verdachts- und ereignisunabhängige
Maßnahme"[4], „lagebildabhängige Maßnahme"[5], „Maßnahme ohne konkrete Gefahr"[6] und „anlaßunabhängige Maßnahme"[7]. Der etwas saloppe Begriff der
„Schleierfahndung" ist gewissermaßen ein Oberbegriff; er hat den Vorteil, vorschnelle juristische Assoziationen, zu denen die soeben genannten Bezeichnungen verleiten, zu vermeiden. Daher wird im folgenden vornehmlich der Begriff
der Schleierfahndung verwendet.

Geprägt wurde der bildliche Begriff Schleierfahndung durch den früheren
Bundesinnenminister Manfred Kanther. Er soll deutlich machen, daß es nicht
um punktuelle, anlaßbezogene Maßnahmen geht, sondern gewissermaßen um
einen Schleier, ein dichtes Netz von Kontrollmöglichkeiten.[8]

---

[4] So die häufigste Bezeichnung, die daher auch in dieser Arbeit verwendet wird;
siehe nur *Lisken*, NVwZ 1998, 22 ff.; *Moser von Filseck*, BWVP 1996, 272 ff.;
*Schmid*, LKV 1998, 477 ff. Zum Teil wird auch „nur" von „verdachtsunabhängigen
Maßnahmen" gesprochen, so etwa *Heckmann*, FS Steinberger, S. 467 ff.; *Herrnkind*,
Institutioneller Rassismus, S. 99 ff.; *Kant*, Bürgerrechte & Polizei 2000, 29 ff.; *Kastner*,
VerwArch 92 (2001), 216 ff.; *Schnekenburger*, BayVBl. 2001, 129 ff.; *Soria*, NVwZ
1999, 270 ff.; *Spörl*, Die Polizei 1997, 217 ff.; *Walter*, ZFIS 1999, 237 ff. Wieder
andere sprechen von „Maßnahmen ohne Gefahrenverdacht" (*Möllers*, NVwZ 2000,
382 ff.), von „verdachtsloser Maßnahme" (*Borsdorff*, S. 87 ff.) oder allein von „ereignisunabhängiger Maßnahme" (*Roese*, ZFIS 1998, 13 ff.).

[5] *Baller/Eiffler/Tschisch*, § 18 Rdnr. 45; *Fehn*, Die Polizei 2001, 8 ff., 83 ff.,
114 ff.; *Martell*, NVwZ 2002, 1336 f.; *Schütte*, ZRP 2002, 393 ff. sowie – nur auf
Berlin bezogen – *Berg/Knape/Kiworr*, § 18 Teil 5 (S. 225).

[6] *Müller*, StV 1995, 602 ff.

[7] *Stephan*, DVBl. 1998, 81 ff.

## 2. Die Begründung der Notwendigkeit der Schleierfahndung

Die Möglichkeit einer ereignisunabhängigen Fahndung wurde in den letzten Jahren als Neuregelung in die meisten Polizeigesetze[9] und das BGSG eingefügt, um der gesetzgeberischen Aufgabe gerecht zu werden, das Polizeirecht ständig neuen und veränderten Gefahrenlagen anzupassen.[10] Die Notwendigkeit der Schleierfahndung als Mittel polizeilicher Erkenntnisgewinnung wurde vor allem mit dem Wegfall der allgemeinen Kontrollen an der deutschen Grenze durch das Schengener Durchführungsübereinkommen (SDÜ)[11] begründet, womit auch die für die grenzüberschreitende Kriminalitätsbekämpfung wichtige Filterfunktion der Grenze entfallen sei.[12] Ziel der Gesetzgeber bei der Einfüh-

---

[8] Vgl. nur *Lisken,* NVwZ 1998, 22; *Müller-Terpitz,* DÖV 1999, 329 ff. Siehe auch *Waechter,* DÖV 1999, 138 ff.: „ein Sicherheitsschleier über der Bundesrepublik Deutschland". Der Begriff der „Fahndung" ist allerdings bedenklich, da es nicht um eine repressive Maßnahme der Straftäterfahndung geht, sondern vielmehr um weitgehend anlaßlose Befragungen bzw. Identitätsfeststellungen. Zum Begriff der Schleierfahndung siehe auch *Krane,* S. 32 ff. Nach einer Ansicht ist der Begriff der Schleierfahndung nicht synonym mit den Personenkontrollen, die zur Kompensation der durch den Wegfall der Grenzkontrollen entstandenen Kriminalität durchgeführt werden, siehe 20. Tätigkeitsbericht des Bundesbeauftragten für den Datenschutz, S. 60, der von Kontrollen „... wie bei einer Schleierfahndung" spricht.

[9] Siehe oben Anm. 3. Lediglich Bremen, Hamburg, Nordrhein-Westfalen und Schleswig-Holstein sowie nunmehr auch Berlin haben keine gesetzlichen Regelungen speziell zur Schleierfahndung. In Hamburg liegt ein Gesetzentwurf zur Einführung lagebildabhängiger Kontrollen im öffentlichen Raum in § 4 II PolDatVG HH vor, siehe Senats-Drs. 18/1487 sowie Drs. 18/2288 (Stand Juni 2005).

[10] Zur Darstellung der Entwicklung siehe nur SächsVerfGH JZ 1996, 957 (960).

[11] Übereinkommen zur Durchführung des Übereinkommens von Schengen vom 14.6.1985 zwischen den Regierungen der Staaten der Benelux-Wirtschaftsunion, der Bundesrepublik Deutschland und der Französischen Republik betreffend den schrittweisen Abbau der Kontrollen an den gemeinsamen Grenzen vom 19.6.1990, BGBl. 1993 II, S. 1013 ff. Vertragsstaaten dieses Abkommens sind mittlerweile Belgien, Dänemark, Deutschland, Finnland, Frankreich, Griechenland, Island, Italien, Luxemburg, Niederlande, Norwegen, Österreich, Portugal, Schweden und Spanien. Im Jahr 2006 sollen die Länder Irland und Großbritannien, in 2007 die EU-Beitrittsstaaten das SDÜ in Kraft setzen.

[12] Vgl. *Götz,* Rdnr. 281; *Honnacker/Beinhofer,* Art. 13 Rdnr. 29; *Meixner/Martell,* § 14 Rdnr. 13; *Moser von Filseck,* Die Polizei 1997, 70; *Roese,* ZFIS 1998, 13; *Spörl,* Die Polizei 1997, 217; *Walter,* Die Polizei 1999, 33 (34); BT-Drs. 13/10790, S. 4 sowie die Begründungen der meisten Landesregierungen bei Einführung der Schleierfahndung, siehe für Baden-Württemberg LT-Drs. 12/52, S. 4; für Bayern LT-Drs. 13/36, S. 4; für Berlin Abgeordnetenhaus Drs. 13/3511, S. 1 f.; für Brandenburg LT-Drs. 2/6135, S. 5; für das Saarland PlPr. 12/11, S. 470 oder für Hessen LT-Drs. 15/848, S. 5. Hessen biete aufgrund seiner zentralen Lage mit dem Ballungszentrum Rhein-Main, einschließlich des Flughafens, in Verbindung mit einem dichten Autobahnnetz sowie gut ausgebauten Bundes- und Landesstraßen, mobilen Straftätern ideale Bewegungsspielräume mit relativ geringem Entdeckungsrisiko und günstigen Tatgelegenheitsstrukturen; siehe *Corts,* Die Polizei 2000, 199 (201). Kritisch hierzu *Busch,* KJ 1990, 1 (2), *Kolb,* NJ 2000, 570 f. und *Lisken,* NVwZ 1998, 22. Zur Rolle der Grenzkontrollen in der Kriminalitätsbekämpfung siehe *Kattau,* S. 160 f. sowie *Sturm,* Krimi-

rung der Schleierfahndung war es durchweg, die vorbeugende Bekämpfung von schweren Straftaten, insbesondere von Taten der Organisierten grenzüberschreitenden Kriminalität, zu verbessern. Mit der Schleierfahndung soll die Organisierte Kriminalität, die Waffen- und Betäubungsmittelkriminalität sowie die illegale Einreise und Einschleusung von Personen in das Gebiet der Bundesrepublik Deutschland wirksam bekämpft werden.[13]

Argumentiert wurde wie folgt: Der Wegfall der Grenzkontrollen durch das SDÜ begünstige die Entwicklung der grenzüberschreitenden Kriminalität. Die hochmobilen, international agierenden Kriminellen machten sich die neue Möglichkeit, ohne Grenzkontrollen im Schengen-Gebiet reisen zu können, zunutze und kämen so in den Genuß neuer Tatgelegenheiten und günstigerer Kriminalitätsstrukturen. Zudem sei Deutschland eines der Hauptziele einer starken Migrationsbewegung, die sich vor allem infolge der Verschlechterung der sozialen Situation in einigen südosteuropäischen Ländern und afrikanischen Staaten entwickelt habe.[14] Die Zahl von professionell arbeitenden Schlepperbanden, die illegale Einschleusungen durchführen, sei auf ein erhebliches Niveau angestiegen. Dem müsse durch die Einführung der Möglichkeit einer verdachts- und ereignisunabhängigen Personenkontrolle entgegengewirkt werden.[15] Es sollen

---

nalistik 1995, 162 (164 f.). *Kühne,* Kriminalitätsbekämpfung, S. 40 ff. und *Mahlmann,* LKV 2001, 102 (104) gehen davon aus, daß Grenzen zum Erhalt der „Inneren Sicherheit" einen nur geringen Beitrag leisten, eine präventive Wirkung von Grenzkontrollen nicht meßbar sei. Dagegen nehmen *Heesen/Hönle/Peilert,* § 2 Rdnr. 28 d an, daß mit jeder Reduzierung von Grenzkontrollen Sicherheitsdefizite einhergehen. Nach *Jansen,* VerwArch 90 (1999), S. 267 (269) ist es herrschende Meinung, daß Grenzen eine wichtige Filterfunktion haben. Auch *Storbeck,* zitiert nach *Peilert,* Die Polizei 1999, 65, geht davon aus, daß im Europa offener Grenzen auch Kriminelle die neue Freizügigkeit zum Aufbau eines europaweiten Aktionsraumes und Absatzmarktes nutzten. Für eine bundesweite Möglichkeit verdachtsunabhängiger Kontrollen durch den Bundesgrenzschutz der BGS-Verbandschef *Paul,* SZ vom 16.12.2003, S. 8.

[13] Siehe nur BT-Drs. 13/10790, S. 1 ff.; Presseinformation der Landesregierung Brandenburg vom 3.3.1999, abgedruckt in Die Polizei 1999, S. 186. Zu der Entwicklung der unerlaubten Einreise und Schleuserkriminalität samt Begleit- und Folgekriminalität siehe Bundesgrenzschutzjahresbericht 1996/97, S. 6 ff.; *Jansen,* VerwArch 90 (1999), S. 267 (268 f.); *Kepura,* Kriminalistik 2000, 27 ff.

[14] BT-Drs. 13/10790, S. 4, wo darauf hingewiesen wird, daß es einen überproportional hohen Anteil nichtdeutscher Tatverdächtiger an gravierenden Gewaltverbrechen sowie einen erheblichen Anstieg von Schleusungsfällen durch professionelle Schlepperbanden gebe. Siehe auch *Lehngut,* ZFIS 1998, 259 ff. und *Schwind,* ZRP 1999, 107. Nach *Walter,* Kriminalistik 1999, 290 ist der Druck der illegalen Migration auf die Grenzen unvermindert hoch. *Schürholz,* Kriminalistik 2000, 310 (312) sieht hierin eine der Hauptursachen für das Entstehen Organisierter Kriminalität. Auch in der Begründung für die Verlängerung der ursprünglich bis 31.12.2003 befristeten lagebildabhängigen Befragung nach dem BGSG wird darauf hingewiesen, daß Deutschland weiterhin zentrales Transit- und Zielland sei, BR-Drs. 721/03, S. 2.

[15] *Moser von Filseck,* BWVP 1996, 272; ähnlich *Ebert/Honnacker,* § 14 Rdnr. 8, die auf die besondere Mobilität der Straftäter hinweisen, die ein „Höchstmaß an Bewegungsfreiheit" genössen. So hat Bayern im Rahmen eines Pilotprojektes mobile Online-PCs extra für die Schleierfahndung der Polizei angeschafft. Das Projekt wurde

also die grenzüberschreitende Kriminalität und das mit ihr einhergehende Gewaltpotential eingedämmt und die illegale Migration sowie Verstöße gegen das Ausländerrecht eingegrenzt werden.[16] Ferner solle mit der Schleierfahndung eine allgemeine Abschreckungswirkung erzielt werden.[17]

Die Gesetzesbegründung von Niedersachsen hat als Hauptziel der Schleierfahndung die Zerstörung der Logistik der grenzüberschreitenden Kriminalität genannt.[18] Im Saarland wird als Ziel der Schleierfahndung die Erhöhung des Entdeckungsrisikos für Straftäter sowie das Gewinnen von Anhaltspunkten, die ein weiteres Einschreiten erforderlich machen, angesehen.[19] Das Land Thüringen hat in der Schleierfahndung eine unverzichtbare Voraussetzung für eine effizientere Bekämpfung insbesondere der Transitkriminalität und Organisierten Kriminalität gesehen.[20] Das Land Sachsen hat in seiner Gesetzesbegründung noch konkrete Ausführungen zu den möglichen zu bekämpfenden Übeln gemacht; sie reichten von Kfz-Verschiebung, Rauschgifthandel, „Schlepperunwesen" und Frauenhandel bis zu organisiertem Bandendiebstahl.[21] Bayern brachte im Gesetzgebungsverfahren vor, daß der Freistaat beziehungsweise Deutschland insgesamt durch die Abschaffung der Grenzkontrollen im Rahmen des Schengener Abkommens zum bevorzugten Ziel für Flüchtlinge und Kriminelle aus aller Welt werden könnte.[22] Bei dieser Begründung verwundert es allerdings, daß die Schleierfahndung in Bayern schon einige Jahre vor der Grenzöffnung eingeführt wurde.

Kurz gesagt läßt sich festhalten: Früher gaben die allgemeinen Grenzkontrollen eine hinreichende Möglichkeit zur Bekämpfung der transnationalen Kriminalität. Der Wegfall der Möglichkeit einer Kriminalitätsbekämpfung durch Grenzkontrollen aufgrund des SDÜ soll durch die Schleierfahndung kompensiert werden. Zudem wird die Schleierfahndung als ein geeignetes Instrument angesehen, die durch die fortschreitende Internationalisierung der Kriminalität neu entstandenen Sicherheitsdefizite zu beseitigen.[23] Die Schleierfahndung wird

---

„Laptop mit Datenfunkanbindung (KomPC)" genannt, mit dem Ziel der Optimierung mobiler Fahndung (Schleierfahndung) insbesondere zur Bekämpfung überregional agierender Tätergruppen; *Spörl,* Die Polizei 1997, 217 (219). Siehe hierzu auch *Maurer,* Bürgerrechte & Polizei 1998, 51 (55 f.).

[16] *Götz,* Rdnr. 281.

[17] Pressemitteilung des hessischen Ministeriums des Inneren vom 16.5.2000; *Roos,* § 10 Rdnr. 15.

[18] Vgl. Die Polizei 1998, 94.

[19] Saar LT PlPr. 12/11, S. 470.

[20] Thür LT-Drs. 3/2128, S. 1 f.; vgl. auch Die Polizei 1998, 97. So auch Sachsen-Anhalt, LT-Drs. 3/3023, S. 9.

[21] Vgl. *Rommelfanger/Rimmele,* § 19 Rdnr. 17. In LT-Drs. 2/7794, S. 14 wird angeführt, daß sich der Anteil international operierender Straftäter an der Gesamtkriminalität in den letzten Jahren deutlich erhöht habe.

[22] LT-Drs. 13/36, S. 4.

als unverzichtbare Voraussetzung für eine effiziente Bekämpfung der Organisierten Kriminalität erachtet.[24]

Dagegen argumentieren die Bundesländer, die die Schleierfahndung (noch) nicht eingeführt haben, eine solche Vorfeldmaßnahme sei trotz Zunahme der Organisierten Kriminalität nicht erforderlich. Die klassischen polizeilichen Instrumente wie die Identitätsfeststellung an gefährlichen oder gefährdeten Orten sowie die Möglichkeit der Einrichtung von Kontrollstellen seien ausreichend, um der Organisierten Kriminalität zu begegnen.[25] Der niedersächsische Innenminister Glogowski äußerte im Zusammenhang mit der Einführung der ersten, noch sehr restriktiven und nicht aufs Grenzgebiet bezogenen Möglichkeit der Schleierfahndung in Niedersachsen die Ansicht, verdachtsunabhängige Kontrollen im grenznahen Gebiet leisteten nur einen geringen Beitrag zur Bekämpfung der Organisierten Kriminalität, bedeuteten auf der anderen Seite aber einen nicht unerheblichen Grundrechtseingriff.[26]

Die Auffassungen über die Sinnhaftigkeit einer Schleierfahndung gehen also auseinander.[27] Ob Schleierfahndungsmaßnahmen tatsächlich geeignet und erforderlich sind, der grenzüberschreitenden Kriminalität entgegenzuwirken, soll im Lauf der folgenden Untersuchung aufgezeigt werden.

### 3. Die Schleierfahndung im Kontext von Innerer Sicherheit und Organisierter Kriminalität

Im Zusammenhang mit der Schleierfahndung werden immer wieder zwei Schlagworte gebraucht: Der Begriff der „Inneren Sicherheit" und der Begriff der „Organisierten Kriminalität". Die Schleierfahndung diene der „Inneren Sicherheit" und bezwecke die Bekämpfung der „Organisierten Kriminalität". Daher soll im Rahmen dieser Einleitung kurz erläutert werden, welche Inhalte sich hinter diesen Schlagwörtern verbergen.

---

[23] *Beinhofer,* BayVBl. 1995, 193; *Moser von Filseck,* Die Polizei 1997, 70.

[24] So der Innenminister Thüringens in einer Stellungnahme zur Effektivität der Schleierfahndung, abgedruckt in Die Polizei 1998, 97.

[25] Siehe nur die Pressemeldungen der Ministerien und der Staatskanzlei Schleswig-Holstein vom 27.3.1998 und 10.11.1999 und von Innenminister *Wienholtz,* Die Polizei 1998, 161 sowie LT-Drs. 14/476, S. 1 ff. Ebenso *Ziercke,* DuD 1998, 319 ff. In Bremen scheiterte die Einführung lagebildabhängiger Kontrollen an politischen Kompromißerwägungen, siehe *Göddeke,* Die Polizei 2002, 125 (126) und NVwZ 2002, 181 (182).

[26] Siehe LT-Drs. 14/38, S. 1.

[27] Exemplarisch hierfür *Walter,* Kriminalistik 2004, 668, der binnen weniger Monate in Brandenburg als Vertreter der Polizeipraxis zu zwei Anhörungsterminen des Landtages anläßlich der beabsichtigten Einführung der Schleierfahndung geladen war: als Ergebnis des ersten Termins wurde die Schleierfahndung als „verfassungswidrig und ungeeignet" dargestellt, im zweiten Termin als „unabdingbare Innovation zur Bekämpfung der grenzüberschreitenden Kriminalität" angesehen.

### a) Der Begriff der „Inneren Sicherheit"

Unter „Innerer Sicherheit" wird zunächst die Verpflichtung des Staates zum Schutz von Grundrechten der Bürger vor Verletzungen durch andere verstanden.[28] Die „Innere Sicherheit" umfaßt neben dem Schutz des einzelnen vor Verbrechen auch den Schutz des Staates und seiner Einrichtungen sowie der freiheitlichen demokratischen Grundordnung.[29] So wird über sie gesagt: „Innere Sicherheit gehört zu den Grundbedingungen einer friedlichen und freiheitlichen Gesellschaft. Erste Voraussetzung für die Gewährleistung Innerer Sicherheit ist die Bereitstellung eines rechtlichen Instrumentariums, welches unter Wahrung der Rechte des einzelnen eine effektive Kriminalitätsbekämpfung möglich macht."[30] Ein bedeutender Aspekt der Gewährleistung der Inneren Sicherheit ist die Gefahrenabwehr.[31] Der präventive Schutz des einzelnen und der Allgemeinheit vor Gefahren ist eine notwendige staatliche Aufgabe.[32] Mittel hierzu ist die ständige Bereitschaft aller Sicherheitsbehörden, bei Störungen die Normallage wiederherzustellen. Als Tendenz bei der Entwicklung von Maßnahmen zum Schutze der Inneren Sicherheit läßt sich in zunehmendem Maße eine vorbeugende und vorsorgende Bekämpfung von Straftaten ausmachen. Veraltet sei die bloße Reaktion auf bereits eingetretene Störungen, modern dagegen seien die aktiven Vorfeldoperationen zur Vermeidung von Störungen. Als weitere Tendenz läßt sich festhalten: „Innere Sicherheit" meint mittlerweile auch „äußere Sicherheit" – vor allem europaweite Sicherheit. Es kommt zu einer Stärkung der Inneren Sicherheit in Form eines umfassenden Schutzes vor unterschiedlichen Gefahren, Straftaten, extremistischen Bestrebungen und terroristischen Anschlägen, indem durch mehr sicherheitsbehördliche Befugnisse weniger Kriminalität und damit mehr Sicherheit erwartet wird. Zentrale Problematik ist hierbei nun das Spannungsfeld zwischen dem Sicherheitsbedürfnis der Bevölkerung und der Angst vor einem Überwachungsstaat.

Die Frage, inwieweit der staatliche Auftrag, „Innere Sicherheit" zu gewährleisten, die Einführung beziehungsweise Aufrechterhaltung verdachts- und ereignisunabhängiger Kontrollmaßnahmen gebietet oder jedenfalls zu legitimieren vermag, soll in den verfassungsrechtlichen Kapiteln dieser Arbeit (Kapitel 9 und 10) geklärt werden.

---

[28] *Kühne*, Kriminalitätsbekämpfung, S. 28 f.

[29] *Kniesel*, ZRP 1996, 482 (484); *Lange*, S. 235 (236); *Vahle*, VR 1989, 101. Siehe auch *Wielsch*, S. 27 f.

[30] *Nachbaur*, S. 7.

[31] *Pieroth/Schlink/Kniesel*, § 2 Rdnr. 1: Innere Sicherheit ist als „Dach- und Sammelbegriff" zu verstehen.

[32] *Drews/Wacke/Vogel/Martens*, S. 2; *Schoch*, Polizeirecht, Rdnr. 20; *Würtenberger*, Besonderes Verwaltungsrecht, Rdnr. 19.

*b) Der Begriff der „Organisierten Kriminalität"*

Mit der Schleierfahndung sollen nach dem Willen ihrer Befürworter in erster Linie Straftaten von erheblicher Bedeutung verhindert werden. Dagegen ist die Bekämpfung der „Alltagskriminalität" nicht Ziel und Zweck der Schleierfahndung. Diese steht vielmehr im direkten Zusammenhang mit der Bekämpfung der Organisierten Kriminalität.[33]

Die rechtliche Bedeutung des Begriffes „Organisierte Kriminalität" ist allerdings nicht vollständig geklärt. Eine gängige kriminologische Definition, die von einer Arbeitsgruppe aus Vertretern von Justiz und Polizei ausgearbeitet wurde, lautet: „Organisierte Kriminalität ist die von Gewinn- und Machtstreben bestimmte planmäßige Begehung von Straftaten, die einzeln oder in ihrer Gesamtheit von erheblicher Bedeutung sind, wenn mehr als zwei Beteiligte auf längere oder unbestimmte Dauer a) unter Verwendung gewerblicher oder geschäftsähnlicher Strukturen, b) unter Anwendung von Gewalt oder anderer zur Einschüchterung geeigneter Mittel oder c) unter dem Bemühen, auf Politik, Medien, öffentliche Verwaltung, Justiz oder Wirtschaft Einfluß zu nehmen, zusammenwirken."[34]

Als typische Erscheinungsformen Organisierter Kriminalität können Waffenhandel, Menschenhandel, Kfz-Diebstahl und Kfz-Verschiebung, Verstöße gegen das Asylverfahrensgesetz, illegale Einschleusung sowie Straftaten der Umwelt- und Rauschgiftkriminalität angesehen werden.[35] Viele dieser Delikte haben einen direkten oder indirekten Bezug zu Autobahnen, dem Grenzgebiet oder öffentlichen Einrichtungen.[36] Ein wesentlicher Teil der Organisierten Kriminalität gehört zu der sogenannten Kontrollkriminalität, bei der die Aufdeckung von Straftaten erheblich vom Umfang der durchgeführten Kontrollen und dem damit korrespondierenden Fahndungsdruck abhängt.[37]

## II. Ziel der Arbeit und Gang der Untersuchung

Die vorliegende Arbeit stellt das polizeiliche Instrument der Schleierfahndung vor und analysiert die polizeirechtlichen und verfassungsrechtlichen

---

[33] *Kastner,* VerwArch 92 (2001), 216 (244); *Seel,* LKV 1999, 430 (433).

[34] Zitiert nach *Bock,* Rdnr. 1078; siehe auch *Lampe,* Kriminalistik 2001, 465 ff.; umfassend *Kinzig,* S. 771 ff. sowie zur Logistik der „Organisierten Kriminalität" siehe *Sieber,* JZ 1995, 758 ff. Zu unterschiedlichen Bekämpfungsansätzen siehe *Hartmann,* Kriminalistik 2000, 642 ff. Ein aktueller Überblick findet sich auch im ersten periodischen Sicherheitsbericht des Bundesministeriums der Justiz sowie des Bundesministeriums des Inneren vom 11.7.2001, S. 234 ff. (249).

[35] *Maaßen,* ZFIS 1997, 134.

[36] *Seel,* LKV 1999, 430 (433).

[37] *Seel,* LKV 1999, 430 (433); Lagebild Organisierte Kriminalität 2002, S. 3.

Aspekte dieser neuartigen Maßnahme. Dabei geht es – wie schon eingangs erwähnt wurde – vor allem um die Beantwortung der Frage, ob die Schleierfahndung den besonderen rechtlichen Anforderungen genügt, die an Maßnahmen der
Informationsgewinnung zu stellen sind.

In einem *ersten Teil* der Untersuchung werden zum einen die normativen
Grundlagen der Schleierfahndung erörtert. Zum anderen wird eine rechtliche
Einordnung dieser polizeilichen Maßnahme in das System des Polizeirechts vorgenommen. Zunächst wird die Entstehungsgeschichte der auf Bundes- und Lan-
desebene in den letzten Jahren geschaffenen Rechtsgrundlagen für die Vornahme von verdachts- und ereignisunabhängigen Personenkontrollen skizziert.
Im Anschluß daran werden die verschiedenen Ermächtigungsgrundlagen vorgestellt und systematisiert. Dann wird dargestellt, welchen rechtlichen Charakter
solche Maßnahmen haben. Schließlich werden Maßnahmen der Schleierfahndung abgegrenzt von ähnlichen Formen polizeilichen Handelns.

Im *zweiten Teil* der Arbeit, der einen der beiden Schwerpunkte der Untersuchung darstellt, werden zunächst die formellen und tatbestandlichen Voraussetzungen für die Durchführung einer Schleierfahndung untersucht. Sodann wird
der Frage nachgegangen, welche konkreten Maßnahmen im Rahmen einer
Schleierfahndung ergriffen werden dürfen. Abgeschlossen wird dieser Teil mit
einem Blick auf die polizeiliche Praxis der Schleierfahndung.

Der *dritte Teil* der Arbeit beschäftigt sich mit den verfassungs- und europarechtlichen Aspekten der Schleierfahndung. In diesem zweiten Schwerpunkt der
Arbeit ist zum einen die Frage zu klären, ob die Schleierfahndung formell verfassungsgemäß ist, insbesondere, ob der Bund und die Länder die erforderlichen
Gesetzgebungskompetenzen für die Schaffung von Normen über die Schleierfahndung besitzen. Zum anderen ist der Frage der materiellen Verfassungsmäßigkeit der polizeirechtlichen Ermächtigungsgrundlagen nachzugehen. Dabei ist
vor allem zu klären, ob die Ermächtigungsgrundlagen mit dem Grundrecht auf
informationelle Selbstbestimmung vereinbar sind.

Sonstige Aspekte der Schleierfahndung werden in einem *vierten Teil* dargestellt. Hier werden die Normen zur Schleierfahndung auf ihre Vereinbarkeit mit
dem SDÜ hin überprüft. Weiterhin geht es um die Darstellung von Rechtsschutzmöglichkeiten sowie möglicher staatshaftungsrechtlicher Konsequenzen
aus der Inanspruchnahme einzelner Bürger im Rahmen einer Schleierfahndung.

Im abschließenden *fünften Teil* wird die verdachts- und ereignisunabhängige
Personenkontrolle einer zusammenfassenden Bewertung unterzogen.

## Teil 1

# Normative Grundlagen der Schleierfahndung und ihre rechtliche Einordnung

## Kapitel 1

## Entstehungsgeschichte der Normen über die Schleierfahndung

### I. Die allgemeine Tendenz zur Durchführung verdachtsunabhängiger Maßnahmen

Polizeirecht ist in erster Linie Gefahrenabwehrrecht; nur sekundär geht es um die Beseitigung bereits eingetretener Störungen. Die „klassischen" polizeirechtlichen Normen, die Eingriffsbefugnisse festlegen, knüpfen die Eingriffsbefugnis an das Vorliegen einer konkreten Gefahrensituation – neuerdings auch Eingriffsschwelle genannt[38] –, billigten den einzelnen Beamten allerdings schon immer eine gewisse Einschätzungsprärogative bei der Beurteilung zu, ob eine Gefahrensituation gegeben ist oder nicht (sogenanntes Entschließungsermessen). Ferner wird dem handelnden Beamten von diesen „klassischen Normen" ein Spielraum bei der Auswahl der zur Gefahrenabwehr zu ergreifenden Mittel eingeräumt (Auswahlermessen).[39] Die von dem Beamten getroffene Gefahrenprognose ist verwaltungsgerichtlich vollständig nachprüfbar, wohingegen die Entscheidung(en) im Rahmen des Ermessens des Beamten verwaltungsgerichtlich nur dahingehend überprüfbar sind, ob die gesetzlichen Grenzen des Ermessens eingehalten wurden und ob von dem Ermessen zu dem in der Ermächtigungsgrundlage vorgesehen Zweck Gebrauch gemacht wurde.[40]

Seit einiger Zeit läßt sich im Polizeirecht aber eine Abkehr von diesen – von den Verwaltungsgerichten relativ problemlos überprüfbaren – Tatbestandsvor-

---

[38] Siehe nur *Horn,* FS Schmitt Glaeser, S. 436 (453); *Trute,* Gedächtnisschrift Jeand'Heur, S. 403 (406 f.); *Zöller,* S. 22.

[39] Siehe hierzu *Drews/Wacke/Vogel/Martens,* S. 370 ff.; *Würtenberger/Heckmann/Riggert,* Rdnr. 494 ff.

[40] *Friauf,* Rdnr. 2, 32; *Schenke,* Besonderes Verwaltungsrecht, Rdnr. 28; *Würtenberger/Heckmann/Riggert,* Rdnr. 497. Siehe aus der Rechtsprechung bereits PrOVG 77, 333 (338); 106, 61 (63 f.).

aussetzungen beziehungsweise Rechtsfolgeregelungen in polizeilichen Ermächtigungsgrundlagen feststellen. Die gegenwärtige Tendenz im Polizeirecht geht dahin, vom Erfordernis einer bestimmten konkreten Gefahr für die Statthaftigkeit polizeilichen Einschreitens abzurücken.[41] Für diese Erweiterung beziehungsweise Neugestaltung der Befugnisse der Polizeien und sonstigen Sicherheitsbehörden in den letzten Jahren können einige Beispiele angeführt werden:

Erste Entwicklungstendenzen lassen sich im Vorentwurf zur Änderung des Musterentwurfs eines einheitlichen Polizeigesetzes des Bundes und der Länder[42] erkennen: Dieser sieht eine lediglich auf tatsächlichen Anhaltspunkten basierende Kontrollmöglichkeit an gefährlichen sowie an gefährdeten Orten vor (§ 9 II Nr. 2, 3 MEPolG). Dieser Vorschlag wurde von den meisten Bundesländern übernommen.[43] Bei diesen beiden Befugnissen wird keine konkrete Gefahrensituation als Voraussetzung für ein polizeiliches Einschreiten verlangt; vielmehr darf eine Kontrolle bereits bei Annahme einer abstrakten Gefahr vorgenommen werden.

Auch im Bereich repressiven staatlichen Handelns, also im Bereich der Strafverfolgung, ist eine Ausweitung von Eingriffsbefugnissen zu verzeichnen. 1992 erhielten die Strafverfolgungsbehören die Erlaubnis zur Rasterfahndung (§ 98a StPO) sowie zum Einsatz verdeckter Ermittler (§ 110a StPO) und technischer Mittel zur akustischen und visuellen Überwachung außerhalb von Wohnungen (§ 100c StPO).[44] Im Jahr 1998 wurde die Befugnis zur akustischen und visuellen Überwachung dann – in engen Grenzen – auch auf Wohnräume ausgedehnt (§ 100c I Nr. 3 StPO).[45] Nach § 111 StPO ist die Einrichtung einer Straßenkontrolle und nach § 163d StPO die Durchführung einer Schleppnetzfahndung zulässig, auch wenn kein konkret Beschuldigter betroffen ist; Eingriffsvorausset-

---

[41] So schon *Hoffmann-Riem*, JZ 1978, 335. Siehe auch *Behrendes*, S. 109 (111); *Bizer*, S. 9 ff.; *Götz*, NVwZ 1998, 679 (683 f.); *Harzer*, S. 85 (90 ff.); *Kugelmann*, DÖV 2003, 781 ff.; *Lisken*, NVwZ 1998, 22; *Martensen*, DVBl. 1996, 286; *Müller*, StV 1995, 602; *Schily*, RUP 1999, 1 (2); *Schmid*, LKV 1998, 477; *Schulze-Fielitz*, S. 407 ff.; *Stephan*, DVBl. 1998, 81; *Trute*, Die Verwaltung 32 (1999), 73 (76); *Waechter*, JZ 2002, 854 (855 ff.); kritisch zu dieser Entwicklungstendenz *Denninger*, Grundrechte-Report 1998, S. 216 (218).

[42] Vorgelegt von einem Unterausschuß der Innenministerkonferenz, Stand 12.3. 1986, abgedruckt im Anhang von *Knemeyer*, Polizeirecht. Siehe zum Musterentwurf sowie dem Vorentwurf *Kniesel*, ZRP 1987, 377; *Würtenberger/Heckmann/Riggert*, Rdnr. 20.

[43] Siehe zur Kontrollmöglichkeit an gefährlichen Orten die Regelungen in § 26 I 2 PolG BW; Art. 13 I 2 BayPAG; § 21 II 1 ASOG Bln; § 12 I 2 BbgPolG; § 11 I 2 BremPolG; § 4 I 2 PolDatVG HH; § 18 II 1 HSOG; § 29 I S. 2 Nr. 1 SOG MV; § 13 I 2 NSOG; § 12 I 2 PolG NRW; § 10 I S. 2 Nr. 1 RPPOG; § 9 I 2 SaarPolG; § 19 I S. 1 Nr. 2 SächsPolG; § 20 II S. 1 Nr. 1 SOG LSA; § 181 I S. 2 Nr. 1 SHLVwG; § 14 I 2 ThürPAG. Hamburg dagegen hat im Polizeigesetz keine vergleichbare Regelung (vgl. § 12 SOG HH). Hierzu *Möllers*, NVwZ 2000, 382 (383).

[44] Eingefügt durch Art. 3 G vom 15.7.1992 (BGBl. 1992 I, S. 1302).

[45] Eingefügt durch Art. 2 G vom 4.5.1998 (BGBl. 1998 I, S. 845).

zung ist eine gewisse Nähebeziehung zu einer begangenen oder vermuteten Straftat.

Seit 1997 hat das BKA eine umfassende Kompetenz zur Anlage sogenannter Vorsorgedateien, worunter Dateien verstanden werden, in denen Daten von Personen, die im Rahmen eines künftigen Strafverfahrens als Zeugen in Betracht kommen können oder die Opfer einer künftigen Straftat werden können, gespeichert werden (§ 8 IV BKAG).[46]

Im Sonderordnungsrecht finden sich weitere verdachtsunabhängige Maßnahmen wie zollrechtliche Kontrollen nach § 10 ZollVG, Luftsicherheitskontrollen nach § 29c LuftVG, Bargeldkontrollen nach § 12a Finanzverwaltungsgesetz, Kontrollen zur Bekämpfung des Leistungsmißbrauchs und der illegalen Ausländerbeschäftigung nach §§ 304, 305 SGB III oder Überprüfungen nach § 52 II BImSchG.[47]

Diese Reihe mit Beispielen ließe sich noch weiterführen, doch soll hier nur eine Tendenz in der gegenwärtigen Rechtspolitik verdeutlicht werden.

Hintergrund dieser Entwicklung ist zum einen eine gestiegene Kriminalitätsfurcht in der Bevölkerung,[48] zum anderen die Absicht des Gesetzgebers, mit einem modernen, neue technische Möglichkeiten nutzbar machenden Polizeirecht der Organisierten Kriminalität entgegenzutreten.[49]

Im Hinblick auf die aktuelle Entwicklungstendenz im Polizeirecht läßt sich mithin festhalten: Sowohl die Gefahrenvorsorge als auch die vorbeugende Verbrechensbekämpfung wurden und werden ausgebaut.[50] Die neuen Herausforderungen für die Sicherung des inneren Friedens aufgrund einer veränderten Gefährdung der Inneren Sicherheit durch Terrorismus und Organisierte Kriminalität[51] haben zu einer Erweiterung der polizeilichen Befugnisse geführt.[52] Gemäß

---

[46] Gesetz vom 7.7.1997 (BGBl. 1997 I, S. 1650).

[47] *Walter,* Kriminalistik 2004, 668 (669).

[48] *Kötter,* Der Staat 43 (2004), 371 ff.; *Kühne,* Kriminalitätsbekämpfung, S. 35 ff.; *Paeffgen/Schumer,* S. 9; *Pitschas,* Polizei- und Sicherheitsgewerbe, S. 23 ff.; *Volkmann,* NVwZ 1999, 225. In der Begründung zur Notwendigkeit der Einführung der Schleierfahndung wird in BT-Drs. 13/10790, S. 5 auf den „Verlust des Sicherheitsgefühls in der Bevölkerung" hingewiesen. Kritisch hierzu *Legnaro,* Kriminologisches Journal 1998, 262 (273 f.); *Sack,* S. 21 (36 ff.) und *Waechter,* DVBl. 1999, 809 (810). Allgemein zur Frage der Kriminalitätsfurcht in der Bevölkerung siehe *Büllesfeld,* S. 68 ff.

[49] *Albers,* S. 98; *Bizer,* S. 10; *Erichsen,* VVDStRL 35 (1977), 171 (177 ff.); *Hetzer,* ZRP 1999, 19 (23 f.); *Möstl,* Jura 2005, 48 (52); *Müller,* StV 1995, 602. *Trute,* Gedächtnisschrift Jeand'Heur, S. 403 bezeichnet daher Maßnahmen der Informationsvorsorge richtigerweise „nicht als grundsätzlich neue Aufgabenbestimmung und Aufgabenerweiterung der Polizei".

[50] So auch die Einschätzung von *Lintner,* ZFIS 1997, 131 (132); *Pieroth/Schlink/Kniesel,* § 1 Rdnr. 29 ff.; *Schoch,* Polizeirecht, Rdnr. 2; *Waechter,* JZ 2002, 854 ff.; *Würtenberger,* Besonderes Verwaltungsrecht, Rdnr. 29.

dem polizeilichen Vorsorgeprinzip ist es zu einer Vorverlagerung polizeilicher Aktivität gekommen, die gekoppelt ist mit einer Verminderung der Anforderungen an die Gefahrensituation und einer vermehrten Inanspruchnahme von sogenannten Nichtstörern.[53] Maßnahmen der Gefahrenabwehr werden bereits zu einem Zeitpunkt ergriffen, zu dem noch keine konkrete Gefahr, geschweige denn ein Verantwortlicher für eine Gefahr zu erkennen ist.

In den hier skizzierten Kontext sind auch die Maßnahmen der Schleierfahndung einzuordnen. Bevor nun aber auf die Entstehungsgeschichte der einzelnen Ermächtigungsgrundlagen für die Durchführung einer Schleierfahndung eingegangen wird, soll kurz das SDÜ dargestellt werden. Denn wie bereits erwähnt wurde, wird die Schleierfahndung in erster Linie mit dem Wegfall der Grenzkontrollen durch das SDÜ zu legitimieren versucht.

## II. Der Einfluß des Schengener Durchführungsübereinkommens

Getragen von dem gemeinsamen Ziel einer Vereinfachung beziehungsweise eines Abbaus der Grenzkontrollen im Personenverkehr und des Abbaus von Grenzhemmnissen im Güterverkehr zur Einführung eines europäischen Binnenmarktes formierte sich eine Gruppe von Ländern (Frankreich, Belgien, Niederlande, Luxemburg und Deutschland), die am 14.6.1985 in der luxemburgischen Grenzstadt Schengen das Schengener Abkommen unterzeichnete.[54] Diesem Abkommen sind zunächst Italien (1990), Portugal und Spanien (1991), Griechenland (1992) und Österreich (1995) beigetreten. Im Jahre 1996 haben sich dann

---

[51] *Albers,* S. 97 ff.; *Kniesel,* ZRP 1989, 329; *Lorenz,* JZ 1992, 1000 (1003); *Trute,* Gedächtnisschrift Jeand'Heur, S. 403 ff.; *Würtenberger/Heckmann/Riggert,* Rdnr. 36.

[52] *Götz,* NVwZ 1998, 679 (683 f.); *Schoch,* Polizeirecht, Rdnr. 6; *Trute,* Die Verwaltung 32 (1999), 73. Kritisch *Düx,* ZRP 2003, 189 f.

[53] *Gusy,* Rdnr. 10; *Hund,* ZRP 1991, 463; *Lorenz,* JZ 1992, 1000; *Möllers,* NVwZ 2000, 382 (385 ff.); *Schoch,* Polizeirecht, Rdnr. 13; *Trute,* Gedächtnisschrift Jeand'Heur, S. 403 ff.; *Würtenberger,* Besonderes Verwaltungsrecht, Rdnr. 30.

[54] Übereinkommen zwischen den Regierungen der Staaten der Benelux-Wirtschaftsunion, der Bundesrepublik Deutschland und der Französischen Republik betreffend den schrittweisen Abbau der Kontrollen an den gemeinsamen Grenzen vom 14. Juni 1985, GMBl. 1986, S. 79 ff. Einen europarechtlichen Vorläufer des Schengener Abkommens stellte Art. 7a EGV i.d.F. durch den Maastrichter Vertrag von 1992 dar. Der damalige Art. 7a EGV sah vor, daß bis Ende 1992 im Rahmen der Herstellung eines freien Warenverkehrs innerhalb der Europäischen Gemeinschaften auch der freie Binnenverkehr für Personen gewährleistet werden sollte. Art. 7a EGV wurde jedoch nicht in nationales Recht umgesetzt und nur als Absichtserklärung verstanden, so daß aus dieser Norm auch keine unmittelbaren Ansprüche für die EU-Bürger abgeleitet werden konnten; siehe *Achermann/Bieber/Epiney/Wehner,* S. 33 ff.; *Beinhofer,* BayVBl. 1995, 193; *Pieroth,* VerwArch 88 (1997), 568 (588); *Soria,* VerwArch 89 (1998), S. 400 (407 f.). Allgemein zur Entwicklung der Abschaffung der Grenzkontrollen siehe *Taschner,* Personenkontrollen, S. 11 ff.

noch die skandinavischen Staaten Dänemark, Finnland und Schweden als Länder der Europäischen Union (EU) 1996 dem Abkommen angeschlossen. Island und Norwegen, die nicht der EU angehören, allerdings mit den anderen skandinavischen Staaten mit der Nordischen Paßunion bereits ein einheitliches Kontrollsystem an ihren Grenzen durchführten, haben die Anbindung an die Schengen-Gemeinschaft durch Assoziation der Verträge im Jahre 1996 vollzogen. Damit haben sich alle EU-Staaten mit Ausnahme von Großbritannien und Irland sowie die Staaten der Nordischen Paßunion zur Zusammenarbeit in den nachfolgend näher beschriebenen Bereichen verpflichtet. Das Schengener Abkommen ist im Jahr 1993 in Kraft getreten.[55]

Mit dem Schengener Abkommen haben die Vertragsstaaten im Kern dreierlei vereinbart:

Erstens den Abbau der Grenzkontrollen an den gemeinsamen (Binnen-)Grenzen der Mitgliedstaaten, zweitens die Vereinheitlichung der Asylverfahren und drittens eine gemeinsame Visa- und Aufenthaltspolitik und eine verbesserte Zusammenarbeit der Polizeibehörden.[56] Für die vorliegende Arbeit kommt vor allem dem ersten und dem dritten Punkt Bedeutung zu, auf die deshalb noch etwas näher eingegangen werden soll.

Im Schengener Abkommen wurden die Einführung einfacher Sichtkontrollen im grenzüberschreitenden Personenverkehr (Art. 2–6) und Erleichterungen des grenzüberschreitenden Güterverkehrs (Art. 9–16) festgelegt. Nach Art. 7 sollen sich die Vertragsparteien um eine Angleichung der Sichtvermerkspolitik bemühen. Ferner wurde die entschiedene Bekämpfung des illegalen Handels mit Betäubungsmitteln und eine Koordination der staatlichen Aktionen in diesem Be-

---

[55] In Kraft getreten ist das Übereinkommen am 1.9.1993 (Bekanntgabe vom 20.4. 1994, BGBl. 1994 II, S. 631) für Belgien, Deutschland, Frankreich, Luxemburg und die Niederlande. Das Übereinkommen ist ferner für Portugal und Spanien am 1.3.1994 (Bekanntgabe vom 19.12.1995, BGBl. 1996 II, S. 242), für Italien am 1.7.1997, für Griechenland und Österreich am 1.12.1997 in Kraft getreten (Bekanntgabe vom 6.7. 1998, BGBl. 1998 II, S. 1968). Für alle nordischen Länder ist das Abkommen am 25.3.2001 in Kraft gesetzt worden (BGBl. 2002 II, S. 627). Auf der Regierungskonferenz von Amsterdam im Juni 1997 wurde beschlossen, den Besitzstand von Schengen in die sogenannte dritte Säule der Europäischen Union zu überführen, siehe Protokoll Nr. 2 zum EUV zur Einbeziehung des Schengen-Besitzstandes, Abl. Nr. C 340 vom 19.11.1997, S. 93. Dabei dürfen Großbritannien und Irland weiterhin frei entscheiden, ob bzw. inwieweit sie den Schengener Abkommen beitreten wollen, sog. „opting-in" Modell, siehe die Protokolle X, Z des Amsterdamer Vertragsentwurfs. Zum Schengen-Besitzstand siehe auch *Weiß*, in Streinz, Art. 61 EGV Rdnr. 24 ff.

[56] Zum Schengener Abkommen und dem SDÜ allgemein siehe *Achermann/Bieber/ Epiney/Wehner*, S. 21 ff.; *Aden*, S. 84 ff.; *Bieber*, NJW 1994, 294 ff.; *Brammertz*, S. 221 ff.; *Foerster*, S. 19 ff.; *Gleß/Lüke*, Jura 1998, 70 (72 ff.); *Harings*, S. 63 ff.; *Kattau*, S. 60 ff.; *Schreckenberger*, VerwArch 88 (1997), 389 ff.; *Sturm*, Kriminalistik 1995, 162 ff.; *Taschner*, Schengen, S. 34 ff.; *Würz*, Das Schengener Durchführungsübereinkommen, S. 1 ff.

reich vereinbart (Art. 8). Man einigte sich darüber hinaus auf eine Verbesserung der Zusammenarbeit zwischen den Zoll- und Polizeibehörden der Vertragsstaaten (Art. 9) und auf die Einführung eines Rechts auf grenzüberschreitende polizeiliche Nacheile (Art. 18).

Zunächst wurde das erste Ziel, der Abbau der Personenkontrollen an den Binnengrenzen, zumindest teilweise umgesetzt.[57] Bürger der Schengen-Staaten und Ausländer, die sich in diesem Bereich aufhalten, durften die Binnengrenzen an jeder Stelle kontrollfrei überschreiten.[58] Allein Stichproben mit eingehenderen Kontrollen sollen die Sicherheit in den Ländern garantieren und die Ein- und Ausfuhr von Drogen und Sonstigem verhindern.[59]

Als Ausgleich für diese Freiheit im Reiseverkehr wurde es für nötig erachtet, sogenannte Kompensationsmaßnahmen zu gestatten, worunter man Maßnahmen und Einrichtungen zum Ausgleich des Wegfalls der Grenzkontrollen, wie zum Beispiel die Einführung der polizeilichen Nacheile oder das Schengener Informationssystem versteht.[60]

Der dritte Punkt der Vereinbarungen betrifft die Verbesserung der Zusammenarbeit der Polizeibehörden der Schengen-Staaten bei der Strafverfolgung, der Gefahrenabwehr und der Abwehr von illegaler Zuwanderung und Organisierter Kriminalität.[61]

---

[57] Der ursprünglich vorgesehene vollständige Abbau der Binnengrenzkontrollen bis zum 1.1.1990 wurde 1989 wegen ungelöster Sicherheitsfragen zunächst verschoben; siehe *Kühne,* Kriminalitätsbekämpfung, S. 9.

[58] Siehe Artikel 2 des Schengener Abkommens (siehe Anm. 54).

[59] *Kühne,* Kriminalitätsbekämpfung, S. 10. Zu den Verwaltungsvorschriften der Länder, die ein Stichprobenverfahren regeln, siehe *Augstein,* NVwZ 2001, 655 ff.

[60] Obwohl Frankreich zu den Gründerstaaten der Schengen-Idee zählt, bestanden die Franzosen bis September 1996 auf einer generellen Ausweiskontrolle an der Grenze zu Deutschland. Auch zwischenzeitlich gab es umfassende Kontrollen an den französischen Grenzen, beispielsweise im Zusammenhang mit den im November 1996 verübten terroristischen Anschlägen in Paris; diese Kontrollen wurden gestützt auf die Ausnahmeregel des Art. 2 II SDÜ. Nach diesen Anschlägen hat die französische Regierung einen Antiterrorplan („Vigipirate") verabschiedet und erneut Ausreisekontrollen an den Außengrenzen durchgeführt. An den Grenzen zu Belgien und Luxemburg finden noch heute regelmäßig Personenkontrollen statt. Die französische Regierung begründet dieses Vorgehen mit den Defiziten der betreffenden Nachbarländer im Bereich des Betäubungsmittelrechts, siehe BT-Drs. 13/2844, S. 1 sowie BT-Drs. 13/3371, S. 1 und *Heesen/Hönle/Peilert,* § 23 Rdnr. 11 mit Fn. 37.

[61] Vorreiter der grenzüberschreitenden Zusammenarbeit in Europa waren auch schon vor Umsetzung des Schengener Abkommens die Beneluxstaaten; siehe *Brammertz,* S. 257 ff. Die niedersächsische Polizei und die Polizei der Niederlande nutzen entlang der gemeinsamen Grenze beider Länder ein grenzüberschreitendes Sprechfunksystem für Grenzbereichsfahndungen. Dieses Konzept, das KTS (Korte Termijn Schengen, wörtliche Übersetzung: Kurzfristige Anleihe Schengen), soll, wenn es nach dem Willen der zuständigen Behörden geht, an allen Binnengrenzen, die an die Bundesrepublik grenzen, eingeführt werden. Durch Abkommen im Rahmen der Schengen-Vereinbarungen ist es unter anderem auch möglich geworden, Aktionen der Polizei-

Die allgemein gehaltenen Bestimmungen des Schengener Abkommens wurden jedoch von den Staaten in erster Linie als bloße Absichtserklärungen verstanden und reichten nicht aus, die Zusammenarbeit wesentlich zu fördern. Zur Verbesserung der Sicherheitssituation in den Schengen-Staaten und um die Freizügigkeit im Raum dieser europäischen Staaten aufrecht halten beziehungsweise tatsächlich verwirklichen zu können, haben die Vertragsstaaten daher am 19. Juni 1990 in Ergänzung des Schengener Abkommens das Schengener Durchführungsübereinkommen (SDÜ) geschlossen.[62] Dieses sieht ein Bündel von Maßnahmen zur Bekämpfung der zunehmenden Organisierten Kriminalität vor. Bundesinnenminister Manfred Kanther bemerkte dazu, daß die Freizügigkeit in Europa nicht „freie Fahrt für Straftäter bedeuten" dürfe.[63] Das SDÜ ist von elementarer Bedeutung für die Umsetzung des Schengener Abkommens im Hinblick auf das Ziel des Abbaus der Grenzkontrollen.

Das SDÜ stellt einen völkerrechtlichen Vertrag im Sinn des Art. 59 I 2 GG dar[64] und ist damit seit seiner Inkraftsetzung[65] in Deutschland unmittelbar geltendes Recht.

Zentraler Regelungsgegenstand des SDÜ ist die Verpflichtung der Mitgliedsstaaten zu konkreten Ausgleichsmaßnahmen für den Abbau der Grenzkontrollen. Mit Inkrafttreten des SDÜ sind die jeweiligen Grenzkontrollen – auch wenn sie nur noch stichprobenweise durchgeführt wurden – vollständig entfallen. Wurden die Schengen-Außengrenzen erst einmal überschritten, steht ein einheitlich zugänglicher Raum ohne weitere Grenzkontrollen offen. Die jeweiligen Staatsgrenzen dürfen dann an jeder Stelle, nicht nur an zugelassenen Grenzübergangsstellen kontrollfrei passiert werden. Ebenso sind Kontrollen für den Seeverkehr und Binnenflüge nicht mehr zulässig.[66] Es wurde jedoch befürchtet, daß dieser

---

und Grenzschutzbehörden über die Staatsgrenzen hinweg auszudehnen, siehe nur die Vereinbarung vom 17.4.1996 zwischen dem Bundesministerium des Inneren der Bundesrepublik Deutschland und dem Justizminister der Niederlande über die polizeiliche Zusammenarbeit im Grenzgebiet zwischen der Bundesrepublik Deutschland und den Niederlanden; *Brammertz*, S. 264 ff.

[62] Übereinkommen zur Durchführung des Übereinkommens von Schengen vom 14.6.1985 zwischen den Regierungen der Staaten der Benelux-Wirtschaftsunion, der Bundesrepublik Deutschland und der Französischen Republik betreffend den schrittweisen Abbau der Kontrollen an den gemeinsamen Grenzen vom 19.6.1990, BGBl. 1993 II, S. 1013 ff. Siehe auch Anm. 11, 55. Das SDÜ ist als Modell für europarechtliche Regelungen angesehen worden, siehe BT-Drs. 12/2453, S. 91; *Bieber*, NJW 1994, 294 (295); *Pitschas*, ZRP 1993, 174 (175).

[63] Vgl. *Hanf*, S. 6.

[64] *Di Fabio*, DÖV 1997, 89 (92); *Dörr*, DÖV 1993, 696 (698 f.); *Soria*, VerwArch 89 (1998), S. 400 (408).

[65] Vgl. Anm. 55.

[66] *Heesen/Hönle/Peilert*, § 2 Rdnr. 30.

Wegfall der allgemeinen Grenzkontrollen die Entwicklung der grenzüberschreitenden Kriminalität und international agierende Kriminelle begünstige.

Im Rahmen der Vereinbarungen zur polizeilichen Zusammenarbeit im Schengen-Raum wurde ein Katalog von Maßnahmen und Möglichkeiten verabschiedet, der einerseits die Lage an den Binnengrenzen, andererseits die Lage an den Außengrenzen betrifft. Zu den festgelegten Maßnahmen zählen unter anderem der Ausbau der Sicherungsanlagen und eine strikte Personenkontrolle an den Außengrenzen, die Begrenzung der Zahl der Einreisenden durch eine rigorose Visavergabepraxis und eine enge, grenzüberschreitende polizeiliche Zusammenarbeit, vor allem im Rahmen von Europol.[67]

Zur Gewährleistung der Inneren Sicherheit ist im SDÜ ferner die grenzüberschreitende polizeiliche Nacheile und Observation vorgesehen. Als besondere Ausgleichsmaßnahme ist die Schaffung des Schengener Informationssystems (SIS) anzusehen; dabei handelt es sich um eine Art gemeinsame Fahndungskartei, in der Daten über gesuchte Personen und Sachen gespeichert werden.[68]

Im Rahmen der vorliegenden Untersuchung sind vor allem die Regelungen des SDÜ zur Abschaffung der Grenzkontrollen an den Binnengrenzen sowie die vom SDÜ hierfür vorgesehenen Kompensationsmaßnahmen von Interesse.

Was unter Binnengrenzen zu verstehen ist, definiert Art. 1 des SDÜ: Als Binnengrenzen werden bezeichnet: die gemeinsamen Landesgrenzen der Vertragsparteien, Flughäfen für Flüge innerhalb des Schengen-Gebietes sowie Seehäfen mit regelmäßigen Fährverbindungen ausschließlich von und nach dem Gebiet der Vertragsstaaten. Außengrenzen sind demnach alle Land- und Seegrenzen sowie Flug- und Seehäfen der Vertragsstaaten, die nicht Binnengrenzen sind. Grenzkontrolle meint eine an den Grenzen vorgenommene Kontrolle, die unabhängig von irgendeinem anderen Anlaß ausschließlich aufgrund des beabsichtigten Grenzübertritts durchgeführt wird.

Nach Art. 2 I SDÜ dürfen die Binnengrenzen an jeder Stelle überschritten werden, ohne daß eine Personenkontrolle vorgenommen wird. Art. 2 II SDÜ regelt, daß eine Vertragspartei nach Konsultation der anderen Vertragsparteien beschließen kann, für einen begrenzten Zeitraum an den Binnengrenzen den Umständen entsprechende nationale Grenzkontrollen durchzuführen, wenn die öffentliche Ordnung oder die nationale Sicherheit dies ausnahmsweise erfordern. Nach Art. 2 III SDÜ bleibt aber im übrigen die Ausübung der Polizeibefugnisse durch die nach Maßgabe des nationalen Rechts zuständigen Behörden

---

[67] Europol ist eine EU-Institution mit Sitz in Den Haag, die es den Polizeibehörden der Mitgliedstaaten der EU unter anderem ermöglicht, schnell und unkompliziert Ermittlungsdaten über Personen auszutauschen, siehe *Kremer*, S. 153 ff.; *Petri*, S. 31 ff.; *Tolmein*, StV 1999, 108 ff.; *Voß*, S. 123 ff.

[68] *Götz*, Rdnr. 492.

einer Vertragspartei von der Abschaffung der Personenkontrollen an den Binnengrenzen unberührt.

Kehrseite der Medaille der Abschaffung der Binnengrenzkontrollen ist die – als Kompensationsmaßnahme gedachte – verstärkte Kontrolle an den Schengen-Außengrenzen (besonders an den Ostgrenzen). An den deutschen Ostgrenzen hat der Bundesgrenzschutz in den letzten Jahren beispielsweise sowohl die Anzahl seines Personals als auch die technische Ausrüstung der Beamten signifikant erhöht. Deutschland hat an der insgesamt 1.264 Kilometer langen Schengen-Außengrenze zu Polen und der Tschechischen Republik mit einem massiven Aufgebot an Bundesgrenzschutz, Polizei und Zoll die „höchste Polizeidichte an einer europäischen Grenze" aufzubieten.[69] Nach Angaben des Bundesministeriums des Inneren kamen während der ersten neun Monate der Anwendung der Schengen-Bestimmungen 23.779 von insgesamt 29.604 rechtswidrig in die Bundesrepublik eingereiste Drittausländer über die deutschen Ostgrenzen.[70]

Die verdachts- und ereignisunabhängigen Personenkontrollen, die Gegenstand der vorliegenden Untersuchung sind, sollen als eine weitere Kompensationsmaßnahme die durch den Wegfall der Binnengrenzkontrollen entstandenen Kontrolldefizite beseitigen und zur Bekämpfung der neu entstandenen Kriminalität beitragen.

Der ehemalige Bundesinnenminister Wolfgang Schäuble (CDU) sagte im Hinblick auf die Einführung der Kompensationsmaßnahmen:

„(…) Grenzkontrollen stellen bisher für die Menschen eine psychologische Barriere dar, die ihnen ein Gefühl der Sicherheit verleiht, wenn dieses Gefühl auch zum Teil trügerisch ist. Dies gilt es für die zukünftige Sicherheitspolitik nutzbar zu machen: Wer Grenzen abbaut, der muß Ersatz schaffen, einen Ersatz, für den schon lange die sachliche Notwendigkeit besteht. Doch nun kommt der psychologische Druck dazu."[71]

## III. Die Einführung von Normen über Schleierfahndung in Bund und Ländern

Die heute in Bund und Ländern im BGSG und in den jeweiligen Polizeigesetzen zu findenden Regeln über die Schleierfahndung wurden in den Jahren

---

[69] *Hanf,* S. 6. Technisch ausgerüstet sind diese „Hüter des Schengen-Raums" mit Nachtsichtgeräten, Wärmesensoren, Spürhunden, Röntgengeräten und modernster Computertechnik zur Personenkontrolle mit Online-Zugang zum Schengener-Informations-System (SIS).

[70] Jahresbericht Schengen 1996, S. 11.

[71] *Schäuble,* Innere Sicherheit 1989, 10 (11).

1994 bis 2004 geschaffen.[72] Auch andere europäische Staaten verfügen über vergleichbare polizeiliche Befugnisse.[73]

---

[72] Zur historischen Entwicklung der Schleierfahndung siehe auch *Scholzen,* DPolBl 2004, 2 ff.

[73] In Frankreich sind gemäß Art. 78-2 III, IV Code de Procédure Pénale verdachts-unabhängige Personenkontrollen – also Schleierfahndungsmaßnahmen – in einem 20-km-Streifen zur Grenze sowie in öffentlichen Häfen, Flughäfen, Bahnhöfen und Bus-bahnhöfen zulässig. Geschaffen wurde diese Befugnis 1981 im Zuge der Einführung von Maßnahmen zur Terrorismusbekämpfung, siehe *Herrnkind,* KJ 2000, 188 (200). Die französische Regelung kann somit als erste Schleierfahndungsregelung Europas bezeichnet werden.

In Österreich gibt es neben der „normalen" Befragung und Identitätsfeststellung nach §§ 34, 35 SPG (*Wiederin,* Rdnr. 440 ff.) ein der Schleierfahndung vergleichbares Instrument, bei seiner Einführung „seidener Vorhang" genannt (siehe <www.ooe.gv.at/uooe/uooe1997/05/05.htm>, zuletzt aufgerufen am 30.5.2005), das Kontrollen in ei-nem Grenzstreifen ermöglicht (siehe stenographisches Protokoll der 623. Sitzung des Bundesrates der Republik Österreich vom 13. März 1997, <www.parlinkom.gv.at/pls/portal/docs/page/PG/DE/BR/BRSITZ/BRSITZ_00623/FNAMEORIG_000000.HTML# Seite_007.html>, zuletzt aufgerufen am 30.5.2005). Nach Aussage des österreichi-schen Bundesministers für Inneres Karl Schlögl, Stenographische Protokoll der 645. Sitzung des Bundesrates der Republik Österreich vom 22.10.1998, 941/M-BR/98, hat sich die Schleierfahndung in Österreich sehr bewährt. Sie habe dazu beigetragen, daß kein Sicherheitsrisiko entstanden sei.

In England wird die Befugnis zu Verkehrskontrollstellen – sogenannten „Road Checks" – mittels Straßensperren zu präventiven Zwecken (Verhinderung einer bevor-stehenden Störung der öffentlichen Friedens) aus der Generalklausel („Preventing a Breach of the Peace") abgeleitet, siehe *Heckenberger,* S. 92. Erforderlich ist aber ein unmittelbar räumlicher und zeitlicher Zusammenhang mit der bevorstehenden Störung. § 60 des Criminal Justice and Public Order Act 1994 berechtigt zum Anhalten und Durchsuchen von Personen zur Verhinderung gewalttätiger Ereignisse zu präventiven Zwecken, siehe *Heckenberger,* S. 109. Voraussetzung ist hierbei nur, daß ein Polizei-beamter Gründe dafür hat, daß sich an einem bestimmten Ort Vorfälle in Verbindung mit schwerer Gewaltanwendung zutragen könnten, nicht jedoch, daß gegen den Be-troffenen selbst Verdachtsmomente vorliegen. Diese Maßnahme ist im Hinblick auf die tatbestandlichen Voraussetzungen, nicht jedoch hinsichtlich der zulässigen Rechts-folgen, mit der Schleierfahndung vergleichbar, ähnelt jedoch eher einer Razzia bezie-hungsweise Einrichtung einer Kontrollstelle, siehe *Heckenberger,* S. 114, 118; *Herrn-kind,* KJ 2000, 188 (200).

In Italien darf zwar im gesamten Staatsgebiet kontrolliert werden, allerdings nur mittels Personenkontrollen ohne Durchsuchungsbefugnis, siehe *Seebode* in der öffent-lichen Anhörung von Sachverständigen zu dem Entwurf eines ersten Gesetzes zur Än-derung des BGSG, Protokoll der 87. Sitzung des Innenausschusses des Deutschen Bundestages am 15.6.1998, S. 109.

In den Niederlanden und Spanien (Art. 20 I Ley Orgánica 1/1992 sobre protección de la seguridad ciudadana) gibt es die Befugnis, im Landesinneren zur Bekämpfung unerlaubter Einreisen oder Einwanderungen ohne konkreten Anlaß zu kontrollieren, so *Heesen/Hönle/Peilert,* § 22 Rdnr. 9; *Müller-Terpitz,* DÖV 1999, 329 (334); *Soria,* NVwZ 1999, 270, (271).

In Tschechien ist gemäß § 13 II d PG eine ereignisunabhängige präventive Identi-tätsfeststellung in der Nähe der Staatsgrenze zulässig, siehe *Heid,* S. 118.

In der Schweiz werden derzeit Überlegungen, eine der Schleierfahndung entspre-chende Maßnahme einzuführen, angestellt. Auf Anfrage von der Abgeordneten *Bühl-mann* vom 22.03.2001 an den Nationalrat antwortete der Bundesrat am 30.05.2001,

Zunächst hatte das Land Niedersachsen 1994 eine relativ begrenzte Ermächtigung zur Vornahme verdachts- und ereignisunabhängiger Maßnahmen in sein Polizeigesetz aufgenommen, die eine anlaßunabhängige Kontrolle von Verkehrsteilnehmern zur Bekämpfung von Kfz-Verschiebungen ermöglichte.[74] Die Norm sah die Möglichkeit einer Kontrolle jedes Verkehrsteilnehmers vor, wenn eine solche Maßnahme erforderlich war, um zu verhindern, daß durch Straftaten erlangte Sachen von nicht unerheblichem Vermögenswert ins Ausland gebracht werden.

Die erste Regelung mit recht umfassenden Eingriffsbefugnissen, die den Namen Schleierfahndung verdient, wurde in Bayern geschaffen.[75] Bayern ließ ursprünglich mit Art. 13 I 5 a.F. BayPAG Personenkontrollen im Zollgrenzbezirk (ein Streifen 15 km entlang der Grenze) und in Flugplatzbereichen zur Verhütung und Unterbindung der unerlaubten Überschreitung der Landesgrenzen zu.[76] Mit dem Beitritt Österreichs zur Europäischen Union zum 1.1.1995 entfiel jedoch die Zollgrenze. Statt der Zollgrenzbezirkskontrolle wurde 1994 die Schleierfahndung geschaffen. Als Grund für die Zulassung einer Schleierfahndung führte Bayern die Befürchtung an, aufgrund der Abschaffung der Grenzkontrollen im Rahmen des Schengener Abkommens zum bevorzugten Ziel für Flüchtlinge und Kriminelle aus aller Welt werden zu können.[77]

Mit ähnlicher Argumentation schufen 1996 Baden-Württemberg[78] und 1997 Thüringen[79] Schleierfahndungsnormen in ihren Polizeigesetzen. In Thüringen konnten allerdings schon seit 1992 gemäß § 14 I 5 ThürPAG[80] Kontrollen in

---

daß die Einführung der Schleierfahndung in Form von rückwärtigen Kontrollen im Grenzraum derzeit noch Gegenstand interner Abklärungen sei, siehe <www.parlament. ch/afs/data/d/gesch/2001/d_gesch_20013142.htm>, zuletzt aufgerufen am 30.5.2005. Die (normale) Identitätsfeststellung in Art. 36 des PolG lässt keine Identitätskontrollen ohne besonderen Anlaß oder Kontrollen „aufgrund von Vorurteilen oder der bloßen Neugier der Polizeibeamten" zu, siehe *Reinhard*, S. 233 sowie „Vortrag der Polizeidirektion des Kantons Bern an den Regierungsrat zuhanden des Großen Rates betreffend das Polizeigesetz (PolG)", abgedruckt bei *Reinhard*, Anhang II, S. XXII. Die Schweiz hat am 26.10.2004 Verträge zur Assoziation an Schengen unterschrieben, siehe *Contin*, Kriminalistik 2005, 51, der auf die Wichtigkeit komplementärer nationaler Ersatzmaßnahmen eindringlich hinweist.

[74] Eingefügt mit Gesetz vom 19.1.1994, NdsGVBl. 1994, S. 71 und 172 (bereinigt und mit neuer Paragraphenzählung). Siehe auch LT-Drs. 12/6395, S. 6.

[75] Gesetz vom 23.12.1994, GVBl. 1994, S. 1050. Das Gesetz ist in Kraft getreten am 1.1.1995.

[76] *Honnacker/Beinhofer*, Art. 13 Rdnr. 29; *Schmidbauer/Steiner/Roese*, Art. 13 Rdnr. 13.

[77] Siehe zur Entwicklung in Bayern hin zur Schleierfahndung *Schmidbauer/Steiner/Roese*, Art. 13 Rdnr. 13 ff.

[78] Eingefügt mit Gesetz vom 22.7.1996 (GBl. BW 1996, S. 501). In Kraft getreten ist die Norm am 1.9.1996.

[79] Eingefügt mit Gesetz vom 27.11.1997, GVBl. 1997, S. 422 (424).

[80] Vom 4.6.1992, GVBl. 1992, S. 199 (202).

Flugplatzbereichen zur Verhütung oder Unterbindung unerlaubten Überschreitens der Landesgrenzen durchgeführt werden, soweit diese nicht Aufgabe des Bundesgrenzschutzes waren.

1997 erweiterte Niedersachsen die vorhandene Regelung mit dem Ziel, zu einer Zerstörung der Logistik der grenzüberschreitenden Kriminalität beizutragen.[81]

Die Einführung der verdachtsunabhängigen Schleierfahndung im gesamten Bundesgebiet wurde Anfang 1998 vom damaligen Bundesinnenminister Kanther mit dem Argument gefordert, nur so sei eine wirkungsvolle Bekämpfung der Organisierten Kriminalität möglich.[82] Anlaß war die kurz bevorstehende Beendigung der Grenzkontrollen zwischen Österreich, Deutschland und Italien. Unterstützt wurde er bei diesem Anliegen vom bayerischen Innenminister Beckstein.[83] Widerspruch regte sich von Seiten der SPD und FDP.[84]

Für den Bundesgrenzschutz[85] gibt es, historisch betrachtet, seit 1953 die Befugnis zur Personenfeststellung.[86] Diese Personenkontrolle wurde 1972 als Anhalterecht ausgestaltet.[87] Nach § 23 I Nr. 1c BGSG a.F.[88] bestand seit 1994 die Möglichkeit, im Grenzgebiet bis zu einer Tiefe von 30 km die Identität einer Person zur Verhinderung oder Unterbindung unerlaubter Einreise in das Bundesgebiet verdachtsunabhängig festzustellen. Im Hinblick auf die Befragungsnorm der Schleierfahndung war ursprünglich für das BGSG eine sehr weitgehende Regelung vorgesehen. Schließlich aber wurden in dem Entwurf, der 1998 Gesetzeskraft erlangte, die Eingriffsvoraussetzungen präzisiert, eine Ermächtigung zur Vornahme von Folgeeingriffen weggelassen und die Geltungsdauer der Regelung der Befragung auf fünf Jahre befristet.[89]

---

[81] Eingefügt mit Gesetz vom 28.11.1997, GVBl. 1997, S. 489 (490). Siehe auch Die Polizei 1998, 94.

[82] Presseerklärung des BMI vom 17.7.1996; SZ vom 2.4.1998, S. 2.

[83] Pressemitteilung des Innenministeriums Bayern PM 553/98 vom 24.9.1998.

[84] Siehe die Plenardebatte im Bundestag, PlPr. 13/238, S. 21998 ff.

[85] Der Bundesgrenzschutz ist eine Bundespolizei; Ermächtigungsgrundlagen für das polizeiliche Handeln des BGS finden sich in der Generalklausel (§ 14 I BGSG) und in den Normen über Standardbefugnissen (§§ 21–50 BGSG). Allgemein zum Bundesgrenzschutz siehe *Würtenberger/Heckmann/Riggert*, Rdnr. 80 ff.

[86] Dienstanweisung des Bundesinnenministeriums über Aufgaben und Befugnisse des Bundesgrenzschutzes vom 5.6.1953 (GMBl. 1953, S. 194 ff.), Abschnitt V. Nr. 2.

[87] § 17 I des Gesetzes über den Bundesgrenzschutz vom 18.8.1972 (BGBl. 1972 I, S. 1834).

[88] Eingefügt mit Gesetz vom 19.10.1994, BGBl. 1994 I, S. 2978. 1998 wurde die Befugnis auch auf die Verhütung grenzbezogener Straftaten erweitert; siehe auch *Schwabe*, NJW 1998, 3698 (3699).

[89] Eingefügt wurden die Regelungen mit Gesetz vom 25.8.1998, BGBl. 1998 I, S. 2486, in Kraft getreten sind sie am 1.9.1998. Zur Entwicklung im Rahmen des Gesetzgebungsverfahrens siehe *Müller-Terpitz*, DÖV 1999, 329 (331).

Mecklenburg-Vorpommern führte die Schleierfahndung im Jahr 1998 ein.[90] Die Ermächtigungsgrundlage wurde aber durch das LVerfG MV für zumindest teilweise verfassungswidrig erklärt.[91] Daraufhin wurde sie 2001 insgesamt aufgehoben und durch eine deutlich weniger weitreichende Norm ersetzt.[92] Grund für das Gesetzesvorhaben Mecklenburg-Vorpommerns war unter anderem die Schwierigkeit der Landespolizei, bei internationalen Polizeieinsätzen mitzuwirken und damit vor allem Kraftfahrzeugverschiebungen wirksam zu bekämpfen.[93]

Berlin und Sachsen führten die Möglichkeit der Schleierfahndung im Jahr 1999 ein.[94] Die sächsische Landesregierung wollte mit der Einführung der Schleierfahndung nach eigener Aussage der Tatsache Rechnung tragen, daß sich der Anteil international operierender Straftäter an der Gesamtkriminalität deutlich erhöht habe und daß dabei der erleichterten Einreise in das Bundesgebiet eine erhebliche Bedeutung zukomme.[95]

Im selben Jahr ermächtigte auch Brandenburg seine Polizei zur Vornahme verdachts- und ereignisunabhängiger Kontrollen, wobei die Landesregierung darauf hinwies, daß die brandenburgischen Regelungen ausgewogen und verantwortungsvoll seien, zumal bei ihrer Ausarbeitung hohe rechtsstaatliche Hürden einzuhalten gewesen seien.[96]

Die Regelungen zur Schleierfahndung in Sachsen-Anhalt und Hessen datieren aus dem Jahr 2000,[97] die Regelung im Saarland stammt aus dem Jahr 2001.[98]

Als derzeit letztes Bundesland hat schließlich Rheinland-Pfalz im März 2004 die Möglichkeit verdachtsunabhängiger Personenkontrollen geschaffen.[99]

Im April 2004 hat Berlin auf Initiative der Fraktion Bündnis 90/Die Grünen seine seit 1999 geltende Schleierfahndung im Rahmen des Programms „Mehr Liberalität für Berlin" jedoch wieder abgeschafft.

---

[90] Eingefügt mit Gesetz vom 9.2.1998, GVBl. 1998, S. 126 (127).

[91] Urteil des LVerfG MV LKV 2000, 149 ff.

[92] § 27a SOG MV, eingefügt mit Gesetz vom 24.10.2001 (GVBl. 2001, S. 386).

[93] Siehe auch Die Polizei 1998, 128 f.

[94] In Berlin eingefügt mit Gesetz vom 11.5.1999, GVBl. 1999, S. 164; in Sachsen eingefügt mit Gesetz vom 21.6.1999, GVBl. 1999, S. 330.

[95] Sächs LT-Drs. 2/7794, S. 14.

[96] Eingefügt mit Gesetz vom 20.5.1999, GVBl. 1999 I, S. 171, geändert durch Gesetz vom 19.12.2000, GVBl. 2000 I, S. 179; siehe auch die Pressemitteilungen des Innenministeriums Nr. 86/99 vom 30.9.1999 sowie Nr. 100/99 vom 22.11.1999.

[97] In Sachsen-Anhalt: Gesetz vom 20.7.2000, GVBl. 2000, S. 444 f. Hessen: Gesetz vom 22.5.2000, GVBl. 2000, S. 278.

[98] Eingefügt mit Gesetz vom 25.10.2000 (Abl. 2000, S. 146).

[99] Eingefügt mit Gesetz vom 2.3.2004 (GVBl. 2004, S. 202).

Kapitel 2

# Ermächtigungsgrundlagen der Schleierfahndung

Die verschiedenen zur Durchführung einer Schleierfahndung ermächtigenden Normen werden im folgenden im Wortlaut vorgestellt. Zudem wird ihre gesetzessystematische Stellung erläutert. Die Normen werden dabei abhängig von der Art der Maßnahmen, zu denen sie ermächtigen, in Gruppen geordnet. Zunächst werden die Normen vorgestellt, die zu einer Identitätsfeststellung ermächtigen, dann die, die eine Befragung gestatten. Innerhalb dieser beiden Gruppen wird weiter danach unterschieden, ob es sich um explizit lagebildabhängige Maßnahmen beziehungsweise sogar um Maßnahmen mit der Tatbestandsvoraussetzung tatsächlicher Anhaltspunkte für das Vorliegen grenzüberschreitender Kriminalität handelt oder nicht. Die Unterschiede zwischen den verschiedenen Maßnahmen sollen jedoch erst an späterer Stelle detailliert herausgearbeitet werden. Am Schluß dieser Aufstellung wird die Regelung zur Schleierfahndung in Mecklenburg-Vorpommern präsentiert, da sich diese nicht in die vier genannten Gruppen einordnen läßt. Insofern ist insgesamt zwischen fünf Arten von Schleierfahndungsnormen zu differenzieren. Im folgenden geht es zunächst allein darum, die Normen in bezug auf ihre tatbestandlichen Eingriffsvoraussetzungen vorzustellen. Angesichts der Vielfalt der statthaften Rechtsfolgemaßnahmen sollen die zulässigen Maßnahmen im Rahmen einer Schleierfahndung hier zunächst außer Betracht bleiben.[100]

## I. Normen zur verdachtsunabhängigen und lagebildunabhängigen Identitätsfeststellung

### 1. Bund

Der Bund hat mit den §§ 22 Ia, 23 I 3 BGSG gleich zwei Normen zur Schleierfahndung geschaffen, die zur Befragung beziehungsweise zur Identitätsfeststellung ermächtigen. Unterschiede zwischen diesen beiden Normen bestehen jedoch nicht nur hinsichtlich der Maßnahme, zu der sie ermächtigen, sondern auch im Hinblick auf die Örtlichkeiten, an denen Maßnahmen ergriffen werden dürfen. Hier soll zunächst die Identitätsfeststellungsnorm (§ 23 I 3 BGSG) dargestellt werden.

Eingefügt wurde diese Norm in das BGSG[101] mit Gesetz vom 25.8.1998[102]; in Kraft getreten ist sie am 1.9.1998. Zu ihrer systematischen Stellung im

---

[100] Die statthaften Rechtsfolgemaßnahmen werden unten auf S. 131 ff. erläutert.
[101] Vom 19.10.1994 (BGBl. 1994 I, S. 2978), zuletzt geändert durch Gesetz vom 24.8.2004 (BGBl. 2004 I, S. 2198).

BGSG kann gesagt werden, daß sie in dem Abschnitt über besondere Befugnisse des BGS und dort im Teil zur Datenerhebung steht. § 23 BGSG trägt die amtliche Bezeichnung „Identitätsfeststellung und Prüfung von Berechtigungsscheinen".

Nach § 23 I 3 BGSG besteht für den BGS im Grenzbereich zur Kontrolle des grenzüberschreitenden Verkehrs beziehungsweise der Verhinderung oder Unterbindung unerlaubter Einreise die Befugnis, die Identität einer Person festzustellen.

§ 23 I 3 BGSG lautet:

Der Bundesgrenzschutz kann die Identität einer Person feststellen

(...)

3. im Grenzgebiet bis zu einer Tiefe von dreißig Kilometern zur Verhinderung oder Unterbindung unerlaubter Einreise in das Bundesgebiet oder zur Verhütung von Straftaten im Sinne des § 12 Abs. 1 Nr. 1 bis 4 (...).

Gemäß § 23 I a BGSG[103] erstreckt sich das Gebiet des § 23 I 3 im Küstengebiet von der seewärtigen Begrenzung an bis zu einer Tiefe von 50 Kilometern.

Des weiteren hat der BGS gemäß § 44 II BGSG im 30-km-Grenzstreifen sowie im 50-km-Küstenstreifen die Befugnis zur verdachtsunabhängigen Durchsuchung von Sachen zur Verhinderung oder Unterbindung unerlaubter Einreise oder zur Verhütung grenzbezogener Straftaten.

## 2. Baden-Württemberg

§ 26 I 6 PolG BW, die Schleierfahndungsnorm für Baden-Württemberg, wurde in den Katalog der Normen zu Standardmaßnahmen des PolG BW[104] mit Gesetz vom 22.7.1996[105] eingefügt; in Kraft getreten ist die Norm am 1.9.1996. Die amtliche Überschrift lautet „Personenfeststellung".

§ 26 I 6 PolG BW hat folgenden Wortlaut:

Die Polizei kann die Identität einer Person feststellen,

(...)

6. zum Zwecke der Bekämpfung der grenzüberschreitenden Kriminalität in öffentlichen Einrichtungen des internationalen Verkehrs sowie auf Durchgangsstraßen (Bundesautobahnen, Europastraßen und andere Straßen von erheblicher Bedeutung für die grenzüberschreitende Kriminalität).

---

[102] BGBl. 1998 I, S. 2486.

[103] Eingefügt mit Gesetz vom 9.1.2002 (BGBl. 2002 I, S. 361).

[104] Vom 13.1.1992 (GBl. 1992 I, bereinigt S. 596, GBl. 1993, S. 155), zuletzt geändert durch Gesetz vom 1.7.2004 (GBl. 2004, S. 469).

[105] BW GBl. 1996, S. 501.

### 3. Bayern

Eingefügt wurde Art. 13 I 5 BayPAG, die bayerische Schleierfahndungsnorm, in das BayPAG[106] mit Gesetz vom 23.12.1994[107]. In Kraft getreten ist die Regelung am 1.1.1995. Bayern ist damit Vorreiter in punkto Schaffung einer umfassenden Ermächtigungsgrundlage (zeitlich nach Niedersachsen aber mit deutlich weitreichenderer Ermächtigungsgrundlage).[108] Die amtliche Überschrift lautet „Identitätsfeststellung und Prüfung von Berechtigungsscheinen".

Art. 13 I 5 BayPAG lautet:

Die Polizei kann die Identität einer Person feststellen

(...)

5. im Grenzgebiet bis zu einer Tiefe von 30 km sowie auf Durchgangsstraßen (Bundesautobahnen, Europastraßen und andere Straßen von erheblicher Bedeutung für den grenzüberschreitenden Verkehr) und in öffentlichen Einrichtungen des internationalen Verkehrs zur Verhütung oder Unterbindung der unerlaubten Überschreitung der Landesgrenzen oder des unerlaubten Aufenthalts und zur Bekämpfung der grenzüberschreitenden Kriminalität (...).

### 4. Sachsen

Die sächsische Schleierfahndungsnorm wurde als § 19 I S. 1 Nr. 5 in das SächsPolG[109] eingefügt mit Gesetz vom 21.6.1999.[110] Die amtliche Überschrift des § 19 SächsPolG lautet „Identitätsfeststellung".

§ 19 I S. 1 Nr. 5 SächsPolG hat folgenden Wortlaut:

Die Polizei kann die Identität einer Person feststellen,

(...)

5. zum Zwecke der vorbeugenden Bekämpfung der grenzüberschreitenden Kriminalität im Grenzgebiet zur Republik Polen und zur Tschechischen Republik bis zu einer Tiefe von 30 Kilometern, darüber hinaus in öffentliche Anlagen, Einrichtungen und Verkehrsmitteln des internationalen Verkehrs oder in unmittelbarer Nähe hiervon sowie auf Bundesfernstraßen und anderen Straßen von erheblicher Bedeutung für die grenzüberschreitende Kriminalität (...).

Die Regelung war von vornherein befristet worden, sie sollte am 31.5.2004 außer Kraft treten.[111] Die Befristung war nicht im Regierungsentwurf enthalten,

---

[106] Vom 24.8.1978 (GVBl. 1978, S. 561), i.d.F. vom 14.9.1990 (GVBl. 1990, S. 397), zuletzt geändert durch Gesetz vom 24.7.2001 (GVBl. 2001, S. 348).

[107] GVBl. 1994, S. 1050.

[108] Zu der Entstehungsgeschichte der „Mutternorm" siehe *Heckmann,* FS Steinberger, S. 467 (468 ff.).

[109] Vom 30.7.1991 (GVBl. 1991, S. 291) i.d.F. vom 13.8.1999 (GVBl. 1999, S. 466), zuletzt geändert durch Gesetz vom 4.5.2004 (SächsGVBl. 2004, S. 147).

[110] GVBl. 1999, S. 330.

sie wurde erst während des parlamentarischen Gesetzgebungsverfahrens aufgrund eines Antrages der CDU-Fraktion eingeführt.[112] Begründet wurde die Befristung bei der Schleierfahndungsnorm damit, der Gesetzgeber werde gezwungen, seine „Evolutionspflicht" zu erfüllen, um eine Optimierung der Ermächtigungsgrundlage zu erreichen und einen hinreichenden Schutz der Rechte von Betroffenen zu gewährleisten.

Damit eine erneute gesetzgeberische Entscheidung auf der Basis fundierter Informationen ergehen kann, legte § 19 Ia SächsPolG fest:

> Das Staatsministerium des Inneren erfaßt den Umfang und die Ergebnisse der Anwendung von Abs. 1 S. 1 Nr. 5 und berichtet hierüber jährlich dem sächsischen Landtag.

Bislang hat das Ministerium dem Landtag vier Berichte vorgelegt.[113] Durch das dritte Gesetz zur Änderung des Polizeigesetzes wurde die Befristung der sächsischen Schleierfahndungsnorm jedoch abgeschafft und die Berichtspflicht gestrichen.[114]

## 5. Thüringen

§ 14 I 5 ThürPAG, die thüringische Schleierfahndungsnorm, wurde eingefügt in das ThürPAG[115] mit Gesetz vom 27.11.1997.[116] Die amtliche Überschrift des § 14 ThürPAG lautet „Identitätsfeststellung".

§ 14 I 5 ThürPAG hat folgenden Wortlaut:

> Die Polizei kann die Identität einer Person feststellen,
>
> (…)
>
> 5. auf Durchgangsstraßen (Bundesautobahnen, Europastraßen und anderen Straßen von erheblicher Bedeutung für den grenzüberschreitenden Verkehr) und in öffentlichen Einrichtungen des internationalen Verkehrs zur Verhütung oder Unterbindung des unerlaubten Überschreitens der Landesgrenze oder des unerlaubten Aufenthalts und zur Bekämpfung der grenzüberschreitenden Kriminalität, soweit dies nicht Aufgabe der Bundespolizei ist (…).

---

[111] Siehe Art. 5 II des 2. ÄndG vom 21.6.1999, GVBl. S. 330.

[112] *Rommelfanger/Rimmele,* § 19 Rdnr. 20.

[113] Sächsischer LT-Drs. 3/3264, S. 1 ff.; 3/5330, S. 1 ff.; 3/8946, S. 1 ff.; 3/10031, S. 1 ff.

[114] Art. 2 des Gesetzes vom 4.5.2004 (SächsGVBl. 2004, S. 147). Siehe hierzu auch LT-Drs. 3/9231, S. 1 ff., Gesetzentwurf der CDU-Fraktion vom 10.9.2003, in leicht geänderter Form LT-Drs. 3/10559, S. 1 am 19.3.2004 als Gesetz beschlossen, PlPr. 3/103, S. 7528. Kritisch zu dem Vorhaben *Lisken* bei der Anhörung des Innenausschusses PlPr. 3/54, S. 21.

[115] Vom 4.6.1992 (GVBl. 1992, S. 199), zuletzt geändert durch Gesetz vom 25.11. 2004 (GVBl. 2004, S. 853).

[116] GVBl. 1997, S. 422 (424).

## II. Normen zur verdachtsunabhängigen
## und lagebildabhängigen Identitätsfeststellung

### 1. Brandenburg

In Brandenburg ist die Schleierfahndung sowohl in einer Befragungsnorm (§ 11 III BbgPolG[117]) als auch einer Identitätsfeststellungsnorm (§ 12 I 6 BbgPolG) geregelt. Diese Vorschriften wurden mit Gesetz vom 20.5.1999 eingefügt.[118] Der hier zunächst interessierende § 12 I 6 trägt die amtliche Überschrift „Identitätsfeststellung".

§ 12 I 6 BbgPolG lautet:

Die Polizei kann die Identität einer Person feststellen,

(…)

6. zur vorbeugenden Bekämpfung der grenzüberschreitenden Kriminalität und zur Verhütung von Straftaten von erheblicher Bedeutung mit internationalem Bezug im Gebiet der Bundesgrenze bis zu einer Tiefe von dreißig Kilometern, sofern polizeiliche Erkenntnisse vorliegen, daß am Ort der Maßnahme derartige grenzüberschreitende Kriminalität stattfindet (…).

### 2. Hessen

In Hessen ist die Schleierfahndung in § 18 II 6 HSOG[119] geregelt. Die Norm wurde mit Gesetz vom 22.5.2000 geschaffen.[120] § 18 HSOG trägt die amtliche Überschrift „Identitätsfeststellung und Prüfung von Berechtigungsscheinen".

§ 18 II 6 HSOG lautet:

Die Polizeibehörden können die Identität einer Person feststellen, wenn

(…)

6. die Person in Einrichtungen des internationalen Verkehrs, auf Straßen oder Bundeswasserstraßen, soweit aufgrund von Lageerkenntnissen oder polizeilicher Erfahrung anzunehmen ist, daß diese von erheblicher Bedeutung für die grenzüberschreitende Kriminalität sind, angetroffen wird zur vorbeugenden Bekämpfung der grenzüberschreitenden Kriminalität.

Zu dieser Norm hat das hessische Ministerium des Innern einen Erlaß herausgegeben, in dem klargestellt wird, daß Eingriffsvoraussetzung ist, daß der

---

[117] Vom 19.3.1996 (GVBl. 1996 I, S. 74), zuletzt geändert durch Gesetz vom 29.6. 2004 (GVBl. 2004 I, S. 289).

[118] GVBl. 1999 I, S. 171, geändert mit Gesetz vom 19.12.2000, GVBl. 2000 I, S. 179.

[119] Zuletzt geändert durch Gesetz vom 15.12.2004 (GVBl. 2004 I, S. 444), nunmehr i.d.F. vom 14.1.2005 (GVBl. 2005 I, S. 14).

[120] GVBl. 2000, S. 278.

Täter entweder im Ausland wohnt und im Inland Straftaten begeht oder im Inland wohnt und im Ausland strafbare Handlungen vornimmt. Als Regelbeispiele
für die grenzüberschreitende Kriminalität werden die Deliktsfelder des Menschenhandels, der Schleusungs-, Eigentums-, Rauschgift-, und Umweltkriminalität sowie der Geldfälschung und des illegalen Waffenhandels genannt.[121]

### III. Normen zur verdachtsunabhängigen und lagebildunabhängigen Befragung

Eine verdachts- und lagebildunabhängige Befragung gibt es ausschließlich in
Niedersachen. Ursprünglich hatte Niedersachsen die zeitlich erste Regelung zur
Schleierfahndung erlassen; der einschlägige § 11a V wurde mit Gesetz vom
19.1.1994 in das damalige NGefAG[122] eingefügt.[123] Diese Maßnahme war jedoch recht schwach ausgestaltet.[124]

Mit Gesetz vom 28.11.1997 wurde die Norm modifiziert; die polizeilichen
Eingriffsbefugnisse wurden stark erweitert.[125] Die heutige Regelung steht in
§ 12 VI NSOG; § 12 NSOG trägt die amtliche Überschrift „Befragung und
Auskunftspflicht".

§ 12 VI NSOG hat folgenden Wortlaut:

Die Polizei kann zur Vorsorge für die Verfolgung oder zur Verhütung von Straftaten
von erheblicher Bedeutung mit internationalem Bezug jede im öffentlichen Verkehrsraum angetroffene Person kurzzeitig anhalten, befragen und verlangen, daß
mitgeführte Ausweispapiere zur Prüfung ausgehändigt werden, sowie mitgeführte
Sachen in Augenschein nehmen.

### IV. Normen zur verdachtsunabhängigen und lagebildabhängigen beziehungsweise ereignisabhängigen Befragung

#### 1. Bund

Eingefügt wurde die einschlägige Norm, § 22 Ia BGSG, in das BGSG mit
Gesetz vom 25.8.1998[126]; in Kraft getreten ist sie am 1.9.1998. Zur systemati-

---

[121] Erlaß zu § 18 II Nr. 6 vom 15.8.2000, Az. III B 33 – 22 e02 09 – 592/00.
[122] I.d.F. vom 20.2.1998 (GVBl. 1998, S. 101), geändert durch Gesetz vom
11.12.2003 (Nds. GVBl. 2003, S. 414) und damit umbenannt in NSOG, nunmehr in
der Fassung vom 19.1.2005 (Nds. GVBl. 2005, S. 9).
[123] NdsGVBl. 1994, S. 71 und 172 (bereinigt und mit neuer Paragraphenzählung).
[124] Vgl. die Gesetzgebungsmaterialien LT-Drs. 12/6395, S. 6.
[125] GVBl. 1997, S. 489 (490).
[126] BGBl. 1998 I, S. 2486.

schen Stellung der Norm kann gesagt werden, daß sie in dem Abschnitt über besondere Befugnisse und dort im Teil zur Datenerhebung steht. § 22 BGSG trägt die amtliche Bezeichnung „Befragung und Auskunftspflicht".

Nach § 22 Ia BGSG besteht in Zügen, auf dem Gebiet von Bahnanlagen sowie in Luftverkehrsanlagen beziehungsweise -einrichtungen die Befugnis zur verdachtsunabhängigen Befragung, soweit aufgrund bestimmter Lageerkenntnisse beziehungsweise grenzpolizeilicher Erfahrung anzunehmen ist, daß die Örtlichkeiten zur unerlaubten Einreise in die Bundesrepublik genutzt werden.

§ 22 Ia BGSG lautet:

Zur Verhinderung oder Unterbindung unerlaubter Einreise in das Bundesgebiet kann der Bundesgrenzschutz in Zügen und auf dem Gebiet der Bahnanlagen der Eisenbahnen des Bundes (§ 3), soweit auf Grund von Lageerkenntnissen oder grenzpolizeilicher Erfahrung anzunehmen ist, daß diese zur unerlaubten Einreise genutzt werden, sowie in einer dem Luftverkehr dienenden Anlage oder Einrichtung eines Verkehrsflughafens (§ 4) mit grenzüberschreitendem Verkehr jede Person kurzzeitig anhalten, befragen und verlangen, daß mitgeführte Ausweispapiere oder Grenzübertrittspapiere zur Prüfung ausgehändigt werden, sowie mitgeführte Sachen in Augenschein nehmen.

§ 22 Ia BGSG sollte zunächst nur bis 31.12.2003 gelten,[127] die Befristung wurde mittlerweile aber bis zum 30.6.2007 verlängert.[128]

Die Grundnorm, § 22 I S. 1 BGSG, gestattet es, eine Person zu befragen, wenn Tatsachen die Annahme rechtfertigen, daß die Person sachdienliche Angaben für die Erfüllung einer bestimmten, dem BGS obliegenden Aufgabe machen kann.[129] Hiervon weicht § 22 Ia BGSG insoweit ab, als eine solche durch Tatsachen gerechtfertigte Annahme nicht Voraussetzung für die Statthaftigkeit einer Befragung ist. Allerdings ist die Befragung nur in Zügen und auf den Bahnanlagen des Bundes sowie in den dem Luftverkehr dienenden Anlagen von Verkehrsflughäfen mit grenzüberschreitendem Verkehr zulässig. Die befragte Person muß also selbst keinen Anlaß dafür geben, in Anspruch genommen zu werden. Einzige Eingriffsvoraussetzung in bezug auf ihre Person ist der Aufenthalt an einem Ort, der erfahrungsgemäß oder aufgrund bestimmter Erkenntnisse zur unerlaubten Einreise genutzt wird.

---

[127] Siehe Art. 2 des Gesetzes vom 25.8.1998 (BGBl. 1998 I, S. 2486). Die Befristung wurde eingefügt, um Erfahrungen darüber zu sammeln, ob sich die Schleierfahndung bewährt, BT-Drs. 13/11159, S. 6.

[128] Der Antrag der Fraktion der CDU/CSU zur Verlängerung bis 31.12.2008 wurde abgelehnt, siehe PlPr. des Bundestages 15/76, S. 6601.

[129] § 22 I S. 1 BGSG lautet: Der Bundesgrenzschutz kann eine Person befragen, wenn Tatsachen die Annahme rechtfertigen, daß die Person sachdienliche Angaben für die Erfüllung einer bestimmten dem Bundesgrenzschutz obliegenden Aufgabe machen kann.

Über die allgemeine Begründung der Notwendigkeit der Schleierfahndung hinaus[130] wurde die Einführung der Möglichkeit einer verdachtsunabhängigen Befragung an den genannten Örtlichkeiten damit begründet, daß die aufgezählten Verkehrseinrichtungen regelmäßig zum Zwecke einer unerlaubten Einreise in das Bundesgebiet genutzt würden.[131]

## 2. Berlin

Die Berliner Schleierfahndungsnorm wurde mit Gesetz vom 11.5.1999[132] als § 18 VII in das ASOG Bln[133] eingefügt. Durch das zweite Gesetz zur Änderung des Allgemeinen Sicherheits- und Ordnungsgesetzes vom 7.4.2004 wurde § 18 VII jedoch wieder aufgehoben. Die amtliche Überschrift des § 18 ASOG lautet „Ermittlungen, Befragungen, Datenerhebungen".

§ 18 VII ASOG Bln a. F. lautete:

Zur vorbeugenden Bekämpfung der grenzüberschreitenden Kriminalität kann die Polizei im öffentlichen Verkehrsraum angetroffene Personen kurzzeitig anhalten, befragen und verlangen, daß mitgeführte Ausweispapiere zur Prüfung ausgehändigt werden, sowie mitgeführte Sachen in Augenschein nehmen. Die Maßnahme ist nur zulässig, wenn auf Grund von Lageerkenntnissen anzunehmen ist, daß Straftaten von erheblicher Bedeutung begangen werden sollen. Ort, Zeit und Umfang der Maßnahmen darf nur durch den Polizeipräsidenten oder seinen Vertreter im Amt angeordnet werden. Nach jeweils 14 Tagen ist zu prüfen, ob die Voraussetzungen für die Maßnahmen weiterhin vorliegen.

Begründet wurde die Abschaffung der Schleierfahndungsnorm nach nur fünf Jahren unter anderem damit, daß die Schleierfahndung den Wegfall der europäischen Binnengrenzen nach dem Schengener Abkommen ersetzen sollte; Berlin habe jedoch nie eine Schengen-Grenze gehabt. Zudem sei die Grenze des Nachbarlandes Brandenburg zu Polen mit dem Inkrafttreten des Schengener Abkommens nicht weggefallen. Daher bestehe in Berlin kein Bedarf für eine Schleierfahndung, die in dem Anwendungszeitraum auch nicht sonderlich erfolgreich angewandt werden konnte.[134] Die Schleierfahndung habe sich in Berlin nicht als geeignetes Mittel zur Bekämpfung der grenzüberschreitenden Kriminalität erwiesen.[135]

---

[130] Siehe oben Anm. 13.

[131] BT-Drs. 13/10790, S. 4.

[132] GVBl. 1999, S. 164.

[133] Vom 14.4.1992 (GVBl. 1992, S. 119), zuletzt geändert durch Gesetz vom 27.1.2005 (GVBl. 2005, S. 91).

[134] Abgeordnetenhaus Drs. 15/1818, S. 2; PlPr. 15/33, S. 2606 f. sowie Schreiben des Polizeipräsidenten *Glietsch* vom 1.3.2004, zitiert nach taz vom 11.3.2004, S. 21. Kritisch hierzu *Walter*, Kriminalistik 2004, 668, der die Gründer für die Abschaffung als „aparte Mischung von Naivität, Voreingenommenheit und Unkenntnis" bezeichnet.

[135] Abgeordnetenhaus Inhaltsprotokoll Recht 15/33, S. 3.

### 3. Brandenburg

In Brandenburg ist – wie schon erwähnt wurde – die Schleierfahndung sowohl in einer Befragungsnorm (§ 11 III BbgPolG) als auch einer Identitätsfeststellungsnorm (§ 12 I 6 BbgPolG) geregelt. Diese Vorschriften wurden mit Gesetz vom 20.5.1999 eingefügt.[136] § 11 III BbgPolG trägt die amtliche Überschrift „Befragung, Auskunftspflicht".

§ 11 III BbgPolG lautet:

> Zur vorbeugenden Bekämpfung der grenzüberschreitenden Kriminalität kann die Polizei im öffentlichen Verkehrsraum angetroffene Personen kurzzeitig anhalten, befragen und verlangen, daß mitgeführte Ausweispapiere zur Prüfung ausgehändigt werden, sowie mitgeführte Sachen in Augenschein nehmen. Die Maßnahme ist nur zulässig, wenn auf Grund von Lageerkenntnissen anzunehmen ist, daß Straftaten von erheblicher Bedeutung (§ 10 Abs. 3) begangen werden sollen. Ort, Zeit und Umfang der Maßnahme dürfen nur durch den Polizeipräsidenten oder seinen Vertreter im Amt angeordnet werden.

Straftaten von erheblicher Bedeutung im Sinne von § 10 III BbgPolG sind alle Verbrechen[137] und alle weiteren in § 100a StPO aufgeführten Straftaten.

### 4. Rheinland-Pfalz

Die Einordnung der rheinland-pfälzischen Norm zu verdachtsunabhängigen Personenkontrollen erfolgt an dieser Stelle unter einem Vorbehalt. Es handelt sich zwar unproblematisch um eine Befragungsnorm, allerdings sind die Tatbestandsvoraussetzungen gegenüber den anderen Normen insoweit höher, als nicht nur ein Lagebild, sondern vielmehr sogar durch Tatsachen begründete Anhaltspunkte für die Erforderlichkeit eines Einschreitens vorliegen müssen. Es handelt sich aufgrund dieser Voraussetzung um eine verdachtsunabhängige, aber ereignisabhängige Regelung.

Die Norm wurde mit Gesetz vom 2.3.2004[138] in das Polizei- und Ordnungsbehördengesetz[139] eingefügt. Der neue § 9a RPPOG trägt die amtliche Überschrift: „Befragung und Auskunftspflicht".

---

[136] GVBl. 1999 I, S. 171, geändert mit Gesetz vom 19.12.2000, GVBl. 2000 I, S. 179.

[137] Verbrechen sind nach § 12 I StGB rechtswidrige Taten, für die im Mindestmaß eine Freiheitsstrafe von einem Jahr oder mehr vorgesehen ist.

[138] GVBl. 2004, S. 202.

[139] Vom 10.11.1993 (GVBl. 1993, S. 595), zuletzt geändert durch das in Anm. 138 genannte Gesetz.

§ 9a IV RPPOG hat folgenden Wortlaut:

Die Polizei kann im öffentlichen Verkehrsraum angetroffene Personen kurzfristig anhalten, befragen und verlangen, daß mitgeführte Ausweispapiere ausgehändigt werden, sowie mitgeführte Kraftfahrzeuge und Sachen in Augenschein nehmen, wenn durch Tatsachen begründete Anhaltspunkte vorliegen, daß dies zur vorbeugenden Bekämpfung von Straftaten von erheblicher Bedeutung (§ 28 III RPPOG) oder zur vorbeugenden Bekämpfung grenzüberschreitender Kriminalität oder zur Unterbindung unerlaubten Aufenthalts erforderlich ist.

Gemäß § 100 I RPPOG hat die Landesregierung dem Landtag von Rheinland-Pfalz über die Wirksamkeit der Maßnahme in der Zeit vom 10.3.2004 bis zum Ablauf des 9.3.2009 zu berichten.

Die rheinland-pfälzische Befugnis wurde auf Initiative der Landesregierung in das POG eingefügt und soll nach deren Begründung eine Anhalte- und Sichtkontrolle ermöglichen.[140] Zwar ist zu erkennen, daß sich der Gesetzgeber an der mecklenburg-vorpommerischen Norm orientiert hat, doch sind in Rheinland-Pfalz auch Befragungen zulässig.

## 5. Saarland

Im Saarland ist die Schleierfahndung in § 9a I SaarPolG geregelt, der durch Gesetz vom 25.10.2000 in das SaarPolG[141] eingefügt wurde.[142] § 9a SaarPolG trägt die amtliche Überschrift „lagebildabhängige Kontrollen".

§ 9a I SaarPolG hat folgenden Wortlaut:

Die Vollzugspolizei kann auf Grund polizeilicher Lagebilder zum Zwecke der vorbeugenden Bekämpfung der grenzüberschreitenden Kriminalität bis zu einer Tiefe von 30 Kilometern von den Außengrenzen zu Frankreich und Luxemburg Personen kurzfristig anhalten, befragen und verlangen, daß mitgeführte Ausweispapiere zur Prüfung ausgehändigt werden. Sie kann mitgeführte Sachen in Augenschein nehmen.

## 6. Sachsen-Anhalt

Die normative Grundlage für eine Schleierfahndung in Sachsen-Anhalt ist § 14 III SOG LSA[143], der mit dem 2. ÄndG vom 20.7.2000 in das SOG LSA eingefügt wurde.[144] Die amtliche Überschrift von § 14 SOG LSA lautet „Befragung und Auskunftspflicht".

---

[140] LT-Drs. 14/2287, S. 30.

[141] Vom 8.11.1989 (Abl. 1989, S. 1750) i.d.F. vom 26.3.2001 (Abl. 2001, S. 1074), zuletzt geändert durch Gesetz vom 5.5.2004 (Abl. 2004, S. 1326).

[142] Abl. 2000, S. 146.

[143] Vom 19.12.1991 (GVBl. 1991, S. 538) i.d.F. vom 16.11.2000 (GVBl. 2000, S. 594) zuletzt geändert durch Gesetz vom 23.9.2003 (GVBl. 2003, S. 150).

[144] GVBl. 2000, S. 444 f. Siehe auch *Meixner/Martell*, § 14 Rdnr. 13.

§ 14 III S. 1 SOG LSA hat folgenden Wortlaut:

Die Polizei kann zur vorbeugenden Bekämpfung der grenzüberschreitenden Kriminalität eine auf einer Bundesfernstraße, einem Autohof sowie der Straßenverbindung zwischen Autobahn und Autohof angetroffene Person kurzzeitig anhalten, befragen und verlangen, daß mitgeführte Ausweispapiere zur Prüfung ausgehändigt werden, sowie mitgeführte Sachen in Augenschein nehmen.[145]

Nach § 14 III S. 2 SOG LSA ist eine solche Maßnahme nur zulässig, wenn aufgrund von Lageerkenntnissen anzunehmen ist, daß Straftaten von erheblicher Bedeutung begangen werden sollen. In S. 3 ist ein Behördenleitervorbehalt bezüglich Orts, Zeit und Umfang der Maßnahme statuiert.

§ 14 III S. 2 und S. 3 SOG LSA haben folgenden Wortlaut:

Maßnahmen nach Satz 1 sind nur zulässig, wenn aufgrund von Lageerkenntnissen anzunehmen ist, daß Straftaten von erheblicher Bedeutung begangen werden sollen. Ort, Zeit und Umfang der Maßnahmen ordnet der Behördenleiter oder ein von ihm Beauftragter, der der Laufbahngruppe des höheren Dienstes angehören muß, an.

## V. Normen zur verdachtsunabhängigen und lagebildabhängigen Kontrolle

Eine besondere Regelung gibt es in Mecklenburg-Vorpommern. Diese gestattet weder eine Identitätsfeststellung noch eine Befragung, sondern allein eine Anhalte- und Sichtkontrolle.

Die ursprüngliche Befugnisnorm für eine Schleierfahndung durch die Polizei von Mecklenburg-Vorpommern war § 29 I S. 2 Nr. 5 SOG MV[146], der mit Gesetz vom 9.2.1998 geschaffen worden war.[147] Wie bereits erwähnt wurde, ist diese Regelung jedoch durch ein Urteil des LVerfG MV teilweise für verfassungswidrig erklärt worden.[148]

Die mittlerweile aufgehobene Regelung lautete:

Darüber hinaus dürfen Polizeivollzugsbeamte die Identität einer Person feststellen, (...) zur Unterbindung des unerlaubten Aufenthalts und zur vorbeugenden Bekämpfung von Straftaten der grenzüberschreitenden Kriminalität im Grenzgebiet bis zu einer Tiefe von 30 Kilometern sowie auf Durchgangsstraßen (Bundesautobahnen, Europastraßen und andere Straßen von erheblicher Bedeutung für den grenzüberschreitenden Verkehr), in öffentliche Einrichtungen des internationalen Verkehrs und im Küstenmeer.

---

[145] Siehe auch *Hüttemann*, LKV 2003, 508.
[146] Vom 4.8.1992 (GVBl. 1992, S. 498) i.d.F. vom 25.3.1998 (GVBl. 1998, S. 335), zuletzt geändert durch Gesetz vom 18.5.2004 (GVBl. 2004, S. 178).
[147] GVBl. 1998, S. 126 (127).
[148] Vgl. oben Anm. 91 und dazugehöriger Text.

Eine neue Regelung zur Schleierfahndung, der § 27a SOG MV, wurde einge-
fügt mit Gesetz vom 24.10.2001.[149] Sie steht im Abschnitt „Personenbezogene
Daten (§§ 25–49), Datenerhebung" und ist damit eine informationsbezogene
Befugnis.[150] Die amtliche Überschrift von § 27a SOG MV lautet „Polizeiliche
Anhalte- und Sichtkontrollen".

§ 27a SOG MV hat folgenden Wortlaut:

Die Polizei darf 1. im öffentlichen Verkehrsraum zur vorbeugenden Bekämpfung
von Straftaten von erheblicher Bedeutung (§ 49) oder 2. im Grenzgebiet bis zu einer Tiefe von 30 Kilometern, in öffentlichen Einrichtungen des internationalen Verkehrs mit unmittelbarem Grenzbezug, im Küstenmeer sowie in den inneren Gewässern zur vorbeugenden Bekämpfung der grenzüberschreitenden Kriminalität und zur
Unterbindung des unerlaubten Aufenthalts Personen kurzzeitig anhalten und mitgeführte Fahrzeuge, insbesondere deren Kofferraum und Ladeflächen, in Augenschein
nehmen. Maßnahmen nach S. 1 Nr. 1 werden durch den Behördenleiter angeordnet,
soweit polizeiliche Lageerkenntnisse dies rechtfertigen; die Anordnung ist in örtlicher und zeitlicher Hinsicht zu beschränken.

Kapitel 3

# Rechtliche Einordnung
# der Schleierfahndung

## I. Die Schleierfahndung als Standardmaßnahme

### 1. Zum Charakter der Schleierfahndung als Standardmaßnahme

Die Schleierfahndung ist eine sogenannte Standardmaßnahme. Hierunter versteht man Maßnahmen, die im polizeilichen Alltag häufig und jeweils in sehr
ähnlicher Form vorzunehmen sind, die also gewissermaßen nach einem standar-
disierten Programm ablaufen. Daher ist eine detaillierte und sehr konkrete Normierung der Regeln für das Ergreifen einer solchen Maßnahme möglich und
wegen des mit einer solchen Maßnahme typischerweise verbundenen Grundrechtseingriffes auch geboten. Die Normen über Standardmaßnahmen regeln
demgemäß das polizeiliche Einschreiten bei typischen, besonders häufigen und
in mehr oder weniger identischer Art vorkommenden Gefahrenabwehrsituatio-
nen.[151]

---

[149] GVBl. 2001, S. 386.

[150] *Heyer*, S. 246.

[151] *Butzer*, VerwArch 93 (2002), 506 (522 ff.); *Erichsen*, Jura 1993, 45 ff.; *Rachor*,
in Lisken/Denninger, F Rdnr. 253; *Schoch*, JuS 1994, 479 (483); *Würtenberger/Heck-
mann/Riggert*, Rdnr. 305. Kritisch zu dem Begriff Standardmaßnahme mit dem Argu-

Der Katalog der Standardmaßnahmen in den verschiedenen Polizeigesetzen wurde im Laufe der Zeit beträchtlich erweitert, so daß im polizeilichen Alltag ein Eingreifen zumeist eine Standardmaßnahme darstellt und damit auf eine spezielle Ermächtigungsgrundlage gestützt werden kann.[152] Ein Rückgriff auf die polizeiliche Generalklausel ist daher nur noch selten und in eher atypischen Situationen erforderlich.

Die Normen, die Standardmaßnahmen betreffen, zeichnen sich dadurch aus, daß sie im Gegensatz zur polizeilichen Generalklausel sehr konkrete Vorgaben im Hinblick auf die Voraussetzungen polizeilichen Einschreitens und die zulässigerweise zu ergreifenden Maßnahmen machen. Damit versuchen sie, da die Standardmaßnahmen in aller Regel erhebliche Grundrechtseingriffe darstellen, dem Gesetzesvorbehalt und dem Bestimmtheitsgebot genüge zu tun. Diese Normen stellen eine Ausprägung des Verhältnismäßigkeitsprinzips dar. Andererseits wird zumindest teilweise auf das Erfordernis einer Gefahr beziehungsweise die Verantwortlichkeit eines Adressaten verzichtet.[153] Der Adressatenkreis der jeweiligen Norm ist in aller Regel nicht auf Handlungs- beziehungsweise Zustandsstörer beschränkt. Ein Rückgriff auf die allgemeinen Normen über die möglichen Adressaten polizeilicher Maßnahmen ist zumeist nicht erforderlich. Vielmehr kann Adressat und Betroffener einer Standardmaßnahme jede Person sein, auf die sich die konkrete Ermächtigungsnorm bezieht.[154]

Die Regelungen der Schleierfahndung in den Polizeigesetzen der Länder sowie im BGSG sind jeweils in dem Katalog der Normen über Standardmaßnahmen zu finden. Die Identitätsfeststellung sowie die Befragung in Form einer Schleierfahndung sind Standardmaßnahmen der Informationsbeschaffung[155] und der offenen Datenerhebung.[156] Sie dienen der Gefahraufklärung[157] und stellen eine informationelle Standardbefugnis zur Datenerhebung nach Spezialermächtigungen[158] dar.

---

ment, es gehe bei solchen Maßnahmen um schwerwiegende Eingriffe in Freiheitsrechte, *Ipsen,* Polizei- und Ordnungsrecht, Rdnr. 337.

[152] *Götz,* Rdnr. 277; *Krane,* NordÖR 2004, 425 (426).

[153] *Götz,* Rdnr. 277.

[154] Siehe auch AB NGefAG 13.0 zu § 13, Nds. MBl. 1998, S. 1078 ff.; *Mußmann,* Rdnr. 176; *Würtenberger/Heckmann/Riggert,* Rdnr. 318.

[155] *Schoch,* Polizeirecht, Rdnr. 194 – im Gegensatz zu Maßnahmen der Informationsverarbeitung. Die Begriffe „Daten" und „Informationen" werden in dieser Arbeit synonym verwendet. Zur Abgrenzung der beiden Begriffe siehe *Heckmann,* VBlBW 1992, 164 (166).

[156] *Erichsen,* Jura 1993, 45 – im Gegensatz zu Maßnahmen der verdeckten Datenerhebung und sonstigen Standardmaßnahmen.

[157] *Gusy,* Rdnr. 193 – im Gegensatz zu Maßnahmen der Gefahrbeseitigung.

[158] *Pieroth/Schlink/Kniesel,* § 12 Rdnr. 6 ff. – im Gegensatz zu aktionellen Standardmaßnahmen, informationellen Standardmaßnahmen zur Datenerhebung aufgrund der Generalklausel und Maßnahmen der Datenverarbeitung.

## 2. Zur Möglichkeit der Durchführung einer Schleierfahndung auf der Basis der polizeilichen Generalklausel

Vor dem Hintergrund der Tatsache, daß die Schleierfahndung in den Polizeigesetzen als Standardmaßnahme normiert ist, stellt sich die Frage, ob eine ver-
dachts- und ereignisunabhängige Personenkontrolle auch auf die jeweilige polizeiliche Generalklausel gestützt werden kann. Dies ist nicht nur eine theoreti-
sche Überlegung. Vielmehr könnte dann auch in den Bundesländern, in denen
es bislang keine spezielle Schleierfahndungsnorm gibt, verdachts- und ereignisunabhängig kontrolliert werden.

Allgemein anerkannt ist jedoch, daß ein Rückgriff auf die Generalklausel
nicht erfolgen darf, sobald eine Maßnahme dem Bereich einer Standardmaßnahme zuzuordnen ist.[159] Nach Habermehl[160] ist die Möglichkeit eines Rückgriffs auf die Generalklausel allenfalls dann denkbar, wenn in bundesrechtlichen Spezialbereichen eine Gesetzeslücke vorhanden, also keine vergleichbare
Norm zu finden ist.

Hat also ein Bundesland eine Spezialnorm zur Schleierfahndung, darf nicht
auf die Generalklausel zurückgegriffen werden, weil der Grundsatz lex specialis
derogat legi generali gilt. Die speziellen Eingriffsvoraussetzungen und Schranken der Spezialnorm dürfen nicht durch Rückgriff auf die allgemeine Generalklausel umgangen werden.

Wenn aber ein Bundesland gar keine Spezialnorm zur Schleierfahndung hat,
kann es eine solche Sperrwirkung nicht geben. Grundsätzlich wäre also ein
Rückgriff auf die polizeiliche Generalklausel möglich. Diese setzt aber jeweils
das Vorliegen einer konkreten Gefahr voraus. Schon deshalb kann eine verdachtsunabhängige Maßnahme nicht auf die Generalklausel gestützt werden.
Folglich besteht keine Möglichkeit, in den Ländern, die keine spezielle Norm
zur Schleierfahndung haben, verdachts- und ereignisunabhängige Maßnahmen
auf die polizeilichen Generalklauseln zu stützen. Die Durchführung einer
Schleierfahndung ist – so kann als Fazit festgehalten werden – nur als Standardmaßnahme auf der Basis einer speziellen Ermächtigungsgrundlage statthaft.

---

[159] *Erichsen,* Jura 1993, 45; *Schenke,* Besonderes Verwaltungsrecht, Rdnr. 21;
*Schoch,* Polizeirecht, Rdnr. 56; *Würtenberger/Heckmann/Riggert,* Rdnr. 306.
[160] *Habermehl,* Rdnr. 535. Siehe hierzu auch *Butzer,* VerwArch 93 (2002), 506
(526 ff.).

## II. Die Schleierfahndung als verdachts- und ereignisunabhängige Maßnahme

Die Personenkontrolle in Form einer Schleierfahndung zeichnet sich im Vergleich zu anderen Maßnahmen der Identitätsfeststellung oder Befragung dadurch aus, daß sie verdachts- und ereignisunabhängig, also ohne konkreten Anlaß, stattfinden kann[161] und daß sie gegenüber jedermann vorgenommen werden darf. Daher wird die Schleierfahndung auch als „neue Dimension polizeilichen Zugriffs"[162] bezeichnet.

Für die Durchführung einer Schleierfahndung besteht kein Erfordernis einer Gefahr,[163] auch nicht eines Gefahrenverdachts oder eines hinreichenden Anfangsverdachts i.S.d. § 152 StPO.[164]

### 1. Verzicht auf das Erfordernis des Vorliegens einer Gefahrensituation

Nach klassischer Polizeirechtsdogmatik ist bislang der frühestmögliche Zeitpunkt für die Vornahme eines polizeilichen Eingriffs der des Vorliegens eines „Gefahrenverdachts" gewesen. Ein Gefahrenverdacht ist dann gegeben, wenn die Polizei gewisse Anhaltspunkte für das Vorliegen einer tatsächlichen, konkreten Gefahr hat, der Sachverhalt aber noch unklar ist.[165]

Zulässig bei einem Gefahrenverdacht sind als „Gefahrenverdachtsmaßnahmen" sogenannte Gefahrerforschungseingriffe, die der Klärung des unklaren Sachverhalts beziehungsweise der Ermittlung des potentiellen Störers dienen.[166] Da die Sachverhaltsaufklärung nach § 24 VwVfG der zuständigen Behörde obliegt und der Staat zur Gefahrenabwehr gesetzlich verpflichtet ist, muß man nach teleologischer Auslegung des Gefahrenbegriffs Maßnahmen für zulässig erachten, die darauf abzielen, eine potentielle Gefahrensituation weiter aufzuklären.[167]

---

[161] *Waechter*, DÖV 1999, 138. Lediglich die Norm in Rheinland-Pfalz hat als Tatbestandsvoraussetzung, daß auf Tatsachen beruhende Anhaltspunkte vorliegen müssen und ist somit den sonstigen Normen zur Befragung ähnlich.

[162] *Möllers*, NVwZ 2000, 382; a.A. *Wolf/Stephan*, § 26, Rdnr. 22c.

[163] Der Gefahrbegriff nach klassischem Polizeirecht definiert sich wie folgt: Eine Sachlage, die bei ungehindertem Geschehensablauf in absehbarer Zeit mit hinreichender Wahrscheinlichkeit zu einem Schaden für ein Schutzgut führen wird; siehe BVerwGE 45, 51 (57); *Schoch*, Polizeirecht, Rdnr. 84.

[164] *Meixner/Martell*, § 14 Rdnr. 14.

[165] *Brandt/Smeddinck*, Jura 1994, 225 (229 f.); *Poscher*, NVwZ 2001, 141 (142 f.); *Schoch*, Polizeirecht, Rdnr. 95 f.

[166] Ablehnend gegenüber solchen Maßnahmen *Poscher*, S. 127; *Schenke*, Rdnr. 88, 90.

Die Schleierfahndung dagegen setzt früher an; ab Vorliegen eines Gefahrenverdachts kommt ein Rückgriff auf die Schleierfahndungsnormen sogar überhaupt nicht mehr in Betracht, da dann andere speziellere (klassische) Ermächtigungsgrundlagen einschlägig sind, die gefahrenabhängige Identitätsfeststellungen und Befragungen ermöglichen.

Abzugrenzen von der gefahrlosen Situation, in der eine Schleierfahndung vorgenommen werden kann, ist zudem die Situation einer Anscheinsgefahr.[168] Eine Anscheinsgefahr liegt vor, wenn die Polizei bei verständiger Würdigung aller Umstände vom Vorliegen einer Gefahr ausgeht, sich diese Annahme im Nachhinein (also bei einer „ex-post-Betrachtung") jedoch als falsch herausstellt.

Würde man auf einem Zeitstrahl die „historische" Abfolge der Eingriffsmöglichkeiten der Polizei darstellen, kämen zunächst Maßnahmen der Gefahrenvorsorge und Straftatenverhütung, dann Gefahrenverdachtsmaßnahmen, dann Maßnahmen zur Behebung einer tatsächlichen Gefahr oder einer Anscheinsgefahr (beide Maßnahmen werden im Hinblick auf das Ergreifen präventiv-polizeilicher Maßnahmen gleichbehandelt), sodann Maßnahmen zur Beseitigung einer bereits eingetretenen Störung und zuletzt repressive Maßnahmen, die der Strafverfolgung dienen. Die Schleierfahndung ist der ersten Gruppe, also den Maßnahmen zur Gefahrenvorsorge und der Straftatenverhütung, auch Vorfeldmaßnahmen genannt, zuzuordnen.[169]

Standardmaßnahmen sind nicht notwendig an den Gefahrenbegriff gebunden, der die Eingriffsvoraussetzungen der Generalklausel bestimmt. Vielmehr begnügen sich Normen, die andere Standardmaßnahmen als die Schleierfahndung betreffen, mit einer „reduzierten" Gefahrensituation, etwa mit dem Vorliegen einer Situation, in der Tatsachen die Annahme einer Gefahr rechtfertigen oder tatsächlichen Anhaltspunkten für das Vorliegen einer Gefahr (ereignisabhängiger Gefahrenverdacht)[170] oder aber dieses Tatbestandsmerkmal fehlt (dann ereignisunabhängige Maßnahme). Allen Standardmaßnahmen ist jedoch gemeinsam, daß zumindest eine abstrakte Gefahr für die Statthaftigkeit polizeilichen Einschreitens erforderlich ist, während bei Maßnahmen nach den jeweiligen polizeilichen Generalklauseln eine konkrete Gefahr erforderlich ist.[171]

---

[167] *Schoch,* Polizeirecht, Rdnr. 97. *Kniesel,* DÖV 1997, 905 (907 f.) sieht in der Gefahrerforschung einen Unterfall des polizeilichen Notstandes.

[168] *Schoch,* Jura 2003, 472 (474). Allgemein zu Anscheins- und Verdachtssituationen siehe *Bockwoldt,* S. 73 ff. sowie *Gromitsaris,* DVBl. 2005, 535 ff., *Schenke/Ruthig,* VerwArch 87 (1996), 329 (330 ff.) und *Schwabe,* DVBl. 2001, 968 f.

[169] Siehe hierzu ausführlich unten S. 224 ff.

[170] So auch die hier unter den Normen zur Schleierfahndung aufgeführte Regelung in Rheinland-Pfalz, § 9a IV RPPOG, die zwar verdachtsunabhängig aber ereignisabhängig ist, siehe auch *Stein,* S. 239.

[171] Dem stehen auch nicht die jeweiligen Aufgabenzuweisungsnormen entgegen, siehe beispielsweise *Peters,* Personenkontrollen, S. 31 ff. (40). Eine konkrete Gefahr

Eine abstrakte Gefahrenlage wird zum Beispiel für die Zulässigkeit von Maßnahmen der Identitätsfeststellung an bestimmten gefährlichen oder gefährdeten Orten, etwa in einem Sperrbezirk beziehungsweise an Kontrollstellen verlangt, die der Schleierfahndung ähnlich sind. Bei diesen Regelungen ist der Gesetzgeber davon ausgegangen, daß an bestimmten Orten generell Gefahren für die öffentliche Sicherheit oder Ordnung auftreten können, so daß es im jeweiligen Fall gerade nicht auf eine konkrete Gefahrensituation ankommt. Allein der Aufenthalt in einem Sperrbezirk ist noch keine Straftat, doch darf dort eine Personenidentifizierung ausschließlich aufgrund des Aufenthalts an einem gefährlichen Ort vorgenommen werden. Zusatzvoraussetzung der anderen Alternativen der Identitätsfeststellung an gefährlichen Orten ist jedoch, daß Tatsachen für die Annahme einer Gefahr sprechen – genau dies ist bei der Schleierfahndung (ebenso wie bei Kontrollen im Sperrbezirk) nicht erforderlich. Die Begründung einer sogenannten „dispositionellen Gefahr" für diese Art von Maßnahme ist dagegen entbehrlich, da keine Notwendigkeit für eine Umbenennung der abstrakten Gefahr besteht – es gibt abstrakte Gefahrenlagen, in denen der Gesetzgeber ohne weitere Voraussetzungen ein Eingreifen für zulässig erachtet hat und solche, bei denen zusätzlich Lageerkenntnisse, tatsächliche Anhaltspunkte beziehungsweise Tatsachen für die Annahme einer Gefahr sprechen müssen.[172]

---

ist dann gegeben, wenn bei ungehindertem Geschehensablauf mit hinreichender Wahrscheinlichkeit ein Schaden für die öffentliche Sicherheit oder Ordnung eintreten kann, unabhängig davon, ob die Schädigung der geschützten Rechtsgüter unmittelbar bevorsteht oder nicht. Je höher der mögliche Schaden für ein Schutzgut sein kann, desto geringere Voraussetzungen sind an die Möglichkeit des Schadenseintritts zu stellen, siehe *Leisner*, DÖV 2002, 326 ff., die allerdings das Wahrscheinlichkeitskriterium für entbehrlich hält. Eine abstrakte Gefahr ist eine Sachlage, in der nach allgemeiner Lebenserfahrung eine konkrete Gefahr für ein polizeiliches Schutzgut entstehen kann. Hier geht man einfach von einer typischen Gefährdungslage aus. Ein Eingreifen der Polizei ist also auch dann zulässig, wenn (noch) keine konkrete Gefahr für ein Schutzgut besteht. Zur konkreten Gefahr siehe auch VV PolG NRW 12.11 zu § 12 sowie *Schoch*, JuS 1994, 667 (668); *Würtenberger/Heckmann/Riggert*, Rdnr. 411. *Staats*, DÖV 1979, 155 (158) bezeichnet die konkrete Gefahr als individuelle, die abstrakte Gefahr als typisierte. *Möstl*, Jura 2005, 48 (51) weist darauf hin, daß die abstrakte Gefahr im Vergleich zur konkreten kein Minus an Risikolage oder Schadenswahrscheinlichkeit bedeutet. Dagegen ist der Begriff der „allgemeinen Gefahr", einer Situation, in der eine konkrete Gefährdung eines (individualisierten) Schutzgutes zu erwarten ist, entbehrlich; siehe *Möstl*, Jura 2005, 48 (51) sowie *Trute*, Gedächtnisschrift Jean-d'Heur, S. 403 (408); a. A. *Castillon*, S. 55 f.

[172] Für die Annahme von dispositionellen Gefahren dagegen *Castillon*, S. 58 ff.; *Darnstädt*, S. 112 ff., 205 ff.; *Weßlau*, S. 295. Eine dispositionelle Gefahr liegt nach dieser Ansicht vor, wenn eine Sache durch ihre Gefährlichkeit schadensgeneigt ist. Der Unterschied zu einer abstrakten Gefahr liege darin, daß diese allgemeine Aussagen über eine Schadensgeneigtheit treffe, während bei der dispositionellen Gefahr die Eignung einzelner Individuen, bestimmter Sachen oder Orte zur Schadensherbeiführung charakterisiert werde, so *Castillon*, S. 60. Nach dieser Ansicht ist die Bezeichnung abstrakte Gefahrenlage falsch, sobald Tatsachen oder tatsächliche Anhaltspunkte für eine Gefährdung sprechen müssen, diese Situation wird vielmehr dispositionelle Gefahr genannt.

Verdachts- und ereignisunabhängige Kontrollen finden zwar auch an Orten statt, bei denen abstrakt mit der Begehung von Straftaten zu rechnen ist. Bei der Schleierfahndung ist je nach Norm die einzige Tatbestandsvoraussetzung das Sich-Aufhalten an einem bestimmten, allerdings im Gegensatz zu beispielsweise einer Sperrbezirkszone sehr weit gefaßten Ort.[173] Außerdem kann im gesamten Gebiet der Bundesrepublik Deutschland nach allgemeiner Lebenserfahrung mit dem Begehen von Straftaten gerechnet werden. Allein das Überschreiten der Grenze oder das Benutzen einer grenzverkehrserheblichen Straße indizieren nicht die Gefahr grenzüberschreitender Kriminalität. Allerdings geht der jeweilige Gesetzgeber davon aus, daß es an den Örtlichkeiten, an denen die Schleierfahndung zugelassen ist, verstärkt zu grenzüberschreitender Kriminalität kommen kann, also letztlich eine ähnliche Situation gegeben ist wie bei der Identitätsfeststellung an gefährlichen Orten.[174] Somit kann das Vorliegen einer abstrakten Gefahr im weiteren Sinne angenommen werden.

Erst recht ist kein konkreter Verdacht gegen die zu kontrollierende Person erforderlich. Es sind weder Tatsachen noch tatsächliche Anhaltspunkte für das Vorliegen grenzüberschreitender Kriminalität erforderlich.[175] Habermehl bezeichnet in anderem Zusammenhang solche Maßnahmen als „allgemeine Ausforschungsmaßnahmen", die dazu dienten, festzustellen, ob und wo Anlaß zu einem polizeilichen Einschreiten bestehe.[176]

---

[173] Bislang waren die Örtlichkeiten, die als gefährlich im Sinne einer zur Identitätsfeststellung ermächtigenden Norm eingestuft wurden, räumlich eng begrenzt, mit Einführung der Schleierfahndung wurden diese Örtlichkeiten deutlich erweitert. Siehe zu der Frage, an welchen Örtlichkeiten Schleierfahndungsmaßnahmen vorgenommen werden dürfen unten S. 103 ff.

[174] Ähnlich *Heesen/Hönle/Peilert*, § 23 Rdnr. 13, die auf die örtliche Sondersituation im 30-km-Grenzstreifen hinweisen. *Schmid*, LKV 1998, 477 (479) konstruiert dagegen eine Gefahr durch das Befahren von Durchgangsstraßen, den 30-km-Grenzstreifen und die anderen Örtlichkeiten der Schleierfahndung. Ähnlich auch *Wulff*, S. 39, der vom Vorliegen einer konkreten Gefahr ausgeht, an die aber geringere Anforderungen zu stellen seien. Nach *Kastner*, VerwArch 92 (2001), 216 (222 f.) und *Waechter*, DÖV 1999, 138 (139) sind Kontrollen im 30-km-Streifen zur Verhinderung unerlaubter Einreise immer verdachtsabhängig. Nach *Castillon*, S. 73 ff. liegt bei den Identitätsfeststellungsnormen, die zur Schleierfahndung ermächtigen, ebenfalls eine abstrakte Gefahr vor, jedoch mit Ausnahme der „anderen Straßen von erheblicher Bedeutung". Bei den Befragungsnormen liege dagegen eine dispositionelle Gefahr vor. *Castillon* trennt bei den Befragungsnormen dann weiter danach, ob es sich um Normen mit Lageerkenntniserfordernis handelt oder nicht. Diese Unterscheidung ist jedoch, wie oben gezeigt, bei den Identitätsfeststellungsnormen ebenfalls vorzunehmen. *Peters*, Personenkontrollen, S. 4, lehnt dagegen eine Ähnlichkeit der Normen zur Schleierfahndung mit denen zur Identitätsfeststellung an gefährlichen Orten ab.

[175] Tatsachen sind Vorgänge oder Zustände in der Gegenwart oder in der Vergangenheit, die sinnlich wahrgenommen werden können, also objektive Erkenntnisse. Erkenntnisquellen können dabei eigene Feststellungen der Polizei, Hinweise von Dritten, etc. sein; siehe *Berg/Knape/Kiworr*, § 18 Teil 4 (S. 217).

[176] *Habermehl*, Rdnr. 536; ebenso *Scholler/Schloer*, S. 111.

Daß die Ermächtigungsgrundlagen für die Schleierfahndung keinerlei konkrete Gefahr oder Gefahrenverdacht verlangen, ist der Hauptkritikpunkt an der Schleierfahndung.[177] Es sei vielmehr für ein polizeiliches Einschreiten zumindest zu verlangen, daß von einem Gericht nachprüfbare Tatsachen einen Gefahrenverdacht begründeten.[178] Eine bloße Vermutung, daß etwas nicht in Ordnung sei, dürfe nicht als Eingriffsgrundlage dienen, ansonsten werde die jahrzehntelange Rechtsprechung zu einer rechtsstaatlichen und freiheitlichen Staatsordnung in Frage gestellt.[179] Polizeirecht dürfe nur bei einer Gefahrensituation eingreifen, es dürfe keine Kontrolle ohne nachvollziehbaren Anlaß geben – das sei ein wesentlicher Unterschied zwischen einer Demokratie und einem Polizeistaat.[180]

## 2. Möglichkeit der Inanspruchnahme jeder Person

Liegt eine Gefahr vor, sei es eine Anscheinsgefahr, eine abstrakte Gefahr oder konkrete Gefahr, stellt sich die Frage, gegen wen vorgegangen werden darf. Grundlegender Anknüpfungspunkt für die Auswahl des Adressaten einer polizeilichen Maßnahme ist im Polizeirecht die Verantwortlichkeit für eine Störung oder Gefahr für die öffentliche Sicherheit oder Ordnung. Polizeiliche Maßnahmen haben sich primär gegen denjenigen zu richten, der durch sein Verhalten oder durch das Verhalten von Personen, für die er einzustehen hat, eine solche Gefahr verursacht hat (Handlungsstörer, Verhaltensstörer[181]). Ebenfalls möglich ist die Inanspruchnahme desjenigen, der Eigentümer oder sonstiger Berechtigter einer Sache oder Inhaber der tatsächlichen Gewalt über eine Sache ist, von der Gefahren ausgehen (Zustandsstörer)[182]. Ausnahmsweise kann in

---

[177] *Stephan,* DVBl. 1998, 81 (82 f.) mit dem Hinweis darauf, daß darüber hinaus weder die personenbezogenen noch die ortsbezogenen Eingriffsvoraussetzungen der Schleierfahndungsnormen hinreichend eingegrenzt seien. Zur Einführung besonderer Mittel der Datenerhebung in Thüringen siehe *Kutscha,* LKV 2003, 114 (115), der kritisiert, damit würden so wichtige rechtsstaatliche Eingriffsvoraussetzungen wie der Tatverdacht oder die Störereigenschaft aufgegeben. Auch *Kniesel,* NVwZ 1990, 743 (744) geht davon aus, daß die Erforderlichkeit der vorbeugenden Bekämpfung von Straftaten nicht die konkrete Gefahr als Eingriffsschwelle verdrängen dürfe.

[178] *Lisken,* ZRP 1994, 264 (268).

[179] *Müller,* StV 1995, 602 (605).

[180] *Feltes,* S. 11.

[181] Vgl. § 6 PolG BW; Art. 7 I, II BayPAG; § 13 I, II ASOG Bln; § 5 I, II BbgPolG; § 16 I, II OBG Bbg; § 5 I, II BremPolG; § 8 I, II SOG HH; § 6 I, II HSOG; § 69 I, II SOG MV; § 6 I, II NSOG; § 4 I, II PolG NRW; § 17 I, II OBG NRW; § 4 I, II RPPOG; § 4 I, II SaarPolG; § 4 SächsPolG; § 7 I, II SOG LSA; § 218 I, II SHLVwG; § 7 I, II ThürPAG; § 10 I, II Thür OBG; ebenso § 17 I, II BGSG. Siehe hierzu *Schoch,* JuS 1994, 849 (850, 853); *Würtenberger/Heckmann/Riggert,* Rdnr. 429 ff.

[182] Vgl. § 7 PolG BW; Art. 8 I, II BayPAG; § 14 I, III ASOG Bln; § 6 I, II BbgPolG; § 17 I, II OBG Bbg; § 6 I, II BremPolG; § 9 I, II SOG HH; § 7 I, II HSOG; § 70 I, II SOG MV; § 7 I, II NSOG; § 5 I, II PolG NRW; § 18 I, II OBG

sog. Notstandsfällen eine Person zur Gefahrenabwehr herangezogen werden, die weder Handlungs- noch Zustandsstörer ist (Nichtstörer)[183]. Die Notstandsinanspruchnahme ist nur unter engen Voraussetzungen zulässig und hat eine Entschädigungspflicht zur Folge.[184] Die Inanspruchnahme eines nicht für die Gefahr Verantwortlichen wird zwar teilweise kritisiert,[185] es gibt jedoch Notstandssituationen, in denen der Staat zum Schutz der Rechte Dritter oder des Staates selbst einen Nichtstörer in Anspruch nehmen muß. Dessen Polizeipflicht kann mit dem Gedanken einer allgemeinen solidarischen Einstandspflicht in Notstandssituationen begründet werden.[186]

Da die Schleierfahndung nicht an das Vorliegen einer Gefahr anknüpft, unterfällt der Inanspruchgenommene naturgemäß nicht den dargestellten Adressatenkategorien. Bei der Schleierfahndung kann jedermann in Anspruch genommen werden. Es gibt kein Erfordernis einer individuellen Verantwortlichkeit des Adressaten, dieser muß nicht durch sein Verhalten Anlaß zu polizeilichem Einschreiten gegeben haben. Auch eine Notstandsstörerinanspruchnahme liegt bei der Schleierfahndung nicht vor. Vielmehr ist der Aufenthalt in dem vom Tatbestand genannten Bereich ausreichend, um eine Inanspruchnahme zu legitimieren. Erforderlich für die Statthaftigkeit einer Befragung oder Identitätsfeststellung im Rahmen einer Schleierfahndung ist allerdings, daß sich der Adressat der Maßnahme tatsächlich in einem Bereich aufhält, in dem eine Schleierfahndung vorgenommen werden darf. Nicht ausreichend ist die vermutete Absicht, sich in einen solchen Bereich begeben zu wollen.

Nicht als Adressat einer Schleierfahndungsmaßnahme in Anspruch genommen werden dürfen allerdings Personen, die völkerrechtliche Exemtionen (Immunitäten und Unverletzlichkeitsgewährleistungen) genießen, sofern es sich um eine umfassende, nicht auf Amtshandlungen beschränkte Immunität beziehungsweise Unverletzlichkeit handelt. Eine solche umfassende Immunität und Unver-

---

NRW; § 5 I, II RPPOG; § 5 I, II SaarPolG; § 5 SächsPolG; § 8 I, II SOG LSA; § 219 I, II SHLVwG; § 8 I, II ThürPAG; § 11 I, II Thür OBG; § 18 I, II BGSG. Siehe hierzu *Schoch,* JuS 1994, 849 (850) sowie 932 (935 f.); *Würtenberger/Heckmann/Riggert,* Rdnr. 434 ff.

[183] Vgl. § 9 PolG BW; Art. 10 I, II BayPAG; § 16 I, II ASOG Bln; § 7 I, II BbgPolG; § 18 I, II OBG Bbg; § 7 BremPolG; § 10 I SOG HH; § 9 HSOG; § 71 SOG MV; § 8 NSOG; § 6 I, II PolG NRW; § 19 I, II OBG NRW; § 7 RPPOG; § 6 SaarPolG; § 7 SächsPolG; § 10 SOG LSA; § 220 SHLVwG; § 10 I, II ThürPAG; § 13 I, II Thür OBG. Siehe hierzu *Schoch,* JuS 1995, 30 ff.; *Würtenberger/Heckmann/Riggert,* Rdnr. 473 ff.

[184] *Würtenberger/Heckmann/Riggert,* Rdnr. 842 ff.

[185] *Denninger,* in Lisken/Denninger, E Rdnr. 126: „Grenzlinie rechtsstaatlichen Polizeirechts".

[186] *Schoch,* Polizeirecht, Rdnr. 178: „zum Rechtsstaat gehört aber auch, daß im Bereich der Inneren Sicherheit (...) keine Situationen eintreten, die die zuständigen Behörden zur Untätigkeit verdammen oder (...) zu Maßnahmen ohne rechtliche Bindung veranlassen."

letzlichkeit genießen zum Beispiel Diplomaten, Richter internationaler Gerichte und fremde Staatsoberhäupter.[187] Die über das deutsche Zustimmungsgesetz nach Art. 59 II GG (bei völkervertraglichen Befreiungen) oder über Art. 25 GG (bei völkergewohnheitsrechtlichen Befreiungen) in Deutschland verbindlichen Exemtionsregelungen haben (zumindest als leges speciales) Vorrang vor den Ermächtigungsgrundlagen zur Durchführung einer Schleierfahndung.

Zwar ist allgemein anerkannt, daß völkerrechtliche Immunitäten und Unverletzlichkeitsgewährleistungen der Vornahme von Gefahrenabwehrmaßnahmen nicht entgegenstehen; insofern erfahren diese Befreiungen von der Staatsgewalt eine völkergewohnheitsrechtlich anerkannte Einschränkung. Der Empfangsstaat der bevorrechtigten Personen ist diesen nicht schutzlos ausgeliefert, sondern darf zur Abwehr von von diesen ausgehenden konkreten Gefahren einschreiten.[188] Wenn beispielsweise ein Diplomat betrunken Auto fährt, darf die Polizei aktiv werden und ihn an der Weiterfahrt hindern, „lediglich" eine anschließende Strafverfolgung ist unstatthaft. Wenn ein Diplomat nach einem Familienstreit damit droht, seine Ehefrau umzubringen, darf er zur Verhinderung der Tat in Gewahrsam genommen werden.

Doch ist diese Ausnahme auf Maßnahmen beschränkt, die der Abwehr einer konkreten, von der geschützten Person ausgehenden (oder ihr drohenden) Gefahr dienen.[189] Damit aber greift diese Ausnahme von den völkerrechtlichen Befreiungen bei der Schleierfahndung nicht ein, schließlich handelt es sich bei dieser nicht um eine Maßnahme zur Abwehr einer konkreten Gefahr.

Wird daher eine Person im Rahmen einer Schleierfahndung angetroffen, die angibt, eine ihr zukommende völkerrechtliche Exemtion stehe der Schleierfahndungsmaßnahme entgegen, so darf durch die Polizei zunächst ausschließlich überprüft werden, ob diese Exemtion tatsächlich besteht; es darf also zum Beispiel von einer Person, die angibt, Diplomat zu sein, die Vorlage des Diplomatenausweises verlangt und dieser eingesehen und geprüft werden.[190] Ergibt

---

[187] Vgl. *Dahm/Delbrück/Wolfrum,* Völkerrecht Bd. I/1, S. 252 ff.; *Doehring,* Rdnr. 671 f., 677 f., 690.

[188] Vgl. *Dahm/Delbrück/Wolfrum,* Völkerrecht Bd. I/1, S. 275 f.; *Doehring,* Rdnr. 497, 671, 676, 684; *Heesen/Hönle/Peilert,* § 2 Rdnr. 58. Der Internationale Gerichtshof hat diese Ausnahme von völkerrechtlichen Befreiungen in seiner Entscheidung zum „Teheraner Geiselfall" bestätigt, indem er ausgeführt hat: „Naturally, the observance of this principle [die umfassende völkerrechtliche Immunität und Unverletzlichkeit] does not mean (…) that a diplomatic agent caught in the act of committing an assault or other offence may not, on occasion, be briefly arrested by the police of the receiving State in order to prevent the commission of the particular crime." Vgl. IGH, ICJ-Reports 1980, 3 (40).

[189] Vgl. das Rundschreiben des Bundesministeriums des Innern „Diplomaten und andere bevorrechtigte Personen" vom 17.8.1993, GMBl. 1993, S. 591; auszugsweise abgedruckt u. a. bei *Pfeiffer,* in Karlsruher Kommentar zur StPO, § 18 GVG Rdnr. 12, Abschnitt V A.

diese Statusüberprüfung, daß eine angetroffene Person Immunität beziehungsweise Unverletzlichkeit genießt, darf weder eine Befragung noch eine Identitätsfeststellung im Rahmen einer Schleierfahndung durchgeführt werden. Gegenüber exemten Personen sind also nur solche Maßnahmen zulässig, die der Klärung des Status der betreffenden Person dienen sollen. In der Sache wird bei einer solchen statthaften Statusüberprüfung natürlich ebenfalls die Identität der betreffenden Person in Erfahrung gebracht, also das Ziel einer Identitätsfeststellung im Rahmen einer Schleierfahndung erreicht. Doch ist diese Statusüberprüfung als „Vorfeldmaßnahme" klar zu trennen von weiteren Maßnahmen im Rahmen einer polizeirechtlichen Schleierfahndung. Deutlich wird dies bei einer Befragung im Rahmen einer Schleierfahndung. Eine Pflicht zur Auskunftserteilung gibt es, wenn die Statusüberprüfung ergeben hat, daß Immunität besteht, nicht.

In bezug auf Minderjährige bestehen dagegen keine besonderen Einschränkungen. Diese dürfen in gleicher Weise wie Erwachsene kontrolliert werden.

Eine Identitätsfeststellung verfolgt den Zweck, die Feststellung zu ermöglichen, ob eine bestimmte Person (zukünftig) als Störer der öffentlichen Sicherheit oder Ordnung in Betracht kommt. Die verdachtsunabhängige Inanspruchnahme bedeutet, daß auch Personen kontrolliert werden, bei denen kein Anhaltspunkt dafür besteht, daß sie zu dem Kreis der Personen gehören, von dem die Gefahr ausgehen kann. Daher dürfen von vornherein auch solche Personen kontrolliert werden, die nach klassischer Störerdogmatik als Nichtstörer zu bezeichnen sind.

Aus der Tatsache, daß jedermann im Rahmen einer Schleierfahndung in Anspruch genommen werden darf, wird gefolgert, daß die Unterscheidung zwischen Störer und Nichtstörer aufgegeben worden sei.[191] Dieser Einwand ist zwar richtig, doch ist zu betonen, daß dies für die Rechtmäßigkeit der Schleierfahndung irrelevant ist. Verdachts- und ereignisunabhängige Maßnahmen kennt das klassische Polizeirecht zwar nicht,[192] so daß sich die Schleierfahndung auch

---

[190] Maßnahmen zur Klärung des Bestehens einer völkerrechtlichen Exemtion, etwa zur Feststellung, ob eine Person tatsächlich, wie von ihr behauptet, Mitglied einer diplomatischen Mission ist, sind selbstverständlich auch gegenüber exemten Personen statthaft. Zu diesem Zweck stellt das Auswärtige Amt den betreffenden Personen besondere Ausweise aus und hat es eine „Telefax-Hotline" geschaltet. Vgl. das Rundschreiben das Bundesministeriums des Innern „Diplomaten und andere bevorrechtigte Personen" vom 17.8.1993, GMBl. 1993, S. 591; auszugsweise abgedruckt bei *Pfeiffer,* in Karlsruher Kommentar zur StPO, § 18 GVG Rdnr. 12, Abschnitt X.

[191] *Hornmann,* Ergänzungsheft, § 18 Rdnr. 18; *Rachor* ging in der 2. Aufl. von Lisken/Denninger, F Rdnr. 228e sogar noch weiter und meinte, für den gesamten Anwendungsbereich der Schleierfahndung sei der polizeiliche Notstand ausgerufen, obwohl dessen Voraussetzungen nicht vorlägen.

[192] Das klassische Polizeirecht kennt verdachtsunabhängige Maßnahmen indem es eine abstrakte Gefahrensituation genügen läßt. Es kennt zudem ereignisunabhängige Maßnahmen. Die Kombination von beidem, also die Gestattung ereignis- und verdachtsunabhängiger Maßnahmen, ist jedoch neu.

nicht nahtlos in das bisherige polizeirechtliche System einfügen läßt.[193] Maßnahmen nach Art. 13 I Nr. 1, 6 BayPAG und vergleichbare Regelungen in anderen Bundesländern knüpfen dagegen noch an die klassischen Störerkategorien an.[194] Wie oben bei der Erläuterung der Kategorie der Standardmaßnahmen gezeigt wurde, ist es eines der typischen Kennzeichen von Standardmaßnahmen, daß für diese nicht zwingend die klassischen Störerkategorien und damit Adressatenregelungen gelten, die für Maßnahmen nach der polizeilichen Generalklausel maßgeblich sind.[195] Die Normen über Standardmaßnahmen können vielmehr eigenständig und unabhängig von überkommener polizeirechtlicher Dogmatik ihren eigenen Adressatenkreis festlegen – und im Fall der Schleierfahndung auf jedermann ausdehnen.

Auch diesbezüglich wird in der Literatur Kritik geübt, und zwar zum Teil die gleiche, wie sie gegenüber der soeben erwähnten Tatsache vorgebracht wird, daß für die Durchführung einer Schleierfahndung keine Gefahrensituation erforderlich ist. Der Grundrechtsbereich von Unverdächtigen müsse polizeifest sein.[196] Weiter wird argumentiert, es sei verfassungsrechtlich geboten, zwischen Störer und Nichtstörer zu differenzieren, diese Unterscheidung werde aber durch die Schleierfahndung verwischt.[197]

Die Befürworter der Schleierfahndung argumentieren, die Zunahme importierter und grenzüberschreitender Kriminalität, die zunehmende Mobilität und die damit einhergehende Bedeutung der Benutzung des Straßenraums für kriminelle Aktivitäten sprächen für ein Abrücken vom Erfordernis einer konkreten Gefahr beziehungsweise einer Störereigenschaft des Adressaten als Voraussetzung für ein polizeiliches Einschreiten.[198]

Festzuhalten bleibt, daß mit der Einführung der Schleierfahndung der Rahmen des klassischen Systems des Polizeirechts verlassen wurde. Es ist ein Novum des Polizeirechts, daß nunmehr auch Personen in Anspruch genommen werden dürfen, von denen bereits dem ersten Anschein nach keinerlei Gefahr ausgeht.[199]

---

[193] So aber die Behauptung von *Moser von Filseck*, BWVP 1996, 272 (273); BW LT-Drs. 12/117, S. 19. Auch *Berner/Köhler*, Art. 13 Rdnr. 8 gehen davon aus, daß die Schleierfahndung keine Durchbrechung klassischen Polizeirechts darstelle.

[194] *Lisken*, NVwZ 1998, 22 (24).

[195] *Gallwas*, Polizeispiegel 2001, 39 (41); *Würtenberger/Heckmann/Riggert*, Rdnr. 318.

[196] *Lisken*, ZRP 1994, 264 (268).

[197] *Alberts*, ZRP 1990, 147.

[198] *Berner/Köhler*, Art. 13 Rdnr. 8; *Walter*, ZfIS 1999, 237.

[199] Das wirklich Neue an der Schleierfahndung ist die Kombination von Gefahrenlosigkeit und Weite der Örtlichkeiten, an denen die Maßnahme durchgeführt werden darf – der „Abschied vom Gefahrenbegriff", wie er von manchen Autoren bezeichnet wird, hat dagegen schon viel früher eingesetzt; siehe nur *Albers*, S. 215 ff.; *Gusy*, StV 1993, 269 (270); *Hassemer*, StV 1993, 664 (665 f.); *Riegel*, DÖV 1990, 651 (654 f.).

Die Frage, ob die Inanspruchnahme von – in der Terminologie des klassischen Polizeirechts – „Nichtstörern" im Rahmen einer Schleierfahndung noch verhältnismäßig und damit verfassungsgemäß ist (also der erwähnten Kritik beigepflichtet werden muß), wird später gesondert zu beantworten sein.[200]

### III. Die Schleierfahndung im Umfeld repressiv-polizeilicher und straßenverkehrsrechtlicher Maßnahmen

#### 1. Identitätsfeststellungen im Strafverfahren

Die Verhinderung von Straftaten ist ein wesentlicher Teil der allgemeinen Aufgabe der Polizeibehörden, Gefahren für die öffentliche Sicherheit und Ordnung abzuwehren. Abzugrenzen ist diese präventiv-polizeiliche Tätigkeit zu der Aufgabe der Verfolgung strafbarer Handlungen, also zu der repressiven Tätigkeit der Polizei.

Personenkontrollen sind sowohl als präventiv-polizeiliche Maßnahmen in Form der Identitätsfeststellung beziehungsweise Befragung möglich wie auch als repressive Maßnahmen zur Klärung der Identität einer Person, die der Strafverfolgung zugeführt werden soll.

Eine „endgültige" Abgrenzung zwischen repressiven und präventiven Kontrollmaßnahmen soll erst im Rahmen der Prüfung der formellen Verfassungsmäßigkeit der Schleierfahndungsnormen im Kontext der Erörterung der Gesetzgebungskompetenz der Länder im Bereich der Schleierfahndung vorgenommen werden. Hier geht es allein darum, deutlich zu machen, daß nur die gefahrenabwehrende, also präventiv-polizeiliche Personenkontrolle Gegenstand der vorliegenden polizeirechtlichen Untersuchung ist. Um diese Art der Personenkontrolle richtig einordnen zu können, erscheint es aber sinnvoll, einen kurzen Blick auf die repressiven Maßnahmen zur Identitätsfeststellung zu werfen.

Identitätsfeststellungen im Strafverfahren oder im Bußgeldverfahren richten sich nach den Normen der StPO.[201] Sie dienen der Aufklärung von Straftaten, der Einleitung oder Vorbereitung eines Strafverfahrens sowie von Ordnungswidrigkeiten (§ 53 I 2 OWiG).

Die Ermächtigungsgrundlage für Personenkontrollen findet sich in § 163b StPO, der zur Identitätsfeststellung durch die Staatsanwaltschaft und durch Beamte des Polizeidienstes berechtigt. § 163b I StPO setzt voraus, daß der Betroffene einer Straftat verdächtig ist (sogenannter Anfangsverdacht i.S.v. § 152 II StPO).[202] § 163b StPO sieht vor, daß die für eine Identitätsfeststellung erforderlichen Maßnahmen ergriffen werden können. Der Verdächtige kann festgehalten

---

[200] Siehe die Ausführungen unten auf S. 293 ff.
[201] Siehe auch VV PolG NRW 12.0 zu § 12.

werden, wenn die Identität sonst nicht oder nur unter erheblichen Schwierigkeiten festgestellt werden kann. Dann sind auch die Durchsuchung des Verdächtigen und der von ihm mitgeführten Sachen sowie die Durchführung erkennungsdienstlicher Maßnahmen zulässig.[203] § 163b II StPO regelt die Identitätsfeststellung einer Person, die einer Straftat nicht verdächtig ist (zum Beispiel Zeugen), wenn und soweit dies zur Aufklärung einer Straftat geboten erscheint.[204]

Ebenfalls eine repressive Maßnahme ist die Errichtung von Kontrollstellen nach § 111 StPO. Nach dieser Norm dürfen auf öffentlichen Plätzen und Straßen und an anderen öffentlich zugänglichen Orten zum Zwecke der Strafverfolgung Kontrollstellen eingerichtet werden, bei denen Personen, die an dieser Stelle angetroffen werden, einer Identitätskontrolle unterzogen werden können. Die Einrichtung einer Kontrollstelle ist nicht verdachts- und ereignisunabhängig, da Tatsachen den Verdacht begründen müssen, daß eine schwere Straftat nach § 129a StGB (Bildung terroristischer Vereinigungen), eine andere in § 129a StGB aufgeführte „Katalogtat" oder eine Tat nach § 250 I 1 StGB (schwerer Raub) begangen worden ist. Schon dadurch unterscheidet sich die Errichtung einer Kontrollstelle nach § 111 StPO von einer Schleierfahndung. Weiter müssen Tatsachen die Annahme rechtfertigen, daß die Kontrollstelle zur Ergreifung des Täters oder zur Sicherstellung von Beweismitteln für die Aufklärung der betreffenden Straftat führen kann.[205] Die Anordnung der Errichtung einer Kontrollstelle muß gemäß § 111 II StPO durch einen Richter beziehungsweise bei Gefahr im Verzug durch einen Staatsanwalt oder einer Ermittlungsperson im Sinn des § 152 GVG erfolgen.[206] Ist die Einrichtung einer Kontrollstelle zulässig, können an dieser alle Personen, egal ob sie selbst der betreffenden Straftat verdächtig sind oder nicht, kontrolliert werden.[207] Daten über die Identität von Personen, die im Zuge der Kontrolle an einer Kontrollstelle anfallen, können gemäß § 163d StPO in einer Datei gespeichert werden.[208]

---

[202] *Corts/Hege,* JA 1976, 303 (304); *König,* Rdnr. 145; *Kurth,* NJW 1979, 1377 (1378); *Meyer-Goßner,* § 163b Rdnr. 4; *Plöd,* in KMR, § 163b Rdnr. 2.

[203] *König,* Rdnr. 146; *Meyer-Goßner,* § 163b Rdnr. 6 ff.; *Plöd,* in KMR, § 163b Rdnr. 12 ff.

[204] *König,* Rdnr. 147; *Meyer-Goßner,* § 163b Rdnr. 14 ff.; *Plöd,* in KMR, § 163b Rdnr. 17 ff.

[205] *König,* Rdnr. 156; *Meyer-Goßner,* § 111 Rdnr. 5 ff.; *Müller,* in KMR, § 111 Rdnr. 3.

[206] *König,* Rdnr. 157; *Meyer-Goßner,* § 111 Rdnr. 15.

[207] *König,* Rdnr. 153; *Kühne,* Strafprozeßrecht, Rdnr. 539; *Meyer-Goßner,* § 111 Rdnr. 10; *Riegel,* RDV 1990, 232 (234). Zu der Zulässigkeit der Verursachung eines künstlichen Staus, um eine Fahndung nach § 111 StPO durchzuführen, siehe *Harzer,* S. 85 (88 ff.).

[208] *König,* Rdnr. 159; *Meyer-Goßner,* § 163d Rdnr. 4 ff.; *Riegel,* RDV 1990, 232 (236); *Wittig,* JuS 1997, 961 (962 ff.).

## 2. Abgrenzung präventiver von repressiven Maßnahmen im Fall von Doppelfunktionalität

Für den Betroffenen einer Identitätsfeststellung läßt sich nur schwer erkennen, ob gegen ihn eine präventive oder eine repressive Maßnahme durchgeführt wird oder gar sowohl präventiv als auch repressiv gegen ihn vorgegangen wird[209] – es kommt ganz auf die jeweilige Situation an, ob im Einzelfall eine Maßnahme der Gefahrenabwehr oder eine der Strafverfolgung ergriffen wird.[210] Dient eine Maßnahme gleichzeitig sowohl präventiven als auch repressiven Zwecken, handelt es sich um eine doppelfunktionale Maßnahme.[211] Ein Beispiel für eine zulässige doppelfunktionale Maßnahme ist die Errichtung von Kontrollstellen auf Straßen und Plätzen. Solche sind zum Teil sowohl nach Landesrecht (vgl. Art. 13 I Nr. 4 BayPAG) als auch nach Bundesrecht (vgl. § 111 StPO) statthaft. Der Landesgesetzgeber will mit seiner Kontrollstellenregelung die Begehung von Straftaten i.S.d. § 100a StPO verhindern, der Bundesgesetzgeber mit seiner Regelung die Ergreifung von Straftätern i.S.d. § 111 StPO ermöglichen.

Bei doppelfunktionalen Maßnahmen entscheidet die herrschende Meinung bezogen auf den konkreten Einzelfall anhand des Schwerpunkts der Maßnahme, der anhand des Gesamteindrucks zu ermitteln ist, ob es sich insgesamt um eine präventive oder repressive Maßnahme handelt.[212]

---

[209] Es läßt sich als Tendenz festhalten, daß Überschneidungen bzw. Verflechtungen von repressiven und präventiven Maßnahmen zugenommen haben; siehe *Schoch,* Polizeirecht, Rdnr. 10; *Trute,* Die Verwaltung 32 (1999), 73 (76).

[210] *Schoch,* Polizeirecht, Rdnr. 10 bezeichnet solche Maßnahmen daher zu Recht als ambivalent. Siehe auch *Hertrich,* S. 63.

[211] So schon *Emmerig,* DVBl. 1958, 338 ff. Siehe auch *Schoch,* Polizeirecht, Rdnr. 11; *Würtenberger/Heckmann/Riggert,* Rdnr. 323.

[212] BVerwGE 47, 255 (265); VGH Mannheim DÖV 1989, 171; BayVGH NVwZ 1986, 655; BayVBl. 1991, 657 f.; OVG NRW NJW 1980, 855; *Achenbach,* JA 1981, 660 (662); *Aulehner,* BayVBl. 1988, 708 (709); *Erichsen,* Jura 1993, 45 (49); *Fezer,* Jura 1982, 126 (133); *Jorzik/Kunze,* Jura 1990, 294 (297); *Knemeyer,* Polizeirecht, Rdnr. 122; *Pieroth/Schlink/Kniesel,* § 2 Rdnr. 15; *Rieger,* S. 84 ff.; *Schoch,* Polizeirecht, Rdnr. 11; *Würtenberger,* Besonderes Verwaltungsrecht, Rdnr. 101; *Würtenberger/Heckmann/Riggert,* Rdnr. 191. Nach *Götz,* Rdnr. 550 soll eine doppelfunktionale Maßnahme schon dann rechtmäßig sein, wenn eine der beiden in Betracht kommenden Normenbereiche (Polizeirecht oder StPO) die Maßnahme gestatte. A.A. *Rühle/Suhr,* Vor §§ 10–17, 2, 3 (S. 156 f.): Für die Rechtmäßigkeit einer Maßnahme sei es unerheblich, wo der Schwerpunkt liege, solange sich überhaupt eine Ermächtigungsgrundlage finde. Ähnlich *Heyer,* S. 247 und auch *Dörschuck,* Kriminalistik 1997, 740 (744 f.): Es stehen sowohl die Befugnisse aus der StPO als auch aus dem Polizeigesetz zur Verfügung. Denn es gebe keinen zwingenden Grund, von der Polizei zu verlangen, sich nur auf eine Rechtsgrundlage zu stützen. Nach *Schenke,* Rdnr. 420 ff. ist die Abgrenzung nach dem Schwerpunkt verfehlt. Er hält die Polizei aufgrund des Rechtsstaatsprinzips für verpflichtet, dem Betroffenen mitzuteilen, welchen Zweck eine Maßnahme dient.

Diese pauschale Einordnung einer Maßnahme als entweder präventiv oder repressiv wurde vielfach kritisiert; es wurde die Ansicht vertreten, eine Differenzierung sei erforderlich.[213] Handele es sich um ein Maßnahmenbündel, so müsse dieses aufgespalten und jede einzelne Maßnahme gesondert beurteilt werden, was zur Folge haben könne, daß einzelne Handlungen im Rahmen einer doppelfunktionalen Maßnahme rechtlich unterschiedlich zu beurteilen sind.[214] Diese Aufspaltung ist allerdings bei der Schleierfahndung nicht erforderlich, da es sich gerade nicht um ein Maßnahmenbündel handelt.

Weiter wird eingewendet, die Polizei habe vor der Durchführung einer Maßnahme festzulegen, ob sie präventiv oder repressiv vorgehen wolle und sich dann zu entscheiden; eine Wahlfreiheit bezüglich der Ermächtigungsgrundlage sei abzulehnen.[215] Dem ist zuzustimmen; diese Auffassung ist auch mit der herrschenden Meinung durchaus vereinbar. Fraglich ist allenfalls, ob bei der ex-ante Beurteilung der Situation nur der objektive Gesamteindruck zählt[216] oder ob auch der subjektive Wille des Handelnden zu beachten ist.[217] Die herrschende Meinung grenzt nach dem Schwerpunkt der polizeilichen Maßnahmen aus der Sicht des Betroffenen ab.[218] Dies ist auf den Vorfeldbereich und also auch auf die Schleierfahndungsnormen sinngemäß zu übertragen. Es ist also zu prüfen, ob sich der Polizist ex-ante nachvollziehbar und verständlich vorgestellt hat, eine Maßnahme zu treffen, die bei dem Betroffenen den Anschein erwecken muß, schwerpunktmäßig eine präventive Zielrichtung zu haben, also der Abwehr einer Gefahr und nicht der Ahndung eines Gesetzesverstoßes zu dienen.

Findet sich, sofern der so ermittelte Schwerpunkt einer Maßnahme im repressiven Bereich zu verorten ist, keine Befugnisnorm in der StPO, so ist ein Rückgriff auf ein PolG, das eine Befugnisnorm zu vergleichbaren präventiven Maßnahmen beinhaltet, nicht zulässig, da die Eingriffsbefugnisse jeweils abschließend geregelt sind. Polizeirecht darf nicht zur systematischen Umgehung des Strafprozeßrechts genutzt werden, nur weil die Eingriffsbefugnisse im Polizeirecht weitergehender sind als die der StPO.

---

[213] *Götz*, Rdnr. 549; *Schenke*, Rdnr. 423; *Schoreit*, NJW 1985, 169 (172).

[214] *Albers*, S. 96; *Götz*, Rdnr. 547; *Schenke*, Rdnr. 423 f.; *Schoch*, Polizeirecht, Rdnr. 11; *Wolter*, Jura 1992, 520 (526); *Würtenberger*, Besonderes Verwaltungsrecht, Rdnr. 102; a.A. *Wolffgang/Hendricks/Merz*, Rdnr. 45, die die Beurteilung der Maßnahme an nur einer Ermächtigungsgrundlage vornehmen wollen.

[215] *Schoch*, Polizeirecht, Rdnr. 11.

[216] Ebenso *Achenbach*, JA 1981, 660 (662); *Schenke*, Rdnr. 423.

[217] Für eine subjektiv-objektive Betrachtung *Artzt*, Kriminalistik 1998, 353.

[218] Siehe nur *Berner/Köhler*, Art. 11 Rdnr. 18. Nach BVerwGE 47, 255 (264) wurde angenommen, aus der Weiterleitung der Ermittlungen an die Staatsanwaltschaft bzw. das Amtsgericht könne auf den repressiven Charakter der Maßnahme geschlossen werden. *Hantschel*, Jura 2001, 472 (476) betont, daß die Entscheidung, ob präventiv oder repressiv vorgegangen werden solle, von der Polizei vor dem Beginn der Durchführung der Maßnahme zu treffen sei.

### 3. Verkehrskontrollen nach § 36 V StVO

Eine sowohl der Personenkontrolle nach den Normen der StPO als auch der Schleierfahndung ähnliche Maßnahme ist die Verkehrskontrolle nach § 36 V StVO. Nach dieser Norm dürfen Verkehrsteilnehmer zur Prüfung ihrer Fahrtüchtigkeit angehalten sowie Fahrzeugpapiere und die Betriebssicherheit des Fahrzeugs geprüft werden.[219] Dagegen sind weder eine Feststellung der Identität des Fahrers oder der von Mitinsassen des Fahrzeuges noch eine Durchsuchung des Fahrzeugs zulässig.[220] Es handelt sich um eine Kontrollbefugnis ohne Gefahrenerfordernis, die ereignisunabhängig ist.[221] Dadurch steht die Verkehrskontrolle in einer gewissen Nähe zur Schleierfahndung. Eine Verkehrskontrolle nach § 36 V StVO dient allein der Verkehrssicherheit, also der Aufrechterhaltung der Sicherheit und Ordnung im Straßenverkehr und der Bekämpfung von Gefahren des Straßenverkehrs.[222] Sie dient aber nicht allgemeinen präventiven oder repressiven Fahndungszwecken.[223] Der Schwerpunkt der Maßnahme muß auf der Kontrolle des Straßenverkehrs liegen. Nicht zulässig nach § 36 V StVO sind Maßnahmen nach einem vollendeten Verkehrsverstoß.[224] Ihre Rechtfertigung findet die Verkehrskontrolle in der abstrakten Gefährlichkeit der Teilnahme am Straßenverkehr.[225] Sofern bei einer Verkehrskontrolle nach § 36 V StVO Zufallsfunde gemacht werden, ist deren Verwertung möglich.[226]

Trotz ihrer Ähnlichkeit mit einer Schleierfahndung ist die Verkehrskontrolle nach § 36 V StVO von dieser klar abzugrenzen. Während von § 36 V StVO nur Verkehrsteilnehmer[227] erfaßt werden, kann im Rahmen einer Schleierfahndungsmaßnahme jedermann kontrolliert werden, zum Beispiel auch ein Beifahrer. Die Schleierfahndung ist auch insofern weiterreichend, als sie den allgemeingehaltenen Zweck der Bekämpfung grenzüberschreitender Kriminalität hat, während es Aufgabe des § 36 V StVO allein ist, die Verkehrssicherheit zu ge-

---

[219] *Hentschel,* § 36 StVO Rdnr. 15, 24; *König,* Rdnr. 178.

[220] *Zeitler,* Rdnr. 253. Daß die Praxis § 36 V StVO rechtswidrig angewendet hat, um eine allgemeine Überprüfung des Fahrzeugs samt Insassen vorzunehmen, darf bei der Beurteilung keine Rolle spielen – siehe auch *Herrnkind,* KJ 2000, 188 (199).

[221] *Hentschel,* § 36 StVO Rdnr. 10 mit Hinweis auf die Begründung des Bundestages zur ÄndVO vom 19.3.1992; siehe auch BR-Drs. 75/92, S. 73. A.A. *Denninger,* FS Stein, S. 15 (18), der wegen der generellen Gefährlichkeit des Straßenverkehrs von einer gefahrenabhängigen Kontrolle ausgeht.

[222] *Hentschel,* Rdnr. 24.

[223] *Dvorak,* Die Polizei 1985, 201 (202); *Honnacker/Beinhofer,* Art. 13 Rdnr. 24.

[224] *König,* Rdnr. 178.

[225] *Rachor,* in Lisken/Denninger, F Rdnr. 373.

[226] Siehe auch *Lisken,* NVwZ 1998, 22 (23).

[227] Verkehrsteilnehmer ist, wer öffentliche Wege im Rahmen des Gemeingebrauchs benutzt, siehe *Hentschel,* § 1 StVO, Rdnr. 17 f.; *Jagow/Burmann/Heß/Mühlhaus,* § 1 StVO Rdnr. 5 ff.

währleisten, also Verkehrskontrollen nur aus straßenverkehrsrechtlichen Gründen zulässig sind.

## Kapitel 4

# Abgrenzung der Schleierfahndung zu anderen präventiv-polizeilichen Maßnahmen

Um zu verdeutlichen, daß die Schleierfahndung ein Novum im bisherigen System des Polizeirechts darstellt, werden im folgenden Kapitel der Schleierfahndung ähnliche Maßnahmen präventiv-polizeilicher Natur vorgestellt[228] und die jeweiligen Unterschiede zur Schleierfahndung herausgearbeitet.

## I. Die Schleierfahndung in Abgrenzung zu anderen präventiv-polizeilichen Maßnahmen der Identitätsfeststellung

Die nach Polizeirecht zulässigen Identitätsfeststellungsmaßnahmen können in drei Fallgruppen unterteilt werden: (1.) Maßnahmen zur Abwehr einer konkreten Gefahr, (2.–7.) Maßnahmen ohne Vorliegen einer konkreten Gefahr bei Anwesenheit der überprüften Person an einem Ort, der vom Gesetzgeber als generell gefährlich oder gefährdet eingestuft wird, und (8.) sonstige Fälle.

### 1. Die Identitätsfeststellung zur Abwehr einer Gefahr

Die Befugnis zur Identitätsfeststellung zwecks Abwehr einer Gefahr für die öffentliche Sicherheit oder Ordnung ist in allen Länder-Polizeigesetzen und auch im BGSG normiert.[229]

Tatbestandsvoraussetzung für eine Identitätsfeststellung zur Abwehr einer Gefahr ist das Vorliegen einer konkreten Gefahr.[230] Routinemäßige Kontrollen fallen also nicht unter die einschlägigen Ermächtigungsgrundlagen. Eine konkrete Gefahr kann nach Altschaffel aber auch eine Gefahr für die Funktions-

---

[228] Auf repressive Maßnahmen, die der Schleierfahndung ähnlich sind, wurde bereits oben auf S. 68 ff. eingegangen.

[229] § 26 I 1 PolG BW; Art. 13 I 1 BayPAG; § 21 I ASOG Bln; § 12 I 1 BbgPolG; § 11 I 1 BremPolG; § 4 I 1 PolDatVG HH; § 18 I HSOG; § 29 I S. 1 SOG MV; § 13 I 1 NSOG; § 12 I 1 PolG NRW; § 10 I S. 1 RPPOG; § 9 I 1 SaarPolG; § 19 I S. 1 Nr. 1 SächsPolG; § 20 I SOG LSA; § 181 I S. 1 SHLVwG; § 14 I 1 ThürPAG; § 15 I 1 Thür OBG; § 23 I 1 BGSG.

[230] Zur Definition des Begriffs der konkreten Gefahr siehe oben Anm. 171.

fähigkeit der Polizei sein, wenn sie ohne die Personaldaten weitere Maßnahmen nicht ordentlich durchführen könnte oder Formvorschriften ansonsten nicht gewahrt würden.[231] Diese Auffassung sieht in jedem Verstoß gegen Normen des öffentlichen Rechts eine Verletzung der öffentlichen Sicherheit. Vielmehr entscheidend für eine Gefährdung der öffentlichen Sicherheit ist jedoch ein Verstoß gegen jene Normen des öffentlichen Rechts, die dem Schutz individueller Rechte oder auch dem Schutz von Staatsfunktionen dienen und Verhaltenspflichten begründen.[232] Folglich löst ein Verstoß gegen reine Verfahrensvorschriften noch keine Gefahr für die öffentliche Sicherheit aus. Die einschlägigen Normen haben jeweils aufgrund der in ihnen zu findenden Formulierung der Tatbestandsvoraussetzung als „Gefahr für die öffentliche Sicherheit oder Ordnung" einen generalklauselartigen Charakter.[233] Die Identitätsfeststellung muß ein taugliches Mittel sein, um die konkrete Gefahr abwehren zu können. Hier setzt eine zentrale Kritik an allen Identitätsfeststellungsmaßnahmen an, die davon ausgeht, daß eine Identitätsfeststellung für sich genommen keine Gefahr abwehren kann und damit ein allgemein untaugliches Mittel zur Gefahrenabwehr sei.[234] Nicht zu leugnen ist aber, daß die Identitätsfeststellung ein erster Schritt zu weiteren, unmittelbar tauglichen Gefahrenabwehrmaßnahmen sein kann.[235]

Für eine Identitätsfeststellung zur Abwehr einer konkreten Gefahr beziehungsweise zur Vorbereitung der Abwehr einer konkreten Gefahr kann folgendes Beispiel angeführt werden:[236] Die Polizei sucht nach einem von zu Hause weggelaufenen Jugendlichen, dessen Eltern befürchten, er könne sich etwas antun. Die Polizei wird sinnvollerweise diejenige Person, auf die die Beschreibung zutrifft, zunächst auf ihre Identität hin überprüfen, bevor sie diese in Gewahrsam nimmt.

Die Abgrenzung von Maßnahmen der Identitätsfeststellung zur Abwehr einer konkreten Gefahr von Maßnahmen der Schleierfahndung ist relativ einfach: Für die Zulässigkeit einer Schleierfahndung ist keine konkrete Gefahr erforderlich, es darf jedermann, der sich im Tatbestandsbereich aufhält, ohne konkreten Anlaß kontrolliert werden. Eine Verantwortlichkeit der kontrollierten Person für eine polizeirechtlich relevante Situation wird demgemäß nicht verlangt. Dagegen dürfen bei der Identitätsfeststellung zur Abwehr einer konkreten Gefahr nur Zustands- oder Verhaltensstörer, in Ausnahmefällen auch Notstandspflichtige in

---

[231] *Altschaffel,* 15.12 (S. 156).

[232] *Würtenberger/Heckmann/Riggert,* Rdnr. 406.

[233] *Ebert/Honnacker,* § 14 Rdnr. 4; *Rommelfanger/Rimmele,* § 19 Rdnr. 4; *Wagner/Ruder,* Rdnr. 504.

[234] Siehe ausführlich zu dieser These unten S. 278 f.

[235] *Haus/Wohlfarth,* Rdnr. 243.

[236] Beispiel nach *Denninger,* Polizeirecht, S. 309.

Anspruch genommen werden, und zwar nur, wenn tatsächlich oder dem Anschein nach eine konkrete Gefahr vorliegt.

## 2. Die Identitätsfeststellung an gefährlichen Orten

Die Befugnis zur Identitätsfeststellung an gefährlichen oder verrufenen Orten gibt es in allen Bundesländern,[237] wenngleich mit verschiedenen Varianten: Eine Identitätsfeststellung ist möglich bei einem Aufenthalt beziehungsweise Antreffen der betreffenden Person an einem Ort,

a) an dem auf Grund tatsächlicher Anhaltspunkte[238] anzunehmen ist, daß dort

aa) Personen Straftaten[239] verabreden, vorbereiten oder verüben,

bb) sich Personen ohne eine erforderliche Aufenthaltserlaubnis treffen,[240]

cc) sich (gesuchte) Straftäter verbergen,

dd) Personen dem unerlaubten Glücksspiel nachgehen[241] oder

b) an dem Personen der Prostitution nachgehen.

Die Möglichkeit einer Identitätsfeststellung an gefährlichen Orten ist eine polizeiliche Vorfeldbefugnis mit der Besonderheit, daß auch eine Person in Anspruch genommen werden darf, die nach „klassischem" Polizeirecht sogenann-

---

[237] § 26 I 2 PolG BW; Art. 13 I 2 BayPAG; § 21 II 1 ASOG Bln; § 12 I 2 BbgPolG; § 11 I 2 BremPolG; § 4 I 2 PolDatVG HH; § 18 II 1 HSOG; § 29 I S. 2 Nr. 1 SOG MV; § 13 I 2 NSOG; § 12 I 2 PolG NRW; § 10 I S. 2 Nr. 1 RPPOG; § 9 I 2 SaarPolG; § 19 I S. 1 Nr. 1 SächsPolG; § 20 II S. 1 Nr. 1 SOG LSA; § 181 I S. 2 Nr. 1 SHLVwG; § 14 I 2 ThürPAG. Eine ähnliche Norm findet sich in § 23 II BGSG für die hier unter aa) und cc) vorgestellten Varianten. *Lisken,* KJ 1992, 472 (477) nennt die Kontrolle an gefährlichen Orten auch „Publikumskontrolle".

[238] Zum Teil werden an dieser Stelle statt des Begriffes „tatsächliche Anhaltspunkte" die Formulierungen „erfahrungsgemäß" oder „nach polizeilichen Erkenntnissen" verwendet.

[239] Zum Teil mit der Einschränkung, daß es Straftaten von erheblicher Bedeutung sein müssen, so in Berlin, Brandenburg, Bremen, Hamburg, Hessen, Niedersachsen, Nordrhein-Westfalen und im Saarland. Siehe auch VV PolG NRW 12.14 zu § 12. *Jochum/Rühle,* Rdnr. 57 fordern Straftaten von „gewisser Schwere", da nur dann der Eingriff in das Recht auf informationelle Selbstbestimmung gerechtfertigt werden könne. *Roos,* § 10 Rdnr. 14 betont, es gebe grundsätzlich keine Begrenzung auf Straftaten von erheblicher Bedeutung, doch folge aus dem Grundsatz der Verhältnismäßigkeit, daß nur bei einer „bestimmten Schwere der Straftat" eine Identitätsfeststellung für statthaft erachtet werden könne. In Niedersachen werden von der Variante a) auch Orte umfaßt, an denen Personen der Prostitution nachgehen (AB NGefAG 13.1 zu § 13, Nds. MBl. 1998, S. 1078 ff.). Darüber hinaus werden einige Straftaten von erheblicher Bedeutung aufgezählt: Zuhälterei (§ 181 a StGB), Drogen- und Menschenhandel (§ 29 III BtMG, § 181 StGB), Betrug (§ 263 StGB) und gewerbsmäßige Hehlerei (§ 260 StGB).

[240] Zum Teil wird an dieser Stelle die Formulierung „gegen aufenthaltsrechtliche (Straf)Vorschriften verstoßen" verwendet. Diese Variante gibt es nicht im Saarland und in Sachsen-Anhalt.

[241] Diese Variante gibt es nur in Mecklenburg-Vorpommern.

ter Nichtstörer ist; entscheidend ist lediglich der Aufenthalt der zu kontrollierenden Person an einem vom Tatbestand erfaßten Ort. Insoweit ist die Regelung vergleichbar mit der Schleierfahndung.

Identitätsfeststellungen sind nach den hier betrachteten Normen auch dann zulässig, wenn im Zeitpunkt der Feststellung tatsächlich keine Straftat begangen wird, kein Aufenthalt ohne Aufenthaltserlaubnis gegeben ist beziehungsweise keine Prostitution ausgeübt wird – die Eigenschaft des Ortes als „gefährlich" kann trotzdem gegeben sein.[242] Ort im Sinn dieser Vorschrift kann zum Beispiel ein Nachtlokal sein, in dem nach bisherigen polizeilichen Kenntnissen stets mit Straftaten gerechnet werden muß.[243] Ist jedoch ausnahmsweise ausgeschlossen, daß – etwa wegen des Zeitpunktes der geplanten Vornahme einer Identitätskontrolle – eine Gefährlichkeit des Ortes gegeben ist, ist aus Verhältnismäßigkeitsgründen eine Identitätsfeststellung unzulässig.[244]

Eine Identitätsfeststellung an Orten, an denen Straftaten von erheblicher Bedeutung verabredet, vorbereitet oder verübt werden, ist nicht darauf gerichtet, eine (vermeintlich) verabredete beziehungsweise vorbereitete Straftat, von der die Polizei Kenntnis erlangt hat, aufzuklären. In einem solchen Fall handelte es sich nämlich um eine repressiv-polizeiliche Maßnahme der Strafverfolgung, die sich nach den Normen der StPO (bei Verdacht des Vorliegens einer Ordnungswidrigkeit in Verbindung mit § 46 OWiG) zu richten hätte.[245]

Eine Aufenthaltserlaubnis benötigen nach § 4 AufenthG Ausländer[246] – es sei denn, durch das Recht der Europäischen Union bzw. durch Rechtsverordnung ist etwas anderes bestimmt oder es greift das Assoziationsabkommen EWG/ Türkei.[247] Es darf allerdings auch die Identität von Deutschen an Orten geklärt werden, an denen sich nach polizeilicher Erkenntnis Ausländer ohne erforderlichen Aufenthaltstitel treffen, wenn sie sich an dem betreffenden Ort aufhalten. Schließlich ist die deutsche Nationalität kein äußerliches Erkennungszeichen. Des weiteren kann bei der Variante bb) das Lösen einer Fahrkarte eine Aufenthaltserlaubnis für die dazugehörige Verkehrsanlage bewirken.[248]

---

[242] *Niehörster,* S. 48.

[243] *Tettinger,* Rdnr. 568.

[244] Zum Beispiel ist ein Ort, an dem ausschließlich nachts Prostitution begangen wird, tagsüber nicht gefährlich.

[245] *Niehörster,* S. 49.

[246] Ausländer i. S. d. AufenthG ist jeder, der nicht Deutscher nach Art. 116 GG ist.

[247] Nach *Jochum/Rühle,* Rdnr. 57 liegt allerdings ein Verstoß gegen das Diskriminierungsverbot vor, wenn Bürger der europäischen Gemeinschaft als Ausländer im Sinn dieser Norm angesehen werden. Für EU-Bürger gelten die Freizügigkeitsbestimmungen des EGV (Art. 18, 39, 43 und 49 EGV) und dazu ergangene Richtlinien (RL 38/2004). Nach § 8 FreizügG/EU benötigen sie für die Einreise und den Aufenthalt in Deutschland keinen Aufenthaltstitel sondern lediglich einen Paß bzw. Paßersatz oder einen amtlichen Personalausweis, aus dem hervorgeht, daß sie EU-Bürger sind.

[248] Siehe VollzBK BayPAG, 13.4.1 zu Art. 13, vom 23.12.1994 (ABl. 1995, 27).

Straftäter ist, wer wegen einer Straftat verurteilt worden ist oder zum Zwecke der Strafvollstreckung gesucht wird.[249] Es müssen Tatsachen vorliegen, die die Annahme rechtfertigen, daß sich an dem betreffenden Ort Personen verbergen, die wegen einer Straftat verurteilt worden sind und daher zwecks Zuführung zur Strafvollstreckung gesucht werden.[250]

Prostitution stellt als solches keine Straftat dar.[251] Der Legitimationsgrund für eine Kontrolle an Orten, an denen der Prostitution nachgegangen wird, ist die Erfahrungstatsache, daß mit der Prostitution häufig eine spezielle Begleitkriminalität einhergeht; allein auf deren Bekämpfung zielt die Kontrolle ab. Nicht entscheidend ist daher auch eine eventuelle Gefahr der Verbreitung von Geschlechtskrankheiten.[252] Bei der Identitätskontrolle an Orten, an denen der Prostitution nachgegangen wird, muß die Person, deren Identität festgestellt werden soll, nicht selbst der Prostitution nachgehen oder sexuelle Dienste in Anspruch nehmen (wollen), entscheidend ist ausschließlich ihr Aufenthalt an einem Ort, an dem andere der Prostitution nachgehen.[253]

Eine Kontrolle an gefährlichen oder verrufenen Orten setzt nach allgemeiner Ansicht[254] eine abstrakte, ortstypische Gefahr voraus; d.h. auch hier ist keine konkrete Gefahr (etwa ein Verdacht gegen die zu überprüfende Person) erforderlich. Allerdings muß bei der Variante a) aufgrund tatsächlicher Anhaltspunkte der Verdacht einer allgemeinen Gefahr bestehen. Solche tatsächlichen Anhaltspunkte liegen dann vor, wenn Tatsachen, die für das Vorliegen oben unter a) aufgeführten Situationen sprechen, bekannt sind und nicht nur vermutet werden. Es müssen sich nach polizeilichen Erkenntnissen, die sich zur Erfahrung verdichtet haben, und aufgrund objektiver Kriterien, die gerichtlich vollständig nachprüfbar sind, an den Orten die genannten Vorgänge erfahrungsgemäß zu ereignen pflegen.[255] Folglich muß die Polizei nicht wissen, daß die Voraussetzungen der Variante a) gegeben sind, aber es muß tatsächliche Hin-

---

[249] Einschränkend *Roos,* § 10 Rdnr. 17. Seiner Ansicht nach ist eine restriktive Handhabung der hier betrachteten Ermächtigungsgrundlage geboten bei Straftätern, die nur zu einer Geldstrafe verurteilt wurden. Nach AB NGefAG 13.1 zu § 13, Nds. MBl. 1998, S. 1078 ff. muß nach der Person gezielt mit einem Untersuchungs-, Vollstreckungs- oder Unterbringungshaftbefehl gefahndet werden.

[250] Siehe auch VV PolG NRW 12.15 zu § 12.

[251] *Ebert/Honnacker,* § 14 Rdnr. 5. *Prümm/Sigrist,* Rdnr. 159. Siehe für Thüringen auch die Verordnung über das Verbot der Prostitution vom 24.4.1992, GVBl. 1992, S. 157. Siehe auch das Prostitutionsgesetz vom 20.12.2001, nach dem Prostitution nicht einmal mehr sittenwidrig ist sowie hierzu *Stiebig,* BayVBl. 2004, 545 (546).

[252] *Prümm/Sigrist,* Rdnr. 159.

[253] Aus Verhältnismäßigkeitserwägungen heraus kommen *Prümm/Sigrist,* Rdnr. 159 zu dem Ergebnis, eine Kontrolle dürfe nur zu den „üblichen Arbeitszeiten" vorgenommen werden.

[254] *Möllers,* NVwZ 2000, 382 (383); *Pieroth/Schlink/Kniesel,* § 14 Rdnr. 32 ff.; *Würtenberger,* Besonderes Verwaltungsrecht, Rdnr. 158. A.A. *Castillon,* S. 61, siehe auch Anm. 172.

weise geben, daß das Vorliegen der Voraussetzungen wahrscheinlich ist.[256] Das ist auch dann der Fall, wenn sich an den fraglichen Orten die im Tatbestand genannten Vorgänge erfahrungsgemäß ereignen. Es muß sich um Orte handeln, an denen stets mit Straftaten gerechnet wird, ohne daß man hiervon im konkreten Fall weiß.[257] Objektivierbare Erkenntnisse wie Hinweise Dritter oder anderer Behörden genügen ebenfalls, nicht aber eine bloße Vermutung oder Einzelbeobachtung ohne weitere Anhaltspunkte.[258] Bei Variante b) muß eine Vermutung dahingehend vorliegen, daß an dem betreffenden Ort tendenziell der Prostitution nachgegangen wird.

Das bedeutet, daß die Identitätsfeststellung an gefährlichen Orten gemäß der Variante a) zwar verdachtsunabhängig, wohl aber ereignisabhängig ist. Dies unterscheidet sie von der Schleierfahndung, die sowohl ereignis- als auch verdachtsunabhängig ist.[259] Die Regelung zur Identitätsfeststellung in Sperrbezirken ist dagegen mit der Schleierfahndung durchaus vergleichbar. Wie oben[260] gezeigt, kann bei den abstrakten Gefahrenlagen in solche unterschieden werden, die voraussetzungslos sind (Sperrbezirksregelung, Schleierfahndung ohne Lagebilderfordernis), solche, die lagebildabhängig sind (Schleierfahndung mit Lagebilderfordernis) und solche, bei denen Tatsachen oder tatsächliche Anhaltspunkte für das Vorliegen einer Gefahrenlage sprechen müssen (Identitätsfeststellungen an gefährlichen Orten Variante a) und die Regelung verdachtsunabhängiger Personenkontrollen in Rheinland-Pfalz).

Orte, die im Sinne dieser Ermächtigung zur Identitätsfeststellung potentiell gefährlich sind, können Bahnhöfe, Parkanlagen, öffentlich zugängliche Gebäude und Gebäudepassagen, bestimmte Straßen, Plätze und Wohnungen sein.[261] Die Person, deren Identität festgestellt werden soll, muß sich an dem gefährlichen

---

[255] OVG Hamburg, ZRP 2003, 276 (277); *Berner/Köhler*, Art. 13 Rdnr. 5; *Bernet/ Groß/Mende*, § 18 S. 4; *Karnop*, Rdnr. 314; *Meixner/Martell*, § 20 Rdnr. 10; *Rühle/ Suhr*, § 10, 2.2.1 (S. 161); *Schmidbauer/Steiner/Roese*, Art. 13 Rdnr. 6. *Rachor*, in Lisken/Denninger, F Rdnr. 332 weißt darauf hin, daß die Erkenntnisse bzw. Tatsachen eine Indizwirkung für die Gefährlichkeit des Ortes entfalten.

[256] Siehe auch VV PolG NRW 12.13 zu § 12 und VV PolG Bbg zu § 12 Nr. 4: „Das Tatbestandsmerkmal „Tatsachen die Annahme rechtfertigen" (…) ist erfüllt, wenn Fakten vorliegen, die den zu ziehenden Schluß mit hinreichender Wahrscheinlichkeit zulassen. Das bedeutet, daß die Entscheidung über die Maßnahme nicht nur auf polizeilichem Erfahrungswissen und Vermutungen beruhen darf, sondern stets auf der Grundlage einer hinreichend sicheren Faktenlage zu treffen ist."

[257] Die Tatsachen müssen sich nicht auf bestimmte Personen oder Straftaten beziehen; es geht allein um rein ortsbezogene Tatsachen; siehe *Niehörster*, S. 48; *Wagner/ Ruder*, Rdnr. 507.

[258] *Mühl/Leggereit/Hausmann*, Rdnr. 164.

[259] Ausnahme bildet auch hier die Norm aus Rheinland-Pfalz, die als Tatbestandsmerkmal Tatsachen, die die Annahme einer Gefahrensituation rechtfertigen, voraussetzt und somit den Identitätsfeststellungen an gefährlichen Orten in der Variante a) ähnlich ist.

[260] S. 61.

Ort aufhalten,[262] muß aber nicht selbst Straftaten verüben wollen oder sich ohne erforderlichen Aufenthaltstitel treffen wollen beziehungsweise Prostitution ausüben wollen.

Als problematisch wird die Kontrolle einer Person angesehen, die in keinerlei Zusammenhang mit dem gefährlichen Ort steht, also zum Beispiel die Kontrolle eines Schornsteinfegers, der morgens um zehn Uhr im Rotlichtviertel die Heizungsanlagen kontrolliert. Nach einer in der Literatur vertretenen Ansicht dürfen keine Personen kontrolliert werden, die offensichtlich nicht in Beziehung zur „Verrufenheit" des Ortes stehen.[263] Nach dieser Ansicht dürfte der im Beispielsfall genannte Schornsteinfeger nicht kontrolliert werden. Diese Auffassung greift jedoch in ihrer Pauschalität zu kurz. Es ist vielmehr zu differenzieren zwischen den Anforderungen an die Identitätskontrolle nach Polizeirecht einerseits und möglichen Beschränkungen der polizeirechtlichen Ermächtigungsgrundlage nach Verfassungsrecht andererseits. Da die Identitätsfeststellung an gefährlichen Orten gemäß der polizeilichen Ermächtigungsgrundlage nicht das Bestehen einer konkreten Gefahr verlangt, darf in polizeirechtlicher Hinsicht auch eine Person kontrolliert werden, die offensichtlich keine potentielle Quelle der Gefahr ist, die durch die Maßnahme der Identitätskontrolle an gefährlichen Orten abgewehrt werden soll. Eine andere Frage ist dagegen, ob das verfassungsrechtliche Verhältnismäßigkeitsprinzip zu einer Restriktion der Ermächtigungsgrundlage in dem Sinne führt, daß keine Personen kontrolliert werden dürfen, die offensichtlich in keiner Beziehung zu der Gefahr stehen, die bei der hier diskutierten Identitätskontrolle durch polizeiliche Vorfeldmaßnahmen abgewehrt werden soll. Diese Frage dürfte zu bejahen sein.[264]

---

[261] *Niehörster*, S. 50. Bei Wohnungen stellt die Befugnis zur Identitätsfeststellung jedoch keine Gestattung des Betretens dar. Eine solche kann sich aus § 20 RPPOG; §§ 23–25 SächsPolG; § 43 II SOG LSA; § 25 ThürPAG und den entsprechenden Normen der anderen Bundesländer ergeben. A.A. *Altschaffel*, 15.12 (S. 157): keine Befugnis zur Identitätsfeststellung in Wohnungen oder im sonstigen befriedeten Besitztum.

[262] Nach OVG Hamburg, ZRP 2003, 276 (277) ist unter „Aufhalten" mehr als ein bloßes „Befinden" zu verstehen. Demnach muß die betroffene Person an dem Ort verweilen, das Passieren des Ortes ist nicht ausreichend. Siehe auch *Ebert/Honnacker*, § 14 Rdnr. 5.

[263] *Altschaffel*, 15.12 (S. 159); *Ebert/Honnacker*, § 14 Rdnr. 5; *Honnacker/Beinhofer*, Art. 13 Rdnr. 15; *Mandelartz/Sauer/Strube*, zu § 9 Rdnr. 15. So auch explizit in VV PolG NRW 12.12 zu § 12: Eine Kontrollbefugnis besteht nicht, wenn die betreffende Person offensichtlich in keiner Beziehung zu dem mit der Maßnahme verfolgten Zweck steht.

[264] Zu einem ähnlichen Ergebnis kommen *Berg/Knape/Kiworr*, § 21 (S. 249), die annehmen, eine Person, die einen gefährlichen Ort lediglich durchschreitet oder mit einem Fahrzeug durchfährt, verweile dort nicht und könne sich daher dort nicht „aufhalten". Siehe auch Anm. 262.

### 3. Die Identitätsfeststellung im Rahmen von Razzien

Die sogenannte Razzia[265] ist eine Sammelkontrolle.[266] Sie ist nicht in allen Polizeigesetzen als Standardmaßnahme geregelt; dort, wo sie in dieser Form normiert ist, handelt es sich regelmäßig um eine besondere Erweiterung der Ermächtigungsgrundlage für eine Identitätsfeststellung an gefährlichen Orten.[267]

Eine Sammelkontrolle wird definiert als eine planmäßig vorbereitete und überraschende Absperrung bestimmter Räume und Plätze, die verbunden ist mit der Aufforderung an alle Anwesenden, sich auszuweisen.[268] Voraussetzung für die Zulässigkeit einer Identitätskontrolle im Rahmen einer Razzia ist, ebenso wie bei der Identitätsfeststellung an gefährlichen Orten, eine abstrakte Gefahr, wenngleich nach einigen Normen nur tatsächliche Anhaltspunkte für einen Gefahrenverdacht zu sprechen brauchen.[269] Nach anderen Ermächtigungsgrundlagen müssen Tatsachen die Annahmen rechtfertigen, daß Straftaten verabredet, vorbereitet oder verübt werden, sich Straftäter oder Personen ohne erforderlichen Aufenthaltstitel treffen oder der Prostitution nachgegangen wird.[270]

Eine Razzia dient der Identitätsprüfung eines größeren Personenkreises an einem von der Polizei bestimmten verdächtigen Ort. Eine Ausforschungsrazzia ohne Vorliegen tatsächlicher Anhaltspunkte ist unzulässig.[271] Die Polizei kann alle am Ort der Razzia anwesenden Personen überprüfen.

---

[265] Der Begriff stammt ursprünglich aus dem Arabischen, wo er soviel wie Kriegszug oder militärische Expedition bedeutet. Er wurde schließlich im 19. Jahrhundert aus dem Französischen übernommen, vgl. *Denninger,* Polizeirecht, S. 310.

[266] *Rachor,* in Lisken/Denninger, F Rdnr. 12; *Sigrist,* JR 1976, 397 (399 ff.); *Zeitler,* VBlBW 1992, 328 ff.

[267] Siehe beispielsweise § 26 I 2 PolG BW; § 4 I 2 PolDatVG HH. Siehe auch *Belz,* § 19 Rdnr. 6, *Ebert/Honnacker,* § 14 Rdnr. 5; *Hoffmann/Thumann,* S. 24; *Karnop,* Rdnr. 314; *Knemeyer,* PdW Frage 79; nach *Rühle/Suhr,* § 10, 2.2.1 (S. 161) ist die Razzia in Rheinland-Pfalz nur iVm. §§ 10 II S. 1, 18 I 4, 19 I 1, 4 RPPOG Ermächtigungsgrundlage; nach *Wagner/Ruder,* Rdnr. 506 ist Eingriffsgrundlage in Sachsen §§ 19 I Nr. 2, 3 II, 23 I 4, 5, II, 24 Nr. 4, 5 SächsPolG. Laut *Meixner/Martell,* § 20 Rdnr. 13 ist § 20 II S. 1 Nr. 1 SOG LSA Rechtsgrundlage für eine Razzia in Sachsen-Anhalt. Kritisch zur Zulässigkeit einer Razzia *Sydow,* ZRP 1977, 119 (124 f.).

[268] Definition des KG, NJW 1975, 888. Diese Definition wird auch heute noch verwendet, siehe *Bernet/Groß/Mende,* § 18 S. 4; *Denninger,* Polizeirecht, S. 310; *Rommelfanger/Rimmele,* § 19 Rdnr. 9.

[269] So etwa nach den einschlägigen Normen für Baden-Württemberg, Berlin, Brandenburg, Hamburg, Nordrhein-Westfalen und Schleswig-Holstein, womit es sich bei einer Razzia in diesen Bundesländern um eine ereignisabhängige Maßnahme handelt. Siehe auch VG München, NVwZ-RR 2000, 154 (155).

[270] *Habermehl,* Rdnr. 538; *Knemeyer,* Polizeirecht, Rdnr. 169.

[271] *Dvorak,* Die Polizei 1985, 201 (202); *Meixner/Martell,* § 20 Rdnr. 13; *Roos,* § 10 Rdnr. 13.

Ebenso wie in bezug auf eine Identitätsfeststellung an gefährlichen Orten wird auch in bezug auf die Durchführung einer Razzia die Auffassung vertreten, daß Personen, die offensichtlich in keinem Zusammenhang mit dem verfolgten Zweck der Maßnahme stehen, nicht überprüft werden dürfen.[272] Bei Massenkontrollen wie einer Razzia kann für den einzelnen die Kontrolle länger dauern als bei einer individuellen Identitätsfeststellung. Daher sind hier in besonderem Maße Verhältnismäßigkeitsgesichtspunkte zu beachten. Hieraus folgt, daß eine Razzia nur zum Schutz bedeutender Rechtsgüter zulässig ist. Folgemaßnahmen wie ein Datenabgleich und Durchsuchungen sind – im Rahmen der jeweils einschlägigen Ermächtigungsgrundlagen – statthaft.[273]

Generelle Bedenken gegen die Zulässigkeit der Gestattung von Razzien in den Polizeigesetzen äußert Denninger.[274] Der Polizei gehe es bei einer Razzia nicht um ein präventiv-polizeiliches Einschreiten. Vielmehr komme es bei einer Razzia darauf an, gesuchte Straftäter zu finden oder bereits begangene Straftaten aufzudecken – der Landesgesetzgeber habe zu solchen strafprozessualen Maßnahmen aber keine Kompetenz.

Zum Vergleich mit der Schleierfahndung kann auf das oben bei der Identitätsfeststellung an gefährlichen Orten Gesagte verwiesen werden, da die Razzia dieser Maßnahme sehr ähnlich ist. Lediglich die Örtlichkeiten, an denen eine Razzia vorgenommen werden kann, sind ähnlich offen wie bei einer Schleierfahndung. Bei einer Razzia ist im Gegensatz zur Schleierfahndung ein Verdacht für das Vorliegen von Straftaten und anderem erforderlich.

## 4. Die Identitätsfeststellung zur Objektsicherung

Die Identitätsfeststellung zur Objektsicherung ist in den meisten Landespolizeigesetzen relativ umfangreich geregelt, wobei jeweils mehrere verschiedene Objekte unter Schutz gestellt werden.[275] In der Regel sind Identitätsfeststellungen von Personen zulässig, die sich in einer Verkehrs- oder Versorgungsanlage oder in einer Verkehrs- oder Versorgungseinrichtung, in einem öffentlichen Verkehrsmittel, in einem Amtsgebäude oder einem anderen besonders gefährdeten Objekt beziehungsweise in unmittelbarer Nähe hiervon aufhalten, sofern Tatsachen die Annahme rechtfertigen, daß in oder an dem betreffenden Objekt Straf-

---

[272] So auch AB NGefAG 13.0 zu § 13, Nds. MBl. 1998, S. 1078 ff.

[273] *Rachor,* in Lisken/Denninger, F Rdnr. 334.

[274] *Denninger,* Polizeirecht, S. 310.

[275] § 26 I 3 PolG BW; Art. 13 I 3 BayPAG; § 21 II 3 ASOG Bln; § 12 I 3 BbgPolG; § 11 I 4 BremPolG; § 4 I 3 PolDatVG HH; § 18 II 3 HSOG; § 29 I S. 2 Nr. 2 SOG MV; § 13 I 3 NSOG; § 12 I 3 PolG NRW; § 10 I S. 2 Nr. 2 RPPOG; § 9 I 3 SaarPolG; § 19 I S. 1 Nr. 3 SächsPolG; § 20 II S. 1 Nr. 1 SOG LSA; § 181 I S. 2 Nr. 2 SHLVwG; § 14 I 3 ThürPAG; § 23 II 2 BGSG.

taten begangen werden sollen.[276] Eine vergleichbare bundesrechtliche Regelung findet sich in § 23 I 4 BGSG.[277]

Tatbestandsvoraussetzung für die Statthaftigkeit einer Identitätsfeststellung zum Objektschutz ist das Vorliegen von Tatsachen, die die Annahme rechtfertigen, daß in oder an den Objekten erhebliche[278] Straftaten begangen werden sollen. Es handelt sich demnach – anders als bei der Schleierfahndung – um eine ereignisabhängige Maßnahme. Im vorliegenden Zusammenhang gilt ebenso wie bei der oben skizzierten Identitätsfeststellung an gefährlichen Orten, daß keine konkrete Gefahrenlage erforderlich ist.[279] Es müssen aber Hinweise vorliegen, die für eine Gefährdung des Objekts sprechen. Bei der hier betrachteten Identitätsfeststellung an gefährdeten Orten darf man aber nicht von einer generellen Gefährdetheit eines Objektes oder Ortes ausgehen oder sich auf allgemeine Erfahrungssätze stützen, nach denen es an einem solchen Objekt zu Gefahren kommen kann, da solches Wissen den Ort dann zu einem gefährlichen Ort machen würde. Für Maßnahmen an gefährlichen Orten gelten aber die bereits skizzierten besonderen Ermächtigungsgrundlagen. Im Rahmen einer Identitätsfeststellung zum Objektschutz darf jede Person kontrolliert werden, die in oder an dem Objekt angetroffen wird.[280]

---

[276] Zum Teil wird darüber hinaus verlangt, daß durch die Straftat die in diesen Objekten oder in ihrer Nähe befindlichen Personen beziehungsweise diese Objekte selbst unmittelbar gefährdet sind. Eine weitergehende Regelung gibt es in Mecklenburg-Vorpommern mit § 29 I S. 2 Nr. 3 SOG und in Schleswig Holstein mit § 181 I 3 SHLVwG: Eine Person darf auch dann kontrolliert werden, wenn sie sich in einem gefährdeten Objekt oder in dessen unmittelbarer Nähe aufhält und die zuständige Polizeibehörde für dieses Objekt besondere Schutzmaßnahmen angeordnet hat. Dabei ist nicht erforderlich, daß bestimmte Tatsachen für die Annahme einer konkreten Gefahr sprechen. Somit sind diese Ermächtigungsgrundlagen den Schleierfahndungsnormen sehr ähnlich. *Prümm/Sigrist,* Rdnr. 162 verlangen eine besondere Bedeutung des Objekts für die Öffentlichkeit als Eingriffsvoraussetzung.

[277] § 23 I 4 BGSG hat folgenden Wortlaut: „Der Bundesgrenzschutz kann die Identität einer Person feststellen (…), wenn die Person sich in einer Einrichtung des Bundesgrenzschutzes, einer Anlage oder Einrichtung der Eisenbahnen des Bundes, einer dem Luftverkehr dienenden Anlage oder Einrichtung eines Verkehrsflughafens, dem Amtssitz eines Verfassungsorgans oder eines Bundesministeriums oder an einer Grenzübergangsstelle oder in unmittelbarer Nähe hiervon aufhält und Tatsachen die Annahme rechtfertigen, daß dort Straftaten begangen werden sollen, durch die in oder an diesen Objekten befindliche Personen oder diese Objekte selbst unmittelbar gefährdet sind, und die Feststellung der Identität auf Grund der Gefährdungslage oder auf die Person bezogener Anhaltspunkte erforderlich ist (…)." Nach § 23 IV BGSG kann der Bundesgrenzschutz verlangen, daß sich Personen ausweisen, die eine Einrichtung des Bundesgrenzschutzes oder den Amtssitz eines Verfassungsorgans oder eines Bundesministeriums betreten wollen oder darin angetroffen werden.

[278] Damit soll ausgeschlossen werden, daß eine Identitätsfeststellung zur Objektsicherung allein schon deshalb möglich sein soll, weil ein Taschendiebstahl droht, wie in wohl jedem Kaufhaus an der Tagesordnung; siehe auch *Vahle,* VR 1989, 102 (104).

[279] Eine konkrete Gefahr hinsichtlich des Ortes fordert dagegen *Möllers,* NVwZ 2000, 382 (383).

Es handelt sich also auch hier um eine polizeiliche Vorfeldbefugnis; entscheidend für die Inanspruchnahme ist lediglich der Aufenthalt der betreffenden Person an dem gefährdeten Objekt. Eine abstrakte Gefahr des Eintritts einer Störung ist ausreichend, allerdings muß ein Gefahrenverdacht aufgrund tatsächlicher Anhaltspunkte gegeben sein.

Verkehrsanlagen und Verkehrseinrichtungen, auf die in den Ermächtigungsgrundlagen Bezug genommen wird, können Flugplätze, Flughäfen, Bahnhöfe, Bahnanlagen, Busbahnhöfe, U- und S-Bahnhöfe oder öffentliche Parkhäuser sowie die zu ihnen jeweils dazugehörigen technischen Einrichtungen sein. Versorgungsanlagen und Versorgungseinrichtungen sind zum Beispiel Elektrizitätswerke, Gaswerke, Umspannwerke, Wasserversorgungsanlagen, Pipelines, Lebensmittelmagazine, Lagerhäuser, Großmarkthallen oder Schlachthöfe.[281] Unter öffentlichen Verkehrsmitteln werden Luftfahrzeuge, Straßenbahnen, Züge, sonstige Bahnen, Omnibusse und Schiffe verstanden. Amtsgebäude sind alle Gebäude, in denen sich Behörden, Gerichte oder sonstige öffentliche Stellen befinden. Andere besonders gefährdete Objekte können Konsulate, Botschaften, Gebäude und Anlagen des Rundfunks, militärische Anlagen, Banken, ausländische Reisebüros, ausländische Flugagenturen, Parteigeschäftsstellen, Druckereien oder auch Kernkraftwerke sein.

Die gefährdeten Orte beziehungsweise Objekte können auch private Objekte wie zum Beispiel Verlagsgebäude, Privatbahnen oder Wohnungen prominenter Persönlichkeiten sein.[282] Sprechen Tatsachen für einen Anschlag auf eines mehrerer gleichartiger Gebäude und kann der Anschlagsort nicht weiter eingegrenzt werden, sind in und an allen in Betracht kommenden Gebäuden Identitätsfeststellungen zulässig.[283] Ist eine Gefährdung nicht in einem Objekt zu erwarten, ist eine Kontrolle nach dieser Ermächtigungsgrundlage nur zulässig, wenn die Gefahr in unmittelbarer Nähe des Objektes liegt. Ob dies der Fall ist, richtet sich nach der Lage, Größe und Beschaffenheit sowie den baulichen Besonderheiten des Objekts und der Art der befürchteten Straftat.[284] Entscheidend ist der räumliche Bezug zwischen der Person, die kontrolliert werden soll und dem Objekt, das gefährdet ist.[285] Eine Kontrolle ist dann zulässig, wenn die Person das Objekt binnen sehr kurzer Zeit erreichen kann, um erfolgreich eine Straftat

---

[280] Es gelten bei der Kontrolle jedoch die gleichen Einschränkungen wie bei Maßnahmen an gefährlichen Orten, siehe Anm. 263 mit dazugehörigem Text. Siehe auch AB NGefAG 13.1 zu § 13, Nds. MBl. 1998, S. 1078 ff.

[281] *Niehörster*, S. 50.

[282] *Knemeyer*, PdW, Frage 76. Die Identitätsfeststellungsbefugnis impliziert allerdings nicht eine Betretensermächtigung des privaten Objekts.

[283] So auch AB NGefAG 13.1 zu § 13, Nds. MBl. 1998, S. 1078 ff.: Gefahr für Objekte „dieser Art".

[284] *Meixner/Martell*, § 20 Rdnr. 17; *Rommelfanger/Rimmele*, § 19 Rdnr. 11.

[285] *Belz*, § 19 Rdnr. 7.

zu begehen, durch die auf das Objekt eingewirkt wird. Nebenanlagen, die in unmittelbarer Beziehung zu dem Objekt stehen, sind dem Objekt zuzurechnen.

In der Regel sind die Voraussetzungen für ein polizeiliches Einschreiten erst erfüllt, wenn ein Anschlag tatsächlich angedroht worden ist.[286] Nach Denninger[287] ist der Hauptzweck der Normen zur Identitätsfeststellungen an gefährdeten Objekten die Verhinderung terroristischer Anschläge auf die im Gesetz genannten Einrichtungen. Ein Hinweis auf einen Diebstahl oder einen Betrug in einer solchen Einrichtung rechtfertige dagegen ein Eingreifen daher noch nicht.

Kommt es im Anschluß an Maßnahmen zur Identitätsfeststellung an gefährdeten Objekten und unabhängig von deren Durchführung nicht zu erheblichen Straftaten, war die Identitätsfeststellung trotzdem rechtmäßig, sofern eine gewisse Wahrscheinlichkeit für die Begehung von Straftaten an dem Objekt gesprochen hat.[288]

In beziehungsweise an dem Objekt muß eine Straftat begangen werden (Ordnungswidrigkeiten reichen nicht aus), durch die das Objekt selbst gefährdet ist. Nach manchen Gesetzen ist es für ein Eingreifen ausreichend, wenn Personen, die sich in oder an dem Objekt befinden, gefährdet werden können. Die Straftat muß mit der Zweckbestimmung, der Aufgabe oder der Funktionsfähigkeit des Objekts in Zusammenhang stehen. Dies ist regelmäßig bei Bombenanschlägen, Brandstiftung und Sachbeschädigungen der Fall. Ist die Gefährdung von Menschen in oder an dem Objekt Tatbestandsvoraussetzung, muß ein Unmittelbarkeitszusammenhang zwischen der Straftat und der Gefährdung von Personen bestehen.

### 5. Die Identitätsfeststellung zur Personensicherung

Eine der Identitätsfeststellung an gefährdeten Orten sehr ähnliche Maßnahme ist die Identitätsfeststellung zur Personensicherung, die in Hessen und Sachsen-Anhalt eine Regelung erfahren hat.[289] Nach diesen Regelungen darf die Identität einer Person festgestellt werden, die sich im räumlichen Umfeld einer anderen Person aufhält, die in besonderem Maße als gefährdet erscheint, sofern tatsächliche Anhaltspunkte die Identitätsfeststellung zum Schutz der Person rechtfertigen. Es geht bei diesen Maßnahmen um den Schutz von sogenannten Risikopersonen, zum Beispiel Führungskräften der Wirtschaft, Politikern oder Staatsgästen. Kontrolliert werden dürfen alle Personen mit Einwirkungsmöglichkeit auf die Risikoperson. Unter räumlichem Umfeld ist nicht nur der räumliche

---

[286] *Altschaffel*, 15.12 (S. 162).
[287] *Denninger*, Polizeirecht, S. 310.
[288] *Würtenberger/Heckmann/Riggert*, Rdnr. 325.
[289] § 18 II 4 HSOG; § 20 II S. 1 Nr. 4 SOG LSA.

Bereich unmittelbar um die Risikoperson herum zu verstehen; entscheidend ist allein, daß die räumliche Entfernung der zu kontrollierenden Person von der Risikoperson so ist, daß die zu kontrollierende Person eine Einwirkungsmöglichkeit auf die gefährdete Person besitzt.[290]

## 6. Die Identitätsfeststellung an Kontrollstellen

Unter einer Identitätsfeststellung an einer Kontrollstelle versteht man eine serienmäßige Überprüfung von Personen oder Sachen im Wege einer Identitätsfeststellung beziehungsweise Durchsuchung an einer hierfür eingerichteten Sperre, die zur Fahndung nach Straftätern beziehungsweise zur Verhinderung von Straftaten i. S. v. § 100 a StPO oder § 27 VersG[291] vorgenommen wird.[292]

Diese Maßnahme ähnelt der Razzia, bei der allerdings nicht nach Straftätern gefahndet werden darf.[293] Auch bei der Identitätsfeststellung an Kontrollstellen handelt es sich um eine polizeiliche Vorfeldbefugnis, bei der jeder Angetroffene in Anspruch genommen werden darf; entscheidend ist lediglich der Aufenthalt an dem abgesperrten Ort.

Die Personenkontrolle ist an allen verdächtigen Orten zulässig, sofern es sich um öffentlich zugängliche Straßen oder Plätze oder sonstige öffentlich zugängliche Orte handelt. Kontrolliert werden darf auch derjenige, der nach Erkennen der Kontrollstelle seinen Weg ändert, um nicht in die Kontrolle zu geraten. Zwischen der Kontrollstelle und dem Ort, an dem vermutlich eine Straftat begangen werden soll oder tatsächlich begangen worden ist, muß keine räumliche Nähe bestehen. Von der Möglichkeit der Errichtung einer Kontrollstelle wird vor allen Dingen im Vorfeld von Großdemonstrationen Gebrauch gemacht, bei denen es zu gewalttätigen Auseinandersetzungen kommen kann.[294]

---

[290] *Meixner/Martell,* § 20 Rdnr. 20.

[291] Im einzelnen variieren die die Ermächtigungsgrundlagen. Zum Teil wird verlangt, daß die Maßnahme zur Verhinderung von Straftaten von erheblicher Bedeutung vorgenommen wird; zum Teil werden die Straftaten, die verhindert werden sollen, explizit genannt (zum Beispiel Taten im Sinn des § 129a StGB bzw. Straftaten nach §§ 250 I 1, 2, 255, 125, 125a StGB, § 20 VereinsG). Bei den in den Normen aufgezählten Straftaten handelt es sich immer um Straftaten von erheblicher Bedeutung; die Einrichtung einer Kontrollstelle zur Verhinderung eines „kleinen Einbruchsdiebstahls" ist nach keiner Ermächtigungsgrundlage zulässig.

[292] Ermächtigungsgrundlagen für eine Identitätsfeststellung an Kontrollstellen sind § 26 I 4 PolG BW; Art. 13 I 4 BayPAG; § 21 II 4 ASOG Bln; § 12 I 4 BbgPolG; § 11 I 3 BremPolG; § 4 I 4 PolDatVG HH; § 18 II 5 HSOG; § 29 I S. 2 Nr. 4 SOG MV; § 13 I 4, § 14 NSOG; § 12 I 4 PolG NRW; § 10 I S. 2 Nr. 3 RPPOG; § 19 I S. 1 Nr. 4 SächsPolG; § 20 II S. 1 Nr. 5 SOG LSA; § 181 I S. 2 Nr. 4 SHLVwG; § 14 I 4 ThürPAG; § 23 II 3 BGSG. Im Saarland gibt es keine vergleichbare Regelung. Die Kontrollstellenregelung hält *Lisken,* KJ 1992, 472 (477) insgesamt für verfassungswidrig, da sie polizeiliche Eingriffsbefugnisse gegenüber jedermann bedeuten.

[293] *Knemeyer,* PdW, Frage 81 f.

Es ist keine konkrete, wohl aber eine abstrakte Gefahr für die Zulässigkeit der Errichtung einer Kontrollstelle erforderlich.[295] Auch bei der Kontrollstelleneinrichtung ist Voraussetzung, daß tatsächliche Anhaltspunkte die Annahme rechtfertigen, daß Straftaten von erheblicher Bedeutung begangen werden sollen beziehungsweise zur Fahndung ausgeschriebene Straftäter „erwischt" werden können.[296] Es muß eine gewisse Wahrscheinlichkeit dafür sprechen, daß die Identität von Personen, die eine Straftat (von erheblicher Bedeutung) begehen wollen, an einer Kontrollstelle festgestellt werden kann.[297] Nicht erforderlich ist ein konkreter Verdacht gegen die zu kontrollierenden Personen. Ein Einschreiten gegen offensichtlich Unbeteiligte ist aber auch an Kontrollstellen unverhältnismäßig. Da an einer Kontrollstelle jede Person überprüft werden darf und es – ebenso wie bei einer Razzia – daher (aufgrund von „Wartezeiten") zu einem längeren Aufenthalt der betroffenen Personen an der Kontrollstelle kommen kann als dies bei einer individuellen Identitätsfeststellung der Fall wäre, ist bei der Errichtung einer Kontrollstelle aufgrund des Verhältnismäßigkeitsgrundsatzes besondere Zurückhaltung geboten.[298]

Die Kritik, die an der Ermächtigung zur Errichtung von Kontrollstellen vorgebracht wurde, bezieht sich hauptsächlich auf das Erfordernis des Vorliegens von Gefahrenverdachtsmomenten für eine Straftat. So wird vorgebracht, man brauche die Kontrollstellenregelung nicht, da bei Gefahrenverdachtsmomenten eine konkrete Gefahr vorliege und nach der einschlägigen Ermächtigungsgrundlage zur Identitätsfeststellung bei Vorliegen einer konkreten Gefahr vorgegangen werden könne.[299] Wenn keine konkreten Gefahrenverdachtsmomente vorlägen, gäbe es in der Regel auch keine Anhaltspunkte für das Einrichten einer Kontrollstelle. Diese Ansicht verkennt jedoch, daß das Tatbestandsmerkmal „tatsächliche Anhaltspunke" weniger Voraussetzungen benötigt als das Vorliegen eines Gefahrenverdachtes und demnach gerade in diesem Fall noch keine Maßnahmen nach den Befugnisnormen zur Identitätsfeststellung bei Vorliegen einer

---

[294] *Möller-Bierth,* S. 41; *Vahle,* Kriminalistik 1992, 229.

[295] Sowohl nach *Altschaffel,* 15.12 (S. 164) als auch nach *Hornmann,* Ergänzungsheft, § 18 Rdnr. 3 ist aus Gründen der Verhältnismäßigkeit die Errichtung einer Kontrollstelle nur zulässig, wenn die konkrete Gefahr besteht, daß tatsächlich Straftaten der genannten Art begangen werden sollen.

[296] *Belz,* § 19 Rdnr. 9; *Mühl/Leggereit/Hausmann,* Rdnr. 169; *Rühle/Suhr,* § 10, 2.2.3 (S. 163).

[297] *Altschaffel,* 15.12 (S. 164); *Karnop,* Rdnr. 315; *Meixner/Martell,* § 20 Rdnr. 25; *Rommelfanger/Rimmele,* § 19 Rdnr. 15.

[298] Siehe auch VV PolG NRW 12.16 zu § 12: „Kontrollstellen (…) sind auf das notwendige Maß zu beschränken. Sie sollen nur eingerichtet werden, wenn eine durch hinreichende Tatsachen begründete Wahrscheinlichkeit besteht, daß die genannten Straftaten durch die Identitätsfeststellung, evt. in Verbindung mit sonstigen polizeilichen Maßnahmen, verhütet werden können."

[299] *Ipsen,* Polizei- und Ordnungsrecht, Rdnr. 345.

konkreten Gefahr möglich sind. Kritisieren kann man allenfalls, daß Maßnahmen möglich sind, obwohl nur tatsächliche Anhaltspunkte für die Begehung von Straftaten von erheblicher Bedeutung vorliegen müssen.

In einigen Ländern ist die Errichtung einer Kontrollstelle nur mit Zustimmung des Ministeriums des Inneren oder einer von ihm beauftragten Stelle zulässig, es sei denn, daß Gefahr im Verzug vorliegt.[300] In Niedersachsen gibt es einen Dienststellenleitervorbehalt.[301]

Die Kontrollstellenregelung soll der Verhütung von Straftaten (mit erheblicher Bedeutung) dienen. Durch die jederzeit mögliche Kontrolle sollen potentielle Straftäter davon abgehalten werden, eventuell geplante Straftaten zu begehen. Im Gegensatz zu Maßnahmen nach § 111 StPO ist die Einrichtung einer polizeirechtlichen Kontrollstelle eine präventive Maßnahme.[302] Während eine Kontrolle nach § 111 StPO nur dann statthaft ist, wenn bereits eine Straftat begangen worden ist beziehungsweise der Verdacht besteht, daß eine Straftat begangen wurde, ist eine Kontrolle nach den jeweiligen Polizeigesetzen zwar ebenfalls ereignisabhängig, aber nur zur Gefahrenabwehr zulässig.[303] Problematisch ist allerdings die in den polizeirechtlichen Normen enthaltene Tatbestandsvariante der Fahndung zwecks Ergreifung von Straftätern. Gegen diese wird eingewendet, eine solche Regelung sei grundgesetzwidrig, da es sich um eine eindeutig repressive Maßnahme handele. Der Zweck einer solchen Maßnahme sei die Fahndung nach Straftätern, dafür aber habe das Land keine Gesetzgebungskompetenz.[304]

## 7. Die Identitätsfeststellung in Kontrollbereichen

Identitätsfeststellungen in einem Kontrollbereich unterscheiden sich von der Identitätsfeststellung an einer Kontrollstelle nur durch die zulässige Größe des Kontrollgebietes. Ein Kontrollbereich ist ein räumlich größeres Gebiet als eine Kontrollstelle. Ebenso wie bei einer Kontrollstelle ist auch in einem Kontrollbereich eine Identitätsfeststellung nur zu bestimmten Zwecken zulässig, nämlich

---

[300] Siehe beispielsweise § 12 I 4 BbgPolG; § 18 II 5 HSOG; § 12 I 4 PolG NRW; § 20 II 5 SOG LSA.

[301] § 14 II NSOG.

[302] *Ebert/Honnacker,* § 14 Rdnr. 7.

[303] *Ebert/Honnacker,* § 14 Rdnr. 7; *Honnacker/Beinhofer,* Art. 13 Rdnr. 24.

[304] *Harzer,* S. 85 (94); *Pieroth/Schlink/Kniesel,* § 14 Rdnr. 40; *Würtenberger/Heckmann/Riggert,* Rdnr. 326; *Zeitler,* Rdnr. 246. A.A. *Wagner/Ruder,* Rdnr. 511: Auch die Fahndung sei eine präventive Maßnahme. Nach *Schenke,* Rdnr. 119 kommt ein polizeiliches Einschreiten allein in Betracht bei Straftaten, die noch nicht beendet sind. Nach *Ruder/Schmitt,* Rdnr. 557 könne die Norm in solchen Fällen zur Anwendung kommen, wenn nicht gezielt nach einem konkreten Straftäter, sondern allgemein nach Straftätern gefahndet werde.

zum Zweck der Fahndung nach Personen, die als Täter oder Teilnehmer eine der in § 100a StPO genannten Straftaten begangen haben oder in Fällen, in denen der Versuch strafbar ist, zu begehen versucht oder vorbereitet haben.[305]

Bei Maßnahmen der Identitätsfeststellung in Kontrollbereichen werden – genau wie bei Maßnahmen an einer Kontrollstelle – aufgrund des Fahndungszweckes zum Teil ein Strafverfolgungscharakter der Normen und deshalb eine Verfassungswidrigkeit aufgrund fehlender Gesetzgebungskompetenz angenommen.[306] Nach anderer Ansicht kommt es entscheidend auf die Abgrenzung zu § 111 StPO (Kontrollstellen zur Fahndung) an.[307] In polizeirechtlichen Kontrollbereichen werde nur allgemein (ereignisunabhängig) gefahndet. Dies seien Maßnahmen, die von der StPO nicht umfaßt würden, da dort nur nach bestimmten Straftätern gefahndet werden dürfe. Daher bestehe eine Regelungslücke in der StPO; diese dürfe der Landesgesetzgeber durch Schaffung von Normen zur Identitätskontrolle in einem Kontrollbereich schließen.

### 8. Die Identitätsfeststellung in sonstigen Fällen

In den Polizeigesetzen der Länder beziehungsweise dem BGSG sind noch Regelungen zur Identitätsfeststellung in anderen Fällen enthalten, die allerdings keine besondere Ähnlichkeit zur Schleierfahndung aufweisen und daher nur der Vollständigkeit halber erwähnt werden.

Die Identitätsfeststellung zur Vollzugshilfe[308] und auch die Identitätsfeststellung zum Schutz privater Rechte[309] haben mit der Schleierfahndung außer der

---

[305] Ermächtigungsgrundlage zur Errichtung eines Kontrollbereichs ist § 26 I 5 PolG BW, sowie § 19 I S. 1 Nr. 6a SächsPolG. Die Variante § 19 I S. 1 Nr. 6b SächsPolG, in der ein Kontrollbereich auch zur Fahndung nach Straftätern eingerichtet werden durfte, wurde vom Sächsischen Verfassungsgerichtshof mit Urteil vom 10.7.2003, Vf. 43-II-00, S. 4 für nichtig erklärt. Das Urteil ist bislang nur im Internet veröffentlicht, dort im Volltext abrufbar unter <www.justiz.sachsen.de/gerichte/homepages/verfg/docs/43-II-00A.rtf>, zuletzt aufgerufen am 30.5.2005. Siehe hierzu auch *Kutscha*, NJ 2003, 623 (625).

[306] Siehe explizit das Urteil des Sächsischen Verfassungsgerichtshofs vom 10.7. 2003, Vf. 43-II-00, und auch *Belz*, § 19 Rdnr. 2 für die sächsische Regelung; für die baden-württembergische Regelung *Harzer*, S. 85 (94); *Koch*, S. 113; *Ruder/Schmitt*, Rdnr. 558; *Würtenberger/Heckmann/Riggert*, Rdnr. 326. *Wolf/Stephan*, § 26 Rdnr. 22 äußern lediglich Bedenken hinsichtlich der Notwendigkeit der Regelung.

[307] *Rommelfanger/Rimmele*, § 19 Rdnr. 23; *Wagner/Ruder* Rdnr. 513. A. A. *Meyer-Goßner*, § 111 Rdnr. 1: Die Vorschrift regele die Einrichtung von Kontrollstellen zum Zweck der Fahndung nach Straftätern abschließend. Polizei(recht)liche Kontrollstellen mit gleichem Zweck dürften nicht errichtet werden.

[308] § 21 II 2 ASOG Bln; § 4 I 1 PolDatVG HH; § 18 II 2 HSOG; § 20 II S. 1 Nr. 2 SOG LSA.

[309] Art. 13 I 6 BayPAG; § 18 I S. 3, 21 II 2 ASOG Bln; § 12 I 7 BbgPolG; § 18 I Var. 3 HSOG; § 20 I SOG LSA; § 14 I 6 ThürPAG; § 15 I 3 Thür OBG; § 23 I 5 BGSG. Der Schutz privater Rechte obliegt der Polizei nicht schlechthin, siehe § 1 IV

Möglichkeit, als Rechtsfolge die Identität festzustellen, nichts gemeinsam und können daher hier vernachlässigt werden. Die Befugnis zur Identitätsfeststellung zur Erfüllung der durch andere Rechtsvorschriften zugewiesenen weiteren Aufgaben[310] bezieht sich nicht auf Identitätsfeststellungen wegen des Verdachts einer Straftat, da insoweit § 163b StPO die speziellere Vorschrift ist. Nach diesen polizeirechtlichen Normen ist beispielsweise die Identifizierung eines Ausländers zum Zweck seiner Übernahme in Abschiebehaft (vgl. §§ 57 ff. AufenthG) möglich. Eine Identitätsfeststellung nach § 49 II AufenthG ist bei Zweifeln über die Person oder die Staatsangehörigkeit eines Ausländers zulässig, wenn dem Ausländer die Einreise erlaubt oder ein Aufenthaltstitel erteilt werden soll beziehungsweise wenn dies zur Durchführung anderer Maßnahmen nach dem AufenthG erforderlich ist.

Die Identitätsfeststellung zur polizeilichen Kontrolle des grenzüberschreitenden Verkehrs nach § 23 I 2 BGSG ist nicht anlaßunabhängig,[311] sie knüpft an den erfolgten Grenzübertritt an. Zulässig sind dabei nur Kontrollen an Grenzübergängen, die nicht kontrollfrei übertreten werden dürfen, also zum Beispiel Kontrollen an den Schengen-Außengrenzen.[312]

Kontrollen in Flugplatzbereichen zur Verhütung oder Unterbindung unerlaubter Überschreitung der Landesgrenze sind in Brandenburg zulässig, allerdings nur, soweit solche Kontrollen nicht in den Aufgabenbereich des Bundesgrenzschutzes fallen, vergleiche § 12 I 5 BbgPolG.[313]

---

BGSG; § 2 II PolG BW; Art. 2 II BayPAG; § 1 IV ASOG Bln; § 1 II BbgPolG; § 1 II BremPolG; § 1 III HSOG; § 1 II SOG MV; § 1 III NSOG; § 1 II PolG NRW; § 1 III RP POG; § 1 III SaarPolG; § 2 II SächsPolG; § 1 II SOG LSA; § 162 SHLVwG; § 2 II ThürPAG. Wenn gerichtlicher Rechtsschutz rechtzeitig zu erlangen ist und die Verwirklichung eines Rechts ohne polizeiliche Hilfe nicht vereitelt oder wesentlich erschwert wird, ist polizeiliches Eingreifen unzulässig. Ist das Einschreiten jedoch zulässig, ist ein Antrag des Inhabers des privaten Rechts nicht erforderlich. Eine abgemilderte Regelung findet sich in § 20 V PolG BW, der Befugnisnorm für die Erhebung personenbezogener Daten zum Schutz privater Rechte. Ein Beispiel für eine Identitätsfeststellung zum Schutz privater Rechte ist laut *Denninger*, Polizeirecht, S. 309 die Identifizierung des Täters einer fahrlässigen Sachbeschädigung, die nicht strafbar ist. Siehe auch *Prümm/Thieß*, Fall 1 (S. 41 ff.).

[310] § 20 I SOG LSA; § 18 I Var. 2 HSOG; § 15 I 2 Thür OBG.

[311] Zum Teil wird an der Grenze im Zusammenhang mit Grenzübertritten eine allgemeine (abstrakte) Gefahr für die öffentliche Sicherheit oder Ordnung vermutet, *Heesen/Hönle/Peilert*, § 23 Rdnr. 8. Die früher vertretene Ansicht, es liege sogar allein durch den Grenzübertritt eine konkrete Gefahr vor – so *Einwag/Schoen*, Bundesgrenzschutzgesetz, 1973, § 17 Rdnr. 1 – ist mittlerweile überholt. Im Grenzgebiet ist allenfalls von einer den „gefährlichen Orten" (siehe oben S. 75) vergleichbaren Situation auszugehen. *Götz* in der öffentlichen Anhörung von Sachverständigen zu dem Entwurf eines ersten Gesetzes zur Änderung des BGSG, Protokoll der 87. Sitzung des Innenausschusses des Deutschen Bundestages am 15.6.1998, S. 60 weist darauf hin, daß Grenzkontrollen immer voraussetzungslos und verdachtsunabhängig sind.

[312] *Heesen/Hönle/Peilert*, § 23 Rdnr. 8, 11.

Die präventive Rasterfahndung[314] kann zur vorbeugenden Bekämpfung von Straftaten mit erheblicher Bedeutung eingesetzt werden. Unter Rasterfahndung versteht man den systematisierten, maschinellen Abgleich von zwei oder mehr Datenbeständen, um festzustellen, ob bislang unbekannte Personen bestimmte gemeinsame Merkmale (die sog. Fahndungshypothese) erfüllen.[315] Das so gewonnene Raster wird dann mit Datenbeständen öffentlicher Stellen (und unter bestimmten Voraussetzungen auch privater Stellen) abgeglichen.

## II. Die Schleierfahndung in Abgrenzung zur Prüfung von Berechtigungsscheinen

In den meisten Polizeigesetzen findet sich in der Norm, die zur Identitätsfeststellung ermächtigt, auch ein Absatz, der die Prüfung von Berechtigungsscheinen regelt.[316] Nach dieser Ermächtigungsgrundlage kann die Polizei verlangen, daß ein Berechtigungsschein vorgezeigt und zur Prüfung ausgehändigt wird, wenn der Betroffene auf Grund einer Rechtsvorschrift[317] verpflichtet ist, den Berechtigungsschein mitzuführen. Die Norm findet keine Anwendung, wenn der Betroffenen einen Berechtigungsschein nur besitzen, nicht aber mit sich führen muß. Ebenfalls nicht ausreichend ist eine behördliche Verpflichtung, einen Berechtigungsschein mit sich zu führen; die Pflicht muß unmittelbar gesetzlich auferlegt sein. Der Betroffene muß im Prüfungszeitraum die Tätigkeit, wegen der die Pflicht zur Mitführung eines Berechtigungsscheins besteht, ausüben beziehungsweise unmittelbar zuvor ausgeübt haben oder demnächst mit der Ausübung beginnen wollen.[318] Die Regelung ist zwar verdachtsunabhängig, begründet aber weder eine Auskunftspflicht in bezug auf personenbezogene Daten

---

[313] Mit dieser Norm wird nur dem Umstand Rechnung getragen, daß die Landespolizei im Rahmen ihrer Aufgaben zur Gefahrenabwehr auf Flugplätzen präsent ist; vgl. *Niehörster,* S. 46, 51. Siehe auch *Benfer,* Rdnr. 218 f.

[314] § 40 PolG BW; Art. 44 BayPAG; § 47 ASOG Bln; § 46 BbgPolG; § 23 PolDatVG HH; § 26 HSOG; § 44 SOG MV; § 31 PolG NRW; § 25d RPPOG; § 37 SaarPolG; § 47 SächsPolG; § 31 SOG LSA; § 44 ThürPAG. Die repressive Rasterfahndung richtet sich nach § 98a StPO. Kritisch zur präventiven Rasterfahndung *Schild,* NVwZ 1990, 738 (742); *Schulze-Fielitz,* S. 407 (419 ff.) und *Trute,* Die Verwaltung 2003, 501 (508 ff.).

[315] *Lisken,* NVwZ 2002, 513 (516 f.).

[316] § 26 III PolG BW; Art. 13 III BayPAG; § 22 ASOG Bln; § 14 BbgPolG; § 23 Nr. 1c Bbg OBG; § 11 IV, V BremPolG; § 4 IV PolDatVG HH; § 18 VII HSOG; § 30 SOG MV; § 13 III NSOG; § 13 PolG NRW; § 24 Nr. 5 OBG NRW; § 10 III RPPOG; § 9 III SaarPolG; § 19 III SächsPolG; § 20 VII SOG LSA; § 182 SHLVwG; § 15 ThürPAG; § 15 IV OBG Thür; § 23 IV BGSG.

[317] Nach *Niehörster,* S. 56 soll auch eine vollziehbare Auflage in einem Erlaubnisbescheid genügen.

[318] *Ipsen,* Polizei- und Ordnungsrecht, Rdnr. 354; *Niehörster,* S. 56.

im Rahmen einer Befragung noch eine Befugnis zur Identitätsfeststellung mit sonstigen Mitteln.

Normen, aus denen sich eine Pflicht zum Mitführen von Berechtigungsscheinen ergibt, sind zum Beispiel § 15 I BJagdG, § 17 III ThürJagdG für den Jagdschein, § 38 WaffG für den Waffenschein und die Waffenbesitzkarte, § 33 RPFischG, § 27 SaarFischG, §§ 26, 34 ThürFischG für eine Fischberechtigung oder den Fischereischein. Aus §§ 2, 24 StVG, §§ 4 II 2, 4a I, 15d II 2, 24 S. 2, 29, 57a II, Anlage VIII Nr. 5.3 StVZO ergibt sich die Pflicht, den Führerschein (hier ergibt sich die Pflicht auch aus § 4 II FeV), eine Mofaprüfbescheinigung und den Fahrzeugschein sowie Prüfbücher und Fahrtenschreiber-Schaublätter mit sich zu führen. Nach § 17 IV 1, 20 IV PBefG muß ein Personenbeförderungsschein, nach § 5 FahrlG ein Fahrlehrerschein mit sich geführt werden. Nach § 31a, 3 StVZO muß ein Fahrtenbuch mit sich geführt werden, nach §§ 55, 60c I GewO eine Reisegewerbekarte.

§ 1 PaßG, § 1 I PersAuswG, § 1 VI ThürLPAuswG dagegen berechtigen die Polizei nur dazu, sich Pässe beziehungsweise Personalausweise vorzeigen zu lassen; sie statuieren aber keine Pflicht für den Bürger, solche Dokumente bei sich zu führen.

Die Prüfung eines Berechtigungsscheins wird vorgenommen durch das Anhalten des Betroffenen[319] und die Frage nach dem Berechtigungsschein.

Zweck der Prüfung ist es zu kontrollieren, ob der Betroffene den Berechtigungsschein, zu dessen Mitführung er verpflichtet ist, auch tatsächlich bei sich führt. Die Kontrolle ist nur zulässig, wenn es konkrete Anhaltspunkte dafür gibt, daß der Betroffene gerade eine Tätigkeit ausübt, für die eine Pflicht besteht, einen Berechtigungsschein mit sich zu führen, die kontrollierte Person also zum Beispiel beim Führen eines Kraftfahrzeuges oder im Besitze eines Gewehres angetroffen wird.

Eine ähnliche Regelung findet sich in § 23 V BGSG, wonach der Bundesgrenzschutz verlangen kann, daß sich Personen ausweisen, die eine Einrichtung des Bundesgrenzschutzes betreten wollen oder darin angetroffen werden. Diese Norm ermächtigt allerdings auch zur Durchsuchung der von der betroffenen Person mitgeführten Sachen bei der Einlaßkontrolle, wenn eine solche Maßnahme aufgrund der Gefährdungslage oder wegen auf die Person bezogener besonderer Anhaltspunkte erforderlich erscheint.

Die Befugnis zur Prüfung von Berechtigungsscheinen knüpft – anders als die Schleierfahndung – stets an ein besonderes, zum Teil als generell gefährlich

---

[319] Die Befugnis zum Anhalten der zu prüfenden Person ist ebenso wie die zum Aushändigenlassen des zu prüfenden Scheines eine zwangsläufig der Kontrollkompetenz immanente Kompetenz; vgl. *Habermehl*, Rdnr. 548. Nach *Knemeyer*, Polizeirecht, Rdnr. 170, berechtigen die Normen dagegen nicht zum Anhalten.

eingestuftes Verhalten an, sei es die Teilnahme am Straßenverkehr als Fahrer eines Kfz, sei es das Führen von Waffen. Für die Durchführung einer Schleierfahndung genügt dagegen die Anwesenheit einer Person an einem bestimmten Ort, ein bestimmtes Verhalten der betreffenden Person ist dagegen nicht erforderlich. Außerdem ermächtigten die Schleierfahndungsnormen – abhängig von der Ausgestaltung der konkreten Ermächtigungsgrundlage – zur Befragung des Betroffenen oder auch zur Feststellung seiner Identität. Aufgrund der Befugnis zur Prüfung von Berechtigungsscheinen darf dagegen lediglich die Herausgabe des Scheins vom Betroffenen verlangt werden. Eine Schleierfahndung ist demnach eine deutlich umfangreichere Maßnahme als eine Prüfung von Berechtigungsscheinen.

## III. Die Schleierfahndung in Abgrenzung zur verdachtsabhängigen Befragung

Nach einer gängigen Definition ist eine Befragung in jedem Verhalten der Polizei gegenüber einer bestimmten Person zu sehen, das auf die Erlangung von personen- und sachbezogenen beziehungsweise sachdienlichen Daten (eines Betroffenen oder Dritten) durch Auskunft oder Aussage (sei sie mündlich oder schriftlich) der befragten Person gerichtet ist.[320] In der Regel findet eine Befragung nach Aufforderung durch die Polizei, eine Auskunft zu erteilen oder eine Aussage zu machen, statt.[321] Daher hat sich auch die Bezeichnung „Anhörung gegen oder ohne den Willen des Betroffenen zu polizeilichen Zwecken" eingebürgert.[322] Kennzeichnend für die polizeiliche Befragung ist die Absicht der gezielten Informationsgewinnung.[323] Die Polizei darf im Rahmen einer Befragung jedermann befragen; allerdings ist Voraussetzung für die Zulässigkeit einer Befragung, daß aufgrund tatsächlicher Anhaltspunkte, also nicht nur aufgrund bloßer Vermutung, anzunehmen ist, daß die erfragten Angaben der Gefahrenabwehr oder sonstigen polizeilichen Aufgaben dienen.[324] Eine Befragung kann zum Beispiel die Feststellung der Personalien von Zeugen bezwecken oder der Klärung dienen, ob überhaupt der Verdacht einer Straftat beziehungsweise Gefahr vorliegt oder ob eine Person als Tatverdächtiger in Betracht kommt. Eine Befragung „ins Blaue hinein" und eine allgemeine Ausforschung sind dagegen unzulässig.[325] Die meisten Regelungen zur verdachtsabhängigen Befragung in den Polizeigesetzen haben folgenden Wortlaut:

---

[320] *Frings/Spahlholz,* Rdnr. 199.
[321] *Robrecht,* SächsVBl. 2001, 19.
[322] *Gusy,* Rdnr. 216; *Gusy,* NVwZ 1991, 614 (615).
[323] *Franke/Unger,* § 12 Rdnr. 2.
[324] *Erichsen,* Jura 1993, 45; *Schipper,* Rdnr. 252.
[325] *Meixner/Martell,* § 14 Rdnr. 1. Siehe auch AB NGefAG 12.1 zu § 12, Nds. MBl. 1998, S. 1078 ff. sowie VV PolG NRW 9.11 zu § 9. Die Befragung setzt immer

Die Polizei kann jede Person befragen, wenn Tatsachen die Annahme rechtfertigen, daß sie sachdienliche Angaben machen kann, die für die Erfüllung einer polizeilichen Aufgabe erforderlich sind.[326]

Die Befragung dient, wie auch der Wortlaut der einschlägigen Normen nahelegt, in erster Linie der Gewinnung sachdienlicher Informationen zur Gefahrenabwehr und nur in zweiter Linie der Personenkontrolle mittels Feststellung personenbezogener Daten.[327] Lediglich nach der sächsischen Befragungsnorm (§ 18 III SächsPolG) kann im Rahmen der Befragung die Identität des Befragten festgestellt werden.[328] Im Zusammenhang mit der Frage nach sachdienlichen Angaben darf auch nach der Identität gefragt werden,[329] aber eben auch nach anderen Daten. Bei der Schleierfahndung dagegen dürfen nur Personalienangaben erhoben werden, andere Informationen jedoch nicht. Doch können Identitätsangaben nach den Identitätsfeststellungsnormen auch im Wege einer Durchsuchung, mittels erkennungsdienstlicher Maßnahmen oder mit sonstigen Mitteln erhoben werden, was im Rahmen einer Befragung nicht statthaft ist.

Eine Befragung ist dann zulässig, wenn eine polizeiliche Aufgabe ohne Kenntnis der Angaben nicht, nicht sachgerecht oder nur mit zeitlicher Verzögerung erfüllt werden könnte.[330] Bei der Erhebung personenbezogener Daten sind jeweils spezielle datenschutzrechtliche Vorschriften zu beachten; exemplarisch sei verwiesen auf §§ 14 IV, 15 ff. SOG LSA. Während bei einer Vernehmung nach den Normen der StPO ein Anfangsverdacht im Sinne des § 152 II StPO bestehen muß, ist die polizeiliche Befragung eine rein präventive Maßnahme.

Der grundlegende Unterschied zwischen einer (verdachtsabhängigen) Befragung und einer Befragung im Rahmen einer Schleierfahndung ist, daß bei der Schleierfahndung keine personenbezogenen Anhaltspunkte für eine Inanspruch-

---

einen bestimmten Anlaß voraus und darf nicht einer allgemeinen Ausforschung dienen.

[326] § 20 I PolG BW; Art. 12 BayPAG; § 18 III ASOG Bln; § 11 I BbgPolG; § 23 Nr. 1a BbgOBG; § 13 BremPolG; § 3 I PolDatVG HH; § 12 I HSOG; § 28 I SOG MV; § 12 I NSOG; § 9 I PolG NRW; § 24 Nr. 1 OBG NRW; § 9a I RPPOG; § 11 I S. 1 SaarPolG; § 18 I SächsPolG; § 14 I SOG LSA; § 180 I SHLVwG; § 16 I OBG Thür; § 13 I ThürPAG; § 22 I BGSG.

[327] Siehe nur *Würtenberger/Heckmann/Riggert*, Rdnr. 581.

[328] Für eine restriktive Auslegung der Befragungsnormen im Hinblick auf Maßnahmen zur Identitätsfeststellung *Pieroth/Schlink/Kniesel*, § 14 Rdnr. 2.

[329] Nach VV PolG NRW 9.21 zu § 9 sollen Angaben zur Person und damit auch solche zur Identität nur erfragt werden, wenn Gründe vorliegen, die eine spätere erneute Kontaktaufnahme als möglicherweise geboten erscheinen lassen. Ähnlich AB NGefAG 12.2. zu § 12, Nds. MBl. 1998, S. 1078 ff.: Angaben zur Person sollen nur gefragt werden, wenn Gründe vorliegen, die die Notwendigkeit einer späteren Kontaktaufnahme möglich erscheinen lassen, oder wenn die Kenntnis dieser Angaben zur Überprüfung des Wahrheitsgehalts der Auskunft erforderlich ist.

[330] So auch AB NGefAG 12.1 zu § 12, Nds. MBl. 1998, S. 1078 ff. sowie VV PolG NRW 9.11 zu § 9.

nahme vorliegen müssen – je nach Ausgestaltung der Norm müssen allerdings lagebezogene Anhaltpunkte, sogenannte Lagebilder, beispielsweise auf unerlaubte Einreise der betroffenen Person hindeuten beziehungsweise daß die Person hierzu Auskunft erteilen kann (Inanspruchnahme von möglichen Verdächtigen, Auskunftspersonen, Zeugen oder Hinweisgebern).[331] Bei einer Befragung im Rahmen einer Schleierfahndung sind jedoch keine tatsächlichen Anhaltspunkte, daß die erfragten Angaben der Gefahrenabwehr oder sonstigen polizeilichen Aufgaben dienen können, erforderlich.

Die Befugnis zur Befragung beinhaltet nur ein Fragerecht der Polizei, aus ihr folgt nicht, daß der Befragte Auskunft geben muß.[332] Zur Frage, ob beziehungsweise inwieweit dem einzelnen eine Auskunftpflicht obliegt, äußern sich die hier betrachteten Normen nicht.[333] Daher ist in bezug auf die Befragungsnormen von Interesse, ob und inwieweit diese mit einer Auskunftpflicht korrespondieren. Auskunftpflichten sind in besonderen Normen geregelt. Dabei ist zwischen verschiedenen Kategorien von Normen zu differenzieren; diese reichen von Normen mit eng beschränkter Auskunftpflicht bis hin zu Normen mit umfassender Auskunftpflicht.

### 1. Normen mit beschränkter Auskunftpflicht

In Baden-Württemberg besteht nur die Pflicht, auf eine polizeiliche Befragung hin Name,[334] Vorname, Tag und Ort der Geburt, Wohnanschrift und Staatsangehörigkeit anzugeben.[335] Eine Pflicht zu weiteren Angaben besteht gemäß § 27 IV PolG BW nur dann, wenn bei Vorliegen einer qualifizierten Gefahrensituation eine Vorladung erfolgt ist.[336]

Eine ähnliche Regelung bezüglich einer Auskunftpflicht gilt in Sachsen.[337] Nach dieser besteht die Pflicht zur Angabe von Familienname, Vorname, gegebenenfalls einem früheren Namen, Tag und Ort der Geburt, Anschrift und Staatsangehörigkeit. Eine darüber hinausgehende Auskunftpflicht besteht nach

---

[331] Siehe auch *Borsdorff*, S. 87 (98).

[332] *Rachor*, in Lisken/Denninger, F Rdnr. 257. Zur historischen Entwicklung hin zur gesetzlichen Normierung von Auskunftpflichten siehe *Pohl*, S. 48.

[333] Hierzu VV PolG NRW 9.11 zu § 9: Ein Hinweis auf die Freiwilligkeit der Auskunft oder Aussage bzw. auf ein evtl. bestehendes Aussage- oder Auskunftverweigerungsrecht ist nur dann angebracht, wenn dadurch nicht die Abwehr einer Gefahr erschwert oder vereitelt wird. Die Abwehr einer Gefahr für die öffentliche Sicherheit hat im Zweifelsfall Vorrang vor der Sicherung von gerichtsverwertbaren Beweisen.

[334] In der Regel nicht nur der Familienname, sondern auch der Geburtsname, ein evtl. Künstlername und sonstige Namen, siehe beispielsweise zu einer vergleichbaren Norm, nämlich § 9 PolG NRW, VV PolG NRW 9.21 zu § 9.

[335] § 20 I S. 2 PolG BW.

[336] Siehe zu den Voraussetzungen für eine solche Vorladung *König*, Rdnr. 104.

[337] § 18 III SächsPolG.

§ 18 IV SächsPolG nur bei einer Gefahr für Leben, Gesundheit oder Freiheit einer Person oder einer Gefahr für bedeutende fremde Sach- oder Vermögenswerte.

Nach einer Gruppe von Regelungen[338] besteht eine über die Regelungen von Baden-Württemberg und Sachsen hinausgehende Auskunftspflicht nur bei Vorliegen einer gesetzlichen Handlungspflicht.[339]

## 2. Normen mit umfassender an die Störereigenschaft des Betroffenen anknüpfender Aussagepflicht

In Niedersachsen besteht die Pflicht zur Auskunft über Familienname, Vorname, Tag und Ort der Geburt, Anschrift der Hauptwohnung und Staatsangehörigkeit, wenn die Angaben zur Erfüllung einer (polizeilichen) Aufgabe erforderlich sind.[340] Ist die Person Zustands- oder Verhaltensstörer beziehungsweise Notstandspflichtiger, so ist sie zu sachlichen Auskünften verpflichtet, wenn und soweit Angaben zur Abwehr einer Gefahr oder für eine weitere Aufklärung eines Sachverhaltes erforderlich sind.[341]

Eine umfassende Auskunftspflicht für Störer und Nichtstörer (bei letzteren natürlich nur, wenn die Voraussetzungen des polizeilichen Notstandes vorliegen) besteht nach dem Polizeirecht von Hessen, Rheinland-Pfalz, dem Saarland und Sachsen-Anhalt.[342]

Ähnlich formuliert sind die Regelungen von Schleswig-Holstein und Mecklenburg-Vorpommern.[343] Danach hat eine Person die erforderlichen (sachdienlichen) Angaben zu machen und, falls dies zur Abwehr einer im einzelnen Fall bevorstehenden Gefahr notwendig ist, auf Frage auch Namen, Vornamen, Tag und Ort der Geburt, Wohnanschrift und Staatsangehörigkeit anzugeben.

---

[338] Art. 12 S. 1, 2 BayPAG; § 18 III S. 3, 4 ASOG Bln; § 11 II BbgPolG; § 3 II PolDatVG HH; § 9 II PolG NRW; § 16 II OBG Thür und § 13 II ThürPAG.

[339] Handlungspflichten sind nur Offenbarungspflichten, die sich direkt aus Gesetz ergeben, zum Beispiel § 22 GastStG; § 52 II BImSchG; § 138 StGB; siehe auch VV PolG NRW 9.22 zu § 9. Allerdings können sich Handlungspflichten auch aus den jeweiligen Polizeigesetzen ergeben, vgl. *Berg/Knape/Kiworr*, § 18 Teil 4 (S. 219). Umfassend zu Auskunftspflichten aufgrund gesetzlicher Handlungspflicht siehe *Müller*, Datenerhebung, S. 87 ff.

[340] § 12 II, III NSOG.

[341] Diese Auskunftspflicht besteht unabhängig davon, ob gegen den Befragten Maßnahmen aufgrund seiner Störereigenschaft beabsichtigt sind; siehe auch AB NGefAG 12.3 zu § 12, Nds. MBl. 1998, S. 1078 ff.

[342] § 12 II S. 1 HSOG; § 9a II RPPOG; § 14 II SOG LSA; § 11 I S. 2 SaarPolG mit der Einschränkung, daß die Auskunftspflicht nur besteht, soweit die Angaben des Betroffenen zur Abwehr einer Gefahr erforderlich sind.

[343] § 180 II SHLVwG; § 28 II SOG MV.

### 3. Aussage- und Auskunftsverweigerungsrechte

Auch wenn eine Auskunftspflicht besteht, so kann diese doch im Einzelfall durch ein vorrangiges Aussage- beziehungsweise Auskunftsverweigerungsrecht verdrängt werden.[344] Dabei ist zwischen unterschiedlich weit reichenden Verweigerungsrechten zu differenzieren. Ferner sind der Art und Weise der Auskunftserlangung Grenzen gesetzt.

Im Saarland gilt § 136a StPO gemäß § 11 I S. 3 SaarPolG bei präventivpolizeilichen Befragungen entsprechend. Nach § 11 I S. 4 SaarPolG kann der Betroffene die Antwort auf solche Fragen verweigern, deren Beantwortung ihn selbst oder einen der in § 52 I der StPO bezeichneten Angehörigen der Gefahr aussetzen würde, wegen einer Straftat oder einer Ordnungswidrigkeit verfolgt zu werden. Nach S. 5 dieser Norm sind zur Verweigerung der Auskunft ferner die in §§ 53 und 53a der StPO genannten Personen berechtigt (es gelten also die §§ 52, 53, 53a und 136a StPO entsprechend).

In Schleswig-Holstein, Mecklenburg-Vorpommern, Thüringen und Hessen gelten § 136a I S. 1 und 3 sowie II und III StPO entsprechend. Zudem gelten in diesen Bundesländern die §§ 52–55 StPO gleichfalls analog für polizeirechtliche Auskunftsverlangen, es sei denn, die Auskunft ist für die Abwehr einer Gefahr für Leib, Leben oder Freiheit einer Person erforderlich (es gelten also die §§ 52 bis 55 [außer bei qualifizierter Gefahr] sowie 136a I S. 1, 3, II, III StPO).[345]

Eine ähnliche Regelung findet sich in Sachsen, allerdings mit der Besonderheit der Berücksichtigung der Situation Geistlicher: §§ 52, 53, 53a und 55 I StPO gelten entsprechend, außer die Auskunft ist zur Abwehr einer Gefahr für Leben oder Freiheit einer Person oder zur Abwehr einer erheblichen Gesundheitsgefahr zwingend erforderlich. Diese Einschränkung gilt aber nicht für Geistliche in bezug auf Tatsachen, die ihnen in ihrer Eigenschaft als Seelsorger anvertraut worden oder bekannt geworden sind – insofern wird das Auskunftsverweigerungsrecht vorbehaltlos gewährt.[346]

Ohne Einschränkung gelten die §§ 52–55 und 136a StPO in Sachsen-Anhalt, Berlin, Hamburg, Niedersachsen und Rheinland Pfalz.[347]

---

[344] *Gusy,* NVwZ 1991, 614 (618) nimmt an, daß ein Rückgriff auf § 26 II 4 VwVfG möglich sein soll, wenn ein Polizeigesetz keinerlei Aussageverweigerungsrechte normiert hat.

[345] § 180 II S. 3 f. SHLVwG; § 28 II S. 2, 3, 4 PolG MV; § 16 III OGB Thür; § 12 II S. 2, 3 HSOG. In Hessen gilt darüber nach § 12 IV HSOG weitergehend § 136a StPO insgesamt entsprechend. Für eine restriktive Auslegung dieser Norm aber *Denninger,* Polizeirecht, S. 308.

[346] § 18 VI S. 2, 3 SächsPolG.

[347] § 14 II S. 2, V SOG LSA; § 18 VI ASOG Bln; 3 III PolDatVG HH; § 12 IV, V NSOG; § 9a III, V RPPOG.

In Bremen gelten die §§ 68a und 136a StPO entsprechend.[348] In Nordrhein-Westfalen, Niedersachsen und nach dem BGSG gelten diese Normen gleichfalls entsprechend, jedoch mit der Einschränkung, daß dann eine Pflicht zur Aussage besteht, wenn die Erlangung einer Auskunft für die Abwehr einer Gefahr für Leib, Leben oder ähnlich schutzwürdige Belange erforderlich ist.[349]

Bei Falschangaben oder einer unberechtigten Verweigerung der Aussage ist eine mögliche Folge die Verhängung eines Bußgeldes nach § 111 OWiG.[350] Bei tatsächlichen Anhaltspunkten für eine falsche Personalienangabe darf gemäß § 163b StPO beziehungsweise § 53 I OWiG nach den Ausweispapieren gefragt und verlangt werden, daß mitgeführte Ausweispapiere ausgehändigt werden.

## 4. Die polizeiliche Vorladung

Eine polizeiliche Vorladung bedeutet ein an eine Person gerichtetes rechtliches Gebot, an einem bestimmten Ort zu erscheinen und dort bis zur Erledigung einer bestimmten Angelegenheit (in der Regel einer Befragung oder der Durchführung erkennungsdienstlicher Maßnahmen) zu verweilen.[351] Wird diesem Gebot nicht freiwillig Folge geleistet, kann die Vorladung mit Zwangsmitteln durchgesetzt werden, sogenannte Vorführung.[352] Eine Vorladung ist zulässig, wenn Tatsachen die Annahme rechtfertigen, die vorzuladende Person werde sachdienliche Angaben machen können, die für die Erfüllung einer polizeilichen Aufgabe erforderlich sind beziehungsweise wenn die Vorladung für erkennungsdienstliche Maßnahmen erforderlich ist. Die Schleierfahndung ist jedoch keine Maßnahme, bei der gegenüber einer Person ein Gebot, an einer bestimmten Stelle zu erscheinen, erlassen wird – vielmehr können im Rahmen der Schleierfahndung alle Betroffenen an einer Stelle ohne vorherige „Einbestellung" kontrolliert werden.

---

[348] § 13 S. 2 BremPolG.

[349] § 22 III BGSG; § 9 IV PolG NRW; § 12 II, V S. 2 NSOG.

[350] Zur Verfolgung einer Ordnungswidrigkeit nach § 111 StPO darf gemäß § 46 OWiG iVm. § 163b StPO die Identität des Betroffenen festgestellt werden. Ein Vorgehen nach Polizeirecht wegen der durch die Begehung der Ordnungswidrigkeit vorliegenden Störung der öffentlichen Sicherheit und Ordnung ist dagegen ausgeschlossen. Besteht jedoch keine Auskunftspflicht, kann die Nichtbeantwortung keine Ordnungswidrigkeit darstellen. Siehe auch *König*, Rdnr. 103.

[351] OVG NRW, DVBl. 1982, 658; *Schoch*, Polizeirecht, Rdnr. 206; *Würtenberger/Heckmann/Riggert*, Rdnr. 351.

[352] § 27 PolG BW; Art. 15 BayPAG; § 20 ASOG Bln; § 15 BbgPolG; § 23 Nr. 1d BbgOBG; § 12 BremPolG; § 11 SOG HH; § 30 HSOG; §§ 50, 51 SOG MV; § 16 NSOG; § 10 PolG NRW; § 24 Nr. 2 OBG NRW; § 12 RPPOG; § 11 SaarPolG; § 18 SächsPolG; § 35 SOG LSA; §§ 199, 200 SHLVwG; § 16 IV, V OBG Thür; § 17 ThürPAG; § 25 BGSG.

## Teil 2

# Polizeirechtliche Aspekte der Schleierfahndung

## Kapitel 5

## Formelle und tatbestandliche Voraussetzungen der Polizeirechtsmäßigkeit einer Schleierfahndung

Wie bereits oben im Rahmen der Vorstellung der Normen zur Schleierfahndung gezeigt wurde, gibt es vom Grundsatz her zwei verschiedene Gruppen von verdachtsunabhängigen Maßnahmen, nämlich zum einen solche, die zu einer Befragung berechtigen, zum anderen solche, die eine Identitätsfeststellung gestatten. Die Befragung dient primär der Erlangung sachdienlicher Hinweise und erfaßt nur sekundär die Personalienfeststellung. Die Identitätsfeststellung umfaßt ausschließlich die Personalienfeststellung zu Identitätsfeststellungszwecken, dies gegebenenfalls aber auch mittels spezieller Maßnahmen wie einer Durchsuchung oder einer Durchführung erkennungsdienstlicher Maßnahmen.

Zu den Befragungsnormen gehören § 22 Ia BGSG sowie die Schleierfahndungsregelungen von Brandenburg, Niedersachsen, Sachsen-Anhalt und dem Saarland. In gewisser Nähe zu diesen Befragungsnormen steht die Regelung von Mecklenburg-Vorpommern, obwohl nach dieser gerade keine Befragung zulässig ist. Wenn man diese Regelung überhaupt einer der beiden Gruppen zuordnen kann, dann eher den Befragungsnormen. Denn diese Bestimmung paßt in bezug auf die Örtlichkeiten und die zulässigen Rechtsfolgen – einer Anhalte- und Sichtkontrolle – eher zu den Befragungs- als zu den Identitätsfeststellungsnormen.

Die Normen, die zur Identitätsfeststellung berechtigen, sind § 23 I 3 BGSG sowie die Schleierfahndungsnormen von Bayern, Baden-Württemberg, Brandenburg, Hessen, Sachsen und Thüringen.

Im folgenden werden die formellen und tatbestandlichen Voraussetzungen für eine Schleierfahndung sowohl nach den Befragungs- als auch nach den Identitätsfeststellungsnormen aufgezeigt.

# I. Formelle Voraussetzungen

## 1. Allgemeine formelle Voraussetzungen

Die allgemeinen formellen Rechtmäßigkeitsvoraussetzungen für eine Schleierfahndung weisen nur marginale Besonderheiten gegenüber den Voraussetzungen für die Rechtmäßigkeit der Durchführung anderer Polizeimaßnahmen auf. Zunächst müssen die nach den Zuständigkeitsnormen zur Durchführung einer Schleierfahndung berechtigten Personen gehandelt haben. Sachlich zuständig sind nach den einschlägigen Landesnormen Polizeivollzugsbeamte des betreffenden Bundeslandes, siehe beispielsweise § 60 III PolG BW, nach den einschlägigen Normen des BGSG Bundesgrenzschutzbeamte. Die örtliche und die instantielle Zuständigkeit richten sich nach den in dem betreffenden Polizeigesetz verankerten allgemeinen Zuständigkeitsvorschriften.[353]

Wenn durch eine im Rahmen einer Schleierfahndung vorgenommene Befragung mit Pflicht zur Auskunftserteilung oder eine Identitätsfeststellung in Rechte des Betroffenen eingegriffen wird – zum Beispiel, wenn ihm eine Auskunftspflicht obliegt oder er am Ort der Maßnahme festgehalten wird – sind folgende verfahrensrechtliche Besonderheiten zu beachten:

Dem Betroffenen ist rechtliches Gehör zu gewähren, und zwar in Form einer Anhörung. Ihm ist also die Möglichkeit einzuräumen, sich zur geplanten Maßnahme vorab zu äußern. Eine solche Anhörung darf dann unterbleiben, wenn sie nach den Umständen des Einzelfalls nicht geboten ist. Wann dies der Fall ist, also auf eine Anhörung verzichtet werden kann, ist in den einschlägigen Verwaltungsverfahrensgesetzen, zum Beispiel in § 28 II LVwVfG BW, Art. 28 II BayVwVfG und § 28 II VwVfG exemplarisch (also nicht abschließend) aufgeführt. Allerdings ist zu bedenken, daß bei ereignis- und verdachtsunabhängigen Kontrollen insbesondere keine Gefahr im Verzug bestehen kann, da es sich gerade um gefahrenverdachtsunabhängige Maßnahmen handelt. Ein Verzicht auf eine Anhörung wegen der Notwendigkeit einer sofortigen Entscheidung bei Gefahr im Verzug kommt also nicht in Betracht. Handelt es sich bei der Kontrollmaßnahme um eine größer angelegte Kontrolle, ist eine Anhörung entbehrlich, wenn gleichartige Verwaltungsakte in größerer Zahl zu erwarten sind, siehe beispielsweise § 28 II Nr. 4 LVwVfG BW.[354] Sollte eine Schleierfahndung aller-

---

[353] Die örtliche Zuständigkeit des Polizeivollzugsdienstes bestimmt sich damit beispielsweise in Baden-Württemberg nach § 75 PolG BW, in Hessen nach § 101 I 1 HSOG und in Sachsen nach § 76 SächsPolG. In Bayern werden alle im Vollzugspolizeidienst tätigen Dienstkräfte erfaßt, das sind die Landespolizei, Art. 4 POG, die Bereitschaftspolizei, soweit sie zur Unterstützung anderer Teile der Polizei eingesetzt ist, Art. 6 POG und das Landeskriminalamt, Art. 7 POG.

[354] Gleichartige Verwaltungsakte in größerer Zahl können dann angenommen werden, wenn alle Verwaltungsakte auf eine Rechtsgrundlage und einen Sachverhalt gestützt werden. Ferner wird ein enger zeitlicher und sachlicher Zusammenhang gefor-

dings ausnahmsweise in der Rechtsform eines Realaktes vorgenommen werden,[355] ist keine Anhörung erforderlich. Denn die einschlägigen Verwaltungs-
verfahrensgesetze verpflichten nur vor Erlaß eines Verwaltungsaktes zu einer
Anhörung der Beteiligten.

Dem Betroffenen ist der Grund der Personenkontrolle mitzuteilen (siehe nur
§ 18 VI HSOG speziell für die Identitätsfeststellung, § 13 VIII S. 2 HSOG allgemein); ihm ist ferner die Rechtsgrundlage zu benennen (vgl. zum Beispiel
§ 30 I S. 3 NSOG). Zudem ist er darüber zu informieren, ob mit der Maßnahme repressive oder präventive Zwecke verfolgt werden, es sei denn, für den
Betroffenen können keine Zweifel bestehen, welcher Rechtsnatur die Maßnahme ist.[356] Stehen dem Betroffenen möglicherweise Auskunfts- oder Aussageverweigerungsrechte zu,[357] ist er über diese zu belehren, ebenso wie über die
Freiwilligkeit seiner Angaben in einem solchen Fall.[358] Werden die gebotenen
Hinweise nicht oder nicht ordnungsgemäß erteilt, darf der Betroffene zu seinem
eigenen Schutz sämtliche Angaben verweigern, nur teilweise Angaben machen
oder falsche Auskünfte erteilen, jeweils ohne daß dies rechtlich nachteilige
Konsequenzen für ihn hat.[359] Der eine Personenkontrolle durchführende Polizeibeamte hat sich auf Verlangen auszuweisen (siehe zum Beispiel Art. 6 Bay-
PAG). Die Vornahme einer Kontrolle ist dem Betroffenen auf seinen Antrag hin
schriftlich zu bestätigen (siehe zum Beispiel Art. 37 II S. 2 BayVwVfG).

Von sämtlichen einschlägigen Verfahrensnormen darf allerdings abgesehen
werden, wenn bei ihrer Einhaltung der Zweck der Maßnahme, die Erfüllung

---

dert, siehe *Kopp/Ramsauer,* § 28 Rdnr. 67; *Obermayer,* § 28 Rdnr. 53; *Stelkens/Bonk/
Sachs,* § 28 Rdnr. 59.

[355] Vgl. hierzu unten Anm. 1522 mit dazugehörigem Text. *Beital//Führing/Peter-
sen-Thrö/Robrecht,* S. 177 gehen jedoch davon aus, es handle sich bei der Identitätsfeststellung um einen Realakt, weshalb eine vorherige Anhörung entbehrlich sei. In
anderen Fällen bestehe ebenfalls keine Verpflichtung zu einer Anhörung, da ein zwin-
gendes öffentliches Interesse daran bestehe, daß die Kontrollen überraschend erfolgten.

[356] *Roos,* § 10 Rdnr. 9. *Vahle,* VR 1996, 388 geht dagegen davon aus, daß weder
die Nennung einer Rechtsgrundlage noch sonstige konkrete Hinweise erforderlich
seien, ein allgemeiner Hinweis auf das Durchführen einer Personenkontrolle genüge.

[357] Siehe diesbezüglich Kapitel 4 III. 3.

[358] Die Pflicht zu einer Belehrung ist in manchen Polizeigesetzen explizit verankert; siehe zum Beispiel § 19 III 1 PolG BW; Art. 30 BayPAG; § 16a II 4 HSOG;
§ 11 I 6 SaarPolG und auch § 4 III BDSG. Wo eine solche ausdrückliche Festlegung
einer Belehrungspflicht fehlt, folgt sie aus der Pflicht des Betroffenen zur Auskunftserteilung, aus dem Gebot effektiven Rechtsschutzes und aus dem Gebot der Transparenz polizeilicher Maßnahmen. Einige Polizeigesetze (zum Beispiel in Baden-Württemberg und Bayern) sehen vor, daß eine Rechtsbelehrung, also eine Information über
ein Auskunfts- oder Aussageverweigerungsrecht, nur bei schriftlichen Verwaltungsak-
ten erteilt zu werden braucht, bei einer mündlichen Befragung demnach eine Pflicht
zur Rechtsbelehrung nur bei einem entsprechenden Verlangen des Betroffenen besteht.

[359] *Roos,* § 10 Rdnr. 9.

ordnungsbehördlicher oder polizeilicher Aufgaben beziehungsweise die Wahrung schutzwürdiger Belange Dritter beeinträchtigt, erheblich erschwert oder gar gefährdet wäre.[360]

Wird bei einer Schleierfahndung gegen die skizzierten Verfahrensvorschriften verstoßen, besteht allerdings eine Heilungsmöglichkeit der Verfahrensfehlerhaftigkeit nach § 45 II (L–)VwVfG (etwa durch eine Nachholung der rechtswidrig unterbliebenen Anhörung, § 45 I 3 VwVfG) bis zum Abschluß eines verwaltungsgerichtlichen Verfahrens.[361] Zudem ist nach der Rechtsprechung des Bundesverwaltungsgerichts eine Heilung einer unterbliebenen Anhörung durch Einlegung eines Widerspruchs zu sehen.[362]

Eine Schleierfahndung kann in allen statthaften Formen verwaltungsrechtlichen Handelns vorgenommen werden, also schriftlich oder mündlich. Eine mündliche Verfügung ist schriftlich zu bestätigen und zu begründen, wenn der Betroffene hieran ein rechtliches Interesse hat und eine Bestätigung beziehungsweise Begründung unverzüglich verlangt (vergleiche §§ 37 II 2, 39 I VwVfG. Im Falle einer schriftlichen Befragung oder Identitätsfeststellung muß im übrigen stets eine Begründung gegeben werden, dies ist ein anerkanntes Gebot der Rechtsstaatlichkeit.[363] Zudem muß ein Verwaltungsakt im Rahmen einer Schleierfahndung gemäß § 37 (L–)VwVfG dem Bestimmtheitsgebot genügen, das heißt, der Betroffene muß erkennen können, welche genauen Pflichten ihm auferlegt werden. Diese Pflichten bei einer Schleierfahndung können sich zum einen auf das Gebot einer Auskunftserteilung als solches, zum anderen auf den Umfang der Auskunftserteilung und die Dauer der Inanspruchnahme beziehen.

Wird eine Schleierfahndung im Straßenverkehr durchgeführt, ist die Einrichtung einer Kontrollstelle nach Straßenverkehrsrecht abgesichert: außer bei Gefahr im Verzug, die bei der Schleierfahndung nicht vorliegen kann, ist nach § 45 I 1 StVO auf Antrag des Polizeivollzugsdienstes die Straßenverkehrsbehörde befugt, die Benutzung bestimmter Straßen oder Straßenstrecken aus Gründen der öffentlichen Sicherheit oder Ordnung zu beschränken. Dies gilt nach § 45 I S. 2 Ziff. 5 StVO auch hinsichtlich der zur Erhaltung der öffentlichen Sicherheit erforderlichen Maßnahmen. Davon umfaßt sind sowohl Maßnahmen im Interesse des Verkehrs als auch Verkehrsbeschränkungen zum Schutz von Rechtsgütern außerhalb des Verkehrs,[364] also auch der Durchführung der Schleierfahndung.

---

[360] Siehe zum Beispiel Art. 30 IV S. 2 BayPAG. Zu beachten ist jedoch, daß ein Verzicht auf die Verfahrensvorschriften nur in einer Ausnahmesituation statthaft ist. D.h. im Regelfall muß der Betroffene belehrt werden; siehe auch BayVerfGH JZ 1995, 299 (303).

[361] Siehe *Stelkens/Bonk/Sachs,* § 45 Rdnr. 69 ff.

[362] *Stelkens/Bonk/Sachs,* § 45 Rdnr. 78 mit zahlreichen Nachweisen.

[363] *Rühle/Suhr,* § 10, 8 (S. 168).

## 2. Besondere formelle Voraussetzungen

Einige Befragungs- und Identitätsfeststellungsnormen legen zudem besondere formelle Voraussetzungen für die Rechtmäßigkeit einer Schleierfahndung fest.

In manchen landesrechtlichen Normen sind besondere Bestimmungen im Hinblick auf die Anordnungsbefugnis einer Schleierfahndung enthalten. So ist es nach der Brandenburger Regelung erforderlich, daß Ort, Zeit und Umfang einer Schleierfahndungsmaßnahme durch den Polizeipräsidenten oder seinen Vertreter im Amt festgelegt werden (§ 11 III BbgPolG).[365] In Sachsen-Anhalt dürfen der Ort, die Zeit und der Umfang einer Schleierfahndungsmaßnahme auch vom jeweiligen Behördenleiter oder von einer Person aus dem höheren Dienst, die vom Behördenleiter beauftragt worden ist, bestimmt werden (vergleiche § 14 III S. 3 SOG LSA). Vergleichbar sind die besonderen formellen Voraussetzungen für die Durchführung einer Schleierfahndung nach dem Recht von Mecklenburg-Vorpommern, nach dem Schleierfahndungsmaßnahmen durch den Behördenleiter anzuordnen sind und die Anordnung in örtlicher und zeitlicher Hinsicht zu beschränken ist (§ 27a SOG MV).

Im Hinblick auf die Zuständigkeit zur Durchführung einer Schleierfahndung (zu unterscheiden von der soeben erläuterten Zuständigkeit zur Anordnung) gibt es in Thüringen mit § 14 I 5 ThürPAG einen Vorbehalt zugunsten der Bundespolizei. Dieser Vorbehalt soll klarstellen, daß die Landespolizei keine Befugnis zur Durchführung einer Schleierfahndung hat, soweit der Bundesgrenzschutz zuständig ist. Dies ist zum Beispiel in bezug auf Kontrollen in beziehungsweise auf Bahnanlagen, Zügen und Flugplatzgeländen der Fall. Mit dieser Regelung sollen Kollisionen der landesrechtlichen Befugnisnorm mit §§ 2 II 2a, 12 I 2 BGSG verhindert werden. Diese Regelung hat allerdings nur deklaratorischen Charakter, also klarstellende Funktion, da schon durch § 1 VII BGSG gesichert ist, daß die Landespolizei weiterhin für gefahrenabwehrende Maßnahmen zuständig bleibt, die nicht grenzpolizeiliche beziehungsweise bahn- und luftfahrpolizeiliche Aufgaben betreffen.

In Sachsen bestand gemäß § 19 I a SächsPolG eine Verpflichtung des Staatsministeriums des Inneren, dem Landtag jährlich über die Schleierfahndung zu berichten.[366] Diese Berichtpflicht bezog sich auf die Art der Handhabung von Schleierfahndungen sowie über Umfang und Ergebnisse von Schleierfahndungsmaßnahmen. Diese speziell auf Identitätsfeststellungen nach § 19 I S. 1 Nr. 5 SächsPolG bezogene Pflicht der sächsischen Polizei zur Vorlegung statistischer

---

[364] *Hentschel,* § 45 StVO, Rdnr. 31.

[365] Ebenso § 18 VII ASOG Bln a.F. Nach *Walter,* ZFIS 1999, 237 (240) ein „Anachronismus im Zeitalter von Abschichtung und Delegation". Allgemein zu Behördenleitervorbehalten *Aschmann,* S. 179 ff.; *Lisken/Mokros,* NVwZ 1991, 609 ff.

[366] Siehe schon oben S. 48.

Daten ist insofern eine besondere Statistikpflicht, als sie verhindert, daß Erfolge, die bei anderen Identitätsfeststellungen erzielt werden konnten, zur Legitimierung von Schleierfahndungsmaßnahmen herangezogen werden. Begründet hat der Gesetzgeber die Festlegung dieser Berichtspflicht mit dem Gebot eines sorgfältigen Umfangs mit erweiterten polizeilichen Befugnissen und der Notwendigkeit einer legislativen Überprüfung der Wirksamkeit von Schleierfahndungsmaßnahmen. Im Gesetzentwurf zur Einführung der Möglichkeit einer Schleierfahndung war ursprünglich auch eine Berichtspflicht gegenüber dem Landesdatenschutzbeauftragten vorgesehen; diese ist aber nicht Gesetz geworden.[367] Mit Aufhebung der Befristung der sächsischen Schleierfahndungsnorm wurde auch die Evaluierungspflicht abgeschafft.

## II. Tatbestandsvoraussetzungen

Im folgenden werden die Tatbestandsvoraussetzungen zum einen der Befragungsrechte nach den Polizeigesetzen von Brandenburg, Niedersachsen, dem Saarland, Sachsen-Anhalt und nach dem BGSG sowie der Sichtkontrollbefugnis nach dem Polizeigesetz von Mecklenburg-Vorpommern, zum anderen der Identitätsfeststellungsbefugnisse nach den Polizeigesetzen von Baden-Württemberg, Bayern, Brandenburg, Hessen, Sachsen, Thüringen und nach dem BGSG analysiert.

### 1. Örtlichkeiten

Hinsichtlich der Örtlichkeiten, an denen eine Identitätsfeststellung oder eine Befragung beziehungsweise Sichtkontrolle im Rahmen einer Schleierfahndung durchgeführt werden darf, gibt es je nach Landesregelung unterschiedliche Differenzierungen. Die Örtlichkeiten, an denen eine Befragung oder Identitätsfeststellung zulässig ist, können in drei Gruppen eingeteilt werden: statthaft sind diese Maßnahmen je nach landesrechtlicher Regelung a) in (internationalen) Verkehrseinrichtungen, b) im (öffentlichen) Verkehrsraum und auf bestimmten Straßen (mit Bedeutung für die grenzüberschreitende Kriminalität) beziehungsweise c) im Grenzgebiet. Einige Normen lassen Kontrollen an allen drei genannten Örtlichkeiten zu (so die Schleierfahndungsnormen von Bayern, Mecklenburg-Vorpommern und Sachsen), andere gestatten Maßnahmen an den unter a) und b) genannten Orten (so die Ermächtigungsgrundlagen von Baden-Württemberg, Hessen und Thüringen). Allein an den unter b) aufgeführten Örtlichkeiten darf nach den Befugnisnormen von Niedersachsen, Rheinland-Pfalz und Sachsen-Anhalt sowie nach § 11 III BbgPolG kontrolliert werden. Dagegen lassen §§ 9a SaarPolG, 23 I 3 BGSG und 12 BbgPolG allein Maßnahmen an den

---

[367] Siehe *Rommelfanger/Rimmele,* § 19 Rdnr. 21.

unter c) genannten Orten zu. Nach § 22 Ia BGSG darf nur an bestimmten im einzelnen in der Norm genannten öffentlichen Einrichtungen kontrolliert werden.

### a) Maßnahmen in internationalen Verkehrseinrichtungen beziehungsweise in Zügen, in Bahnanlagen und in Luftverkehrsanlagen

Nach der ersten Gruppe von Befugnisnormen sind Schleierfahndungsmaßnahmen zulässig in internationalen Verkehrseinrichtungen beziehungsweise in Zügen, in Bahnanlagen und in Luftverkehrsanlagen. Allen diesen Befugnisnormen ist gemeinsam, daß sie Kontrollen an beziehungsweise in bestimmten Verkehrseinrichtungen zulassen. Die einzelnen Örtlichkeiten sollen im folgenden genauer definiert werden. Zunächst werden die Verkehrseinrichtungen betrachtet, die in der Bundesgrenzschutznorm aufgeführt sind, im Anschluß daran werden dann die weiteren Einrichtungen, in denen nach den erwähnten Ländernormen kontrolliert werden darf, ins Blickfeld genommen.

Die tatbestandlich engste Norm ist die Befragungsnorm in § 22 Ia BGSG, die die Örtlichkeiten, an denen eine Schleierfahndung durchgeführt werden darf, enumerativ aufzählt. Nach dieser Aufzählung sind Maßnahmen gestattet in Zügen, auf dem Gebiet der Bahnanlagen der Eisenbahnen des Bundes sowie in Luftverkehrsanlagen und Flughafeneinrichtungen mit grenzüberschreitendem Verkehr.

In der Bundesgrenzschutznorm werden zunächst einmal Züge als Örtlichkeiten genannt, an denen eine Schleierfahndung statthaft ist. Züge sind jedenfalls alle Eisenbahnen im Sinn des AEG.[368] Darüber hinaus aber alle sonstigen, erdgebundenen, auf einen speziellen vorgegebenen Fahrweg angewiesene Fahrzeuge, beispielsweise Straßenbahnen, S-Bahnen, U-Bahnen und Magnetschwebebahnen. Bei der Kontrolle in Zügen stellt sich das Problem, ob auch Züge

---

[368] Eisenbahnen sind solche Bahnen, die nach ihrer Zweckbestimmung von jedermann zur Personen- oder Güterbeförderung benutzt werden können, siehe *Marschall/ Schweinsberg,* § 1 EKrG Rdnr. 3.2. Da entscheidender Zweck einer Schleierfahndung die Durchführung einer Personenkontrolle ist, wird man die Kontrollbefugnis auf Züge beschränken müssen, die dem Personenverkehr dienen. Eisenbahnen sind eine Untergruppe der sogenannten Schienenbahnen. Schienenbahnen sind alle Bahnen mit einem festen Spurwerk und werden unterteilt in Eisenbahnen, S-Bahnen, Schwebebahnen und Zahnradbahnen; keine Schienenbahnen sind Seilbahnen, Magnet-Schwebebahnen und Omnibusse. In diesen darf nur dann kontrolliert werden, wenn dem jeweiligen Fortbewegungsmittel Zugeigenschaft zukommt, was nur bei Magnetschwebebahnen zu bejahen sein wird. Eisenbahnen im Sinn des AEG sind alle Schienenbahnen mit Ausnahme von Straßenbahnen, nach ihrer Bau- oder Betriebsweise ähnliche Bahnen wie zum Beispiel U- und S-Bahnen, Bergbahnen und sonstige Bahnen besonderer Bauart, siehe auch *Finger,* § 1 AEG.

von Privatbahnen, also von Unternehmen, die sich nicht (mehrheitlich) in deutschem öffentlichem Eigentum befinden, erfaßt werden. Der Verweis auf § 3 BGSG hilft nicht weiter, da dort nur geregelt ist, welche Bahnanlagen erfaßt werden. Eine Beschränkung der Kontrolle nur auf Züge des Bundes (das heißt der Deutschen Bahn AG) kann aber nicht angenommen werden. Der Schutzzweck der Norm umfaßt Gefahrenabwehr zugunsten des Bahnverkehrs, es findet sich keine Beschränkung auf den Schutz der Züge der Deutschen Bahn AG. Es ist vielmehr davon auszugehen, daß auch in Zügen von Privatbahnen wie etwa des französischen Verkehrsunternehmens Connex kontrolliert werden darf.[369]

Bahnanlagen der Eisenbahnen des Bundes sind alle in sachlichem und räumlichem Zusammenhang mit dem Eisenbahnbetrieb stehende Örtlichkeiten.[370]

---

[369] Geschützt werden alle Züge, also auch ausländische oder private deutsche, die die Bahnanlagen der Deutschen Bahn AG nutzen bzw. benutzen. Es stellen sich in diesem Zusammenhang noch weitere Fragen, wie zum Beispiel die, ob der private Bahnbetreiber dem Bundesgrenzschutz Zugang zu seinen Zügen gewähren muß. Da ohne einen Zugang zum Verkehrsmittel nicht kontrolliert werden könnte, also die Kontrollbefugnis nicht ausgeübt werden könnte, geben die Befugnisnormen implizit einen Anspruch auf Zugang auch zu privaten Zügen. In Bayern wurde zwischen der Deutschen Bahn AG und der Polizei eine Vereinbarung getroffen, daß alle Bediensteten im Fahndungseinsatz sowohl in Zivil- als auch in Dienstkleidung sowie Polizeihunde kostenlos befördert werden, siehe *Richter/Dreher,* Die Polizei 1998, 277 (279). Darüber hinaus regelt Art. 29 II BayPAG, daß die Polizei zur Erfüllung ihrer grenzpolizeilichen Aufgaben einen Anspruch auf Zutritt zu den Anlagen von im Reiseverkehr tätigen Verkehrsunternehmen einschließlich Verkehrsverwaltungen hat sowie die Beförderung in den Verkehrsmitteln unentgeltlich zu gestatten ist. Es stellt sich daher die Frage, ob auch Bundesgrenzschutzbeamte einen Anspruch auf kostenlose Beförderung haben, und weiterhin, ob auch der private Bahnbetreiber eine kostenlose Mitfahrt gewähren muß. Da im Endeffekt die bahnpolizeilichen Aufgaben auch dem Schutz der Interessen der Bahnbetreiber dienen, ist eine solche entgeltlose Beförderungspflicht zu bejahen. Die Deutsche Bahn AG sowie private Bahnbetreiber haben somit eine Duldungspflicht, eine kostenlose Mitfahrt zum Zwecke der Durchführung von Schleierfahndungsmaßnahmen zu gestatten. § 3 II BGSG sieht eine partielle Übernahme der Kosten, die durch Gefahrenabwehr entstehen, auf die Eisenbahnunternehmen vor. *Ronellenfitsch,* DVBl. 2005, 65 (71) erachtet dies als verfassungswidrig, da der BGS nicht für die Eisenbahnunternehmen tätig werde, sondern in eigener Zuständigkeit.

[370] Hier findet nun eine Begrenzung auf Anlagen der Eisenbahnen des Bundes statt. Dies bedeutet, daß in Anlagen anderer Schienenbahnen wie Straßenbahnen, U-Bahnen etc. nicht kontrolliert werden darf. *Roese,* ZFIS 1998, 13 (14) bezieht jedoch S- und U-Bahnhöfe dann ein, wenn sie in baulicher Verbindung mit einem Bahnhof des grenzüberschreitenden Verkehrs stehen. Nach § 4 EBO gehören alle Grundstücke, Bauwerke und anderen ortsfesten Einrichtungen, die unmittelbar der Abwicklung des äußeren Eisenbahndienstes zu dienen bestimmt sind, zu den Bahnanlagen. Siehe auch BT-Drs. 13/10790, S. 1 ff.; *Fehn,* Die Polizei 2001, 8; *Fischer/Hitz/Laskowski/Walter,* § 3 Rdnr. 14; *Heesen/Hönle/Peilert,* § 3 Rdnr. 16. Bahnanlagen könne demnach Brücken und Tunnel, Schrankenpostengebäude, Signal- und Fernmeldeanlagen, Bahnhofshallen einschließlich Warteräumen, Güterabfertigungen, Bauhöfe, Anlagen der Servicebetriebe (nur soweit sie in unmittelbarem Zusammenhang mit dem Bahnbetrieb stehen), für den öffentlichen Eisenbahnzweck bestimmte Bahnhofsvorplätze (so schon *Finger,* § 55 EBO Rdnr. 1a; a.A. *Mantel,* Die Polizei 1999, 221 [223]), Zufuhrwege,

Auch hier kommt es nicht auf die Eigentumsverhältnisse an, sondern nur darauf, daß die eigentliche Anlage dem Verkehrsbetrieb von Eisenbahnen des Bundes dient.[371]

Luftverkehrsanlagen und Flughafeneinrichtungen umfassen räumlich ausschließlich die Örtlichkeit eines Flugplatzgeländes.[372]

Die Formulierung „mit grenzüberschreitendem Verkehr" bringt zum Ausdruck, daß nicht in jeder dieser genannten Einrichtungen Kontrollen zulässig sind, sondern nur in solchen, die einen irgendwie gearteten „Grenzbezug" aufweisen. Ein Grenzbezug ist bei Einrichtungen zu verneinen, von denen aus nicht unmittelbar – also ohne Fahrzeugwechsel – mit dem Verkehrsmittel, dem die Einrichtung zu dienen bestimmt ist, in das Ausland gereist werden kann. Wegen dem „sowie" ist anzunehmen, daß sich der Grenzbezug nur auf die Luftverkehrsanlagen und Flughafeneinrichtungen, nicht auch auf die Züge und Bahnanlagen bezieht.[373] Damit kann nach BGSG in jedem Zug oder jeder Bahnanlage, wie oben definiert kontrolliert werden, in Luftverkehrsanlagen oder Flughafeneinrichtungen nur, wenn ein Grenzbezug zu bejahen ist.

Die anderen Normen, die dieser Kategorie zugerechnet werden können, sind jene Identitätsfeststellungsnormen, die Kontrollen in öffentlichen Einrichtungen des internationalen Verkehrs vorsehen, namentlich § 26 I 6 PolG BW, Art. 13 I

---

Lagerplätze sowie Anlagen für den elektrischen Zugbetrieb (Bahnstromleitungen, Umformwerke) sein. Ist die Anlage nur zum Teil Bahnanlage, darf in den zur Bahnanlage gehörenden Teilen kontrolliert werden, sofern es sich nicht nur um untergeordnete Teile handelt. Gefahren abwehrende Maßnahmen sind allerdings nicht auf die Bahnanlagen beschränkt, entscheidend ist, daß den Bahnanlagen drohende Gefahren abgewehrt werden, siehe auch BVerfG NVwZ 1998, 495 (496 f.).

[371] Private Bahnhöfe gibt es derzeit noch nicht. Sollte es zukünftig welche geben, wären Kontrollen dort ebenso wie auf Bahnhöfen in öffentlichem Eigentum nur zulässig, wenn die Anlage faktisch dem Betrieb einer Eisenbahn des Bundes dient. Eine Eisenbahn des Bundes ist diejenige, die ganz oder mehrheitlich im Eigentum des Bundes oder eines mehrheitlich dem Bund gehörenden Unternehmen steht, sieht § 2 VI AEG. Auf Bahnanlagen von Privatbahnen, die nicht auch dem Verkehr von Eisenbahnen des Bundes dienen, darf nicht nach BGSG kontrolliert werden, dort ist aber der Aufgabenbereich der Landespolizeibehörden eröffnet, wenn diese eine Schleierfahndung in öffentlichen Einrichtungen des internationalen Verkehrs zulassen, dort findet sich nämlich keine Beschränkung auf Bahnanlagen der Eisenbahnen des Bundes, siehe *Heesen/Hönle/Peilert,* § 3 Rdnr. 14.

[372] *Fischer/Hitz/Laskowski/Walter,* § 4 Rdnr. 18 ff. Der Begriff Flugplatz ist dabei Oberbegriff zu Flughäfen, Landeplätzen und Segelfluggelände, siehe § 6 I LuftVG. Zum Flugplatzgelände gehört das Gebiet, das ganz oder teilweise für Ankunft, Abflug und Bewegungen von Luftfahrzeugen bestimmt ist, siehe *Heesen/Hönle/Peilert,* § 4 Rdnr. 15. Zu einem Flugplatz gehören demnach zum Beispiel Start-, Lande- und Rollbahnen, Vorfeld, Anflugbefeuerung, Einrichtungen und Geräte der Flughafenunternehmer, Fluggastabfertigungsgebäude (Anflug- und Ankunftswarteräume), Luftfahrzeuge (einschließlich der Flugzeughalle und Werften).

[373] Im Ergebnis so auch *Heesen/Hönle/Peilert,* § 22 Rdnr. 14.

5 BayPAG, § 18 II 6 HSOG[374] und § 14 I 5 ThürPAG. Ein wenig konkreter, sachlich aber nicht weitreichender ist die Regelung in § 19 I S. 1 Nr. 5 Sächs-PolG, nach der in öffentlichen Anlagen, in Einrichtungen und Verkehrsmitteln des internationalen Verkehrs sowie in unmittelbarer Nähe hiervon Kontrollen zulässig sind. Etwas einschränkend ist die Formulierung nach der Anhalte- und Sichtkontrolle in § 27a SOG MV, wonach in öffentlichen Einrichtungen des internationalen Verkehrs mit unmittelbarem Grenzbezug eine Kontrolle zulässig ist.

Als „öffentliche Einrichtungen des internationalen Verkehrs" werden alle dem internationalen Verkehr dienenden Anlagen, Einrichtungen und Verkehrsmittel sowie deren unmittelbare Umgebung angesehen.[375] Dazu gehören allgemein das der Abfertigung des Verkehrs dienende Areal sowie die dazugehörigen Betreuungseinrichtungen.[376] Unter öffentlich sind alle faktisch der Allgemeinheit zugänglichen Verkehrseinrichtungen zu verstehen, nicht nur solche, die im Eigentum der öffentlichen Hand stehen.[377]

Hierunter fallen neben den soeben erwähnten Zügen,[378] Bahnanlagen,[379] Flughäfen und dem Luftverkehr dienenden Anlagen auch Tankanlagen, Rast-

---

[374] Bei der hessischen Norm fehlt der Zusatz „öffentlich", was aber keinerlei Auswirkungen hat, da nach teleologischer Auslegung der Norm Räume, die ausschließlich privat zugänglich sind, nicht erfaßt werden sollen.

[375] Daher ist die sächsische Regelung inhaltsgleich mit den Normen, die lediglich „internationale Verkehrseinrichtung" als Tatbestandsmerkmal aufführen, ohne die unmittelbare Umgebung mit in den Kreis der erfaßten Örtlichkeiten einzubeziehen. Der LVerfGH Sachsen, Urteil vom 10.7.2003 – Vf. 43-II-00, S. 30 f. definiert „Verkehrsmittel des internationalen Verkehrs" als Kraftfahrzeugen vergleichbare Verkehrsmittel, mit denen die Grenzen überschritten werden können wie etwa Bahn, Flugzeug und Schiff. „Anlagen und Einrichtungen" seien dementsprechend bauliche Gebilde, die in einem funktionalen Zusammenhang zu diesen Verkehrsmitteln stehen.

[376] *Berner/Köhler*, Art. 13 Rdnr. 8.

[377] *Zeitler*, Rdnr. 251. Das VG Augsburg definiert in seinem Urteil vom 18.12. 2003, Az. Au 8 K 02.1703, S. 13 „öffentlich" mit einem unbestimmten Personenkreis offenstehend.

[378] Auch hier werden Züge privater Bahngesellschaften einbezogen, siehe *Roggan*, Handbuch, S. 141. Der Polizeivollzugsdienst des Landes darf nach § 1 VII BGSG auch in Zügen der Deutschen Bahn AG tätig werden, siehe auch *Belz*, § 19 Rdnr. 15; *Rommelfanger/Rimmele*, § 19 Rdnr. 18. Die Parallelzuständigkeit von Bundesgrenzschutz und den Länderpolizeien im Rahmen der Schleierfahndung in den jeweils genannten öffentlichen Einrichtungen wie zum Beispiel Zügen ist zulässig, da die Kontrollen des BGS dort nur zur Bekämpfung unerlaubter Einreise, die der Länderpolizeien zur Bekämpfung grenzüberschreitender Kriminalität zulässig sind, siehe auch *Moser von Filseck*, BWVP 1996, 272 (273). Siehe zu den Gesetzgebungskompetenzen im Bereich der Bahnpolizei auch S. 244 ff.

[379] Also auch Bahnhöfe und Bahnhofsvorplätze, siehe *Finger*, § 55 EBO Rdnr. 1a. Darüber hinaus sind auch private Bahnanlagen erfaßt, da es in den landesrechtlichen Ermächtigungsgrundlagen keine Einschränkung wie in § 3 BGSG gibt; siehe auch *Berner/Köhler*, Art. 13 Rdnr. 8.

und Parkplätze, Häfen, Anlegestellen, Kanäle und Schleusen, Verkehrslande-
plätze sowie Sonderlandeplätze.[380]

Das Tatbestandsmerkmal „internationaler Verkehr" beschränkt die Örtlichkeiten, an denen eine Kontrolle vorgenommen werden darf, auf solche, die typischerweise (unter anderem) von Verkehrsteilnehmern genutzt werden, die ihre
Reise im Ausland begonnen haben beziehungsweise deren Reiseziel im Ausland
liegt. Es werden nur solche Einrichtungen erfaßt, von denen aus man auf direk-
tem Wege das Ausland erreichen kann, zum Beispiel Bahnhöfe, in denen Züge
des grenzüberschreitenden Verkehrs halten, nicht aber schon jeder in Grenznähe
gelegene Haltepunkt, den Grenzgänger benutzen. Auf die Größe und die vom
Betreiber gewählte Bezeichnung sowie die (ursprüngliche) Zweckbestimmung
einer Einrichtung kommt es nicht an. Unbeachtlich ist, ob die Einrichtung generell oder nur vorübergehend dem internationalen Verkehr dient; entscheidend ist
allein die momentane Faktizität.[381] Die Einrichtung muß auch, nicht aber notwendigerweise ausschließlich, dem internationalen Verkehr dienen.[382] Allerdings muß die Einrichtung nicht in Grenznähe liegen – auch ein Flughafen
weitab der Grenze kann international ausgerichtet sein.[383]

Die Regelung in Mecklenburg-Vorpommern verlangt von den Örtlichkeiten,
an denen eine Schleierfahndung durchgeführt werden kann, nicht nur, daß sie
internationale Verkehrseinrichtungen sind, sondern darüber hinaus auch noch,
daß sie einen Grenzbezug aufweisen.[384] Eine zusätzliche Hürde für eine Schleierfahndung wird damit aber nicht errichtet. Denn ein Grenzbezug fehlt nur,
wenn von der Einrichtung aus nicht unmittelbar in das Ausland gereist werden
kann – dann aber liegt nach den anderen Ermächtigungsgrundlagen schon gar
keine Einrichtung des internationalen Verkehrs vor.

---

[380] Nach einem Erlaß des Hessischen Innenministeriums vom 15.8.2000 zu § 18 II
6 (Az. III B 33 – 22 e02 09 – 592/00) werden als Regelbeispiele Flughäfen, Bahnhöfe, Tank- und Rastanlagen, Häfen, Anlegestellen, Kanäle und Schleusen genannt.
Vgl. auch VollzBK BayPAG 13.7 zu Art. 13 vom 23.12.1994 (ABl. 1995, 27). Auch
Fast-Food-Restaurants, die in unmittelbarer Nähe einer Autobahn liegen und wirt-
schaftlich auf Teilnehmer des internationalen Verkehrs ausgerichtet sind, können als
Rastanlagen und damit als öffentliche Einrichtungen des internationalen Verkehrs angesehen werden, siehe Urteil des VG Augsburg vom 18.12.2003, Az. Au 8 K 02.1703,
S. 12 ff. sowie Beschluß des Bayerischen VGH vom 7.6.2004, Az. 24 ZB 04.537, S. 3.

[381] *Berner/Köhler,* Art. 13 Rdnr. 8.

[382] *Zeitler,* Rdnr. 251.

[383] A. A. LVerfG MV LKV 2000, 149 (152), das davon ausgeht, daß bei den erfaßten Einrichtungen des öffentlichen Verkehrs eine Grenznähe bestehen müsse. Es
kommt aber ausweislich des Gesetzeswortlauts nicht auf die Grenznähe, sondern den
Grenzbezug an.

[384] Zum Merkmal des Grenzbezuges siehe die obige Darstellung zur Ermächtigungsgrundlage nach dem BGSG. Der in § 22 Ia BGSG gewählte Begriff des „grenzüberschreitenden Verkehrs" ist inhaltsgleich mit dem des „Grenzbezugs".

### b) Maßnahmen im öffentlichen Verkehrsraum, auf Bundesfernstraßen beziehungsweise auf Straßen mit besonderer Bedeutung

Die zu einer Schleierfahndung ermächtigenden Normen der zweiten Gruppe gestatten allesamt Maßnahmen im Verkehrsraum, wobei dieser entweder insgesamt erfaßt ist oder aber sich die Kontrollbefugnis auf bestimmte Straßen beschränkt.

Eine Kontrolle im – nicht weiter eingeschränkten – „öffentlichen Verkehrsraum" ist nach § 11 III BbgPolG, § 27a Nr. 1 SOG MV, § 12 VI NSOG und § 9a IV RPPOG zulässig. Auf sämtlichen Straßen sowie Bundeswasserstraßen darf nach § 18 II 6 HSOG kontrolliert werden. Eine deutliche Einschränkung demgegenüber stellt die Befugnis zur Kontrolle auf einer „Bundesfernstraße" nach § 14 III SOG LSA dar.

Eine Reihe von Regelungen stellt darauf ab, daß die Straßen, auf denen kontrolliert werden darf, eine bestimmte Bedeutung haben. So ist nach § 26 I 6 PolG BW eine Kontrolle auf „Durchgangsstraßen" zulässig, wobei der Begriff der „Durchgangsstraße" dahingehend definiert wird, daß er Bundesautobahnen, Europastraßen und andere Straßen von erheblicher Bedeutung für die grenzüberschreitende Kriminalität erfaßt. Nach § 19 I S. 1 Nr. 5 SächsPolG darf auf Bundesfernstraßen und anderen Straßen von erheblicher Bedeutung für die grenzüberschreitende Kriminalität kontrolliert werden. Nach Art. 13 I 5 BayPAG und § 14 I 5 ThürPAG darf ebenfalls auf „Durchgangsstraßen" kontrolliert werden, wenngleich hinsichtlich einer „Straße von erheblicher Bedeutung" nicht auf ihre Bedeutung für die grenzüberschreitende Kriminalität, sondern für den grenzüberschreitenden Verkehr abgestellt wird.

Die einzelnen räumlichen Tatbestandsmerkmale dieser Normen sollen nun noch etwas detaillierter analysiert werden.

Unter einem „öffentlichem Verkehrsraum" sind alle allgemein zugänglichen für den Verkehr bestimmten Flächen und Verkehrsplätze zu verstehen.[385] Das Wort „öffentlich" bezieht sich auf die faktische Zugänglichkeit für jedermann, nicht auf die Eigentumsverhältnisse.[386] Ebenfalls unter den öffentlichen Ver-

---

[385] Diese Definition orientiert sich an § 1 S. 2 StVZO, in dem öffentlicher Verkehrsraum legaldefiniert ist – allerdings bezogen auf den Straßenverkehr, siehe *Jagow/Burmann/Heß/Mühlhaus,* § 1 StVO Rdnr. 13 ff. Kritisch zu dieser sehr weiten Regelung, die fast keine räumliche Eingrenzung bedeutet, *Kastner,* VerwArch 92 (2001), 216 (230); *Waechter,* Polizei- und Ordnungsrecht, Rdnr. 546. *Koch,* S. 112 hat bis auf die Einbeziehung von Fußgängerzonen keine Bedenken. *Castillon,* S. 26 bezeichnet die Einbeziehung von Fußgängerzonen als „unklar, aber nicht ganz ausgeschlossen". Eine Fußgängerzone ist problemlos Teil des öffentlichen Verkehrsraums – dieser ist nicht auf den Kfz-Straßenverkehr begrenzt.

[386] Demnach können auch im Eigentum von Privaten stehende Örtlichkeiten wie das Gelände einer Tankstelle, der Parkplatz eines Supermarktes oder einer Gaststätte, die öffentlich zugänglich sind, mitumfaßt sein. Siehe auch *Baller/Eiffler/Tschisch,*

kehrsraum fallen Wasserstraßen.[387] In Mecklenburg-Vorpommern sind auch Kontrollen auf inneren Gewässern zulässig.[388]

Die Bezeichnung der Straße umfaßt alle für den fließenden und ruhenden Straßenverkehr oder für einzelne Arten des Straßenverkehrs bestimmten Flächen.[389] Die Begriffe Bundeswasserstraße[390] und Bundesfernstraße[391] sind in § 1 IV WaStrG beziehungsweise § 1 BFStrG definiert. Diese Definition gilt auch für die hier analysierten polizeirechtlichen Befugnisnormen. Damit gehören auch Nebenanlagen wie Parkplätze und Rastanlagen zu den Bundesfernstraßen.[392] In Sachsen-Anhalt sind Kontrollen auch auf Autohöfen sowie der Straßenverbindung zwischen Autobahn und Autohof zulässig.

Bei den Ermächtigungsnormen, die Kontrollen auf Straßen „mit Bedeutung für den grenzüberschreitenden Verkehr" beziehungsweise „mit Bedeutung für die grenzüberschreitende Kriminalität" gestatten, hat der Gesetzgeber auf eine genaue Konkretisierung der Straßen verzichtet, um der Polizei die Möglichkeit zu geben, auf die Verlagerung von Verkehrsströmen flexibel reagieren zu können. Gegebenenfalls können somit auch Straßen von lokaler oder regionaler Bedeutung erfaßt werden.[393]

---

§ 18 Rdnr. 48; *Berg/Knape/Kiworr*, § 18 Teil 5 (S. 229); *Rühle*, Kap. G Rdnr. 12. Abgesperrte und gegen Betreten oder Befahren unerwünschter Personen gesicherte (z. B. durch Schranken, Einzäunung etc.) Orte sind demnach nichtöffentlich.

[387] Siehe *Koch*, S. 112. *Weingart*, BayVBl. 2001, 33 (39) geht dagegen davon aus, daß Wasserstraßen öffentliche Einrichtungen des internationalen Verkehrs darstellen. *Baller/Eiffler/Tschisch*, § 18 Rdnr. 48 erwähnen auch Verkehrswege in der Luft.

[388] Binnengewässer zählen nach LVerfG MV LKV 2000, 149 (156) nicht zu den öffentlichen Einrichtungen. Daher wurde der Begriff der Binnengewässer in Mecklenburg-Vorpommern extra in die Neufassung der Schleierfahndungsnorm mit aufgenommen; siehe *Krech*, LKV 2003, 201 (204). Meines Erachtens können Binnengewässer eher unter den „öffentlichen Verkehrsraum" subsumiert werden als unter „öffentliche Einrichtungen des Verkehrs". Wie oben gezeigt, werden als „öffentliche Einrichtungen des internationalen Verkehrs" alle dem internationalen Verkehr dienenden Anlagen, Einrichtungen und Verkehrsmittel sowie deren unmittelbare Umgebung angesehen. Dazu gehören zwar auch Kanäle und Schleusen, diese dienen jedoch vorwiegend dem Schiffsverkehr. Nicht alle Binnengewässer dienen jedoch vorwiegend als Wasserstraße dem Schiffsverkehr, sind jedoch für den Schiffsverkehr geeignet und daher eher öffentlicher Verkehrsraum.

[389] Siehe § 1 S. 2 StVZO. Davon mitumfaßt sind auch Plätze, Sonderwege für Radfahrer, Reiter und Fußgänger sowie öffentliche Parkplätze, *Jagow/Burmann/Heß/Mühlhaus*, § 2 StVO Rdnr. 17. Wasserstraßen werden hiervon nicht umfaßt.

[390] Siehe *Czychowski/Reinhardt*, § 1 Rdnr. 21 f. In Hessen sind dies – um ein Bundesland exemplarisch herauszugreifen – Rhein, Weser, Werra, Fulda, Lahn, Main und Neckar; siehe *Meixner/Fredrich*, § 18 Rdnr. 25.

[391] Bundesfernstraßen sind danach öffentliche Straßen, die ein zusammenhängendes Verkehrsnetz bilden und einem weiträumigen Verkehr dienen, siehe auch *Jagow/Burmann/Heß/Mühlhaus*, Einführung Rdnr. 91; *Marschall/Kastner/Krüger*, § 1 Rdnr. 13 ff. Sie gliedern sich gem. § 1 II BFStrG in Autobahnen und Bundesstraßen.

[392] *Marschall/Kastner/Krüger*, § 1 Rdnr. 46.

[393] *Beinhofer*, BayVBl. 1995, 193 (196).

Das konkrete Verkehrsaufkommen auf einer Straße oder die Straßenklasse ist für eine Einstufung einer Straße als Straße „Durchgangsstraße mit Bedeutung (…)" nicht von Belang, da die Tatsache, daß eine Straße stark frequentiert wird (oder auch gerade nicht), nichts darüber aussagt, ob die Straße dem Durchgangsverkehr dient. Landwirtschaftswege und Forstwege mögen zwar (auch wiederholt) zu illegalen Grenzübertritten genutzt werden („Schmugglerwege"), sie dienen allerdings nicht dem Durchgangsverkehr.[394] Insofern ist zu beachten, daß nicht schon jede Straße mit tatsächlicher Bedeutung für den grenzüberschreitenden Verkehr oder die grenzüberschreitende Kriminalität von den hier betrachteten Schleierfahndungsnormen erfaßt wird, sondern nur eine solche, die als „Durchgangsstraße" klassifiziert werden kann, wozu auch gehört, daß sie dazu gedacht ist, Ortsveränderungen über größere Strecken hinweg zu ermöglichen.[395] Eine gesamte Stadt kann nur dann als „Durchgangsstraße" angesehen werden, wenn ihr gesamtes Gebiet flächendeckend in erheblichem Maße der Abwicklung von grenzüberschreitendem Verkehr beziehungsweise grenzüberschreitender Kriminalität dient. Das wird man wohl meistens verneinen müssen. Auch aus diesem Grunde wäre es beispielsweise unzulässig, den gesamten Straßenraum einer deutschen Großstadt als Durchgangsstraße zu klassifizieren, um im gesamten Stadtgebiet Kontrollen auf der Grundlage einer Schleierfahndungsnorm vorzunehmen. Von Straßen im Sinne dieser Normen werden keine Wasserstraßen erfaßt.[396]

Von Bedeutung für den grenzüberschreitenden Verkehr sind Straßen dann, wenn sie in gleichem Maß wie Bundesautobahnen und Europastraßen für die grenzüberschreitende Kriminalität geeignet sind. Da es jedoch auch denkbar ist, daß eine Straße von großer Bedeutung für den grenzüberschreitenden Verkehr ist, sie aber überhaupt nicht von Kriminellen genutzt wird, muß der jeweiligen Straße eine „Bündelungsfunktion"[397] zukommen. Aufgrund der Verkehrsbedeutung wird angenommen, daß die Straße Kriminalitätsbedeutung hat.[398] Es genügt, daß die erhebliche Bedeutung für den grenzüberschreitenden Verkehr nur

---

[394] *Würtenberger,* Stellungnahme, S. 97 (107).

[395] Zu diesem Ergebnis, allerdings mit anderer Begründung gelangt auch das VG Bayreuth, Urteil vom 29.1.2002, Az. B 1 K 01.468, S. 10. Dort geht das Gericht davon aus, daß der Zusatz „des internationalen Verkehrs" auch für Durchgangsstraßen gelten würde.

[396] *Berg/Knape/Kiworr,* § 18 Teil 5 (S. 229); *Kastner,* VerwArch 92 (2001), 216 (225). Von der Kontrollmöglichkeit auch auf Wasserstraßen gehen dagegen wohl *Schmidbauer/Steiner/Roese,* Art. 13 Rdnr. 17 aus.

[397] *Beinhofer,* BayVBl. 1995, 193 (196 f.).

[398] VollzBK BayPAG 13.7 zu Art. 13, vom 23.12.1994 (ABl. 1995, 27): „(…) die von erheblicher Bedeutung für den grenzüberschreitenden Verkehr sind und damit auch Bedeutung für die grenzüberschreitende Kriminalität haben." Aufgrund dieser Auslegung der Norm gehen *Beinhofer,* Die Polizei 1997, 70 (71) und *Schnekenburger,* BayVBl. 2001, 129 (131) davon aus, daß der Unterschied zwischen Straßen mit Bedeutung für den grenzüberschreitenden Verkehr und solchen mit Bedeutung für die

vorübergehend oder ausnahmsweise gegeben ist, zum Beispiel aufgrund einer Baustelle auf der „eigentlich" bedeutsamen Straße.

Eine Straße hat dann Bedeutung für die grenzüberschreitende Kriminalität, wenn aufgrund allgemeiner polizeilicher Erfahrungen davon auszugehen ist, daß sie von international agierenden Straftätern bevorzugt genutzt wird. Eine solche Einstufung muß unter Berücksichtigung von Veränderungen der grenzüberschreitenden Kriminalität immer wieder von neuem vorgenommen werden. Anhaltspunkte für das tatsächliche Vorliegen grenzüberschreitender Kriminalität sind aber nicht erforderlich.[399] Der Sächsische Verfassungsgerichtshof definiert daher Straßen von erheblicher Bedeutung für die grenzüberschreitende Kriminalität als Straßen, die in nennenswertem Umfang als Verbindungslinien zwischen Orten, an denen grenzüberschreitende Straftaten begangen werden und solchen Orten, die den Tätern zur Sicherung beziehungsweise dem Rückzug dienen.[400]

Ein Unterschied zwischen Straßen mit Bedeutung für die grenzüberschreitende Kriminalität einerseits und Straßen mit Bedeutung für den grenzüberschreitenden Verkehr andererseits besteht im Hinblick auf die Einbeziehung von Straßen mit sogenanntem Quell- und Zielverkehr. Straßen mit Bedeutung für die grenzüberschreitende Kriminalität sind auch solche mit reinem Quell- und Zielverkehr, wenn sie von der Organisierten Kriminalität genutzt werden, nicht notwendigerweise aber Durchgangsstraßen höherer Ordnung.[401] Straßen mit Bedeutung für den grenzüberschreitenden Verkehr sind in der Regel keine Quell- und Zielverkehrsstraßen.[402]

Die Frage, ob die Straße von erheblicher Bedeutung für den grenzüberschreitenden Verkehr beziehungsweise für die grenzüberschreitende Kriminalität ist, steht im Beurteilungsspielraum des eine Schleierfahndung anordnenden Polizeibeamten und ist gerichtlich voll nachprüfbar.[403] Die Polizei muß die Tatsachen offen legen, die der Einschätzung zugrundegelegt wurden.

---

grenzüberschreitende Kriminalität nur sehr gering ist, bzw. beide Formulierungen gleichzusetzen sind.

[399] Siehe VV PolG BW vom 18.7.1997, Nr. 6 zu § 26 PolG, GBl. 1997, 406 (411); Erlaß des Hessischen Innenministeriums vom 15.8.2000 zu § 18 II 6, Az. III B 33 – 22 e02 09 – 595/00. Nach *Hornmann,* Ergänzungsheft, § 18 Rdnr. 15 führt diese Vagheit der Ermächtigungsnormen dazu, daß faktisch alle Bundes- oder Landesstraßen erfaßt werden. Ebenso der Hessische Datenschutzbeauftragte in seinem 28. Tätigkeitsbericht, LT-Drs. 15/1101, S. 37.

[400] LVerfGH Sachsen, Urteil vom 10.7.2003 – Vf. 43-II-00, S. 31.

[401] LVerfGH Sachsen, Urteil vom 10.7.2003 – Vf. 43-II-00, S. 31.

[402] Nach *Ebert/Honnacker,* § 14 Rdnr. 8, können Straßen mit Bedeutung für den grenzüberschreitenden Verkehr auch Straßen mit reinem Quell- und Zielverkehr sein.

[403] *Beinhofer,* BayVBl. 1995, 193 (196); *Honnacker/Beinhofer,* Art. 13 Rdnr. 29; *Roese,* ZFIS 1998, 13 (14); *Zeitler,* Rdnr. 252. A. A. *Roggan,* Handbuch, S. 141, der davon ausgeht, daß das Kontrollmotiv von einem Polizeibeamten einfach behauptet werden könne.

## c) Maßnahmen im Grenzgebiet

Eine Kontrollmöglichkeit in einem 30-km-Grenzstreifen (einem entlang der Grenze gelegenen Gebiet mit einer Breite von 30 Kilometern) gibt es nach den Polizeigesetzen der Länder Bayern, Brandenburg, Mecklenburg-Vorpommern, Sachsen (hier konkretisiert auf das Grenzgebiet zur Republik Polen und zur Tschechischen Republik) und Saarland (konkretisiert auf das Grenzgebiet zu Frankreich und Luxemburg) sowie nach dem BGSG.

In Thüringen wurde auf die Einführung einer Kontrollmöglichkeit innerhalb eines 30-km-Grenzstreifens verzichtet, da das Land abgesehen vom Flughafen Erfurt keine Schengen-Außengrenze hat.[404]

Es stellt sich die Frage, ob der Begriff des „30-km-Streifens entlang der Grenze" dahingehend zu verstehen ist, daß von den Schleierfahndungsnormen sämtliche Landesgrenzen der Bundesländer erfaßt werden, also auch die Landesgrenzen zu anderen Bundesländern, oder aber der Begriff der Grenze in den Ermächtigungsgrundlagen auf die Grenzen der Bundesrepublik Deutschland zu anderen Staaten im Sinne anderer Völkerrechtssubjekte beschränkt ist.

Einfach zu beantworten ist diese Frage in bezug auf die Normen des BGSG und des brandenburgischen PolG. Diese erfassen schon vom klaren Wortlaut her nur die Bundesgrenzen, also nicht auch die Grenzen eines Bundeslandes zu anderen Bundesländern. Auch im Saarland und in Sachsen sind nur Kontrollen entlang der Auslandsgrenze der Bundesrepublik Deutschland vorgesehen.

Bei den Normen von Bayern und Mecklenburg-Vorpommern bietet dagegen der Wortlaut keinen Anhaltpunkt für die Beantwortung der hier aufgeworfenen Frage, da die Vorschriften ohne Differenzierung nur von „Grenzgebiet" sprechen. Bayern hat bei der in der Schleierfahndungsnorm enthaltenen Zweckbestimmung den Begriff der Landesgrenze verwendet („zur Bekämpfung der unerlaubten Überschreitung der Landesgrenzen"). Hätte der bayerische Gesetzgeber daher auch bei der Definition der Örtlichkeit den Begriff der Landesgrenze verwendet, wären auch Kontrollen im bayerischen „Grenzgebiet" zu den benachbarten deutschen Bundesländern Baden-Württemberg, Hessen, Sachsen und Thüringen statthaft. Da er jedoch den Begriff des „Grenzgebietes" verwendet hat, ist davon auszugehen, daß dieser nicht die Landesgrenzen, sondern vielmehr nur die Außengrenzen zu Österreich, Tschechien und der Schweiz, erfassen soll. Gleiches gilt für Mecklenburg-Vorpommern – gemeint sind die jeweiligen Außengrenzen.

Demnach ist nach den Normen der dritten Gruppe eine Kontrolle jeweils in einem Gebietsstreifen entlang der Außengrenze des betreffenden Landes (Bundesgrenze) zulässig, der 30 km breit ist und dessen Grenze auf der einen Seite

---

[404] *Ebert/Honnacker*, § 14 Rdnr. 8.

die jeweilige Außengrenze und auf der anderen Seite eine „Innengrenze" ist, die sich aus einem lotrechten 30-km-Abstand zur Bundesgrenze ergibt.[405]

Das einheitliche Abstellen auf einen 30 Kilometer breiten Streifen (und nicht etwas auf einen mit einer Breite von 20 oder 40 Kilometern) basiert nicht auf besonderen kriminologischen oder polizeitaktischen Erkenntnissen. Die Landesgesetzgeber haben sich schlicht am derzeitigen BGSG beziehungsweise an Regelungen in früheren Fassungen des BGSG orientiert. Schon im BGSG von 1951 war die räumliche Zuständigkeit des BGS auf ein Gebiet mit einer Breite von 30 km entlang der Bundesgrenze festgelegt.[406] Das Bundesgrenzschutzgesetz von 1972[407] enthielt in seiner Aufgabennorm (§ 2 Nr. 3) ebenfalls die Festlegung eines Zuständigkeitsgebiets mit einer Breite von 30 Kilometern entlang der Bundesgrenze. Seit 1994[408] ist die 30-Kilometerregelung sowohl in der Aufgabennorm (§ 2 II 3) als auch in einer Befugnisnorm (§ 23 I 1c) anzutreffen. Die ursprüngliche Festlegung einer 30-Kilometer-Regelung im BGSG von 1951 dürfte letztlich eine willkürliche Festlegung gewesen sein. Jedenfalls geht aus den Gesetzesmaterialien nicht hervor, daß damals besondere Überlegungen maßgeblich waren für die Wahl eines 30 Kilometer breiten Zuständigkeitsgebietes.

Innerhalb des 30-km-Streifens kann nach den Schleierfahndungsnormen an jedem Ort eine Kontrolle vorgenommen werden. Die Kontrollbefugnis innerhalb dieses Gebietes ist also nicht auf Straßen oder sonstige Verkehrsräume beschränkt.

In Mecklenburg-Vorpommern sind darüber hinaus auch Kontrollen im Küstenmeer zulässig. Nach § 23 Ia BGSG ist eine Schleierfahndung im deutschen Küstengebiet von dessen seewärtiger Begrenzung an bis zu einer Tiefe von 50 Kilometern statthaft.[409] Die seewärtige Begrenzung (vgl. zu diesem Begriff

---

[405] Nach *Belz,* § 19 Rdnr. 13 f. bestimmt sich der Verlauf der „inneren Grenze" des Gebietsstreifens, in dem eine Schleierfahndung durchgeführt werden darf, nach der Luftlinie zum nächstgelegenen Punkt der Auslandsgrenze; siehe auch *Berner/Köhler,* Art. 13 Rdnr. 8; *Rommelfanger/Rimmele,* § 19 Rdnr. 18. Zum Begriff der „Staatsgrenzen" siehe *Gloria,* in Ipsen, Völkerrecht, § 23 Rdnr. 68 ff.

[406] § 2 des Gesetzes über den Bundesgrenzschutz und die Einrichtung von Grenzschutzbehörden vom 16.3.1951, BGBl. 1951, 201. Des weiteren ist die 30-km-Regelung enthalten in der Dienstanweisung des Bundesinnenministeriums über Aufgaben und Befugnisse des Bundesgrenzschutzes vom 5.6.1953 (GMBl. 1953, S. 194 ff.) (unter örtliche Zuständigkeit) und in Dienstanweisungen vom 5.7.1962 (GMBl. 1962, 271 ff.) und vom 14.9.1965 (GMBl. 1965, 339 ff.). Siehe auch *Pieroth,* VerwArch 88 (1997), 568 (577 f.).

[407] Vom 18.8.1972 (BGBl. 1972 I, S. 1834).

[408] Gesetz vom 19.10.1994 (BGBl. 1994 I, S. 2978).

[409] Ursprünglich betrug der Küstenkontrollstreifen ebenfalls 30 km, durch das sogenannte Terrorismusbekämpfungsgesetz vom 9.1.2002, BGBl. 2002 I, S. 361 wurde dieser Bereich auf 50 km erweitert, um im Bereich von Flußmündungen, Bodden und Buchten die Begrenzung nicht im Wasser, sondern auf dem Festland enden zu lassen,

auch Art. 4 SRÜ) des deutschen Küstengebietes ist die Grenze des deutschen Staatsgebiets im Küstenbereich. Diese Grenze ist keine Landgrenze, denn zum deutschen Hoheitsgebiet gehört auch das deutsche Küstenmeer (vgl. Art. 2 ff. SRÜ). Die deutsche Staatsgrenze im Küstenbereich ist vielmehr die Grenze zwischen dem deutschen Küstenmeer und der Hohen See (vgl. Art. 86 ff. SRÜ) beziehungsweise dem Küstenmeer anderer Staaten. Grundsätzlich (soweit keine völkervertraglichen Vereinbarungen bestehen) ist diese Grenze 12 Seemeilen (1 sm = 1,852 km) von der Küstenlinie (Grenze zwischen Land und Wasserfläche bei Niedrigwasser) entfernt, sie liegt also gewissermaßen „im Wasser" (vgl. Art. 3 SRÜ).[410] Die Festlegung eines Küstengebietes mit einer Tiefe von 50 Kilometern von dieser seewärtigen deutschen Grenze an erstreckt sich damit zum einen auf das deutsche Küstenmeer (also eine Wasserfläche) und zum anderen auf einen Landstreifen (ein Landgebiet) bis zu einer Tiefe von 50 Kilometern von der seewärtigen Grenze des deutschen Küstenmeeres an gemessen. Dort, wo das deutsche Küstenmeer eine Breite von 12 Seemeilen = 22,22 Kilometern hat, ist dieser Landstreifen damit etwa 30 Kilometer breit, also ungefähr ebenso breit wie an den Grenzen der Bundesrepublik zum Landgebiet anderer Staaten. Nach § 23 Ia BGSG ist also eine Schleierfahndung sowohl im gesamten deutschen Küstenmeer (also auf einer Wasserfläche) als auch innerhalb eines Landstreifens entlang der deutschen Küste statthaft, dessen Breite abhängt von der deutschen Staatsgrenze im Küstengebiet, minimal aber 50 Kilometer abzüglich 12 Seemeilen breit ist.

Für den Bereich des Küstenmeers ist jedoch zu beachten, daß das völkerrechtliche Recht auf friedliche Durchfahrt besteht (Art. 17 ff. SRÜ).[411] Das Küstenmeer lediglich durchfahrende Schiffe dürfen danach grundsätzlich nicht angehalten werden (vgl. Art. 25 SRÜ). Rechtliche Eingriffe gegenüber Schiffen, die sich auf die friedliche Durchfahrt berufen, sind auf das Notwendigste zu beschränken; eine grenzpolizeiliche Kontrolle hat zu unterbleiben.[412] Eine Ausnahme von dem Kontrollverbot wird dann anerkannt, wenn Tatsachen die Annahme rechtfertigen, daß Schleusungstatbestände nach §§ 96, 97 AufenthG er-

---

siehe *Heesen/Hönle/Peilert*, § 2 Rdnr. 98. Mit Zustimmung des Bundesrates kann das Bundesministerium des Inneren diesen Bereich durch eine Rechtsverordnung auf 80 km erweitern, siehe Art. 2 II S. 4 BGSG.

[410] Vgl. für Deutschland die Bekanntmachung der Bundesregierung vom 11.11. 1994, BGBl. 1994 I, S. 3428. Für die seitliche Abgrenzung des Küstenmeers zu Polen besteht ein Vertrag zwischen der Bundesrepublik Deutschland und der Republik Polen über die Bestätigung der zwischen ihnen bestehenden Grenze vom 14.11.1990, BGBl. 1991 II, S. 1328.

[411] Die Durchfahrt hat zügig und ununterbrochen zu erfolgen, wobei Anhalten und Ankern erlaubt sind, soweit sie zum normalen Schiffsverkehr gehören oder infolge höherer Gewalt, Seenot bzw. zur Hilfeleistung gegenüber Personen, Schiffen oder Luftfahrzeugen in Gefahr oder Not erforderlich sind. Es ist nicht erforderlich, daß der kürzeste Weg durch das Küstenmeer gewählt wird; vgl. Art. 18 II SRÜ.

[412] *Heesen/Hönle/Peilert*, § 6 Rdnr. 12.

füllt sind. Eine Schleierfahndung (sowohl nach dem BGSG als auch nach dem PolG von Mecklenburg-Vorpommern) ist daher aufgrund des Gebots der völkerrechtsfreundlichen Auslegung der einschlägigen Befugnisnormen im Küstenmeer gegenüber Schiffen, die das Recht auf friedliche Durchfahrt geltend machen, grundsätzlich nicht zulässig. Eine Kontrolle ist erst dann zulässig, wenn der begründete Verdacht einer Unfriedlichkeit im Sinn von Art. 19 II g SRÜ vorliegt – dann aber ist stets auch eine Gefahr im polizeirechtlichen Sinne gegeben und schon daher für eine Schleierfahndung kein Raum mehr.[413]

Abschließend kann gesagt werden, daß es immer dann, wenn der Bund aufgrund einer bundesrechtlichen Ermächtigungsgrundlage zur Schleierfahndung befugt ist, zu Überschneidungen mit landesrechtlichen Befugnissen kommt: Im Grenzgebiet bis zu einer Tiefe bis 30 km darf in Bayern, Brandenburg, Mecklenburg-Vorpommern und Sachsen sowohl durch die jeweilige Landespolizei als auch durch den BGS kontrolliert werden. Im Küstenmeer von Mecklenburg-Vorpommern darf sowohl durch den BGS als auch durch die mecklenburg-vorpommerische (Wasserschutz-)Polizei kontrolliert werden.

In Zügen, Bahnanlagen sowie Luftverkehreinrichtungen darf, soweit sie als internationale öffentliche Verkehrseinrichtungen einzustufen sind, sowohl nach dem Landesrecht von Baden-Württemberg, Bayern, Hessen, Mecklenburg-Vorpommern, Sachsen und Thüringen als auch nach dem BGSG kontrolliert werden.

## 2. Besonderheit: Erfordernis eines Lagebildes

Einige Schleierfahndungsnormen verlangen als zusätzliches Tatbestandsmerkmal das Vorliegen eines polizeilichen Lagebildes, das Bestehen von Lageerkenntnissen beziehungsweise von polizeilichen Erkenntnissen oder das Gegebensein von (grenz)-polizeilicher Erfahrung. Eine Maßnahme ist nach diesen Normen nur dann rechtmäßig, wenn Lagebilder, Erkenntnisse oder Erfahrungswerte die Annahme rechtfertigen, daß die betreffende Örtlichkeit – zum Beispiel bei § 22 Ia BGSG Bahnanlagen – tatsächlich zur unerlaubten Einreise genutzt werden wird. Im einzelnen sind diese Besonderheiten in unterschiedlicher Form normiert.[414]

---

[413] *Heesen/Hönle/Peilert,* § 6 Rdnr. 12.

[414] Die Schleierfahndungsnorm von Rheinland-Pfalz, die in der Systematisierung der Normen zu den lagebildabhängigen Normen gruppiert wurde, geht über das Lagebilderfordernis hinaus, die sie „durch Tatsachen begründete Anhaltspunkte" fordert. Nach *Drewes,* DPolBl 2004, 4 (7) ist der Tatsachenbegriff jedoch nur vermeintlich enger als ein Lagebild, da ihm nur eine Indizwirkung bezüglich des Vorhandenseins grenzüberschreitender Kriminalität zukomme.

Nach § 22 Ia BGSG ist eine Befragung in Zügen und auf Bahnanlagen nur auf Grund von Lageerkenntnissen oder grenzpolizeilicher Erfahrung zulässig.[415] Eine ähnliche Formulierung findet sich in § 9a I SaarPolG, wonach eine Befragung aufgrund polizeilicher Lagebilder zulässig ist. Wiederum ähnlich ist die Formulierung in § 27a SOG MV, nach der eine Schleierfahndung statthaft ist, soweit polizeiliche Lageerkenntnisse eine solche rechtfertigen (in bezug auf Maßnahmen nach Nr. 1). Nach § 11 III BbgPolG und § 14 III S. 2 SOG LSA kann ein Betroffener befragt werden, wenn auf Grund von Lageerkenntnissen anzunehmen ist, daß Straftaten von erheblicher Bedeutung begangen werden sollen. Nach § 12 I 6 BbgPolG sind Maßnahmen zulässig, sofern polizeiliche Erkenntnisse vorliegen, daß am Ort der Maßnahme grenzüberschreitende Kriminalität verübt wird. Nach hessischem Recht ist eine Schleierfahndung zulässig, soweit aufgrund von Lageerkenntnissen oder polizeilicher Erfahrung anzunehmen ist, daß die betreffenden Örtlichkeiten von erheblicher Bedeutung für die grenzüberschreitende Kriminalität sind; vgl. § 18 II 6 HSOG.

All diese Normen benutzen also Worte wie „Lagebild", „Lageerkenntnisse" oder „grenzpolizeiliche Erfahrung". Diese Begriffe gilt es nun näher zu erläutern.

Ein „Lagebild" ist die Beschreibung eines örtlich und zeitlich bestimmten Kriminalitätsaufkommens.[416] Unter der ähnlichen Bezeichnung „Lageerkenntnisse" ist die Feststellung und Analyse von gegenwärtigen Situationen und Tatsachen zu verstehen, die die Annahme rechtfertigen, daß zum Beispiel unerlaubte Einreisen gerade hier stattfinden könnten. Hierzu zählen alle der Polizei vorliegenden Informationen aus sämtlichen ihr zur Verfügung stehenden Erkenntnisquellen, die zu einem polizeilichen Lagebild zusammengeführt werden können.[417] Die Umsetzung der Kriminalitätslagebilder erfolgt nach anerkannten Regeln der Polizeitaktik und Polizeistrategie mit hohem organisatorischem, personellem, statistischem und technischem Aufwand.[418] Die Lageerkenntnisse beruhen auf einer zielorientierten Sammlung, Erhebung, Speicherung, Analyse und Bewertung einsatzrelevanter Daten. Lageerkenntnisse sind also objektiv

---

[415] Laut den Gesetzesmaterialien soll damit sichergestellt werden, daß flächendeckende Personenkontrollen im Reiseverkehr ausgeschlossen sind, siehe BT-Drs. 13/11159, S. 6. Zu beachten ist, daß die nach § 22 Ia BGSG grundsätzlich zulässige Kontrolle auf einem Flugplatzgelände keine Lagebilderkenntnisse erfordert; siehe auch *Heesen/Hönle/Peilert,* § 22 Rdnr. 14. Aufgrund der Lagebildabhängigkeit wird die Maßnahme auch LoK-Kontrolle (lagebildorientierte Kontrolle) bezeichnet, siehe *Schütte,* Polizei & Wissenschaft 2002, 47 (53).

[416] Nach der Definition der Polizeidienstvorschrift 100 sind Lagebilder die zu einem bestimmten Zeitpunkt zusammengeführten, polizeilich bedeutsamen Erkenntnisse, siehe *Pütter,* Bürgerrechte & Polizei 2004, 37.

[417] *Meixner/Martell,* § 14 Rdnr. 17.

[418] *Walter,* Kriminalistik 2004, 668 (671).

nachvollziehbare Erkenntnisse über Tatschwerpunkte, Tatwege, Täterstrukturen oder Begehungsweisen im Einsatzgebiet.[419]

Die Lageerkenntnisse müssen nicht von der handelnden Behörde stammen, sondern können auf Mitteilungen, Ermittlungsergebnissen oder Erkenntnissen anderer regionaler und auch überregionaler Behörden oder auf Informationen von Privatpersonen beruhen.[420]

„Grenzpolizeiliche Erfahrung" kann definiert werden als eine bestimmte Menge von historischen Tatsachen und Erfahrungswerten, die, wenn sie von einem verständigen Polizeibeamten in intellektuelle Beziehung zueinander gesetzt werden, die Annahme rechtfertigen, daß gerade an einem bestimmten Ort Handlungen stattfinden können, die durch eine Schleierfahndung unterbunden werden sollen.[421] Eine ähnliche Definition lautet: „Grenzpolizeiliche Erfahrungen resultieren aus sich wiederholenden Vorgängen der Vergangenheit, bei denen der handelnde Beamte ex ante seine Sachkunde für gegenwärtige Handlungen nutzbar machen kann".[422]

Die (grenz-)polizeiliche Erfahrung kann sich beispielsweise aus früheren einschlägigen Fällen oder bereits festgestellten Methoden und Mitteln krimineller Verhaltens ergeben.[423]

Für eine polizeiliche Prognose dahingehend, ob eine Durchgangsstraße von erheblicher Bedeutung für die Kriminalität ist, sind demnach tatsächliche Anhaltspunkte – zum Beispiel ein aufgrund von Verkehrszählungen bekannter besonderer Verlauf von Verkehrsströmen – sowie Erfahrungswissen der Polizei ausreichend, nicht jedoch bloße Vermutungen.[424] Aus der jeweiligen Lageerkenntnis beziehungsweise grenzpolizeilichen Erfahrung muß sich ergeben, daß es gerade an dem Ort, an dem eine Kontrolle durchgeführt werden soll, und in unmittelbarem zeitlichem Zusammenhang mit den beabsichtigten Kontrollmaßnahmen zu Straftaten (von erheblicher Bedeutung) mit grenzüberschreitendem Bezug kommen wird. Dies bedeutet, daß zwar keine tatsächlichen Anhaltspunkte für ein Kriminalitätsgeschehen vorliegen müssen,[425] unzulässig sind aber sämtliche Schlußfolgerungen, die auf einer bloßen Vermutung beruhen, ohne daß irgendwie geartete konkrete sachliche Anhaltspunkte für eine Gefahr der Begehung von Straftaten vorliegen.

---

[419] *Fehn*, Die Polizei 2001, 114; *Zöller*, S. 264.
[420] *Heesen/Hönle/Peilert*, § 22 Rdnr. 12.
[421] *Fehn*, Die Polizei 2001, 114; *Zöller*, S. 264.
[422] *Fehn*, Die Polizei 2001, 114; *Moser von Filseck*, Die Polizei 1997, 70 ff.
[423] *Heesen/Hönle/Peilert*, § 22 Rdnr. 12.
[424] *Brenneisen/Martins*, DPolBl 2004, 30; *Berg/Knape/Kiworr*, § 18 Teil 5 (S. 229).
[425] *Martell*, LKV 2001, 22 (23); *Meixner/Martell*, § 14 Rdnr. 17.

Zum Teil wird in der wissenschaftlichen Literatur weitergehend sogar das Vorliegen von Tatsachen gefordert, die im konkreten Fall einen Gefahrenverdacht zu begründen in der Lage sind.[426] Immerhin verlange § 22 Ia BGSG von der Polizei eine Prognose, die derjenigen bei einem Gefahrenverdacht ähnlich sei. Ähnliches fordert Zöller, wenn er Indizien wie zum Beispiel Medienberichte, allgemeine Hinweise der Landespolizeibehörden, Mitteilungen von Informanten aus dem Schleusermilieu oder eine hohe Zahl von tatsächlichen Aufgriffen (sozusagen ein Erfahrungswert) als Anhaltspunkte für erforderlich hält.[427] Eine solche Einschränkung kann dem Wortlaut der Schleierfahndungsnormen, der eindeutig auf die „allgemeine" Gefährlichkeit der Örtlichkeit abstellt und allein verlangt, daß diesbezüglich eine Prognose anzustellen ist, allerdings nicht entnommen werden.[428] Die konkrete Gefährlichkeit des Ortes ist ohne Relevanz. Allenfalls Verhältnismäßigkeitserwägungen können dazu führen, daß die Schleierfahndungsnormen verfassungskonform dahingehend ausgelegt werden müssen, daß ein Gefahrenverdacht für die Statthaftigkeit einer Schleierfahndung erforderlich ist.[429]

Im Rahmen einer kleinen Anfrage der PDS im Bundestag wurde von der Bundesregierung mitgeteilt, daß Kriterien für hinreichende Lageerkenntnisse Lagebilder der BGS-Mittelbehörden – regionalbezogene Erkenntnisse – und der Grenzschutzdirektion – in bezug auf überregionale Erkenntnisse –, aber auch Fahndungserkenntnisse einzelner BGS-Ämter oder BGS-Inspektionen seien. Zum Verständnis des Lagebildes gehörten auch Hinweise in- und ausländischer Sicherheitsbehörden, Berichte und Warnmeldungen deutscher Auslandsvertretungen sowie Bevölkerungshinweise oder konkrete Ermittlungsergebnisse. Bei den BGS-Inspektionen erfolge eine ständige Lagebeurteilung im Hinblick auf häufig genutzte Routen beziehungsweise Verkehrswege für eine unerlaubte Einreise nach Deutschland. Hierdurch entstehe ein auf den jeweiligen Zuständigkeitsbereich konkret und präzise zugeschnittenes grenzpolizeiliches Lagebild.[430]

Sofern eine Befugnisnorm erfordert, daß sich die Lageerkenntnisse auf Straftaten von erheblicher Bedeutung zu beziehen haben, wie es in Brandenburg und Sachsen-Anhalt der Fall ist, müssen diese Straftaten solche der grenzüberschreitenden Kriminalität sein beziehungsweise einen internationalen Bezug aufwei-

---

[426] *Soria*, NVwZ 1999, 270 (272). Ähnlich auch *Heesen/Hönle/Peilert*, § 22 Rdnr. 12, die mangels Legaldefinition der Begriffe „Lageerkenntnisse" bzw. „grenzpolizeiliche Erfahrung" davon ausgehen, daß die Termini dem des Gefahrenverdachtes ähneln. Sie fordern dementsprechend eine Situation, bei der aus ex ante Sicht objektiv nachvollziehbare Anhaltspunkte für das Vorliegen einer polizeilichen Gefahr bestehen.

[427] *Zöller*, S. 264.

[428] Eine Ausnahme bildet hier die Norm in Rheinland-Pfalz, die explizit von „durch Tatsachen begründeten Anhaltspunkten" spricht.

[429] Siehe dazu unten S. 293 ff.

[430] BT-Drs. 14/3990, S. 6.

sen.[431] Die Schleierfahndung dient in diesen Ländern nämlich der Bekämpfung der grenzüberschreitenden Kriminalität – würde sich aus den Lageerkenntnissen kein Bezug zu dieser ergeben, wäre die Maßnahme zu Bekämpfung eben dieser Kriminalität nicht geeignet. Welche Straftaten solche von erheblicher Bedeutung sind, wird jeweils legaldefiniert, siehe § 10 III BbgPolG (Verbrechen und sonstige Straftaten aus § 100a StPO) und § 3 Nr. 4 SOG LSA (Verbrechen und Vergehen, die in ihrer Dauer und Schwere zur besonderen Störung des Rechtsfriedens geeignet sind[432]).

Das Vorliegen der Tatbestandsmerkmale „Lageerkenntnisse", „Lagebilder" oder „grenzpolizeiliche Erfahrung" ist gerichtlich nachprüfbar. Die Begriffe „Erkenntnisse" oder „Erfahrung" könnten zwar auf den ersten Blick das Vorliegen eines gerichtlich nicht (voll) nachprüfbaren Beurteilungsspielraums nahelegen.[433] Aber es besteht Einigkeit darüber, daß das Verwaltungsgericht prüfen kann, ob eine hinreichende Sachverhaltsaufklärung stattgefunden hat, aus der sich bei einer ex ante Betrachtung das Vorliegen einer Kontrollsituation ergab.[434] Es darf also die Lageerkenntnisse daraufhin sondieren, ob hinsichtlich des Bereichs der betreffenden Örtlichkeit – etwa einer Bundesfernstraße – zur Zeit der Kontrollmaßnahme tatsächlich Anhaltspunkte für die Begehung von Straftaten (von erheblicher Bedeutung) vorlagen, eine unerlaubte Einreise drohte oder sonstige illegale, durch eine Kontrolle abzuwehrende Aktivitäten sich abzeichneten.

Keine polizeigesetzliche Regelung hinsichtlich des Gebotenseins eines Lagebildes, wohl aber eine diesbezügliche Ausführung in den relevanten Verwaltungsvorschriften findet sich in Niedersachsen: Danach müssen sowohl der Ort als auch die Art einer Kontrolle nach kriminalistischer Erfahrung oder anhand kriminalistischer Lagebilder hinreichende Aussicht auf Erfolg der Maßnahme bieten.[435] Ähnlich ist die Situation in Sachsen, wo eine Verwaltungsvorschrift für Kontrollen auf „anderen Straßen von erheblicher Bedeutung für die grenz-

---

[431] Siehe Sächs LT-Drs. 3/3023, S. 12.

[432] Allerdings handelt es sich bei diesen Aufzählungen um Regelbeispiele, eine enumerative Normierung ist nicht gegeben. Bedenken wegen der Unbestimmtheit der Norm haben *Lisken*, KJ 1992, 472 (475) und *Prümm/Thieß*, LKV 1992, 321 (322).

[433] So *Kastner*, VerwArch 92 (2001), 216 (242). Einen weiten, gerichtlich kaum nachprüfbaren Beurteilungsspielraum nimmt *Kolb*, NJ 2000, 570 (572) an – die Lageerkenntnisse seien behördeninterne Vorgänge und daher für den Bürger nur schwer nachweisbar. Ähnlich auch *Kutscha*, LKV 2000, 134 (135), *ders.*, Grundrechte-Report 2000, 149 (150), der darauf hinweist, daß jederzeit Straftaten, auch solche von erheblicher Bedeutung, zu gewärtigen seien und sich daher eine nachträgliche gerichtliche Kontrolle als schwierig erweisen dürfe.

[434] *Heesen/Hönle/Peilert*, § 22 Rdnr. 12; *Soria*, NVwZ 1999, 270 (271 f.); allgemein zum Beurteilungsspielraum bei Prognoseentscheidungen siehe *Maurer*, § 7 Rdnr. 31 ff., 41.

[435] AB NGefAG vom 16.7.1998, 12.6, NdsMBl. 1998, S. 1078 (1080).

überschreitende Kriminalität" die jeweils aktuellen Lagebilder der Polizeipräsidien als maßgebend vorschreibt.[436]

Auch in Baden-Württemberg und Thüringen gibt es kein gesetzliches Erfordernis von Lagebildern. Aber das jeweilige LKA erstellt vierteljährlich aufgrund von Meldungen der Polizeidirektion ein Fahndungslagebild über besondere Fahndungsmaßnahmen und -erfolge sowie über künftige Fahndungsschwerpunkte und Fahndungsräume mit dem Ziel einer Steigerung der Effizienz der Personen- und Sachfahndung, einer Erhöhung des Entdeckungsrisikos für gesuchte Personen, einer wirksameren Verhinderung illegaler Migration, einer Erschwerung der Vorbereitung von Straftaten, einer verbesserten Aufdeckung des Transports deliktischer Güter sowie einer Verstärkung der sichtbaren Präsenz der Polizei.[437]

In Sachsen sind aufgrund der Entscheidung des Sächsischen Verfassungsgerichtshofs zur Schleierfahndung Kontrollen außerhalb des Grenzstreifens nur zulässig, wenn ein „vorab zu dokumentierendes polizeibehördliches Konzept" vorliegt, Kontrollen auf anderen Straßen von erheblicher Bedeutung für die grenzüberschreitende Kriminalität nur bei Vorliegen eines auf die konkrete Straße bezogenen Lagebildes.[438]

Für Bayern hat der bayerische Landesbeauftragte für den Datenschutz festgestellt, daß die Straßen, die für eine Kontrolle im Rahmen einer Schleierfahndung in Betracht kommen, anhand aktueller Lagebilder auf Direktions- beziehungsweise Inspektionsebene per Anordnung festgelegt werden.[439]

---

[436] Verwaltungsvorschrift vom 26.6.1999. In der Antwort auf eine kleine Anfrage der Abgeordneten *Bartel* und *Tippach* (PDS-Fraktion), LT-Drs. 3/9263, S. 2, gibt die Staatsregierung an, daß alle Identitätskontrollen nach § 19 I 5 SächsPolG auf der Grundlage der Verwaltungsvorschrift und damit aufgrund der Erstellung eines Lagebildes vorgenommen worden sind.

[437] VVs des Innenministeriums zu § 26 I 6 PolG BW, GBl. 1996, S. 569 Nr. 3.1; die Fahndungslagebilder beruhen auf allgemeinen kriminalpolizeilichen Erkenntnissen, die Auskunft darüber geben, ob die erfaßten Örtlichkeiten von international agierenden Straftätern als Reise-, Flucht-, Transitwege oder zur Planung und Verabredung von Straftaten genutzt werden, siehe *Züfle*, DPolBl 2004, 24 (25); für Thüringen siehe *Ebert/Honnacker*, § 14 Rdnr. 8. In Hessen ist das Lagebilderfordernis zwar gesetzlich fixiert, trotzdem regelt eine Verwaltungsvorschrift die genaue Handhabung, vgl. den Erlaß des Hessischen Innenministeriums zu § 18 II 6 vom 15.8.2000, Az. III B 33-22 e02 09 – 592/00.

[438] LVerfGH Sachsen, Urteil vom 10.7.2003 – Vf. 43-II-00, S. 2, 26. Das Urteil ist bislang nur im Internet veröffentlicht, dort im Volltext abrufbar unter <www.justiz.sachsen.de/gerichte/homepages/verfg/docs/43-II-00A.rtf>, zuletzt aufgerufen am 30.5.2005.

[439] 18. Tätigkeitsbericht des Bayerischen Landesbeauftragten für den Datenschutz, 1998, Nr. 5.5.1.

### 3. Zweck einer Personenkontrolle

Eine Schleierfahndung ist nur dann zulässig, wenn die Maßnahme in Übereinstimmung mit dem Schutzzweck der jeweiligen Ermächtigungsgrundlage steht. Dementsprechend muß eine Schleierfahndung einem bestimmten Zweck dienen. Im einzelnen sind in den Schleierfahndungsnormen folgende Kontrollzwecke beziehungsweise Kontrollmotive normiert: a) Bekämpfung der grenzüberschreitenden Kriminalität, b) Verhinderung beziehungsweise Unterbindung einer unerlaubten Grenzüberschreitung (Einreise) und eines unerlaubten Aufenthalts beziehungsweise c) (vorbeugende) Verhütung von Straftaten.

Hinsichtlich aller Zwecke gilt, daß der in der einschlägigen Norm genannte Zweck sowohl Nah- als auch Fernziel sein kann, also zum Beispiel sowohl die direkte Bekämpfung grenzüberschreitender Kriminalität als auch die bloße Gewinnung von Erkenntnissen und Informationen zur grenzüberschreitenden Kriminalität vom Kontrollzweck erfaßt werden.

Die Zweckbestimmung stellt eine subjektive Befugnisbegrenzung dar.[440] Der Polizeibeamte beziehungsweise Grenzschutzbeamte darf nicht allgemein präventiv tätig werden, sondern nur bei Vorliegen einer bestimmten Motivation. Subjektive Tatbestandsmerkmale in polizeilichen Befugnisnormen sind ungewöhnlich.[441] Im Falle der Schleierfahndung muß der Polizeibeamte tätig werden wollen „zur Verhütung oder Unterbindung der unerlaubten Überschreitung der Grenze oder des unerlaubten Aufenthalts beziehungsweise zur Verhütung von Straftaten" oder „zur Bekämpfung der grenzüberschreitenden Kriminalität".[442]

Eine subjektive Befugnisbegrenzung ist aber nicht nur ungewöhnlich, sondern auch problematisch. Wenn die Bekämpfung grenzüberschreitender Kriminalität oder ein ähnliches Ziel nur Kontrollmotiv im Einzelfall sein muß,[443] kann sich die Polizei allein durch ihre Einbildungskraft Befugnisse schaffen.[444] Geht ein Beamter bei Anwendung einer Schleierfahndungsnorm, die das Vorliegen von Lageerkenntnissen nicht erfordert, irrig davon aus, es werde möglicherweise an

---

[440] *Peters,* Personenkontrollen, S. 74 nimmt dagegen an, die Zweckbestimmung sei ein Teil der Ermessensausübung.

[441] Sie sind jedoch zulässig, siehe nur *Poscher,* NVwZ 2001, 141; *Schlink,* Jura 1999, 169 ff.; *Sparwasser/Geißler,* DVBl. 1995, 1317 (1323). Nach *Stephan,* DVBl. 1998, 81 (82) lassen sie ein objektiv unbeschränktes Entscheidungsrecht des Beamten zu.

[442] Nach *Knemeyer,* Polizeirecht, Rdnr. 172 liegt in der Zweckbestimmung das entscheidende Eingrenzungsmerkmal der Schleierfahndungsnormen.

[443] So zum Beispiel vorgesehen von BW VV PolG vom 18.7.97, Nr. 6 zu § 26 PolG (GBl. 1997, S. 406); Passage abgedruckt bei *Stephan,* DVBl. 1998, 81 (82); *Ebert/Honnacker,* § 14 Rdnr. 8.

[444] Weniger drastisch formuliert bei *Stephan,* DVBl. 1998, 81 (82). Kritisch *Kutscha,* Bürgerrechte & Polizei 1998, 61 f., der davon ausgeht, daß sich die Zweckbestimmung immer annehmen läßt. Ähnlich auch *Waechter,* DÖV 1999, 138 (142).

der Stelle, an der er kontrolliert, zu unerlaubten Grenzüberschreitungen oder ähnlichem kommen, obwohl dies objektiv nicht der Fall ist, liegt keine Situation einer Putativgefahr vor. Denn der Beamte darf an der Örtlichkeit bereits kontrollieren, sofern und solange er dies zu dem in der Norm genannten Zweck tut.

Zwar ist die Zweckbestimmung gerichtlich voll nachprüfbar, doch ist fraglich, ob somit willkürlicher Handhabung ein Riegel vorgeschoben ist.[445] Denn das Verwaltungsgericht hat in bezug auf die Zweckbestimmung allein zu prüfen, ob der kontrollierende Beamte subjektiv zu einem statthaften Kontrollzweck tätig werden wollte. Eine solche Erforschung der wahren Intention des Beamten dürfte nur schwerlich möglich sein. Andererseits aber ist es Aufgabe des Verwaltungsgerichts, sich nach eigener Anschauung zu überzeugen, daß der Polizeibeamte tatsächlich zu einem zulässigen Zweck und nicht etwa aus privater Motivation gehandelt hat, beispielsweise, um sich an seinem Nachbarn zu rächen. Eine solche – nicht a priori unmögliche – gerichtliche Kontrolle ist nämlich allein schon deshalb erforderlich, um einen wirksamen Rechtsschutz zu ermöglichen, den zu gewähren Art. 19 IV GG bei Vorliegen eines subjektiven Rechts verlangt.[446]

### a) Bekämpfung der grenzüberschreitenden Kriminalität

Zum Zweck der „Bekämpfung der grenzüberschreitenden Kriminalität" darf nach § 26 I 6 PolG BW, Art. 13 I 5 BayPAG und § 14 I 5 ThürPAG vorgegangen werden. Lediglich terminologisch leicht differierend ist die Festlegung des Kontrollzwecks „zur vorbeugenden Bekämpfung der grenzüberschreitenden Kriminalität" in § 12 I 6 BbgPolG, § 18 II 6 HSOG, § 19 I S. 1 Nr. 5 SächsPolG, eine Formulierung, die sich ebenso in den Befragungsnormen § 11 III BbgPolG, § 9a IV RPPOG, § 9a I SaarPolG und § 14 III SOG LSA sowie in § 27a SOG MV findet.

Nach § 12 VI NSOG dürfen „zur Vorsorge für die Verfolgung oder zur Verhütung von Straftaten von erheblicher Bedeutung mit internationalem Bezug" Kontrollmaßnahmen ergriffen werden. Diese Formulierung verlangt mithin keinen ausdrücklichen Grenzkriminalitätsbezug einer Maßnahme. Allerdings geht aus der Verwaltungsvorschrift des Landes Niedersachsen zu § 12 VI NSOG[447]

---

[445] So aber *Honnacker/Beinhofer,* Art. 13 Rdnr. 29; *Rommelfanger/Rimmele,* § 19, Rdnr. 20.

[446] Ähnlich für die Parallelproblematik bei § 22 Ia BGSG: *Soria,* NVwZ 1999, 270 (272).

[447] AB NGefAG vom 16.7.1998, Nr. 12.6; NdsMBl. 1998, S. 1078 (1080). Nach dieser Verwaltungsvorschrift kann sich der internationale Bezug von Straftaten daraus ergeben, daß die Straftat unmittelbar durch den Grenzübertritt begangen wird, Tatbeteiligte im Ausland wohnen und zur Tatbegehung in die Bundesrepublik einreisen

hervor, daß unter Straftaten mit internationalem Bezug im Endeffekt grenzüberschreitende Kriminalität zu verstehen ist.[448] Aus diesem Grunde wird § 12 VI NSOG an dieser Stelle und nicht erst unten unter c) aufgeführt.

Zu klären gilt es nun, was genau unter „vorbeugender Bekämpfung grenzüberschreitender Kriminalität" zu verstehen ist.

Eine präzise, gar enumerative Definition dahingehend, welche Delikte zur grenzüberschreitenden Kriminalität zu zählen sind, fehlt. Zwei Richtungen einer Definition grenzüberschreitender Kriminalität sind denkbar: Zum einen kann abgestellt werden auf grenzüberschreitend agierende Täter, zum anderen kann Rekurs genommen werden auf eine grenzüberschreitende Begehung oder Wirkung von Straftaten.

Der Begriff der grenzüberschreitenden Kriminalität erfaßt jedenfalls Verstöße gegen das (Neben-)Strafrecht (insbesondere gegen §§ 29 ff. BtMG), deren Unterbindung beziehungsweise Verfolgung durch eine Überschreitung der (Bundes-)Grenzen seitens des Täters erschwert wird. Der Begriff der grenzüberschreitenden Kriminalität ist jedenfalls sehr weit. Grenzüberschreitende Kriminalität kann von einer Einbruchsserie im Bereich überregionaler Straßen über international Organisierte Kriminalität bis hin zu Schleuser- und Schlepperkriminalität reichen.

Laut amtlicher Begründung in den meisten Gesetzgebungsmaterialien zur Einführung der Schleierfahndungsnormen, zum Beispiel in denen von Baden-Württemberg,[449] werden alle Straftaten, bei denen sich die Täter den Abbau von Grenzkontrollen innerhalb der Europäischen Union sowie die Öffnung der Grenzen zu den Staaten des ehemaligen Ostblocks nutzbar machen, vom Begriff der grenzüberschreitenden Kriminalität erfaßt.[450] Vor allem ist grenzüberschreitende Kriminalität gegeben bei Straftaten mit Tatbeiträgen in mehreren Staaten,

---

oder vom Ausland aus an der Tatbegehung mitwirken, Tatbeteiligte in der Bundesrepublik Deutschland wohnen und zur Tatbegehung ins Ausland reisen oder von der Bundesrepublik Deutschland aus an der Tatbegehung im Ausland mitwirken, oder deliktisch erlangte Sachen illegal in die Bundesrepublik Deutschland eingeführt oder ins Ausland verbracht werden.

[448] Ebenso *Walter*, ZFIS 1999, 237 (239).

[449] LT-Drs. 12/52, S. 6. Diese LT-Drs. wird von der wissenschaftlichen Literatur auch für eine Auslegung der Schleierfahndungsnormen anderer Bundesländer herangezogen, siehe zum Beispiel für Berlin von *Berg/Knape/Kiworr,* § 18 Teil 5 (S. 228), die darauf hinweisen, daß in den amtlichen Materialien zur Berliner Norm (Drs. des AbgHs. 13/3511, S. 2) keinerlei Anhaltspunkte für ihre Auslegung zu finden seien.

[450] Ähnlich auch die sinngemäße Interpretation durch den LVerfGH Sachsen, Urteil vom 10.7.2003 – Vf. 43-II-00, S. 30: jede Form von Kriminalität, die sich die Grenzsituation als solche und die durch die Existenz internationaler Grenzen bedingte Erschwerung der Strafverfolgung zunutze macht. Für Baden-Württemberg siehe *Moser von Filseck,* BWVP 1996, 272 (273). Kritisch zu diesem Interpretationsansatz BayVerfGH NVwZ 2003, 1375 (1376), der von einem „verfehlten Normverständnis" spricht.

bei Inlandstaten, sofern eine Sicherung der Beute, des Tatmittels oder des Täters selbst im Ausland droht, sowie bei Auslandstaten, wenn die Beute, das Tatmittel oder der Täter selbst in Deutschland gesichert werden soll und dadurch jeweils ein Zugriff deutscher Strafverfolgungsorgane erschwert werden soll.[451] Einschleusung und illegale Einreise von Ausländern stellen ebenfalls Delikte der grenzüberschreitenden Kriminalität dar. Besondere Bedeutung im Rahmen der grenzüberschreitenden Kriminalität kommt der Waffen- und Betäubungsmittelkriminalität und der Organisierten Kriminalität zu.

In einigen Bundesländern sind Eingrenzungen des zulässigen Kontrollzwecks im Wege der Festlegung bestimmter Deliktsgruppen durch Verwaltungsvorschriften vorgenommen worden, womit eine Präzisierung des Begriffs der grenzüberschreitenden Kriminalität bewirkt wurde. So fallen zum Beispiel in Baden Württemberg oder Niedersachsen ausweislich von Verwaltungsvorschriften[452] unter den Begriff „grenzüberschreitende Kriminalität" beziehungsweise „Straftaten mit internationalem Bezug" Waffen- und Betäubungsmittelkriminalität, Taten von Intensivtätern, gewerbs-, gewohnheits-, serien- oder bandenmäßig beziehungsweise in sonstiger Form Organisierte Kriminalität sowie Einschleusungen aller Art und illegaler Aufenthalt. In Hessen werden als Regelbeispiele für die grenzüberschreitende Kriminalität die Deliktsfelder des Menschenhandels, der Schleusungs-, Eigentums-, Rauschgift- und Umweltkriminalität sowie der Geldfälschung und des illegalen Waffenhandels genannt.[453] Ferner werden in der Literatur Kraftfahrzeugverschiebungen, Sprengstoff- und Zigarettenhandel, illegale Ein- und Ausfuhr von nuklearem Material, Dokumenten-, Arzneimittel- und Kunstschmuggel sowie Abfallverschiebung und Schlepperkriminalität als Delikte der grenzüberschreitenden Kriminalität genannt.[454]

Entscheidend für die Beurteilung, ob eine konkrete, unter eine der genannten Deliktsgruppen fallende Tat zur grenzüberschreitenden Kriminalität gezählt werden kann, ist allerdings nicht allein ihre Zugehörigkeit zu einer der eben aufgezählten Straftaten. Vielmehr muß darüber hinaus die Modalität der Tatbegehung, also die Begehungsart der Straftat, einen spezifisch internationalen Bezug aufweisen, den es zu bekämpfen gilt. Denn nicht jede Bandenkriminalität hat grenzüberschreitenden Bezug.

---

[451] *Belz,* § 19 Rdnr. 18 faßt dies kürzer: Grenzüberschreitende Kriminalität liegt vor, wenn der Tatort und Wohnort bzw. Aufenthaltsort des Täters in verschiedenen Staaten liegen.

[452] Für Baden-Württemberg VV PolG, GBl. 1996, S. 569 sowie VV PolG vom 18.7.97, Nr. 6 zu § 26 PolG (GBl. 1997, S. 406); für Niedersachsen (zum Begriff „Straftaten mit internationalem Bezug") AB NGefAG vom 16.7.1998, Nr. 12.6, NdsMBl. 1998, S. 1078 (1080).

[453] Erlaß zu § 18 II Nr. 6 vom 15.8.2000, Az. III B 33 – 22 e02 09 – 592/00. Eine ähnliche Aufzählung findet sich in der Begründung des Gesetzentwurfs der Regierung des Saarlandes, LT-Drs. 12/149, S. 6.

[454] *Berg/Knape/Kiworr,* § 18 Teil 5 (S. 229).

Die Normen, die besonders den Zweck der Vorbeugung von Kriminalität herausstreichen, stellen damit lediglich (deklaratorisch) klar, daß es zu den Aufgaben der Polizei gehört, im Rahmen der Gefahrenabwehr auch Straftaten zu verhüten und für die Verfolgung künftiger Straftaten vorzusorgen. Die Verhütung von Straftaten beziehungsweise deren vorbeugende Bekämpfung ist aber strikt zu trennen von der – nicht in die hier interessierende präventiv-polizeiliche Kompetenz der Sicherheitsbehörden fallende – Verfolgung bereits begangener Straftaten.[455]

### b) Verhinderung oder Unterbindung einer unerlaubten Einreise beziehungsweise eines unerlaubten Aufenthalts

„Zur Verhinderung oder Unterbindung unerlaubter Einreise in das Bundesgebiet" darf nach §§ 22 Ia, 23 I Nr. 3, Ia BGSG vorgegangen werden. Eine sachlich und in der Formulierung leicht abweichende Regelung ist in Art. 13 I 5 BayPAG und § 14 I 5 ThürPAG getroffen worden, wo der Kontrollzweck mit den Worten „zur Verhütung oder Unterbindung der unerlaubten Überschreitung der Landesgrenzen oder des unerlaubten Aufenthalts" beschrieben wird. Nach § 27a SOG MV sowie § 9a IV RPPOG darf die Polizei zur Unterbindung unerlaubten Aufenthalts tätig werden.

Die Verhinderung oder Unterbindung unerlaubter Einreise dient grenzpolizeilichen Zielen.[456] Damit ist bei dieser Zwecksetzung der Zuständigkeitsbereich des BGS berührt. Maßnahmen zur Verhinderung oder Unterbindung unerlaubter Einreise dürfen daher nur dann durch die Landespolizeien ergriffen werden, wenn dadurch nicht in den Aufgabenbereich des BGS bezüglich des Grenzschutzes eingegriffen wird. In Thüringen wird diese durch Art. 73 Nr. 5 GG festgelegte Zuständigkeitssperre für die Landespolizeien durch den Zusatz „soweit dies nicht Aufgabe der Bundespolizei ist" in § 14 I 5 ThürPAG deutlich gemacht. In Bayern dagegen hat die bayerische Landespolizei durch ein Verwaltungsabkommen mit dem Innenministerium Grenzschutzaufgaben (des BGS) übernommen, so daß hier die Möglichkeit einer Kollision von BGS-Befugnissen mit landespolizeilichen Zuständigkeiten nicht besteht,[457] vielmehr Bayern im Einvernehmen mit dem Bund die Aufgaben des Grenzschutzes mit eigenen Po-

---

[455] *Berg/Knape/Kiworr,* § 18 Teil 5 (S. 229).

[456] *Fehn,* Die Polizei 2001, 114. *Honnacker/Beinhofer,* Art. 13 Rdnr. 29 bezeichnen Maßnahmen dieser Art, also zu dem Zweck Verhinderung oder Unterbindung einer unerlaubten Einreise bzw. eines unerlaubten Aufenthalts daher als klassische Grenzkontrolle. *Stephan,* DVBl. 1998, 81 (82) und *Walter,* Kriminalistik 2004, 668 (669) sehen dagegen in der Verhütung und Unterbindung unerlaubter Überschreitung der Landesgrenzen bzw. des unerlaubten Aufenthalts einen Unterfall der grenzüberschreitenden Kriminalität. Wie oben gezeigt ist der Begriff der grenzüberschreitenden Kriminalität zwar sehr weitreichend, umfaßt aber nicht zwingend die unerlaubte Einreise oder den unerlaubten Aufenthalt.

lizeikräften wahrnimmt.[458] Da andere Bundesländer keine vergleichbare Zweck-setzung normiert haben, kommt es insofern zu keinen Kollisionen.[459]

Im folgenden gilt es nun zu klären, was genau unter Verhinderung, Verhütung oder Unterbindung einer unerlaubten Einreise (Überschreitung der Landesgren-zen) beziehungsweise eines unerlaubten Aufenthalts zu verstehen ist.

Die Begriffe „unerlaubte Einreise" und „unerlaubte Überschreitung der Grenze" sind synonym. Unter „unerlaubter Grenzüberschreitung" beziehungs-weise „unerlaubtem Aufenthalt" werden allgemein Verstöße gegen formelles und materielles Ausländerrecht verstanden, gegen nach § 14 AufenthG geltende Einreisebestimmungen, also zum Beispiel Verstöße gegen die Paßpflicht nach § 8 FreizügG/EU und § 3 AufenthG[460] oder – praktisch bedeutsamer – gegen das Erfordernis eines Aufenthaltstitels nach § 4 AufenthG.[461] Im Endeffekt sind

---

[457] Verwaltungsabkommen zwischen dem Bundesminister des Inneren und der Bayerischen Staatsregierung über die Wahrnehmung von Aufgaben des grenzpolizeili-chen Einzeldienstes in Bayern i.d.F. vom 1.4.1992; abgedruckt bei *Samper/Honnak-ker*, POG, Anhang 9, S. 274. Nach diesem Abkommen werden an der deutsch-schwei-zerischen und der deutsch-österreichischen, nicht jedoch an der deutsch-tschechischen Grenze grenzpolizeiliche Aufgaben von der bayerischen Landespolizei wahrgenom-men; siehe auch *Beinhofer*, BayVBl. 1995, 193 (194). An der Grenze zu Österreich sind aufgrund des SDÜ grenzpolizeiliche Kontrollen entfallen, so daß dort nach *Bein-hofer*, BayVBl. 1995, 193 (195) und *Weingart*, BayVBl. 2001, 33 (39) auch nicht auf-grund der Landespolizeinormen kontrolliert werden darf. Demnach wären in Bayern Kontrollen an der österreichischen Grenze zu dieser Zwecksetzung nicht mehr zuläs-sig. Diese Ansicht verkennt, daß der Bundesgrenzschutz in Bayern zum Zweck der unerlaubten Einreise kontrollieren dürfte, siehe nur § 22 Ia BGSG. Da Bayern jedoch die Aufgaben des Bundesgrenzschutzes teilweise übernommen hat, dürfen in diesem Land auch zu diesem Zweck Kontrollen durchgeführt werden, soweit dies von der Aufgabenübertragung umfaßt wird. Zu der Diskussion der verfassungsrechtlichen Zulässigkeit der Übertragung von Grenzschutzkompetenzen auf ein Bundesland siehe unten S. 240 ff.

[458] *Beinhofer*, BayVBl. 1995, 193 (196); *Berner/Köhler*, Art. 13 Rdnr. 8. Es gibt allerdings auch Grenzabschnitte, die in die alleinige Zuständigkeit des BGS fallen. Die bayerische Grenzpolizei wurde 1998 in die allgemeine Landespolizei eingeglie-dert, siehe Gesetz zur Eingliederung der Bayerischen Grenzpolizei in die Bayerische Landespolizei vom 26.7.1997 (GVBl. 1997, S. 342); es blieb jedoch bei der beschrie-benen Aufgabenteilung.

[459] Auch die Regelung in Mecklenburg-Vorpommern und Rheinland-Pfalz ist mit dem zuvor Gesagten vereinbar, da dort lediglich eine Aufenthaltskontrolle zulässig ist, keine Einreisekontrolle.

[460] Ein Paßersatz nach § 3 AufenthV ist ein ebenfalls zulässiges Einreisedokument. Darüber hinaus kann eine Person nach §§ 15 ff. AufenthV von der Paßpflicht befreit sein.

[461] Aufenthaltstitel ist der Oberbegriff für Visum, Aufenthaltserlaubnis und Nieder-lassungserlaubnis, § 4 AufenthG. Keine Aufenthaltstitel sind die Titel nach Art. 1 SDÜ oder eine Aufenthaltsgestattung nach § 55 AsylVfG. Eine Ausreisepflicht besteht dann, wenn ein Ausländer einen erforderlichen Aufenthaltstitel nicht oder nicht mehr besitzt oder wenn ein Aufenthaltsrecht nach dem Assoziationsabkommen EWG/Türkei nicht oder nicht mehr besteht. Zur Prüfung der Ausweisdokumente eines Asylsuchen-

bei diesen Verstößen Einreise- oder Aufenthaltsvoraussetzungen nicht erfüllt. Unter unerlaubter Einreise sind demnach auch Verstöße gegen §§ 95 ff. AufenthG oder ein Einreiseverbot zu verstehen.[462] Ein Ausländer reist dann unerlaubt ein, wenn er die für die Einreise und einen Aufenthalt erforderlichen Dokumente nicht besitzt und sich auch nicht auf eine Befreiung berufen kann.[463] Unerlaubt einreisen können nur Ausländer, für Deutsche besteht Einreisefreiheit (siehe Art. 11 GG, § 10 III PaßG). Da jedoch die Schleierfahndung auch der Bekämpfung der Schleuserkriminalität (gemäß dem Kontrollzweck der Bekämpfung der grenzüberschreitenden Kriminalität beziehungsweise der Bekämpfung von Straftaten nach § 12 I Nr. 1–4 BGSG) dienen soll, ist es auch zulässig, Deutsche zu kontrollieren, da diese grundsätzlich als Täter oder Teilnehmer von Schleuserkriminalität in Betracht kommen.[464] Zudem gilt: Ob jemand Deutscher ist, der jederzeit einreisen darf, oder nicht, kann man immer erst nach erfolgter Kontrolle feststellen.

Darüber hinaus kann nach der thüringischen und bayerischen Landesregelung auch bei der Ausreise eine Personenkontrolle durchgeführt werden, da diese Normen nicht das Wort „Einreise", sondern den Begriff „unerlaubtes Überschreiten der Landesgrenze" verwenden. Dies ist vor allen Dingen in einer Konstellation interessant, nämlich bei der Kontrolle von Personen, die zu einer verbotenen extremistischen Versammlung unterwegs sind, die kurzfristig ins Ausland verlegt wurde. Ihnen kann nach § 10 I PaßG die Ausreise untersagt werden.[465]

---

den siehe *Göbel-Zimmermann,* Rdnr. 245 ff. Zu Einreise und Aufenthalt von Drittausländern nach dem SDÜ siehe *Westphal,* ZAR 1998, 175 ff.

[462] Vom BGSG nicht erfaßt werden Einreiseverstöße, die lediglich Ordnungswidrigkeiten darstellen, z. B. nach § 10 FreizügG/EU, § 25 III 2 PaßG die Überquerung der Grenze zu Polen oder Tschechien außerhalb zugelassener Grenzübergangsstellen. Dort werden nämlich nur Verstöße gegen Einreisevorschriften erfaßt, nicht aber das unerlaubte Überschreiten der Grenze, das auch in einer Ordnungswidrigkeit liegen kann. Eingereist ist nach § 14 AufenthG ein Ausländer dann, wenn er die Grenze überschritten und die Grenzübergangsstelle passiert hat, siehe *Ritter,* Die Polizei 2000, 82. Bei einem Flughafen bedeutet dies, daß die Staatsaußengrenze überflogen wurde und die Einreisekontrolle des BGS durchschritten wurde, also der Transitbereich verlassen wurde; siehe *Habel/Ritter,* Die Polizei 2000, 259 (261).

[463] *Fischer/Hitz/Laskowski/Walter,* § 23 Rdnr. 15. Lediglich unbefugt ist eine Einreise, wenn die notwendigen Einreisedokumente nicht mitgeführt werden, die Person solche Papiere aber grundsätzlich besitzt; siehe auch *Borsdorff,* S. 87 (99).

[464] *Heesen/Hönle/Peilert,* § 23 Rdnr. 14.

[465] *Beinhofer,* BayVBl. 1995, 193 (195). Nach § 7 II iVm. I S. 1 Nr. 1 Var. 2 PaßG ist es zulässig, den Geltungsbereich oder die Geltungsdauer eines Passes zu beschränken, wenn ohne die Beschränkung erhebliche Belange der Bundesrepublik Deutschland gefährdet wären. Dies wird angenommen, wenn gewaltbereite Hooligans in jüngerer Zeit (in der Regel während der letzten 12 Monate) im Zusammenhang mit Gewalttaten oder als Teilnehmer gewalttätiger Auseinandersetzungen auffällig wurden. Siehe hierzu VGH Mannheim NJW 2000, 3658 (3659) sowie *Breucker,* S. 163 ff.; *Nolte,* NVwZ 2001, 147 (150); *Rossi,* AöR 127 (2002), 612 (632 f.).

„Verhinderung" unerlaubter Einreise bedeutet, daß eine (unmittelbar bevorstehende) unerlaubte Einreise vereitelt wird und gar nicht erst stattfindet. Wurde die Grenze unerlaubt überschritten, liegt bereits ein unerlaubter Aufenthalt vor (die unerlaubte Einreise ist mit dem Überschreiten vollendet und beendet).[466] Ein Verhindern der Einreise ist dann nicht mehr möglich. Da in der BGS-Norm im Gegensatz zur thüringischen und bayerischen Norm nicht von „Unterbindung illegalen Aufenthalts" die Rede ist, läuft die „Verhinderung unerlaubter Einreise" leer, wenn der Betroffene erst einmal die Grenzlinie überschritten hat.

Eine „Unterbindung" ist eine Maßnahme, die einem unerlaubten Aufenthalt entgegenwirkt[467] mit dem Ziel, die Fortsetzung der Tat zu beenden.[468] Eine unerlaubte Einreise kann aufgrund der Vollendung und Beendigung nicht mehr unterbunden werden – es liegt allenfalls unerlaubter Aufenthalt vor, der unterbunden werden kann. Da dieser von der BGSG-Norm jedoch nicht erfaßt wird, sind Maßnahmen des BGS, die auf die Aufdeckung unerlaubten Aufenthalts ausgerichtet sind, nicht zulässig (wohl aber in Mecklenburg-Vorpommern, Thüringen und Bayern).

Wird im Rahmen einer Personenkontrolle eine unerlaubte Einreise festgestellt, kann die betroffene Person nach § 57 AufenthG zurückgeschoben werden.

Eine Kontrolle nach den Schleierfahndungsnormen mit dem oben genannten Zweck der Verhinderung oder Unterbindung einer unerlaubten Einreise beziehungsweise eines unerlaubten Aufenthalts wird sich sinnvollerweise auf Einreiserouten beschränken, da nur dort mit unerlaubter Einreise zu rechnen ist. Ein generelles Verbot einer Kontrolle bei der Ausreise nach der BGSG-Norm, die explizit nur Kontrollen zum Zweck der Verhinderung unerlaubter Einreise vorsieht, kann jedoch nicht angenommen werden, da die Schleierfahndung auch den Zweck hat, Erkenntnisse über unerlaubte Einreisen zu gewinnen – befragt werden darf jeder an allen Örtlichkeiten, die in den jeweiligen Normen vorgesehen sind, also nicht nur der, der verdächtig ist, unerlaubt eingereist zu sein oder an einer unerlaubten Einreise beteiligt zu sein.[469]

Der Wortlaut der beiden Landesregelungen ist unpräzise, soweit er von „Landesgrenze" spricht. Gemeint ist die Bundesgrenze, weil nicht anzunehmen ist, der bayerische beziehungsweise thüringische Gesetzgeber wolle „illegale" Bundesbürger aus anderen Bundesländern von einer Einreise abhalten.[470] Das

---

[466] *Heesen/Hönle/Peilert*, § 23 Rdnr. 14; *Schütte*, ZRP 2002, 393 (395).

[467] *Fehn*, Die Polizei 2001, 114.

[468] *Heesen/Hönle/Peilert*, § 22 Rdnr. 11. Ebenso *Borsdorff*, S. 87 (98), die Unterbinden als das Abbrechen eines bereits in Gang gesetzten Vorgangs definiert.

[469] *Heesen/Hönle/Peilert*, § 22 Rdnr. 11, die in Rdnr. 12 konsequenterweise annehmen, daß auch bei der Ausreise kontrolliert werden darf. Siehe auch *Borsdorff*, S. 87 (99).

[470] Dazu *Honnacker/Beinhofer*, Art. 13 Rdnr. 29; *Waechter*, DÖV 1999, 138 (142).

Recht auf Freizügigkeit innerhalb des gesamten Bundesgebietes aus Art. 11 GG stünde einer solchen Bundesbürger-Einreisekontrolle entgegen. Da Thüringen abgesehen vom Flughafen Erfurt über keine Bundesaußengrenze verfügt, kann die Zweckbestimmung der Kontrolle lediglich dazu dienen, das Vorliegen der Einreisevoraussetzungen nach Ausländerrecht zu überprüfen.[471]

### c) Verhütung von Straftaten

In einigen Befugnisnormen ist eine eher weite Zwecksetzung enthalten, nämlich die der Verhütung von Straftaten, wobei zum Teil allerdings bestimmte Straftaten enumerativ genannt werden.

Die weitreichendsten Zwecksetzungen sind die des § 9a IV RPPOG sowie der identisch lautende § 27a SOG MV. Nach diesen Normen sind Schleierfahndungsmaßnahmen statthaft zur vorbeugenden Bekämpfung von Straftaten von erheblicher Bedeutung. Welche Straftaten von erheblicher Bedeutung sind, ist in § 28 III RPPOG beziehungsweise § 49 SOG MV aufgeführt. Nach ersterem sind alle Verbrechen sowie Vergehen, die im Einzelfall nach Art und Schwere geeignet sind, den Rechtsfrieden besonders zu stören, soweit sie a) sich gegen Leib, Leben oder Freiheit einer Person oder bedeutender Sach- oder Vermögenswerte richten, b) auf den Gebieten des unerlaubten Waffen- oder Betäubungsmittelverkehrs, der Geld- und Wertzeichenfälschung oder des Staatsschutzes begangen werden, oder c) gewerbs-, gewohnheits-, serien- oder bandenmäßig oder sonst organisiert begangen werden. Nach letzterem sind Verbrechen, Vergehen nach den §§ 86, 86a, 95, 129, 130, 310 I Nr. 2 des StGB und banden-, gewerbs-, serienmäßig oder sonst organisiert begangene Vergehen nach den §§ 125a, 180a, 181a, 224, 243, 244, 260, 263 bis 264a, 265b, 266, 267, 283, 283a und 324 bis 330 des StGB, § 53 I S. 1 Nr. 1, 2 WaffG, § 29 III S. 2 Nr. 1 BtMG und § 95 II AufenthG als Straftaten von erheblicher Bedeutung zu klassifizieren. Ähnlich ist die Formulierung in § 12 I 6 BbgPolG, wonach ein internationaler Bezug der Straftaten erforderlich ist: Nach dieser Ermächtigungsgrundlage sind Schleierfahndungen gestattet „zur Verhütung von Straftaten von erheblicher Bedeutung mit internationalem Bezug". Dagegen ist der in § 23 I Nr. 3, Ia BGSG festgelegte Zweck „relativ" eng: Es darf danach kontrolliert werden „zur Verhütung von Straftaten im Sinne des § 12 I 1 bis 4 BGSG". In § 12 I 1–4 BGSG sind eine Reihe grenzbezogener Straftaten im einzelnen aufgeführt, deren präventive Bekämpfung Aufgabe des BGS ist.[472]

---

[471] *Ebert/Honnacker,* § 14 Rdnr. 8.

[472] Zum Beispiel Veränderung einer Grenzbezeichnung, § 12 I 1 BGSG iVm. § 274 I 3 StGB; Einschleusen von Ausländern, § 12 I 2 BGSG iVm. § 95 AufenthG; Verstoß gegen Verbringungsverbote, § 12 I 4 BGSG iVm. § 27 VI WaffG, § 15 VI SprengG, § 46 IV 2 AWG, § 21 II BtMG. *Heesen/Hönle/Peilert,* § 23 Rdnr. 15 halten den Straftatenkatalog des § 12 I Nr. 1–4 BGSG für zu eng und wollen ihn daher

### 4. Zusammenfassung
### hinsichtlich der Tatbestandsvoraussetzungen

Sowohl bei den Identitätsfeststellungsnormen wie auch den Befragungsnormen gibt es jeweils zwei bis drei Tatbestandsvoraussetzungen: (1.) Die Kontrolle muß an einer gesetzlich zugelassenen Örtlichkeit stattfinden, (2.) je nach Norm sind bestimmte Lageerkenntnisse für die Zulässigkeit einer Schleierfahndung erforderlich und (3.) der Beamte muß zur Erfüllung eines bestimmten Zweckes gehandelt haben.

Diese Tatbestandsvoraussetzungen betreffen jeweils Rechtsfragen, weshalb diesbezüglich eine volle verwaltungsgerichtliche Kontrollbefugnis besteht. Bei Fragen allerdings wie der, ob die Straße, auf der kontrolliert wird, der grenzüberschreitenden Kriminalität oder dem grenzüberschreitenden Verkehr dient, besteht eine Einschätzungsprärogative der Polizei, wenngleich die Verwaltungsgerichte kontrollieren dürfen, ob es an bestimmten Straßen oder Bahnhöfen zu einer Kontrolle kommen durfte, weil die Polizei davon ausging, daß es dort beispielsweise zu grenzüberschreitender Kriminalität kommen könnte. Auch die Frage, ob eine Personenkontrolle durchgeführt wird, unterliegt sachlichen und zweckgerichteten Ermessenserwägungen, insofern besteht ein Entschließungsermessen.[473] Doch ist die Frage, ob dieses Entschließungsermessen unter Beachtung des Verhältnismäßigkeitsgrundsatzes ausgeübt wurde, gerichtlich voll nachprüfbar.[474]

## Kapitel 6

# Zulässige Maßnahmen
# im Rahmen einer Schleierfahndung

Während sich die Tatbestandsvoraussetzungen der verschiedenen aufgezeigten Schleierfahndungsnormen alle zumindest sehr ähneln, sind die Rechtsfolgenregelungen, also die Regelungen, welche Maßnahmen im Zuge einer Schleierfahndung ergriffen werden dürfen, sehr unterschiedlich. Zur Grobeinteilung wird hier danach differenziert, ob die jeweilige Norm zu einer Befragung oder zu einer Identitätsfeststellung berechtigt.

---

durch Auslegung erweitern, zum Beispiel um Sprengstoffverbrechen nach § 308 StGB.

[473] *Meixner/Martell,* § 14 Rdnr. 24.
[474] Siehe dazu unten S. 185 ff.

9*

# I. Zulässige Maßnahmen
# nach den Befragungsnormen

Nach den Befragungsnormen – vgl. § 22 Ia BGSG, § 11 III BbgPolG, § 12 VI NSOG, § 9a I SaarPolG und § 14 III SOG LSA – ist es statthaft, jede Person kurzzeitig anzuhalten, zu befragen und zu verlangen, daß mitgeführte Ausweispapiere zur Prüfung ausgehändigt werden. Ferner dürfen mitgeführte Sachen in Augenschein genommen werden. Darüber hinaus darf nach § 22 Ia BGSG auch verlangt werden, daß Grenzübertrittspapiere – dies sind zum Beispiel ein Reisepaß oder ein Visum – zur Prüfung ausgehändigt werden.

Dagegen ermächtigt § 27a SOG MV allein dazu, die angetroffene Person kurzzeitig anzuhalten und mitgeführte Fahrzeuge, insbesondere deren Kofferraum und Ladeflächen, in Augenschein zu nehmen (nicht aber zu durchsuchen[475]). Diese Norm ermächtigt daher nicht zu einer Befragung. Da die Regelung in Mecklenburg-Vorpommern jedoch den anderen Befragungsnormen ähnelt, wird sie an dieser Stelle zusammen mit den Befragungsnormen erörtert.

## 1. Anhalten

Zunächst einmal darf nach den hier betrachteten Befragungsnormen und nach § 27a SOG MV die angetroffene Person (zur Durchführung einer Befragung beziehungsweise Sichtkontrolle) kurzzeitig angehalten werden.[476] Unter Anhalten versteht man die Unterbrechung der Fortbewegung des Betroffenen und das Verhindern des Verlassens des gegenwärtigen Aufenthaltsortes für die Dauer der Kontrolle.[477] Das Anhalten ist nur Mittel zum Zweck Befragung und keine Maßnahme des Verwaltungszwangs im Rahmen einer Befragung.[478] Die Maßnahme kann als solches nicht isoliert betrachtet werden, sondern nur in Einheit mit der sich anschließenden Befragung. Allen Normen ist gemein, daß das Anhalten nur kurzzeitig erfolgen darf.[479] Damit soll sichergestellt werden, daß

---

[475] Zur Abgrenzung von Inaugenscheinnahme und Durchsuchung siehe unten S. 161 f.

[476] Zulässig ist in einigen Bundesländern auch eine Videoüberwachung der Kontrolle (sog. Bildübertragung) zum Eigenschutz der Beamten, vgl. § 31a BbgPolG, § 14 VI HSOG. Eine Befugnis zu Bildaufnahmen zur Eigensicherung bei Personen- und Fahrzeugkontrollen findet sich auch in § 15b PolG NRW. In Hamburg ist im Rahmen der Novellierung des Polizeigesetztes neben der Einführung der Schleierfahndung die Aufnahme einer Befugnis zur Videoaufzeichnung per Streifenwagen ins SOG HH geplant, siehe auch Anm. 9.

[477] *Altschaffel*, 15.12 (S. 168); *Berg/Knape/Kiworr*, § 18 Teil 5 (S. 226); *Ebert/Honnacker*, § 14 Rdnr. 11; *Habermehl*, Rdnr. 542; *Karnop*, Rdnr. 317; *Kastner*, VerwArch 92 (2001), 216 (233); *Meixner/Martell*, § 14 Rdnr. 4.

[478] *Knemeyer*, Polizeirecht, Rdnr. 165. Hält der Betroffene jedoch nicht an, kann das Anhalten mittels unmittelbaren Zwanges erzwungen werden; siehe *Heesen/Hönle/Peilert*, § 22 Rdnr. 35.

keine Freiheitsentziehung im Sinne von Art. 104 GG erfolgt, die den besonderen Vorgaben des grundgesetzlichen Gesetzesvorbehalts genügen müßte.[480]

## 2. Befragen

Alle hier analysierten Normen bis auf die von Mecklenburg-Vorpommern gestatten im Anschluß an das Anhalten eine Befragung der betreffenden Person. Unter einer Befragung ist die an eine Person gerichtete Aufforderung zu verstehen, eine erbetene Auskunft zu geben oder eine Aussage zu einer bestimmten Angelegenheit zu machen.[481] Eine Befragung muß allerdings einem der oben bereits erläuterten Zwecke des betreffenden Gesetzes dienen, so daß zum Beispiel nach dem BGSG Fragen mit dem Ziel, Erkenntnissen über unerlaubte Einreisen beziehungsweise einem unerlaubtem Aufenthalt zu erlangen, zulässig sind, eine Befragung des Betroffenen nach dem Zweck seiner Reise dagegen unstatthaft wäre. In Sachsen-Anhalt gestattet das Befragungsrecht allerdings auch Fragen zur Identität des Betroffenen.[482]

### a) Abgrenzung einer Befragung zur Identitätsfeststellung

Da eine Befragung im Sinne der Schleierfahndungsnormen gerade keine Identitätsfeststellung darstellen darf (denn insofern gibt es Sonderregelungen), ist die Befragung von einer Identitätsfeststellung abzugrenzen. Eine Abgrenzung kann dabei allein nach dem Zweck der Maßnahme erfolgen. Eine Identitätsfeststellung verfolgt das Ziel, Angaben zur zweifelsfreien Individualisierung der betroffenen Person zu erlangen. Dies bedeutet, daß eine Feststellung von allen Angaben einer Person zulässig ist, die es ermöglichen, sie von anderen Personen zu unterscheiden und Verwechslungen auszuschließen.[483] Identitätsmerkmale einer Person sind die zur Identifizierung erforderlichen Personaldaten

---

[479] Problematisch ist dagegen allerdings, wie lange „kurzzeitig" sein darf – ein Stoppen für einen Zeitraum von ein bis zwei Minuten nimmt *Soria*, NVwZ 1999, 270 (272) an. Nach *Rühle/Suhr*, § 10, 3 (S. 165) und *Mühl/Leggereit/Hausmann*, Rdnr. 155 sind dagegen auch 15 Minuten noch kurzzeitig im Sinne der Schleierfahndungsnormen.

[480] Zur Frage der Verfassungsmäßigkeit des Anhalterechts und damit zu den Garantien des Art. 104 GG siehe unten S. 328 ff.

[481] *Robrecht*, SächsVBl. 2001, 19; *Tegtmeyer/Vahle*, § 9 Rdnr. 4; *Wolf/Stephan*, § 20 Rdnr. 2. Siehe auch schon oben Anm. 320.

[482] So *Meixner/Martell*, § 14 Rdnr. 19, wenngleich sich die Autoren selbst widersprechen, da ein Satz später festgestellt wird, daß eine Pflicht nur zur Auskunft über Name, Vorname, Tag und Ort der Geburt, Wohnanschrift und Staatsangehörigkeit besteht. Allerdings wird erkannt, daß eine Identitätsfeststellung, gegebenenfalls mit den Mitteln der Durchsuchung und erkennungsdienstlicher Behandlung, nicht zulässig ist, § 14 Rdnr. 22.

[483] *Berg/Knape/Kiworr*, § 21 (S. 243); *Rachor*, in Lisken/Denninger, F Rdnr. 309.

sowie auch Merkmale anderer Art. Unter letztere fallen auch besondere persönliche Merkmale der Person wie zum Beispiel Tätowierungen. Hingegen ist im Rahmen einer Befragung zu persönlichen Angaben lediglich die Aufnahme der Personalien[484] der befragten Person statthaft, eine Frage nach besonderen persönlichen Merkmalen wäre unzulässig. Eine Befragung hat demgemäß nicht zum Ziel, die Identität der betreffenden Person zu klären.[485] Für eine Identitätsfeststellung dagegen sind nicht alle Personendaten zur Identifizierung erforderlich – und dürfen daher nur insoweit erfragt werden, als ihre Erhebung zur Identitätsfeststellung erforderlich ist. Bei einer Befragung ist es dagegen erlaubt, auch nach anderen Angaben als nach den Personalien zu fragen, also allgemeine Fragen, die der Aufklärung eines polizeilich relevanten Sachverhaltes dienen sollen.

Im Falle einer Verweigerung von Angaben bei einer Befragung besteht nicht automatisch eine Berechtigung, nun eine Identitätsfeststellung beziehungsweise diese mittels einer Durchsuchung und anderen Folgemaßnahmen durchzuführen.[486] Das Ergebnis einer Befragung kann allerdings wiederum Anlaß sein, nun eine verdachtsabhängige Identitätsfeststellung durchzuführen.

### b) Auskunftspflicht

Das Recht zu fragen impliziert nicht, daß auch eine Pflicht besteht zu antworten. Ein Befragungsrecht erschöpft sich also in der Befugnis, eine Person anzuhalten und ihr dann Fragen zu stellen. Eine Antwort kann, sofern nicht

---

[484] Personendaten sind vor allen Dingen die in § 111 OWiG aufgezählten. Danach sind der Vor-, Familien- und Geburtsname, der Ordens- oder Künstlername sowie der Doktorgrad, *Meixner/Martell*, § 20 Rdnr. 1. Desweiteren sind Ort und Tag der Geburt, Familienstand, der tatsächlich ausgeübte Beruf, Wohnort und -straße (im Sinne einer zustellungsfähigen Anschrift) und die Staatsangehörigkeit der Person mögliche Personendaten. Siehe auch *Habermehl*, Rdnr. 533; *Knemeyer*, Polizeirecht, Rdnr. 165. Bei Minderjährigen gehört dazu auch Name und Anschrift der Eltern oder sonstiger Erziehungsberechtigter, *Berner/Köhler*, Art. 13 Rdnr. 1; *Schmidbauer/Steiner/Roese*, Art. 13 Rdnr. 1.

[485] Siehe zur Abgrenzung auch *Niehörster*, S. 47 f., der diese dahingehend vornimmt, daß bei einer Befragung lediglich eine Personalienfeststellung, bei einer Identitätsfeststellung dagegen auch eine Prüfung vorgenommen werden darf, ob die angetroffene Person mit einer gesuchten Person identisch ist. Siehe ferner *Tegtmeyer/ Vahle*, § 9 Rdnr. 24 und *Wolffgang/Hendricks/Merz*, Rdnr. 136 ff. Nach anderer Auffassung haben sowohl die Befragung als auch die Identitätsfeststellung das gleiche Ziel, während lediglich unterschiedliche Mittel zur Durchsetzung statthaft sind. So etwa *Möller/Wilhelm*, Rdnr. 296 und *Müller-Terpitz*, DÖV 1999, 329 (333), der annimmt, daß es sich bei einer Befragung nach § 22 Ia BGSG um eine Identitätsfeststellung mit modifizierten Folgemaßnahmen handelt. Nach *Niehörster*, S. 44 ist es darüber hinaus ungeschriebene Voraussetzung einer Befragung, daß die Notwendigkeit einer späteren erneuten Kontaktaufnahme mit dem Befragten nicht ausgeschlossen werden kann. So auch AB NGefAG 12.2 zu § 12, NdsMBl. 1998, S. 1078.

[486] *Meixner/Martell*, § 14 Rdnr. 22.

eine Auskunftspflicht ausdrücklich normiert ist, nicht verlangt werden. In zwei Gesetzen allerdings, nämlich dem BGSG und dem SOG LSA, sind Regelungen enthalten, die explizit eine Auskunftspflicht normieren.

Nach § 22 II BGSG ist die befragte Person verpflichtet, Namen, Vornamen, Tag und Ort der Geburt, Wohnanschrift und Staatsangehörigkeit anzugeben, soweit dies zur Erfüllung der Aufgaben des Bundesgrenzschutzes erforderlich ist. Eine weitergehende Auskunftspflicht besteht im Rahmen von § 22 II BGSG nur für die nach §§ 17 und 18 BGSG Verantwortlichen (Verhaltens- und Zustandsstörer), unter den Voraussetzungen des § 20 I BGSG für die dort bezeichneten Personen (Nichtstörer) sowie für Personen, denen gesetzliche Handlungspflichten auferlegt sind, soweit die Auskunft zur Abwehr einer Gefahr erforderlich ist.

Der Telos der Befragungsnormen ist in erster Linie der Erhalt sachdienlicher Informationen – und erst in zweiter Linie der Erhalt personenbezogener Informationen, die einem Datenabgleich zugeführt werden können und damit auch eine Identitätsfeststellung ermöglichen würden. Eine Identitätsfeststellung soll aber gerade nicht auf § 22 Ia BGSG gestützt werden, sondern vielmehr auf § 23 BGSG.

Zu sachdienlichen Angaben sind nach allgemeinem Polizeirecht grundsätzlich nur Störer verpflichtet. Eine Person mit Störereigenschaften gibt es aber bei einer Schleierfahndung nicht, es sei denn, es entsteht im Lauf der Kontrolle ein Gefahrenverdacht – dann handelt es sich aber um keine Schleierfahndung mehr. Ausnahmsweise dürfen nach allgemeinem Polizeirecht grundsätzlich auch Nichtstörer zu sachdienlichen Hinweisen verpflichtet werden, nämlich dann, wenn die Voraussetzungen des polizeilichen Notstandes gegeben sind. Auch eine solche Situation ist aber bei einer Schleierfahndung nicht gegeben; bei dieser besteht gerade keine konkrete Gefahr, für die jedoch kein Verantwortlicher in Anspruch genommen werden kann. Eine Schleierfahndung kann sich gegen jedermann richten, ohne daß dabei „jedermann" einem Nichtstörer gleichgesetzt werden könnte. Des weiteren besteht eine Auskunftspflicht für Personen, denen bestimmte gesetzliche Handlungspflichten obliegen. Das können beispielsweise Personen sein, die Kenntnis vom Vorhaben eines Verbrechens im Sinne des § 138 StGB haben, aber auch Asylbewerber nach § 15 II 1 AsylVfG sowie Inhaber einer Garantenstellung.[487] Alle anderen betroffenen Personen, und diese dürften bei lebensnaher Betrachtung den größten Teil ausmachen, haben keine Pflicht zur Angabe von sachdienlichen Hinweisen.

Ebenfalls eine Auskunftspflicht ist im Polizeigesetz von Sachsen-Anhalt normiert, und zwar in § 14 III S. 4 SOG LSA.[488] Danach besteht die Pflicht zur

---

[487] *Heesen/Hönle/Peilert,* § 22 Rdnr. 24 f.

[488] Siehe auch die Gesetzesmaterialien: LT-Drs. 3/3023, S. 12. Aufgrund der Auskunftspflicht geht *Kolb,* NJ 2000, 570 (571) davon aus, daß diese Norm keine Befragung, sondern eine Identitätsfeststellung gestattet.

Auskunft über Namen, Vornamen, Tag und Ort der Geburt, Wohnanschrift und Staatsangehörigkeit.

Keine Auskunftspflicht bezüglich der Personalien und sonstigen Angaben besteht nach dem Polizeirecht von Brandenburg, da die in § 11 II BbgPolG festgelegte Auskunftspflicht nur auf § 11 I BbgPolG Bezug nimmt, nicht aber auf § 11 III BbgPolG, der die Schleierfahndung regelt.[489] Entsprechendes gilt für Niedersachsen, da § 12 II NSOG sich nur auf § 12 I NSOG bezieht.[490] Auch im saarländischen und rheinland-pfälzischen Polizeirecht ist keine Auskunftspflicht normiert, die dem Recht auf Befragung korrespondiert. Wie bereits oben gesagt wurde, besteht ebenfalls keine Auskunftspflicht nach dem Polizeirecht von Mecklenburg-Vorpommern. Schon die Überschrift von § 27a SOG MV lautet nur „Anhalte- und Sichtkontrolle", womit deutlich wird, daß nicht einmal eine Befragung zulässig ist.

Eine allgemeine verdachtsunabhängige Auskunftspflicht eines jeden ergibt sich auch nicht aus sonstigen Normen. Eine Pflicht zur Sachauskunft besteht allenfalls dann, wenn eine konkrete Gefahrensituation gegeben ist. Diese Sachauskunftspflicht könnte bei Fehlen spezieller Ermächtigungsgrundlagen notfalls auf die jeweiligen polizeilichen Generalklauseln gestützt werden, wobei auch diese aber das Vorliegen einer konkreten Gefahrensituation verlangen. Aber wie oben bereits gezeigt wurde, gibt es in allen Bundesländern und auch nach dem BGSG Ermächtigungsgrundlagen zur verdachtsabhängigen Befragung, die einen Rückgriff auf die jeweiligen polizeilichen Generalklauseln überflüssig machen. Nach diesen Normen ist eine Befragung mit Auskunftspflicht, die unterschiedlich weit reicht, nur zulässig, wenn Tatsachen die Annahme rechtfertigen, daß die betroffene Person sachdienliche Angaben machen kann, die für die Erfüllung einer polizeilichen Aufgabe erforderlich sind. Eine solche Situation kann bei einer Schleierfahndung aber gerade nicht gegeben sein. Noch dazu dient die verdachtsabhängige Befragung in erster Linie dem Erhalt sachdienlicher Informationen, wenn überhaupt Angaben erforderlich sind, dann besteht zunächst nur eine Pflicht zur Sachauskunft, nicht zu Personenangaben.[491]

Folglich besteht nur nach dem BGSG und nach dem Polizeirecht von Sachsen-Anhalt eine Auskunftspflicht.[492] Somit können eine Auskunftsverweigerung

---

[489] Für § 18 VII ASOG Bln a.F. *Berg/Knape/Kiworr*, § 18 Teil 5 (S. 226); *Mahlmann*, LKV 2001, 102 (104). A.A. für sämtliche Befragungsnormen außer Mecklenburg-Vorpommern und dem Saarland *Wulff*, S. 70.

[490] *Kastner*, VerwArch 92 (2001), 216 (232); *Waechter*, Polizei- und Ordnungsrecht, Rdnr. 545.

[491] *Baller/Eiffler/Tschisch*, § 18 Rdnr. 48; *Hoffmann-Riem*, Polizei- und Ordnungsrecht, S. 161; *Pieroth/Schlink/Kniesel*, § 14 Rdnr. 2.

[492] Weshalb *Müller-Terpitz*, DÖV 1999, 329 (333), annimmt, daß die Norm des BGSG in Richtung Identitätsfeststellung tendiert. Diese Auffassung müßte konsequenterweise auch für die Norm des SOG LSA gelten.

oder eine Falschaussage auch nur dann, wenn eine Befragung auf die Schleierfahndungsnormen des BGSG beziehungsweise des Landesrechts von Sachsen-Anhalt gestützt wird, eine Ordnungswidrigkeit nach § 111 OWiG darstellen und entsprechend geahndet werden.

### c) Auskunftsverweigerungsrechte

Darüber hinaus ist der Betroffene nach § 22 III BGSG unter den in §§ 52 bis 55 StPO bezeichneten Voraussetzungen zur Verweigerung einer Auskunft berechtigt. Dieses Auskunftsverweigerungsrecht gilt aber ausnahmsweise nicht, soweit die Auskunft zur Abwehr einer Gefahr für Leib, Leben oder Freiheit einer Person (also bei Vorliegen einer qualifizierten Gefahrensituation) erforderlich ist, also bei einer Schleierfahndung irrelevant, da kein Gefahrenverdacht gegeben ist. Die betroffene Person ist über ihr Recht zur Verweigerung der Aussage zu belehren. Das Auskunftsverweigerungsrecht soll verhindern, daß durch staatliche Maßnahmen das Vertrauensverhältnis zwischen der befragten Person und ihren Angehörigen oder Verwandten beziehungsweise sonstige Vertrauensverhältnisse gestört werden. Es soll verhindert werden, daß sich die befragte Person beziehungsweise ein Angehöriger der Person der Gefahr aussetzen, wegen einer Straftat oder Ordnungswidrigkeit verfolgt zu werden.[493]

### d) Verbotene Vernehmungsmethoden

§ 136a StPO gilt gemäß § 22 IV BGSG und § 14 V SOG LSA sowohl für Maßnahmen nach dem BGSG als auch nach dem SOG von Sachsen-Anhalt entsprechend, das heißt, es dürfen keine verbotenen Vernehmungsmethoden angewendet werden. Darunter fallen auch Täuschungshandlungen gegenüber dem Betroffenen wie aktives Lügen.[494]

### e) Hinweispflichten

Die fehlende Auskunftspflicht in den übrigen Regelungen läßt das Fragerecht vielfach leerlaufen. Eine Antwort wird der Fragende häufig nur dann erhalten, wenn der Betroffene nicht weiß, daß für ihn keine Auskunftspflicht besteht. Daher stellt sich die Frage, ob der Befragte auf die Auskunftspflicht beziehungsweise die Freiwilligkeit seiner Angaben hinzuweisen ist.

---

[493] Kritisch zu der weitreichenden Regelung von Auskunftsverweigerungsrechten *Heesen/Hönle/Peilert*, § 22 Rdnr. 32.

[494] Dagegen soll polizeiliche bzw. polizeitaktische List, zum Beispiel eine „gewisse Verschleierung", eingesetzt werden dürfen, vgl. *Heesen/Hönle/Peilert*, § 22 Rdnr. 33.

Die Befragung ist eine Maßnahme der Datenerhebung, genauer der Erhebung personenbezogener Daten.[495] Alle Polizeigesetze sowie das BGSG haben allgemeine Datenschutznormen, die bei der Erhebung personenbezogener Daten beachtet werden müssen.[496] Zu den allgemeinen Datenerhebungs- beziehungsweise -verarbeitungsgrundsätzen gehört der „Grundsatz der Unmittelbarkeit". Er besagt, daß personenbezogene Daten direkt bei der betroffenen Person zu erheben sind.[497] Außerdem gibt es den Grundsatz der Offenheit, der besagt, daß keine heimliche Datenerhebung ohne Wissen des Betroffenen erfolgen darf.[498] Des weiteren gibt es den Grundsatz der Pflicht zur Rechtsbelehrung. Jedoch können diese Grundsätze durch speziellere Normen verdrängt werden. Die Schleierfahndungsnormen stellen spezielle Ermächtigungsgrundlagen dar, die von dem Grundsatz der allgemeinen Datenschutzregeln, daß Daten nur von Störern beziehungsweise zur Störungsbeseitigung erhoben werden,[499] abweichen.[500] Zu den Hinweispflichten jedoch finden sich in den Schleierfahndungsnormen keine speziellen Grundlagen, so daß es bei der Anwendbarkeit der allgemeinen Datenschutzregelungen bleibt.

Grundsätzlich sehen die allgemeinen Datenschutzregelungen eine Hinweispflicht des Befragenden vor.[501] Einige Polizeigesetze normieren eine Hinweispflicht jedoch nur für den Fall, daß der Betroffene einen solchen Hinweis verlangt, so beispielsweise § 21 IV BGSG.[502] Ausnahmsweise darf der grundsätzlich zu erfolgende Hinweis auf die Freiwilligkeit der Angaben unterbleiben, wenn ansonsten die Erfüllung der polizeilichen Aufgaben erheblich erschwert

---

[495] Eine Generalermächtigung zur Informationserhebung findet sich in allen Ländern unter der Voraussetzung, daß die Erhebung personenbezogener Daten zur Gefahrenabwehr und zur vorbeugenden Bekämpfung von Straftaten erforderlich ist, siehe § 20 II–V PolG BW; Art. 30 BayPAG; § 18 ASOG Bln; § 29 BbgPolG; § 13 VI–VIII HSOG; § 26 SOG MV; § 30 NSOG; § 25 SaarPolG; § 37 II, IV, V SächsPolG; § 15 V–VII SOG LSA; § 31 ThürPAG; § 21 III, IV BGSG. Die Personen, bei denen Daten erhoben werden dürfen, sind noch genauer spezifiziert. So handelt es sich nur um Personen, bei denen tatsächliche Anhaltspunkte vorliegen, daß sie künftig Straftaten begehen, oder bei deren Kontakt- und Begleitpersonen, bei Personen, bei denen tatsächliche Anhaltspunkte vorliegen, daß sie Opfer von Straftaten werden, bei Personen im räumlichen Umfeld einer in besonderem Maß als gefährdet erscheinenden Person, bei Zeugen, Hinweisgebern oder sonstigen Auskunftspersonen.

[496] Für die Länder mit Schleierfahndungsnormen, die zur Befragung ermächtigen sind dies: §§ 29 IV, 30 BbgPolG; §§ 12 V, 31 NSOG; § 26 RPPOG; §§ 25 V, 26 SaarPolG; § 15 I–IV, VII SOG LSA; § 21 I, II BGSG. Kritisch zu dem seiner Meinung nach abschließenden und damit völlig unzureichenden Katalog der Regelungen *Schwabe*, DVBl. 2000, 1815 (1816 ff.).

[497] *Soiné*, DÖV 2000, 173 (177).

[498] *Soiné*, DÖV 2000, 173 (178).

[499] Siehe nur § 20 II PolG BW.

[500] Allgemein zu dem Verhältnis (lex specialis derogat legi generali) Befragung und Datenerhebungsnormen siehe *Robrecht*, SächsVBl. 2001, 19 (20 f.).

[501] § 29 IV Nr. 1 BbgPolG; § 26 III SOG MV.

[502] Ebenso nach § 30 II S. 2 NSOG und § 25 V SaarPolG.

oder gefährdet würde.[503] Dies ist aber nicht schon dann gegeben, wenn die Polizei befürchten muß, daß bei Erteilung eines Hinweises auf die Freiwilligkeit der Angaben keine Auskünfte erteilt werden würden. Vielmehr muß durch den Hinweis der Zweck der Befragung gefährdet werden können. Das ist jedoch allenfalls bei besonders eilbedürftigen Maßnahmen, nicht aber generell bei Schleierfahndungen denkbar.[504]

Eine vergleichbare Situation besteht in bezug auf Auskunfts- beziehungsweise Zeugnisverweigerungsrechte. Diesbezüglich wird angenommen, daß eine Pflicht zum unaufgeforderten Hinweis auf bestehende Verweigerungsrechte als Ausformung des Grundsatzes der Unantastbarkeit der Menschenwürde auch ohne ausdrückliche gesetzliche Normierung besteht.[505] Dieser Grundgedanke gilt auch für die allgemeine Hinweispflicht auf die Freiwilligkeit der Angaben.

### f) Verwaltungszwang

Kommt der Betroffene seiner Auskunftspflicht nach dem BGSG beziehungsweise SOG LSA nicht nach, kann Verwaltungszwang angewendet werden. Allerdings ist nach allgemeiner Ansicht die Anwendung unmittelbaren Zwangs zur Erzwingung einer Aussage ausgeschlossen – dem steht das allgemeine Folterverbot entgegen.[506] Das Auskunftsersuchen ist allenfalls mittels eines Zwangsgeldes gemäß § 11 (L–)VwVG und bei Nichtbeachtung dieser Anordnung mittels Ersatzzwangshaft durchsetzbar.

### 3. Aushändigenlassen mitgeführter Ausweispapiere

Des weiteren besteht außer in Mecklenburg-Vorpommern die Pflicht zur Aushändigung von mitgeführten Ausweispapieren. Das Ausweispapier muß ausgehändigt werden, das heißt in der Regel dem kontrollierenden Polizeibeamten übergeben werden. Ausweispapiere sind neben dem Personalausweis und Reisepaß auch andere Ausweise mit Lichtbild wie etwa ein Führerschein.[507] Andere

---

[503] Siehe § 29 IV S. 2, 3 BbgPolG; § 33 IV NSOG; § 15 VII S. 4 SOG LSA. In Brandenburg ist eine Ausnahme von der Belehrungspflicht zulässig, wenn schutzwürdige Belange des Betroffenen oder Dritter beeinträchtigt oder gefährdet werden können.

[504] *Berg/Knape/Kiworr,* § 18 Teil 4 (S. 222).

[505] BGHSt 5, 332 (335); *Berg/Knape/Kiworr,* § 18 Teil 5 (S. 226); *Esser,* S. 68. Kritisch zu polizeilichen Hinweispflichten *Falk,* Kriminalistik 1998, 37 (44). Eine verfassungsrechtlich begründete Hinweispflicht lehnt auch *Heckmann,* VBlBW 1992, 164 (170) ab. Zumindest derzeit kommt es allerdings auf diese grundgesetzliche Ableitung nicht an, da alle Polizeigesetze eine solche Hinweispflicht einfachgesetzlich normieren. Deswegen bedarf es (momentan) keiner näheren Auseinandersetzung mit dieser grundgesetzlichen Hinweispflicht.

[506] Siehe nur *Becker,* Die Polizei 2005, 1 (2); *Heesen/Hönle/Peilert,* § 22 Rdnr. 34.

Ausweise als der Personalausweis oder der Reisepaß können aber allenfalls als Indiz für die Richtigkeit von mündlichen Angaben zu den Personalien gewertet werden, da sie nicht notwendig alle zu überprüfenden Daten enthalten oder bestimmte Daten veraltet sein können.

### a) Pflicht zur Mitführung von Ausweispapieren

Nach einhelliger Ansicht[508] besteht in Deutschland jedoch keine Pflicht für deutsche Staatsangehörige, einen Personalausweis oder Paß[509] mit sich zu führen. Nach § 1 I PersAuswG existiert lediglich eine Besitzpflicht und eine Vorzeigepflicht, jedoch keine Mitführungspflicht.[510] Das gleiche gilt für die jeweiligen Landespersonalausweisgesetze. Auch § 5 I Nr. 2 PersAuswG begründet keine über § 1 PersAuswG hinausgehende Verpflichtung zum Mitführen von Ausweispapieren. § 5 I Nr. 2 PersAuswG – der festlegt, daß ordnungswidrig handelt, wer es unterläßt, einen Ausweis auf Verlangen einer zuständigen Stelle vorzulegen, – erfaßt nur die Fälle, in denen der „Täter" den Ausweis nicht innerhalb einer angemessenen Frist bei der auffordernden Behörde vorzeigen kann. Für EU-Ausländer wäre es eine unzulässige Diskriminierung, ihnen strengere Ausweispflichten als Deutschen aufzuerlegen, so daß auch für sie keine Mitführungspflicht besteht.[511]

Es besteht auch für Nicht-EU-Ausländer keine Pflicht, einen Paß, Paßersatz, Ausweis, Ausweisersatz oder einen Aufenthaltstitel mit sich zu führen.[512] Nach § 3 AufenthG ist ein Ausländer zum Besitz eines Passes oder Paßersatzes verpflichtet, aber es besteht keine Mitführungspflicht. Für Asylbewerber gilt, daß für sie während der Dauer des Asylverfahrens eine Bescheinigung über die Asylgestattung ausreicht, § 64 AsylVfG. Aber auch diese muß nur besessen, nicht jedoch mitgeführt werden.

---

[507] *Ebert/Honnacker,* § 14 Rdnr. 13.

[508] *Ebert/Honnacker,* § 14 Rdnr. 13; *Kutscha,* LKV 2000, 134 (136); *Mahlmann,* LKV 2001, 102 (104); *Meixner/Martell,* § 14 Rdnr. 20; *Vahle,* DuD 1992, 10 (11); *Waechter,* DÖV 1999, 138 (139).

[509] Nach § 1 PaßG und § 1 I S. 1 PersAuswG ersetzt ein gültiger Paß einen Personalausweis.

[510] *Medert/Süßmuth,* § 1 PAuswG Rdnr. 17; *Mußmann,* Rdnr. 178; *Waechter,* DÖV 1999, 138 (139); VollzBK BayPAG 13.10 zu Art. 13, vom 23.12.1994 (ABl. 1995, 27).

[511] *Jochum/Rühle,* Rdnr. 61.

[512] Gemeinschaftskommentar zum Ausländerrecht, § 40 AuslG Rdnr. 4; *Hailbronner,* § 40 Rdnr. 4; *Kloesel/Christ/Häußer,* § 40 Rdnr. 5; *Renner,* § 40 Rdnr. 2. *Schwabe,* NJW 1998, 3698 (3699) geht davon aus, daß sich bei einem Ausländer aus dem Nichtmitführen von Papieren notwendigerweise der Verdacht unerlaubter Einreise oder unerlaubten Aufenthalts ergebe. Da, wie gezeigt, keine Pflicht zum Mitführen von Ausweisdokumenten, auch nicht für Ausländer, besteht, kann sich ein Verdacht auf unerlaubten Aufenthalt nur aus anderen Anhaltspunkten ergeben, *Schwabes* Ansicht ist mit geltendem Recht nicht in Einklang zu bringen.

Etwas anderes gilt nur für den Fall eines Grenzübertritts – dann ist das Mitführen von Grenzübertrittspapieren wie Paß, Paßersatz oder Personalausweis sowohl für Deutsche als auch für Ausländer vorgeschrieben, siehe § 1 I PaßG, § 13 I AufenthG.[513] Allerdings muß hierbei beachtet werden, daß eine solche Mitführungspflicht nur besteht, wenn die betroffene Person tatsächlich einen Grenzübertritt beabsichtigt – eine Spazierfahrt entlang der Grenze hat also keine Mitführungspflicht zur Folge. Eine Kontrolle, bei der sich der kontrollierende Beamte darauf beruft, ein Ausweispapier müsse mitgeführt werden, muß daher in unmittelbarer Nähe der Grenze stattfinden, so daß der kontrollierende Beamte den Grenzübertritt sehen kann. Ähnliches gilt für eine Kontrolle in Zügen; eine Berufung auf eine Mitführungspflicht ist erst ab Abfahrt von dem letzten Halt vor der Grenze bis zum Erreichen der ersten Haltestelle nach der Grenze zulässig. Ein Verstoß gegen eine Mitführungspflicht von Ausweispapieren bei einem Grenzübertritt stellt eine Ordnungswidrigkeit nach § 25 III 1 PaßG beziehungsweise § 10 FreizügG/EU dar.

Nach § 4 II S. 2 FeV besteht eine Pflicht zum Mitführen des Führerscheins – allerdings nur für den Fahrer eines Kfz.

Eine Mitführungspflicht von Ausweispapieren kann auch nicht unmittelbar aus den Schleierfahndungsnormen abgeleitet werden. Allerdings können Maßnahmen der Schleierfahndung „faktisch zu einem Mitführungszwang" führen,[514] da bei Unmöglichkeit einer Ausweiskontrolle gegebenenfalls (zeitraubende) Folgemaßnahmen wie eine Sistierung oder erkennungsdienstliche Maßnahmen von den kontrollierenden Polizeibeamten ergriffen werden dürfen. Diese Folgemaßnahmen unterliegen jedoch jeweils dem Verhältnismäßigkeitsprinzip, so daß eine generelle Anwendung von Folgemaßnahmen bei Nichtmitführung eines Ausweispapiers unzulässig wäre.

### b) Folgen des Nichtaushändigens von Ausweispapieren

Es stellt sich im vorliegenden Kontext die Frage nach den Konsequenzen, die ergriffen werden dürfen, wenn sich ein Betroffener weigert, seinen Ausweis beziehungsweise seine Grenzübertrittspapiere auszuhändigen. Nach den jeweiligen Befragungsnormen (außer der Regelung in Mecklenburg-Vorpommern) besteht eine Pflicht, mitgeführte Ausweispapiere auszuhändigen. Das Verlangen der

---

[513] *Fischer/Hitz/Laskowski/Walter*, § 23 Rdnr. 44; *Heesen/Hönle/Peilert*, § 2 Rdnr. 30, § 22 Rdnr. 18, § 23 Rdnr. 31, 39. Je nach Situation kann es erforderlich sein, auch einen Aufenthaltstitel, eine Grenzerlaubnis, Grenzgängerkarte, Dokumente i. S. v. § 5 I c SDÜ, Impfzeugnisse für Personen und Tiere, Berechtigungen und Erlaubnisse für die Einfuhr oder das Verbringen von Schußwaffen, Munition oder Sprengstoff mitzuführen.

[514] Presseerklärung der Deutschen Vereinigung für Datenschutz e. V. vom 7.7.1998; *Kutscha*, LKV 2000, 134 (136).

Herausgabe ist ein Verwaltungsakt. Die Anwendung von Verwaltungszwang wäre nach § 6 VwVG ohne zeitliche Verzögerung möglich, weil einem Rechtsmittel gegen eine Herausgabeanordnung durch den Polizeivollzugsdienst keine aufschiebende Wirkung zukommen würde. Nach der Anordnung des Sofortvollzugs nach den jeweiligen LVwVfGs und § 80 II S. 1 Nr. 2 VwGO könnte dann das Ausweisverlangen mittels Ersatzvornahme oder unmittelbarer Ausführung vollstreckt werden.[515] Aber nach den Befragungsnormen ist eine Durchsuchung nach den Ausweispapieren nicht zulässig[516] – die Möglichkeit des Sofortvollzuges würde sich also allenfalls bei offen zur Schau liegenden Ausweispapieren ergeben.

Ein Verstoß gegen die Aushändigungspflicht stellt keine Ordnungswidrigkeit nach § 111 OWiG dar.[517] Nach § 111 OWiG handelt ordnungswidrig, wer unter anderem einer zuständigen Behörde oder einem zuständigen Amtsträger über seinen Namen und andere in § 111 OWiG aufgeführte Personalangaben unrichtige Angaben macht oder die Angabe verweigert. Da es hier jedoch nicht um die Pflicht zur Angabe von Personaldaten geht, sondern lediglich um die Pflicht zur Aushändigung mitgeführter Ausweispapiere, ist § 111 OWiG nicht einschlägig. Nach Ansicht des OLG Düsseldorf[518] ist allerdings eine Ordnungswidrigkeit nach § 5 I 2 PersAuswG gegeben, wenn ein Ausweis nicht vor Ort, sondern erst auf einer Polizeiwache vorgezeigt wird, sofern das Ausweisverlangen rechtmäßig gewesen ist. Danach läge bei Nichtaushändigen eines Ausweises aufgrund eines rechtmäßigen Ausweisverlangens eine Ordnungswidrigkeit vor. Das Urteil verkennt freilich, daß § 5 I Nr. 2 PersAuswG keine über § 1 PersAuswG hinausgehende Verpflichtung begründet und nach dem PersAuswG keine Mitführungspflicht besteht, also das Nichtmitführen und demzufolge Nichtaushändigen(können), das zur späteren Vorlage des erbetenen Ausweises auf einer Polizeiwache führt, nicht sanktioniert werden darf. Eine Identitätsfeststellung ist in einem solchen Fall auch nicht über § 46 OWiG iVm. 163b StPO möglich, da schließlich keine Ordnungswidrigkeit gegeben ist.[519]

Die Weigerung hat auch nicht zur Folge, daß eine Identitätsfeststellung (mit Folgemaßnahmen wie beispielsweise einer erkennungsdienstlichen Behandlung) aufgrund des Vorliegens eines konkreten Gefahrenverdachtes statthaft wäre.[520]

---

[515] So auch *Heesen/Hönle/Peilert*, § 22 Rdnr. 35; *Vahle,* DuD 1992, 10 (13). Kritisch zur Anwendung des § 80 II S. 1 Nr. 2 VwGO bei anlaßunabhängigen Kontrollen *Petersen-Thrö/Robrecht/Elzermann*, S. 154 f.

[516] *Berg/Knape/Kiworr,* § 18 Teil 5 (S. 227); *Waechter,* Polizei- und Ordnungsrecht, Rdnr. 547.

[517] BVerfG NJW 1995, 3110; *Berg/Knape/Kiworr,* § 18 Teil 5 (S. 227).

[518] NVwZ 1986, 247 f.

[519] *Berg/Knape/Kiworr,* § 18 Teil 5 (S. 227).

[520] *Berg/Knape/Kiworr,* § 18 Teil 5 (S. 226). Im übrigen rechtfertigt die Weigerung des Betroffenen, ein mitgeführtes Ausweispapier auszuhändigen, ebenfalls noch nicht

### c) Prüfung ausgehändigter Papiere

Werden mitgeführte Ausweispapiere ausgehändigt, richtet sich ihre Prüfung auf Echtheit und die Prüfung der Personendaten in Ermangelung spezieller Normen nach den allgemeinen Datenverarbeitungsvorschriften.[521] Nach diesen Vorschriften ist im Rahmen einer Datenverarbeitung auch die Überprüfung der ausgehändigten Papiere möglich. Zu den Voraussetzungen der Datenverarbeitung siehe sogleich.

## 4. Maßnahmen der Datenverwendung

Eine Befragung im Rahmen einer Schleierfahndung ist als solche eine reine Daten*erhebungs*maßnahme und impliziert nicht automatisch, daß es auch zu einer Daten*verwendung* in Form einer Daten*verarbeitung* oder Daten*nutzung* – insbesondere eines Daten*abgleichs* oder einer Daten*speicherung* – kommt.

Unter Datenverarbeitung ist jede Speicherung, Nutzung, Veränderung von Daten sowie insbesondere die Informationsübermittlung, unter Datennutzung der Informationsabgleich mittels gewonnener Daten zu verstehen.[522] Die Zulässigkeit eines Datenabgleichs oder einer Datenspeicherung richtet sich aufgrund des Fehlens von Spezialregelungen für im Rahmen einer Schleierfahndung erlangte Daten nach den allgemeinen Datenerhebungsnormen beziehungsweise Datenverarbeitungsnormen.[523] Diesbezüglich ist zwischen Normen über die Speicherung und Veränderung von Daten einerseits (dazu sogleich) sowie Normen betreffend die Zulässigkeit der Nutzung der Daten im Rahmen eines Datenabgleichs andererseits (dazu unter 5.) zu differenzieren.

Nach den Datenverwendungsnormen der Polizeigesetze dürfen personenbezogene Daten gespeichert, verändert und genutzt werden, soweit dies zur Erfüllung einer polizeilichen Aufgabe erforderlich ist.[524] Eine Datenverarbeitung

---

den Veracht, das Papier könne gefälscht sein; dieser Verdacht muß durch das Vorliegen anderer Indizien bekräftigt werden.

[521] Zu der Frage, wie ein Dokumentenmißbrauch ausgestaltet sein kann und wie er aufgedeckt werden kann siehe *Jansen,* VerwArch 90 (1999), S. 267 (288 ff.).

[522] *Koch,* S. 160 ff. Zutreffend weist *Peitsch,* Die Polizei 1991, 305 (306) darauf hin, daß zwischen Datum und Information zu trennen ist – bei Informationen geht es um Inhalte, bei Daten um deren Darstellung.

[523] §§ 37 ff. BbgPolG; §§ 36 ff. SOG MV; §§ 38 ff. NSOG; §§ 30 ff. SaarPolG; §§ 22 ff. SOG LSA; §§ 29 ff. BGSG. *Berg/Knape/Kiworr,* § 18 Teil 5 (S. 227) gehen jedoch davon aus, daß im Rahmen einer Befragung eine Datenspeicherung und sonstige Datenverarbeitung nicht zulässig sei, da damit die Maßnahme in die Nähe der Identitätsfeststellung gerückt werde. Lediglich ein Datenabgleich und Datenabfragen dürften durchgeführt werden. Eine Identitätsfeststellung unterscheidet sich von einer Befragung jedoch nicht durch die Speicherung der Daten, sondern vor allen Dingen durch die unterschiedliche Zielsetzung der Maßnahme. Daher vermag die Auffassung von *Berg/Knape/Kiworr* nicht zu überzeugen.

darf gemäß § 29 I S. 3 BGSG, §§ 29 V, 38 I S. 2 BbgPolG, § 36 I S. 3 SOG MV, § 39 I S. 1 Nr. 1 NSOG, § 33 II RPPOG, § 30 I S. 3 SaarPolG und § 22 II S. 2 SOG LSA allerdings nur zu demjenigen im betreffenden Gesetz vorgesehenen Zweck erfolgen, zu dem die Daten zulässigerweise erlangt worden sind (sogenannte Zweckbindung).[525] Da eine Datenerhebung im Rahmen einer Schleierfahndung zum Zwecke der Bekämpfung grenzüberschreitender Kriminalität beziehungsweise der Verhütung unerlaubter Einreise und Aufenthalts stattgefunden haben muß, dürfen also nur zu eben diesen Zwecken die bei einer Schleierfahndung erlangten personenbezogenen Daten verarbeitet werden.

Bei verdachtsabhängigen Maßnahmen ist eine Datenverarbeitung nur dann zulässig, wenn die Vermutung besteht, daß die personenbezogenen Daten in Zukunft zur Gefahrenabwehr benötigt werden können. Daher stellt sich die Frage, ob bei einer verdachtsunabhängigen Grundmaßnahme wie einer Schleierfahndung gleichfalls eine Verarbeitung der erlangten Daten nur dann statthaft ist, wenn eine gewisse Wahrscheinlichkeit dafür spricht, daß zu einem zukünftigen Zeitpunkt eine weitere Verwendung der erhobenen Daten geboten sein kann. Diese Frage ist zu bejahen. Erforderlich für die Zulässigkeit der Verarbeitung im Rahmen einer Schleierfahndung erhobener personenbezogener Daten ist ein konkreter Anlaß zur Gefahrenvorsorge;[526] eine Befugnis zur verdachts- und ereignislosen Datenverarbeitung besteht dagegen nicht.[527]

Sollte nach dem Gesagten die Speicherung im Rahmen einer Schleierfahndung erhobener personenbezogener Daten ausnahmsweise der Bekämpfung grenzüberschreitender Kriminalität beziehungsweise der Verhütung unerlaubter Einreisen dienen können und damit grundsätzlich zulässig sein, so ist eine sol-

---

[524] Zu den Begriffen des Speicherns und Veränderns siehe *Peitsch,* Die Polizei 1991, 305 (306 f.).

[525] Siehe hierzu schon BVerfGE 65, 1 (46) sowie *Riegel,* RiA 1996, 12 (14); *Würtenberger/Heckmann/Riggert,* Rdnr. 635 mwN. In Niedersachsen darf eine Zweckänderung stattfinden, wenn die Daten zur Erfüllung eines anderen Zwecks der Gefahrenabwehr erforderlich sind und sie auch zu diesem Zweck mit dem Mittel oder der Methode hätten erhoben werden dürfen, mit denen sie erhoben worden sind.

[526] Ebenso *Gallwas,* Polizeispiegel 2001, 39 (43); *Möllers,* NVwZ 2000, 382 (386); *Weingart,* BayVBl. 2001, 69 (75); *Würtenberger/Heckmann/Riggert,* Rdnr. 631; ausdrücklich geregelt in § 9a II SaarPolG.

[527] Nach *Meixner/Martell,* § 14 Rdnr. 23, ist eine verdachtsunabhängige Datenspeicherung unzulässig, da sie zur Erfüllung polizeilicher Aufgaben nicht erforderlich sein könne. Auch eine Vorratsdatensammlung über Antrefforte (also eine Speicherung der Orte, an denen der Betroffene angetroffen wurde) sei unzulässig. Zum selben Ergebnis kommen *Heesen/Hönle/Peilert,* § 23 Rdnr. 13, die eine Speicherung erhobener Daten ohne Vorliegen von Anhaltspunkten für das tatsächliche Bestehen einer Gefahr im polizeirechtlichen Sinne für unstatthaft halten. A. A. *Castillon,* S. 18 f. (für die Speicherung von Daten, die bei einer Identitätsfeststellung erlangt wurden) und wohl *Schnekenburger,* BayVBl. 2001, 129 (135), allerdings sich selbst widersprechend: „(...) dürfen die Daten zwar nicht gespeichert oder verarbeitet werden. Ein Datenabgleich, aber auch eine Datenspeicherung sind jedoch regelmäßig zulässig."

che Speicherung dennoch nur insoweit zulässig, als eine Datenverarbeitung zu diesem Zweck erforderlich ist.[528] Sie ist also auf das notwendige Ausmaß zu beschränken.[529] Dies gilt auch für die Dauer der Speicherung von Daten. Diese ist auf die notwendige Zeit zu beschränken; eine Datenspeicherung auf Vorrat ist unzulässig.[530]

Gespeicherte Daten sind im Fall einer unzulässigen Erhebung oder Verarbeitung, aber auch bei Zweckerreichung oder Zweckwegfall umgehend zu löschen.[531]

Zulässig ist allerdings die Speicherung aller nicht personenbezogenen Daten, da insoweit auch nicht das Grundrecht auf informationelle Selbstbestimmung betroffen ist.

## 5. Datenabgleich

Unter einem Datenabgleich versteht man die Untersuchung, ob zu einer bestimmten Person, zu der Daten erhoben worden sind, bereits personenbezogene Daten in einer Datei gespeichert sind.[532]

### a) Datenabgleich mit dem Fahndungsbestand

Zulässig nach den hier betrachteten Befragungsnormen ist – außer nach dem Polizeirecht von Mecklenburg-Vorpommern – ein Abgleich der im Rahmen der Aufgabenerfüllung erlangten personenbezogenen Daten mit dem Fahndungsbestand.[533] Weitere Voraussetzungen werden von den einschlägigen Rechtsgrundlagen nicht verlangt.[534]

---

[528] Eine Besonderheit ergibt sich nur für das Saarland, dessen Polizeigesetz in § 9a II SaarPolG bestimmt, daß eine Speicherung der im Rahmen einer Schleierfahndung erhobenen Daten nicht zulässig ist, wenn sich keine Anhaltspunkte für das Vorliegen einer Gefahr oder die Begehung von Straftaten ergeben haben. Eine Speicherung ist also auch dann nicht gestattet, wenn die Speicherung der Bekämpfung grenzüberschreitender Kriminalität dienen würde.

[529] *Engelken*, DVBl. 2000, 269. Siehe auch den allgemeinen Datenerhebungsgrundsatz des § 13 BDSG. Kritisch bezüglich der fehlenden Begrenzung der Formulierung „erforderlich für die Aufgabenerfüllung" *Kutscha*, Innere Sicherheit, S. 355 (360).

[530] *Hsu*, S. 73; *Würtenberger/Heckmann/Riggert*, Rdnr. 631. Siehe auch § 9 V S. 1 PolG BW; § 29 V S. 1 BbgPolG; § 13 V S. 1 HSOG.

[531] Siehe beispielsweise § 32 II S. 1 SOG LSA.

[532] *Möller/Wilhelm*, Rdnr. 335.

[533] § 40 I BbgPolG; § 45 I NSOG; § 37 II RPPOG; § 36 I SaarPolG; § 30 I S. 3, 3 SOG LSA; § 34 I S. 1 BGSG.

[534] Kritisch zu der verdachtsunabhängigen Abgleichsmöglichkeit *Riegel*, DÖV 1994, 814 (818) sowie in RiA 1996, 12 (15).

aa) Inhalt der Fahndungsdateien

Zum Fahndungsbestand gehören die beiden Dateien „Personenfahndung" und „Sachfahndung", die gemeinsam vom BKA und den LKÄ geführt werden.[535]

Im Personenfahndungsbestand sind Daten aller zur Fahndung ausgeschriebener Personen (vor allen Dingen deren Personalien), personengebundene Hinweise[536] und Personenbeschreibungen gespeichert.[537] Die Personenfahndungsdatei dient der Festnahme, Ingewahrsamnahme und Aufenthaltsermittlung von Personen sowie bei Ausländen zudem einer Durchführung von Maßnahmen der Ausweisung, Abschiebung oder Zurückweisung (siehe § 9 I 2 BKAG).

Die Datei „Sachfahndung" dient der Erfassung numerierter oder alphanumerisch gekennzeichneter Sachen, die zur Gefahrenabwehr oder aus repressiven Gründen ausgeschrieben sind, zum Beispiel zur Beweissicherung, Einziehung, Zwangsentstempelung, Identitätsprüfung oder Ermittlung des Berechtigten.[538] In der Datei werden beispielsweise die Nummern entwendeter Reisepässe oder gestohlener Kfz gespeichert.

---

[535] *Wolf/Stephan*, § 39 Rdnr. 2. Sowohl die Datei „Personenfahndung" als auch die Datei „Sachfahndung" sind Bestandteile der übergeordneten Datei INPOL.

[536] Personengebundene Hinweise können vor allen Dingen Warnungen vor dem Besitz einer Schußwaffe oder vor einer ansteckenden Krankheit sein. Sie dienen dem einschreitenden Beamten zur Eigensicherung sowie dem Schutz des Betroffenen; siehe *Heesen/Hönle/Peilert*, § 2 Rdnr. 67.

[537] In der Datei „Personenfahndung" sind vor allen Dingen Daten von Personen gespeichert, die von Gerichten, Staatsanwaltschaften, Justizvollzugsanstalten, Polizei- oder Finanzbehörden gesucht werden. Desweiteren enthält sie Daten von Ausländern, die unanfechtbar ausgewiesen oder abgeschoben wurden, von Personen, die auf Ersuchen ausländischer Polizei- oder Justizbehörden festgenommen werden sollen, von zur Aufenthaltsermittlung ausgeschriebenen Personen sowie von Personen, denen die Fahrerlaubnis entzogen wurde und die ihren Führerschein nicht abgeliefert haben bzw. deren Führerschein nicht eingezogen werden konnte. Ebenfalls enthalten sind Daten von Personen, die an einer übertragbaren meldepflichtigen Krankheit leiden und sich einer gerichtlich angeordneten Unterbringung entziehen, von Geisteskranken, die sich einer gerichtlich angeordneten Einweisung in eine psychiatrische Anstalt entziehen, von vermißten Volljährigen, bei denen eine Gefahr für Leib oder Leben angenommen werden kann und von Personen, die zur (grenz-)polizeilichen Beobachtung oder zollrechtlichen Überwachung ausgeschrieben sind. Ca. 60% der Ausschreibungen in der Personenfahndungsdatei beziehen sich auf Nicht-EU-Ausländer, die aus- oder zurückgewiesen werden sollen; siehe *Busch*, Bürgerrechte & Polizei 1998, 20 (24); *Heesen/Hönle/Peilert*, § 2 Rdnr. 66 sowie *Zöller*, S. 142. Der LVerfGH Sachsen, Urteil vom 10.7. 2003 – Vf. 43-II-00, S. 52 (nicht veröffentlicht) geht mithin zu Unrecht davon aus, daß im Fahndungsbestand keine Personendaten von Personen gespeichert sind, die zur polizeilichen Beobachtung ausgeschrieben sind. Siehe zum Inhalt der Fahndungsdatei auch *Aulehner*, S. 87.

[538] *Belz/Mußmann*, § 39 Rdnr. 6; *Heesen/Hönle/Peilert*, § 2 Rdnr. 70.

### bb) Das Problem der Vermischung
präventiver und repressiver Daten

Sowohl ein Abgleich mit dem Sachfahndungsbestand als auch ein Abgleich mit dem Personenfahndungsbestand birgt das Problem, daß ein solcher Datenabgleich nicht nur präventiven Maßnahmen dienen kann, sondern immer zugleich auch Anlaß zum Ergreifen repressiver Maßnahmen geben kann. Bei einem solchen Datenabgleich können Daten zu präventiven Zwecken genutzt werden, die mit repressiver Zielsetzung in den Fahndungsbestand eingestellt worden sind. Dies liegt darin begründet, daß es keine Aufteilung der Fahndungsdatei in eine solche zur Ermöglichung beziehungsweise Unterstützung präventiver Maßnahmen einerseits und eine zur Ermöglichung beziehungsweise Unterstützung repressiver Maßnahmen andererseits gibt, vielmehr eine Datei der Erfüllung sämtlicher (präventiver und repressiver) polizeilicher Aufgaben dient.[539] Die in den Fahndungsdateien enthaltenen Daten werden nicht gekennzeichnet, so daß eine Zuordnung zu dem Zweck, zu dem das jeweilige Datum erhoben und in die Datei eingestellt wurde, nicht möglich ist.[540] Festzuhalten bleibt also: in den Fahndungsdateien befinden sich Daten, die repressiven oder präventiven Zwecken dienen können und auch Daten, die beiden Zwecken zu dienen geeignet sind. Schwerpunktmäßig allerdings dienen die bisherigen Fahndungsdateien der Strafverfolgung.[541]

Das gemeinsame Speichern der Daten in einer Datei bedeutet nicht, daß die Datei als Einheit mit doppelfunktionalem Zweck angesehen werden kann. Denn das gespeicherte Datum wurde zu einem konkreten Zweck erhoben und dieser

---

[539] *Schoreit,* NJW 1985, 169 (170) spricht von einer „systematischen Vermischung sogenannter präventiver und repressiver Daten" und im Karlsruher Kommentar zur StPO, § 152 GVG, Rdnr. 3 von „untrennbar vermischt" sowie von durchgreifenden datenschutzrechtlichen „Bedenken gegen ein entsprechendes Datenvermischungssystem". Das Problem „informationeller Gewaltenteilung" wurde bislang nur beim Abruf der Staatsanwaltschaft aus polizeilichen Dateien angesprochen, siehe *Merten,* NStZ 1987, 10 (11). Die Vermischung hält *Siebrecht,* JZ 1996, 711 für zweckmäßig und im Hinblick auf eine effektive Verbrechensbekämpfung für erstrebenswert.

[540] Daher wird von Teilen der Literatur eine Trennung der Bestände von INPOL zwischen Strafverfolgungsdaten und Gefahrenabwehrdaten gefordert, siehe *Paeffgen,* S. 153 (165); *Wolter,* GA 1988, 49 (62); *Zöller,* S. 173 f. Eine Trennung der Bestände dürfte insofern problemlos möglich sein, als eine Kennzeichnung der Daten bei Einstellen in den Fahndungsbestand vorgenommen werden könnte, welchen Zwecken dieses Datum dient. Siehe zu den technischen Möglichkeiten auch *Rublack,* DuD 1999, 437 (438).

[541] So auch *Meixner/Martell,* § 14 Rdnr. 23. Schwächer dagegen *Bäumler,* NVwZ 1992, 638 (639): „dürfte in erster Linie der Strafverfolgung dienen". Siehe auch *Waechter,* DÖV 1999, 138 (140); *Bäumler,* in Lisken/Denninger, J Rdnr. 154. *Merten,* NStZ 1987, 10 (13) geht davon aus, daß in INPOL reine Präventivdaten ausgeschlossen seien, daher dürfe auch die Staatsanwaltschaft problemlos auf den rein repressiven Datenbestand zugreifen.

wird durch die Aufnahme des Datums in die Fahndungsdatei nicht aufgehoben.[542]

Die Annahme, da die Datei auch präventiven Zwecken diene, dürfe problemlos mit jedem Datum ein Abgleich durchgeführt werden, ist unzulässig. Denn dann könnten strafprozessuale Restriktionen umgangen werden, indem in eine hauptsächlich zu repressiven Zwecken genutzte Datei einige wenige präventive Daten eingefügt würden. Vielmehr ist auch bei einem Datenabgleich mit den Fahndungsdateien der Zweckbindungsgrundsatz zu beachten. Dieser besagt, daß Daten grundsätzlich nur zu dem Zweck verarbeitet werden dürfen, zu dem sie erhoben worden sind, und eine Zweckänderung nur dann zulässig ist, wenn die Daten zu dem anderen Zweck ebenfalls hätten erhoben oder verarbeitet werden dürfen.[543] Wird die bei der Erhebung festgelegte Zweckbindung mißachtet, stellt dies einen Eingriff in das Recht auf informationelle Selbstbestimmung dar, der einer eigenen gesetzlichen Rechtfertigung oder der Einwilligung des Betroffenen bedarf.[544]

Ein Abgleich mit präventiv erlangten Daten, beispielsweise Ausschreibungen zur Aufenthaltsermittlung oder zur Suche nach Vermißten,[545] ist im Rahmen einer Schleierfahndung problemlos zulässig, da die Schleierfahndung eine präventivpolizeiliche Maßnahme darstellt.

Problematischer ist dagegen der Zugriff auf Daten, die zu repressiven Zwecken eingestellt worden sind. Wäre die Schleierfahndung eine repressive Maßnahme, dürfte auch auf repressive Daten zugegriffen werden. Aber die Schleierfahndung ist als eine rein präventive Maßnahme ausgestaltet; als repressive Maßnahme hätte sie in der StPO geregelt werden müssen.

Zulässig wäre ein Abgleich der im Rahmen einer präventiv-polizeilichen Schleierfahndung erhobenen Daten mit dem Fahndungsbestand und damit auch

---

[542] Siehe zu einem ähnlichen Problem, nämlich der Erhebung von Daten zu statistischen Zwecken sowie Zwecken des Verwaltungsvollzugs *Poppenhäger,* NVwZ 1992, 149 (150) und BVerfGE 65, 1 (62): Eine kombinierte Erhebung sei dann „untauglich und verfassungswidrig, wenn sie tendenziell Unvereinbares miteinander verbindet". In einem wiederum ähnlichen Fall ging es um die Zweckbindung von Daten bei der Mauterhebung – das AG Gummersbach hatte das Unternehmen TollCollect zur Herausgabe von Daten verurteilt, die der Abrechnung der Maut dienten, siehe NJW 2004, 240. Hiergegen wendet sich der Beitrag von *Göres,* NJW 2004, 195 (197), der von einer strikten Zweckbindung der Mautdaten ausgeht und daher die Weitergabe ablehnt.

[543] Siehe nur *Simitis,* NJW 1984, 398 (402 f.). Dann müssen die Daten nicht noch einmal erhoben werden, da eine erneute Erhebung auch einen erneuten Eingriff in die Rechte des Betroffenen darstellen würde.

[544] *Franke,* in Karlsruher Kommentar zur StPO, Vor §§ 474 Rdnr. 1; *Rogall,* ZStW 1991, 907 (930); *Schenke,* JZ 2001, 997 (999). Auch ohne Mißachtung des Zweckbindungsgrundsatzes ist die Verwendung erhobener Daten ein Eingriff in das Recht auf informationelle Selbstbestimmung; siehe nur *Paeffgen,* S. 153 (155); *Schenke,* Verfassungsfragen, in FS Hilger, S. 211.

[545] *Heesen/Hönle/Peilert,* § 2 Rdnr. 64; *Soiné,* ZRP 1992, 84 (85).

mit „repressiven Daten" dann, wenn die Daten auch zu präventiven Zwecken hätten erhoben oder verarbeitet werden dürfen.[546] Ob dies der Fall ist, müßte für jedes einzelne Datum der Fahndungsdateien selbständig geprüft werden. Daten, die aus einer Telefonüberwachung zu repressiven Zwecken erhoben wurden, dürften aber beispielsweise nach den meisten Polizeigesetzen nicht erhoben oder verarbeitet werden, da eine Telefonüberwachung aus präventiven Gründen dort nicht vorgesehen ist.[547] Praktisch ist es unmöglich, bei einem Abgleich im Rahmen einer Schleierfahndung zunächst nachzuprüfen, ob ein zu repressiven Zwecken erhobenes Datum, das im Fahndungsbestand enthalten ist, auch zu präventiven Zwecken hätte erhoben werden dürfen und davon einen Abgleich im Rahmen einer Schleierfahndung erhobener Daten mit diesem Datum abhängig zu machen. Für die Daten des Fahndungsbestandes bedarf es vielmehr einer generellen Regelung, ob ein Abgleich der Polizei vorliegender Daten mit den im Fahndungsbestand gespeicherten Daten zulässig ist.

Nicht ausgeschlossen ist, daß ein einzelnes Datum sowohl repressiven als auch präventiven Zwecken dient – dies dürfte vor allen Dingen bei den Beständen der Sachfahndungsdatei der Fall sein. So kann das Kennzeichen eines gestohlenen Kfz dazu dienen, dieses wiederzuerlangen und Hinweise auf mögliche Täter zu erlangen, es kann aber auch dazu dienen, eine Verschiebung des Kfz ins Ausland zu verhindern; gestohlene Pässe können nach Aufdeckung nicht eingesetzt werden, um andere Personen nach Deutschland zu schleusen. Solche „doppelfunktionalen Daten" dürfen dann auch zu präventiven Zwecken abgeglichen werden, wenn schon die Erhebung des Datums doppelfunktional erfolgte.

Unproblematisch dürfte auf die im Bestand enthaltenen repressiven Daten aus präventiven Gründen zugegriffen werden, wenn im Endeffekt jedes repressive Datum der Prävention dienen würde.[548] Ist jedoch beispielsweise ein Straftäter zur Fahndung ausgeschrieben, bedeutet dies nicht gleichzeitig, daß zu erwarten

---

[546] *Rühle/Suhr,* Vor §§ 10 bis 17, 2 (S. 155) gehen davon aus, daß im Rahmen der Gefahrenabwehr problemlos auf Daten zurückgegriffen werden dürfe, die im Rahmen einer Strafverfolgung erlangt worden sind. Es liege nämlich in einem solchen Fall keine Zweckänderung vor, da Maßnahmen der Strafverfolgung und der Gefahrenabwehr in einem engen inneren Sachzusammenhang stünden. Daher sei es auch nicht erforderlich, bei doppelfunktionalen Maßnahmen nach dem Schwerpunkt der Maßnahme zu forschen. Tragende Grundsätze des Strafverfahrens würden auch im Polizeirecht gelten, wie zum Beispiel Zeugnisverweigerungsrechte. Diese Auffassung ist abzulehnen – allein aus Kompetenzgründen ist zwischen Prävention und Repression zu trennen. Die Einfacherhebung, also die Erhebung zu nur einem Zweck, darf nur dann ohne gesetzliche Grundlage zu einer Mehrfachnutzung führen, wenn sämtliche Voraussetzungen der präventiven Datenerhebungs- und -verarbeitungsnormen erfüllt sind, da sonst Datenerhebungsgrundsätze problemlos umgangen werden könnten. Die Gefahr einer Umgehung strafprozessualer Normen durch das Polizeirecht sieht allgemein *Rzepka,* KritV 1999, 312 ff.

[547] Siehe hierzu *Schenke,* JZ 2001, 997 ff.

ist, daß er künftig weitere Straftaten begehen wird und daher seine Festnahme auch eine Maßnahme der präventiven Gefahrenabwehr darstellen würde. Einen Erfahrungssatz dahingehend, daß beispielsweise jeder verurteilte Straftäter, der seine Haftstrafe nicht rechtzeitig antritt, eine Gefahr darstellt, gibt es nicht und darf es in einem Rechtsstaat aufgrund der Unschuldsvermutung auch nicht geben. Solange keine Anhaltspunkte für eine künftige Straftat vorliegen, ist die Fahndung nach einem Straftäter eine rein repressive Maßnahme. Auch ein möglicher Abschreckungseffekt, der mit einem Abgleich erhobener Daten mit repressiven Daten aus dem Fahndungsbestand sicherlich erzielt werden kann, vermag aus solchen Daten des Fahndungsbestandes keine präventiven zu machen.

### cc) Die Zweckänderungsbefugnis des § 481 StPO

Der Gesetzgeber hat das Problem der Erforderlichkeit einer Zweckänderung erkannt und einer Lösung zugeführt, indem er durch das Strafverfahrensänderungsgesetz 1999 vom 2.8.2000 im achten Buch der StPO Regeln zur Datenverarbeitung geschaffen hat.[549] Nach den neuen Normen ist es möglich, die im Fahndungsbestand enthaltenen repressiven Daten auch zu präventiven Zwecken zu verarbeiten – dies stellt eine Zweckänderung, eine Umwidmung der Daten dar.[550]

Ziel der strafprozessualen Regelung war die Berücksichtigung der Vorgaben des Volkszählungsurteils des BVerfG, in dem unter anderem das oben genannte Zweckbindungsgebot aufgestellt wurde.[551] Der Wille des Gesetzgebers ging dahin, die Verwendung repressiv erlangter und zu repressiven Zwecken in die Datenbanken eingestellter Daten durch die Polizeibehörden im Rahmen präventi-

---

[548] Die Staatsaufgabe der Gewährleistung von Sicherheit, der sowohl repressive als auch präventive polizeiliche Maßnahmen dienen sollen, ist nicht präzise genug, um die verschiedenen polizeilichen Tätigkeitsfelder zu einer juristischen Einheit zu verbinden. Maßnahmen der Gefahrenabwehr und Strafverfolgung bzw. Strafvollstreckung verfolgen vielmehr unterschiedliche Zwecke; zudem sind die Gesetzgebungskompetenzen für beide Bereiche nicht einheitlich; siehe auch *Siebrecht,* StV 1996, 566 ff.; *Wolter,* S. 275 (280) mit Hinweis auf ähnliche Ansätze wie „internationale Terrorismusbekämpfung kraft Datenaustauschs" oder „internationale Solidarität". A.A. *Scholz/Pitschas,* S. 123.

[549] BGBl. 2000 I, S. 1253.

[550] In BR-Drs. 65/99, S. 33 wird darauf hingewiesen, daß es hierbei um personenbezogene Informationen im Strafverfahren geht, die nicht von vorneherein multifunktional, sondern zunächst nur allein für Zwecke der Strafverfolgung erhoben worden sind.

[551] *Albrecht,* StV 2001, 416; *Franke,* in Karlsruher Kommentar zur StPO, Vor §§ 474 ff. Rdnr. 1; *Gemählich,* in KMR, Vor §§ 474 Rdnr. 1; *Hilger,* NStZ 2000, 561; *Soiné,* Kriminalistik 2001, 173. Entwürfe zur Umsetzung des Volkszählungsurteils in die StPO gab es mehrere, die allerdings mehrheitlich verworfen wurden, siehe BT-Drs. 13/194, S. 1 ff. und BT-Drs. 13/9718, S. 1 ff. Siehe hierzu auch *Brodersen,* NJW 2000, 2536 f.

ver Tätigkeiten nach Maßgabe der Polizeigesetze – hierzu zählen auch Maßnahmen der hier betrachteten Schleierfahndung – zu gestatten.[552]

Die für die Umwidmung entscheidende Norm ist § 481 I StPO. Dieser lautet:

(1) Die Polizeibehörden dürfen nach Maßgabe der Polizeigesetze personenbezogene Informationen aus Strafverfahren verwenden. Zu den dort genannten Zwecken dürfen Strafverfolgungsbehörden an Polizeibehörden personenbezogene Informationen aus Strafverfahren übermitteln. Die Sätze 1 und 2 gelten nicht in den Fällen, in denen die Polizei ausschließlich zum Schutz privater Rechte tätig wird.

(2) Die Verwendung ist unzulässig, soweit besondere bundesgesetzliche oder entsprechende landesgesetzliche Verwendungsregelungen entgegenstehen.

§ 481 StPO ist eine sogenannte „Öffnungsklausel" für die nähere Ausgestaltung der Umwidmung von im Zusammenhang mit einem Strafverfahren erhobenen Daten zu präventiven Zwecken.[553] § 481 I StPO wurde vom Gesetzgeber als Generalklausel in Form einer Ermächtigungsgrundlage zur Verwendung der Daten zu Gefahrenabwehrzwecken ausgestaltet, was auch die Verwendung zur vorbeugenden Verbrechensbekämpfung umfaßt.[554]

Diese sehr weitreichende Zweckumwidmung wurde vom Gesetzgeber als sachgerecht angesehen, da sie der effektiven Erfüllung der Aufgabe Gefahrenabwehr diene.[555]

Gerade angesichts dieser vom Gesetzgeber für geboten erachteten Neuregelung spricht viel dafür, daß der nach den Polizeigesetzen gestattete Abgleich mit repressiven Daten – also auch der Abgleich von im Rahmen einer Schleierfahndung erhobenen Daten mit dem Fahndungsbestand – bis zur Schaffung des § 481 StPO rechtswidrig gewesen ist.[556]

---

[552] BT-Drs. 14/1484, S. 2, 31.

[553] VGH Mannheim, Urteil vom 18.12.2003, Az. 1 S 2211/02, S. 9; *Gemählich,* in KMR, § 481 Rdnr. 1; *Pfeiffer,* § 481 Rdnr. 1; *Temming,* in Heidelberger Kommentar, § 481 Rdnr. 2; *Würtenberger/Heckmann/Riggert,* Rdnr. 645.

[554] *Franke,* in Karlsruher Kommentar zur StPO, § 481 Rdnr. 2; *Gemählich,* in KMR, § 481 Rdnr. 2; *Hilger,* NStZ 2001, 15 (17); *Meyer-Goßner,* § 481 Rdnr. 1; *Pfeiffer,* § 481 Rdnr. 2; *Temming,* in Heidelberger Kommentar, § 481 Rdnr. 3. A. A. in bezug auf die Ermächtigungsgrundlage *Schenke,* JZ 2001, 997 (998 f.). Bedenken bezüglich der Einbeziehung der vorbeugenden Bekämpfung von Straftaten äußert *Soiné,* Kriminalistik 2001, 245 (249).

[555] BT-Drs. 14/1484, S. 31. Siehe auch *Gemählich,* in KMR, § 481 Rdnr. 2; *Pfeiffer,* § 481 Rdnr. 2; *Temming,* in Heidelberger Kommentar, § 481 Rdnr. 3.

[556] So auch *Siebrecht,* StV 1996, 566 (570) für den Abgleich präventiver Daten mit repressiven aufgrund von § 98c StPO und allgemein in JZ 1996, 711. Ähnlich auch *Soiné,* ZRP 1994, 392 und *Wolter,* ZStW 107 (1995), 793 (801). A. A. wohl *Brodersen,* NJW 2000, 2536 (2542), der davon ausgeht, der Übergangsbonus des BVerfG zur Umsetzung des Volkszählungsurteils sei noch nicht verstrichen. Siehe auch *Jaeger,* Kriminalist 1996, 377; *Pätzel,* DRiZ 2001, 24 (31 mit Fn. 22); *Rogall,* ZStW 103 (1991), S. 907 (913 mit Fn. 46) und *Schild,* DuD 2002, 679 (682).

Mit der Schaffung des § 481 StPO im Jahr 2000 ist nun eine solche präventivpolizeiliche Nutzung zu repressiven Zwecken erhobener und in Datenbanken eingestellter Daten vom Bundesgesetzgeber für grundsätzlich zulässig erklärt worden. Doch ist zu untersuchen, ob diese Umwidmung ordnungsgemäß erfolgt und vor allem verfassungskonform ist. Denn die Umsetzung der Vorgaben des Volkszählungsurteils des BVerfG durch §§ 474 ff. StPO wird kontrovers beurteilt; die Beurteilung reicht von „gelungen"[557] bis „mißlungen".[558]

### dd) Zur Verfassungskonformität des § 481 StPO

Da eine Zweckänderung bei der Verarbeitung eines personenbezogenen Datums einen Eingriff in das Recht auf informationelle Selbstbestimmung darstellt, bedarf sie einer verfassungsrechtlichen Rechtfertigung. § 481 StPO müßte daher eine (auch formell) verfassungskonforme Norm darstellen, die im überwiegenden Allgemeininteresse liegt.[559]

Die Gesetzgebungskompetenz des Bundes hat der Gesetzgeber aus Art. 74 I 1 GG hergeleitet und damit begründet, die Befugnis zur Regelung der Umwidmung repressiver Daten stelle eine Annexkompetenz zum gerichtlichen Verfahren dar.[560] Nach anderer Ansicht besteht eine Kompetenz des Bundes allenfalls kraft Sachzusammenhang, da bei einer Regelung der Materie durch die Länder Interessen der Strafverfolgung vereitelt werden könnten.[561] In diese Richtung geht auch die Argumentation, eine grundsätzliche Regelung durch den Bund sei verfassungspolitisch im Interesse einer Rechtseinheit wünschenswert.[562]

Doch reichen diese Feststellungen noch nicht aus, um eine Gesetzgebungskompetenz des Bundes zu bejahen. Vielmehr ist zu beachten, daß drei grundsätzlich unterschiedliche Auffassungen zur Frage der Gesetzgebungskompetenz für eine Zweckumwidmung erhobener Daten vertreten werden:

Nach der ersten Ansicht ist diejenige Stelle (Bund beziehungsweise Länder) gesetzgebungsbefugt, welche die Daten erhoben hat. Mit einer „Öffnungsklau-

---

[557] *Albrecht,* StV 2001, 416 (420).

[558] *Soiné,* Kriminalistik 2001, 245 (251).

[559] Im Gegensatz zu den anderen Rechtsfolgemaßnahmen im Rahmen einer Befragung bestehen bezüglich § 481 StPO verfassungsrechtliche Bedenken, die nicht erst im Rahmen der Prüfung der Verfassungsmäßigkeit der Schleierfahndungsnormen (Kapitel 9 und 10) angesprochen werden sollen.

[560] BR-Drs. 65/99, S. 35 f.; *Zöller,* S. 212. A.A. *Würtenberger/Heckmann/Riggert,* Rdnr. 645, da die präventivpolizeiliche Verwendung eines Datums nicht notwendige Folge des repressiven Eingriffs sei.

[561] *Schenke,* Verfassungsfragen, in FS Hilger, S. 211 (217); *Schenke,* Probleme der Übermittlung, in FS Hilger, 225 (234). Zur Abgrenzung der Annexkompetenz von der Kompetenz kraft Sachzusammenhang siehe *Jarass,* NVwZ 2000, 1089 (1090).

[562] *Hilger,* in Löwe/Rosenberg, Vor § 474 Rdnr. 13, § 481 Rdnr. 3.

sel" dürfe die datenerhebende Stelle ihre Daten freigeben. Daher wird diese Ansicht auch „Modell des Verfügungs- und Kontrollrechts des Primärnutzers" genannt.[563] Auf § 481 StPO bezogen bedeutet dies, daß der Bund gesetzgebungsbefugt war, da die umzuwidmenden Daten repressiv und damit im Bereich der Gesetzgebungskompetenz des Bundes erhoben wurden.

Nach der Gegenauffassung ist derjenige gesetzgebungsbefugt, der die Daten übernehmen möchte. In einer „Übernahmeklausel" dürfe die datennutzende Stelle über die Zweckänderung entscheiden. Daher wird diese Ansicht auch „Modell des Zugriffsrechts des Sekundärnutzers" genannt. Hinsichtlich der gesetzlichen Befugnis zur Zweckumwidmung repressiver Daten zu präventiven Zwecken komme es daher ausschließlich auf Regelungen in den Landespolizeigesetzen an – sofern diese eine Umwidmung vorsehen, sei eine solche auch zulässig.[564] § 481 StPO wäre demnach obsolet, da der Bundesgesetzgeber seine Daten nicht gegenüber einer möglichen präventiven Nutzung sperren könnte.[565]

Nach einer vermittelnden dritten Ansicht, dem „Modell der zwei Türen" oder auch „Modell der doppelten Tür", hat die datenerhebende Stelle ihre Daten freizugeben und die datennutzende Stelle den Umfang der Umwidmung festzulegen. Gibt es auf Primärebene keine Öffnungsklausel, scheidet eine Umwidmung auf Sekundärebene aus. Ist eine Öffnungsklausel vorhanden, kann der Sekundärnutzer über den Umfang der Umwidmung und Nutzung entscheiden. § 481 StPO orientiert sich an diesem Modell.[566]

Die Ansicht, die Länder hätten die Gesetzgebungskompetenz zur Umwidmung repressiver Daten, kann nicht überzeugen. Der Bund hätte nach dieser Ansicht keine Möglichkeit, repressiv erlangte Daten einer Nutzung durch Polizeibehörden zu präventiven Zwecken zu entziehen. Vielmehr ist der skizzierten ersten beziehungsweise dritten Auffassung zu folgen – beide Ansichten führen im vorliegenden Fall zum selben Ergebnis. Der Bund hat über die Zulassung einer Nutzung repressiv erhobener Daten zu präventiv-polizeilichen Zwecken zu entscheiden, wobei er allerdings die genaue Bestimmung des Nutzungs- und damit Umwidmungsumfangs den Ländern als datennutzende Stellen überlassen darf. Entscheidet sich der Gesetzgeber im Rahmen seiner Gesetzgebungskompe-

---

[563] Siehe *Schild,* DuD 2002, 679 (681 f.).

[564] *Gärditz,* S. 345; *Paeffgen,* S. 153 (165); *Paeffgen/Gärditz,* S. 239 (243); *Würtenberger/Heckmann/Riggert,* Rdnr. 645; *Würtenberger,* in FS Hilger, S. 263 (264 f.). Ähnlich auch *Hilger,* in Löwe/Rosenberg, § 481 Rdnr. 3: Die Erhebung der Information wäre Polizeirecht und demnach eine Länderkompetenz, die Umwidmung komme einer Erhebung gleich und unterliege daher auch der Landesgesetzgebungskompetenz. Einzige Ausnahme stelle die Nutzung der Daten durch das BKA dar.

[565] *Schenke,* Verfassungsfragen, in FS Hilger, S. 211 (216) sieht den Schwerpunkt des § 481 StPO nicht bei der Strafverfolgung, sondern bei der weiteren Nutzung der Daten zu präventivpolizeilichen Zwecken. Er hält daher die Landesgesetzgebungskompetenz für eröffnet.

[566] *Hilger,* in Löwe/Rosenberg, § 481 Rdnr. 5.

tenz dazu, die Ausgestaltung des Umfangs der Umwidmung der Daten dem Nutzenden zu überlassen, ist hieran nichts auszusetzen. § 481 StPO ist daher formell verfassungskonform.

Fraglich ist allerdings, ob § 481 StPO auch materiell verfassungskonform ist.

Aus Bestimmtheitsgesichtspunkten ist § 481 StPO auch in Anbetracht des Generalklauselcharakters unbedenklich; ein Mangel an Normklarheit ist nicht zu erkennen.[567]

In früheren Entwurfsfassungen des § 481 StPO, die allesamt nicht mehrheitsfähig waren, fand sich unter anderem die Einschränkung, daß eine Umwidmung nur zu Zwecken der Abwehr von konkreten Gefahren zulässig sein sollte. Eine solche Beschränkung auf eine Nutzung im Rahmen des „klassischen Polizeirechts", also unter Ausschluß der vorbeugenden Verbrechensbekämpfung, des Schutzes privater Rechte, der Erfüllung von durch andere Rechtsvorschriften übertragenen Aufgaben und der Vollzugshilfe, wurde jedoch als zu eng abgelehnt. Im Ergebnis ist nun die Umwidmung sämtlicher repressiver Daten für eine Nutzung im Rahmen aller Maßnahmen der Gefahrenabwehr im weiten Sinne zulässig außer solchen Maßnahmen, die rein private Interessen schützen sollen.[568] § 481 StPO stellt eine sehr weitreichende Regelung dar.[569]

Eine pauschale Vermutung der Notwendigkeit der Umwidmung sämtlicher repressiv erlangter Daten zu allen Zwecken außer rein privatrechtlichen gibt es, wie oben angesprochen, gerade nicht. Eine Begrenzung beispielsweise auf eine Umwidmung nur zum Zwecke einer Abwehr von Gefahren für Leib und Leben hätte nach dem vom Bundesgesetzgeber verwendeten Modell der doppelten Tür sowohl vom Bundesgesetzgeber in § 481 StPO als auch in den jeweiligen Landespolizeigesetzen vorgenommen werden können.[570]

Bei der Frage der Verhältnismäßigkeit einer umfassenden Umwidmungsbefugnis ist zu beachten, daß dem Gesetzgeber bei der Beurteilung der Notwendigkeit einer Umwidmung eine relativ weite Einschätzungsprärogative zusteht. So wird davon ausgegangen, Umwidmungen stellten zumeist nur geringfügige oder jedenfalls nicht sehr erhebliche grundrechtlich relevante Eingriffe dar und § 481 StPO sei daher eine die Grundrechte ausreichend sichernde Rechtsgrundlage.[571]

---

[567] Im Ergebnis so auch *Hilger,* in Löwe/Rosenberg, Vor § 474 Rdnr. 14.

[568] Wird die Polizei auch gefahrenabwehrend tätig, ist eine Umwidmung jedoch zulässig; siehe auch *Hilger,* in Löwe/Rosenberg, § 481 Rdnr. 7; *Meyer-Goßner,* § 481 Rdnr. 1.

[569] *Albrecht,* StV 2001, 416 (418): „Die Zweckbindung von Daten aus der Gefahrenabwehr und der Strafverfolgung wird nahezu vollständig aufgehoben."; *Hilger,* in Löwe/Rosenberg, § 481 Rdnr. 4: „nahezu umfassende Verwendung"; *Rieß,* S. 171 (180): „praktisch unbegrenzt".

[570] *Schenke,* Verfassungsfragen, in FS Hilger, S. 211 (222 f.).

[571] *Hilger,* S. 11 (21).

Eine Datenverarbeitung ist sicherlich ein schwererer Eingriff als eine bloße Datenerhebung ohne jegliche anschließende Verarbeitung. Andererseits wird der schwerste Eingriff, eine Datenspeicherung, dessen Reichweite vom Betroffenen nicht mehr abgeschätzt werden kann, mit einer Umwidmung gerade nicht vorgenommen. Sind über den Betroffenen keine Daten im Fahndungsbestand vorhanden, gibt es auch nichts umzuwidmen. Der Verzicht auf jegliche Übermittlungsschwelle[572] bleibt jedoch bedenklich.[573]

Zwar können nach § 481 II StPO vom Gesetzgeber Grenzen für eine Umwidmung festgelegt werden, und zwar auch solche, die sich auf Vorgaben aus der StPO beziehen, beispielsweise auf § 100f I oder § 163d IV StPO.[574] Bislang ist eine solche Begrenzung jedoch lediglich in § 100f StPO zu finden. Nach dieser Norm ist eine Umwidmung von Daten, die nach § 100f StPO erhoben wurden, nur zur Abwehr einer im Einzelfall bestehenden Gefahr für Leib, Leben oder Freiheit einer Person oder für erhebliche Sach- und Vermögenswerte zulässig.

Da nach dem vom Bundesgesetzgeber bezüglich § 481 StPO verwendeten „Modell der doppelten Tür" die Länder über den Umfang einer Umwidmung von Daten, die durch § 481 StPO „freigegeben" wurden, zu entscheiden haben, besteht noch Handlungsbedarf für die Landesgesetzgeber. Die derzeitigen, vor der Einführung des § 481 StPO geschaffenen, polizeirechtlichen Regelungen gehen undifferenziert von einer Verwertbarkeit aller erlangter Daten aus. Vor allen Dingen die Frage der Umwidmung von Daten, die im Rahmen einer Telekommunikationsüberwachung zu repressiven Zwecken erworben wurden, bedarf aber wegen der besonderen Grundrechtsrelevanz der Daten einer speziellen polizeigesetzlichen Regelung.[575] Ebenfalls Regelungsbedarf besteht in bezug auf die Frage der Zulässigkeit eines Abgleichs mit umgewidmeten Daten, die rechtswidrig erhoben worden sind.[576] In Anbetracht der erst kürzlich erfolgten Schaffung des § 481 StPO wird man den Landesgesetzgebern jedoch noch eine Übergangsfrist zur Schaffung diesbezüglicher konkreter Regelungen[577] zugestehen müssen.

---

[572] *Schenke,* Verfassungsfragen, in FS Hilger, S. 211 (215).

[573] Nach *Würtenberger,* in FS Hilger, S. 263 (267) ist eine Verwendung strafprozessual erhobener Daten zu präventivpolizeilichen Zwecken nicht unbegrenzt statthaft.

[574] *Hilger,* in Löwe/Rosenberg, § 481 Rdnr. 8; *Wollweber,* NJW 2000, 3623 (3624); *Wolter,* S. 275 (282). A. A. *Brodersen,* NJW 2000, 2536 (2540): § 477 II StPO sei lex posterior und verdränge daher den obsolet gewordenen § 100f I StPO.

[575] Siehe auch *Schenke,* JZ 2001, 997 (1003 f.). Kritisch zu allgemeinen Abgleichsnormen auch schon *Riegel,* DVBl. 1987, 325 (330) sowie in RiA 1996, 12 (16).

[576] *Schenke,* Probleme der Übermittlung, in FS Hilger, S. 225 (239 ff.); *Würtenberger,* in FS Hilger, S. 263 (271 ff.); *Würtenberger/Heckmann/Riggert,* Rdnr. 655 ff.

[577] *Hilger,* in Löwe/Rosenberg, § 481 Rdnr. 6 geht davon aus, daß die derzeitigen polizeigesetzlichen Regelungen nicht ausreichend sind. De lege ferenda sollte an ein abgestuftes Instrumentarium gedacht werden: Je schwerer die Straftat ist, die dem repressiv erlangten Datum zugrunde liegt, desto eher kann eine umfassende Umwid-

Für eine prinzipielle Zulässigkeit der Umwidmung repressiv erlangter Daten spricht, daß die Datenerhebungsnormen der StPO eine Datengewinnung zumeist deutlich stärkeren Restriktionen unterwerfen als die Polizeigesetze; dies gilt beispielsweise im Bereich der Auskunfts- und Zeugnisverweigerungsrechte.

Als Fazit der hier angestellten Betrachtungen kann daher festgehalten werden, daß eine Umwidmung repressiv erlangter Daten zum Zwecke eines Datenabgleichs mit Fahndungsdateien immer zulässig ist, es sei denn, es geht um den Schutz rein privater Rechte, was aber bei einem Datenabgleich im Rahmen einer Schleierfahndung nicht vorkommen kann.

Ein Ergebnis eines Abgleichs der im Rahmen einer Befragung erlangten Daten mit dem Fahndungsbestand kann sein, daß erkannt wird, daß eine Person zur polizeilichen Beobachtung ausgeschrieben ist. Werden nun Daten über das Antreffen dieser Person gespeichert, kann – sofern es zu mehrmaligen Kontrollen kommt – möglicherweise ein Bewegungsbild dieser Person erstellt werden.[578] Dies ist allerdings nur zulässig, wenn die Voraussetzungen für eine polizeiliche Beobachtung erfüllt sind.[579] Die Erstellung eines Bewegungsbildes kann damit nicht als verdachtsunabhängige Maßnahme vorgenommen werden. Man könnte es auch einen Zufallsfund im Rahmen der polizeilichen Beobachtung nennen.

Ein Datenabgleich rückt die Befragung in die Nähe einer Identitätsfeststellung. Trotzdem wird man angesichts der Zulässigkeit eines Datenabgleichs nach den Befragungsnormen nicht zu dem Ergebnis kommen dürfen, daß dadurch die Grenze zwischen Befragung und Identitätsfeststellung verwischt sei.[580] Denn ist die Identität eines Befragten nicht bekannt, wird sie sich auch durch einen Abgleich der erhobenen Daten mit dem Fahndungsbestand nicht klären lassen.

---

mung zu präventiven Zwecken vor dem Hintergrund des Verhältnismäßigkeitsprinzips als zulässig angesehen werden.

[578] *Lisken,* Jedermann als Betroffener, S. 32 (35); *Pieroth/Schlink/Kniesel,* § 15 Rdnr. 36. Zur polizeilichen Beobachtung siehe auch *Heesen/Hönle/Peilert,* § 2 Rdnr. 68. Normen zu polizeilichen Beobachtung finden sich in § 25 PolG BW, Art. 36 BayPAG, § 27 ASOG Bln, § 36 BbgPolG, § 31 BremPolG, § 13 PolDatVG HH, § 17 HSOG, § 35 SOG MV, § 37 NSOG, § 21 PolG NRW, § 32 RPPOG, § 29 SaarPolG, § 42 SächsPolG, § 19 SOG LSA, § 187 SHLVwG und § 37 ThürPAG.

[579] Voraussetzung für die Ausschreibung einer Person zur polizeilichen Beobachtung ist, daß die Gefahr besteht, die Person könne künftig Straftaten mit erheblicher Bedeutung begehen und die Datenspeicherung zur Gefahrabwendung erforderlich ist, siehe § 25 I PolG BW, Art. 36 I, II BayPAG, § 27 I ASOG Bln, § 36 I, II BbgPolG, § 31 I, III BremPolG, § 13 I, II PolDatVG HH, § 17 I HSOG, § 35 I SOG MV, § 37 I, II NSOG, § 21 I, II PolG NRW, § 32 I, II RPPOG, § 29 I SaarPolG, § 42 I SächsPolG, § 19 I SOG LSA, § 187 I SHLVwG und § 37 I, II ThürPAG.

[580] So auch *Berg/Knape/Kiworr,* § 18 Teil 5 (S. 227).

### ee) Abgleichsbefugnis mit dem Fahndungsbestand
### nach sonstigen Gesetzen

Hinzuweisen ist noch darauf, daß ein Abgleich personenbezogener Daten des Passes und des Personalausweises mit dem polizeilichen Fahndungsbestand nach § 17 PaßG und § 3a PersAuswG für den Zweck einer Grenzkontrolle und einer Fahndung oder Aufenthaltsfeststellung aus Gründen der Abwehr von Gefahren für die öffentliche Sicherheit statthaft ist.

### b) Datenabgleich mit sonstigen Dateien

Ein Abgleich mit anderen Dateien außer den beiden eben dargestellten Fahndungsdateien (also vor allem ein Abgleich mit sonstigen Dateien von INPOL wie beispielsweise die Dateien KAN, PIOS und PAD[581], aber auch mit den Beständen des SIS[582]) ist in bezug auf die Daten anderer Personen als Störern nur zulässig, wenn tatsächliche Anhaltspunkte den Abgleich für die Erfüllung polizeilicher Aufgaben erforderlich beziehungsweise geboten und notwendig erscheinen lassen.[583] Tatsächliche Anhaltspunkte müssen mit hinreichender Wahrscheinlichkeit den Schluß auf die Erforderlichkeit zur Aufgabenerfüllung, hier also der Aufgabe, Straftaten zu verhindern und vorbeugend zu bekämpfen, zulassen.[584] Eine generelle Eignung der Daten des Betroffenen zur Gefahrenabwehr kann dagegen nicht angenommen werden, vielmehr müssen individuelle, konkrete tatsächliche Anhaltspunkte vorliegen.[585] Ein solcher Abgleich ist so-

---

[581] INPOL ist eine seit 1972 beim BKA bzw. bei den LKÄ geführte Datenbank, die auf anderen Informationssammlungen wie KAN, PIOS etc. beruht. In KAN (Kriminalaktennachweis) werden Daten von Straftätern, die schwere und überregional bedeutsame Straftaten begangen haben, sowie Informationen über die von ihnen begangenen Straftaten gespeichert. In PAD (Personenauskunftsdatei) werden Daten von Personen gespeichert, gegen die schon einmal ein Ermittlungsverfahren anhängig war. Ebenfalls enthalten sind Daten von Opfern von Straftaten. In PIOS (Staatsschutzdatei Personen, Institutionen, Objekte, Sachen) werden Informationen gespeichert, die den polizeilichen Staatsschutz, Drogenkriminalität und Terrorismus betreffen. Dazu *Bäumler*, in Lisken/Denninger, J Rdnr. 145 ff.; *Schumacher*, S. 15 f.; *Zöller*, S. 141 ff. Zur Frage der praktischen Nutzbarkeit von INPOL-neu siehe *Atzbach*, Kriminalistik 2001, 323 ff. Zum Pendant auf europäischer Ebene, dem Europol-IS, siehe *Manske*, Kriminalistik 2001, 105 ff.

[582] Siehe zum SIS unten S. 346 ff. Zur Personen- bzw. Sachfahndung nach SIS siehe *Tuffner*, Kriminalistik 2000, 39 (40). Einige Bundesländer haben die Dateien Personen- und Sachfahndung des SIS mit ihren INPOL-Abfragen verknüpft, so daß eine Abfrage bei INPOL gleichzeitig eine SIS-Abfrage bewirkt. Dies ist insofern unproblematisch, als die jeweiligen Polizeigesetze einen Datenabgleich mit dem Personen- und Sachfahndungsbestand für zulässig erachten und dieser auch Daten aus dem SIS umfassen darf – problematisch wird der Abgleich dann, wenn andere Daten als solche der Personen- und Sachfahndung abgeglichen werden.

[583] *Engelken*, DVBl. 2000, 269.

[584] *Beital//Führing/Petersen-Thrö/Robrecht*, S. 185.

mit verdachtsabhängig und kommt daher im Rahmen einer Schleierfahndung nicht in Betracht, es sei denn, es hat sich während der Durchführung einer Schleierfahndung ein konkreter Gefahrenverdacht ergeben.[586]

Voraussetzung für die Zulässigkeit eines Datenabgleichs mit anderen als den erläuterten Fahndungsdateien ist also ein bestimmter Anlaß.[587] Ein solcher soll zwar nach einer Ansicht schon bei der Überschreitung einer Bundesgrenze gegeben sein.[588] Der Wortlaut der Abgleichnorm legt jedoch nahe, daß eine konkrete Gefahrenlage erforderlich ist – eine solche ist aber nicht schon bei jedem Überschreiten der Grenzen Deutschlands gegeben.

Festzuhalten bleibt, daß ein Datenabgleich mit sonstigen Dateien an Schengen-Außengrenzen zulässig ist. Eine solche Maßnahme ist dann aber keine Maßnahme der Schleierfahndung. Im Rahmen der verdachts- und ereignisunabhängigen Personenkontrollen ist ein Datenabgleich mit sonstigen Dateien nach derzeitigem Recht nur bei Vorliegen eines konkreten Gefahrenverdachtes zulässig – hat dann aber mit der Schleierfahndung im Grunde nichts mehr zu tun.[589]

---

[585] Ebenso *Beital//Führing/Petersen-Thrö/Robrecht,* S. 185, die jedoch nicht ausschließen wollen, daß bei räumlich begrenzten Örtlichkeiten wie öffentlichen Einrichtungen des internationalen Verkehrs aufgrund der Ortshaftung eine abstrakte Bestimmung der Tatsachen genügen könne.

[586] Siehe zum Beispiel § 34 I S. 1 BGSG: Personenbezogene Daten dürfen mit dem Inhalt von Dateien abgeglichen werden, die zur Erfüllung der dem Bundesgrenzschutz obliegenden Aufgaben geführt werden oder für die der Bundesgrenzschutz die Berechtigung zum Abruf hat, wenn Grund zu der Annahme besteht, daß dies zur Erfüllung einer sonstigen Aufgabe des Bundesgrenzschutzes erforderlich ist. Nach § 39 I S. 2 PolG BW; Art. 43 I S. 2 BayPAG; § 40 I S. 2 BbgPolG; § 25 I S. 2 HSOG; § 46 I S. 2 SächsPolG; 43 I S. 2 ThürPAG ist ein Abgleich von Daten anderer Personen als Störern nur zulässig, wenn dies aufgrund tatsächlicher Anhaltspunkte zur Erfüllung einer bestimmten polizeilichen Aufgabe erforderlich erscheint. Ebenso *Petersen-Thrö/ Robrecht/Elzermann,* S. 151 f. A.A. wohl *Schütte,* ZRP 2002, 393 (394, Fn. 6), der davon ausgeht, daß alle im Rahmen einer Personenkontrolle erlangten Daten (nach § 34 BGSG) mit anderen Dateien wie AZR sowie sonstigen Dateien von INPOL und SIS abgeglichen werden dürfen. Nach *Castillon,* S. 18 soll die bloße Erfüllung der Kontrollaufgabe ausreichen, was ebenfalls zu der Möglichkeit eines verdachtsunabhängigen Abgleichs mit sämtlichen Dateien führen würde.

[587] *Berner/Köhler,* Art. 43 Rdnr. 1.

[588] *Honnacker/Beinhofer,* Art. 43 Rdnr. 2. Die VollzBK BayPAG 43.2 zu Art. 43 vom 23.12.1994 (ABl. 1995, 27) erwähnt als Beispiel für die Erforderlichkeit der Erfüllung einer bestimmten polizeilichen Aufgabe die Grenz- und Flughafenkontrolle. Dies gilt jedoch nur, soweit es sich um Schengen-Außengrenzen-Kontrollen handelt!

[589] Zu dem Einwand, solche Datenschutzvorschriften, wie sie die Datenabgleichsregelungen darstellen, seien „Täterschutz", vgl. BayVerfGH VerfGHE 47, 241 (264) mit kritischer Anmerkung von *Schrader/Werner,* JZ 1995, 299 (304 ff.); SächsVerfGH DVBl. 1996, 1423 (1434); *Schenke,* DVBl. 1996, 1393 (1395).

### c) Halteranfragen und
### automatisierte Kennzeichenerkennungssysteme

Nach den Datenabgleichsnormen ist es zulässig, erlangte Personaldaten mit dem Personen- und Sachfahndungsbestand abzugleichen. Es stellt sich die Frage, ob in diesem Rahmen auch eine Halterabfrage anhand des Autokennzeichens eines angehaltenen Fahrzeuges gestattet ist.

Die Datenabgleichsnormen gestatten es, vom Betroffenen angegebene Personaldaten abzugleichen. Zu den Personaldaten (im Sinn von § 111 OWiG) gehört allerdings nicht das Kennzeichen eines vom Betroffenen verwendeten Kraftfahrzeuges, so daß ein Abgleich nach diesen Normen nicht zulässig ist.[590] Gibt der Betroffene jedoch keine Personaldaten an, stellt sich die Frage, ob eine Halteranfrage aufgrund des Fahrzeugkennzeichens zulässig ist, um so über einen Umweg eventuell Personaldaten zu erlangen. Doch wie die Bezeichnung „Halteranfrage" schon deutlich macht, kann durch eine solche Abfrage nur der Halter des Wagens ermittelt werden.[591] Ob sich jedoch der Halter des Wagens im Fahrzeug befindet, kann durch eine solche Abfrage nicht geklärt werden. Genausowenig ist es möglich, auf diese Weise die Personalien von anderen Fahrzeuginsassen zu ermitteln. Sollten jedoch Zweifel an den durch eine Befragung oder Inaugenscheinnahme ausgehändigter Ausweisdokumente erlangten Personalangaben einer Person bestehen, etwa weil das vorgezeigte Ausweispapier den Anschein einer Fälschung erweckt, kann eine Halterabfrage allerdings unter Umständen ein milderes Mittel zur Entkräftung dieses Verdachts sein als eine Mitnahme der betroffenen Person zur Polizeidienststelle zwecks dortiger Überprüfung des Ausweispapiers – wobei allerdings eine Halterabfrage auch in diesem Fall erfolglos ist, sofern der Betroffene nicht Halter des Fahrzeugs ist, in dem er angetroffen wurde.

---

[590] Siehe zur Fahndung nach gestohlenen Kfz auch *Schwabe*, DVBl. 2000, 1815 (1819 f.), der bei einer Kfz-Kennzeichenabfrage ebenfalls von einer reinen Erhebung sachbezogener Daten ausgeht. Personenbezogene Daten sind die Personalien und solche Daten, die über persönliche Verhältnisse Auskunft geben. Bei einem Kfz-Kennzeichen läßt sich durch eine Abfrage aber allenfalls ein Bezug zu dem Halter des Kfz herstellen. *Arzt*, DÖV 2005, 56 (57); *Krane*, S. 175, *Möncke/Laeverenz*, DuD 2004, 282 (287) sowie *Schieder*, NVwZ 2004, 778 (780) ordnen daher ein Autokennzeichen den personenbezogenen Daten zu. Letzterer widerspricht sich jedoch selbst, wenn er auf S. 783 davon ausgeht, ein Kfz-Kennzeichen sei von § 111 I OWiG nicht umfaßt. Der Annahme, ein Kfz-Kennzeichen sei ein personenbezogenes Datum liegt jedoch zugrunde, daß das Fahrzeug von seinem Halter gefahren wird – ob der Fahrer jedoch tatsächlich der Halter des Kfz ist, bedarf einer Überprüfung, die einer Identitätsfeststellung gleichkommt. Da jedoch bei den Befragungsnormen gerade keine Befugnis zur Identitätsfeststellung besteht, kann eine Halteranfrage nur bei freiwilligem Mitwirken der Betroffenen weiterführen.

[591] Halter ist, wer das Kfz für eigene Rechnung gebraucht, nämlich die Kosten bestreitet und die Verwendungen zieht, siehe *Hentschel*, § 7 Rdnr. 14.

In Bayern wurde von Oktober 2002 bis März 2003 im Rahmen eines Modellprojektes ein verdeckter Einsatz eines automatischen Kennzeichenerkennungssystems durchgeführt. Dabei wurden Kennzeichen der an den bayerisch-tschechischen Grenzübergängen Waidhaus und Schirnding einreisenden Kraftfahrzeuge erfaßt und mit dem Fahndungsbestand abgeglichen. Es handelt sich hierbei also um eine Maßnahme des automatischen Datenabgleichs, für die es allerdings bislang im BayPAG keine Ermächtigungsgrundlage gibt.[592] In Brandenburg wurde ein vergleichbares Modellprojekt auf der BAB 10 durchgeführt.[593] Der Bundestag fordert den Einsatz der automatisierten Erfassung von Kraftfahrzeugkennzeichen durch den Bundesgrenzschutz.[594] In Hessen wurde mit § 14 V HSOG eine Befugnisnorm für Kennzeichenlesegeräte geschaffen, die es ermöglicht, auf öffentlichen Straßen und Plätzen einen automatisierten Abgleich durchzuführen. Der Abgleich soll nur im Rahmen einer aus anderem Anlaß stattfindenden Kontrolle zulässig sein und keine Ermächtigung zu einer Dauer-Kontrollstelle darstellen.[595] Ähnlich ausgestaltet ist auch die neu geschaffene Norm in Rheinland-Pfalz, § 27 V RPPOG, wonach anläßlich sämtlicher Kontrollen im öffentlichen Verkehrsraum nach dem Polizeigesetz sowie anderen Gesetzen eine Kennzeichenerkennung zulässig ist.[596]

---

[592] Pressemitteilung des Bayerischen Staatsministeriums des Inneren 641/03 vom 29.12.2003. Der Modellversuch wurde auf die Ermächtigung zum Datenabgleich, wenn eine Straftat oder Ordnungswidrigkeit vorliegt, gestützt. Sobald ein Verkehrsverstoß wie zu dichtes Auffahren oder eine Geschwindigkeitsübertretung festgestellt werden konnte, wurde automatisch das Kennzeichen mit dem Fahndungsbestand abgeglichen. Bayern plant nun eine gesetzliche Verankerung in Art. 33 BayPAG, um routinemäßig automatisiert einen Datenabgleich vornehmen zu können, auch im Rahmen einer Schleierfahndung. Siehe hierzu LT-Drs. 14/12261, S. 1 ff. und LT-Drs. 15/207, S. 1 sowie *Möncke/Laeverenz,* DuD 2004, 282 (287). Allgemein zu automatisierter Kennzeichenerkennung siehe *Arzt,* DÖV 2005, 56 ff.; *Schieder,* NVwZ 2004, 778 ff. Die Normen in Bremen (§ 36 h S. 2 BremPolG) und Niedersachsen (§ 45 I 2 NSOG) zur Erhebung von Kfz-Kennzeichen sind nicht einschlägig, da sie keine speziellen Befugnisse für den automatisierten Datenabgleich enthalten, siehe *Schieder,* NVwZ 2004, 778 (782).

[593] Pressemitteilung des Brandenburgischen Innenministeriums vom 6.3.2004.

[594] Siehe BT-Drs. 15/3713. Auch in Hamburg soll mit § 8 VI PolDatVG HH eine Befugnis für den Einsatz automatischer Kennzeichenlesesysteme geschaffen werde, siehe Senats-Drs. 18/1487 sowie Drs. 18/2288.

[595] Siehe LT-Drs. 16/3019. Kritisch zu der Norm äußert sich *Arzt,* DÖV 2005, 56 (60), der u. a. das Tatbestandsmerkmal der Kontrolle als zu unbestimmt erachtet. Ähnlich auch *Graulich,* NVwZ 2005, 271 (272), der das Merkmal „Fahndungsbestand" als nicht ausreichend präzise ansieht. Dieses Tatbestandsmerkmal findet sich jedoch in allen (normalen) Datenabgleichsbefugnisnormen.

[596] Laut amtlicher Begründung, LT-Drs. 14/2287, S. 43, seien hierunter nur Rechtseingriffe zu verstehen, die auch im Rahmen der eigentlichen Kontrolle zulässig seien – dies verkennt, daß prinzipiell ein manueller Kennzeichenabgleich gerade nicht zulässig ist und darüber hinaus eine automatisierte Datenerhebung im Vergleich zu einer herkömmlichen Kontrolle in deutlich größerem Umfang möglich ist.

Im Rahmen dieser Fahndung geht es zunächst vordringlich um das Auffinden von Kraftfahrzeugen, die im Sachfahndungsbestand aufgeführt werden, und die Kontrolle der Personen, die in einem solchen Fahrzeug angetroffen werden.[597] Es handelt sich also primär um eine Sachfahndung zum Auffinden gestohlener Kraftfahrzeuge und Kraftfahrzeugkennzeichen. Bei einer Schleierfahndung dagegen geht es primär um eine Personenkontrolle. Allerdings ist – worauf sogleich näher einzugehen sein wird, aufgrund der Befragungsnormen eine Inaugenscheinnahme mitgeführter Sachen statthaft; nach den noch zu analysierenden Identitätsfeststellungsnormen ist sogar eine Durchsuchung mitgeführter Sachen zulässig, jedoch nur zum Zwecke der Identitätsfeststellung oder aufgrund eines sich aus der Befragung der Person konkret ergebenden Gefahrenverdachtes.

### 6. Inaugenscheinnahme mitgeführter Sachen

Schließlich ist – wie soeben angedeutet wurde – ausweislich des Wortlautes der einzelnen Befragungsnormen eine Inaugenscheinnahme mitgeführter Sachen zulässig. Dies gilt auch für das Polizeirecht von Mecklenburg-Vorpommern. Das Recht auf Inaugenscheinnahme mitgeführter Sache umfaßt die Befugnis, Kofferräume oder Ladeflächen von Kraftfahrzeugen zu öffnen und darin enthaltene Gegenstände anzusehen, beinhaltet aber kein Recht auf Durchsuchung.[598] Es dürfen allerdings auch Gegenstände angesehen werden, die abgedeckt sind – insofern darf also eine Abdeckung entfernt werden. Ferner ist eine Feststellung der äußeren Beschaffenheit von mitgeführten Sachen erlaubt.[599] Zulässig ist wohl auch der Einsatz von Hunden zum Aufspüren von Betäubungsmitteln. Denn unter einer Inaugenscheinnahme ist jede Form der sinnlichen Wahrnehmung zu verstehen.[600] Dagegen wäre es unzulässig, mitgeführte Behältnisse zu öffnen, um von deren Inhalt Kenntnis zu erlangen. Denn die Befugnis zur Inaugenscheinnahme bedeutet – worauf noch einmal ausdrücklich hingewiesen werden soll – kein Recht auf Durchsuchung. Die Abgrenzung zwischen einer

---

[597] *Arzt,* DÖV 2005, 56 (59) geht davon aus, daß aufgrund dieser Zweckbestimmung die Maßnahme strafprozessualer Natur sei. Zu diesem Problem, das sich allgemein beim Datenabgleich stellt, siehe oben S. 147.

[598] Saar LT PlPr. 12/11, S. 470; *Berg/Knape/Kiworr,* § 18 Teil 5 (S. 227); *Meixner/Martell,* § 14 Rdnr. 21. Allerdings kann die Inaugenscheinnahme mittels unmittelbaren Zwanges erzwungen werden, wenn der Betroffene sich einer Inaugenscheinnahme widersetzt; vgl. *Heesen/Hönle/Peilert,* § 22 Rdnr. 35. Kritisch zur Möglichkeit der Inaugenscheinnahme, die in der Praxis voraussichtlich wie eine Durchsuchung gehandhabt werde *Mahlmann,* LKV 2001, 102 (104).

[599] *Berg/Knape/Kiworr,* § 18 Teil 5 (S. 227); *Moser von Filseck,* Die Polizei 1997, 70 (71).

[600] BGHSt 18, 51 (53); *Berg/Knape/Kiworr,* § 18 Teil 5 (S. 228); *Heesen/Hönle/Peilert,* § 22 Rdnr. 19. A. A. für den Einsatz von Spürhunden *Baller/Eiffler/Tschisch,* § 18 Rdnr. 50, die deren Einsatz als Durchsuchung ansehen.

unzulässigen Durchsuchung und einer zulässigen Inaugenscheinnahme kann allerdings – wie die angeführten Beispiele zeigen, durchaus sehr diffizil sein.

Nach den Befugnisnormen für eine verdachtsunabhängige Befragung besteht keine Möglichkeit Folgemaßnahmen wie etwa eine Sistierung oder Durchsuchung zu ergreifen. Solche Maßnahmen dürfen – dann aber nicht mehr auf der Grundlage einer Schleierfahndungsnorm, sondern anderer polizeilicher Ermächtigungsgrundlagen – erst und nur dann ergriffen werden, wenn sich im Rahmen einer Schleierfahndung Erkenntnisse für das Vorliegen einer Gefahr oder wenigstens eines Gefahrenverdachts ergeben haben.[601]

### 7. Fazit

Als Fazit der Betrachtung der nach den Befragungsnormen zulässigen polizeilichen Maßnahmen läßt sich mithin festhalten, daß zwar die Tatbestandsvoraussetzungen für verdachtsunabhängige Befragungen sehr weit gefaßt sind, vor allem, was den räumlichen Bereich zulässiger Maßnahmen angeht, also auf der Tatbestandsseite geringe Anforderungen an die Zulässigkeit einer Schleierfahndung gestellt werden. Dagegen sind nach diesen Normen nur Maßnahmen zulässig, die den Betroffenen wenig belasten. Kurz gesagt: Die Befragungsnormen ermächtigen allein zu Maßnahmen, die für den Betroffenen wenig belastende Rechtsfolgen mit sich bringen. Dies ist – worauf im einzelnen noch einzugehen sein wird – von Bedeutung für die Frage der Verfassungskonformität der Befragungsnormen.

## II. Zulässige Maßnahmen nach den Identitätsfeststellungsnormen

Nach den Schleierfahndungsnormen, die zur Identitätsfeststellung berechtigen,[602] dürfen – vgl. § 23 III S. 1 BGSG, § 26 II S. 1 PolG BW, Art. 13 II S. 1 BayPAG, § 12 II S. 1 BbgPolG, § 18 III HSOG, § 19 II S. 1 SächsPolG und § 14 II ThürPAG – „die zur Feststellung der Identität erforderlichen Maßnahmen" getroffen werden.

---

[601] Sogenannte Maßnahmen der zweiten und dritten Stufe der Identitätsfeststellung, siehe *Würtenberger/Heckmann/Riggert,* Rdnr. 584 f.; siehe auch die Begründung im Bundestag, BT-Drs. 13/11159, S. 6 sowie von Sachsen-Anhalt in LT-Drs. 3/3023, S. 12 sowie für Berlin AbgHs-Drs. 13/3511. Kritisch hierzu *Kutscha,* LKV 2000, 134 (136), *Mahlmann,* LKV 2001, 102 (104) und *Waechter,* DÖV 1999, 138 (140), die annehmen, sei der Betroffenen erst mal angehalten, würde die Polizei wohl dazu neigen, die Tatbestandsvoraussetzungen für eine Identitätsfeststellung anzunehmen.

[602] § 23 I Nr. 3 BGSG; § 26 I 6 PolG BW; Art. 13 I 5 BayPAG; § 12 I 6 BbgPolG; § 18 II 6 HSOG; § 19 I S. 1 Nr. 5 SächsPolG; § 14 I 5 ThürPAG.

Unter einer Identitätsfeststellung ist die Feststellung der Personalien einer bis dahin unbekannten Person (auch einer Leiche)[603] zu verstehen. Einfacher formuliert geht es um Feststellung, um wen es sich bei einer bestimmten Person handelt.[604] Dies bedeutet, daß zur Feststellung der Identität einer Person eine Erhebung aller Identitätsmerkmale zulässig ist, die es ermöglichen, die betreffende Person von anderen Personen sicher zu unterscheiden und Verwechslungen auszuschließen.[605] Identitätsmerkmale einer Person sind die zur Identifizierung erforderlichen Personendaten sowie Merkmale sonstiger Art.

Personendaten sind – wie schon oben im Kontext der Erörterung der nach den Befragungsnormen zulässigen Maßnahmen gezeigt wurde – vornehmlich die in § 111 OWiG aufgezählten Daten. Danach sind der Vor-, Familien- und Geburtsname,[606] Ort und Tag der Geburt, Familienstand, der tatsächlich ausgeübte Beruf, Wohnort und -straße (im Sinne einer zustellungsfähigen Anschrift) und die Staatsangehörigkeit der Person Personendaten, auf deren Erhebung eine Identitätsfeststellung gerichtet sein kann.[607] Bei Minderjährigen gehören auch der Name und die Anschrift der Eltern oder sonstiger Erziehungsberechtigter zum Kanon der relevanten Daten.[608]

Sonstige Identitätsmerkmale können körperliche Merkmale wie Augenfarbe, Größe, Geschlecht, Narben, Tätowierungen oder sonstige das äußere Erscheinungsbild des Betroffenen prägende Faktoren sein.

Der Umfang der für eine erfolgreiche Durchführung einer polizeilichen Identitätsfeststellung benötigten Daten dürfte deutlich kleiner sein als die Summe der in § 111 OWiG aufgeführten personenbezogenen Daten.[609] Normalerweise genügen die im Personalausweis enthaltenen personenbezogenen Daten für eine sichere Identitätsfeststellung, jedoch ist eine fallbezogene Auswahl der erforderlichen Angaben zulässig, so daß im Einzelfall auch die Erhebung weiterer Da-

---

[603] *Habermehl*, Rdnr. 533; *Wolffgang/Hendricks/Merz*, Rdnr. 135. Siehe auch AB NGefAG 13.0. zu § 13, Nds. MBl. 1998, S. 1078 ff.

[604] Ähnliche Formulierungen finden sich in einigen Verwaltungsvorschriften. So wird beispielsweise eine Identitätsfeststellung in AB NGefAG 13.0 zu § 13, Nds. MBl. 1998, S. 1078 ff., definiert als „Prüfung, ob eine Person diejenige Person ist, für die sie sich ausgibt". In VollzBK BayPAG, 13.1 zu Art. 13, vom 23.12.1994 (ABl. 1995, 27) ist die Rede von einer „Vergewisserung, welche Personalien eine bestimmte Person hat."

[605] *Berg/Knape/Kiworr*, § 21 (S. 243); *Rachor*, in Lisken/Denninger, F Rdnr. 315.

[606] Dazu gehören auch der Ordens- oder Künstlername sowie der Doktorgrad; vgl. *Meixner/Martell*, § 20 Rdnr. 1.

[607] *Habermehl*, Rdnr. 533; *Knemeyer*, Polizeirecht, Rdnr. 165.

[608] *Berner/Köhler*, Art. 13 Rdnr. 1; *Schmidbauer/Steiner/Roese*, Art. 13 Rdnr. 1.

[609] Nach *Mandelartz/Sauer/Strube*, zu § 9 Rdnr. 2 ginge eine Erfassung aller Daten, die in § 111 OWiG aufgeführt sind, zu weit und wäre unverhältnismäßig. *Meixner/Fredrich*, § 18 Rdnr. 1, 30 gehen dagegen davon aus, daß eine Erhebung aller Daten i.S.d. § 111 OWiG zur sicheren Identitätsfeststellung erforderlich ist.

ten statthaft beziehungsweise geboten sein kann.[610] Entscheidend ist, daß nur die zur Identifizierung erforderlichen Angaben im Rahmen einer Identitätsfeststellungsmaßnahme erhoben werden dürfen. So sind Angaben zum Familienstand, zum Beruf und zur Religionszugehörigkeit in aller Regel zur Identifizierung einer bestimmten Person weder erforderlich noch geeignet.[611]

Steht die Identität eines Betroffenen bereits fest, ist eine Identitätsfeststellung mangels Erforderlichkeit einer solchen Maßnahme unzulässig. Die Identität einer Person gilt dann als festgestellt, wenn bekannt ist, um wen es sich bei der betreffenden Person handelt, diese also zweifelsfrei individualisiert werden kann.[612]

Bei einer Identitätsfeststellung im Rahmen einer Schleierfahndung ist zu unterscheiden zwischen den Grundmaßnahmen und sogenannten Folgemaßnahmen. Die Grundmaßnahmen (Maßnahmen erster Stufe) bestehen nach den Landespolizeigesetzen sowie dem BGSG in einer Identitätsfeststellung, bezüglich derer jedermann polizeipflichtig ist, der sich im objektiven Geltungsbereich der einschlägigen Norm aufhält. Sie erfolgt zunächst durch Befragung (die Ermächtigung ist insofern nach allen Normen gleich) und durch die Aufforderung, mitgeführte Ausweise vorzulegen. An eine solche Grundmaßnahme können sich, sofern sie nicht zum gewünschten Erfolg – Klärung der Identität des Betroffenen – geführt hat, Folgemaßnahmen, sogenannte Maßnahmen zweiter und dritter Stufe,[613] anknüpfen, für deren Zulässigkeit ebenfalls keine konkrete Gefahr zu bestehen braucht. Solche Folgemaßnahmen sind namentlich die Sistierung, die Durchsuchung der betreffenden Person sowie von ihr mitgeführter Sachen, erkennungsdienstliche Maßnahmen und der Identitätsgewahrsam. Bezüglich der statthaften Folgemaßnahmen differieren die gesetzlichen Vorgaben.

### 1. Maßnahmen der 1. Stufe

Zu den Maßnahmen der 1. Stufe gehören vor allen Dingen die bereits im Kontext der Erörterung der Befragungsnormen erwähnten Befugnisse, die betroffene Person anzuhalten, sie nach ihren Personalien zu befragen und zu verlangen, daß (mitgeführte) Ausweispapiere zur Prüfung ausgehändigt werden (vgl.

---

[610] *Bernet/Groß/Mende,* § 18 S. 3; *Hornmann,* § 18 Rdnr. 6; *Jochum/Rühle,* Rdnr. 60; *Roos,* § 10 Rdnr. 10.

[611] *Tegtmeyer/Vahle,* § 12 Rdnr. 33. Nach *Belz,* § 19 Rdnr. 3 ist die Feststellung des Familienstandes und Berufs einer Person in der Regel für die Bestimmung ihrer Identität nicht erforderlich. Ebenso *Haus/Wohlfarth,* Rdnr. 243, die auch die Staatsangehörigkeit nicht als für die Identitätsfeststellung erforderliches Datum angesehen. *Altschaffel,* 15.12 (S. 154) erachtet die Feststellung des Berufs einer Person als für nur selten zum Zweck der Gefahrenabwehr nötig.

[612] *Rasch/Schulze,* § 18 Rdnr. 3.3.3.

[613] Vgl. zu dieser Terminologie *Würtenberger/Heckmann/Riggert,* Rdnr. 330 ff.

§ 23 III S. 2 BGSG, § 26 II S. 2 PolG BW, Art. 13 II S. 2 BayPAG und § 14 II S. 2 ThürPAG). Lediglich terminologisch von der Festlegung einer Befugnis zur Befragung abweichend ist § 12 II BbgPolG, wonach verlangt werden darf, daß der Betroffene Angaben zur Feststellung seiner Identität macht. Nach der hessischen Norm darf der Ort der Kontrolle abgesperrt werden, vgl. § 18 III S. 2 HSOG. Die hessische Vorschrift sieht lediglich eine Pflicht zur Aushändigung der mitgeführten Papiere vor, eine Prüfung der Papiere wird nicht explizit gestattet. Nach der sächsischen Norm darf die betroffene Person insbesondere angehalten und verlangt werden, daß mitgeführte Ausweispapiere vorgezeigt und zur Prüfung ausgehändigt werden, vgl. § 19 II S. 2 SächsPolG. Von einer Befragung ist dagegen keine Rede. Die Formulierungen der jeweiligen Normen zeigen aber, daß die aufgezählten Maßnahmen nur exemplarischen Charakter haben sollen, da jeweils der Begriff „insbesondere" verwendet wird. Somit können Maßnahmen der ersten Stufe – Anhalten, Befragen und Aushändigenlassen mitgeführter Ausweispapiere – nach allen einschlägigen Ermächtigungsgrundlagen vorgenommen werden.

### a) Anhalten

Das Anhalten einer Person, deren Identität festgestellt werden soll, ist nicht zwangsläufig notwendig. Alle Polizeigesetze, die eine Schleierfahndung gestatten, gehen aber davon aus, daß eine Person zum Zwecke einer Identitätsfeststellung angehalten werden darf. Das Anhalten der betroffenen Person beziehungsweise des von ihr benutzten Kraftfahrzeugs – in der Regel bewirkt durch eine Anordnung, stehenzubleiben, um sich befragen zu lassen[614] – ist je nach Kontrollsituation aber eine tatsächliche Grundvoraussetzung für die Durchführung einer Identitätsfeststellung. Das Anhaltenlassen ist mithin nur Mittel zum Zweck[615] und keine Maßnahme des Verwaltungszwangs (siehe diesbezüglich auch die obige Darstellung zu den Befragungsnormen). Anhalten bedeutet ein Unterbrechen der Fortbewegung.[616] Das Anhalten kann als solches nicht isoliert betrachtet werden, sondern nur in Kombination mit einer der nachfolgend zu erörternden Maßnahmen.

Als Besonderheit gegenüber den Befragungsnormen ist hervorzuheben, daß der Zusatz „kurzzeitig", der in allen Befragungsnormen verankert ist, bei den Identitätsfeststellungsnormen durchgängig fehlt. Jedoch ist – worauf noch näher einzugehen sein wird – nach den Identitätsfeststellungsnormen die Möglichkeit eines „Festhaltens" gegeben (als eine Maßnahme der 2. Stufe). Da zwischen einem „Anhalten" und einem „Festhalten" ein Unterschied bestehen muß, muß

---

[614] *Habermehl,* Rdnr. 542.
[615] *Honnacker/Beinhofer,* Art. 13 Rdnr. 1; *Knemeyer,* Polizeirecht, Rdnr. 165.
[616] *Ebert/Honnacker,* § 14 Rdnr. 11.

ein „Anhalten" nach den Identitätsfeststellungsnormen ebenso wie nach den Befragungsnormen eine kurzzeitige Maßnahme sein.[617]

### b) Befragen

Eine Befragung im Rahmen einer Identitätsfeststellung unterscheidet sich von der oben dargestellten Befragung nach den Befragungsnormen vornehmlich dadurch, daß im Rahmen einer Identitätsfeststellung nur nach den Personalien, nicht dagegen auch nach sachdienlichen Hinweisen gefragt werden darf. Eine Befragung bei einer Identitätsfeststellung hat sich daher auf eine mündliche Aufforderung zu beschränken, die notwendigen Personaldaten anzugeben. Der zulässige Umfang einer Befragung nach den Personalien richtet sich demgemäß – wie schon oben bei der Abgrenzung von der Befragung zur Identitätsfeststellung dargelegt wurde – danach, welche Angaben (Name, Vorname, Wohnanschrift, ...) zur Erfüllung der polizeilichen Aufgabe erforderlich sind. Die Befragung darf solange beziehungsweise so intensiv durchgeführt werden, bis die Identität der befragten Person geklärt ist. Adressat der Befragung ist dabei grundsätzlich die Person, deren Identität geklärt werden soll.[618]

Auch hinsichtlich einer Befragung im Rahmen einer Identitätsfeststellung stellt sich die Frage, ob eine korrespondierende Pflicht zu Antworten besteht. Die einschlägigen Identitätsfeststellungsnormen enthalten keine Regelung bezüglich einer Auskunftspflicht. Ein Rückgriff auf die Befragungsnormen, die jeweils – unterschiedlich weit reichende – Auskunftspflichten normieren,[619] scheidet aus. Denn bei der Identitätsfeststellung sind Folgemaßnahmen wie eine Durchsuchung, eine Sistierung oder die Vornahme erkennungsdienstlicher Maßnahmen statthaft, bei einer Befragung dagegen nicht. Wird also bei einer Identitätsfeststellung nicht (ausreichend) geantwortet, können Identitätsfeststellungsmaßnahmen auf andere Weise als durch eine Befragung durchgeführt werden. Dies ist bei einer Befragung nach den Befragungsnormen dagegen nicht möglich, weshalb bei diesen der Festlegung einer Antwortpflicht besondere Bedeutung zukommt, eine solche Normierung einer Antwortpflicht bei den Identitätsfeststellungsnormen dagegen jedenfalls nicht in gleichem Maße geboten er-

---

[617] Anhalten ist daher ein Untersagen der Fortbewegung für eine kurze Zeit. Siehe *Altschaffel*, 15.12 (S. 168); *Karnop*, Rdnr. 317; *Meixner/Martell*, § 14 Rdnr. 4. Eine zulässige Höchstdauer eines Anhaltens von 15 Minuten propagieren *Bernet/Groß/ Mende*, § 18, S. 8; *Chemnitz*, S. 94 und *Rühle/Suhr*, § 10, 3 (S. 165). Von einer zulässigen Maximaldauer von 20 Minuten geht *Hsu*, S. 88 aus.

[618] Zur Befragung Dritter siehe unten S. 169 unter sonstige Maßnahmen.

[619] In Betracht kämen die Auskunftspflichten nach § 20 I S. 2 PolG BW; Art. 12 S. 1, 2 BayPAG; § 11 II BbgPolG; § 12 II S. 1 HSOG; § 18 III SächsPolG; § 16 II OBG Thür und § 13 II ThürPAG, in denen jeweils die Pflicht normiert ist, (Familien-) Name, Vorname, frühere Namen, Tag und Ort der Geburt, Wohnanschrift und Staatsangehörigkeit anzugeben.

scheint. Ein Rückgriff auf die Auskunftspflichten nach den Befragungsnormen ist aber auch deswegen ausgeschlossen, weil nach diesen Normen erforderlich ist, daß tatsächliche Anhaltspunkte dafür vorliegen, daß die betroffene Person sachdienliche Angaben machen kann – diese Situation kann aber bei einer Identitätsfeststellung aufgrund einer Schleierfahndungsnorm nicht der Fall sein.[620] Festzuhalten bleibt daher, daß bei einer Befragung im Rahmen einer Identitätsfeststellung keine Auskunftspflicht besteht, da eine solche gesetzlich normiert sein müßte.[621]

Zum Teil wird jedoch angenommen, daß bei einer Verweigerung von Angaben oder bei einer unrichtigen Auskunft eine Ordnungswidrigkeit nach § 111 OWiG begangen werde.[622] Diese Auffassung wäre jedoch nur dann zutreffend, wenn eine Pflicht zur Beantwortung der Frage bestünde. Wie soeben gezeigt wurde, besteht eine solche Pflicht im Rahmen einer Identitätsfeststellung aufgrund einer Schleierfahndungsnorm jedoch gerade nicht.

Auch bei einer Befragung im Rahmen einer Identitätsfeststellung sind allgemeine Datenschutzregeln zu beachten.[623] Daher ist der Betroffene grundsätzlich auf die Freiwilligkeit seiner Angaben hinzuweisen,[624] nach der baden-württem-

---

[620] *Fischer/Hitz/Laskowski/Walter*, § 23 Rdnr. 40 weisen darauf hin, daß das Befragen im Rahmen einer Identitätsfeststellung als Maßnahme einer Schleierfahndung nicht mit einer Befragung nach § 22 BGSG verwechselt werden darf. Auch in Brandenburg und nach dem BGSG, wo sowohl Identitätsfeststellung als auch Befragung verdachtsunabhängig zulässig sind, ergibt sich nichts anderes, da die jeweilige Befragungsnormen andere Tatbestandsvoraussetzungen als die Identitätsfeststellungsnormen haben. Sind die jeweiligen Tatbestandsvoraussetzungen der Befragungsnorm erfüllt, kann sie natürlich angewendet werden – jedoch besteht dabei nur nach dem BGSG eine Auskunftspflicht.

[621] Dagegen nimmt *Haurand*, S. 126 f. eine Auskunftspflicht auch bei einer Befragung nach den Identitätsfeststellungsnormen an. Ähnliches sieht dies wohl auch *Heckmann*, VBlBW 1992, 164 (169), der die im Zusammenhang mit der Vorladung geregelte Auskunftspflicht auf alle Maßnahmen der polizeilichen Datenerhebung anwenden möchte. Dem kann jedoch aus den genannten Gründen nicht gefolgt werden. Eine Auskunftspflicht kann – entgegen der Auffassung von *Oldiges*, S. 292 – auch nicht aus der jeweiligen polizeilichen Generalklausel hergeleitet werden, da die hierfür erforderliche konkrete Gefahr für die öffentliche Sicherheit oder Ordnung bei einer Schleierfahndung gerade nicht gegeben ist. Aus der Verweigerung einer Auskunft allein können auch keine Hinweise auf das Vorliegen eines Gefahrenverdachtes angenommen werden, da das Gebrauchmachen von gesetzlichen Rechten – hier sogar dem Grundrecht auf informationelle Selbstbestimmung – als solches noch nicht zu einem Gefahrenverdacht führen darf. Zur historischen Herleitung des Fragerechts der Polizei bzw. des Schweigerechts des Bürgers siehe *Lisken*, NWVBl. 1990, 325.

[622] So *Altschaffel*, 15.12 (S. 168); *Becker*, NordÖR 1999, 50 (51); *Ebert/Honnakker*, § 14 Rdnr. 12; *Heesen/Hönle/Peilert*, § 23 Rdnr. 2; *Honnacker/Beinhofer*, Art. 13 Rdnr. 6, 39; *König*, Rdnr. 163; *Kraft/Kay/Böcking*, S. 88; *Schenke*, Rdnr. 122; *Wolf/Stephan*, § 26 Rdnr. 4.

[623] Für die Schleierfahndungsnormen, die zur Identitätsfeststellung berechtigen, sind dies § 19 PolG BW; Art. 31 BayPAG; § 29 BbgPolG; § 13 HSOG; § 37 II S. 3 Sächs-PolG; § 31 IV 1 ThürPAG; § 21 I, II BGSG.

bergischen und bayerischen Datenerhebungsnorm allerdings nur auf Verlangen des Betroffenen hin.[625] Nur wenn die Erfüllung polizeilicher Aufgaben oder schutzwürdige Belange Dritter erheblich beeinträchtigt oder gefährdet sind, darf der Hinweis auf die Freiwilligkeit einer Antwort zunächst unterbleiben.[626] In Sachsen darf der Hinweis zudem dann unterbleiben, wenn er wegen der besonderen Umstände des Falles offenkundig nicht erforderlich ist.[627] Dies ist beispielsweise dann der Fall, wenn der befragende Polizeibeamte davon ausgehen darf, daß der Betroffene seine Rechte kennt. Die Polizei hat bei einer Identitätsfeststellung daher dem Betroffenen die Rechtsgrundlage der Schleierfahndungsmaßnahme und den Grund der Kontrolle, also die Durchführung einer verdachts- und ereignisunabhängigen Kontrolle, mitzuteilen, nur ausnahmsweise darf dies unterbleiben.

Eine Befragung im Rahmen einer Identitätsfeststellung ist in der Regel eine offene Erhebung der Personalien bei dem Betroffenen selbst. Wie schon oben bei der Erörterung der Befragungsnormen angesprochen wurde,[628] können sogenannte Kfz-Halteranfragen nicht der Identitätsfeststellung dienen.[629] Eine Halterabfrage ist daher auch nach den hier erörterten Identitätsfeststellungsnormen unzulässig.

Für den Fall, daß der oben erörtere bayerische Modellversuch[630] eines automatisierten Datenabgleichs mit dem Fahndungsbestand mittels eines Kennzeichenerkennungssystems in eine gesetzliche Regelung einmündet, plant Bayern, den Abgleich unter anderem auch an eine Identitätsfeststellung anzuknüpfen. Das würde bedeuten, daß bei jeder durchgeführten Identitätsfeststellung auch das Autokennzeichen mit dem Fahndungsbestand abgeglichen werden dürfte – dies wäre aber, wie gesagt, eine Maßnahme des Datenabgleichs und keine Maßnahme der Befragung im Rahmen einer Identitätsfeststellung.

### c) Aushändigenlassen mitgeführter Ausweispapiere

Bezüglich der Pflicht zur Aushändigung von Ausweispapieren gilt das oben bei der Analyse der Befragungsnormen Gesagte entsprechend. Danach muß das

---

[624] Siehe § 19 III PolG BW; Art. 30 IV BayPAG; § 29 IV BbgPolG; § 13 VIII HSOG; § 37 II SächsPolG; § 31 IV ThürPAG.

[625] § 19 III PolG BW; Art. 30 IV BayPAG.

[626] § 19 III S. 2 PolG BW; Art. 30 IV S. 2 BayPAG; § 29 IV S. 2, 3 BbgPolG; § 13 VIII S. 2 HSOG; §§ 15 VII S. 5, 37 IV S. 2 SächsPolG; § 31 IV S. 2 ThürPAG.

[627] § 37 IV S. 2 SächsPolG.

[628] Siehe oben S. 159 f.

[629] Siehe auch VV PolG Bbg § 12 Nr. 2. *Wagner,* vor §§ 9–11, Rdnr. 39 ff. weist auf die Gefahr hin, daß das Kfz-Kennzeichen, sollte es als Personenkennzeichen verwendet werden, zu einer „verkappten Identitätsfeststellung" führen kann.

[630] Siehe oben S. 160.

Ausweisdokument nicht nur vorgezeigt, sondern auch ausgehändigt werden. Eine Pflicht zum Mitführen eines Personalausweises oder Passes besteht jedoch – wie schon erwähnt wurde – nur bei einem Grenzübertritt. Verweigert der Betroffene eine Aushändigung seiner Ausweispapiere, dürfen sich Maßnahmen der zweiten Stufe, wie zum Beispiel eine Durchsuchung des Betroffenen, anschließen, wenn die Identität auf eine mildere andere Weise nicht festgestellt werden kann. Eine gesetzliche Pflicht des Bürgers, sich ohne Grund nur auf amtliche Aufforderung hin auszuweisen, besteht nicht.[631]

### d) Sonstige Maßnahmen der 1. Stufe

Wie bereits oben[632] erwähnt wurde, sind Maßnahmen, die für eine Identitätsfeststellung ergriffen werden dürfen, in den einschlägigen Ermächtigungsgrundlagen nicht abschließend aufgezählt. Vielmehr darf nach diesen die betreffende Person „insbesondere" angehalten und befragt beziehungsweise zur Vorlage mitgeführter Ausweispapiere aufgefordert werden. Sonstige Maßnahmen, die der Identitätsfeststellung dienen können, sind also ebenfalls zulässig. Allerdings müssen sie im Hinblick auf die Schwere des mit ihnen verbundenen Eingriffs in Rechtsgüter des Betroffenen mit den explizit aufgezählten Maßnahmen vergleichbar sein.[633]

In Betracht kommen daher zum Beispiel Erkundigungen bei anderen Personen oder anderen öffentlichen Stellen. Das können Nachfragen bei einer Meldebehörde oder anderen registerführenden Stellen – wie beispielsweise einer Kfz-Zulassungsstelle oder dem Kraftfahrt-Bundesamt – sein.

Zu beachten ist hierbei jedoch, daß die allgemeinen Datenschutzregeln der Polizeigesetze vorgeben, daß eine Erhebung personenbezogener Daten bei Dritten nur ausnahmsweise zulässig ist, wenn ansonsten die Wahrnehmung polizeilicher Aufgaben beziehungsweise die Wahrung schutzwürdiger Belange Dritter beeinträchtigt, erheblich erschwert oder gar gefährdet wären.[634] Stellt die Befragung eines Dritten einen weniger schweren Eingriff dar, beispielsweise die Frage nach den Personalien eines schlafenden Mitinsassen des Kfz, darf ein Dritter ebenfalls befragt werden.

---

[631] So BGHSt 25, 13 (17); OLG Hamm, NJW 1954, 1212; *Berg/Knape/Kiworr*, § 21 (S. 244).

[632] Siehe S. 164.

[633] So auch *Niehörster*, S. 54.

[634] Es gilt der Grundsatz der Unmittelbarkeit der Datenerhebung, siehe § 13 II S. 1 BDSG; § 19 I PolG BW; Art. 30 II BayPAG; § 29 II BbgPolG; § 13 VI HSOG; § 37 II, IV SächsPolG; § 31 II ThürPAG.

Nicht zulässig sind dagegen solche Maßnahmen, die tatbestandlich das Vorliegen einer konkreten Gefahr beziehungsweise eines Gefahrenverdachtes erfordern, wie beispielsweise eine Gegenüberstellung zu Identifizierungszwecken.[635]

Die nach den Befragungsnormen (verdachtsunabhängig) zulässige Inaugenscheinnahme mitgeführter Sachen ist auch nach den Identitätsfeststellungsnormen zulässig. Zwar ist die Inaugenscheinnahme in den Identitätsfeststellungsnormen nicht explizit gestattet, doch wird sie als eine in ihrer Schwere der Befragung gleichzuachtende Maßnahme für ebenfalls zulässig zu erachten sein. Zudem kann auch eine solche Maßnahme der Identifizierung des Betroffenen dienen. Allerdings muß sich – anders als nach den Befragungsnormen – die Inaugenscheinnahme nach den Identitätsfeststellungsnormen darauf beschränken und darf allein zu dem Zweck durchgeführt werden, die Identität einer Person zu klären.

## 2. Maßnahmen der 2. Stufe

Sogenannte Maßnahmen der 2. Stufe sind speziellere Maßnahmen, die dann zulässig sind, wenn entweder die Identität einer Person durch Maßnahmen der 1. Stufe nicht geklärt werden konnte oder aber die Identität durch sie nur unter erheblichen Schwierigkeiten festgestellt werden könnte. Im letztgenannten Fall ist das Ergreifen von Maßnahmen der zweiten Stufe Ausdruck des Grundsatzes der Verhältnismäßigkeit. Nicht festgestellt werden kann die Identität beispielsweise, wenn die betroffene Person sich nicht ausweisen will oder kann. Bei Zweifeln an der Echtheit oder Gültigkeit vorgelegter Ausweispapiere kann die Identität ebenfalls nicht zweifelsfrei festgestellt werden, so daß auch dann weitere Folgemaßnahmen zulässig sein können. Ausweisdokumente, deren Gültigkeit abgelaufen ist, dürfen aber nicht sofort als unecht oder unbeachtlich abgetan werden.

Ob die Identität auf andere Weise festgestellt werden muß beziehungsweise soll, liegt im Ermessen des handelnden Polizeibeamten. Auch beim Ergreifen von Maßnahmen der zweiten Stufe ist der Grundsatz der Verhältnismäßigkeit zu beachten. Gibt es beispielsweise mildere Mittel als eine Mitnahme der betroffenen Person zur Polizeidienststelle, etwa eine Einsichtnahme in Ausweispapiere in der Wohnung des Betroffenen, sind diese zu ergreifen.

Da keine Pflicht besteht, seinen Paß oder Personalausweis ständig bei sich zu tragen, kann es bei einer Identitätsfeststellung relativ schnell zu Folgemaßnahmen kommen. Diese spezielleren Maßnahmen dürfen grundsätzlich nur der

---

[635] *Roos,* § 10 Rdnr. 28 weist auf den diskriminierenden Effekt einer Gegenüberstellung hin. Eine Gegenüberstellung wird dagegen als zulässiges Mittel der Identitätsfeststellung in VollzBK BayPAG, 13.1 zu Art. 13, vom 23.12.1994 (ABl. 1995, S. 27) erwähnt und ist als repressive Maßnahme anerkannt, siehe § 58 II StPO.

Identifizierung des Betroffenen dienen, nicht dagegen beispielsweise dem Auffinden mitgeführter Waffen, Drogen oder sonstiger unerlaubter Gegenstände. Als Maßnahmen der 2. Stufe kommen verschiedene Einzelmaßnahmen in Betracht: Ein Festhalten der betroffenen Person, ihre Verbringung zur Polizeidienststelle, eine Durchsuchung der Person oder von ihr mitgeführter Sachen sowie die Durchführung erkennungsdienstlicher Maßnahmen. In Baden-Württemberg und Sachsen kann eine betroffene Person nach den einschlägigen polizeirechtlichen Normen ausnahmsweise auch in polizeilichen Gewahrsam genommen werden.

Im folgenden sollen die statthaften Maßnahmen zur Identitätsfeststellung der zweiten Stufe näher betrachtet werden.

### a) Festhalten und Mitnahme zur Dienststelle

Der Betroffene darf nach § 26 II S. 3 PolG BW, § 18 IV, V S. 1 HSOG und § 19 II S. 3 SächsPolG festgehalten und zur Polizeidienststelle mitgenommen werden, wenn seine Identität auf andere Weise nicht oder nur unter erheblichen Schwierigkeiten festgestellt werden kann. Solche Maßnahmen dürfen nach § 23 III S. 4, 5 BGSG darüber hinaus auch dann ergriffen werden, wenn die Berechtigung der kontrollierten Person zum Grenzübertritt auf andere Weise nicht oder nur unter erheblichen Schwierigkeiten festgestellt werden kann. Nach Art. 13 II S. 3, 4 BayPAG, § 12 II S. 3, 4 BbgPolG, § 14 II S. 3 ThürPAG besteht dagegen nur eine Befugnis zum Festhalten, nicht jedoch auch eine solche zur Mitnahme der betroffenen Person zur Polizeidienststelle.[636]

Nach § 18 III HSOG darf eine Person zum Zwecke einer Identitätsfeststellung maximal 12 Stunden festgehalten werden. Für die bayerische Polizei gilt gemäß Art. 18 I BayPAG, daß bei einem Festhalten nach Art. 13 II S. 3 BayPAG unverzüglich eine richterliche Entscheidung über die Zulässigkeit und Fortdauer der Freiheitsentziehung herbeizuführen ist, es sei denn, es ist anzunehmen, daß die Entscheidung des Richters erst nach Wegfall des Grundes der polizeilichen Maßnahme ergehen würde (S. 2). Inwieweit für Festhaltemaßnahmen nach anderen Identitätsfeststellungsnormen das gleiche aufgrund von Art. 104 II GG gilt, wird im Rahmen der Verfassungsmäßigkeitsprüfung (Kap. 10) zu klären sein. Nach Art. 19 I BayPAG ist dem Festgehaltenen der Grund seines Festhaltens unverzüglich bekanntzugeben und ist er über ihm zustehende Rechtsmittel zu belehren.

---

[636] A. A. für Bayern *Castillon,* S. 15; *Honnacker/Beinhofer,* Art. 13 Rdnr. 43 und *Schmidbauer/Steiner/Roese,* Art. 13 Rdnr. 25, die das Festhalten nicht als ein Festhalten an Ort und Stelle, also am Ort der Kontrolle verstanden wissen wollen, sondern auch das Verbringen zur Dienststelle unter festhalten subsumieren. Auch nach *Heckmann,* Polizei- und Sicherheitsrecht, Rdnr. 331 ist eine Sistierung statthaft, allerdings bemüht er eine „extensive Auslegung" des Merkmals Festhalten.

Das Festhalten als Maßnahme der 2. Stufe unterscheidet sich von einem Anhalten als Maßnahme der 1. Stufe vor allen Dingen durch die Zeitdauer der Maßnahme. Während ein „Anhalten" nur solange andauert, bis die Feststellung der Personalien an Ort und Stelle abgeschlossen ist, ist ein „Festhalten" eine darüber zeitlich hinausgehende Freiheitsbeschränkung. Das Festhalten kann für den Angetroffenen auch mit einem (unter Umständen unfreiwilligen) Ortswechsel verbunden sein.[637]

Im Hinblick auf die Verbringung einer Person zum Zwecke der Feststellung ihrer Identität zu einer Polizeidienststelle (auch Sistierung genannt) ist zu beachten, daß die Polizei, bevor sie einen solchen Schritt ergreifen darf, zunächst alle vor Ort zugänglichen und zur Identitätsfeststellung geeigneten Kommunikationsmöglichkeiten – etwa eine telefonische Abfragemöglichkeit – nutzen muß. Erst dann ist – wie die Identitätsfeststellungsnormen von Baden-Württemberg, Hessen und Sachsen sowie das BGSG explizit festlegen – ein Verbringen der zu überprüfenden Person an einen anderen Ort gerechtfertigt.[638]

Das BVerfG hat betont, vor einem Festhalten oder Verbringen zur Dienststelle sei eine Ausschöpfung von tauglichen Maßnahmen der ersten Stufe geboten. Ein Verbringen zur Dienststelle sei daher nur dann zulässig, wenn die der Polizei vor Ort vorliegenden (bekannten) Daten nicht ausreichten, die Identität des Betroffenen eindeutig zu bestimmen. Ein solcher Fall sei nur gegeben, wenn begründete Zweifel an der Echtheit von vorgelegten Ausweisdokumenten oder der Richtigkeit der Aussagen des Betroffenen bestünden. Ein Festhalten ebenso wie ein Abgleich der erhobenen Daten mit Daten der Einwohnermeldebehörden sei daher nur in besonderen Einzelfällen zulässig, wenn eine solche Maßnahme zur Feststellung der Identität des Betroffenen unerläßlich sei. Dies folge aus der Konkretisierung des Übermaßverbotes; bei einem Verstoß gegen dieses liege eine Verletzung von Art. 2 II S. 2 GG vor, dem Recht auf Freiheit der Person, das ein besonders hohes Rechtsgut schütze. Insbesondere sei sorgsam abzuwägen, ob ein an sich zulässiger Eingriff in denjenigen Grenzen verbleibe, die der im Rechtsstaatsprinzip wurzelnde Grundsatz der Verhältnismäßigkeit ziehe.[639] Die Vorinstanz[640] nahm an, daß bei regem Besucherverkehr auf einer Messeveranstaltung die Mitnahme des Betroffenen zur Polizeiinspektion zulässig und sachgerecht sei, da die Überprüfung der Personalien über Sprechfunk erfahrungsgemäß ebensoviel Zeit in Anspruch nehme wie ein Transport des Betroffenen zur nächstgelegenen Dienststelle.

---

[637] *Habermehl,* Rdnr. 543; *Prümm/Sigrist,* Rdnr. 166.

[638] Ein Anspruch auf Rücktransport zu der Stelle, an der ursprünglich kontrolliert wurde, besteht nach allgemeiner Ansicht nicht; siehe *Jahn,* JuS 1998, 833 (837).

[639] NVwZ 1992, 767 f.; auch StV 1992, 210 f.; BayVBl. 1992, 433 f.; NJW 1992, 2879.

[640] LG München, 1 T 2953/90.

Gründe für die Erforderlichkeit einer Sistierung können beispielsweise erhebliche Schwierigkeiten für eine Identitätsfeststellung vor Ort sein, etwa dergestalt, daß eine Identitätsfeststellung vor Ort von anderen Personen gestört wird oder für den kontrollierenden Polizeibeamten oder die zu kontrollierende Person mit besonderen Gefahren verbunden wäre. Zu denken ist an eine Kontrolle auf einer vielbefahrenen Straße oder im Umfeld aufgebrachter Menschenmengen. Ein weiterer Grund für die Erforderlichkeit einer Sistierung kann sein, daß sich die Personalien an Ort und Stelle nicht ermitteln lassen oder der Verdacht besteht, daß die erteilten Angaben unrichtig sind beziehungsweise die ausgehändigten Dokumente gefälscht sind (hierfür müssen allerdings tatsächlich begründbare Verdachtsmomente gegeben sein). Ebenfalls zulässig ist eine Verbringung des Betroffenen zur Polizeidienststelle, wenn Besonderheiten des Ortes die erforderlichen Feststellungen nicht zulassen. Zu solchen Besonderheiten zählt eine schlechte Witterung jedoch grundsätzlich nicht.[641] Dagegen können beispielsweise Verkehrsbehinderungen, die durch eine Kontrolle vor Ort ausgelöst würden, eine Mitnahme des Betroffenen rechtfertigen. Eine Mitnahme ist zudem dann zulässig, wenn die Feststellung vor Ort störendes Aufsehen erregen würde.[642] Ebenfalls ein anerkannter Grund für eine Mitnahme der zu kontrollierenden Person liegt vor, wenn nur so Widersprüche in den Angaben des Betroffenen aufgeklärt oder erforderliche Rückfragen getätigt werden können, wenn der Betroffene wegen Trunkenheit vor Ort keine hinreichenden Beiträge zur Feststellung seiner Identität leisten kann oder wenn er der deutschen Sprache nicht mächtig ist und daher die Dienste eines Dolmetschers in Anspruch genommen werden müssen.[643] Ein zulässiger Grund für eine Sistierung kann gegebenenfalls auch eine durch die Identitätsfeststellung drohende Diskriminierung des Betroffenen sein.[644]

Ist die Polizei nicht in der Lage, alle zu kontrollierenden Personen mit den vor Ort vorhandenen Einsatzkräften ohne größere Mühe und innerhalb kurzer Zeit zu überprüfen, ist eine Sistierung nicht zulässig.[645] Denn eine bloße Arbeitserleichterung für die kontrollierenden Polizeibeamten ist kein legitimes Ziel einer Sistierung.

Zulässig ist eine Verbringung zu derjenigen nächstgelegenen Dienststelle, in der die für eine Feststellung der Personalien erforderlichen technischen Voraussetzungen gegeben sind. Insofern ist nicht immer ein Verbringen zur geographisch nächstgelegenen Dienststelle geboten; es ist lediglich unter den Dienst-

---

[641] *Ebert/Honnacker,* § 14 Rdnr. 14; *Hornmann,* § 18 Rdnr. 37.
[642] *Ebert/Honnacker,* § 14 Rdnr. 14.
[643] *Rommelfanger/Rimmele,* § 19 Rdnr. 27.
[644] *Schipper,* Rdnr. 269.
[645] *Ebert/Honnacker,* § 14 Rdnr. 14.

stellen, in denen die Identitätsfeststellung voraussichtlich tatsächlich vorgenommen werden kann, die am schnellsten erreichbare zu wählen.[646]

### b) Durchsuchung der betroffenen Person und von ihr mitgeführter Sachen zur Identitätsfeststellung

Weitere zulässige Maßnahmen der zweiten Stufe können eine Durchsuchung der betroffenen Person beziehungsweise von ihr mitgeführter Sachen sein. Auch solche Maßnahmen sind jedoch nur dann statthaft, wenn die Identität einer Person beziehungsweise ihre Berechtigung zum Grenzübertritt auf andere Weise nicht oder nur unter erheblichen Schwierigkeiten festgestellt werden kann.

Ist eine solche Konstellation gegeben, dürfen nach §§ 26 II S. 3, 29 I 1, 30 Nr. 1 PolG BW,[647] Art. 13 II S. 3, 4 BayPAG, §§ 12 II S. 3, 4, 21 I Nr. 1, 22 I Nr. 1 BbgPolG, §§ 18 IV, V S. 1, 36 II Nr. 1, 37 I Nr. 1 HSOG, §§ 23 I 1, 24 Nr. 1 SächsPolG[648] und § 14 II S. 4, 5 ThürPAG sowohl die zu kontrollierende Person als auch die von ihr mitgeführten Gegenstände zum Zwecke einer Feststellung ihrer Identität durchsucht werden. Eine besondere Regelung stellt § 44 II BGSG dar. Diese Norm gestattet es generell – also unabhängig vom Ziel einer Identitätsfeststellung –, im Grenzgebiet verdachtsunabhängig Sachen zu durchsuchen.[649]

Die Gründe für eine Durchsuchung einer im Rahmen einer Schleierfahndung angetroffenen Person können vielgestaltig sein: Der Betroffene verweigert Angaben zu seiner Identität beziehungsweise kann keine Angaben machen und verfügt nicht über hinreichende Ausweispapiere; der Betroffene ist bewußtlos; es bestehen Zweifel an der Echtheit oder Gültigkeit der vorgelegten Papiere und es gibt keine vertrauenswürdige Gewährsperson oder andere zuverlässige

---

[646] *Ebert/Honnacker,* § 14 Rdnr. 14; *Heesen/Hönle/Peilert,* § 23 Rdnr. 33.

[647] A. A. für Baden-Württemberg *Castillon,* S. 21. § 26 II PolG BW nennt zwar nicht ausdrücklich eine Durchsuchung, wie aber bereits gesagt, sind die Mittel zur Identitätsfeststellung nicht abschließend aufgezählt. Vielmehr setzen §§ 29 I 2 und 30 Nr. 1 PolG BW, die baden-württembergischen Durchsuchungsnormen, voraus, daß eine Person festgehalten werden darf, was auch im Rahmen einer Schleierfahndung zulässig ist. Folglich ist es auch in Baden-Württemberg zulässig, eine Person bzw. Sachen zu durchsuchen, wenn die Identität nicht anders festgestellt werden kann.

[648] In Sachsen wird ebenfalls in der Identitätsfeststellungsnorm nicht ausdrücklich auf eine Durchsuchung als mögliche Maßnahme zur Identitätsfeststellung hingewiesen, §§ 23 I 1, 24 I 1 SächsPolG lassen aber eine Durchsuchung zu, wenn eine Person festgehalten werden darf. A. A. *Robrecht,* LKV 2001, 391 (393 f.), der die Durchsuchung zwar als mildere Maßnahme als eine Sistierung ansieht, allerdings eine Analogie mangels planwidriger Regelungslücke ablehnt.

[649] Laut den Gesetzesmaterialien zu § 44 II BGSG (BT-Drs. 13/10790, S. 1) sind denkbare Örtlichkeiten einer Durchsuchung einer Sache nach § 44 II BGSG zum Beispiel Lkw-Aufbauten und Pkw-Kofferräume.

Anhaltspunkte, die diese Zweifel klären könnten; es handelt sich um eine Person, die sich nicht ausreichend artikulieren kann.[650]

Unter einer präventivpolizeilichen Durchsuchung ist das zielgerichtete und zum Zwecke der Gefahrenabwehr vorgenommene Aufspüren von Gegenständen oder Personen zu verstehen, die sich im Verborgenen befinden.[651] Bei einer Durchsuchung von Personen zielt die Suche ab auf das Auffinden von Gegenständen in der Kleidung oder am – nicht aber im – Körper des Betroffenen.[652]

Ziel einer Durchsuchung zur Identitätsfeststellung muß das Auffinden solcher Gegenstände sein, die die Identität der betroffenen Person klären können.[653] Hierzu zählen zum Beispiel Ausweispapiere, Bankkarten, Rechnungen, Quittungen, Pfandscheine und vergleichbare Gegenstände. Darüber hinaus ist eine Durchsuchung nach anderen zur Identifizierung einer Person geeigneten Merkmalen statthaft, zu denken ist an Narben und Tätowierungen. Eine Durchsuchung ist nur dann zulässig, wenn eine gewisse Wahrscheinlichkeit besteht, daß Hinweise zu finden sind, die zur Identifizierung beitragen können.[654] Durchsucht werden müssen also zunächst diejenigen Gegenstände, bei denen vermutet werden kann, daß sich in ihnen Ausweispapiere befinden, also zum Beispiel Handtaschen und Jackentaschen. Eine Durchsuchung darf grundsätzlich nur von Personen gleichen Geschlechts oder Ärzten vorgenommen werden, siehe beispielsweise Art. 21 III BayPAG.

Eine Sache darf grundsätzlich nach Personen oder anderen Sachen durchsucht werden, unabhängig von den Eigentumsverhältnissen an der zu durchsuchenden Sache.[655] Da es aber auch bei der Sachdurchsuchung darauf ankommt, die Iden-

---

[650] *Altschaffel*, 15.12 (S. 170).

[651] BVerwGE 47, 31 (37); *Schoch*, Polizeirecht, Rdnr. 226.

[652] *Robrecht*, LKV 2001, 391 ff. In diesem Fall muß eine Durchsuchung abgegrenzt werden von einer Untersuchung. Die Durchsuchung einer Person beschränkt sich auf deren Körperoberfläche einschließlich natürlicher Öffnungen wie Mund, Nase und Ohren und dient dem Auffinden von Gegenständen bzw. Merkmalen zur Identifizierung, siehe *Drews/Wacke/Vogel/Martens*, S. 201; *Schenke*, Besonderes Verwaltungsrecht, Rdnr. 103; *Schmidbauer/Steiner/Roese*, Art. 21 Rdnr. 4; *Würtenberger/Heckmann/Riggert*, Rdnr. 364. Eine körperliche Untersuchung beschränkt sich nicht notwendig auf die Körperoberfläche und dient der Ermittlung des Gesundheitszustandes der Person: *Lambiris*, S. 29; *Robrecht*, LKV 2001, 391 f.

[653] Siehe VV PolG Bbg § 12 Nr. 6: „Die Durchsuchung nach Absatz 2 Satz 4 ist nur zulässig, um die Identität einer Person festzustellen." § 23 III S. 4, 5 BGSG; § 18 IV HSOG und § 29 III S. 3 SOG MV legen explizit fest, daß nur nach Gegenständen gesucht werden darf, die zur Identitätsfeststellung dienen können. Siehe auch *Ebert/Honnacker*, § 14 Rdnr. 15; *Kay/Böcking*, Eingriffsrecht II, S. 133. Eine Durchsuchung nach – hier nicht zu erörternden – verdachtsabhängigen Ermächtigungsgrundlagen ist nur statthaft bei Vorliegen objektiver Anhaltspunkte dahingehend, daß eine Durchsuchung zum Auffinden von Sachen führt, die sichergestellt werden dürfen.

[654] *Roos*, § 10 Rdnr. 33; *Schipper*, Rdnr. 269.

[655] Siehe auch *Beital//Führing/Petersen-Thrö/Robrecht*, S. 182.

tifizierung einer Person zu ermöglichen, kommt hier nur die Durchsuchung nach Gegenständen, die die Identität klären können, in Betracht. Sachen dürfen nur durchsucht werden, wenn sie von der betroffenen Person mitgeführt werden. Als mitgeführt gelten nur Sachen, die der Betroffene bei sich trägt oder bei sich hat, nicht aber das Transportmittel, in dem sich die zu überprüfende Person befindet.[656] Eine Durchsuchung eines von der zu kontrollierenden Person benutzten Fahrzeugs ist daher nur dann statthaft, wenn eine gesonderte Ermächtigungsgrundlage ein solches Vorgehen gestattet. Solche besonderen Ermächtigungsgrundlagen sind § 30 Nr. 6 PolG BW, § 37 II Nr. 4 HSOG und § 24 Nr. 6 SächsPolG. Nach diesen Normen ist es zulässig, das Fahrzeug (sei es ein Land-, ein Wasser- oder ein Luftfahrzeug), in dem sich der Betroffene befindet, sowie die im Fahrzeug befindlichen oder mit diesem verbundenen Sachen (nach Identifikationsdokumenten) zu durchsuchen. Nach der hessischen Regelung ist ein solches Vorgehen allerdings nicht verdachtsunabhängig zulässig, sondern nur dann, wenn tatsächliche Anhaltspunkte die Annahme rechtfertigen, daß sich in oder an dem Fahrzeug eine Sache befindet, die sichergestellt werden darf. Insofern fällt die hessische Ermächtigungsgrundlage aus dem Kreis der hier interessierenden Befugnisnormen für eine Durchsuchung zum Zwecke der Identitätsfeststellung heraus. Auch bei einer Durchsuchung eines Fahrzeuges muß zunächst an solchen Orten gesucht werden, an denen sich üblicherweise Ausweis-Papiere oder sonstige zur Identitätsfeststellung geeignete Dokumente befinden.

Zur Durchsuchung einer Sache darf diese geöffnet, betreten und gegebenenfalls sogar zerlegt werden, und zwar selbst dann, wenn damit Beschädigungen einhergehen.[657] Allerdings gelten auch hier die Grenzen des Verhältnismäßigkeitsprinzips.

Im Fall einer nach den genannten besonderen Ermächtigungsgrundlagen statthaften Fahrzeugdurchsuchung stellt sich unter Umständen das Problem, daß bestimmte Fahrzeuge „Wohnungsqualität" haben und somit auch die Vorschriften über die Durchsuchung von Wohnungen zu beachten sind.[658] Wohnungen unterliegen dem Schutz des Art. 13 GG und dürfen nur aufgrund richterlicher Anord-

---

[656] *Meixner/Fredrich,* § 18 Rdnr. 35; *Meixner/Martell,* § 20 Rdnr. 35. Nach anderer Auffassung (*Altschaffel,* 15.12 [S. 170]; *Berner/Köhler,* Art. 22 Rdnr. 2; *Kay/Bökking,* Eingriffsrecht I, S. 326 f.; *Mühl/Leggereit/Hausmann,* Rdnr. 175; *Roos,* § 10 Rdnr. 34) ist auch ein Pkw mitgeführt, da er als Sache der betroffenen Person zuzuordnen ist. Dieser Auffassung kann nicht gefolgt werden. Beispielsweise nach den bayerischen Durchsuchungsnormen darf ein Fahrzeug nur an einer Kontrollstelle und einem Schleierfahndungsort durchsucht werden – diese Regelung würde sinnlos sein, wenn sowieso aufgrund jeder Identitätsfeststellung ein Pkw durchsucht werden dürfte. Die Systematik der Polizeigesetze spricht dafür, daß Fahrzeuge keine „mitgeführten Gegenstände" im Sinne des Gesetzes sind.

[657] *Heesen/Hönle/Peilert,* § 44 Rdnr. 3.

[658] *Franke/Unger,* § 23 Rdnr. 2; *Roese,* ZFIS 1998, 13 (14); *Schmidbauer/Steiner/Roese,* Art. 13 Rdnr. 20.

nung oder bei Gefahr im Verzug durch anderer Organe Anordnung durchgeführt werden. Als Beispiele werden Wohnmobile, Wohnanhänger, Schlafkabinen von Lkw und Eignerwohnungen auf Binnenschiffen genannt. Alle Fahrzeugteile, die Wohnungsqualität besitzen, dürfen daher im Rahmen einer Schleierfahndung nicht verdachtsunabhängig durchsucht werden. Wohnungen sind alle Räume, die der allgemeinen Zugänglichkeit durch eine räumliche Abschottung entzogen und zur Sphäre privaten Lebens und Wirkens gemacht sind.[659] Dies muß generell für Fahrerhäuser von Fern-Lkws gelten, wohl aber dürfen theoretisch die Laderäume durchsucht werden – diese Durchsuchungen können aber nur ausnahmsweise dem Auffinden von Dokumenten dienen, mit denen der Fahrer identifiziert werden kann. Durchsucht werden dürfen aber Lieferwagen sowie Kurzstrecken-Lkw.

Werden bei einer Durchsuchung Sachen gefunden, die auf die Begehung einer Straftat oder Ordnungswidrigkeit hindeuten, dürfen sie als Beweismittel oder Einziehungs- beziehungsweise Verfallsgegenstände nach §§ 94 ff., 111b ff. StPO beschlagnahmt oder als Zufallsfund nach § 108 StPO einstweilen in Beschlag genommen werden.

### c) Durchsuchungen zu anderen Zwecken als einer Identitätsfeststellung

Nach dem Recht einiger Bundesländer kommt es zu einer Überlagerung der Normen über eine verdachtsunabhängige Durchsuchung zur Identitätsfeststellung durch Ermächtigungen zur Durchsuchung zu anderen Zwecken. Sowohl in Bayern, Sachsen als auch in Thüringen dürfen nach Art. 21 I Nr. 3 und Art. 22 I Nr. 4 BayPAG, § 24 Nr. 7 SächsPolG beziehungsweise §§ 23 I 4 und 24 I 4 ThürPAG eine Person und von ihr mitgeführte Sachen unabhängig von der Notwendigkeit der Vornahme einer Durchsuchung zum Zwecke der Identitätsfeststellung bereits dann durchsucht werden, wenn sich die Person an einem Ort aufhält, an dem eine Schleierfahndung durchgeführt wird, beziehungsweise die Sache sich an einem solchen Ort befindet. In Sachsen gilt die Durchsuchungsbefugnis nur bezüglich mitgeführter Sachen, nicht auch der Person. Da sich in diesem Fall auch ein eventuelles Fahrzeug des Betroffenen an besagtem Ort befindet, darf auch dieses durchsucht werden.[660] Nach diesen Vorschriften dür-

---

[659] *Jarass/Pieroth,* Art. 13 Rdnr. 2.

[660] In den meisten Polizeigesetzen mit Schleierfahndung, die zur Identitätsfeststellung berechtigen, ist ebenfalls vorgesehen, daß eine Durchsuchung stattfinden darf, wenn die betroffenen Person aufgrund einer anderen Norm festgehalten werden darf, siehe beispielsweise § 36 II 1 HSOG; § 23 I 1 SächsPolG. Bei einer Schleierfahndung dürfen Personen zur Identitätsfeststellung festgehalten oder in Gewahrsam genommen werden, wenn die Identität sonst nicht oder nur erschwert möglich wäre. Auch hier muß die Durchsuchung der Identitätsfeststellung dienen, der Verweis in den Durchsu-

fen eine Person beziehungsweise von ihr mitgeführte Sachen also auch dann durchsucht werden, wenn die Identität der Person schon feststeht.[661] Nr. 21.2.3 der VollzBK BayPAG bestimmt jedoch, daß sich eine solche Durchsuchung am Zweck einer Schleierfahndung orientieren, also der Bekämpfung der grenzüberschreitenden Kriminalität beziehungsweise der Verhinderung einer unerlaubten Einreise dienen muß.[662] Damit eine solche Maßnahme noch als verhältnismäßig angesehen werden kann, muß eine Verdichtung von Tatsachen vergleichbar dem Vorliegen einer konkreten Gefahr gegeben sein.[663] Nur dann können derart massive Beeinträchtigungen der Rechte des Betroffenen gerechtfertigt werden. Als Anhaltspunkt für die Zulässigkeit einer Durchsuchung nach diesen Vorschriften kann ein Vergleich einer solchen Maßnahme mit einer Kontrolle an einer Schengen-Außengrenze dienen: In solchen Fällen, in denen sich ein Polizeibeamter an einer Schengen-Außengrenze entscheiden würde, eine Person sowie die von ihr mitgeführten Sachen zu durchsuchen, ist eine Durchsuchung auch nach den beiden genannten Durchsuchungsvorschriften bei Gelegenheit einer Schleierfahndung zulässig.

Auch eine Durchsuchung nach § 44 II BGSG[664] geht über eine „normale" Durchsuchung nach Identitätspapieren – die nach § 23 III S. 5 BGSG statthaft ist – hinaus. Eine Durchsuchung nach dieser Norm darf nur im 30-km-Grenzstreifen beziehungsweise 50-km-Küstenstreifen und nur zur Verhinderung oder Unterbindung einer unerlaubten Einreise oder anderer grenzbezogener Straftaten vorgenommen werden.[665] Liegen diese Tatbestandsvoraussetzungen vor, darf

---

chungsnormen ist also nicht als eigenständige Ermächtigung zum Durchsuchen nach allem Möglichen zu verstehen. Siehe auch *Petersen-Thrö/Robrecht/Elzermann,* S. 72.

[661] *Ebert/Honnacker,* § 14 Rdnr. 15; siehe auch Urteil des VG Augsburg vom 18.12.2003, Az. Au 8 K 02.1703, S. 10.

[662] In der Literatur wird darauf hingewiesen, daß eine Durchsuchung nur zulässig sei, wenn eine „ortstypische" Gefahr bekämpft werden solle; siehe *Honnacker/Beinhofer,* Art. 21 Rdnr. 8; *Rachor,* in Lisken/Denninger, F Rdnr. 378.

[663] A. A. *Weingart,* BayVBl. 2001, 33 (41): „zu restriktiv"; ähnlich auch *Züfle,* DPolBl 2004, 24 (26), der für Baden-Württemberg das Fehlen einer verdachts- und ereignisunabhängiger Durchsuchungsbefugnis als „Schwachstelle" und „Gesetzeslücke" bezeichnet.

[664] § 44 II BGSG lautet: Im Grenzgebiet bis zu einer Tiefe von dreißig Kilometern kann der Bundesgrenzschutz eine Sache auch zur Verhinderung oder Unterbindung unerlaubter Einreise in das Bundesgebiet oder zur Verhütung von Straftaten im Sinne des § 12 Abs. 1 Nr. 1 bis 4 durchsuchen. Das in Satz 1 genannte Grenzgebiet erstreckt sich im Küstengebiet von der seewärtigen Begrenzung an bis zu einer Tiefe von 50 Kilometern (...).

[665] Nicht gestattet sind solche Durchsuchungen auf Flugplätzen, im Bereich von Bahnanlagen oder in Zügen. *Heesen/Hönle/Peilert,* § 44 Rdnr. 15 gehen auch hier konsequenterweise wieder davon aus, daß auch bei einer Ausreise durchsucht werden dürfe, da sich die Norm nicht nur auf Einreisekontrollen beziehe, sondern vielmehr Hinweise auf unerlaubte Einreisen entscheidend seien. Desweiteren äußern sie sich kritisch zu der Regelung, die ihrer Meinung nach zu eng geraten ist, da einige Verbrechen nicht in dem Straftatenkatalog von § 12 I Nr. 1–4 BGSG aufgeführt seien. Diese

eine Sache unabhängig von der Vornahme einer Identitätsfeststellung nach § 23 I 3 BGSG durchsucht werden, wobei auch nach anderen Gegenständen als solchen, die der Identitätsfeststellung dienen können, geforscht werden darf. Auf der Basis dieser Norm dürfen Taschen, Koffer, Pkw, Lkw, Anhänger samt Ladefläche, Tanks, Ablagefächer und ähnliches durchsucht werden. Auch hier muß gelten, daß eine völlig verdachtsunabhängige Suche nach anderen Gegenständen als zur Identitätsfeststellung dienlichen Dokumenten unverhältnismäßig wäre und tatsächliche Anhaltspunkte für das Auffinden von Gegenständen wie Waffen oder Drogen sprechen müssen.

Ebenfalls zulässig ist eine Durchsuchung der betroffenen Person nach Waffen, anderen gefährlichen Werkzeugen und Explosionsmitteln zum Schutz der durchsuchenden Beamten oder eines Dritten. In den jeweiligen Polizeigesetzen ist dies aber nie verdachtsunabhängig zulässig, sondern jeweils nur, wenn dies nach den Umständen erforderlich erscheint, siehe nur § 18 II RPPOG.

### d) Erkennungsdienstliche Maßnahmen

Unter erkennungsdienstlichen Maßnahmen sind Aktivitäten zu verstehen, die der Feststellung der Identität eines Betroffenen aufgrund individueller körperlicher Merkmale dienen.[666] Erkennungsdienstliche Maßnahmen sind insbesondere die Abnahme von Finger- oder Handflächenabdrücken, die Aufnahme von Lichtbildern einschließlich Bildaufzeichnungen, die Feststellung der äußerlichen körperlichen Merkmale, Messungen sowie erfolgte Stimmaufzeichnungen, die nur mit Wissen des Betroffenen zulässig sind.[667]

Auch erkennungsdienstliche Maßnahmen sind, wie sich aus § 24 I Nr. 1 BGSG, Art. 14 I Nr. 1 BayPAG, § 13 II BbgPolG, § 16 I Nr. 1 ThürPAG ergibt, nur dann zulässig, wenn die Identität einer betroffenen Person auf andere zulässige Weise nicht oder nur unter erheblichen Schwierigkeiten festgestellt werden kann. Die baden-württembergische Norm, § 36 I Nr. 1 PolG BW, normiert eine solche Voraussetzung für die Zulässigkeit einer Durchführung erkennungsdienstlicher Maßnahmen nur bezogen auf den Fall, daß die Maßnahme gegen den Willen des Betroffenen durchgeführt wird. Gemäß § 20 I Nr. 1 SächsPolG gilt die hier erörterte Einschränkung nur für den Fall, daß erkennungsdienstliche Maßnahmen ohne Einwilligung des Betroffenen getroffen wer-

---

Lücke dürfe und müsse mittels eines Erst-Recht-Schlusses geschlossen werden – wenn schon bei einem Vergehen eine Durchsuchung gestattet sei, dann müsse eine solche erst recht bei Verbrechen, auch wenn sie nicht im Straftatenkatalog des § 12 I Nr. 1–4 BGSG aufgeführt seien, statthaft sein.

[666] *Schoch*, Polizeirecht, Rdnr. 202.

[667] § 24 III BGSG; § 36 II PolG BW; Art. 13 III BayPAG; § 13 I BbgPolG; § 20 II SächsPolG; § 16 III ThürPAG. Die Formulierung in § 19 HSOG ist ähnlich, sie gestattet allerdings ausdrücklich auch Abdrücke anderer Körperpartien.

den sollen. In Hessen sind gemäß § 18 III S. 2, V HSOG erkennungsdienstliche Maßnahmen gegen den Willen einer Person, die nicht nach §§ 6, 7 HSOG verantwortlich ist – also auch Maßnahmen gegen einen von einer Schleierfahndung Betroffenen –, nur zulässig, wenn die erforderlichen Angaben über die eigene Identität verweigert werden oder bestimmte Tatsachen den Verdacht einer Täuschung über die Identität begründen.

Eine Identitätsfeststellung mit Hilfe erkennungsdienstlicher Maßnahmen erfolgt in der Regel durch einen Abgleich der gewonnenen Daten – etwa eines Fingerabdruckes – mit bereits zuvor vorhandenen erkennungsdienstlichen Unterlagen, gegebenenfalls durch einen Abgleich von erhobenen Daten mit dem Datenbestand der Paß- und Personalausweisbehörden gem. § 22 PaßG und § 2b PersAuswG.[668]

Wegen der besonderen Schwere des Eingriffs in die Rechte des Betroffenen durch die Durchführung erkennungsdienstlicher Maßnahmen sind diese nur als ultima ratio zulässig und auch nur dann, wenn zu erwarten ist, daß Vergleichsdaten vorhanden sind, der Abgleich also erfolgreich verlaufen kann.[669]

Ist die Identität einer Person festgestellt, sind die im Zusammenhang mit der Feststellung angefallenen Unterlagen, also auch die erkennungsdienstlichen, zu vernichten. Dies ergibt sich aus § 24 II BGSG, § 36 III PolG BW, Art. 14 II BayPAG, § 13 III BbgPolG, § 19 III HSOG, § 20 III SächsPolG und § 16 II ThürPAG.

### e) Identitätsgewahrsam

Eine Ingewahrsamnahme zu präventiven Zwecken ist zwar in allen Polizeigesetzen geregelt,[670] jedoch speziell zur Feststellung der Identität einer Person nur in den Polizeigesetzen von Baden-Württemberg und Sachsen.[671] Nach § 28 I Nr. 3 PolG BW und § 22 I Nr. 3 SächsPolG darf die betroffene Person in Gewahrsam genommen werden, wenn ihre Identität auf andere Weise nicht festgestellt werden kann.[672] Ein solcher Identitätsgewahrsam ist nach dem BGSG und

---

[668] *Erichsen,* Jura 1993, 45 (46).

[669] Siehe *Würtenberger/Heckmann/Riggert,* Rdnr. 340 mwN.

[670] § 28 I PolG BW; Art. 17 BayPAG; § 30 ASOG Bln; § 17 BbgPolG; § 23 Nr. 1e BbgOBG; § 15 BremPolG; § 13 SOG HH; § 32 HSOG; § 55 SOG MV; § 18 NSOG; § 35 PolG NRW; § 24 Nr. 13 OBG NRW; § 14 RPPOG; § 13 SaarPolG; § 22 SächsPolG; § 37 SOG LSA; § 204 SHLVwG; § 19 ThürPAG; § 39 BGSG.

[671] Siehe hierzu *Stoermer,* S. 137 ff.

[672] In einem Urteil des SächsVerfGH DVBl. 1996, 1423 (1425 f.) wurde der Identitätsgewahrsam für grundsätzlich verfassungsgemäß erachtet, allerdings mit der Maßgabe, daß der Betroffene nur so lange in Gewahrsam gehalten werden darf, bis seine Identität durch das Festhalten oder mit anderen Mittel festgestellt werden kann. Besonderes sei daher auf die Dauer des Identitätsgewahrsams zu achten. Daraufhin wurde

den Polizeigesetzen von Hessen, Bayern, Brandenburg und Thüringen nicht vorgesehen.

Die Ingewahrsamnahme zur Identitätsfeststellung ist von dem oben dargestellten Festhalten und einer Sistierung abzugrenzen. Da der Identitätsgewahrsam nur nach dem Landesrecht von Baden-Württemberg und Sachsen zulässig ist, führt ein Überschreiten der oben auf S. 171 ff. aufgezeigten Grenzen eines Festhaltens in den übrigen Ländern zur Rechtswidrigkeit der Maßnahme, in den beiden genannten Ländern, die eine besondere Identitätsgewahrsamsnorm haben, kann dagegen ein Überschreiten der Grenzen für ein Festhalten möglicherweise als Maßnahme eines Identitätsgewahrsams angesehen und so gerechtfertigt werden.

Die Differenzierung zwischen einem Festhalten und einer Ingewahrsamnahme ist gradueller Natur, entscheidend für die Zuordnung ist die Intensität der Beeinträchtigung des Betroffenen. Für die Zuordnung wiederum spielt die Dauer der Inanspruchnahme eine entscheidende Rolle.[673] Freiheitsbeschränkungen, die nur wenige Minuten andauern, stellen sich demnach als ein bloßes Anhalten dar. Maßnahmen, deren Dauer in Stunden zu bemessen ist, sind als ein Festhalten zu bewerten. Freiheitsbeschränkungen, die noch länger dauern, sind als Ingewahrsamnahme zu klassifizieren. Auf die Abgrenzung zwischen den drei Maßnahmen wird im Rahmen der verfassungsrechtlichen Prüfung noch genauer einzugehen sein.[674]

Eine Ingewahrsamnahme stellt stets eine kurzfristige präventivpolizeiliche Freiheitsentziehung im Sinne des Art. 2 II 2, 104 II GG dar.[675] Dem Richtervorbehalt wurde in den jeweiligen Normen genüge getan.

---

die Höchstdauer des Identitätsgewahrsams gesetzlich auf 3 Tage begrenzt, § 21 VII S. 3 SächsPolG. Siehe hierzu *Heckmann,* SächsVBl. 1999, 221 (222). Festzuhalten bleibt, daß der Identitätsgewahrsam nur so lange andauern darf, wie dies zur Identitätsfeststellung erforderlich ist – in Sachsen jedoch maximal 3 Tage. Nach Bay-VerfGH BayVBl. 1990, 685 (690); *Schenke,* DVBl. 1996, 1393 f. sowie *Stoermer,* S. 214 kann auch eine 14-tägige Gewahrsamsdauer nicht als von vornherein unverhältnismäßig und damit unzulässig klassifiziert werden.

[673] *Rachor,* in Lisken/Denninger, F Rdnr. 486; *Stoermer,* S. 26 ff.

[674] Die maximal zulässige Dauer eines Festhaltens wird in der Literatur unterschiedlich bemessen: Maximal zwischen 1–2 Stunden nach *Wolf/Stephan,* § 26 Rdnr. 27; maximal eine Stunde nach *Belz,* § 19 Rdnr. 25 und *Rommelfanger/Rimmele,* § 19 Rdnr. 28. Nach *Altschaffel,* 15.12 (S. 170), *König,* Rdnr. 176 und *Roos,* § 10 Rdnr. 30 ist jede Freiheitsbeschränkung, die zeitlich über das für eine zügige Abwicklung am Kontrollort typischerweise Erforderliche hinausreicht, als Festhalten anzusehen, das maximal 12 Stunden andauern darf. Eine gesetzliche Vorgabe findet sich in § 38 II PolG NRW: Die Höchstgrenze für ein präventivpolizeiliches Festhalten liegt danach bei 12 Stunden.

[675] *Degenhart,* in Sachs, Art. 104 Rdnr. 6; *Drews/Wacke/Vogel/Martens,* S. 199; *Jarass/Pieroth,* Art. 104 Rdnr. 10; *Würtenberger/Heckmann/Riggert,* Rdnr. 362.

### 3. Maßnahmen der 3. Stufe: Datenverarbeitung

Maßnahmen, die mit der unmittelbaren Feststellung der Identität nichts mehr zu tun haben, sondern Fragen der Zulässigkeit einer Speicherung der erhobenen Daten oder ihrer Nutzung zu sonstigen Zwecken betreffen, also Daten*verarbeitungs*maßnahmen, können auch als „Maßnahmen der 3. Stufe" bezeichnet werden.

#### a) Speicherung, Veränderung und Nutzung von erhobenen Daten

Im Hinblick auf die Zulässigkeit einer Speicherung, Veränderung und Nutzung von erhobenen Daten kann auf das oben (Kap. 6. I. 4.) im Rahmen der Erörterung der Befragungsnormen Gesagte verwiesen werden.[676] Die dortigen Feststellungen gelten in gleicher Weise für Maßnahmen nach den Identitätsfeststellungsnormen.

Nach § 29 I S. 1, 3 BGSG, § 37 I S. 1, II PolG BW, Art. 37 II, 38 I BayPAG, § 29 I, V BbgPolG, § 20 I S. 1, II, III HSOG, § 43 I SächsPolG und § 40 I, II ThürPAG dürfen personenbezogene Daten gespeichert, verändert und genutzt werden, soweit dies zur Erfüllung einer polizeilichen Aufgabe erforderlich ist und sofern der Zweckbindungsgrundsatz gewahrt wird, also die Datenverarbeitung zum Zwecke der Bekämpfung grenzüberschreitender Kriminalität beziehungsweise der Verhütung unerlaubter Einreisen stattfindet. Es gilt ebenso wie bei der Datenverarbeitung von Informationen, die im Rahmen einer Befragung gewonnen wurden, der Grundsatz, daß eine Verarbeitung der erlangten Daten nur dann statthaft ist, wenn eine gewisse Wahrscheinlichkeit dafür spricht, daß zu einem zukünftigen Zeitpunkt eine weitere Verwendung der erhobenen Daten geboten sein kann. Eine Befugnis zur verdachts- und ereignislosen Datenverarbeitung besteht nicht.

Gemäß Art. 45 II BayPAG; § 46 I S. 1 PolG BW; § 27 II S. 1 HSOG; § 49 SächsPolG iVm. § 19 I SächsDSG sowie § 45 II S. 1 ThürPAG sind gespeicherte Daten im Fall einer unzulässigen Erhebung oder Verarbeitung, aber auch bei Zweckerreichung oder Zweckwegfall, umgehend zu löschen.

#### b) Abgleich von erhobenen Daten

Bezüglich der Zulässigkeit eines Abgleichs der durch eine Identitätsfeststellung erlangten Informationen gilt das oben bei der Erörterung der Zulässigkeit eines Datenabgleichs im Rahmen einer Befragung Gesagte entsprechend. Insofern kann an dieser Stelle auf die Ausführungen oben in Kap. 6. I. 5. verwiesen werden.[677]

---

[676] Siehe oben S. 143 ff.

Nach § 34 I S. 2 BGSG, § 39 I S. 3 PolG BW, Art. 43 I S. 3 BayPAG, § 40 I S. 3 BbgPolG, § 25 I S. 3 HSOG, § 46 I S. 3 SächsPolG und § 43 I S. 3 ThürPAG dürfen im Rahmen der Aufgabenerfüllung erlangte personenbezogene Daten mit dem Fahndungsbestand abgeglichen werden. Ein solcher Abgleich kann offenlegen, ob eine im Rahmen einer Schleierfahndung überprüfte Person mit einer gesuchten Person identisch ist.[678]

In Teilen der Literatur wird angenommen, daß ein Datenabgleich als eine sich an eine Identitätsfeststellung anschließende Maßnahme der dritten Stufe nur dann durchgeführt werden dürfe, wenn er Identifizierungszwecken diene.[679] Den oben genannten Normen des Datenabgleich läßt sich allerdings für diese Ansicht kein Anhaltspunkt entnehmen. Nach den gesetzlichen Regelungen zum Datenabgleich ist dieser eine eigenständige Maßnahme, die von der Identitätsfeststellung im Rahmen einer Schleierfahndung unabhängig ist. Ein Datenabgleich darf also immer dann durchgeführt werden, wenn die Tatbestandsvoraussetzungen der jeweiligen Datenabgleichsnorm erfüllt sind.[680]

Ein Datenabgleich als eine Anschlußmaßnahme der dritten Stufe ist mithin stets dann zulässig, wenn er der Erfüllung irgendeiner polizeilichen Aufgabe dient. Dies kann, muß aber nicht die Identifizierung einer angetroffenen Person sein.

Die Person, deren Daten mit dem Fahndungsbestand abgeglichen werden sollen, darf während der Durchführung des Abgleichs angehalten werden. Dies ergibt sich aus § 34 I S. 3 BGSG, § 39 I S. 4 PolG BW, Art. 43 I S. 4 BayPAG, § 25 I HSOG, § 46 I S. 4 SächsPolG sowie § 40 II BbgPolG und § 43 II ThürPAG, wobei die beiden letztgenannten Normen ein Anhalten auf einen Zeitraum

---

[677] Siehe oben S. 145 ff.

[678] *Bernet/Groß/Mende*, § 18 S. 2; *Erichsen*, Jura 1993, 45 (46); *Götz*, Rdnr. 279; *Jochum/Rühle*, Rdnr. 56; *Karnop*, Rdnr. 312; *Mandelartz/Sauer/Strube*, zu § 9 Rdnr. 4; *Schipper*, Rdnr. 255; *Würtenberger/Heckmann/Riggert*, Rdnr. 341 mwN. Nach *Sukkow/Hoge*, Rdnr. 113 läßt sich mittels eines Datenabgleichs auch prüfen, ob eine Person tatsächlich diejenige ist, für die sie sich ausgibt. Nach *Wagner/Ruder*, Rdnr. 501 findet im Rahmen des Datenabgleichs eine Prüfung dahingehend statt, ob eine betroffene Person mit einer anderen Person identisch ist, deren Personalien schon bekannt sind.

[679] *Altschaffel*, 15.12 (S. 154); *Würz*, Polizeiaufgaben, Rdnr. 157. Faktisch wird aber in sehr vielen Fällen ein Datenabgleich auch dann durchgeführt, wenn die Identität des Betroffenen bereits feststeht; siehe BW LT-Drs. 12/117, S. 10; *Rachor*, in Lisken/Denninger, F Rdnr. 317; *Stephan*, DVBl. 1998, 81 (83).

[680] *Heckmann*, VBlBW 1992, 203 (209) weist zu recht darauf hin, daß der Abgleich mit dem Fahndungsbestand notgedrungen prophylaktisch erfolgt. *Roos*, § 10 Rdnr. 27; *Rühle/Suhr*, § 10, 3 (S. 164) sehen als Rechtsgrundlage für eine Überprüfung mit dem Fahndungsbestand die jeweilige Datenabgleichsnorm an, zum Beispiel § 25a I 1, 2 RPPOG; anders aber *dies.* unter § 10, 4 (S. 166): wegen der geringen Intensität des Eingriffs sei der Abgleich der Daten eine erforderliche Maßnahme im Rahmen des § 10 RPPOG (Identitätsfeststellungsnorm).

beschränken, der für einen Datenabgleich regelmäßig notwendig ist. Diese sich letztlich aus dem Verhältnismäßigkeitsgrundsatz ergebende Einschränkung gilt aber selbstverständlich auch für die anderen Normen, die dies nicht ausdrücklich erwähnen.

## III. Zusammenfassung zu den im Rahmen einer Befragung und einer Identitätsfeststellung zulässigen Maßnahmen

Zusammenfassend läßt sich sagen, daß eine verdachts- und ereignisunabhängige Identitätsfeststellung zwar an engere tatbestandliche Voraussetzungen gebunden ist als eine verdachts- und ereignisunabhängige Befragung. Vor allem die Örtlichkeiten, an denen eine Maßnahme vorgenommen werden darf, sind bei den Identitätsfeststellungsnormen zum großen Teil deutlich eingeschränkter definiert als nach den Befragungsnormen, die eine Kontrolle im gesamten Verkehrsraum zulassen. Aber die statthaften Folgemaßnahmen bei einer Identitätsfeststellung sind dafür relativ weitgehend. So sind beispielsweise auch eine Sistierung, eine Durchsuchung und eine Durchführung erkennungsdienstlicher Maßnahmen nach den Identitätsfeststellungsnormen verdachtsunabhängig zulässig. Allerdings ist es verdachtsunabhängig nicht zulässig, ein Bewegungsprofil zu erstellen.

Alle Maßnahmen, also sowohl solche nach den Befragungsnormen als auch solche nach den Identitätsfeststellungsnormen, dürfen mit polizeilichen Zwangsmitteln durchgesetzt werden.[681] So darf zum Beispiel in Sachsen-Anhalt die Teilnahme an einer Befragung mittels Zwangsgeld bewirkt werden, vgl. § 56 SOG LSA.

## IV. Zulässigkeit von Anschlußmaßnahmen

Das Ergebnis einer durchgeführten Schleierfahndung kann sein, daß sich Anhaltspunkte für das Vorliegen einer tatsächlichen polizeirechtlich relevanten Gefahr ergeben haben.[682] Dann besteht für die Polizeibeamten die Möglichkeit, auf der Basis der polizeirechtlichen Normen, die ein polizeiliches Handeln bei

---

[681] Dies gilt auch für eine Ingewahrsamnahme in Baden-Württemberg und Sachsen, da das „In Gewahrsam nehmen" nicht notwendig automatisch mit der Anwendung von Zwang verbunden ist sondern vielmehr nur dann Zwangsvollstreckungsmaßnahmen zum Zuge kommen, wenn der Wille des Betroffenen gebeugt werden soll. Siehe auch *Finger,* JuS 2005, 116 (118 f.).

[682] Dies ist beispielsweise dann der Fall, wenn Waffen oder typische Einbruchswerkzeuge im Kofferraum eines kontrollierten Kraftfahrzeuges gefunden werden.

Vorliegen einer Gefahr gestatten, weitere polizeirechtliche Gefahrenabwehrmaßnahmen zu ergreifen.

Denkbar ist aber auch, daß sich bei der Durchführung einer Schleierfahndung der Verdacht auf das Vorliegen einer Straftat ergibt. Bei Bestehen eines Anfangsverdachtes im Sinne von § 152 II StPO sind strafprozessuale Maßnahmen zulässig und wegen des strafrechtlichen Legalitätsprinzips regelmäßig auch geboten. Gleiches gilt, wenn im Zuge einer Schleierfahndung – etwa durch einen Datenabgleich – festgestellt wird, daß eine kontrollierte Person mit Haftbefehl gesucht wird. Solche repressiven Maßnahmen haben sich im Rahmen der in der StPO normierten Befugnisnormen zu bewegen.

Hat sich dagegen aufgrund der Durchführung der Schleierfahndung weder ein polizeirechtlicher Gefahrenverdacht noch ein Verdacht des Vorliegens einer Straftat ergeben, sind (außer den oben unter I. und II. genannten) keine weiteren polizeirechtlichen Maßnahmen zulässig.

## V. Ermessen auf der Rechtsfolgenseite und das Erfordernis polizeirechtlicher Verhältnismäßigkeit

Liegen die Tatbestandsvoraussetzungen der jeweiligen Ermächtigungsgrundlage zur Schleierfahndung vor, ist die Polizei berechtigt, die oben im einzelnen dargelegten den betroffenen Bürger belastenden Maßnahmen ihm gegenüber zu treffen. Es obliegt der Polizei jedoch keine Pflicht, solche Maßnahmen zu ergreifen. Vielmehr besteht ein sogenanntes Entschließungsermessen, das heißt die Polizei kann (abhängig von den Umständen des Einzelfalles) eine Schleierfahndungsmaßnahme durchführen, muß dies aber nicht tun.[683]

Entschließt sich die Polizei zum Tätigwerden, steht die Durchführung einer bestimmten Maßnahme im Rahmen einer Befragung oder einer Identitätsfeststellung im Auswahlermessen des handelnden Polizeibeamten: Welche der verschiedenen statthaften Maßnahmen er ergreift, wenn er sich zur Durchführung einer Schleierfahndung entschieden hat, kann er gleichfalls abhängig von den konkreten Umständen individuell entscheiden. Er hat allerdings sachgerechte und zweckgerichtete Ermessenserwägungen[684] unter Beachtung des Verhältnismäßigkeitsgrundsatzes (Übermaßverbot) anzustellen. Die Ausübung des Aus-

---

[683] Da auf der Basis der Schleierfahndungsnormen keine konkreten Gefahren bekämpft werden, kann es auch nicht zu einer Ermessensreduzierung auf Null kommen, aus der eine Pflicht der Polizei zum Einschreiten resultieren würde. Siehe allgemein *Schoch,* JuS 1994, 754 (755).

[684] *Jahn,* JA 2000, 79 (83); *Meixner/Martell,* § 14 Rdnr. 24; *Schoch,* JuS 1994, 754; *Waechter,* VerwArch 88 (1997), 298 ff. Siehe auch folgende polizeirechtlichen Normen zum polizeirechtlichen Ermessen: § 3 PolG BW; Art. 5 BayPAG; § 4 BbgPolG; § 5 HSOG; § 14 SOG MV; § 5 NSOG; § 3 SaarPolG; § 3 SächsPolG; § 6 SOG LSA; § 5 ThürPAG.

wahlermessens dient vor allen Dingen der Herstellung von Einzelfallgerechtig-keit.[685]

Das insofern besonders bedeutsame Verhältnismäßigkeitsprinzip ist auch ver-fassungsrechtlich verankert[686] und verpflichtet die Polizei ebenso wie sonstige Teile der Exekutive, generell nur geeignete, erforderliche und auch im engeren Sinne verhältnismäßige Maßnahmen zu ergreifen. Bei der Beachtung des Ver-hältnismäßigkeitsgrundsatzes im Rahmen einer Rechtsfolgeentscheidung geht es nicht um eine Prüfung der Verfassungskonformität einer abstrakt-generellen Norm, sondern um die Rechtmäßigkeit ihrer konkret-individuellen Anwendung im Einzelfall. In sämtlichen Polizeigesetzen, die eine Schleierfahndung gestat-ten, ist das Verhältnismäßigkeitsprinzip explizit normiert, und zwar in § 5 PolG BW, Art. 4 BayPAG, § 3 BbgPolG, § 4 HSOG, § 15 SOG MV, § 4 NSOG, § 2 SaarPolG, § 3 II–IV SächsPolG, § 5 SOG LSA, § 4 ThürPAG sowie in § 15 BGSG.

Dem Grundsatz der Verhältnismäßigkeit kommt bei tatbestandlich so weiten Befugnissen wie sie von den Schleierfahndungsnormen gewährt werden, eine besondere Bedeutung zu.[687] Legitimes Ziel von Schleierfahndungsmaßnahmen ist die präventive Bekämpfung von Einreise- und Aufenthaltsverstößen und der grenzüberschreitenden Kriminalität. Legitimes „Unterziel" ist es dabei, eine möglichst hohe Trefferquote gemessen an der Gesamtzahl der vorgenommenen Überprüfungen zu erreichen.

Die Kontrolle muß im Einzelfall geeignet sein, dieses Ziel zu erreichen. Das heißt, sie muß zwecktauglich sein. Sie muß dem Polizeibeamten geeignet er-scheinen für eine erfolgreiche vorbeugende Kriminalitätsbekämpfung. Dabei reicht es, wenn der gewünschte Erfolg gefördert wird, also die grenzüberschrei-tende Kriminalität vermindert werden kann. Eine Kontrolle von potentiell jeder Person ist im übrigen auch deshalb dem hier maßgeblichen Ziel förderlich, weil der aktuelle Kontrollierte ebenso wie jeder, der befürchten muß, kontrolliert zu werden, abgeschreckt wird, sich grenzüberschreitend kriminell zu betätigen.

Von mehreren geeigneten Maßnahmen ist diejenige zu treffen, die den einzel-nen und die Allgemeinheit am wenigsten beeinträchtigt (Erforderlichkeit der Maßnahme). Daher ist im Rahmen des Auswahlermessens zu differenzieren: offensichtlich gesetzestreue Bürger[688] sind in aller Regel keiner Kontrolle zu unterziehen beziehungsweise gegenüber solchen Personen sind die Kontrollmaß-nahmen auf ein Minimum zu beschränken. Die Polizei hat aus Verhältnismäßig-keitsgesichtspunkten eine geeignete Auswahl zu treffen.[689]

---

[685] Vergleiche *Schoch,* Jura 2004, 462 (463).

[686] Siehe *Krebs,* Jura 2001, 228 ff.; *Michael,* JuS 2001, 764 f.

[687] Siehe z.B. VollzBK BayPAG, 13.7 zu Art. 13, vom 23.12.1994 (ABl. 1995, 27).

[688] Etwa ein Teilnehmer einer Senioren-Kaffeefahrt im Reisebus (Beispiel bei *Honnacker/Beinhofer,* Art. 13 Rdnr. 29).

Die Kontrolle muß ferner angemessen, also auch im engeren Sinne verhältnismäßig sein. Dies bedeutet, daß eine Schleierfahndung nicht zu unverhältnismäßigen Nachteilen für die Betroffenen führen darf. Je wahrscheinlicher es ist, daß durch eine bestimmte Kontrolle die Organisierte Kriminalität erfolgreich bekämpft werden kann, desto eher ist sie zulässig. Für die Inanspruchnahme des einzelnen bedeutet dies, daß für ihn nachteilige Maßnahmen auch der sogenannten je-desto-Formel unterliegen – je unwahrscheinlicher es ist, daß durch die einzelne Kontrolle der Kontrollzweck erreicht wird, desto milder muß die Maßnahme sein. Eine Gefahrenabwehr um jeden Preis ist unzulässig.[690] Im Einzelfall ist eine Güterabwägung vorzunehmen zwischen dem durch eine Kontrollmaßnahme beeinträchtigtem Schutzgut (vornehmlich der Freiheit der Person) und dem drohenden Schaden durch die kriminellen Aktivitäten, die es zu bekämpfen gilt; eine Unverhältnismäßigkeit ist dann zu bejahen, wenn insofern ein offensichtliches Mißverhältnis vorliegt.

Eine Kontrolle darf darüber hinaus nicht willkürlich sein. Dies bedeutet, daß eine Auswahl der zu kontrollierenden Personen im Rahmen der Ausübung polizeilichen Ermessens ein gewisses System aufweisen muß, wobei allerdings polizeilichen Erfahrungswerten entscheidendes Gewicht beigemessen werden darf. Eine Kontrolle zum Beispiel jedes fünften Fahrzeuges in einem Kontrollbereich wäre daher grundsätzlich zulässig, wenn auch nicht unbedingt kriminalistisch sinnvoll. Eine Vorselektion aufgrund bestimmter Kriterien wie zum Beispiel der Größe von Fahrzeugen (für illegale Schleusungen von Interesse) ist ebenfalls zulässig und kann nicht als willkürlich eingestuft werden.[691]

Zu beachten ist jedoch, daß eine diskriminierende Auswahl der zu kontrollierenden Personen, beispielsweise eine Auswahl allein nach der Hautfarbe eines Betroffenen, unzulässig ist. Das sogenannte „racial profiling", nach dem Personen allein aufgrund bestimmter ethnischer Merkmale als per se verdächtig und damit als per se „lohnende" Adressaten polizeilicher Aktivitäten gelten, stellt eine Verletzung von Art. 3 GG dar.[692] Daß die Schleierfahndungsbefugnisse ein

---

[689] *Pieroth/Schlink/Kniesel*, § 14 Rdnr. 50 f. mit dem Beispiel, daß jedes rote oder jedes aus einem bestimmten Ort kommende Fahrzeug auf einer Durchgangsstraße angehalten wird. *Heesen/Hönle/Peilert*, § 23 Rdnr. 13 erachten Kontrollen von Personen, die offensichtlich in keiner Beziehung zu den Gegebenheiten stehen, die den grenznahen Raum gefährlich machen, als unzulässig.

[690] *Götz*, Rdnr. 341; *Schoch*, Polizeirecht, Rdnr. 108.

[691] Eine Gefahr willkürlicher, durch „kein Gefahrenabwehrziel determinierte(r)" Polizeikontrollen spricht *Schoch*, Der Staat 43 (2004), 347 (359), an.

[692] In diesem Zusammenhang sei darauf hingewiesen, daß das Problem des „racial profiling" vor allem in den USA diskutiert und problematisiert wird. Präsident Bush hat dem „racial profiling" seit 2001 den Kampf angesagt. So haben einige Bundesstaaten der USA ihren Polizeibeamten konkrete Vorgaben gemacht, um einer Diskriminierung entgegenzuwirken. Die Beamten sind verpflichtet, bei Verkehrskontrollen ein Formblatt auszufüllen, das Angaben zu den kontrollierten Personen erfaßt und statistisch ausgewertet wird. Die Aussagen aus den so entstandenen Statistiken werden mit

racial profiling unterstützen, ja geradezu provozieren sollen,[693] ist eine abwegige Vorstellung. Jede Personenkontrollbefugnis kann mißbraucht werden; allein die Möglichkeit des Mißbrauchs einer Norm führt jedoch nicht zu ihrer Rechtswidrigkeit. Es ist Aufgabe nicht nur der Verwaltungsgerichte, sondern auch der vorgesetzten Polizeibeamten, einer mißbräuchlichen Anwendung polizeilicher Befugnisnormen entgegenzuwirken.[694]

Ein Beispiel für eine willkürliche Kontrolle nennt Müller-Terpitz:[695] Die Kontrolle eines ausländischen Staatsangehörigen, der – wie dem kontrollierenden Beamten aus einer vorangegangenen Kontrolle bekannt ist – im Besitz eines gültigen Aufenthaltstitels ist, wäre willkürlich. Dies kann allerdings nur dann gelten, wenn die Kontrolle ausschließlich den Zweck der Kontrolle unerlaubter Einreise beziehungsweise Aufenthalts gilt – dient die Kontrolle dem Aufdecken grenzbezogener Straftaten, dürfte sie nicht als willkürlich angesehen werden.

Der Auswahl der tatsächlich in Anspruch genommenen Personen kommt bei der Frage eines Verstoßes gegen das Willkürverbot entscheidende Bedeutung zu. Zu beachten ist jedoch, daß eine Kontrolle aller Personen in einem Kontrollbereich einen größeren Eingriff in die Rechte der Betroffenen darstellen würde als eine Kontrolle lediglich einzelner Personen aufgrund einer Vorselektion. Eine gezielte Auswahl der zu kontrollierenden Personen ist daher – auch im Interesse der Effizienz polizeilicher Arbeit – grundsätzlich geboten; man kann daher eine Kontrolle im Rahmen einer Schleierfahndung auch als „Selektivkontrolle" bezeichnen.[696] Je nach Lagebild ist es allerdings auch statthaft, sämtliche im Kontrollbereich angetroffenen Personen zu kontrollieren.[697] Zu beachten ist jedoch, daß es – wie schon gesagt wurde – bei der Schleierfahndung keinen Automatismus gibt, jeden Angehaltenen zu durchsuchen.[698]

---

einer Beweislastumkehr verbunden: Werden bestimmte Personengruppen häufiger kontrolliert als andere, wird eine Diskriminierung vermutet. Kommt es wegen einer angeblichen Diskriminierung bei einer Verkehrskontrolle zu einem Gerichtsverfahren, obliegt es der Polizeibehörde zu beweisen, daß sie nicht diskriminierend vorgegangen ist bzw. daß ein sachlicher Grund für eine Ungleichbehandlung vorlag. Siehe das Fact Sheet des Department of Justice vom 17. Juni 2003 <www.usdoj.gov/opa/pr/2003/June/racial_profiling_fact_sheet.pdf>, zuletzt aufgerufen am 30.5.2005.

[693] *Herrnkind*, Institutioneller Rassismus, S. 99 f.

[694] Ähnlich auch *Kutscha*, Polizeistaat, S. 67 (71), der die Befürchtung äußert, daß es durchaus Kontrollen aufgrund „fremdländischen" Aussehens gebe.

[695] *Müller-Terpitz*, DÖV 1999, 329 (332).

[696] *Herrnkind*, KJ 2000, 188 (191); *Meixner/Martell*, § 14 Rdnr. 24.

[697] Solche sogenannten Totalkontrollen sind jedoch nach kriminalistischer Erfahrung mit einem hohen Personaleinsatz und massiven Verkehrsstörungen verbunden, während sich die Aufgriffserfolge in Grenzen halten, siehe *Herrnkind*, KJ 2000, 188 (191).

[698] Siehe auch *Gallwas*, Polizeispiegel 2001, 39.

Als Richtlinie für eine willkürfreie rechtmäßige Ermessensausübung kann man festhalten, daß das Ermessen fehlerfrei ausgeübt wird, wenn die Polizei diejenigen kontrolliert, die sie (beziehungsweise der BGS) früher im Rahmen der ständigen Grenzkontrolle oder heute bei einer Einreise „nach Schengen" an einer Schengen-Außengrenze kontrollieren würde.

Die Auswahl der tatsächlich kontrollierten Personen erfolgt in der Regel anhand von Erfahrungswerten, nach denen zum Beispiel die Nationalität, das äußere Erscheinungsbild oder das Alter einer Person beziehungsweise die Art und Beschaffenheit von ihr mitgeführter Sachen (Gepäck, Auto) ermessensleitend sind.[699] Anhand eines Fahndungsrasters, das auf spezifische Delikte ausgerichtet ist, beispielsweise auf Blitzeinbrüche durch „rumänische Tresorknacker" oder „polnische Autoschieberbanden",[700] werden die Adressaten einer Kontrollmaßnahme ausgesucht.

In der Praxis haben sich bei der Adressatenauswahl folgende Selektionskriterien als entscheidend herausgestellt:[701]

- Bei Fahrzeugkontrollen wird auf den Gesamtzustand des Fahrzeugs sowie auf Beschädigungen, die auf einen Kfz-Diebstahl hindeuten können (beispielsweise an den Türholmen und Türschlössern), geachtet. Die Befestigung eines alten Nummernschilds mit neuen Schrauben oder die Verwendung von nicht originalen Fahrzeugschlüsseln (mit schwarzer Plastikverkleidung) können auf Unregelmäßigkeiten hindeuten und Anlaß zu einer Kontrolle geben.

- Des weiteren ist das Aussehen und Auftreten von Reisenden von Bedeutung. Personen, deren Auftreten und Aussehen nicht zu dem von ihnen benutzten Fahrzeug oder ihrem Gepäck passen, aber auch ein nervöses Verhalten des Betroffenen, geben Anlaß zu weiteren Maßnahmen.

---

[699] Der bayerische Innenminister *Beckstein* weist darauf hin, daß dann kontrolliert werde, wenn „etwas nicht zusammenpaßt, zum Beispiel, wenn einer in einem teuren Auto sitzt, dem man nicht zutraut, daß er schon mal 100 Mark selber verdient hat." Zitiert nach Frankfurter Rundschau vom 24.6.1998, S. 3.

[700] *Spörl,* Die Polizei 1997, 217 (219). So wurden beispielsweise vor 7 Jahren aufgrund von Lageerkenntnissen vor allen Dingen polnische Reisende aus der Umgebung von Zielona Gora ausnahmslos kontrolliert, da die Stadt als Zentrum gut organisierter Diebesbanden gilt, siehe Berliner Zeitung vom 23.7.1997, S. 3. Aufgrund dieser Beschränkung der Befugnis durch die Notwendigkeit des Verdachts der grenzüberschreitenden Kriminalität kommen *Pieroth/Schlink/Kniesel,* § 14 Rdnr. 48 zu dem Ergebnis, es handle sich bei der Schleierfahndung gar nicht um eine verdachtsunabhängige Maßnahme; der mögliche Adressatenkreis einer Schleierfahndung werde vielmehr von vornherein durch gewisse Verdachtsmomente begrenzt. Ähnlich auch *Herrnkind,* KJ 2000, 188 (191). Zu beachten ist jedoch, daß gerade noch keine Verdachtsschwelle erreicht wurde, sondern die Kriterien zur Vorselektion lediglich Anhaltspunkte, nicht aber Verdachtsmomente darstellen.

[701] Siehe hierzu *Häring,* S. 51 ff.

- Die Zusammensetzung von Fahrzeuginsassen ist von Interesse. So gehören zum Beispiel sich nach dem äußeren Erscheinungsbild als Familie darstellende Gruppen zu den unverdächtigen Personengruppen, dagegen Reisende, die vom äußeren Erscheinungsbild her unterschiedlichen Ethnien angehören nicht.

- Nicht-EG-Ausländer können wegen Einreise- beziehungsweise Aufenthaltsverstößen in ein Kontrollraster fallen. Daher wird auf Merkmale geachtet, die typisch für Personen sind die Nicht-EG-Ausländer sind, beispielsweise auf die Hautfarbe.

- Der Zustand von Personal- beziehungsweise Fahrzeugdokumenten kann darauf hindeuten, daß das Dokument gefälscht wurde. Ein Verdachtsmoment besteht beispielsweise bei einem neu wirkenden Bild in einem sehr alten Paß. Auch ein Widerspruch zwischen mehreren ausgehändigten Dokumenten (andere Angaben im Paß als im Führerschein) kann Anlaß zu weiteren Nachforschungen sein.

Die Selektionskriterien haben sich am Zweck einer Schleierfahndung, also am Ziel der Bekämpfung der grenzüberschreitenden Kriminalität sowie der Verhinderung unerlaubter Einreise und unerlaubten Aufenthalts zu orientieren.[702]

Auch unabhängig von dem in der jeweils einschlägigen Norm festgelegten Erfordernis von Lagebildern beruht die Anordnung der Durchführung einer Schleierfahndung in der Regel nicht auf dem Zufallsprinzip, sondern ergeben sich Zeit, Ort und Umfang einer Kontrolle regelmäßig aus kriminalpolizeilichem Erfahrungswissen sowie aufgrund konkreter polizeilicher Erkenntnisse, die im Rahmen der Bekämpfung der grenzüberschreitenden Kriminalität gewonnen werden konnten.[703]

Um Mehrfachkontrollen einer Person oder eines Fahrzeuges im Rahmen einer Routinekontrolle beispielsweise auf einer Autobahn zu vermeiden, ist es üblich, daß an den bereits kontrollierten Fahrzeugen Markierungen wie einen gelben Zettel an der Frontscheibe anzubringen.[704] Auch dies dient der Verhältnismäßigkeit der Maßnahme, da so die Inanspruchnahme auf eine einmalige Kontrolle während des Einsatzes reduziert wird.

---

[702] Tatsächlich ist in der Regel für die Adressatenauswahl ein „Gespür" des kontrollierenden Beamten verantwortlich, das sich durch abstrakte Ermessensrichtlinien nur schwer erfassen läßt; *Herrnkind*, KJ 2000, 188 (192); siehe nur die Zitate bei *Schäfer*, Die Polizei 2001, 353: „Ich merke das, wenn einer Dreck am Stecken hat"; „Ich sehe ihm sein schlechtes Gewissen an.", „Unsere Kunden erkennen uns schneller als wir sie und zeigen das sehr oft durch ihr Verhalten. Durch das veränderte Verhalten werden sie überhaupt erst auffällig."

[703] So auch die Einschätzung des Erfahrungsberichts über die Durchführung der Schleierfahndung in Sachsen, LT-Drs. 3/3264, S. 1.

[704] Siehe SZ vom 24./25.7.2004, S. 11.

Das Festhalten, die Sistierung und die Ingewahrsamnahme stellen tatbestandlich eine Freiheitsberaubung nach § 239 StGB dar. Diese ist jedoch bei einer richtigen Anwendung der Ermächtigungsnorm zur Identitätsfeststellung gerechtfertigt, da hierdurch ein von der Rechtsordnung gewollter Zustand erreicht wird.[705] Nach § 113 StGB ist der Widerstand gegen Vollstreckungsbeamte strafbar; sollte sich also der Betroffene gegen eine rechtmäßige Maßnahme der Identitätsfeststellung wehren, so macht er sich strafbar.[706] Nach § 111 OWiG liegt eine Ordnungswidrigkeit vor, wenn der Betroffene Angaben zu seiner Person verweigert, obwohl er Angaben machen könnte (also nicht etwa bewußtlos oder vollkommen betrunkenen ist), falsche Angaben macht oder mitgeführte Ausweispapiere nicht aushändigt. Dies gilt allerdings nur, wenn er verpflichtet ist, Angaben zu machen beziehungsweise Ausweispapiere auszuhändigen, was – wie gezeigt wurde – nur nach dem BGSG und – bezogen auf bestimmte Angaben – nach dem Polizeirecht von Sachsen-Anhalt der Fall ist.

## Kapitel 7

# Die Schleierfahndung
# in der polizeilichen Praxis

In diesem Kapitel soll der Frage nachgegangen werden, ob beziehungsweise inwieweit sich die Schleierfahndung in der polizeilichen Praxis bislang bewährt hat, also tatsächlich einen Beitrag zur Abwehr der grenzüberschreitenden Kriminalität leisten konnte.

## I. Amtliche Aussagen zur Schleierfahndung in den Ländern ohne Statistikpflicht

Vergleicht man die Länder, deren Normen zur verdachts- und ereignisunabhängigen Personenkontrolle keiner Statistikpflicht unterliegen,[707] so zeigt sich, daß besonders viele Informationen zur bayerischen Schleierfahndungsnorm vorliegen. Dieser Befund ist wahrscheinlich dadurch bedingt, daß die bayerische Norm die erste in ein Landespolizeigesetz eingefügte Schleierfahndungsnorm ist[708] und mit ihr die Intention verbunden war, anderen Ländern ein Vorbild zu geben. Für eine solche Vorbildwirkung aber war Voraussetzung, daß die positiven praktischen Auswirkungen der Norm herausgestellt wurden.[709]

---

[705] *Schipper*, Rdnr. 268.

[706] *Berner/Köhler*, Art. 13 Rdnr. 11.

[707] Eine solche bestand bis im Jahr 2004 in Sachsen.

[708] Läßt man die eher schwach ausgestaltete frühere Norm Niedersachsens (siehe oben S. 50) außer Betracht.

## 1. Aussagen zur bayerischen Schleierfahndungsnorm

In sämtlichen einschlägigen Pressemitteilungen des Bayerischen Staatsministeriums des Inneren wird die Schleierfahndung als eine probate Ausgleichsmaßnahme für den Wegfall der Grenzkontrollen dargestellt, die sich bestens bewährt habe.[710] Im ersten Jahr nach Inkrafttreten des neuen BayPAG – also im Jahr 1995 – seien 23.000 Personen überprüft und dabei 625 Straftaten aufgedeckt worden.[711] Nach einer Bilanz des Innenministers Beckstein wurden im Jahr 1999 bei rund 40.000 Kontrollmaßnahmen mehr als 44.500 Straftaten festgestellt, knapp 26.000 Personen festgenommen und mehr als 11.500 Gegenstände – wie etwa Schmuggler- und Hehlerwaren, illegal mitgeführte Waffen und verschobene Kraftfahrzeuge – sichergestellt.[712]

Nach verschiedenen Pressemitteilungen des Bayerischen Staatsministeriums des Inneren[713] stieg die Zahl der illegalen Grenzübertritte von 1998 bis 1999 um 28,4% (insgesamt 1.616 Fälle), die der Einschleusungen um 214,9% (insgesamt 750 Fälle). Als Begründung für diesen Anstieg der Kriminalität wurden der Wegfall der Grenzkontrollen zu Österreich und die Kosovo-Krise angegeben.

Auch in späteren Presseverlautbarungen wurde von Innenminister Beckstein immer wieder die Notwendigkeit der Schleierfahndung als polizeiliche Maßnahme, vor allen Dingen auch als Maßnahme, die nicht auf das Grenzgebiet beschränkt sei, betont.[714] Eine weitergehende Evaluation der Schleierfahndung unterblieb jedoch zunächst mit dem Argument, eine Zuordnung von Erfolgen zur Befugnisgrundlage sei aus praktischen Gründen nicht möglich.[715] Hingewiesen wurde mehrmals darauf, daß sich ein präventiver Erfolg nicht messen lasse.

---

[709] Insgesamt betrachtet finden sich jedoch nur wenige Aussagen zum kriminalistischen Nutzen der Schleierfahndung, siehe auch *Walter,* Kriminalistik 2004, 668 (669).

[710] Siehe nur die Pressemitteilungen des Bayerischen Staatsministeriums vom 7.4. 1999 und vom 22.10.1999 sowie die Pressemitteilung aus dem Ministerrat vom 10.10. 2000; alle abgedr. in Die Polizei 2000, 306.

[711] *Maurer,* Bürgerrechte & Polizei 1998, 51 ff.

[712] Pressemitteilung aus dem Ministerrat vom 10.10.2000; abgedr. in Die Polizei 2000, 306.

[713] Vorgestellt am 12.8.1999 in München.

[714] Presseverlautbarungen vom 10.5.2000 und 12.5.2000; abgedr. in Die Polizei, 2000, 240 f.

[715] Dazu *Waechter,* DÖV 1999, 138 (143). Der bayerische Landesbeauftragte für Datenschutz rügte in seinem 17. Tätigkeitsbericht unter Nr. 5.1 die fehlende Evaluierung der Schleierfahndung. Im 18. Tätigkeitsbericht wurde unter 5.5.1 das Unterlassen einer Evaluierung damit begründet, der Arbeitsaufwand sei zu hoch und es bestünden Schwierigkeiten, Fahndungserfolge konkreten polizeilichen Maßnahmen zuzuordnen. Siehe auch Bay PlPr. 13/89, S. 6420 ff. (Antrag der Fraktion Bündnis 90/Die Grünen auf Evaluierung der Schleierfahndung) sowie Bay LT-Drs. 14/1033, S. 1; 14/1304, S. 1; 14/1565, S. 1.

Im Jahr 2003 wurden jedoch neue Zahlen über die Anwendung der Schleierfahndung in Bayern vorgestellt. Von April 1998 bis März 2001 konnten danach aufgrund von Schleierfahndungsmaßnahmen über 41.000 Personen festgenommen werden und über 22.000 erkennungsdienstlich behandelt werden; insgesamt wurden über 24.000 Fahndungstreffer erzielt und mehr als 71.000 Straftaten bei diesen Kontrollen aufgedeckt.[716] Im Jahr 2002 wurden durch die Kräfte der Fahndungsdienststellen und -gruppen bei 103 Aufgriffen im Rahmen von Schleierfahndungen 143 Drogenkuriere festgenommen und dabei über 220 kg Kokain und mehr als 230.000 Ecstasy-Tabletten sichergestellt.[717]

Erkenntnisse zu den Erfolgen der Schleierfahndung lassen sich zudem aus kleineren Studien ableiten – in Bayern vor allen Dingen aus dem sogenannten „Fahndungskonzept Schiene". 1997/98 wurden unter dieser Bezeichnung ereignisunabhängige Kontrollen in Nah- und Fernverkehrszügen durchgeführt; dabei wurde eine „Trefferquote" von 16 % erzielt.[718] Allerdings bezogen sich rund $^3/_4$ dieser Treffer auf Personen, die gegen eine räumliche Aufenthaltsbeschränkung verstoßen hatten, das heißt den Bezirk ihrer Ausländerbehörde verlassen hatten. Aus diesem Grunde wurde im Kontext der Vorstellung dieser Zahlen die Eignung der vorgenommenen Schleierfahndungsmaßnahmen zur Bekämpfung der grenzüberschreitenden oder gar organisierten Kriminalität bezweifelt.[719]

In Mittelfranken konnten nach Auskunft der örtlichen Polizeidirektion im Zeitraum von Dezember 1999 bis Januar 2001 im Rahmen von Schleierfahndungen 1,85 kg Heroin, 3 kg Kokain, 86,5 kg Haschisch, 53 kg Khat und 3 kg Marihuana sichergestellt werden. Es wurden 89 Verfahren wegen Eigentumsdelikten eingeleitet, 945 wegen Schleusungs-, Ausländer- und Asyldelikten und 129 wegen Urkundenstraftaten.[720]

Im Gebiet der Polizeidirektion Passau kam es im Zeitraum von April 1998 bis April 2000 aufgrund von Schleierfahndungsmaßnahmen zur Festnahme von 53 Personen, gegen die ein Haftbefehl vorlag, und von 66 Personen, die aufgrund anderer Fahndungsausschreibungen gesucht wurden. Zudem wurden 42 Verfahren wegen Urkundsdelikten, 23 Verfahren wegen Straftaten nach dem BtMG und 12 Verfahren wegen Kfz-Sachwertdelikten eingeleitet sowie 8 Schleuser und 143 illegal Eingereiste festgenommen.[721]

---

[716] So die Feststellungen von Innenstaatssekretär *Regensburger* im bayerischen Landtag, Pressemitteilung vom 12.12.2001.

[717] Pressemitteilung des bayerischen Staatsministeriums des Inneren 151/03 vom 28.3.2003.

[718] *Richter/Dreher,* Die Polizei 1998, 277 (280).

[719] *Kant,* Bürgerrechte & Polizei 2000, 29 (33).

[720] Pressebericht der Polizeidirektion Mittelfranken vom 25.1.2001.

[721] Presseinformation der Polizeidirektion Passau vom 9.5.2000.

In der Presse wurde aus diesen Zahlen eine positive Bilanz der Schleierfahndung gezogen.[722] Diese Einschätzung wurde von regierungsamtlicher Seite geteilt. So betonte Innenstaatssekretär Regensburger,[723] die Schleierfahndung habe sich beim Kampf gegen die grenzüberschreitende Kriminalität als äußerst erfolgreich erwiesen. Vor allem bei der Bekämpfung des illegalen Aufenthalts, der illegalen Beschäftigung von Ausländern und des Schleuserunwesens habe sich die Schleierfahndung ausgezahlt. Mitunter hätten sich wertvolle Ermittlungsansätze gegen international agierende Schieberbanden ergeben. Aus dem bayerischen Landesvorstand der deutschen Polizeigewerkschaft wurde verlautbart, daß selbst die größten Optimisten von dem Erfolg der Arbeit überrascht worden seien, es könne keinen Zweifel an der Rechtmäßigkeit und dem Erfolg der Schleierfahndung geben.[724] Beschwerden von Bürgern seien sehr gering, allgemein werde die neue Maßnahme in Bayern begrüßt.[725] In der Literatur findet sich die Feststellung, daß es pro 3,4 kontrollierten Fahrzeugen zu einer Festnahme gekommen sei, wobei 80% aller Einsatzerfolge auf Autobahnen erzielt worden seien.[726] Bei Kontrollen mit gezielter Vorselektion habe die „Trefferquote" 20–25% betragen,[727] beim Fahndungskonzept Schiene habe die „Trefferquote" bei 16,3% gelegen. In bezug auf diese Zahlen wurde allerdings in der Literatur kritisiert, die aufgedeckten Delikte seien zumeist Bagatelldelikte gewesen.[728] Zudem wurde gerügt, in über 90% der Fälle seien rechtstreue Bürger von den Schleierfahndungsmaßnahmen betroffen gewesen.[729]

Da bei den meisten amtlichen Angaben Bezugsgrößen fehlen, lassen sich die Zahlen nur schwer bewerten. Aus den für 1995 genannten Zahlen folgt, daß lediglich in 2,7% der Schleierfahndungsmaßnahmen Straftaten aufgedeckt wurden – eine eher geringe Quote, die zudem nichts darüber aussagt, wie der präventive Erfolg der Schleierfahndung in Bayern zu bewerten ist. Auf diesen aber kommt es an, da die Schleierfahndung nicht zur Aufklärung von Straftaten geschaffen wurde. Die Zahlen von 1999 sind nicht sonderlich glaubwürdig: danach wurden pro Kontrolle angeblich 1,1 Straftaten aufgedeckt; ungefähr jede

---

[722] Vgl. SZ vom 17.2.2000, S. 46, wo zudem referiert wird, nach Ansicht der Polizei belegten die Erfahrungen, daß die Schleierfahndung im Schienen- und Straßenverkehr zur Verbrechensbekämpfung notwendig sei. Vgl. SZ vom 16.3.2001, S. 44, wo die Schleierfahndung als eine Maßnahme bezeichnet wird, die sich bewährt habe.

[723] Abgedruckt in Die Polizei 2000, S. 184.

[724] *Dallinger*, Polizeispiegel 05/01 Bayern, S. 38: „Schleierfahnder" genössen bei der Bevölkerung großes Ansehen.

[725] Kritisch hierzu *Schmid*, LKV 1998, 477 (478), die davon ausgeht, die geringe Anzahl von Beschwerden beruhe auf fehlenden Rechtsschutzmöglichkeiten gegen Schleierfahndungsmaßnahmen.

[726] *Spörl*, Die Polizei 1997, 217.

[727] *Spörl*, Die Polizei 1997, 217.

[728] *Herrnkind*, KJ 2000, 188 (193 f.).

[729] *Stephan*, DVBl. 1998, 81 (83).

zweite kontrollierte Person sei festgenommen worden und bei jeder vierten Maßnahme sei es zu einer Festnahme gekommen – eine solche „Erfolgsquote" legt den Verdacht „schöngerechneter" Statistiken nahe. Für den Zeitraum von April 1998 bis März 2001 werden nur absolute Zahlen ohne Bezugsgröße genannt; es ist also nicht erkennbar, wie viele Personen insgesamt kontrolliert wurden. Für die Bewertung des Erfolges von Schleierfahndungsmaßnahmen ist aber von entscheidender Bedeutung, im Rahmen von wie vielen Einzelmaßnahmen die Erfolge erzielt werden konnte. Für das Fahndungskonzept Schiene wird eine solche „Erfolgsquote" in Höhe von 16,3 % angegeben, Spörl nennt – allerdings ohne Belege – bezogen auf sämtliche Schleierfahndungsmaßnahmen eine „Erfolgsquote" von 20–25 %.

Alles in allem bleibt für Bayern festzuhalten, daß zwar relativ viele (absolute) Zahlen genannt wurden, diese aber zumeist nicht in Bezug gesetzt wurden zu dem betriebenen polizeilichen Aufwand, namentlich zu der Zahl der insgesamt durchgeführten Schleierfahndungsmaßnahmen, und damit keine sinnvollen Rückschlüsse auf den Erfolg von Schleierfahndungsmaßnahmen ermöglichen. Der Erfolg einer polizeilichen Maßnahme bemißt sich schließlich nicht nur anhand der Zahl der erzielten polizeilichen Zugriffe, sondern auch daran, wie groß der betriebene Aufwand war.

## 2. Aussagen zur baden-württembergischen Schleierfahndungsnorm

Auch in Baden-Württemberg wird die Schleierfahndung als Erfolg eingestuft.[730]

In Baden-Württemberg wurden im Zeitraum vom 1.9. bis 31.12.1996 insgesamt 20.606 Kontrollen (auch verdachtsabhängige) durchgeführt. Davon waren 12.266 Personenkontrollen aufgrund der Schleierfahndungsnorm. Bei den aufgrund der Schleierfahndungsnorm durchgeführten Kontrollen wurden 584 gesuchte Straftäter und 816 zur Aufenthaltsermittlung ausgeschriebene Personen aufgegriffen. 788 Personen wurden wegen Gesetzesverstößen festgenommen.[731] Zu einer Sicherstellung von Betäubungsmitteln kam es in 405 Fällen, zu einer Sicherstellung von Diebesgut in 157 Fällen. Des weiteren wurden 113 Kraftfahrzeuge, 61 Waffen und 245 Urkunden (falsche Identitätspapiere, Führer-

---

[730] Bericht für Baden-Württemberg und Niedersachsen in Die Polizei 1999, 305 f.; für Baden-Württemberg sagte Innenminister *Schäuble* in Die Polizei 1998, 189, daß schon ein Jahr nach Einführung zahlreiche Fahndungserfolge nachzuweisen gewesen seien. Nach einer Pressemeldung des Innenministeriums Baden-Württemberg vom 23.8.2002 hätten die durchgeführten verdachts- und ereignisunabhängigen Kontrollen die in sie gesteckten Erwartungen voll und ganz erfüllt. *Züfle*, DPolBl 2004, 24 (25) bezeichnet die Schleierfahndung als überaus wertvolle Maßnahme bei der Bekämpfung der grenzüberschreitenden Kriminalität.

[731] BW LT-Drs. 12/1023, S. 3.

scheine oder Aufenthaltsberechtigungen) sichergestellt. Wolf/Stephan gehen für diesen Zeitraum von einer „Trefferquote" von 6,8 bis 10,6% aus, wobei sie berücksichtigen, daß es zu einer Doppelerfassung einzelner Personen gekommen sei.[732] Sie ziehen für die ersten 13 Monate nach Inkrafttreten der Norm die Bilanz, daß die Trefferquote bei 5 bis 7,9% liege (71.700 Kontrollen, Aufgriff von 2.338 gesuchten Straftätern und 3.625 zur Aufenthaltsermittlung ausgeschriebenen Personen sowie Festnahme von 3.428 Personen).

Im Zeitraum vom 1.9.1996 bis 31.3.1998 wurden nach Regierungsangaben insgesamt über 203.000 Kontrollen durchgeführt, davon 122.200 aufgrund der Schleierfahndungsnorm. Dabei konnten 3.591 gesuchte Straftäter und 5.733 zur Aufenthaltsermittlung ausgeschriebenen Personen aufgegriffen werden. Zudem wurden 9.898 Personen wegen Gesetzesverstößen festgenommen.[733] Aus der polizeilichen Kriminalstatistik ergebe sich, daß bestimmte Kontrolldelikte verstärkt aufgedeckt wurden – das spreche dafür, daß die Möglichkeit der Schleierfahndung von der Landespolizei erfolgreich und effizient genutzt werde.

Von 1.9.1996 bis 31.6.2002 wurden über eine Million Personenkontrollen durchgeführt, davon 580.000 aufgrund der Schleierfahndungsnorm. Es kam zum Aufgriff von 13.480 zur Festnahme gesuchten Straftätern und 23.284 zur Aufenthaltsermittlung ausgeschriebenen Personen. 15.325 Personen wurden wegen des Verdachts einer Straftat, des Verdachts eines Verstoßes gegen ausländerrechtliche Bestimmungen oder aufgrund anderer Rechtsvorschriften festgenommen. Dabei konnten in 15.126 Fällen illegale Betäubungsmittel, in 3.191 Fällen Diebesgut, 1.986 Kraftfahrzeuge, 1.928 Waffen und 4.935 Urkunden sichergestellt und beschlagnahmt werden. Es wurden rund 56.000 Ermittlungsverfahren eingeleitet. Die flexiblen Kontrollen übten nicht zuletzt durch die nicht vorhersehbare und ständig wechselnde Präsenz der Polizei einen permanenten Fahndungsdruck aus, besonders auf den Kreis der grenzüberschreitenden Täter und auf organisierte Kriminelle.[734] Allerdings wurde ab dieser Meldung die statistische Erfassung von Schleierfahndungsmaßnahmen in Baden-Württemberg eingestellt, da sich die Schleierfahndung als Instrument polizeilichen Handelns bewährt habe und mit dem Verzicht auf die Berichtspflicht zur Entbürokratisierung der Polizeiarbeit beigetragen werde.

Laut Stephan sind in Bayern rund 3% und in Baden-Württemberg rund 4% der ereignisunabhängigen Kontrollen erfolgreich.[735] Er zieht aus diesen Zahlen folgende Schlußfolgerung:

---

[732] *Wolf/Stephan,* § 26 Rdnr. 22c.

[733] LT-Drs. 12/2874, S. 2.

[734] Meldung des Innenministeriums Baden-Württemberg vom 23.8.2002. Eine Statistikpflicht wurde von Anfang an abgelehnt, um nicht unnötig Kapazitäten zu binden, vgl. BW LT-Drs. 12/1023, S. 1 sowie 12/1410, S. 32.

[735] *Stephan,* DVBl. 1998, 81 (83 f.).

„Eine vernünftige Relation zwischen dem mit der Einführung der anlaßunabhängigen Identitätsfeststellung verfolgten Anliegen und dem Wert des Grundrechts auf informationelle Selbstbestimmung einer Vielzahl völlig unverdächtiger Bürger, die von der Kontrolle betroffen würden, ist bisher nicht nachgewiesen."

Nach Schnekenburger liegt die Erfolgsquote in Bayern bei 3%, nach Berücksichtigung selektiver Auswahlkriterien sogar bei 20%. In Baden-Württemberg liege die Trefferquote ohne Vorselektion bei unter 10%, wobei zu beachten sei, daß die Erfolge auch andere Bereiche als die der Bekämpfung unerlaubten Aufenthalts oder der grenzüberschreitenden Kriminalität umfassen würden.[736]

Aus den Zahlen zur Schleierfahndung in Baden-Württemberg läßt sich gut erkennen, daß die Schleierfahndung mittlerweile mehr als die Hälfte der gesamten Personenkontrollen ausmacht, nämlich 59,5% in 1996 beziehungsweise bis März 1998 insgesamt 60,2%. In 4,8% (für 1996), 2,9% (1996 bis März 1998) beziehungsweise 2,3% (1996 bis Juni 2002) der durchgeführten Kontrollen konnten gesuchte Straftäter festgenommen werden. In 6,6% (1996), 4,7% (1996 bis März 1998) beziehungsweise 4% (1996 bis Juni 2002) der durchgeführten Schleierfahndungen konnten zur Aufenthaltsermittlung ausgeschriebene Personen aufgegriffen werden. Zu Festnahmen kam es in 6,4% (1996), 8,1% (1996 bis März 1998) beziehungsweise 2,6% (1996 bis Juni 2002) der Kontrollen, zu Beschlagnahmen in 8% (1996) beziehungsweise 4,7% (1996 bis Juni 2002) der Kontrollen.

Die Angaben von Stephan lassen sich allerdings nicht nachvollziehen – aus seinen absoluten Zahlen ergibt sich, daß in 3,3% der Kontrollen gesuchte Straftäter aufgegriffen wurden, in 5% zur Aufenthaltsermittlung ausgeschriebene Personen entdeckt wurden und in 4,8% der Schleierfahndungsmaßnahmen Festnahmen erfolgten.

Inwieweit sich aus den vorliegenden Zahlen präventive Erfolge oder Mißerfolge ableiten lassen sollen, bleibt schleierhaft – die Zahlen der aufgegriffenen Straftäter, der zur Aufenthaltsermittlung ausgeschriebenen Personen und der Festnahmen ermöglichen jedenfalls keine Rückschlüsse, da sich diesen Angaben nicht entnehmen läßt, ob eine Maßnahme, beispielsweise eine Festnahme, präventiven oder repressiven Zwecken dienen sollte.

### 3. Aussagen zur niedersächsischen Schleierfahndungsnorm

In Niedersachsen wurden im Zeitraum März 1998 bis Januar 1999 49.373 Kontrollen aufgrund der Schleierfahndungsnorm durchgeführt. Im Jahr 1999 kam es zu insgesamt 50.056 Kontrollen mit 94.980 betroffenen Personen. Dabei erfolgten 991 Festnahmen, 343 Haftbefehlsvollstreckungen, 8998 Identitätsfest-

---

[736] *Schnekenburger,* BayVBl. 2001, 129 (132).

stellungen, 883 Aufenthaltsermittlungen sowie 2.027 Sicherstellungen und Beschlagnahmen; insgesamt wurden 6.579 Ermittlungsverfahren eingeleitet.[737]

Bezogen auf diesen Zeitraum ergibt sich, daß 1 % der Befragten festgenommen wurden, es in 0,3 % der Kontrollen zu Haftbefehlsvollstreckungen kam, die Identität von 9,5 % der Befragten festgestellt wurde sowie in 0,9 % der Schleierfahndungsmaßnahmen Aufenthaltsermittlungen durchgeführt wurde. In 2,1 % der Kontrollen kam es zu Sicherstellungen und Beschlagnahmen; Ermittlungsverfahren wurden in 6,9 % der Maßnahmen eingeleitet.

Auch aus diesen Angaben läßt sich jedoch keine präventive Erfolgsquote ableiten.

### 4. Aussagen zur thüringischen Schleierfahndungsnorm

Die Schleierfahndung in Thüringen wird in der Literatur und von Seiten des thüringischen Innenministeriums als erfolgreich, ja sogar als unverzichtbar bewertet. So seien viele Erscheinungsformen der Organisierten und grenzüberschreitenden Kriminalität aufgedeckt worden, obwohl Thüringen keine Schengen-Außengrenze (außer dem Flughafen Erfurt) aufweise.[738] Innenminister Köckert stellte fest, die Schleierfahndung sei die wichtigste Ausgleichsmaßnahme nach der Grenzöffnung und trage entscheidend dazu bei, international handelnde Kriminelle, illegale Einwanderer, Schleuserbanden und Menschenhändler, aber auch gewaltbereite Hooligans an Straftaten zu hindern. Im Zeitraum von Oktober 1998 bis März 2000 seien in Thüringen rund 90.000 Kontrollen im Rahmen von Schleierfahndungsmaßnahmen durchgeführt worden.[739]

Prozentual betrachtet bedeutet dies, daß 0,9 % der Kontrollen zur Festnahme einer per Haftbefehl gesuchten Person geführt haben und in 0,4 % der Schleierfahndungen Kfz-Fahndungen erfolgreich abgeschlossen wurden.

### 5. Aussagen zur hessischen Schleierfahndungsnorm

Für Hessen liegen Zahlen der ersten landesweiten Schleierfahndung vom 10./ 11.10.2000 vor.[740] Danach wurden rund 700 Polizeibeamte an 31 stationären und zahlreichen mobilen Kontrollpunkten eingesetzt. Insgesamt wurden 1.925

---

[737] Niedersächsische LT-Drs. 14/2020, S. 5 ff. sowie die Zahlen, die bei den Beratungen zur Einführung der Schleierfahndung in Sachsen-Anhalt vorgelegt wurden, siehe Sachsen-Anhalt LT, PlPr. 3/39, S. 2708.

[738] *Ebert/Honnacker,* § 14 Rdnr. 8; *Martell,* LKV 2000, 298.

[739] Gemeinsame Presseerklärung der Thüringischen Staatskanzlei und der Bayerischen Staatskanzlei vom 28.3.2000.

[740] LT-Drs. 15/1683, S. 1 und Anmerkungen des Innenministers *Bouffier* hierzu, abgedruckt in Die Polizei 2001, 30.

Fahrzeuge (davon 59 Schiffe) und 3.235 Personen kontrolliert. 548 der kontrollierten Fahrzeuge und 509 der kontrollierten Personen wurden durchsucht. Ferner wurden 169 Sicherstellungen und Beschlagnahmen vorgenommen, neun per Haftbefehl gesuchte und acht zwecks Aufenthaltsermittlung zur Fahndung ausgeschriebene Personen festgenommen sowie 776 Ermittlungsverfahren eingeleitet, davon 22 wegen Rauschgiftdelikten und vier wegen Eigentumsdelikten. In Prozentangaben umgesetzt bedeutet dies, daß 28,5 % der kontrollierten Kfz und 15,8 % der kontrollierten Personen durchsucht wurden. In 5,2 % der Personenkontrollen kam es zu Beschlagnahmen, in 0,5 % der Fälle wurden Personen festgenommen, in 24 % der Kontrollen wurden Ermittlungsverfahren eingeleitet.

Zwischen September 2000 und Februar 2001 habe es zwei größere und mehrere kleinere Schleierfahndungen in Hessen gegeben. Dabei seien 5.994 Fahrzeuge und 8.604 Personen kontrolliert worden. Es seien 170 Ermittlungsverfahren unter anderem wegen Rauschgiftdelikten, Diebstahl und unerlaubten Waffenbesitzes eingeleitet worden. Die Schleierfahndung zeige aber auch präventive Wirkung. Die Verbrecherszene werde verunsichert; ihre Aktivitäten würden zunehmend behindert und erschwert.[741] Prozentual ausgedrückt wurden aufgrund 2 % der Kontrollen Ermittlungsverfahren eingeleitet.

Von Mitte 2000 bis Mitte 2002 kam es zu 18.205 Kontrollen aufgrund der Schleierfahndungsnorm mit 68.877 Personen- und 47.702 Fahrzeugkontrollen. Dabei konnten 2.707 Tatverdächtige festgestellt werden. Es wurden insgesamt 1.924 Beschlagnahmen beziehungsweise Sicherstellungen vorgenommen, davon betrafen 823 Betäubungsmittel, 134 Diebesgut/Hehlerware, 168 Kraftfahrzeuge und 212 Urkunden. Vorläufig festgenommen wurden 1.690 Personen.[742] Damit haben 4 % der Personenkontrollen zur Feststellung von Tatverdächtigen geführt, 2,8 % der Personenkontrollen führten zu Beschlagnahmen und 2,5 % führten zu vorläufigen Festnahmen.

Die Erfahrungen mit der Schleierfahndung in Hessen werden positiv bewertet. Sowohl generalpräventive wie auch spezialpräventive Wirkungen seien zwar nur in eingeschränktem Maß meßbar, eine qualitative Wirkung aber anhand diverser Parameter nachweisbar. Die Schleierfahndung habe sich als wirksam und praktikabel zur Bekämpfung der grenzüberschreitenden Kriminalität dargestellt.[743]

---

[741] Pressemitteilung des Kreisvorsitzenden der Frankfurter CDU und Staatssekretärs im Hessischen Ministerium des Inneren und für Sport vom 17.5.2001.

[742] Antwort der Landesregierung auf eine große Anfrage der Fraktionen der CDU und der FDP in Hessen, LT-Drs. 15/4195, S. 13 ff.

[743] *Stephan*, DPolBl 2004, 26 (28).

## 6. Sonstige Aussagen

Zu den sonstigen Ländern, die eine Schleierfahndungsnorm haben, finden sich keine statistischen Angaben, sondern allenfalls allgemein gehaltene Bewertungen.

Für das Saarland gehen Mandelartz/Sauer/Strube davon aus, daß dort keine Gefährdung wie in Mecklenburg-Vorpommern mit der Grenze zu Polen und der Ostseeküste gegeben sei, da das Saarland lediglich EU-Binnengrenzen aufweise. Außerdem sei dem nationalen Schengen-Erfahrungsbericht zu entnehmen, daß die Kontrollfreiheit an den Schengen-Binnengrenzen und die damit einhergehende Erleichterung des grenzüberschreitenden Reiseverkehrs keine gravierenden negativen Auswirkungen für die Kriminalitätsentwicklung in Deutschland nach sich gezogen hätten.[744]

Der Landesbeauftragte für den Datenschutz in Schleswig-Holstein äußerte sich über die polizeiliche Praxis der Schleierfahndung ebenfalls eher kritisch: die „Treffer" bezögen sich nicht auf Straftaten der Organisierten Kriminalität, sondern auf ausländerrechtliche und betäubungsmittelrechtliche Verstöße, die dem Bereich der mittleren Kriminalität zuzurechnen seien.[745] Ein Beamter der Gemeinsamen Fahndungsgruppe Autobahn spricht dagegen von beachtlichen Einsatzerfolgen in den Jahren 2001 und 2002[746] – und das, obwohl in Schleswig-Holstein keine Schleierfahndungsbefugnis für die Landespolizei besteht.[747]

Für Berlin findet sich ausschließlich eine Aussage des Landesdatenschutzbeauftragten, nach der im Zeitraum von 1999 bis 2002 acht Schleierfahndungen durchgeführt worden seien, die aber lediglich dazu geführt hätten, daß Erkenntnisse über einige Straftaten der Trunkenheit im Verkehr und des Fahrens ohne Fahrerlaubnis gewonnen werden konnten.[748] Nicht zuletzt wegen dieses geringen Erfolges wurde in Berlin die Befugnis zur Durchführung einer Schleierfahndung im April 2004 wieder abgeschafft.

---

[744] *Mandelartz/Sauer/Strube,* zu § 9a, Rdnr. 7.

[745] So der Landesbeauftragte für den Datenschutz in Schleswig-Holstein in einer Stellungnahme zu Regelungsvorschlägen zur Videoüberwachung und zu Jedermannkontrollen in Sachsen-Anhalt vom 29.5.2000, unter 2.

[746] *Thomsen,* DPolBl 2004, 28 (29).

[747] Schleswig-Holstein bedient sich als „Ersatz" der Identitätsfeststellung an gefährlichen Orten, § 181 I S. 2 Nr. 1 SHLVwG, neuerdings auch lagebildabhängige Kontrolle genannt, siehe *Brenneisen/Martins,* DPolBl 2004, 30. Siehe auch Anm. 1222.

[748] Vorgebracht in der Debatte zur Abschaffung der Schleierfahndung in Berlin, siehe nur Abgeordnetenhaus PlPr. 15/49, S. 4043 f.

## II. Amtliche Aussagen zu
## den Schleierfahndungsnormen des Bundes

Bezüglich der auf der Basis der Schleierfahndungsnormen des Bundes durchgeführten Maßnahmen gibt es ebenfalls keine Statistikpflicht. Allerdings liegt zur praktischen Relevanz dieser Normen deutlich mehr Zahlenmaterial vor als zu den entsprechenden Vorschriften der Länder.

Zu den vom BGS durchgeführten Kontrollen wurden im Rahmen einer kleinen Anfrage Zahlen vorgelegt.[749] Danach wurden im vierten Quartal 1998 nach § 22 Ia BGSG 29.361, nach § 23 I 3 BGSG 42.553 Kontrollen durchgeführt, im Jahr 1999 dann nach § 22 Ia BGSG 206.651 und nach § 23 I 3 BGSG 387.375 Kontrollen. Dabei wurden im vierten Quartal von 1998 99 Personen aufgegriffen, die unerlaubt eingereist waren, 1999 dann 2.377 Personen. 1999 wurden 2.204 Feststellungen zu Personen getätigt, die zur Fahndung ausgeschrieben waren.[750] Zu den genauen Orten, an denen die Schleierfahndungen durchgeführt wurden, sowie zur Nationalität der angetroffenen Personen konnten keine Angaben gemacht werden.

Die Angaben zu den 1998/99 ergriffenen Maßnahmen, die sich aus der Leistungsbilanz des BGS ergeben, sind allerdings etwas höher als die vorgenannten Zahlen: Danach seien aufgrund von Schleierfahndungsmaßnahmen des Bundes im Jahr 1999 insgesamt 7.479 unerlaubte Einreisen festgestellt worden. 1998 seien aufgrund von Kontrollen nach den genannten Normen insgesamt 40.202, 1999 37.700 unerlaubte Einreisen bekannt geworden.[751] Noch höhere Zahlen verdachtsunabhängiger Kontrollen ergeben sich aus dem Jahresbericht des BGS für 1999: Von Oktober bis Dezember 1998 seien fast 10.000 Personenfahndungserfolge erzielt worden, die Hälfte davon in Zügen und auf Bahnanlagen im Binnenland. Ca. 500 unerlaubt eingereiste Personen habe man ermitteln können.[752] 1999 seien ca. 760.000 verdachtsunabhängige Kontrollen durchgeführt worden, davon seien in 45.000 Fällen (5,92 %) Fahndungserfolge von der einfachen Ordnungswidrigkeit bis hin zum Kapitalverbrechen erzielt worden, ca. 18.000 davon in Zügen und auf Bahnanlagen im Inland. Es seien ca. 7.500 unerlaubt eingereiste Ausländer ermittelt worden; das entspricht ca. 20 % aller unerlaubten Einreisen.[753] § 22 Ia BGSG sei ein effektives Instrument polizei-

---

[749] BT-Drs. 14/3937, S. 1 ff. und 14/3990, S. 1 ff.

[750] Nach *Heesen/Hönle/Peilert,* § 23 Rdnr. 13 sind für das Jahr 1999 sogar 4.456 Treffer im Bereich der Personenfahndung zu verbuchen, die aufgrund von Maßnahmen nach § 23 I 3 BGSG erzielt wurden.

[751] Leistungsbilanz des Bundesgrenzschutzes 2000/2001, S. 5.

[752] Jahresbericht des BGS für 1998, Nr. 1.3.

[753] Jahresbericht des BGS für 1999, Teil II, Nr. 1.7.3.

licher Aufgabenerfüllung.[754] Laut Schütte seien 1999 insgesamt 18.300 „Treffer" erzielt worden, die Erfolgsquote liege damit bei 8,8%.[755]

Im Jahr 2000 wurde in 553.611 Fällen nach § 23 I 3 BGSG kontrolliert; dabei wurden 5.106 Treffer im Bereich der Personenfahndung und 5.614 unerlaubte Einreisen festgestellt.[756] Nach § 22 Ia BGSG wurden im Jahr 2000 333.753 Kontrollen durchgeführt; dabei lagt die Trefferzahl im Bereich Personenfahndung bei 2.851 und wurden 1.893 unerlaubte Einreisen festgestellt.[757] Schütte hebt hervor, daß die Trefferquote in bezug auf unerlaubte Einreisen bei Maßnahmen nach § 22 Ia BGSG nur bei 0,57%, obwohl eine Zunahme der Zahl der Kontrollen um 61,5% zu verzeichnen sei.[758] Im Jahr 2000 wurden zudem 181.737 Kontrollen nach § 44 II BGSG durchgeführt.

Bezogen auf die Verhinderung unerlaubter Einreisen nach § 22 Ia BGSG lag die Erfolgsquote bei 0,3% für das vierte Quartal 1998 und 1,2% für 1999. 1999 konnten in 0,4% der Kontrollen Feststellungen zu Personen gemacht werden, die zur Fahndung ausgeschrieben waren. Im Jahr 2000 konnten in 0,9% der verdachtsunabhängigen Kontrollen Personenfahndungserfolge erzielt werden, unerlaubte Einreisen wurden nach § 23 I 3 BGSG in 1,1%, nach § 22 Ia BGSG in 0,6% der Kontrollen aufgedeckt.

In der Leistungsbilanz des BGS wird angegeben, daß sich durch die Schleierfahndungsbefugnisse des BGS die polizeiliche Arbeit spürbar verbessert habe: Im Rahmen von Schleierfahndungen seien ungefähr eine Million Kontrollen durchgeführt worden (im Jahr 2001 wurden 310.463 Kontrollen, in 2002 334.603 Kontrollen nach § 22 Ia BGSG durchgeführt), durch die im Jahr 2000 rund 58.000, im Jahr 2001 rund 79.500 und im Jahr 2002 6.578 Personenfahndungserfolge erzielt worden seien. Im Jahr 2001 seien 9.000 unerlaubt eingereiste Ausländer aufgegriffen worden – das sei ungefähr die Hälfte aller überhaupt unerlaubt Eingereisten. Zu Strafanzeigen sei es 2001 in 17.330 Fällen, 2002 in 21.078 Fällen gekommen. Im Jahr 2001 seien 14.527, im Jahr 2002 15.752 Ordnungswidrigkeiten aufgedeckt worden. Betäubungsmittel habe man im Jahr 2001 im Umfang von 11 kg und im Jahr 2002 in einem Umfang von knapp 18

---

[754] *Fehn,* Die Polizei 2001, 114.

[755] *Schütte,* ZRP 2002, 393 (396). Er kritisiert jedoch, daß auch Ordnungswidrigkeiten in der Bilanz enthalten seien sowie Delikte, die nicht zur Zuständigkeit des BGS gehörten, als Treffer gewertet worden seien.

[756] *Heesen/Hönle/Peilert,* § 23 Rdnr. 13.

[757] *Denninger,* FS Stein, S. 15 (23) entnimmt dem Zahlenmaterial für das erste Halbjahr 2000 eine Trefferquote von 0,5% bei der verdachtsunabhängigen Befragung und 0,815% bei der verdachtsunabhängigen Identitätsfeststellung.

[758] *Schütte,* ZRP 2002, 393 (397). *Schütte* schließt aus diesen Zahlen, daß der Schwerpunkt der Maßnahme im repressiven Bereich liege, da für das Jahr 2000 die Trefferquote im repressiven Bereich auf 14,23% angestiegen sei. Daß sich der präventive Effekt der Maßnahme jedoch nicht in Zahlen messen läßt, wird von *Schütte* nicht beachtet.

kg sicherstellen können. Im Jahr 2001 habe es in bei 396 Kontrollen Sachfahndungserfolge gegeben, im Jahr 2002 bei 600 Kontrollen.[759]

Die Zahl der im Rahmen von Schleierfahndungsmaßnahmen aufgedeckten unerlaubten Einreisen und Verstößen nach § 92a, b AuslG lag im Jahr 2001 bei 3,09% und 2002 bei 2,1% der insgesamt in diesem Bereich ausweislich der PKS aufgedeckten Delikte.[760]

In der Begründung für die Verlängerung der Geltungsdauer des befristeten § 22 Ia BGSG wurde im Bundestag vorgebracht, die Regelung habe zu einer Verbesserung der polizeilichen Arbeit des Bundesgrenzschutzes, namentlich zu einer deutlichen Steigerung der Personenfahndungserfolge geführt.[761] Sie habe sich uneingeschränkt bewährt, um wachsender grenzüberschreitender Kriminalität und weiter steigender unerlaubter Zuwanderung entgegenzuwirken.[762] Angesichts der EU-Osterweiterung komme der erweiterten Befugnisnorm erhebliche Bedeutung für die Innere Sicherheit zu. Sie könne ferner einen Beitrag gegen den internationalen Terrorismus leisten.[763] Auch im Evaluierungsbericht des Bundesministeriums des Inneren vom 29. August 2003[764] wird die Schleierfahndung des Bundes als unverzichtbares Instrument, namentlich zur Terrorismusbekämpfung, angesehen.[765] Der durch das SDÜ bedingte Wegfall regulärer Grenzkontrollen in Zügen sowie auf Bahnanlagen und Verkehrsflughäfen sei erfolgreich kompensiert worden.[766] Die Anwendung des § 22 Ia BGSG habe zu beachtlichen (grenz-)polizeilichen Erfolgen geführt.[767] In einem Zeitraum von 1999 bis 2002 wurden 16.426 Personenfahndungserfolge erzielt,[768] von denen

---

[759] Leistungsbilanz des Bundesgrenzschutzes 2000/2001, S. 5 und *Kant,* Bürgerrechte & Polizei 2004, 46 ff. *Scholzen,* DPolBl 2004, 2 (4) zieht aus den genannten Zahlen die Schlußfolgerung, daß bei jeder neunten Überprüfung ein Gesetzesbruch festgestellt werden konnte.

[760] *Kant,* Bürgerrechte & Polizei 2004, 46 (52).

[761] BT-Drs. 15/1560, S. 1. Auch *Heesen/Hönle/Peilert,* § 22 Rdnr. 10 weisen auf die große praktische Bedeutung der Schleierfahndung hin.

[762] BT-Drs. 15/1560, S. 3 – wobei interessanterweise von verdachtsunabhängiger Identitätsfeststellung die Rede ist, während es sich bei § 22 Ia BGSG tatsächlich um eine Befragungsnorm handelt.

[763] BR-Drs. 721/03, S. 1. Siehe auch *Saurer,* NVwZ 2005, 275 (278).

[764] Der Bericht ist unveröffentlicht; er wird im folgenden zitiert als „Erfahrungsbericht zu § 22 Ia BGSG".

[765] Die Schleierfahndung wurde ursprünglich zur Bekämpfung vor allem der Organisierten Kriminalität geschaffen. Die Erweiterung der Kontrollörtlichkeiten von einem 30-km-Grenzstreifen im Küstenbereich auf 50 km wurde zwar durch das Terrorismusbekämpfungsgesetz, siehe oben Anm. 103, eingefügt. Zugeschnitten ist die Schleierfahndung von ihrer Zwecksetzung her aber weiterhin auf die Bekämpfung der Organisierten Kriminalität und nicht des Terrorismus.

[766] Durch das Schengener Abkommen wurden lediglich Binnengrenzkontrollen abgeschafft. Kontrollen in Zügen, auf Bahnanlagen und Verkehrsflughäfen waren vor der Einführung des SDÜ verdachtsunabhängig nicht zulässig.

[767] Erfahrungsbericht zu § 22 Ia BGSG, S. 3.

4.226 zu Festnahmen führten; es wurden 6.789 unerlaubte Einreisen festgestellt,[769] fast 50.000 Straftaten[770] und ca. 45.000 Ordnungswidrigkeiten[771] nachgewiesen, über 10.000 Aufenthaltsermittlungen durchgeführt, über 30.000 Anzeigen wegen eines Verstoßes gegen das Ausländergesetz und ca. 4.000 Anzeigen wegen eines Verstoßes gegen das Waffen- und Sprengstoffgesetz sowie gegen das Betäubungsmittelgesetz aufgenommen und über 4.000 Festnahmen durchgeführt. Jede 20. Kontrolle habe eine Strafanzeige zur Folge gehabt.[772] In dem genannten Zeitraum sei es zu 1.185.460 Kontrollen außerhalb des 30-km-Grenzstreifens gekommen.[773] Bei der Durchführung lagebildabhängiger Kontrollen sei es zu keinerlei rechtlichen oder tatsächlichen Schwierigkeiten gekommen. Die Befragungsmöglichkeit habe zu grundsätzlichen Erkenntnissen über das unerlaubte Einreiseverhalten ausländischer Staatsangehöriger geführt.[774] Dagegen sei die Zahl der Beschwerden im Verhältnis zur Kontrolldichte insgesamt als gering zu bezeichnen, was auf eine professionelle und sensible Durchführung von Schleierfahndungen sowie auf eine gestiegene Akzeptanz dieser Kontrollen auf Seiten der Bevölkerung zurückzuführen sei.[775] Das Sicherheitsgefühl der Bürger habe sich merklich erhöht.

Betrachtet man den Zeitraum von 1999 bis 2002 insgesamt, so lag der Anteil entdeckter unerlaubter Einreisen bei 0,57% der Fälle, der Anteil der entdeckten Straftaten bei 4,98% und derjenige der entdeckten Ordnungswidrigkeiten bei 3,8%.[776] Der Anteil der ausländerrechtlichen Delikte bei den Strafanzeigen macht im Zeitraum von 1999 bis 2002 29,45% aus, der Anteil der Anzeigen

---

[768] Diese Angabe bezieht sich auf sämtliche Personenfahndungstreffer des BGS, also auch auf solche, die aufgrund anderer Ermächtigungsgrundlagen erzielt wurden. Aufgrund der neuen Befugnis zu Befragungen wurde jeder vierte Personenfahndungserfolg erzielt; siehe Erfahrungsbericht zu § 22 Ia BGSG, S. 14.

[769] Bezogen auf die Gesamtzahl der vom BGS festgestellten unerlaubten Einreisen lag der Anteil der unerlaubten Einreisen, die aufgrund von Kontrollen nach § 22 Ia BGSG ermittelt wurden, bei 8,1%; siehe Erfahrungsbericht zu § 22 Ia BGSG, S. 15.

[770] Von allen Schleierfahndungsmaßnahmen des BGS haben die nach § 22 Ia BGSG bei der Feststellung von Straftaten einen Anteil von 40,9%. Bezogen auf die Gesamtzahl der aufgedeckten Straftaten liegt der Anteil der im Rahmen von Maßnahmen nach § 22 Ia BGSG aufgedeckten Straftaten bei 5,1%. Siehe Erfahrungsbericht zu § 22 Ia BGSG, S. 15.

[771] Von allen Schleierfahndungsmaßnahmen des BGS haben die nach § 22 Ia BGSG bei der Feststellung von Ordnungswidrigkeiten einen Anteil von 60,3%. Bezogen auf die Gesamtzahl der aufgedeckten Straftaten liegt der Anteil der im Rahmen von Maßnahmen nach § 22 Ia BGSG aufgedeckten Ordnungswidrigkeiten bei 9,8%. Siehe Erfahrungsbericht zu § 22 Ia BGSG, S. 15.

[772] BT PlPr. 15/66, S. 5677 f.

[773] *Kant,* Bürgerrechte & Polizei 2004, 46 (50).

[774] Erfahrungsbericht zu § 22 Ia BGSG, S. 3.

[775] Erfahrungsbericht zu § 22 Ia BGSG, S. 6.

[776] Erfahrungsbericht zu § 22 Ia BGSG, S. 15 f.

wegen Ordnungswidrigkeiten nach dem AuslG betrug 29,11 %, der wegen Ordnungswidrigkeiten nach dem PaßG 0,517 %.[777]

Kritisch gegenüber der Schleierfahndung haben sich hauptsächlich Bürgerinitiativen geäußert, zum Beispiel die Initiative „BBB" („Bürger beobachten den Bundesgrenzschutz") in Aachen.[778] Sie befürchten einen rassistischen Hintergrund der Schleierfahndung. So rief die „BBB" im Internet dazu auf, ihre Initiative zu unterstützen und den BGS bei der „selektiven, rassistischen, schikanösen und diskriminierenden Schleierfahndung" zu beobachten.[779]

Verläßt man sich auf die Angaben, die zu Schleierfahndungsmaßnahmen des Bundes gemacht wurden, ohne nachvollziehbares Zahlenmaterial zur Verfügung zu haben, so ist die Erfolgsquote von Schleierfahndungsmaßnahmen eher gering, soweit es um die Bekämpfung unerlaubter Einreisen geht. Signifikant größer sind die Erfolge bei der Aufdeckung von Straftaten und Ordnungswidrigkeiten. Auch aus den amtlichen Aussagen zu den Schleierfahndungsnormen des Bundes lassen sich somit keine zuverlässigen Erkenntnisse zur Effektivität der Norm gewinnen.

### III. Amtliche Aussagen
### zur Schleierfahndung in Sachsen

Sachsen hat als einziges Bundesland eine Statistikpflicht normiert und bislang vier Berichte über die Anwendung des § 19 I Satz 1 Nr. 5 SächsPolG vorgelegt.[780] Die Berichte haben jeweils einen allgemeinen Teil, in dem nach gleichem Muster die Ergebnisse vorgestellt werden. In einer Anlage wird dann in Tabellenform die Gesamtstatistik vorgestellt. Diese Gesamtstatistik wird im folgenden in einer gemeinsamen Tabelle (s. Seite 206) für alle Berichtsjahre zusammengefaßt.

In den einzelnen Berichten wurde der Erfolg der Schleierfahndung jeweils gleich bewertet. Im ersten Bericht wurde die Schleierfahndung als wirksame Kontrollmöglichkeit angesehen, die auch von professionellen Straftätern nicht umgangen werden könne. Sie sei ein adäquates Mittel und unverzichtbares Instrument zur Kriminalitätsbekämpfung, ein Verzicht auf Schleierfahndungen würde einen empfindlichen Sicherheitsverlust bedeuten. Im zweiten Bericht

---

[777] *Kant*, Bürgerrechte & Polizei 2004, 46 (51).

[778] Siehe auch den Erfahrungsbericht zu § 22 Ia BGSG, S. 6.

[779] Siehe <www.nadir.org/nadir/aktuell/2001/02/17/2754.html>, zuletzt aufgerufen am 30.5.2005.

[780] 1. Bericht für den Zeitraum 1.7.1999–30.6.2000, SächsLT-Drs. 3/3264, S. 1 ff.; 2. Bericht für den Zeitraum 1.7.2000–30.6.2001, SächsLT-Drs. 3/5330, S. 1 ff.; 3. Bericht für den Zeitraum 1.7.2001–30.6.2002, SächsLT-Drs. 3/8946, S. 1 ff.; 4. Bericht für den Zeitraum 1.7.2002–30.6.2003, SächsLT-Drs. 3/10031, S. 1 ff.

| Maßnahme                                   Jahr: | 99/00 | 00/01 | 01/02 | 02/03 |
|---|---|---|---|---|
| Verdachtsunabhängige Kontrollen insgesamt | 18.261 | 19.667 | 20.169 | 23.999 |
| – davon Personenkontrollen | 120.139 | 139.684 | 127.087 | 133.529 |
| – davon Fahrzeugkontrollen | 83.699 | 95.629 | 84.777 | 89.759 |
| Kontrollen im 30-km-Bereich | 10.546 | 9.986 | 11.563 | 12.581 |
| – davon Personenkontrollen | 76.374 | 71.682 | 66.233 | 66.409 |
| – davon Fahrzeugkontrollen | 52.897 | 50.073 | 42.818 | 42.988 |
| Kontrollen außerhalb des 30-km-Bereichs | 7.715 | 9.681 | 8.606 | 11.418 |
| – davon Personenkontrollen | 43.765 | 68.002 | 60.854 | 67.120 |
| – davon Fahrzeugkontrollen | 30.802 | 45.556 | 41.959 | 46.771 |
| Kontrollen auf anderen Straßen von erheblicher Bedeutung | 1.825 | 2.452 | 2.445 | 3.372 |
| – davon Personenkontrollen | 14.788 | 18.579 | 16.995 | 17.480 |
| – davon Fahrzeugkontrollen | 11.014 | 13.360 | 11.351 | 11.990 |
| Durchsuchungen von Kfz und Sachen | 10.206 | 9.626 | 6.288 | 7.007 |
| – davon innerhalb des 30-km-Bereichs | 5.758 | 5.005 | 4.028 | 5.332 |
| Folgemaßnahmen | 7.132 | 7.691 | 7.520 | 8.116 |
| strafrechtliche Ermittlungsverfahren eingeleitet | 1.052 | 1.290 | 1.142 | 1.186 |
| illegal eingereiste Personen aufgegriffen | 596 | 640 | 234 | 165 |
| Aufenthaltsermittlungen durchgeführt | 169 | 161 | 123 | 161 |
| Freiheitsentziehungen | 1.080 | 1.076 | 795 | 742 |
| – davon im Rahmen einer Ausschreibung zur Fahndung | 216 | 139 | 154 | 135 |
| – davon im Rahmen einer vorläufigen Festnahme nach § 127 StPO | 742 | 821 | 402 | 377 |
| – davon Ingewahrsamnahmen | 122 | 116 | 239 | 230 |
| Sicherstellungen insgesamt | 6.381 | – | 6.687 | – |
| – von Betäubungsmitteln | 137 | 159 | 120 | 187 |
| – von Waffen | 21 | 21 | 7 | 21 |
| – von Kfz | 62 | 62 | 55 | 55 |
| – von sonstigen Gegenstände wie Kennzeichen verfassungswidriger Organisationen, Schlagstöcke, Führerscheine, geschmuggelte Zigaretten und Diebesgut | 447 | 417 | 283 | 305 |
| Sachfahndungstreffer | – | 102 | – | 115 |

wurde angegeben, daß sich die Kontrollintensität teilweise deutlich erhöht habe, vor allem außerhalb des 30-km-Streifens. Die positive Einschätzung der Schleierfahndung entsprach jedoch der im Vorjahresbericht. Im dritten Bericht wurde die Schleierfahndung als eine Maßnahme vorgestellt, die sich insbesondere bei der Bekämpfung von Schleusungen bewährt habe; ein planvolles Unterlaufen einer Kontrolle sei nahezu unmöglich. Dadurch komme es zu einer deutlichen Erhöhung des Entdeckungsrisikos für Schleuser außerhalb des 30-km-Streifens. Diese Abschreckungswirkung führe zu einem Rückgang von Straftaten im Bereich der grenzüberschreitenden Kriminalität. Der vierte Bericht enthält keine neuen Erkenntnisse.

Die Statistiken aus Sachsen bieten sich für eine genauere Analyse an, da sie nicht nur sehr umfangreich sind, sondern auch – je nachdem, was man betrachtet – eine hohe Aussagekraft haben:

Die Anzahl der Schleierfahndungen hat, in absoluten Zahlen betrachtet, stetig zugenommen. Die Schleierfahndungen im Kontrollbereich des 30-km-Streifens machten knapp über die Hälfte – im Schnitt 54,5% – der Kontrollen aus. Auf Bundesautobahnen und Bundesstraßen fanden im Schnitt 32,3% der Kontrollen statt. Der Anteil der Kontrollen auf „anderen Straßen von erheblicher Bedeutung für den grenzüberschreitenden Verkehr" betrug von den zulässigen Kontrollorten außerhalb des 30-km-Streifens zwischen 24 und 28%. Absolut betrachtet fanden im Schnitt 12,2% der Kontrollen dort statt. Kontrollen in öffentlichen Einrichtungen und Anlagen des internationalen Verkehrs sowie in öffentlichen Verkehrsmitteln des internationalen Verkehrs fanden so gut wie nicht statt (zwischen 0 und 0,9% der Kontrollen); insgesamt wurden nur zwei Kontrollen in öffentlichen Verkehrsmitteln durchgeführt.

Pro Kontrollstelle wurden im Schnitt 6,4 Personen kontrolliert. Die Anzahl der kontrollierten Personen entspricht in etwa der Verteilung der Kontrollen: über 50% der kontrollierten Personen wurden im 30-km-Grenzbereich kontrolliert, die Zahl der auf anderen Straßen mit erheblicher Bedeutung für den grenzüberschreitenden Verkehr kontrollierten Personen lag zwischen 12,3 und 13,3%, auf Bundesautobahnen und Bundesstraßen wurden zwischen 23% und 36,6% der insgesamt überprüften Personen kontrolliert. Sonstige Kontrollorte spielten keine Rolle. Der Anteil ausländischer Staatsangehöriger und Staatenloser an den kontrollierten Personen betrug im Schnitt 22%. Der Ausländeranteil der innerhalb des 30-km-Streifens Kontrollierten lag im Schnitt bei 16,8%, bei Bundesautobahnen und Bundesstraßen im Schnitt bei 30,2%. Die Ausländerquote bei Kontrollen in öffentlichen Einrichtungen des internationalen Verkehrs lag bei 47,9%. Die zuletzt genannte Zahl ist jedoch schon wegen der extrem selten durchgeführten Kontrollen in öffentlichen Einrichtungen des internationalen Verkehrs nicht sonderlich aussagekräftig. Auf den anderen Straßen waren im Schnitt 17% der Betroffenen ausländische Staatsangehörige oder staatenlos. Der Ausländeranteil in Sachsen betrug 2001 2,5%, 2002 2,7% und bundesweit jeweils 8,9%.[781] Betrachtet man jedoch den Anteil ausländischer Verurteilter an der Gesamtzahl aller Verurteilten, lag dieser insgesamt betrachtet für 2002 bei 24,2%.[782] Die polizeiliche Kriminalstatistik[783] weist jedoch auf Bewertungsprobleme des Anteils nichtdeutscher Tatverdächtiger hin. In den letzten Jahren besaßen immer um die 25% der von der Polizei ermittelten Tatverdächtigen nicht die deutsche Staatsangehörigkeit. Nicht berücksichtigt wurde jedoch das Dunkelfeld der nicht ermittelten Täter. Bei ausländerspezifischen Delikten, beispielsweise Straftaten nach dem AuslG, lag der Anteil der Ausländer naturgemäß mit 93,2% sehr hoch. Auf Sachsen bezogen lag 2002 der Anteil Nichtdeutscher an den Tatverdächtigen insgesamt bei 17%, 2001 bei 19,6%. Aufgrund dieser Zahlen kann nicht von einer diskriminierenden Inanspruchnahme von ausländischen Staatsangehörigen im Rahmen von Schleierfahndungen ausgegangen werden. Denn der Anteil der kontrollierten Ausländer entspricht ziemlich genau dem Ausländeranteil an der Gesamtkriminalität.

Pro Kontrollstelle kam es im Schnitt zur Kontrolle von 4,4 Kraftfahrzeugen. Durchsucht wurden im Schnitt 10% der kontrollierten Kfz, läßt man das Jahr 2001/2002 außer Acht. In diesem Jahr wurden nämlich ungewöhnlich wenige Fahrzeuge kontrolliert, insgesamt nur 0,5%. Worauf diese Ausnahme zurückzuführen ist, läßt sich den Statistiken nicht entnehmen.

In konstant 6% der Kontrollen kam es zu Folgemaßnahmen für Personen, wobei bei den Personen mit ausländischer Staatsangehörigkeit und Staatenlosen im Schnitt 8,4% der Kontrollen Anlaß zu Folgemaßnahmen gaben. Zu Festnahmen aufgrund von Ausschreibungen sowie zu einer polizeilichen Ingewahrsamnahme kam es in 0,1 bis 0,2% der Kontrollen.

Die Beschlagnahme von Betäubungsmitteln, Waffen, Kfz oder sonstigen Gütern spielte eine untergeordnete Rolle. Im Schnitt kam es bei 0,7% der Kontrollen zu einer Beschlagnahme von Betäubungsmitteln, in 0,1% Kontrollen wurden Waffen, in 0,03% Kfz und in 1,7% sonstige Güter beschlagnahmt. Die Zahl der Sachfahndungstreffer betrug im betrachteten Zeitraum insgesamt 361 (bei insgesamt 82096 durchgeführten Kontrollen), was eine Trefferquote von 0,4% ergibt.

Der Aufgriff illegal eingereister Personen hat stark abgenommen. Er lag im Betrachtungszeitraum bei im Schnitt 0,3% der kontrollierten Personen[784] und bei 1,4% der durchgeführten Kontrollen.

---

[781] Siehe <www.statistik.sachsen.de/Inhalt/32bericht/faltblatt/AuslaenderFaltblatt03. pdf>, sowie <www.statistik-portal.de/Statistik-Portal/de_jb01_jahrtab2.asp>, zuletzt aufgerufen am 30.5.2005.

[782] Siehe <www.destatis.de/basis/d/recht/rechts5.htm>, zuletzt aufgerufen am 30.5. 2005.

[783] PKS Berichtsjahr 2000, 2001, 2002 jeweils S. 107 ff.; PKS Berichtsjahr 2003 S. 109.

Im Schnitt wurden aus Anlaß von 5,7% der Kontrollen strafrechtliche Ermittlungsverfahren eingeleitet.

Aus keiner der Aussagen zur Praxisrelevanz der Schleierfahndungsnormen läßt sich jedoch eindeutig ein präventiver Erfolg der Maßnahmen ableiten. Dies beruht überwiegend darauf, daß sich ein solcher Erfolg nicht anhand statistischer Angaben messen läßt. Die statistischen Nachweise können nämlich nur repressive Werte liefern. Den Statistiken ist ebenfalls nicht zu entnehmen, welche Straftaten zur Anzeige kamen oder ob grenzüberschreitende Bezüge bestanden. Lediglich die Kategorie „Unerlaubte Einreisen" umfaßt Daten der grenzüberschreitenden Kriminalität. Gerade hier sind jedoch die Erfolgsquoten eher gering. Eine Überprüfung, ob das Ziel der Schleierfahndungsnormen, auch zur Bekämpfung der sonstigen grenzüberschreitenden Kriminalität beizutragen, erreicht wurde, ist anhand der bislang vorgenommenen Evaluierungen daher nicht möglich.[785]

## IV. Allgemeine amtliche Angaben zur Entwicklung der grenzüberschreitenden Kriminalität

Um die gewonnenen Erkenntnisse zur praktischen Relevanz von Schleierfahndungen besser bewerten zu können, soll nun allgemein auf die Entwicklung der grenzüberschreitenden Kriminalität und der Organisierten Kriminalität in Deutschland eingegangen werden.

Mit der Verwirklichung des europäischen Binnenmarktes gingen eine Veränderung des Verkehrslagebildes sowie eine Veränderung des Kriminalitätsbildes einher. Aufgrund der zentralen Lage Deutschlands kam es zu erheblichen Zuwächsen an grenzüberschreitendem Personen- und Güterverkehr.[786] Im Zuge dieser Veränderungen wurde auch die Frage diskutiert, ob Grenzkontrollen eine Filterfunktion auf die Kriminalität ausüben können.[787] Nach einer Ansicht zeigen grenzpolizeiliche Lagebilder, daß Grenzlinien und Grenzräume eine natürliche strategische Linie darstellen und Grenzkontrollen daher eine wichtige Filterfunktion haben.[788] Nach einer anderen Ansicht haben sich Grenzkontrollen als wenig effizient zur Bekämpfung der modernen Kriminalität erwiesen, daher sei ein Verzicht auf die Kontrollen auch keine Preisgabe wesentlicher Sicherheitsinteressen.[789]

---

[784] *Kant,* Bürgerrechte & Polizei 2004, 46 (53).

[785] Kritisch hierzu *Kant,* Bürgerrechte & Polizei 2004, 46 (48).

[786] *Kessler,* S. 93 f.; *Walter,* Kriminalistik 2004, 668 (670).

[787] Siehe schon oben Anm. 12.

[788] *Kessler,* S. 93 (99).

[789] *Bieber,* NJW 1994, 294 (295).

Aus dem Schengener Erfahrungsbericht läßt sich entnehmen, daß die Kontrollfreiheit an den Binnengrenzen und die Erleichterung des Reiseverkehrs keine gravierenden Auswirkungen auf die Kriminalitätsentwicklung sowie keine Defizite im Bereich der Inneren Sicherheit zeitigen.[790] Dies spricht zwar dafür, daß den Grenzkontrollen keine bedeutsame Filterfunktion zukommt, allerdings ist das Fehlen einer signifikanten Steigerung der grenzüberschreitenden Kriminalität möglicherweise auch auf die Einführung von Ausgleichsmaßnahmen wie beispielsweise des SIS, aber auch der Befugnis zur Durchführung von Schleierfahndungsmaßnahmen (die zeitgleich mit dem Grenzkontrollwegfall eingeführt wurde), zurückzuführen.[791]

Nach der Umsetzung des SDÜ, die zunächst einen Wegfall der Grenzkontrollen an den deutschen Schengen-Binnengrenzen bewirkte, konnte jedoch mittels polizeilicher Erkenntnisse belegt werden, daß sich vor allen Dingen die Organisierte Kriminalität auf die neuen Gegebenheiten eingestellt hatte. So wählten zum Beispiel Schleuserorganisationen für die Schleusung von Staatsangehörigen der Balkanländer nach Deutschland einen Umweg von Italien durch Frankreich nach Deutschland an Stelle des direkten Weges durch Österreich, das erst später die Schengen-Standards erfüllte und damit auf Grenzkontrollen verzichtete.[792]

Im folgenden sollen die Angaben aus der Leistungsbilanz des BGS aus den Jahren 2000/2001 sowie 2002 genutzt werden, um die Entwicklung der grenzüberschreitenden Kriminalität, besonders der unerlaubten Einreisen, in Deutschland darzustellen.[793]

Im Rahmen der grenzpolizeilichen Aufgaben (auch unter Berücksichtigung der Tätigkeiten der Landespolizei Bayern und der Wasserschutzpolizeien Hamburg und Bremen) wurden in den Jahren 1997 35.205, 1998 40.201, 1999 37.789, 2000 31.485, 2001 28.560 und in 2002 22.638 unerlaubte Einreisen festgestellt. Es zeigt sich, daß seit 1998 ein ständiger Rückgang der unerlaubten Einreisen über die Land- und Seeaußengrenzen zu verzeichnen ist. Als Ursache hierfür wird die Stabilisierung der politischen Verhältnisse in den Staaten Rumänien, Afghanistan, Republik Moldau und Armenien angegeben.[794] 58,3% der

---

[790] Schengen-Erfahrungsbericht 2001, S. 1; 2002, S. 1; 2003, S. 1. So auch die Argumentation in Saar LT PlPr. 12/11, S. 475; ebenso *Caesar*, S. 23 (30) für den pfälzischen Bereich, der ans französische Elsaß grenzt.

[791] Schengen-Erfahrungsbericht 2002, S. 1.

[792] *Beinhofer*, BayVBl. 1995, 193 (194).

[793] Kriminalistische Statistiken werden als wichtigstes Mittel zur Analyse der Kriminalität und damit auch zur Darstellung der objektiven Sicherheitslage angesehen, siehe *Büllesfeld*, S. 50 ff.; *Kaiser*, § 37 Rdnr. 65. Den polizeilichen Kriminalitätsstatistiken kann, trotz aller Unsicherheit der „Meßbarkeit" von Kriminalität, zumindest eine Indizwirkung zugesprochen werden.

[794] Leistungsbilanz des Bundesgrenzschutzes 2002, S. 4.

unerlaubten Einreisen entfielen auf deutsche Schengen-Binnengrenzen.[795] Die Seegrenze ist keinem nennenswerten Druck ausgesetzt, Flughäfen gewinnen dagegen weiter an Bedeutung. Bei der unerlaubten Einreise auf dem Luftweg kam es zunächst zu einer Verdopplung, nunmehr sind die Zahlen stabil (1999: 203; 2000: 437; 2001: 894; 2002: 848). Bei der Kontrolle an den Schengen-Außengrenzen fanden zunächst an der deutsch-tschechischen Grenze die meisten Aufgriffe statt (1999: 12.846; 2000: 11.739; 2001: 7.141; 2002: 4.641), gefolgt von Aufgriffen an der deutsch-österreichischen Grenze (1999: 10.980; 2000: 7.404; 2001: 8.210; 2002: 7.518). Der Schwerpunkt unerlaubter Einreisen liegt mittlerweile an der deutsch-österreichischen Grenze. Den höchsten Anteil an den unerlaubt einreisenden Personen stellen Rumänen (2.916), Jugoslawen (2.521), Iraker (2.216) und Türken (2.184).[796]

In bezug auf die Schleuserkriminalität wurde festgestellt, daß Deutschland aufgrund seiner geographischen Lage in der Mitte Europas, seiner volkswirtschaftlichen Stabilität, seines Wohlstandes und seiner ausgezeichneten Infrastruktur in besonderem Ausmaß Zielland unerlaubter Einreisen sei.[797]

Nach Angaben des Schengen-Erfahrungsberichtes beruhen ca. 70 % der Aufgriffe auf Schleierfahndungsmaßnahmen.[798] Laut dem Erfahrungsbericht des Bundes zu § 22 Ia BGSG sind jedoch nur 8,1 % der Aufgriffe bei unerlaubter Einreise auf § 22 Ia BGSG zurückzuführen.[799] Solche Diskrepanzen machen eine Bewertung der Schleierfahndung nahezu unmöglich.

Die Schleusungskriminalität ist weiter rückläufig (1997: 1.708; 1998: 3.162; 1999: 3.410; 2000: 2.470; 2001: 2.463; 2002: 1.844 festgestellte Schleuser). Die Zahl der zurückgewiesenen Personen betrug 1999: 57.342; 2000: 52.257 und 2001: 51.054. Zu einer Zurückschiebung kam es 1999: 23.610; 2000: 20.369 und 2001: 16.048 mal, zu einer Abschiebung 1999: 32.929; 2000: 35.444 und 2001: 27.902 mal. Beschlagnahmt wurden Betäubungsmittel 1999: 5.345,2 kg (Sonderfall Khat); 2000: 1.871,4 kg; 2001: 2.401,8 kg und 2002: 3.694,3 kg. Tatverdächtige wegen eines Verstoßes gegen das BtMG gab es 1999: 8.034; 2000: 10.915; 2001: 10.591 und 2002: 8.971 – wobei Brennpunkt hierbei die deutsch-niederländische Grenze ist. Die Zahl der Kfz-Verschiebungen ist seit 1995 rückläufig – in 2001 wurden 62.273, in 2002 57.402 Fahr-

---

[795] Schengen-Erfahrungsbericht 2001, S. 3. Im Jahr 2003 haben unerlaubte Einreisen an Binnengrenzen deutlich abgenommen, siehe Schengen-Erfahrungsbericht 2003, S. 2.

[796] Jahresbericht des BGS für 1998, 1.1 und Jahresbericht des BGS für 1999, Teil II, Nr. 1.1 1.2 sowie Leistungsbilanz des Bundesgrenzschutzes 2002, S. 4, 2000/2001, S. 4.

[797] Leistungsbilanz des Bundesgrenzschutzes 2000/2001, S. 12.

[798] Schengen-Erfahrungsbericht 2001, S. 4; 2002, S. 3.

[799] Siehe Anmerkung 769.

zeuge als gestohlen gemeldet. Zu einer Sicherstellung durch den BGS kam es 2001 in nur 359 und 2002 in 326 Fällen.[800]

Von 1995 bis 2001 kam es allgemein zu einem Rückgang von grenzüberschreitenden Straftaten, dann erfolgte ein leichter Anstieg. An den Binnengrenzen konnten im Jahr 2001 zwischen 0,7 und 7% grenzüberschreitende Kriminalität festgestellt werden, allerdings lag die Quote an der Grenze von Sachsen zu Polen bei 36,6%, dagegen ging sie an der Grenze von Mecklenburg-Vorpommern zu Polen auf 8,8% zurück. An den Schengen-Binnengrenzen zu den Benelux-Ländern und Frankreich war zunächst ein Anstieg der Kriminalität zu verzeichnen, seit 2002 sind die Zahlen aber rückläufig. Auch an den Schengen-Außengrenzen zu Polen und der Tschechischen Republik ist ein deutlicher Rückgang zu verzeichnen.[801]

Aus den Bundesländern gibt es nur wenige Angaben zur grenzüberschreitenden Kriminalität. So wurde für Baden-Württemberg festgestellt, daß sich die ausländerrechtlichen Verstöße (illegaler Grenzübertritt, illegaler Aufenthalt und Schleuserkriminalität) im Zeitraum von 1990 bis 1997 um 97% erhöht hätten – was auf eine insgesamt gestiegene grenzüberschreitende Tätermobilität schließen lasse.[802] Für das Saarland wurde dagegen eine ausgesprochen geringe Quote der grenzüberschreitenden Kriminalität an der Gesamtkriminalität ausgemacht: 1995–1997: jeweils 1,3%, 1998: 1,6%.[803]

Für die grenzüberschreitende Kriminalität läßt sich somit zusammenfassend sagen, daß die Zahl unerlaubter Einreisen, Schleusungen und grenzüberschreitender Straftaten in den letzten Jahren (seit 1998) konstant abgenommen hat. Das bedeutet jedoch nicht, daß Maßnahmen zur Bekämpfung grenzüberschreitender Kriminalität unzulässig wären – der Rückgang ist möglicherweise auch auf die Durchführung von Maßnahmen wie der Schleierfahndung zurückzuführen. Es bedeutet jedoch, daß Maßnahmen zur Bekämpfung rückläufiger Kriminalität besonderer Beobachtung dahingehend bedürfen, ob sie der jeweiligen Situation angemessen sind.

Für die Bekämpfung Organisierter Kriminalität gilt, daß Ausmaß und Intensität der Bemühungen der Strafverfolgungsbehörden für einen Erfolg ausschlaggebend sind. Es handelt sich im wesentlichen um sogenannte Kontrollkriminalität.[804] Als erhebliche Kriminalitätsbereiche der Organisierten Kriminalität werden Rauschgifthandel und -schmuggel, Eigentumskriminalität und Kriminalität

---

[800] Leistungsbilanz des Bundesgrenzschutzes 2002, S. 5; 2000/2001, S. 5.

[801] Leistungsbilanz des Bundesgrenzschutzes 2002, S. 5; 2000/2001, S. 5 f.

[802] *Burger* in der öffentlichen Anhörung von Sachverständigen zu dem Entwurf eines Ersten Gesetzes zur Änderung des BGSG vom 15.6.1998, Protokoll der 87. Sitzung des Innenausschusses des Deutschen Bundestages, S. 7 f.

[803] Saar LT PlPr. 12/11, S. 475.

[804] Lagebild Organisierte Kriminalität 2002, S. 1 ff.

im Zusammenhang mit dem Wirtschaftsleben angesehen. In diesen Bereichen ist die Kriminalitätsrate in den letzten Jahren ungefähr gleich geblieben. Am stärksten vertreten sind deutsche Tatverdächtige, gefolgt von türkischen, polnischen sowie litauischen Tatverdächtigen. Dagegen ist ein Rückgang bei jugoslawischen Tätern zu verzeichnen. Ein Rückgang der Zahl der Tatverdächtigen bedeutet jedoch nicht automatisch einen Rückgang der Organisierten Kriminalität.[805]

Problematisch bei der Bekämpfung der Organisierten Kriminalität ist vor allen Dingen die Tatsache, daß grenzüberschreitend agiert wird und die betroffenen Opfer die Taten regelmäßig nicht zur Anzeige bringen (sei es, weil der Staat betroffen ist oder zwar Privatpersonen Opfer sind, diese aber – wie dies oftmals der Fall ist – eingeschüchtert werden).[806]

Üblicherweise sehen Konzepte zur Bekämpfung Organisierter Kriminalität heimliche beziehungsweise verdeckte Maßnahmen gegen potentielle Täter vor – zum Beispiel den Einsatz von V-Leuten und verdeckten Ermittlern, technische Überwachungen von Wohnungen sowie Telefonüberwachungen.[807] Die Schleierfahndung als grundsätzlich offene Maßnahme ist daher keine „klassische" Maßnahme zur Bekämpfung Organisierter Kriminalität. Berührungspunkte zur Organisierten Kriminalität entstehen nur dann, wenn sie grenzüberschreitende Bezüge aufweist. Da dies jedoch häufig der Fall ist, ist die Schleierfahndung durchaus auch eine Maßnahme zur Bekämpfung grenzüberschreitender organisierter Kriminalität.

Bei der Frage der Eignung der Schleierfahndung zur Bekämpfung der Organisierten Kriminalität stellt sich wiederum das grundsätzliche Problem der fehlenden Meßbarkeit des kriminalistischen Nutzens einer polizeilichen Maßnahme: es fällt schwer, Auswirkungen einer polizeilichen Maßnahme zweifelsfrei festzustellen.[808] Ein Kausalzusammenhang zwischen Durchführung der Schleierfahndung und der konkreten Verhinderung von Straftaten ist nur schwer nachzuweisen.[809] Kriminalitätszahlen vor und nach der Einführung einer Befugnis zur Durchführung einer bestimmten polizeilichen Maßnahme können zwar miteinander verglichen werden, viele andere Faktoren können aber die Veränderung von Kriminalitätshäufigkeiten beeinflussen. Sind beispielsweise Kontrollmaßnahmen in einem Bereich deutlich intensiviert worden, kann ein Ansteigen der Kriminalitätszahlen in diesem Bereich auf den erhöhten Kontrollen beruhen,

---

[805] Lagebild Organisierte Kriminalität 2002, S. 26. Nach einem Bericht der Rheinpfalz vom 16.8.2004, S. 1 ist nach Angaben des BKA im Vergleich zu 2002 der Anteil der ausländischen Tatverdächtigen auf 61,2 % angestiegen.

[806] *Hassemer*, StV 1993, 664 (666).

[807] *Aden*, S. 370 ff.

[808] *Waechter*, DÖV 1999, 138 (143).

[809] Siehe auch *Drewes*, DPolBl 2004, 4 (10).

aber auch an einer Zunahme der Kriminalität in diesem Bereich liegen. Außerdem können andere Maßnahmen, die eine ähnliche Wirkung zeigen, ebenfalls Ursache des „Erfolges" sein. Ein Vergleich mit Ländern, in denen es keine Schleierfahndung gibt, ist ebenfalls wenig hilfreich. Denn selbst wenn dort ein mehr an Organisierter Kriminalität nachzuweisen wäre, kann dies auf mannigfaltigen anderen Ursachen beruhen.

Die einzige Konsequenz, die sich aus dem vorhandenen Zahlenmaterial zur Schleierfahndung ziehen läßt, ist, daß sie zumindest zur Kriminalitätsbekämpfung nicht völlig ungeeignet ist.

*Teil 3*

# Verfassungs- und europarechtliche Aspekte der Schleierfahndung

Kapitel 8

## Die Schleierfahndung auf dem Prüfstand der Landesverfassungsgerichte

Drei Landesverfassungsgerichte haben bislang zur Frage der Verfassungsmäßigkeit von Schleierfahndungsmaßnahmen judiziert. Das Bundesverfassungsgericht hatte dagegen (noch) nicht über die Grundgesetzkonformität der Schleierfahndung zu entscheiden. Im folgenden sollen zunächst die wichtigsten Aussagen der ergangenen Landesverfassungsgerichtsurteile kurz vorgestellt werden. Eine detaillierte inhaltliche Auseinandersetzung mit den Judikaten erfolgt dann in der sich anschließenden eigenen Bewertung der Verfassungsmäßigkeit von ereignis- und verdachtsunabhängigen Personenkontrollen in den Kapiteln 9 und 10.

## I. Die Bewertung der Schleierfahndung durch das Landesverfassungsgericht Mecklenburg-Vorpommern

Das Landesverfassungsgericht Mecklenburg-Vorpommern hatte sich anläßlich einer Verfassungsbeschwerde von 5 Bürgern des Landes gegen die mecklenburg-vorpommerische Schleierfahndungsnorm mit dieser zu beschäftigen. Die Beschwerdeführer hatten beantragt, § 29 I S. 2 Nr. 5 SOG MV für nichtig zu erklären.

Nachdem das Landesverfassungsgericht Mecklenburg-Vorpommern zunächst in einem Zwischenurteil vom 6.5.1999 die Zulässigkeit der Verfassungsbeschwerde bejaht hatte,[810] hat es dann durch Urteil vom 21.10.1999[811] Teile der

---

[810] NVwZ-RR 1999, 617.

[811] DVBl. 2000, 262 ff. mit Anmerkung *Engelken,* ThürVBl. 2000, 41 und *Möllers,* DÖV 2000, 71 (weitere Fundstellen der Entscheidung: DÖV 2000, 71; DVBl. 1999, 1752; NJ 1999, 645; NJW 2000, 2016; NVwZ 2000, 429; LKV 2000, 149 ff.; NordÖR 1999, 502; RDV 2000, 64; SächsVBl. 2000, 40; ThürVBl. 2000, 41).

(damals geltenden, heute geänderten) Schleierfahndungsregelung in Mecklenburg-Vorpommern für verfassungswidrig und damit nichtig erklärt. Grundsätzlich sei die Schleierfahndung zwar zulässig, allerdings sei die konkrete Ausgestaltung der Schleierfahndung mit der Verfassung nicht vereinbar.

Die Regelung, daß auf Durchgangs- und Landesstraßen auch außerhalb eines 30 km breiten Grenzstreifens kontrolliert werden dürfe, sei mangels Zurechnungszusammenhangs zwischen Adressat der Maßnahme und Gefahr verfassungswidrig.[812] Für die Durchführung einer Identitätsfeststellung sei ein hinreichender tatsächlicher Grund erforderlich. Dieser sei aber nicht schon dadurch gegeben, daß eine Durchgangsstraße befahren werde. Daher liege eine Verletzung des Verhältnismäßigkeitsgebots und des Bestimmtheitsgebots vor. Erforderlich sei eine Normierung von Eingriffsschwellen wie zum Beispiel die Festlegung der Erforderlichkeit von Lageerkenntnissen oder des Vorliegens bestimmter polizeilicher Erfahrungswerte, die auf die drohende Begehung von Straftaten der Organisierten Kriminalität hindeuten. Zudem müsse dokumentiert werden, aufgrund welcher Anzeichen die erforderlichen Lageerkenntnisse gewonnen werden konnten.[813]

Eine ereignis- und verdachtsunabhängige Identitätsfeststellung im Rahmen einer Kontrolle innerhalb eines 30 km breiten Grenzstreifens, in öffentlichen Einrichtungen des internationalen Verkehrs und im Küstenmeer sei aber noch mit der Verfassung vereinbar, insofern sei eine verfassungskonforme Auslegung der Schleierfahndungsnorm möglich. Denn dort sei eine der Identitätsfeststellung an gefährlichen und gefährdeten Orten vergleichbare örtliche Sondersituation gegeben.[814] Folgemaßnahmen wie Durchsuchungen, Festhalten, erkennungsdienstliche Behandlungen und Ingewahrsamnahmen seien dagegen unverhältnismäßig und dürften nur bei Vorliegen konkreter Anhaltspunkte für das Bestehen einer Gefahr ergriffen werden.[815]

Ferner hat das Gericht das Fehlen eines spezifisch auf die Organisierte Kriminalität zugeschnittenen Kataloges von Straftaten kritisiert, zu deren Verhütung Maßnahmen ergriffen werden dürfen. Nur die Festlegung eines solchen Kataloges garantiere die gerichtliche Nachprüfbarkeit der Verfassungskonformität einzelner Schleierfahndungsmaßnahmen. Der Vorschlag des Gerichts ging

---

[812] LVerfG MV LKV 2000, 149.

[813] LVerfG MV LKV 2000, 149 (152, 154, 156). In einer Stellungnahme des Innenministers von Baden-Württemberg zur Verfassungskonformität verdachtsunabhängiger Polizeikontrollen (LT-Drs. 12/4499, S. 3), wird die Auffassung vertreten, die baden-württembergische Norm entspreche diesen vom Landesverfassungsgericht Mecklenburg-Vorpommern aufgestellten Anforderungen, da sie eine Kontrolle auf Durchgangsstraßen nur zulasse, wenn diese eine erhebliche Bedeutung für die grenzüberschreitende Kriminalität und nicht nur für den Verkehr aufweisen.

[814] LVerfG MV LKV 2000, 149 (156).

[815] LVerfG MV LKV 2000, 149 (153, 156).

dahin, die Schleierfahndung nur zuzulassen zur Vorbeugung von schweren Straftaten, die typischerweise im Zusammenhang mit der Organisierten Kriminalität begangen werden.

Darüber hinaus hat das Gericht das Fehlen grundrechtssichernder Verfahrensregelungen und bereichsspezifischer Vorschriften zur Datennutzung und -verarbeitung gerügt.[816]

Das Urteil des Landesverfassungsgerichts von Mecklenburg-Vorpommern wurde in der Literatur sehr unterschiedlich aufgenommen. Kritiker bemängeln, man könne auch bei Anlegen eines strengen Maßstabes bezüglich der Angemessenheit der Mittel und der Verhältnismäßigkeit nicht zum Verdikt der Verfassungswidrigkeit einzelner Teile der Norm gelangen. Denn man müsse auch berücksichtigen, daß dem Staat gewisse Schutzpflichten obliegen und der Staat Sicherheitsinteressen zu wahren habe.[817]

## II. Die Bewertung der Schleierfahndung durch den Bayerischen Verfassungsgerichtshof

Der Bayerische Verfassungsgerichtshof hat in seinem Urteil vom 28.3.2003 die Schleierfahndung nach bayerischem Polizeigesetz für insgesamt verfassungsgemäß erklärt.[818] Dem Urteil lagen sowohl eine Popularklage von drei Abgeordneten des bayerischen Landtages und der Landtagsfraktion Bündnis 90/ DIE GRÜNEN als auch ein Verfahren über Meinungsverschiedenheiten zwischen der Landtagsfraktion Bündnis 90/DIE GRÜNEN und der Landtagsfraktion der CSU zugrunde. Gerügt wurde von den Antragstellern die Verfassungswidrigkeit des Art. 13 I 5 BayPAG, soweit er auf Durchgangsstraßen außerhalb des Grenzgebietes bis zu einer Tiefe von 30 km und in Zügen und Bahnen außerhalb des Grenzgebietes verdachts- und ereignisunabhängige Eingriffe zulasse. Darüber hinaus seien weitergehendere Maßnahmen als das Anhalten, das Verlangen von Angaben zur Feststellung der Identität und das Aushändigen von Ausweispapieren verfassungswidrig.

Der Bayerische Verfassungsgerichtshof hat betont, die Befugnisse zur Durchführung einer Schleierfahndung blieben innerhalb des grundgesetzlichen Kompetenzrahmens, der Tatbestand der Norm sei hinreichend bestimmt, es sei ein legitimer Zweck für die Durchführung von Schleierfahndungsmaßnahmen gegeben, diese Maßnahmen seien erforderlich zur Kriminalitätsbekämpfung und

---

[816] LVerfG MV LKV 2000, 149 (157 f.).

[817] *Berner/Köhler*, Art. 13 Rdnr. 8. Als „verfassungspolitische Besserwisserei" kritisiert *Horn*, BayVBl. 2003, 545 das Urteil des LVerfG MV. Dagegen stimmt *Kutscha*, NJ 2000, 63 (65 f.) dem Urteil vollumfänglich zu.

[818] BayVerfGH NVwZ 2003, 1375 ff. (= DVBl. 2003, 861 ff.; BayVBl. 2003, 560 ff.).

stellten eine nur geringe Grundrechtsbeeinträchtigung dar, die dem allgemeinen Interesse an einem präventiven Gefahrenschutz untergeordnet werden müsse.

Die vom LVerfG MV vorgenommene Differenzierung zwischen dem Grenzbereich, in dem eine Schleierfahndung verfassungskonform durchgeführt werden könne, und sonstigen Orten, an denen dies nicht der Fall sein könne,[819] hat der bayerische Verfassungsgerichtshof explizit abgelehnt.[820]

### III. Die Bewertung der Schleierfahndung durch das Landesverfassungsgericht Sachsen

Nach einem am 10.7.2003 ergangenen Urteil des Landesverfassungsgerichts Sachsen sind ereignis- und verdachtsunabhängige Kontrollen grundsätzlich verfassungsgemäß. Das sächsische Gericht hatte auf Antrag von 30 Mitgliedern des Sächsischen Landtages im Rahmen einer abstrakten Normenkontrolle zu entscheiden, ob § 19 I 5 PolG, soweit die Norm gestattet, jedermann außerhalb eines Grenzstreifens von 30 km Tiefe anzuhalten, festzuhalten, zu identifizieren und zu durchsuchen, verfassungsgemäß ist.

Zwar hat das Gericht die Verfassungskonformität der sächsischen Schleierfahndungsregelung bejaht, doch hat es gewisse verfassungsrechtliche Anforderungen an eine rechtmäßige Durchführung einer Schleierfahndung aufgestellt. Bei Kontrollen außerhalb des Grenzstreifens sei ein vorab zu dokumentierendes polizeibehördliches Konzept erforderlich. Bei Kontrollen auf Durchgangsstraßen, die nicht Bundesautobahnen und Bundesstraßen sind, also anderen Straßen von erheblicher Bedeutung für die grenzüberschreitende Kriminalität, müßten auf die jeweilige konkrete Straße bezogene, hinreichend präzise und vorab zu dokumentierende Lageerkenntnisse vorliegen.[821]

Kapitel 9

## Die formelle Verfassungsmäßigkeit der Schleierfahndungsnormen

Wie angekündigt, soll nunmehr eine detaillierte eigene Bewertung der Verfassungskonformität der Schleierfahndungsnormen vorgenommen werden. Im Rahmen dieser Analyse sollen auch die soeben skizzierten Urteile der Landes-

---

[819] Siehe hierzu LVerfG MV DVBl. 2000, 262 (264, 268).

[820] BayVerfGH BayVBl. 2003, 560 (562 f.).

[821] LVerfGH Sachsen, Urteil vom 10.7.2003 – Vf. 43-II-00, S. 2, 26. Das Urteil ist bislang nur im Internet veröffentlicht, dort im Volltext abrufbar unter <www.justiz. sachsen.de/gerichte/homepages/verfg/docs/43-II-00A.rtf>, zuletzt aufgerufen am 30.5. 2005. Kritisch zu dem Urteil *Bizer*, Grundrechte-Report 2004, 110 ff.

verfassungsgerichte kritisch hinterfragt werden. Zunächst wird die formelle Verfassungsmäßigkeit der Schleierfahndungsnormen erörtert, in Kapitel 10 dann ihre materielle Verfassungsmäßigkeit.

## I. Formelle Verfassungsmäßigkeit der landesrechtlichen Schleierfahndungsnormen

### 1. Vorbemerkungen zur Gesetzgebungskompetenz in bezug auf das Polizeirecht

Eine Norm ist dann formell verfassungsgemäß, wenn der zuständige Gesetzgeber die Norm geschaffen hat und die Verfahrens- und Formvorschriften im Gesetzgebungsverfahren eingehalten worden sind. Für den vorliegenden Zusammenhang ist jedoch allein von Relevanz, ob die Zuständigkeit des jeweiligen Gesetzgebers bejaht werden kann.

Eine Regelungskompetenz Deutschlands als Staat in seiner Gesamtheit könnte deshalb fehlen, weil eine europarechtliche Zuständigkeit gegeben ist. Besteht dagegen eine Zuständigkeit Deutschlands als Völkerrechtssubjekt, stellt sich wegen der föderalen Staatsstruktur der Bundesrepublik die Frage, ob der Bund oder – jeweils für ihr Gebiet – die einzelnen Länder gesetzgebungsbefugt sind. Prinzipiell liegt die Gesetzgebungskompetenz bei den Ländern. Etwas anderes gilt gemäß Art. 70 I GG nur dann, wenn das GG eine Bundeszuständigkeit festlegt. Solche speziellen Zuweisungen des GG finden sich beispielsweise für den Bereich des Strafverfahrensrechts, aber auch für bestimmte Bereiche des Gefahrenabwehrrechts. Daraus ergibt sich folgende Prüfungsreihenfolge: Zunächst ist zu fragen, ob eine die deutsche Regelungskompetenz verdrängende Zuständigkeit der Europäischen Union gegeben ist. Sofern dies verneint werden kann, ist zu klären, ob die Schleierfahndungsnormen zum Strafverfahrensrecht oder zum Gefahrenabwehrrecht gehören. Sind sie Gefahrenabwehrrecht, besteht zwar grundsätzlich eine Länderzuständigkeit, doch gilt es dann weiter zu fragen, ob ausnahmsweise für den Bereich der verdachts- und ereignisunabhängigen Personenkontrollen eine die Landeskompetenz verdrängende Bundeszuständigkeit wegen einer Sonderzuweisung im Gefahrenabwehrrecht gegeben ist.

Eine europäische Kompetenz steht den deutschen Schleierfahndungsnormen nicht entgegen. Art. 29 EUV und Art. 61a, e, Art. 62 EGV verpflichten die Mitgliedsstaaten zwar zu einer engeren Zusammenarbeit ihrer Polizeibehörden im Bereich der Kriminalitätsbekämpfung und ermächtigen den Rat, Maßnahmen zur Verwirklichung des freien Personenverkehrs innerhalb der EU sowie damit in Zusammenhang stehende Maßnahmen zu Kontrollen an den EU-Außengrenzen zu erlassen, um einen Raum der Freiheit, Sicherheit und des Rechts zu schaffen.[822] Die EU hat aber grundsätzlich keine Kompetenz-Kompetenz, es gilt das Prinzip der begrenzten Einzelermächtigung. Sie darf daher nur tätig werden, wenn ihr Aufgaben ausdrücklich übertragen worden sind.[823] Die Kompetenz nach Art. 62 I EGV beschränkt sich jedoch auf die Regelung von Kontrollen an den Grenzen beziehungsweise beim Überschreiten der Grenzen. Zudem legen Art. 33 EUV, Art. 64 I EGV sowie Art. 39 III EGV klar fest, daß die Kompetenz für Maßnahmen zur Aufrechterhaltung der öffentlichen Ordnung und zum Schutz der inneren Sicherheit bei den Mitgliedsstaaten verbleibt.[824] Angesichts der Regelungen in Art. 33 EUV, Art. 64 I EGV sowie Art. 39 III EGV kann auch mit Hilfe der subsidiären Kompetenzklausel des Art. 308 EGV das Fehlen einer Kompetenz der EU im Bereich solcher polizeirechtlicher Maßnahmen, die nicht unmittelbar an einer Grenze und bei einem Grenzübertritt ergriffen werden, nicht überwunden werden. Eine europarechtliche Regelungskompetenz in Bezug auf Schleierfahndungsmaßnahmen besteht also nicht. Insofern stellt sich allein die Frage, ob der Bund oder die einzelnen Länder gesetzgebungsbefugt sind.

Wie erwähnt haben gemäß Art. 70 I, II GG die Länder die Gesetzgebungskompetenz inne, sofern nicht im Grundgesetz eine abweichende Regelung zugunsten des Bundes getroffen worden ist. Die (ausschließliche) Gesetzgebungskompetenz in bezug auf allgemeine präventiv-polizeiliche – also gefahrenabwehrende – Maßnahmen (zum Schutz der öffentliche Sicherheit) liegt unstreitig[825] nach Art. 70 I, 30 GG bei den Ländern. Der Bund hat keine Kom-

---

[822] Siehe hierzu *Bieber/Epiney/Haag,* § 12 Rdnr. 1; *Pitschas,* NVwZ 2002, 519 (520). Siehe auch das Tampere-Programm von 1999 mit einer gleichlautenden Verpflichtung (abgedruckt in NVwZ 2000, 290 ff.). Eine Harmonisierung des Polizeirechts in der EU wird zwar in jüngster Zeit gefordert, ist bislang aber nicht realisiert worden; siehe SZ vom 3.6.2004, S. 7. Eine neuere Bilanz des Tampere-Programms und Perspektiven findet sich bei *Kirsch,* BRAK-Mitt. 2005, 8 ff.

[823] Art. 5 I, 7 I 2, 249 I EGV, Art. 5 EUV. Siehe auch *Haus/Cole,* JuS 2002, 1181 (1184) sowie *Weiß,* in Streinz, Art. 61 EGV Rdnr. 16.

[824] Siehe auch *Baldus,* S. 88 f.; *Bieber/Epiney/Haag,* § 12 Rdnr. 2; *Lindner,* JuS 2005, 302 (304); *Weiß,* in Streinz, Art. 61 EGV Rdnr. 16 sowie Art. 64 EGV Rdnr. 1. Um europäische Maßnahmen im Rahmen der Schaffung eines Raumes der Freiheit, Sicherheit und des Rechts jedoch nicht zu konterkarieren, sind die Vorkehrungen der Mitgliedsstaaten auf die Abwehr beträchtlicher Gefahren für die innere Sicherheit, also bei Bedrohung des Staates, seiner Einrichtungen und wichtigen Diensten zulässig, siehe *Weiß,* in Streinz, Art. 64 EGV Rdnr. 3. Die Berufung auf den ordre-public erfordert außergewöhnliche Umstände, siehe *Jour-Schröder,* in von der Groeben, Art. 33 EU Rdnr. 1.

[825] Siehe nur BVerfGE 100, 313 (369); LVerfG MV LKV 2000, 345 (347); VGH BW DVBl. 1995, 365; *Lisken,* in Lisken/Denninger, C Rdnr. 6; *Ritter,* S. 163; *Schenke,* Rdnr. 9; *Schoch,* Polizeirecht, Rdnr. 36; *Trute,* Die Verwaltung 32 (1999), 73. Eine Skizze der historischen Entwicklung der Gesetzgebungskompetenz im Bereich der Gefahrenabwehr findet sich bei *Kastner,* VerwArch 92 (2001), 216 (235). Seit 1867/1871 liegt die Kompetenz zur Schaffung repressiver Regelungen beim Gesamtstaat (Bund), die Kompetenz zur Schaffung präventiver Regelungen dagegen bei den Gliedstaaten (Bundesländern); siehe Art. 4 Nr. 13 BRV von 1871, Art. 7 Nr. 3 WRV sowie Art. 74 I Nr. 1 GG. Eine Ausnahme ergab sich aus Art. 9 Nr. 2 WRV:

petenz zur Schaffung eines bundeseinheitlichen Polizeirechts.[826] Spezielle Zuweisungen aber finden sich für den Bundesgrenzschutz in Art. 73 Nr. 5 GG, für die Bahnpolizei in Art. 73 Nr. 6a GG und für die internationale Verbrechensbekämpfung durch die Bundeskriminalpolizei in Art. 73 Nr. 10a GG.[827] Darüber hinaus hat der Bund eine Annexkompetenz zur ordnungsbehördlichen Gefahrenabwehr in speziellen Bereichen, die in notwendigem Zusammenhang mit einem Sachbereich stehen, für den der Bund die Gesetzgebungskompetenz hat.[828] Diese Annexkompetenz umfaßt aber nicht Regelungen, die ausschließlich der allgemeinen Aufrechterhaltung der öffentlichen Sicherheit oder Ordnung dienen; vielmehr muß stets ein Sachzusammenhang mit einer bereits durch den Bund geregelten und in seine Gesetzgebungshoheit fallenden Materie bestehen. Auf diese speziellen Zuweisungen wird unten[829] einzugehen sein.

Der Bereich des repressiven polizeilichen Handelns, insbesondere die Strafverfolgung, unterfällt dagegen gemäß Art. 74 I Nr. 1 5. Alt., 72 I GG der konkurrierenden Gesetzgebungskompetenz.[830] Wie sich aus § 6 EGStPO ergibt, hat der Bundesgesetzgeber für das Gebiet der Strafverfolgung durch Verabschiedung der StPO (und des GVG) von dieser konkurrierenden Kompetenz nach Art. 74 I Nr. 1 Alt. 5, 72 I GG („gerichtliches Verfahren") Gebrauch gemacht und den repressiven, also die Strafverfolgung betreffenden Teil des polizeilichen Aufgabenbereichs grundsätzlich abschließend geregelt.[831] Der Begriff des „gerichtlichen Verfahrens" in Art. 74 I Nr. 1 GG umfaßt nicht nur das unmittelbare gerichtliche Geschehen, sondern auch ein vorgelagertes behördliches Verfahren, sofern dieses mit dem gerichtlichen Verfahren in einem unmittelbaren Zusammenhang steht. Damit fällt auch das (in der StPO geregelte) polizeiliche und staatsanwaltschaftliche Ermittlungsverfahren in die (konkurrierende) Ge-

---

Das Reich hatte einen Kompetenztitel, bei Vorliegen eines besonderen Bedürfnisses einheitliche Vorschriften im Bereich des Schutzes der öffentlichen Sicherheit und Ordnung zu schaffen.

[826] *Würtenberger,* Besonderes Verwaltungsrecht, Rdnr. 39.

[827] Unter diese Kompetenznorm fallen nur Regelungen, die sich auf die polizeiliche Zusammenarbeit mit ausländischen oder supranationalen Behörden beziehen; siehe *Sachs,* in ders., Art. 73 Rdnr. 45; *von Münch,* in von Münch/Kunig, Art. 73, Rdnr. 42.

[828] BVerfGE 8, 143 (149 f.); 78, 374 (386 f.). Zum Teil wir die Annexkompetenz auch als Unterfall der Kompetenz kraft Sachzusammenhangs angesehen, siehe *Jarass/Pieroth,* Art. 70 Rdnr. 7. Ein Beispiel für eine Annexkompetenz des Bundes ist die Befugnis zur Schaffung von Regelungen betreffend der Linienführung von Bundeswasserstraßen; siehe *Sannwald,* in Schmidt-Bleibtreu/Klein, Vor Art. 70 Rdnr. 26.

[829] Siehe unten S. 238 ff.

[830] Die Notwendigkeit des Festhaltens an der Unterscheidung repressiv-präventiv ist allein aus Kompetenzgründen zwingend geboten; siehe *Denninger* in Lisken/Denninger, E Rdnr. 157, 192; *Schenke,* Rdnr. 412; *Schoch,* Polizeirecht, Rdnr. 9; *Trute,* Die Verwaltung 32 (1999), S. 73 (75).

[831] *Beinhofer,* BayVBl 1995, 193 (196); *Jarass/Pieroth,* Art. 72 Rdnr. 2; *Lisken,* NVwZ 1998, 22 (23); *Müller,* StV 95, 602 (603). Siehe allgemein zur konkurrierenden Gesetzgebungskompetenz *Jarass,* NVwZ 1996, 1041 ff.

setzgebungskompetenz des Bundes.[832] Da der Zweck eines strafgerichtlichen Verfahrens die Verfolgung und Ahndung einer Tat im Sinne des Art. 103 III GG ist, die nach Ort, Zeit und Umständen individualisiert ist,[833] fällt das dem eigentlichen gerichtlichen Verfahren vorgelagerte behördliche Verfahren aber nur dann unter diesen Kompetenztitel, wenn es eben diesem Zweck dient, also der Verfolgung einer bestimmten bereits konkretisierten Tat.[834]

## 2. Einordnung der Schleierfahndungsnormen als präventive oder repressive polizeiliche Rechtsvorschriften

Zu klären ist also, welcher Materie – der in die Länderkompetenz fallenden präventiv-polizeilichen Tätigkeit oder der in die Bundeskompetenz fallenden repressiven strafverfolgenden polizeilichen Tätigkeit – die Schleierfahndung zuzuordnen ist. Das Ergebnis einer verdachtslosen Kontrolle kann sein, daß ein Verdacht auf eine bevorstehende Gefahr für die öffentliche Sicherheit besteht. Resultat einer Maßnahme der Schleierfahndung kann jedoch auch die Erkenntnis sein, daß möglicherweise eine Straftat begangen worden ist.[835] Damit ist die Frage, ob die Normen der Schleierfahndung dem präventiven Polizeirecht oder dem repressiven Strafprozeßrecht zuzuordnen sind, nicht ohne weiteres zu beantworten. Bedeutung hat die Zuordnung im übrigen nicht nur für die Gesetzgebungskompetenz, sondern auch im Hinblick auf die maßgeblichen verfassungsrechtlichen Anforderungen an die Befugnisnormen sowie im Hinblick auf die einschlägigen Formen des gerichtlichen Rechtsschutzes gegen Schleierfahndungsmaßnahmen.

### a) Die Bewertung durch die Landesverfassungsgerichte

Die skizzierten Urteile der Landesverfassungsgerichte gehen alle von einer präventiv-polizeilichen Zuordnung der Schleierfahndung und damit von einer Kompetenz des jeweiligen Landes zur Regelung der Schleierfahndung aus. Die Schleierfahndungsnormen hätten eine vorbeugende, präventive Zweckbestimmung, bezögen sich nicht auf eine konkrete Tat und dienten daher nicht einem strafgerichtlichen Verfahren. Somit unterlägen sie auch nicht der konkurrieren-

---

[832] BVerfGE 30, 1 (29); *Maunz,* in Maunz/Dürig, Art. 74 Rdnr. 79, 82. Siehe auch LVerfGH Sachsen, Urteil vom 10.7.2003 – Vf. 43-II-00, S. 27, wo darauf hingewiesen wird, daß sowohl nach historischer als auch nach teleologischer Auslegung des Begriffs „gerichtliches Verfahren" das behördliche Vorverfahren von der Kompetenz mitumfaßt ist. Allgemein zur konkurrierenden Gesetzgebung siehe *Ipsen,* Staatsorganisationsrecht, Rdnr. 543 ff.

[833] BVerfGE 45, 434 (435); *Meyer-Goßner,* § 264 Rdnr. 1.

[834] LVerfGH Sachsen, Urteil vom 10.7.2003 – Vf. 43-II-00, S. 28; *Deutsch,* S. 186 f.

[835] *Horn,* BayVBl. 2003, 545 (546).

den Gesetzgebungskompetenz des Bundes für strafverfahrensrechtliche Regelungen.[836] Mit den Schleierfahndungsnormen sei nicht bezweckt, Straftaten zu ermitteln oder nach Straftätern zu fahnden; vielmehr solle vorbeugend die grenzüberschreitende Kriminalität bekämpft werden. Zwar wiesen die Erfolgsbilanzen eine erhebliche Zahl von Fällen aus, bei denen sich aufgrund einer Schleierfahndung der Verdacht einer Straftat ergeben habe, doch handele es sich bei diesen Erkenntnissen ausschließlich um Zufallsfunde.[837] Nach Ansicht des BayVerfGH ist schon im Tatbestand der Schleierfahndungsnormen der präventive Zweck verankert.[838]

### b) Eigene Bewertung

Zu überprüfen ist, ob diese Rechtsansicht der Landesverfassungsgerichte zutreffend ist. Dabei gilt es zunächst zu klären, ob die Schleierfahndungsnormen Maßnahmen der konkreten Gefahrenabwehr oder Maßnahmen der Verfolgung und Ahndung begangener Straftaten regeln. Denn dann wäre die Zuordnung klar: Im erstgenannten Fall handelte es sich um präventive Normen, im zweitgenannten um eindeutig repressive.

Wie bereits gezeigt, ist die Schleierfahndung keine (klassische) Maßnahme der Abwehr einer konkreten Gefahr.[839] Ebensowenig stellen die Schleierfahndungsnormen ein Instrument zur Verfolgung und Ahndung begangener Straftaten dar. Denn de lege lata ist eine Verfolgung von Straftaten nur zulässig, wenn ein konkreter Anfangsverdacht besteht; dies aber ist bei Schleierfahndungen gerade (noch) nicht der Fall.

Der Gesetzgeber könnte aber gewillt gewesen sein, dies zu ändern und eine repressive Maßnahme als eine neue Form der Strafverfolgung zu ermöglichen, die Ermittlungen „ins Blaue hinein" zuläßt.

Die Schleierfahndung ist jedoch keine Maßnahme, die darauf abzielt, begangene Straftaten aufzudecken und zu verfolgen, sondern eine Maßnahme im Vorfeld sowohl einer konkreten Gefahr als auch begangener Straftaten. Dieser Vorfeldbereich polizeilicher Vorsorgetätigkeit wird anerkanntermaßen in drei Bereiche unterteilt: in die Gefahrenvorsorge, die Straftatenverhütung und die Strafverfolgungsvorsorge.

---

[836] LVerfG MV DVBl. 2000, 262 ff.; BayVerfGH NVwZ 2003, 1375 ff.; LVerfGH Sachsen, Urteil vom 10.7.2003 – Vf. 43-II-00, S. 28.

[837] *Horn*, BayVBl. 2003, 545 (547).

[838] BayVerfGH NVwZ 2003, 1375.

[839] Siehe S. 59 ff.

aa) Die Abgrenzung und Einordnung von Maßnahmen
der Gefahrenvorsorge, Straftatenverhütung
und Strafverfolgungsvorsorge

Die Schleierfahndungsnormen gehören dem Bereich der polizeilichen Vorfeldbefugnisse an. Dieser Bereich kann in drei Unterkategorien eingeteilt werden: Die Gefahrenvorsorge, die Straftatenverhütung und die Strafverfolgungsvorsorge.[840] Daß die Normierung von Vorfeldbefugnissen im Polizeirecht grundsätzlich zulässig ist, ist mittlerweile anerkannt.[841] Die drei Bereiche polizeilicher Vorfeldbefugnisse sollen zunächst dargestellt werden. In einem zweiten Schritt ist dann zu fragen, ob beziehungsweise inwieweit die Schleierfahndung ihrem Zweck nach einer oder mehrerer dieser Kategorien von Vorfeldbefugnissen zugeordnet werden kann.

*(1) Gefahrenvorsorge*

Im Rahmen der Gefahrenvorsorge soll im Vorfeld konkreter Gefahren das Entstehen von Gefahren verhindert oder eine spätere Bekämpfung von Gefahren ermöglicht werden. Als klassisches Beispiel für eine gefahrenvorsorgende Tätigkeit kann die Erhebung personenbezogener Daten nach §§ 20 IV 1 Nr. 1 iVm. 37 I 1 PolG BW angeführt werden, vor allen Dingen die Erhebung von Name, Anschrift und Telefonnummer bei Personen wie zum Beispiel Notärzten, Dolmetschern oder Abschleppunternehmern, also bei Personen, die spezielle Kenntnisse oder Fähigkeiten zur Gefahrenabwehr besitzen. Da mittels der Gefahrenvorsorge Gefahren für die öffentliche Sicherheit und Ordnung verhindert werden sollen, ist sie der eigentlichen Gefahrenabwehr vorgelagert. Die Gefahrenvorsorge ist daher nach einhelliger Auffassung der Aufgabe der Gefahrenabwehr zuzurechnen und fällt dementsprechend in die Gesetzgebungskompetenz der Länder.[842]

*(2) Straftatenverhütung*

Maßnahmen der Straftatenverhütung (auch Verhinderungsvorsorge genannt) und der Strafverfolgungsvorsorge werden unter dem Oberbegriff der vorbeugenden Verbrechensbekämpfung zusammengefaßt:[843] Unter diesen Oberbegriff können sowohl präventive („vorbeugende") als auch repressive (verbrechensbe-

---

[840] Siehe nur *Schoch,* JuS 1994, 391 (393 f.).

[841] SächsVerfGH LKV 1996, 273 (282).

[842] *Di Fabio,* Jura 1996, 566 ff.; *Schenke,* Besonderes Verwaltungsrecht, Rdnr. 9; *Waechter,* JZ 2002, 854 (855 ff.).

[843] *Würtenberger/Heckmann/Riggert,* Rdnr. 179 ff.

kämpfende) Maßnahmen eingeordnet werden. Er umfaßt daher begrifflich Maßnahmen der Abwehr und der Ahndung gleichermaßen.[844]

In die Kategorie der Straftatenverhütung fallen Maßnahmen, die verhindern
sollen, daß es überhaupt zu einem schädigenden Ereignis in Form einer Straftat
kommt.[845] Hier werden keine Maßnahmen für den Fall einer eingetretenen Störung (in Form einer begangenen Straftat) getroffen, sondern es soll bereits die
Begehung einer Straftat verhindert werden. Sofern schon ein konkreter Hinweis
auf die bevorstehende Begehung einer bestimmten Straftat besteht, kann nach
„klassischem Polizeirecht" agiert werden – bei Maßnahmen im Rahmen der
Straftatenverhütung liegt ein solcher Anhaltspunkt für eine konkret in Aussicht
genommene Straftat aber noch nicht vor. Ein Beispiel für Maßnahmen der
Straftatenverhütung, die allgemein auf die Verhinderung von Straftaten abzielen, sind Streifenfahrten.[846] In einigen polizeilichen Aufgabennormen ist die
Straftatenverhütung explizit aufgeführt.[847] Die Verhütung von Straftaten fällt
ohne Zweifel in den Bereich der präventiven Gefahrenabwehr,[848] so daß auch
für die Normierung solcher Maßnahmen eine Kompetenz des Landesgesetzgebers besteht.[849]

### (3) Strafverfolgungsvorsorge

Maßnahmen der Strafverfolgungsvorsorge sind zwar ebenfalls Teil der vorbeugenden Verbrechensbekämpfung. Bei ihnen werden jedoch repressive Informationen gesammelt, um künftige Strafverfolgungsaktivitäten zu ermöglichen
beziehungsweise zu erleichtern und zu unterstützen.[850] Zwar ist auch bei Ergreifen solcher Maßnahmen eine Straftat noch nicht begangen, doch geht es
anders als bei Maßnahmen der Straftatenverhütung bei Maßnahmen der Strafverfolgungsvorsorge nicht darum, die Begehung einer Straftat zu verhindern,
sondern darum, im Vorfeld einer Straftatbegehung Vorkehrungen für eine er-

---

[844] *Stephan*, DVBl. 1998, 81 (82).

[845] *Albers*, S. 124.

[846] *Albers*, S. 125.

[847] Z.B. § 1 I 3 BremPolG; § 2 I SOG LSA; für den BGS § 1 V BGSG; zur Abgrenzung zwischen Aufgaben- und Befugnisnorm siehe *Knemeyer*, DÖV 1978, 11 ff.

[848] *Ahlers*, S. 139; *Albers*, S. 128 ff.; *Denninger*, in Lisken/Denninger, E Rdnr.
164, 187; *Drews/Wacke/Vogel/Martens*, S. 132; *Gusy*, StV 1993, 269 (271 f.); *Lisken*,
ZRP 1990, 15 (17); *Keller/Griesbaum*, NStZ 1990, 416 (417); *Merten/Merten*, ZRP
1991, 213 (217); *Notzon*, S. 66 ff.; *Paeffgen*, JZ 1991, 437 (441); *Schenke*, Rdnr. 10;
*Schoch*, Polizeirecht, Rdnr. 14; *Siebrecht*, JZ 1996, 711 (712); *Würtenberger*, Besonderes Verwaltungsrecht, Rdnr. 30, 99; *Wulff*, S. 9.

[849] *Kniesel*, ZRP 1989, 329 (330); *Paeffgen*, JZ 1991, 437 (441). A.A. *Maunz*, in
Maunz/Dürig, Art. 74 Rdnr. 82, der davon ausgeht, daß jegliche Verhinderung von
Straftaten der Regelungskompetenz des Bundes unterfällt.

[850] *Albers*, S. 129 ff.; *Artzt*, S. 92.

folgreiche Strafverfolgung nach Begehung einer Straftat zu treffen. In gewissem Maße kann allerdings auch durch Maßnahmen der Strafverfolgungsvorsorge eine Straftatenverhinderung betrieben werden, nämlich insofern, als potentielle Täter aufgrund der Kenntnis, daß Daten über sie gespeichert sind und damit ihre spätere Überführung erleichtert ist, von einer Tatbegehung abgeschreckt werden.

Nicht zuletzt angesichts dieser Doppelfunktionalität von Maßnahmen der Strafverfolgungsvorsorge ist ihre Zuordnung zum repressiven oder präventiven Bereich umstritten. Der Streit hat durch die Schaffung des § 484 IV StPO durch den Bundesgesetzgeber im Jahr 2000[851] einiges an Schärfe verloren, jedoch ist weiterhin die systematische Zuordnung der Strafverfolgungsvorsorge nicht prinzipiell geklärt. Daher sollen die unterschiedlichen Ansichten zur Einordnung der Strafverfolgungsvorsorge kurz dargestellt werden.

• Nach der sogenannten präventiven Theorie sind Maßnahmen der Strafverfolgungsvorsorge dem Polizeirecht zuzuordnen.

Von einigen Vertretern dieser Theorie wird generell die vorbeugende Bekämpfung von Straftaten[852] und damit auch die Verfolgungsvorsorge dem Polizeirecht zugeordnet.[853] Argumentiert wird, eine Erhebung von Daten nach strafprozessualen Normen erfordere gem. § 152 II StPO stets einen Anfangsverdacht, der aber bei Maßnahmen der Strafverfolgungsvorsorge noch nicht gegeben sei.[854] Vorbeugende Maßnahmen sollten von ihrer Intention her Straf-

---

[851] BGBl. 2000 I, S. 1253. § 484 IV StPO lautet: „Die Verwendung personenbezogener Daten, die für Zwecke künftiger Strafverfahren in Dateien der Polizei gespeichert sind oder werden, richtet sich, ausgenommen die Verwendung für Zwecke eines Strafverfahrens, nach den Polizeigesetzen." Gemeint ist damit, daß die Verarbeitung oder Nutzung für Zwecke eines konkreten Strafverfahrens sich nach Bundesrecht, ansonsten aber nach den Polizeigesetzen der Länder richtet, siehe *Meyer-Goßner,* § 484 Rdnr. 5.

[852] Vorbeugende Bekämpfung von Straftaten wird hier im Sinne einer abstrakten Bekämpfung verstanden, also im Sinne von Maßnahmen, die ergriffen werden, ohne daß es Anhaltspunkte für die Begehung einer konkreten Straftat gibt und ohne daß die eine Straftat (möglicherweise) begehende Person bereits konkretisiert ist. Siehe *Kastner,* VerwArch 92 (2001), 216 (235); LVerfG MV LKV 2000, 149 (151). Damit sind sowohl die Vorsorge für die Verfolgung von Straftaten wie auch die Verhütung von Straftaten von diesem Begriff umfaßt; siehe *Pinkenburg,* S. 208; *Würz,* Personenbezogene Daten, 13 (14).

[853] Im Urteil des LVerfG MV auch Maßnahmen zur allgemeinen Verhinderung von Straftaten genannt, siehe LKV 2000, 149 (151); LVerfG Bbg LKV 1999, 450 (451); BVerwGE 26, 169 (170); NJW 1990, 2768 (2769); VGH Mannheim NJW 1987, 3022; *Beinhofer,* BayVBl 1995, 193 (196); *Berner/Köhler,* Art. 2 Rdnr. 17; *Dörschuck,* Kriminalistik 1997, 740 (742); *Götz,* NVwZ 1987, 858 (860); *Kniesel,* ZRP 1987, 377 (380); *Kniesel,* ZRP 1989, 329 (332); *Kniesel,* ZRP 1992, 164 (165); *Kniesel/Vahle,* DÖV 1987, 953 (955); *Paeffgen,* JZ 1991, 437 (441 f.); *Pieroth/Schlink/Kniesel,* § 5 Rdnr. 6; *Schäfer,* GA 1986, 49; *Schoch,* Polizeirecht, Rdnr. 12; *Scholz/Pitschas,* S. 172 f.; *Würtenberger,* Besonderes Verwaltungsrecht, Rdnr. 99; *Würz,* Personenbezogene Daten, S. 13 (14).

taten verhindern, seien sie erfolgreich, heiße dies, daß keine Straftat begangen werde und folglich auch keine strafprozessualen Maßnahmen erforderlich seien. Liege ein konkreter Verdacht auf eine künftige Straftatbegehung vor, sei ein strafprozessuales Vorgehen möglich;[855] solange dies aber nicht der Fall sei, handele es sich um präventive Maßnahmen. Außerdem sei die Polizei besser ausgestattet als die Staatsanwaltschaften und die Strafverfolgungsvorsorge daher im präventiven Bereich ohne staatsanwaltschaftliche Befugnisse „besser aufgehoben".[856]

Ferner sei die vorbeugende Bekämpfung von Straftaten begrifflich wie gesetzlich eine originäre Aufgabe der Polizei.[857] Zum Teil werde diese Aufgabe sogar explizit in der allgemeinen Befugnisnorm der Polizeigesetze aufgeführt.[858] Wenn schon die Verhütung konkret geplanter Straftaten eine präventive Maßnahme sei, dann müsse dies erst recht für die Vorsorge der Ahndung noch nicht einmal konkret geplanter Taten gelten.[859]

Die präventive Theorie geht mithin davon aus, daß alle Maßnahmen, die zeitlich vor dem Bestehen eines Anfangsverdachts einer verübten Straftat (dann eindeutig repressive polizeiliche Tätigkeit) oder eines Gefahrenverdachts (dann eindeutig präventive polizeiliche Tätigkeit) ergriffen werden, stets präventive Maßnahmen sind. Die Grenze der (präventiven) Gefahrenabwehr sei dann erreicht, wenn es Ziel der Maßnahme sei, unerlaubte Handlungen einer strafrechtlichen Sanktionierung zuzuführen.[860] Dies sei bei Maßnahmen der vorbeugenden Straftatenbekämpfung jedoch noch nicht der Fall. Strafverfolgungsvorsorge sei daher keine Tätigkeit, die unter den Begriff des „gerichtlichen Verfahrens" im Sinne von Art. 74 I 1 GG und damit in die Regelungskompetenz des Bundesgesetzgebers falle.[861]

Der BayVerfGH ist in seiner Entscheidung zur Verfassungsmäßigkeit der Regelungen des BayPAG über die Datenerhebung und -verarbeitung[862] von der

---

[854] Siehe BVerfGE 30, 1 (29); BVerwG NJW 1990, 2765 (2766 f.), 2768 (2769) sowie *Maunz,* in Maunz/Dürig, Art. 74, Rdnr. 82; *Götz,* Rdnr. 86; *Gusy,* Rdnr. 18; *Pieroth,* VerwArch 88 (1997), 568 (574); *Pieroth/Schlink/Kniesel,* § 5 Rdnr. 5 f.; *Schaefer,* NJW 2001, 3755 (3756); *Würtenberger,* Besonderes Verwaltungsrecht, Rdnr. 99.

[855] So *Kastner,* VerwArch 92 (2001), 216 (237).

[856] *Kniesel/Vahle,* DÖV 1987, 953 (955 f.); ähnlich *Berner/Köhler,* Art. 2 Rdnr. 17.

[857] *Berner/Köhler,* Art. 13 Rdnr. 8.

[858] § 1 I 2 BbgPolG; § 1 IV HSOG; §§ 1 II, 7 I 4 SOG MV; § 1 I 3 NSOG; § 1 I 2 PolG NRW; § 1 I 3 RPPOG; § 1 I S. 2 Nr. 2 SächsPolG; § 2 I SOG LSA; § 2 I 2 ThürPAG.

[859] *Kniesel,* ZRP 1987, 377 (380).

[860] Siehe *Koch,* S. 48 f.

[861] *Albers,* S. 268; *Schoch,* Polizeirecht, Rdnr. 16.

[862] NVwZ 1996, 166 ff. mit Anmerkung von *Schmitt Glaeser/Horn,* BayVBl. 1996, 417 (424).

Verfassungsmäßigkeit landesrechtlicher Normen ausgegangen, die Maßnahmen der Strafverfolgungsvorsorge betreffen:[863] „Die vorbeugende Bekämpfung von Straftaten ist (…) Teil der Gefahrenabwehr und durch deren Präzisierung bestimmt und nach außen abgegrenzt."[864] Beinhofer[865] folgert aus der Entscheidung, daß auch die Datenerhebung und -verarbeitung für Zwecke künftiger Strafverfahren Teil des allgemeinen (präventiven) Polizeirechts ist.

Strafverfolgungsvorsorge wird nach dieser Ansicht also der präventiven Gefahrenabwehr zugeordnet.[866] Die Vertreter dieser Ansicht kommen damit zu dem Ergebnis, daß die Länder die Gesetzgebungskompetenz innehaben.[867]

- Nach der sogenannten repressiven Theorie sind Maßnahmen der Strafverfolgungsvorsorge dagegen dem Strafprozeßrecht zuzuordnen.

Die repressive Theorie geht davon aus, die Strafverfolgungsvorsorge diene der Ermöglichung der Durchführung eines Strafverfahrens; die Zielrichtung solcher Maßnahmen sei daher repressiv.[868] Die Vertreter der repressiven Theorie betonen, daß es auch im Vorfeldbereich keine staatsanwaltschaftsfreien Räume

---

[863] Nach Art. 31 I Nr. 1 BayPAG ist die Datenerhebung zulässig, soweit sie erforderlich ist „zur Gefahrenabwehr, insbesondere zur vorbeugenden Bekämpfung von Straftaten".

[864] NVwZ 1996, 166 (167).

[865] BayVBl 1995, 193 (196).

[866] BVerwGE 26, 169 (170); NJW 1990, 2768 (2769); VGH Mannheim NJW 1987, 3022; *Baldus,* S. 76; *Denninger,* in Lisken/Denninger, E Rdnr. 187; *Würtenberger/ Heckmann/Riggert,* Rdnr. 180.

[867] BayVerfGH DVBl. 1995, 347 (349); SächsVerfGH LKV 1996, 273 (275); BbgVerfG LKV 1999, 450 (451); LVerfG MV LKV 2000, 149 (151), 345 (347); *Götz,* Rdnr. 86; *Pieroth/Schlink/Kniesel,* § 5 Rdnr. 6; *Schoch,* Polizeirecht, Rdnr. 8 mit Fn. 23. Nach dieser Auffassung sind Normen der StPO, die Maßnahmen zur Strafverfolgungsvorsorge betreffen, kompetenzwidrig. Dies gelte etwa für § 81g StPO (DNA-Identitätsfeststellung) und § 81b 2. Alt. StPO. Siehe diesbezüglich auch *Bäumler,* in Lisken/Denninger, J Rdnr. 539 ff.; *Gärditz,* S. 354 ff., *Paeffgen,* StV 1999, 625 (626); *Pieroth,* VerwArch 88 (1997), 568 (575 mit Fn. 37); *Schenke,* Rdnr. 12, 30 f. Eine Annexkompetenz des Bundes zu Art. 74 I Nr. 1 GG, um diese Normen für formell verfassungskonform zu erklären, wie es *Albers,* S. 265 ff., *Notzon,* S. 85 und *Würtenberger,* Besonderes Verwaltungsrecht, Rdnr. 161 annehmen, paßt nur schwer in das traditionelle Gefüge der Abgrenzung von repressiven und präventiven Maßnahmen. Eine Übersicht über den Streitstand anhand der Regelung des § 81b 2. Alt. StPO findet sich bei *Dreier,* JZ 1987, 1009 ff.

[868] BVerfG DVBl. 2001, 454; OVG Schleswig, NJW 1999, 1418 f.; *Artzt,* S. 95 ff.; *Bäumler,* in Lisken/Denninger, J Rdnr. 531 ff.; *Krane,* S. 72 f.; *Merten,* ZRP 1988, 172 (173 f.); *Müller,* StV 1995, 602 (604); *Rachor,* in Lisken/Denninger, F Rdnr. 165, 169 f.; *Roggan,* Polizeistaat, S. 35; *Schenke,* Rdnr. 11; *Schoreit,* DRiZ 1991, 320 (323 f.); *Schoreit,* in Karlsruher Kommentar zur StPO, § 152 StPO Rdnr. 18a; *Siebrecht,* JZ 1996, 711 (713 f.); *Waechter,* DÖV 1999, 138 (140); *Wick,* DRiZ 1992, 217 (221); *Wolter,* GA 1988, 49 (65 f.); *Wulff,* S. 11 f.; *Zöller,* S. 90 ff. Kritisch zum „Verschwimmen der Grenzen zwischen Polizei- und Strafprozeßrecht" mit dem Ergebnis, Vorfeldmaßnahmen seien als antizipierte Repression anzusehen, *Roggan,* KritV 1998, 336 ff.

geben dürfe, weil die Staatsanwaltschaft Wächterin über die Einhaltung rechts-staatlicher Grundsätze im Ermittlungsverfahren sei.[869] Verbrechensvorbeugung sei antizipierte Strafverfolgung und damit Bestandteil der repressiven polizei-lichen Tätigkeit, da es nicht um die Verhinderung künftiger Straftaten, sondern um die Ermöglichung ihrer Ahndung gehe. Der Bund sei daher aufgrund seiner Gesetzgebungskompetenz für das gerichtliche Verfahren gem. Art. 74 I 1 GG regelungsbefugt.[870]

Waechter spricht davon, daß man mit der präventiven Theorie die hohen po-litischen Hürden für eine Änderung der StPO mit einem Umweg über das Prä-ventionsrecht umgehen wolle.[871]

Unter anderem wird vorgeschlagen, polizeiliche Befugnisse im Bereich der Prävention und Repression, vor allem im Bereich der vorbeugenden Bekämp-fung von Straftaten, in einem von der StPO gesonderten Bundesgesetz zu re-geln, das von den Ländern ausgeführt wird.[872]

• Nach einer dritten Auffassung stellen Maßnahmen der Strafverfolgungsvor-sorge eine eigenständige dritte Kategorie von polizeilichen Maßnahmen neben den klassischen präventiven und repressiven polizeilichen Aktivitäten dar.

Die Vertreter dieser dritten Ansicht schlagen einen Mittelweg ein: Es handele sich bei Maßnahmen der Strafverfolgungsvorsorge um eine dritte Kategorie zwischen Prävention und Repression. Diese vermittelnde Ansicht geht davon aus, daß der Bund nur dann eine Regelungskompetenz für solche Vorfeldmaß-nahmen besitze, wenn ihm diese Aufgabe ausdrücklich zugewiesen wurde. Mit der Regelungskompetenz für das gerichtliche Verfahren nach Art. 74 I 1 GG werde jedoch an das Vorliegen eines Anfangsverdachts angeknüpft, so daß die-ser Kompetenztitel keine Befugnis zur Regelung von Aktivitäten zur Strafver-folgungsvorsorge begründe. Auch eine Annexkompetenz in diesem Bereich sei nicht ersichtlich, so daß es bei der „Grundzuständigkeit" der Länder für polizei-liche Vorfeldmaßnahmen bleibe.[873] Allerdings müsse sichergestellt werden, daß die Maßnahmen tatsächlich präventiv angewendet werden. Stelle sich heraus, daß bei Doppelfunktionalität der Maßnahme der Schwerpunkt tatsächlich im repressiven Bereich liege, müsse der Landesgesetzgeber nachbessern.[874]

---

[869] *Schoreit,* in Karlsruher Kommentar zur StPO, § 152 StPO Rdnr. 18c.
[870] *Rieger,* S. 74; *Schwan,* VerwArch 70 (1979), 109 (121).
[871] *Waechter* DÖV 1999, 138 (140).
[872] *Rühle/Suhr,* Vor §§ 10–17, 2 (S. 154).
[873] Siehe hierzu *Schenke,* Rdnr. 12.
[874] *Albers,* S. 252 ff.; *Deutsch,* S. 188 ff.; *Gusy,* Rdnr. 23; *Knemeyer,* Polizeirecht, Rdnr. 15 sowie FS Rudolf, S. 483 (490 ff.). Ähnlich auch *Kniesel,* ZRP 1989, 329 (331 f.) und *Pitschas,* DÖV 2002, 221 (223). Nach *Wulff,* S. 13 f., sei die Strafverfol-gungsvorsorge zwar repressiv, doch in Ermangelung einer Bundeskompetenz seien landesrechtliche Regelungen zulässig. *Götz,* Rdnr. 88, äußert gegen diese dritte An-sicht rechtsstaatliche Bedenken. Wieder anders *Denninger,* der auch drei Kategorien

Um die im Rahmen der vorliegenden Untersuchung allein interessierende Frage der Gesetzgebungskompetenz für Schleierfahndungsmaßnahmen beantworten zu können, muß nun geprüft werden, ob mit der Schaffung des § 484 IV StPO der soeben skizzierte Streit über die Einordnung von Maßnahmen der Verfolgungsvorsorge obsolet wurde. Durch diese Norm wird eine Begrenzung des Anwendungsbereichs der StPO vorgenommen und die Regelung der Modalitäten einer Verwendung personenbezogener Daten für künftige Strafverfahren den Polizeigesetzen der Bundesländer überlassen.[875]

Im Ergebnis sind nach der präventiven Theorie die Bundesländer für Maßnahmen der Strafverfolgungsvorsorge regelungsbefugt. Auch nach der vermittelnden Ansicht sind die Länder gesetzgebungsbefugt, zumal § 484 IV StPO ausdrücklich die Länderzuständigkeit festlegt. Nach der repressiven Theorie steht dagegen dem Bund die Regelungskompetenz zu. Folgt man der repressiven Theorie, so hat der Bund mit § 484 IV StPO von dieser Kompetenz Gebrauch gemacht und die nähere Ausgestaltung der generellen Strafverfolgungsvorsorge den Ländern überlassen. Mithin kommen nunmehr aufgrund von § 484 IV StPO alle drei Theorien zum selben Ergebnis, nämlich zu dem, daß auch die generelle Strafverfolgungsvorsorge in die Länderkompetenz fällt.

Der Streit über die richtige Einordnung von Maßnahmen der Strafverfolgungsvorsorge muß daher nicht entschieden werden, denn auf jeden Fall sind grundsätzlich die Bundesländer gesetzgebungsbefugt. Der Vollständigkeit halber soll dennoch der Frage nachgegangen werden, welchem Bereich der polizeilichen Vorsorgetätigkeit – dem Bereich der Strafverfolgungsvorsorge, dem der Gefahrenvorsorge oder dem der Verhinderungsvorsorge – die Schleierfahndungsnormen zuzuordnen sind.

Kritiker der Schleierfahndung gehen davon aus, daß sämtliche Schleierfahndungsnormen der Strafverfolgungsvorsorge zuzuordnen sind.[876] Diese Auffassung ist jedoch zu pauschal.

Welchem der drei Bereiche der Gefahrenvorsorge die Schleierfahndung unterfällt, richtet sich nach der Zweckbestimmung der einschlägigen Normen.[877] Daher muß zunächst der vom Gesetzgeber mit der Schleierfahndung verfolgte be-

---

bildet (Gefahrenabwehr bei konkreten Gefahren, Repression bei konkreten Straftaten und Prävention), KJ 2002, 467 (471).

[875] Siehe *Würtenberger/Heckmann/Riggert,* Rdnr. 182 mwN.

[876] Siehe *Waechter,* Polizei- und Ordnungsrecht, Rdnr. 546 und *Herrnkind,* KJ 2000, 188 (196), da eine fast ausschließliche Tauglichkeit der Schleierfahndung zur Strafverfolgung vorliege. Nach *Seebode,* FS für Mangakis, S. 705, sei der Zweck der Schleierfahndung eindeutig die Repression. Verdachtsunabhängige Kontrollen seien Maßnahmen der Strafverfolgung und daher in der StPO zu regeln, *Lisken,* NVwZ 1998, 22 f.; *Schütte,* ZRP 2002, 393 (397); *Waechter,* DÖV 1999, 138 (140); allgemein für alle Vorfeldmaßnahmen zur vorbeugenden Verbrechensbekämpfung *Hund,* ZRP 1991, 463 ff.

ziehungsweise aus den einschlägigen Normen selbst oder dem Normkontext ersichtliche Zweck geklärt werden.

### bb) Der Zweck der Schleierfahndung

Als Zwecke werden in den Schleierfahndungsnormen genannt die Bekämpfung der grenzüberschreitenden Kriminalität, die Verhütung von Straftaten und die Verhinderung beziehungsweise Unterbindung unerlaubter Einreisen beziehungsweise unerlaubter Aufenthalte. All diese Zwecke gehören zwar zum sogenannten Vorfeldbereich, für jeden einzelnen dieser Zwecke ist aber im folgenden näher zu untersuchen, welcher der drei Arten polizeilicher Vorfeldbefugnisse er zuzuordnen ist.

### (1) Bekämpfung der grenzüberschreitenden Kriminalität

Nach den Schleierfahndungsnormen von Baden-Württemberg, Bayern und Thüringen soll die Schleierfahndung ohne nähere Präzisierung der Bekämpfung der grenzüberschreitenden Kriminalität dienen. Die meisten Schleierfahndungsnormen dienen ihrem Wortlaut nach demgegenüber dem Zweck der „vorbeugenden" Bekämpfung der grenzüberschreitenden Kriminalität, betonen also den vorbeugenden Aspekt der Bekämpfung, siehe §§ 11 III, 12 I 6 BbgPolG, § 18 II 6 HSOG, § 27a SOG MV, § 9a I SaarPolG, § 19 I S. 1 Nr. 5 SächsPolG und § 14 III SOG LSA.

Daß hier eine spezielle Kriminalität, nämlich die grenzüberschreitende, bekämpft werden soll, ist für die Ermittlung des eigentlichen Zwecks der Normen nicht entscheidend – auszulegen ist vielmehr der Begriff „Bekämpfung von Kriminalität". Ob diese grenzüberschreitend ist oder nicht, spielt für die Bestimmung des Zwecks keine Rolle.

Das Wort „Bekämpfung" wird sowohl im Bereich der Prävention als auch im Bereich der Repression verwendet; die Wortwahl läßt demnach keinen eindeutigen Schluß auf den verfolgten Zweck zu.[878] Bekämpfen läßt sich Kriminalität auch mittels repressiver Maßnahmen. Die Normen, die das Wort „vorbeugend"

---

[877] Prinzipiell ist der Gesetzeszweck der entscheidende Anknüpfungspunkt für die Bestimmung der Legislativkompetenz: BVerfGE 4, 7 (13); 13 181 (196); 24, 300 (353); 34, 139 (144); 36, 193 (205); 87, 1 (34); *Horn,* BayVBl. 2003, 545 (546); *Pestalozza,* DÖV 1972, 181 (183); im Ergebnis auch *Peters,* Personenkontrollen, S. 20 ff. (26). Zu der Frage, wer für die Bestimmung des Zwecks einer Norm zuständig ist, siehe *Wernsmann,* NVwZ 2000, 1360 ff.

[878] *Lisken,* NVwZ 1998, 22 (23): „problemverhüllender Begriff". Ähnlich auch *Peters,* Personenkontrollen, S. 43 f., der im Ergebnis allerdings davon ausgeht, der Begriff „vorbeugende Bekämpfung von Straftaten" sei nicht der Gefahrenabwehr zuzuordnen.

enthalten, lassen jedoch vom Wortlaut der Norm her eine Tendenz erkennen: „Vorbeugung" ist ein Begriff der Prävention. Der Begriff der „Vorbeugung" ist dem Strafprozeßrecht fremd. Durch die Wortwahl „Bekämpfung von Kriminalität" und nicht „Verfolgung von Straftätern" läßt sich erkennen, daß der Wille des Gesetzgebers dahin ging, diese Kriminalität zu verhindern und so eine präventive Maßnahme zu normieren.[879] Diese Intention liegt auch den Regelungen der Gesetzgeber zugrunde, die das Wort „vorbeugend" nicht mit in die jeweilige Norm aufgenommen haben.[880]

Sämtliche Landesgesetzgeber haben bei der Schaffung der Schleierfahndungsnormen darauf hingewiesen, ein präventives Instrumentarium schaffen zu wollen. Diese Intention haben sie zum einen dadurch verdeutlicht, daß sie die Schleierfahndungsbefugnis in ihren Polizeigesetzen normiert haben und nicht etwa ein eigenes Gesetz geschaffen haben, das auf eine Zuordnung zu einem anderen Bereich als dem präventiven hindeuten könnte. Betont wurde immer wieder der vorbeugende Charakter der Schleierfahndung,[881] vor allen Dingen die allgemeine Abschreckungswirkung der Schleierfahndung.[882]

Die Gesetzesbegründung von Niedersachsen hat als Hauptziel der Schleierfahndung die Zerstörung der Logistik der grenzüberschreitenden Kriminalität genannt.[883] Diese Intention der Zerschlagung der hinter der grenzüberschreitenden Kriminalität stehenden Organisationen sowie deren Logistik und damit der Verhütung weiterer Straftaten ist eine solche der Straftatenverhütung. Der Zweck solcher Maßnahmen liegt zumindest nicht vorrangig in der Überführung von Tätern.[884]

Im Saarland wird als Ziel der Schleierfahndung die Erhöhung des Entdeckungsrisikos für Straftäter sowie das Gewinnen von Anhaltspunkten, die ein weiteres Einschreiten erforderlich machen, angesehen.[885]

---

[879] So wurde wegen der Verwendung des Begriffs „zur Fahndung nach Straftätern" in § 26 I 4, 5 PolG BW überwiegend die Kompetenzwidrigkeit dieser Norm angenommen. Siehe hierzu schon oben S. 85 ff.

[880] LVerfG MV LKV 2000, 149 (151); *Lisken,* in Lisken/Denninger, D Rdnr. 27; *Rachor,* in Lisken/Denninger, F Rdnr. 367; *Wolf/Stephan,* § 26 Rdnr. 22; *Würtenberger/Heckmann/Riggert,* Rdnr. 326.

[881] Siehe BT-Drs. 13/10790, S. 1 ff.; Presseinformation der Landesregierung Brandenburg vom 3.3.1999, abgedruckt in Die Polizei 1999, S. 186.

[882] Pressemitteilung des hessischen Ministeriums des Innern vom 16.5.2000. Zu dem Problem der fehlenden Nachweisbarkeit dieser Abschreckungswirkung siehe *Stephan,* DVBl. 1998, 81 (83 f.) und oben S. 191 ff. Auch der BayVerfGH NVwZ 2003, 1375 erkennt, daß die statistischen Erhebungen in erster Linie Ergebnisse nachweisen, die dem repressiven Bereich zuzuordnen sind, bejaht aber trotzdem den präventiv-polizeilichen Charakter der bayerischen Schleierfahndungsnorm.

[883] Vgl. Die Polizei 1998, 94.

[884] *Pieroth/Schlink/Kniesel,* § 5 Rdnr. 6. Ebenso LVerfG MV LKV 2000, 149 (151).

[885] Saar LT PlPr. 12/11, S. 470.

Dieses Gewinnen von Anhaltspunkten tritt bei der Möglichkeit der Befragung zu sachdienlichen Hinweisen deutlich zu Tage. Die Befragung zu persönlichen Angaben sowie eine Identitätsfeststellung können Hinweise ergeben, daß die betroffene Person selbst eine Gefahrenquelle darstellt. Die sachdienliche Befragung dagegen ermöglicht das Erlangen von Informationen, die beispielsweise genutzt werden, um künftig illegale Einreisen zu verhindern und so der grenzüberschreitenden sowie organisierten Kriminalität entgegenzutreten.

Zugegebenermaßen sind die Feststellungen, die ausweislich der Landtagsprotokolle im Gesetzgebungsverfahren von den Parlamentariern zum Zweck der Schleierfahndung gemacht wurden, nicht immer so eindeutig, wie es wünschenswert wäre. Schon die Verwendung des Begriffs „Fahndung" ist irreführend, da in allen Gesetzen die Vornahme von Befragungen, Identitätsfeststellungen oder bloßen Sichtkontrollen geregelt wurde, jedoch keine Straftäterfahndung.[886] Ebensowenig ist es der Zweckbestimmungsauslegung förderlich, wenn die Schleierfahndung als Maßnahme zur Kompensation weggefallener Grenzkontrollen bezeichnet wird.[887] Auch der Hinweis, daß es zahlreiche Fälle gebe, in denen trotz fehlenden Anfangsverdachtes im Sinne der Strafprozeßordnung eine Personenüberprüfung erforderlich und erfolgreich sei,[888] ist wenig hilfreich.

Kritiker der Schleierfahndung wenden ein, die gesetzgeberische Zweckbindung könne auf der faktischen Seite unterlaufen werden; möglich sei, Schleierfahndungen tatsächlich ausschließlich zu repressiven Zwecken durchzuführen.[889] Lediglich Zufallstreffer könnten zur Verhinderung konkreter Gefahren beitragen. Auch die Abschreckung von potentiellen Straftätern sei nur eine Folge der eigentlich repressiven Wirkung. Daher müsse der gesetzgeberische Wille bei der Herausbildung des Zweckes der Norm unbeachtlich sein.[890] Die Schleierfahndung sei ein besonders frappierendes Beispiel für die Abkehr vom Prinzip der Trennung von Strafverfolgungs- und Sicherheitsrecht.[891]

Diese Ansicht verkennt allerdings, daß bei der Auslegung der Norm sehr wohl der gesetzgeberische Wille neben dem Wortlaut, der systematischen Stel-

---

[886] Siehe aber HessLT-Drs. 14/2847, S. 1: „verstärkte Fahndungstätigkeit" sowie *Bäumler*, Datenschutz, S. 23 (29).

[887] Siehe aber HessLT-Drs. 14/2847, S. 1: „Ausgleichsmaßnahme für den Wegfall der Grenzkontrollen". Ähnlich auch *Thomsen*, DPolBl 2004, 28 (29): „Nach dem SDÜ sind alle Mitglieder gehalten, sog. Ausgleichsmaßnahmen durchzuführen."

[888] SächsLT-Drs. 2/7794, S. 14 f.

[889] *Roggan*, NVwZ 2001, 134 (138 f.); ähnlich auch *Peters*, Personenkontrollen, S. 46. *Wolter*, FS Rolinski, S. 273 (279) spricht dagegen von „zumindest gleichermaßen präventiven wie repressiven (Fahndungs-)Zwecken".

[890] *Roggan*, Polizeistaat, S. 110 f. Ähnlich auch *Rachor*, in Lisken/Denninger, F Rdnr. 367 und *Seebode*, FS für Mangakis, 693 (704 ff.), die die Schleierfahndungsnormen der Länder für formell verfassungswidrig halten.

[891] *Kutscha*, KJ 1998, 399 (402).

lung der Norm und ihrer teleologischen Interpretation einen entscheidenden Faktor darstellt. Die Tatsache, daß eine Norm zweckwidrig angewandt wird, macht grundsätzlich allein die betreffende Maßnahme rechtswidrig, führt aber nicht dazu, daß sich der Zweck einer Norm ändert.

Prinzipiell hat zwar jede Maßnahme der Strafverfolgung auch einen präventiven Zweck, da es im Sinne des Strafzwecks der negativen Generalprävention darum geht, andere potentielle Straftäter von der Begehung einer ähnlichen Tat abzuschrecken, und eine Bestrafung zudem sicherstellen soll, daß der bestrafte Täter zukünftig keine weiteren Straftaten mehr begeht (Strafzweck der Spezialprävention). Auch die Strafverfolgung dient insofern der Aufrechterhaltung der öffentlichen Sicherheit und Ordnung. Aber dennoch sind die Repression und die Prävention allein aus Kompetenzgründen voneinander zu unterscheiden: Repressives staatliches Handeln fällt – wie mehrfach betont – in die Regelungskompetenz des Bundes, präventives grundsätzlich in die der Länder. Allein die Tatsache, daß eine zu befürchtende Strafverfolgung Täter von der Begehung neuer Straftaten abschrecken kann, macht nicht jede Strafverfolgungsmaßnahme zu einer präventiven Aktivität.

Auch die Umsetzung der Schleierfahndung zur Bekämpfung grenzüberschreitender Kriminalität in Form der Befragung, Identitätsfeststellung oder Anhalte- und Sichtkontrolle begegnet keinen kompetenzrechtlichen Bedenken. Die Durchführung eines Datenabgleichs im Rahmen einer Schleierfahndung kann zwar auch dazu dienen festzustellen, ob der Betroffene in einer Fahndungsdatei gespeichert ist. Dies kann dazu führen, daß rein repressive Daten abgefragt werden. Das ist jedoch ein grundsätzliches Problem der Zulässigkeit des Datenabgleichs und kein spezielles der Schleierfahndung. Daß die Durchführung eines Datenabgleichs grundsätzlich formell verfassungsgemäß und daher zulässig ist, wurde bereits oben gezeigt.[892] Daß die Möglichkeit besteht, präventiv gewonnene Erkenntnisse zu repressiven Zwecken zu nutzten, ist ein allgemeines polizeirechtliches Problem, das die Erkenntnisgewinnungsmaßnahme nicht per se unzulässig macht.

Im Ergebnis ist der Zweck der Bekämpfung der grenzüberschreitenden Kriminalität somit der (präventiven) Straftatenverhütung zuzuordnen.

---

[892] Siehe S. 152 ff. *Kastner,* VerwArch 92 (2001), 216 (236) erachtet die Durchführung eines Datenabgleichs mit der Möglichkeit der repressiven Betätigung durch die Polizei deshalb als zulässig, weil sie nur einen Nebeneffekt der Schleierfahndung darstelle.

*(2) Verhinderung und Unterbindung unerlaubter Einreise
und unerlaubten Aufenthalts*

In Art. 13 I 5 BayPAG und § 14 I 5 ThürPAG ist der Kontrollzweck mit den Worten „zur Verhütung oder Unterbindung der unerlaubten Überschreitung der Landesgrenzen oder des unerlaubten Aufenthalts" beschrieben. Nach § 27a SOG MV sowie § 9a IV RPPOG darf die Polizei zur Unterbindung unerlaubten Aufenthalts tätig werden.

Verhinderung unerlaubter Einreise bedeutet, daß eine (unmittelbar bevorstehende) unerlaubte Einreise vereitelt wird und gar nicht erst stattfindet. Diese Zwecksetzung ist unproblematisch der Verhinderung von Straftaten bzw. der Verhinderungsvorsorge zuzuordnen.

Wurde die Grenze unerlaubt überschritten, liegt bereits ein unerlaubter Aufenthalt vor, eine Unterbindung der Einreise ist dann nicht mehr möglich.[893] Möglich ist jedoch das Unterbinden eines weiteren unerlaubten Aufenthalts. Ziel polizeilichen Handelns ist es dann, die Fortsetzung der Tat zu verhindern.[894] Diese Reaktion auf Verstöße gegen ausländerrechtliche Strafvorschriften beziehungsweise auf ausländerrechtliche Ordnungswidrigkeiten ist von der Tendenz her repressiv. Doch hilft wiederum der Wortlaut der Norm: Auch hier hat der Gesetzgeber nicht den Begriff der „Fahndung nach Straftätern" verwendet. Vielmehr hat der Gesetzgeber durch die Formulierung „zur Verhütung" beziehungsweise „zur Unterbindung" zum Ausdruck gebracht, daß der Zweck der Maßnahme in der Prävention liegt.[895]

Die Verhütung einer unerlaubten Einreise oder Unterbindung eines unerlaubten Aufenthalts bedeutet eine Vermeidung beziehungsweise Beendigung eines rechtswidrigen Zustandes, sprich einer Störung der öffentlichen Sicherheit.[896] Eine präventive Wirkung kann im übrigen auch durch die Abschreckungswirkung der Maßnahme eintreten.[897]

Maßnahmen zur Verhinderung oder Unterbindung einer unerlaubten Einreise beziehungsweise eines unerlaubten Aufenthalts sind somit ebenfalls der Straftatenverhütung zuzuordnen.

---

[893] *Heesen/Hönle/Peilert,* § 23 Rdnr. 14; *Schütte,* ZRP 2002, 393 (395).

[894] *Heesen/Hönle/Peilert,* § 22 Rdnr. 11.

[895] Siehe auch LVerfG MV LKV 2000, 149 (150 f.); ebenso *Peters,* Personenkontrollen, S. 42 f.

[896] *Schnekenburger,* BayVBl. 2001, 139 (140). A. A. *Seebode,* FS für Mangakis, 693 (703).

[897] LVerfG MV LKV 2000, 149 (150 f.); *Kastner,* VerwArch 92 (2001), 216 (237).

*(3) Verhütung von Straftaten*

Nach § 12 I 6 BbgPolG sind Schleierfahndungen gestattet „zur Verhütung von Straftaten von erheblicher Bedeutung mit internationalem Bezug". Nach § 12 VI NSOG dürfen „zur Vorsorge für die Verfolgung oder zur Verhütung von Straftaten von erheblicher Bedeutung mit internationalem Bezug" Kontroll-maßnahmen ergriffen werden.

Unproblematisch ist die „Verhütung von Straftaten" dem Vorfeldbereich der Prävention zuzuordnen, da dieser Zweck sowohl vom Wortlaut als auch von der Intention des Gesetzgebers her der Kategorie der Maßnahmen der Straftatenver-hütung zuzuordnen ist. Verhüten von Straftaten bedeutet, daß dafür Sorge getra-gen wird, daß es erst gar nicht zu Straftaten kommt. Es geht somit nicht um die Verfolgung bereits begangener Straftaten.[898]

Die Schleierfahndungsnorm Niedersachsens, deren Zweck es ist, Vorsorge für die Verfolgung von Straftaten zu treffen, ist vom Wortlaut her eindeutig dem Zweck der Strafverfolgungsvorsorge zuzuordnen. Auch wenn in den Gesetzes-materialien als Hauptziel der Schleierfahndung die Zerstörung der Logistik der grenzüberschreitenden Kriminalität genannt wird,[899] so ist die Strafverfolgungs-vorsorge doch daneben als gleichberechtigtes Ziel aufgeführt. Die Schleierfahn-dungsnorm Niedersachsens dient somit sowohl der Verhinderungsvorsorge als auch der Strafverfolgungsvorsorge.

*c) Zwischenergebnis: Einordnung der Schleierfahndungsnormen*
*als präventiv-polizeiliche Normen*

Es ist nicht Ziel der Schleierfahndung, begangene Straftaten aufzudecken und zu ahnden. Zweck der Schleierfahndung ist es vielmehr, künftige Straftaten zu verhindern und damit das Entstehen von Gefahren für die öffentliche Sicherheit zu vermeiden, also präsumtive Störer von einer eventuellen Straftatbegehung abzuhalten und allgemein kriminelle Kreise zu verunsichern.[900] Die Informa-tionsbeschaffung im Gefahrenvorfeld zur Erkennung besonderer Kriminalitäts-

---

[898] LVerfG MV LKV 2000, 149 (151). Ebenso *Kastner*, VerwArch 92 (2001), 216 (236); *Knemeyer*, Polizeirecht, Rdnr. 15; *Schoreit*, DRiZ 1986, 54 f. Siehe auch *Heck-mann*, FS Steinberger, S. 467 (473): „Hauptzweck und Schwerpunkt der Maßnahmen gelten der Verhütung und Unterbindung zukünftiger Straftaten und Rechtsgutverletzun-gen".

[899] Vgl. Die Polizei 1998, 94.

[900] *Heckmann*, FS Steinberger, S. 467 (473); *Würtenberger/Heckmann/Riggert*, Rdnr. 327. Siehe auch VGH Mannheim, NVwZ 2004, 498 (499): In dieser Entschei-dung ging das Gericht davon aus, daß die vom Landesgesetzgeber als präventiv erach-tete polizeiliche Videoüberwachung dem Bereich der Gefahrenabwehr zuzuordnen sei, da erklärtes Ziel des Gesetzgebers die Abschreckung potentieller Straftäter sei. Die Abschreckung im Vorfeld konkreter Gefahren sei eine Maßnahme der Verhinderungs-

strukturen, vor allen Dingen solcher der Organisierten Kriminalität, soll dem Schutz der öffentlichen Sicherheit dienen. Würden Maßnahmen erst bei Vorliegen einer konkreten Gefahr ergriffen, könnten in der Regel keine adäquaten Gegenmaßnahmen mehr getroffen werden.[901]

Sowohl die Bekämpfung der grenzüberschreitenden Kriminalität und die Verhinderung und Unterbindung unerlaubter Einreisen und unerlaubter Aufenthalte als auch die Verhütung von Straftaten als Zwecke der Schleierfahndung sind unter die Rubrik der Maßnahmen zur Straftatenverhütung einzuordnen. Für diese Zwecke der Schleierfahndung läßt sich mit dem LVerfG MV sagen, daß die Polizei durch die Schleierfahndung Aufgaben zugewiesen bekommen hat, die im Vorfeld repressiver Tätigkeit liegen, da sie keinen Bezug zu einer konkreten Straftat haben, sondern Straftaten weit im Vorfeld ihrer Begehung verhüten sollen.[902] Die Schleierfahndungsmaßnahmen sollen nicht nur einen generalpräventiven Effekt haben, sondern auch kriminelle Strukturen zerschlagen und Organisierter Kriminalität durch ihre Entdeckung entgegenwirken.[903] Lediglich die Norm des Landes Niedersachsen nennt zusätzlich noch den Zweck der Strafverfolgungsvorsorge.

Der für die Schleierfahndungsnorm Niedersachsens relevante und soeben skizzierte Streit über die richtige Einordnung von Maßnahmen der Strafverfolgungsvorsorge ist – wie erwähnt – durch § 484 IV StPO entschieden worden. Nach der präventiven und der vermittelnden Theorie ist das Land Niedersachsen gesetzgebungsbefugt, nach der repressiven Theorie jedoch der Bund. Dieser hat von seiner Kompetenz durch die Schaffung des § 484 IV StPO Gebrauch gemacht und die generelle Verwendung von Daten sowie deren Erhebung den Polizeigesetzen der Länder überlassen. Die generelle Strafverfolgungsvorsorge – im Gegensatz zur konkreten Vorsorge in einem konkreten Strafverfahren – liegt somit (derzeit) unstreitig in der Gesetzgebungskompetenz der Länder. Im übrigen ist es auch hier der Einschätzungsprärogative der Länder überlassen, einer Maßnahme der Strafverfolgungsvorsorge prinzipiell im Schwerpunkt präventive Wirkung im Sinne einer Abschreckung „registrierter" Straftäter zuzusprechen und den repressiven Effekt einer Maßnahme – die Erleichterung der Strafverfolgung – für vergleichsweise geringer zu erachten. Nimmt ein Land eine solche Wertung vor, ist es bezüglich strafverfolgungsvorsorgender Normen gesetzgebungsbefugt. Als Konsequenz muß es dann allerdings beobachten, ob der Schwerpunkt der tatsächlichen Anwendung der Norm im Bereich der Prä-

---

vorsorge. Die im Einzelfall mögliche Aufklärung von Straftaten sei ein repressiver Nebenzweck, der die primäre Zweckrichtung der Straftatenverhütung nicht verdränge.

[901] BayVerfGH BayVBl. 1995, 143 (145).

[902] LVerfG MV LKV 2000, 149 (151). Zustimmend *Schnekenburger*, BayVBl. 2001, 129 (130).

[903] *Kniesel*, ZRP 1992, 164 (165).

vention liegt. Sollte sich ein repressiver Schwerpunkt ergeben, muß der betreffende Gesetzgeber gegebenenfalls nachbessern.

Als Zwischenergebnis kann also festgehalten werden, daß grundsätzlich die Länder eine Gesetzgebungskompetenz zur Schaffung von Schleierfahndungsnormen haben, es sei denn, es besteht eine Sonderzuweisung an den Bund speziell für diesen Bereich des Gefahrenabwehrrechts. Ob eine solche die Länderkompetenz im Gefahrenabwehrrecht verdrängende Bundeskompetenz gegeben ist, muß im folgenden geprüft werden. Zunächst soll jedoch der Frage nachgegangen werden, ob die (mißbräuchliche) Anwendung von Schleierfahndungsnormen zu repressiven Zwecken, namentlich zur Durchführung von Strafverfolgungsmaßnahmen trotz Fehlens jeglichen Anfangsverdachts, also zur Durchführung von Strafverfolgungsmaßnahmen „ins Blaue hinein", Konsequenzen für die Befugnis der Länder zur Schaffung solcher Schleierfahndungsnormen hat.

### 3. Auswirkungen eines Rückgriffs auf Schleierfahndungsnormen bei repressiven Maßnahmen auf die formelle Verfassungsmäßigkeit der Normen

Einer Einordnung der Schleierfahndungsnormen als Normen mit präventiver Zielsetzung und damit einer Bejahung der Ländergesetzgebungskompetenz steht nicht entgegen, daß die Normanwendung im Einzelfall – zweckwidrig – auch zu Zwecken der Strafverfolgung erfolgen kann.

Die Befürchtungen der Kritiker der Schleierfahndung, diese werde zur Durchführung repressiver Maßnahmen mißbraucht, hat, wie eben gezeigt, keine Auswirkung auf die formelle Verfassungsmäßigkeit der Normen an sich. Eine Mißbrauchsmöglichkeit ist auch nicht in den Normen selbst angelegt, diese provozieren keinen Mißbrauch. Die Konsequenz einer mißbräuchlichen Anwendung von Schleierfahndungsnormen zum Zwecke der Strafverfolgung ohne Anfangsverdacht – beispielsweise einer Durchführung einer Schleierfahndung durch einen Polizeibeamten, der gar keine Straftaten verhüten will, sondern prüfen will, ob er nicht irgendeine begangene Straftat entdeckt – ist die Rechtswidrigkeit der polizeilichen Maßnahme, nicht die der Norm, auf die das rechtswidrige Handeln gestützt wurde.

### 4. Spezielle Gesetzgebungszuständigkeit des Bundes im Bereich des Gefahrenabwehrrechts

Einer Kompetenz der Länder zur Regelung von Schleierfahndungen könnte eine Sonderzuständigkeit des Bundes im Bereich der Gefahrenabwehr entgegenstehen, namentlich die bundesrechtliche Sonderzuständigkeit für den Grenzschutz nach Art. 73 Nr. 5 GG.

*a) Die Bewertung durch die Landesverfassungsgerichte*

Die ausschließliche Gesetzgebungskompetenz des Bundes im Bereich des Grenzschutzes nach Art. 73 Nr. 5 GG steht nach Auffassung des LVerfGH Sachsen landesrechtlichen Schleierfahndungsnormen nicht entgegen, da diese Normen nicht der Materie Grenzschutz unterfielen. Die Schleierfahndung nach den landesrechtlichen Normen ziele nicht ab auf den Schutz der Grenzen vor rechtswidrigem Eindringen von Personen oder Sachen aus dem Ausland, sondern solle vielmehr der vorbeugenden Bekämpfung grenzüberschreitender Kriminalität dienen.[904] Die Situation in Bayern sei – so der BayVerfGH – eine Ausnahme, da die Landespolizei Grenzschutzaufgaben übernommen habe.[905]

*b) Eigene Bewertung*

Die Länder argumentieren in bezug auf die Frage der Notwendigkeit der Schleierfahndung, durch den Wegfall der Grenzkontrollen sei das Ausmaß der zu bekämpfenden grenzüberschreitenden Kriminalität angestiegen. Daher stellt sich die Frage, ob die Landesnormen de facto Ergänzungen des BGSG darstellen.[906] Müßte man dies bejahen, so könnte es sein, daß die Landesgesetzgeber mit der Normierung von Schleierfahndungsbefugnissen Grenzschutztätigkeit an sich gezogen haben und damit möglicherweise die Bundesgesetzgebungskompetenz zur Regelung des Grenzschutzes unterlaufen haben.[907]

Als eher formales Argument wird vorgebracht, die Länder dürften, ohne gegen Kompetenzregelungen für den Bereich des Bundesgrenzschutzes zu verstoßen, Gesetze zum Schutz der *Landes*grenzen verabschieden, auch wenn diese zufällig zugleich *Bundes*grenzen seien.[908] Dann müßte durch die Landesnormen zur Schleierfahndung der Landesgrenzschutz bezweckt sein. Ob dies der Fall ist, wird im folgenden dargestellt.

aa) Landesrechtliche Schleierfahndungsnormen
mit der Zielsetzung des Schutzes vor Grenzverletzungen

Ein Konkurrenzverhältnis zwischen Bundesnormen und Landesgesetzen zur Schleierfahndung liegt insoweit vor, als in den Landesnormen als Zweck von Schleierfahndungen die Unterbindung oder Verhinderung der unerlaubten Über-

---

[904] LVerfGH Sachsen, Urteil vom 10.7.2003 – Vf. 43-II-00, S. 29.
[905] BayVerfGH BayVBl. 2003, 560 (561).
[906] *Stephan,* DVBl. 1998, 81 (85).
[907] So die Auffassung von *Fischer/Hitz/Laskowski/Walter,* § 2 Rdnr. 9; *Lisken,* NVwZ 1998, 22 (25 f.).
[908] *Beinhofer,* BayVBl. 1995, 193 (195); *Maunz,* in Maunz/Dürig, Art. 73 Rdnr. 103 f.

schreitung der Landesgrenze (der Schutz vor Grenzverletzungen) genannt ist. Denn der Grenzschutz ist hinsichtlich der Bundesgrenzen grundsätzlich Aufgabe des BGS und unterfällt der Bundesgesetzgebungskompetenz.[909] Der Schutz vor Grenzverletzungen ist jedoch nur in den Schleierfahndungsnormen von Bayern (dazu sogleich) und Thüringen (§ 14 I 5 ThürPAG) als Zweck von Schleierfahndungen genannt. Die thüringische Norm enthält jedoch einen Vorbehalt dahingehend, daß eine Identitätsfeststellung nur erfolgen darf, soweit dies nicht Aufgabe der Bundespolizei ist (was bei Bundesaußengrenzen zu bejahen ist). Durch diesen Vorbehalt kommt es mithin nicht zu einer Konkurrenzsituation. Dementsprechend kann auch keine Kompetenzwidrigkeit der thüringischen Norm wegen Mißachtung einer Bundesgesetzgebungszuständigkeit gegeben sein.[910]

In Bayern dürfen Personenkontrollen aus Anlaß eines Grenzübertritts durch den polizeilichen Einzeldienst der bayerischen Grenzpolizei vorgenommen werden.[911] Die Kompetenz hierzu ergibt sich aus Art. 71 GG, wenn und soweit die Länder in einem Bundesgesetz ausdrücklich dazu ermächtigt wurden. Eine solche Ermächtigung stellt § 2 I, IV BGSG dar,[912] so daß Bayern im Einvernehmen mit dem Bund die Aufgaben des Grenzschutzes mit eigenen Polizeikräften wahrnimmt.[913] Diese Aufgabenverlagerung steht nicht in Widerspruch zur Kompetenzordnung des Grundgesetzes, da sie ausdrücklich von der Kompetenz-

---

[909] *Maunz,* in Maunz/Dürig, Art. 73, Rdnr. 103. Siehe hierzu ausführlich unten S. 244 ff.

[910] Siehe auch *Waechter,* DÖV 1999, 138 (140). In Mecklenburg-Vorpommern und Rheinland-Pfalz sind Kontrollen lediglich zum Zweck der Unterbindung unerlaubten Aufenthaltes zulässig. Wie oben in Anm. 459 gezeigt wurde, geht es damit nicht um eine Einreisekontrolle und verfolgen diese Normen somit nicht das Ziel des Grenzschutzes; so auch LVerfG MV LKV 2000, 149 (151).

[911] Siehe das Verwaltungsabkommen zwischen dem Bundesminister des Inneren und der Bayerischen Staatsregierung über die Wahrnehmung von Aufgaben des grenzpolizeilichen Einzeldienstes in Bayern i.d.F. vom 1.4.1992, abgedruckt bei *Samper/ Honnacker,* POG, Anhang 9, S. 274. Nach diesem Abkommen werden an der deutsch-schweizerischen und der deutsch-österreichischen, nicht jedoch an der deutsch-tschechischen Grenze grenzpolizeiliche Aufgaben von der bayerischen Landespolizei wahrgenommen. Siehe auch *Beinhofer,* BayVBl. 1995, 193 (194); *Weingart,* BayVBl. 2001, 33 (38).

[912] Eine vergleichbare Regelung besteht für Hamburg mit dem Verwaltungsabkommen zwischen dem Bund und der Freien und Hansestadt Hamburg vom 22.1.1974 (BAnz. Nr. 18 vom 26.1.1974); dort besteht aber keine Befugnis zur Schleierfahndung. Nach § 16b SOG HH darf die Polizei, soweit sie die Kontrolle des grenzüberschreitenden Verkehrs wahrnimmt, Land-, Wasser- und Luftfahrzeuge jederzeit betreten und im Rahmen der Grenzfahndung nach Personen und Sachen durchsuchen. Bremen nimmt in bezug auf die Wasserschutzpolizei ebenfalls grenzpolizeiliche Aufgaben wahr; siehe das Verwaltungsabkommen über die Wahrnehmung der polizeilichen Kontrolle des grenzüberschreitenden Verkehrs (BAnz. Nr. 160 vom 28.8.1973).

[913] *Beinhofer,* BayVBl. 1995, 193 (196); *Berner/Köhler,* Art. 13 Rdnr. 8. Die Grenzpolizei wurde 1998 in die allgemeine Landespolizei eingegliedert (Gesetz zur Eingliederung der Bayerischen Grenzpolizei in die Bayerische Landespolizei vom

ordnung so vorgesehen ist.[914] Bayern darf daher nach § 2 IV BGSG eigene Normen über grenzpolizeiliche Befugnisse schaffen.[915]

### bb) Landesrechtliche Schleierfahndungsnormen mit der Zielsetzung der Bekämpfung der (grenzüberschreitenden) Kriminalität

Wie bereits gezeigt, stellen alle sonstigen Landesnormen zur Schleierfahndung auf den Zweck der Bekämpfung der grenzüberschreitenden Kriminalität beziehungsweise auf die Bekämpfung der Kriminalität allgemein ab. Die Bundeskompetenz zum Grenzschutz könnte einer Landesgesetzgebungskompetenz dann entgegenstehen, wenn mit dem Ziel der Bekämpfung der (grenzüberschreitenden) Kriminalität zugleich auch Grenzschutz bezweckt würde. Unter Grenzschutz versteht man alle gesetzlichen Regelungen, die den Schutz der Bundesgrenzen gegen Grenzverletzungen zum Gegenstand und Ziel haben.[916] Zur Bekämpfung der (grenzüberschreitenden) Kriminalität ist es aber nicht geboten, daß ausschließlich grenzüberschreitender Verkehr kontrolliert wird; diese Zwecksetzung reicht vielmehr weiter, sie umfaßt die Gefahrenabwehr im gesamten Land.[917] Ein Schutz der Grenzen wird durch die Landesnormen zur Schleierfahndung nicht bezweckt.[918] Das LVerfG MV äußert sich dazu wie folgt: „Bekämpft werden soll nicht die Verletzung der Grenze durch illegalen Übertritt, sondern die Gefahren, die von Personen ausgehen können, die unter Ausnutzung der Grenzsituation die öffentliche Sicherheit oder Ordnung stören (wollen)."[919]

---

26.7.1997 [GVBl. 1997, S. 342]), es blieb jedoch bei der beschriebenen Aufgabenteilung.

[914] *Heesen/Hönle/Peilert,* § 2 Rdnr. 47; *Lerche,* in Maunz/Dürig, Art. 83 Rdnr. 85 ff., Art. 87, Rdnr. 126; *Schnekenburger,* BayVBl. 2001, 129 (131). A. A. *Willich,* S. 145 ff., 170 f., der von einem Fall verbotener Mischverwaltung ausgeht.

[915] Ebenso *Beinhofer,* BayVBl. 1995, 193 (197); *Honnacker/Beinhofer,* Art. 13 Rdnr. 29; *Knemeyer,* Polizeirecht, Rdnr. 267, 274; *Schnekenburger,* BayVBl. 2001, 129 (131).

[916] *Maunz,* in Maunz/Dürig, Art. 73, Rdnr. 103.

[917] BW LT-Drs. 12/117, S. 19; LVerfG MV S. 16 f. (nicht abgedruckt in DVBl. 2000, 262 ff.); *Beinhofer,* BayVBl. 1995, 193 (196); *Heckmann,* Polizei- und Sicherheitsrecht, Rdnr. 327; *Möllers,* NVwZ 2000, 382 (384); *Schnekenburger,* BayVBl. 2001, 129 (130 f.); *Waechter,* DÖV 1999, 138 (140); *Würtenberger,* Stellungnahme, S. 97 (104); a. A. *Bizer,* S. 34 ff.

[918] *Möllers,* NVwZ 2000, 382 (384); *Waechter,* DÖV 1999, 138 (140); a. A. *Bizer,* S. 34 ff.

[919] LVerfG MV LKV 2000, 149 (151). A. A. *Bizer,* S. 35, der davon ausgeht, daß die Bekämpfung grenzüberschreitender Kriminalität klassische Aufgabe des Bundesgrenzschutzes sei.

## 5. Fazit: Gesetzgebungskompetenz der Länder gegeben

Als Ergebnis ist festzuhalten: Die Landesgesetzgeber dürfen Befugnisse zur Schleierfahndung normieren, wenn im Tatbestand der Norm festgelegt wird, daß die durch sie legitimierten Einzelmaßnahmen schwerpunktmäßig der Gefahrenabwehr zu dienen haben. Dies ist bei den derzeit in Kraft befindlichen Schleierfahndungsnormen der Länder durchweg der Fall.

Die Länderzuständigkeit für die Schaffung von Schleierfahndungsnormen ist daher gegeben;[920] die Ländernormen sind formell verfassungsgemäß.

# II. Formelle Verfassungsmäßigkeit der bundesrechtlichen Schleierfahndungsnormen

Nunmehr ist gesondert zu prüfen, ob auch die bundesrechtlichen Normen zur Schleierfahndung formell verfassungsgemäß sind, also für diese eine Gesetzgebungszuständigkeit des Bundes gegeben ist. Ausgangspunkt ist auch hier wiederum der Grundsatz der Länderzuständigkeit. Fraglich ist demnach, ob das Grundgesetz auch dem Bund eine Zuständigkeit zur Schaffung von Schleierfahndungsnormen gibt. Wie oben ausgeführt, ist die Schleierfahndung keine repressive Maßnahme. Daher ist eine Bundeszuständigkeit nicht schon aus der Zuständigkeit für das Strafverfahrensrecht ableitbar, sondern kann nur dann bejaht werden, wenn eine entsprechende Sonderzuständigkeit im Bereich des Gefahrenabwehrrechts besteht. Zu fragen ist also, ob sich die Zulässigkeit bundesrechtlicher Schleierfahndungsnormen aus einer oder mehrerer dieser grundgesetzlichen Sonderzuständigkeiten des Bundes ergibt.

Für die Beantwortung der Frage der Gesetzgebungszuständigkeit des Bundes zur Regelung von Schleierfahndungen ist zunächst zwischen den verschiedenen in den Normen genannten Zwecken, der Bekämpfung grenzbezogener Kriminalität sowie der Verhinderung und Unterbindung unerlaubter Einreisen und den Befugnisse zum Ergreifen bahn- und luftfahrpolizeilicher Maßnahmen zu differenzieren.

---

[920] Grundsätzlich haben die Länder für ihre polizeirechtlichen Normen auch die Verwaltungskompetenz inne. Lediglich die internationale Verbrechensbekämpfung unterliegt gemäß Art. 73 Nr. 10, letzte Variante GG einer Bundesverwaltungskompetenz. Aus der Entstehungsgeschichte des Art. 73 Nr. 10 GG läßt sich entnehmen, daß unter dem Begriff Verbrechensbekämpfung präventive Maßnahmen zu verstehen sind, da der Begriff „Verbrechensverfolgung" bewußt nicht gewählt wurde (*Baldus,* S. 73). Allerdings versteht man unter internationaler Verbrechensbekämpfung nicht die Bekämpfung von Verbrechen mit internationalem Bezug, sondern vielmehr die internationale Zusammenarbeit bei der Verbrechensbekämpfung (*Jarass/Pieroth,* Art. 73 Rdnr. 25). Für die allgemeine polizeiliche Tätigkeit besteht daher unproblematisch solange eine Länderverwaltungskompetenz, als die Länder damit nicht weitreichende internationale Regelungen treffen. Insofern bleibt es bei dem ehernen Grundsatz, daß Landesgesetze ausschließlich von der Landesexekutive ausgeführt werden.

Für diese Zwecke und Befugnisse kann sich – wenngleich mit unterschiedlicher Begründung – eine Kompetenz auch in bezug auf Maßnahmen der Gefahrenabwehr aus Art. 73 Nr. 5 GG ergeben. Nach dieser Vorschrift steht dem Bund die ausschließliche Gesetzgebungskompetenz für den Grenzschutz zu.[921] Erwähnt wird der Bundesgrenzschutz im Grundgesetz in Art. 35 II, III, 91 I, II, 115f I Nr. 1 sowie 87 I 2, 73 I 5 GG. Daraus ergeben sich als Aufgabenspektrum die Abwehr bestimmter Gefahrenlagen, die das Gebiet oder die Kräfte eines Landes übersteigen sowie die Sicherung der Grenzen des Bundes. Allein die letztgenannte Aufgabe ist hier von Interesse.

Unter Grenzschutz ist der Schutz des deutschen Hoheitsgebietes vor dem Eindringen von Personen und Sachen aus dem Ausland über die Grenze – mit Ausnahme der militärischen Sicherung der Grenze – zu verstehen. Kurz gesagt geht es um den Schutz der Grenzen gegen Grenzverletzungen.[922] Der Bund hat demnach die ausschließliche Kompetenz zur Regelung aller mit dem grenzpolizeilichen Schutz unmittelbar oder mittelbar verbundener Aspekte.[923] Diese Kompetenz umfaßt sowohl die polizeiliche Überwachung der Grenzen einschließlich der Abwehr von Gefahren für die Grenzen als auch die Kontrolle des grenzüberschreitenden Verkehrs und den sonstigen Schutz der Grenzen.[924] Erfaßt wird von dieser Aufgabe auch die Gefahrenvorsorge, also polizeiliches Handeln, das das Entstehen grenzpolizeilicher Gefahren verhindern soll.[925] Durch die Schaffung bundesgesetzlicher Polizeivorschriften wird – wie oben gezeigt wurde – nicht per se in „den Bereich ausschließlicher Landeskompetenzen"[926] eingegriffen. Allerdings müssen bundespolizeiliche Maßnahmen auf den Grenzschutz bezogen sein und dürfen nicht etwa allgemein zur Kriminalitätsbekämpfung ergriffen werden. Der Bund hat durch Erlaß des BGSG vom 16.3. 1951[927] von seiner Kompetenz nach Art. 73 Nr. 5 GG Gebrauch gemacht.

---

[921] *Baldus,* S. 77 ff.; *Riegel,* Bundespolizeirecht, S. 67.

[922] LVerfG MV LKV 2000, 149 (150 f.); *Beinhofer,* BayVBl. 1995, 193 (196); *Maunz,* in Maunz/Dürig, Art. 73 Rdnr. 102; *Waechter,* DÖV 1999, 138 (140).

[923] *Bizer,* S. 35.

[924] Vgl. BVerfGE 97, 198 (214, 218); LVerfGH Sachsen, Urteil vom 10.7.2003 – Vf. 43-II-00, S. 28; *Degenhart,* in Sachs, Art. 75, Rdnr. 24; *Dreier,* in ders., Band 3, Art. 87 Rdnr. 38; *von Münch,* in von Münch/Kunig, Art. 73, Rdnr. 26.

[925] *Heesen/Hönle/Peilert,* § 2 Rdnr. 3.

[926] So eine Presseerklärung der deutschen Vereinigung für Datenschutz e. V. vom 7.7.1998.

[927] BGBl. 1951 I, S. 201.

## 1. Die Kompetenz des Bundes zur Verhinderung und Unterbindung unerlaubter Einreisen und zur Verhütung grenzbezogener Straftaten

Dem Bundesgrenzschutz steht die Kompetenz zur Aufrechterhaltung der Sicherheit an den Grenzen, zur polizeilichen Kontrolle des grenzüberschreitenden Verkehrs, zur Abwehr von Gefahren, die die Sicherheit der Grenzen beeinträchtigen (§ 2 II Nr. 3 BGSG), sowie zur Bekämpfung der die Bundesgrenzen überschreitenden grenzbezogenen Kriminalität zu.[928] Die jeweiligen Landespolizeien haben im Gegensatz dazu, wie eben gezeigt, die Kompetenz zur vorbeugenden Bekämpfung jeglicher Kriminalität, unter anderem auch die zur Bekämpfung grenzüberschreitender Kriminalität allgemein.[929] Der in den Schleierfahndungsnormen des BGSG genannte Zweck der Verhinderung oder Unterbindung unerlaubter Einreisen an Örtlichkeiten in einem 30-km-Grenzstreifen und 50-km-Küstenstreifen bezieht sich unproblematisch auf den Grenzschutz.[930] Bezüglich der übrigen Örtlichkeiten, an denen Schleierfahndungen nach dem BGSG stattfinden dürfen, ist eine vertiefte Analyse erforderlich.

## 2. Die Kompetenz des Bundes zum Ergreifen bahn- und luftpolizeilicher Maßnahmen

Die Zulässigkeit der Übertragung der Aufgaben der Bahnpolizei und der Flughafenpolizei auf den Bundesgrenzschutz durch den Bund ist verfassungsgerichtlich geklärt und soll daher hier nur kurz skizziert werden.[931] Ursprünglich hatte der Bundesgrenzschutz allein die Aufgabe der Sicherung der Grenzen, namentlich in Form von Grenz- und Paßkontrollen. Auch heute ist der grenzpolizeiliche Schutz des Bundesgebietes noch eine Hauptaufgabe des BGS. Der Aufgabenbereich des BGS wurde jedoch zunehmend erweitert, und zwar von einer Grenzpolizei hin zu einer multifunktional einsetzbaren Polizei des Bundes.[932] Heute ist der BGS auch zuständig für den Schutz von Verfassungsorganen des Bundes, für Ordnungsaufgaben auf See und im Notstands- und Verteidigungsfall (§§ 5–7 BGSG) sowie für die Unterstützung anderer Bundesbehörden (§§ 9–11 BGSG). Zudem wird er auf Anforderung der Länder außerhalb der gesetzlich

---

[928] *Fischer/Hitz/Laskowski/Walter,* § 2 Rdnr. 2: Hauptaufgabengebiet des BGS ist der grenzpolizeiliche Schutz des Bundesgebietes.

[929] *Heesen/Hönle/Peilert,* § 2 Rdnr. 4.

[930] So auch *Götz* in der öffentlichen Anhörung von Sachverständigen zu dem Entwurf eines ersten Gesetzes zur Änderung des BGSG, Protokoll der 87. Sitzung des Innenausschusses des Deutschen Bundestages am 15.6.1998, S. 57.

[931] BVerfG NVwZ 1998, 495 ff. (= ZfIS 1998, 95 ff.); dazu *Hecker,* NVwZ 1998, 707. Kritisch zu der Aufgabenerweiterung *Lisken/Lange,* S. 151 (157).

[932] BVerfG ZfIS 1998, 95 (101). Zustimmend *Ronellenfitsch,* VerwArch 90 (1999), 139 (151 ff.).

festgelegten Befugnisse zur Unterstützung bei besonderen Lagen, wie zum Beispiel bei Großdemonstrationen und zur Terrorismusbekämpfung, tätig.[933] Seit dem Aufgabenübertragungsgesetz von 1992 wurden dem BGS als weitere neue Tätigkeitsfelder die Aufgaben der Bahnpolizei (§ 3 BGSG), Aufgaben im Bereich der Luftsicherheit (§ 4 BGSG) inklusive Sicherheitsmaßnahmen an Bord von Luftfahrzeugen (§ 4a BGSG) sowie Aufgaben im Bereich der Verhütung von Straftaten nach § 1 V BGSG übertragen.[934]

Die Zuweisung allgemeiner polizeilicher Aufgaben im Bereich von Bahnhöfen und Flughäfen[935] wurde vom BVerfG als noch zulässig angesehen. Die Statthaftigkeit der Zuweisung bahnpolizeilicher Aufgaben ist vor allem deshalb problematisch, weil die bahnpolizeilichen Aufgaben denen nach klassischem Polizeirecht sehr ähneln und allein die Besonderheit besteht, daß die Aufgaben an bestimmten Örtlichkeiten, nämlich im Bahnhofsbereich und in Zügen (siehe § 2 II S. 1, 2 BGSG) wahrzunehmen sind. Wegen des unmittelbaren Grenzbezuges fällt unter die Kompetenz zum Grenzschutz auch die Überwachung des unmittelbaren Hinterlandes zur Grenze, der Flughäfen und Grenzbahnhöfe.[936] Für polizeiliche Aufgaben auf sonstigen Bahnhöfen, die keinen Grenzbezug aufweisen, kann sich eine Kompetenz des Bundes daher nur aus einer besonderen grundgesetzlichen Kompetenz des Bundes für bahnpolizeiliche Aufgaben, nicht aber aus der für den Grenzschutz ergeben.

Die Kompetenz des Bundes zur Regelung bahnpolizeilicher Aufgaben ergibt sich nach dem BVerfG aus Art. 71, 73 Nr. 6a GG (Regelungen zum Verkehr von Eisenbahnen). Im Rahmen eines umfangreichen historischen Abrisses legt das Bundesverfassungsgericht dar, daß der Bund seit jeher für Aufgaben der Bahnpolizei die Gesetzgebungs- sowie Verwaltungskompetenz inne hat. Ursprünglich sei die bahnpolizeiliche Kompetenz von der Kompetenz des Bundes für die Bundeseisenbahnen nach Art. 73 Nr. 6 GG a. F. und Art. 87 I S. 1 GG a. F. mit umfaßt gewesen, da unter diesen Kompetenztitel alle Tätigkeiten fielen, die der Durchführung und Aufrechterhaltung der von der Bundesbahn betriebenen Dienste dienten.[937] Durch die Neuregelung der Art. 73 Nr. 6a, 87e I

---

[933] Zu den Aufgaben des BGS siehe *Schütte,* Die Polizei 2002, 309 (311 f.).

[934] Organisiert ist der BGS in Einzeldienst (zuständig für die polizeiliche Kontrolle des grenzüberschreitenden Verkehrs sowie bahn- und luftpolizeiliche Aufgaben) sowie Einsatz- und Sonderverbände (zum Beispiel GSG 9), die zuständig sind für alle anderen Aufgaben sowie zur Unterstützung des Einzeldienstes.

[935] Durch das Gesetz zur Übertragung der Aufgaben der Bahnpolizei und der Luftsicherheit auf den Bundesgrenzschutz vom 23.1.1992, BGBl. 1992 I, S. 178.

[936] BVerfGE 97, 198 (214); *Dreier,* in ders., Band 3, Art. 87, Rdnr. 38; *Jutzi,* DÖV 1992, 650 (651); *Lerche,* in Maunz/Dürig, Art. 87, Rdnr. 124.

[937] BVerfGE 26, 281 (298 f.); siehe auch BVerfG NJW 1998, 495 (497) sowie *Schreiber,* DVBl. 1992, 589 (593).

S. 1 GG[938] sollte diese grundgesetzliche Kompetenzzuweisung an den Bund für die bahnpolizeiliche Tätigkeit nicht verändert werden.[939]

Hecker dagegen nimmt an, daß es „eindeutig verfassungswidrig" sei, dem BGS im bahnpolizeilichen Bereich Ermächtigungsgrundlagen einzuräumen, die weiter gehen als die der Landespolizeigesetze.[940] Warum dies verfassungswidrig sein soll, bleibt allerdings offen. Darüber hinaus ist die Argumentation insofern nicht überzeugend, als die jeweiligen Landespolizeien sehr wohl weitreichende Kompetenzen im Bahnbereich haben, nämlich die zur allgemeinen Gefahrenabwehr. Auch Seebode äußert verfassungsrechtliche Bedenken hinsichtlich der Übertragung allgemeiner bahnpolizeilicher Aufgaben auf den BGS. Seiner Auffassung nach darf der BGS allein solche Aufgaben wahrnehmen, die einen Grenzbezug aufweisen.[941]

Mit dem BVerfG ist jedoch wegen des Art. 73 Nr. 6a GG davon auszugehen, daß dem Bundesgrenzschutz auch bahnpolizeiliche Aufgaben obliegen können und dem Bund daher auch die Regelungskompetenz in bezug auf bahnpolizeiliche gefahrenabwehrende Maßnahmen zusteht. Vor allen Dingen ist nicht einzusehen, warum innerhalb der weitreichenden Befugnisse des BGS unter Grenzschutz nicht auch die Verhinderung beziehungsweise Ahndung von Verstößen gegen Einreisevorschriften im Landesinneren subsumiert werden können soll.[942]

Für den Bereich der Luftverkehrsverwaltung besteht unstreitig nach Art. 73 Nr. 6 GG die ausschließliche Gesetzgebungszuständigkeit des Bundes, die auch luftpolizeiliche Maßnahmen umfaßt.[943] Der BGS ist demnach sonderpolizeilich für die Abwehr von Gefahren, die der Sicherheit des Luftverkehrs auf Flugplätzen drohen, zuständig, wohingegen die Landespolizeien für alle sonstigen Gefahren, die in keinem Zusammenhang mit der Luftsicherheit stehen, zuständig bleiben. Die Landespolizeien sind zudem für luftverkehrssicherheitsrelevante Gefahren dann zuständig, wenn diese außerhalb eines Flugplatzgeländes drohen.[944]

---

[938] Gesetz vom 20.12.1993, BGBl. 1993 I S. 2089.

[939] BVerfG ZfIS 1998, 95 (103) mit Verweis auf BT-Drs. 12/5015, S. 6 f. Zustimmend *Ronellenfitsch,* VerwArch 90 (1999), 139 (153 ff.). Kritisch *Papier,* DVBl. 1992, 1 ff., der davon ausgeht, daß bahnpolizeiliche Aufgaben nur durch die Bundesbahnverwaltung und nicht den Bundesgrenzschutz ausgeführt werden dürften. Kritisch hierzu *Jutzi,* DÖV 1992, 650 (652).

[940] *Hecker,* NVwZ 1998, 707 (709).

[941] *Seebode* in der öffentlichen Anhörung von Sachverständigen zu dem Entwurf eines ersten Gesetzes zur Änderung des BGSG, Protokoll der 87. Sitzung des Innenausschusses des Deutschen Bundestages am 15.6.1998, S. 67 f.

[942] So auch *Heesen/Hönle/Peilert,* § 2 Rdnr. 4, *Müller-Terpitz,* DÖV 1999, 329 (334) und *Soria,* NVwZ 1999, 270 f.

[943] BVerfG NVwZ 1998, 495 (499); *Fischer/Hitz/Laskowski/Walter,* § 4 Rdnr. 9.

[944] *Fehn,* Die Polizei 2001, 83 (84).

### 3. Das Gebot der Beibehaltung des sonderpolizeilichen Gepräges des Bundesgrenzschutzes

Eine der entscheidenden Aussagen des Urteils des BVerfG zur Zulässigkeit der Übertragung der Aufgaben von Bahnpolizei und Luftverkehrspolizei auf den BGS ist allerdings die, daß eine Aufgabenzuweisung nur solange zulässig ist, wie das Gepräge des BGS als Sonderpolizei des Bundes „zur Sicherung der Grenzen des Bundes und zur Abwehr bestimmter, das Gebiet oder die Kräfte eines Landes überschreitender Gefahrenlagen" nicht verloren geht. „Der Bundesgrenzschutz darf nicht zu einer allgemeinen, mit den Landespolizeien konkurrierenden Bundespolizei ausgebaut werden und damit sein Gepräge als Polizei mit begrenzten Aufgaben verlieren".[945]

Daher gilt es die Frage zu beantworten, ob der BGS durch die ihm zugebilligte Befugnis zur Durchführung von Schleierfahndungsmaßnahmen zu einer allgemeinen, mit den Landespolizeien konkurrierenden Bundespolizeibehörde ausgebaut wurde und sein Gepräge als Sonderpolizei verloren hat.

Ein Charakter des BGS als allgemeine Bundespolizei wäre dann zu bejahen, wenn dem BGS mit den Schleierfahndungsnormen Aufgaben übertragen worden wären, die klassisches Landespolizeirecht darstellen. Besteht jedoch ein sachlicher Zusammenhang der Schleierfahndungen nach dem BGSG mit der ursprünglichen und eigentlichen Aufgabe des Grenzschutzes – der Sicherung der Grenzen –, dann handelt der BGS weiterhin und auch bei der Durchführung von Schleierfahndungen allein im Rahmen seiner Sonderstellung und nicht als allgemeine Polizei.

Entscheidend für die Beurteilung ist, daß der BGS anders als die Landespolizeien nach den landesrechtlichen Schleierfahndungsnormen keine Ermächtigung zu einer flächendeckenden Schleierfahndung erhalten hat, sondern ihm nur innerhalb eines 30 km beziehungsweise 50 km breiten Streifens entlang der Grenze sowie auf Bahnhöfen und Flughäfen eine Befugnis zum Tätigwerden eingeräumt wurde, ihm also lediglich ein räumlich eingeschränktes Tätigkeitsfeld zuerkannt wurde.[946] Des weiteren ist die Zuständigkeit des BGS nach den §§ 22 Ia, 23 I 3 BGSG sachlich beschränkt auf den Grenzschutz („Zur Verhinderung oder Unterbindung der unerlaubten Einreise"[947] und zur Verhinderung bestimmter grenzbezogener Straftaten[948]). Dies gilt auch insofern für § 22 Ia BGSG, als dieser bahnpolizeiliche Aufgaben betrifft. Die Aufgabe des Grenz-

---

[945] BVerfG NVwZ 1998, 495 (497). Siehe auch *Würtenberger/Heckmann/Riggert*, Rdnr. 80. Dem steht nicht entgegen, den Bundesgrenzschutz in Bundespolizei umzubenennen, wie es die Bundesregierung beabsichtigt, solange es bei der sonderpolizeilichen Stellung der Organisation bleibt und keine Umorganisation oder Erweiterung des Aufgabenspektrums erfolgt, siehe auch BT-Drs. 15/5217, S. 26.

[946] So auch *Müller-Terpitz*, DÖV 1999, 329 (334); *Soria*, NVwZ 1999, 270 (271).

[947] *Lisken*, NVwZ 1998, 22 (26).

schutzes wurde schließlich – wie bereits dargelegt wurde – schon vor der Schaffung der Schleierfahndungsbefugnis erweitert auf Flug- und Seehäfen mit grenzüberschreitendem Verkehr sowie auf Bahnanlagen und Züge (§ 3 I BGSG).[949]

Die Befugniserweiterung zur Verhinderung oder Unterbindung unerlaubter Einreisen beziehungsweise zur Verhütung grenzbezogener Straftaten dient vor allem der Grenzsicherung, die schon immer Aufgabe des BGS war. Die Erweiterung der Befugnisse im Küstengebiet auf 50 km (statt vorher 30 km) ist zwar neu, läßt aber sicher nicht das Gepräge des BGS als Sonderpolizei entfallen.

Im Ergebnis wird man die Regelungen zur Schleierfahndung im BGSG daher als zulässig ansehen können, denn der Charakter des BGS als Sonderpolizei zur Sicherung der Grenzen des Bundesgebietes ist durch diese neuen Befugnisse nicht verloren gegangen. Der grenzpolizeiliche Schutz muß nicht zwingend direkt bei Grenzübertritt stattfinden, sondern darf auch in das Hinterland verlegt werden.[950] Verfassungsrechtlichen Bedenken würde dagegen eine Ausweitung der (Schleierfahndungs-)Befugnisse des BGS auf das gesamte Bundesgebiet begegnen. Denn in einem solchen Fall ginge das sonderpolizeiliche Gepräge des BGS verloren.[951]

### 4. Fazit: Gesetzgebungskompetenz des Bundes gegeben

Im Ergebnis ergeben sich daher keine kompetenzrechtlichen Bedenken gegenüber den derzeitigen Schleierfahndungsnormen des Bundes.[952]

---

[948] *Löwer* betonte in der öffentlichen Anhörung von Sachverständigen zu dem Entwurf eines ersten Gesetzes zur Änderung des BGSG ausweislich des Protokolls der 87. Sitzung des Innenausschusses des Deutschen Bundestages am 15.6.1998, S. 62, die Bezugnahme auf § 12 des BGSG sei entscheidend dafür, daß der BGS sein Gepräge als Sonderpolizei nicht verloren habe.

[949] *Heesen/Hönle/Peilert*, § 2 Rdnr. 4. So auch *Soria*, NVwZ 1999, 270 (271).

[950] BVerfGE 97, 198 (214). Zustimmend auch *Götz* in der öffentlichen Anhörung von Sachverständigen zu dem Entwurf eines ersten Gesetzes zur Änderung des BGSG, Protokoll der 87. Sitzung des Innenausschusses des Deutschen Bundestages am 15.6.1998, S. 58 f.

[951] So schon zum BGSG-Änderungsgesetz von 1998 *Diederichs*, S. 170 ff.: „tiefgreifender Eingriff in Länderkompetenzen"; *Schoch*, Polizeirecht, Rdnr. 42. Bedenken werden auch in der Stellungnahme des Bundesrates geäußert, vgl. BT-Drs. 13/11119, S. 5. Allgemeine Bedenken äußern *Pau/Schubert*, Polizei & Bürgerrechte 1999, 18 ff. Dagegen *Fehn*, Die Polizei 2001, 114: die sonderpolizeiliche Stellung des BGS werde durch die Einführung der Schleierfahndung nicht zu einer allgemein-polizeilichen ausgebaut, vielmehr gehe es bei den Schleierfahndungsbefugnissen allein um die Ermöglichung einer effektiveren Erfüllung bereits zuvor übertragener Aufgaben.

[952] Im Hinblick auf die Verwaltungszuständigkeit ist folgendes festzustellen: Grundsätzlich liegt gemäß Art. 83 GG die Verwaltungskompetenz von Bundesgesetzen bei den Ländern, soweit nichts anderes bestimmt ist. Eine ausdrückliche anderweitige Bestimmung findet sich für den Bund in Art. 87 I S. 2 GG, der festlegt, daß eine Ver-

Kapitel 10

# Materielle Verfassungsmäßigkeit der Schleierfahndungsnormen

Informationserhebungen wie Befragungen oder Identitätsfeststellungen sind in besonderem Maße grundrechtssensible Maßnahmen.[953] Grundrechtlich relevant

---

waltungskompetenz des Bundes zur Errichtung von Bundesgrenzschutzbehörden durch Bundesgesetz besteht und der den Schutz der Bundesgrenzen als eine Verwaltungsaufgabe dem Bund zuweist, siehe *Schenke*, Rdnr. 442; *Würtenberger/Heckmann/Riggert*, Rdnr. 80; BVerfGE 97, 198 (217). Nach dieser Bestimmung ist die Bundesbehörde Bundesgrenzschutz sowohl zuständig für die polizeiliche Überwachung der Grenzen einschließlich der Abwehr von Gefahren für die Grenzen als auch für die Überwachung des grenzüberschreitenden Verkehrs, siehe *Papier*, DVBl. 1992, 1 (3). Die Schleierfahndungsnormen des Bundes, soweit sie dem Schutz der Grenzen dienen und grenzbezogene Straftaten verhüten sollen, unterstehen demnach der Verwaltungskompetenz des Bundes. Aufgrund des fakultativen Charakters des Art. 87 I 2 GG darf der Bund seine Grenzschutzaufgaben an Länder übertragen, siehe *Broß*, in von Münch/ Kunig, Art. 87, Rdnr. 4; *Fischer/Hitz/Laskowski/Walter*, § 2 Rdnr. 6; *Lerche*, in Maunz/Dürig, Art. 87 Rdnr. 126; *Sachs*, in ders., Art. 87 Rdnr. 33; a.A. *Willich*, S. 157 f. Dies ist für das Gebiet der Länder Bayern, Bremen und Hamburg teilweise getan worden. Für die Eisenbahnverkehrsverwaltung ergibt sich aus Art. 87e I 1 GG, für die Luftfahrtverwaltung aus Art. 87d I 1 GG, daß auch bahnpolizeiliche beziehungsweise luftfahrpolizeiliche Aufgaben mitumfaßt werden, siehe auch BVerfGE 95, 188 (191). Dies wird auch durch die gesetzgeberische Begründung zu Art. 87e II GG gestützt, siehe BT-Drs. 12/5015, S. 7; ebenso *Fehn*, Die Polizei 2001, 8 (9). *Papier*, DVBl. 1992, 1 (4) geht (allerdings für Art. 87 I 1 GG a.F.) davon aus, daß die bahnpolizeilichen Aufgaben von der Bahnverwaltung ausgeführt werden müssen. Dieser Meinung schließt sich auch für die neue Rechtslage *Hecker*, NVwZ 1998, 707 (708) an. Art. 87e GG erfordert jedoch nicht, daß hoheitliche Aufgaben ausschließlich durch Bahnbedienstete wahrgenommen werden, die Errichtung von Bundesbehörden steht vielmehr im Organisationsermessen des Gesetzgebers. Das BVerfG hat die Übertragung von Aufgaben der Bahnpolizei (und der Luftsicherheit) auf den BGS für zulässig erachtet, siehe BVerfGE 97, 198; dazu *Hecker*, NVwZ 1998, 707; *Ronellenfitsch*, VerwArch 90 (1999), 139 (150 ff.); *Schreiber*, DVBl. 1992, 589. *Papier*, DVBl. 1992, 1 ff. kommt dagegen zu dem Ergebnis, daß die Aufgabenübertragung kompetenzwidrig sei.

Desweiteren stellt sich bei der Frage der Verwaltungszuständigkeiten das Problem, daß eine Doppel- oder Parallelzuständigkeit von Bundes- und Landesbehörden unzulässig ist, da sich aus Art. 30, 83, 20 III GG ein Verbot der Mischverwaltung ableiten läßt, siehe BVerfGE 11, 105 (124 f.); 32, 145 (156), 39, 96 (120); 41, 291 (311); 63, 1 (38 ff.); *Heesen/Hönle/Peilert*, § 1 Rdnr. 215. Jedoch liegt bei den Befugnissen zur Schleierfahndung keine verbotene Mischverwaltung vor, da die Landespolizeien nach den jeweiligen Landespolizeigesetzen, der Bundesgrenzschutz nach BGSG handelt und, wie gezeigt, mit den jeweiligen Befugnissen unterschiedliche Zwecke verbunden sind. Die Aufgaben Luft- und Bahnpolizei sowie Grenzschutz sind BGS-Aufgaben, während die Landespolizeien die Aufgabe der allgemeinen Gefahrenabwehr hat. Die sonderpolizeilichen Aufgaben des BGS verdrängen insoweit die der Länder, während in bezug auf die allgemeinpolizeilichen Aufgaben nach § 1 VII BGSG die Zuständigkeit der Polizeien der Länder unberührt bleibt. Dies wurde auch in BT-Drs. 12/7562, S. 53 betont, siehe auch *Fischer/Hitz/Laskowski/Walter*, § 1 Rdnr. 50.

[953] *Koch*, S. 25 ff.

sind solche Maßnahmen vor allem dann, wenn – wie dies bei Schleierfahndungen der Fall ist – noch nicht einmal ein Gefahrenverdacht gegeben ist, die Informationsgewinnung also gewissermaßen im Vorfeld einer konkreten Gefahrensituation sozusagen als Maßnahme der Informationsvorsorge[954] erfolgt.[955] Die Informationsbeschaffung unterliegt wie jeder Eingriff in Rechte der Betroffenen dem Gesetzesvorbehalt. Darüber hinaus ist zu beachten, daß erhobene Informationen prinzipiell nur zu dem Zweck verwendet werden dürfen, zu dem sie erhoben wurden.[956]

Durch eine Schleierfahndung, namentlich eine solche, die mit einem Festhalten, einer Durchsuchung oder einer Ingewahrsamnahme des Betroffenen verbunden ist, werden mehrere Grundrechte tangiert. Zunächst soll untersucht werden, ob die Schleierfahndungsnormen mit dem bei Schleierfahndungsmaßnahmen am häufigsten einschlägigen Recht auf informationelle Selbstbestimmung vereinbar sind. Im Anschluß wird die Vereinbarkeit der Schleierfahndungsnormen mit den weiteren potentiell relevanten Grundrechten geprüft, namentlich ihre Vereinbarkeit mit dem Recht auf Freizügigkeit, dem Recht auf Freiheit der Person, der allgemeinen Handlungsfreiheit sowie den Gleichheitsrechten.

## I. Die Vereinbarkeit der Schleierfahndungsnormen mit dem Recht auf informationelle Selbstbestimmung

Bei Personenkontrollen im Rahmen von Schleierfahndungen dürfen Personen befragt werden beziehungsweise darf deren Identität festgestellt werden. Diese Informationsgewinnung durch die Polizei könnte einen Eingriff in das Recht auf informationelle Selbstbestimmung darstellen.

### 1. Der Schutzbereich des Rechts auf informationelle Selbstbestimmung nach dem Grundgesetz

Das Recht auf informationelle Selbstbestimmung wird aus dem allgemeinen Persönlichkeitsrecht abgeleitet. Dieses wiederum wurde vom Bundesverfassungsgericht aus Art. 2 iVm. 1 I GG deduziert.[957] Vorreiter dieser Verfassungsinterpretation waren Urteile des Bundesgerichtshofs in zivilrechtlichen

---

[954] *Knemeyer,* FS Rudolf, S. 483; *Trute,* Gedächtnisschrift Jeand'Heur, 403 (405 ff.).

[955] *Soiné,* DÖV 2000, 173.

[956] *Schoch,* Polizeirecht, Rdnr. 246.

[957] Siehe *Baumann,* DVBl. 1984, 612 ff.; *Di Fabio,* in Maunz/Dürig, Art. 2 Abs. 1 Rdnr. 127 ff.; *Groß,* AöR 113 (1988), 161 ff.; *Pieroth/Schlink,* Rdnr. 377; *Schmitt Glaeser,* in Isensee, Handbuch des Staatsrechts, Band VI, § 129 Rdnr. 76 ff., 81, 142 ff. Art. 2 I GG ist dabei Grundlage des Schutzbereichs, während Art. 1 I GG Auslegungsmaßstab für die Reichweite des Schutzumfangs ist; siehe BVerfGE 56, 37 (42)

Streitigkeiten.[958] Im Eppler-Fall[959] wurde die Zivilrechtsprechung zum allgemeinen Persönlichkeitsrecht vom Bundesverfassungsgericht rezipiert. Verortet wurde das allgemeine Persönlichkeitsrecht, das wie die allgemeine Handlungsfreiheit nicht auf bestimmte Lebensbereiche beschränkt ist, zum einen in Art. 2 I GG, zum anderen in Art. 1 I GG, da die Menschenwürde den einzelnen weniger hinsichtlich seines Verhaltens als vielmehr in seiner Qualität als primäres Rechtssubjekt schützt. Inhalt des allgemeinen Persönlichkeitsrechts nach Art. 2 I iVm. 1 I GG ist, daß jedermann – zumindest im öffentlichen Bereich – die grundsätzlich unbeschränkte Entscheidungsfreiheit über vorzunehmende oder zu unterlassende Handlungen einschließlich der Möglichkeit, sich entsprechend dieser Entscheidung zu verhalten, haben soll.[960] Dabei können zwei Fallgruppen unterschieden werden: Zum einen das Recht auf private Lebensgestaltung und Schutz vor allem vor Informationserhebungen,[961] zum anderen das Recht auf Selbstdarstellung, also das Recht auf eigenständige Festlegung der Art und Weise, in der mit personenbezogenen Informationen umgegangen wird.[962] Anerkannte Ausformungen des allgemeinen Persönlichkeitsrechts sind das Recht auf Schutz der persönlichen Ehre,[963] das Recht am eigenen Bild[964] und Wort[965] sowie das Recht auf informationelle Selbstbestimmung[966].[967] Letzteres ist, da es hier möglicherweise von Relevanz ist, im folgenden näher zu erläutern.

Anlaß und Hintergrund der Entwicklung des Rechts auf informationelle Selbstbestimmung waren die Ängste und Befürchtungen der Bevölkerung, der Staat und auch private Dritte könnten durch vermehrtes Wissen in Form von Individualinformationen ein nahezu vollständiges Persönlichkeitsbild erlangen.[968] Plakativ wurde diese Befürchtung mit dem Stichwort des „gläsernen

---

[958] Vor allen Dingen zu nennen sind der Hjalmar-Schlacht-Fall, BGHZ 13, 334 (338) und der Herrenreiter-Fall, BGHZ 26, 349 (353). Vgl. aber auch BGHZ 24, 72 ff.; 27, 349 ff.; 30, 7 (10); 35, 363 ff.; 39, 124 ff.

[959] BVerfGE 54, 148 ff.

[960] BVerfGE 54, 148 (153); 56, 41 ff.; 72, 155 (170).

[961] BVerfGE 60, 329 (339).

[962] Zu den Fallgruppen siehe *Di Fabio,* in Maunz/Dürig, Art. 2 Abs. 1 Rdnr. 148 ff.; *Murswiek,* in Sachs, Art. 2 Rdnr. 68 ff.

[963] BVerfGE 54, 208 (217).

[964] BVerfGE 35, 202 (220). Das Recht am eigenen Bild wird auch Verfügungsrecht über die Darstellung der eigenen Person genannt; siehe *Hsu,* S. 11.

[965] BVerfGE 54, 148 (155).

[966] BVerfGE 65, 1 ff.; 78, 77 (84); 84, 192 (194); 92, 191 (197); 96, 171 (181); 101, 106 (121); *Di Fabio,* in Maunz/Dürig, Art. 2 Abs. 1 Rdnr. 173 ff.; *Krause,* JuS 1984, 268 ff.; *Kunig,* Jura 1993, 595 ff.; *Simitis,* NJW 1984, 398 ff.

[967] Das BVerfG betont jedoch, in bezug auf das allgemeine Persönlichkeitsrecht bestehe eine Entwicklungsoffenheit; siehe BVerfGE 54, 148 (153 f.); 72, 155 (170); 79, 256 (268).

sowie *Di Fabio,* in Maunz/Dürig, Art. 2 Abs. 1 Rdnr. 128; *Starck,* in von Mangoldt/Klein/Stark, Band I, Art. 2 Abs. 1 Rdnr. 15, 55, 85.

Menschen" beschrieben.[969] Durch die moderne Technik ist eine sekunden-schnelle und massenhafte elektronische Datenerfassung und -verarbeitung mög-lich; der Benutzerkreis der elektronisch gespeicherten Daten ist vielfach nicht überschaubar; durch die Verknüpfung mehrerer Daten können qualitativ neue Daten gewonnen werden. Das Recht auf informationelle Selbstbestimmung stellt gewissermaßen eine Antwort auf die technischen Neuerungen und Ent-wicklungen und die damit einhergehenden Risiken dar.

Geprägt wurde der Begriff des Rechts der informationellen Selbstbestimmung von Steinmüller,[970] der dieses Recht aus dem Recht an der Persönlichkeits-sphäre und dem allgemeinen Persönlichkeitsrecht herleitete. Inhaltlich in die-selbe Richtung gehend wurde ein Recht des Bürgers gefordert, selbst zu bestim-men, wem persönliche Daten preisgegeben werden.[971] In der Rechtsprechung wurden einzelne Aspekte der informationellen Selbstbestimmung schon in frü-hen Entscheidungen[972] anerkannt und als Ausprägungen des allgemeinen Per-sönlichkeitsrechts klassifiziert.

Das BVerfG hat 1983 im sogenannten Volkszählungsurteil[973] das Recht auf informationelle Selbstbestimmung als Konkretisierung des allgemeinen Persön-lichkeitsrechts anerkannt und eingehend dargelegt, was unter dem Recht auf informationelle Selbstbestimmung zu verstehen sei.[974] Dieses folge aus dem Grundsatz der Selbstbestimmung, der Mittelpunkt der grundgesetzlichen Ord-nung sei, die Werte und Würde des Menschen durch freie Selbstbestimmung in einer freien Gesellschaft schütze.[975] Die Kernaussagen des Urteils lassen sich wie folgt zusammenfassen:

- Das Recht auf informationelle Selbstbestimmung gewährt dem einzelnen die Befugnis, grundsätzlich selbst zu entscheiden, wann und in welchen Grenzen ein persönlicher Lebenssachverhalt offenbart wird.[976]

---

[968] *Kunig,* Jura 1993, 595 (596); *Simitis,* NJW 1984, 398 (399).

[969] *Benda,* S. 115.

[970] Grundfragen des Datenschutzrechts, BT-Drs. 6/3826, S. 88.

[971] Nachweise bei *Deutsch,* S. 67 ff.

[972] BVerfGE 27, 1 ff. (Mikrozensus); 44, 353 ff. (Drogenberatungsstelle); 63, 131 ff. (Gegendarstellung). Siehe zur Entwicklung auch *Benda,* DuD 1984, 86 (88); *Hsu,* S. 21 und *Kutscha,* Innere Sicherheit, S. 355 (357 f.).

[973] BVerfGE 65, 1 ff. Durch dieses Urteil wurde das Volkszählungsgesetz 1983 vom 25.3.1982, BGBl. 1982 I, S. 369 teilweise für verfassungswidrig erklärt. Eine umfassende Darstellung des Urteils findet sich bei *Deutsch,* S. 67 ff. sowie bei *Sánchez,* S. 66 ff. Zu den Auswirkungen des Urteils auf Sicherheitsgesetze siehe *Bäumler,* JR 1984, 361 ff.; *Denninger,* KJ 1985, 215 (218 ff.) und *Götz,* NVwZ 1987, 858 f.

[974] Bestätigt wurde das Recht auf informationelle Selbstbestimmung in den Folge-entscheidungen BVerfGE 67, 100 ff.; 69, 315 ff.; 78, 77 (84); NJW 1988, 962 ff.; NJW 1991, 2411 ff.; NVwZ 1998, 23 f.

[975] BVerfGE 65, 1 (4, 42 f.).

- Es bietet Schutz gegen unbegrenzte Datenspeicherung, Datensammlung auf Vorrat und Verwendung oder Weitergabe von Daten, gewährt aber auch ein Recht des einzelnen, über die Preisgabe beziehungsweise Verheimlichung und Verwendung persönlicher Daten selbst zu bestimmen.[977] Das bedeutet auch, daß der einzelne einen Anspruch hat zu erfahren, wer wann und bei welcher Gelegenheit welche Informationen über die eigene Person erlangt hat.

Das Recht auf informationelle Selbstbestimmung bezieht sich nur auf Individualinformationen (dieser Begriff ist identisch mit dem des personenbezogenen Datums in § 3 BDSG), das heißt auf alle Einzelangaben über persönliche oder sachliche Verhältnisse einer bestimmten beziehungsweise bestimmbaren natürlichen Person.[978] Eine Einzelangabe ist eine Information, die vom Handlungswillen getragen wird und einen Bezug zur Person herstellt.[979] Das informationelle Selbstbestimmungsrecht ist nicht auf Volkszählungen oder automatische Datenverarbeitungen beschränkt. In dem Urteil wird vielmehr allgemein von Erhebung, Weitergabe und Preisgabe,[980] gesprochen; es werden also unspezifische und untechnische Begriffe verwandt. Nicht entscheidend ist nach dem BVerfG, ob es sich um ein belangloses Datum handelt oder nicht, da es „unter den Bedingungen der automatisierten Datenverarbeitung (...) kein belangloses Datum mehr"[981] gebe, es vielmehr auf die Verwendungsmöglichkeit der Daten ankomme. Somit wurde die zuvor vom BVerfG propagierte Sphärentheorie, die persönliche Daten danach einteilte, ob sie einer absolut eingriffsresistenten Intimsphäre, einem beschränkt zugänglichen Privatbereich oder dem öffentlichen Bereich einer Person angehörten,[982] aufgegeben. Durch die Möglichkeiten der modernen Informationstechnologie ist eine statische Bestimmung der Zugehörigkeit bestimmter Daten zu einzelnen Sphären gar nicht mehr möglich. Mit den Mitteln der modernen Datenverarbeitung können einzelne für sich genommen harmlose persönliche Daten zu einem qualitativ völlig neuen Datum zusammengeführt werden. So kann beispielsweise aus einer Vielzahl als solcher belangloser Daten ein Persönlichkeitsbild zusammengefügt werden. Das Recht auf informationelle Selbstbestimmung dürfe nach Ansicht des BVerfG nicht ausgehöhlt werden und sei daher durch verfahrensmäßige Vorkehrungen oder ähnlich grundrechtssichernde Maßnahmen wie Auskunfts- oder Löschungspflichten,

---

[976] BVerfGE 65, 1 (42).

[977] BVerfGE 65, 1 (43); 67, 100 (143); 78, 77 (84); 84, 239 (279); 92, 191 (197); BayVerfGH BayVBl. 1995, 143 (144); SächsVerfGH SächsVBl. 1996, 160 (172); *Jarass/Pieroth,* Art. 2 Rdnr. 32.

[978] BVerfGE 65, 1 (42); *Vogelgesang,* S. 25.

[979] *Dammann,* in Simitis, BDSG, § 2 Rdnr. 6.

[980] BVerfGE 65, 1 (43).

[981] BVerfGE 65, 1 (45, 49).

[982] BVerfGE 6, 32 (41); 27, 7; 38, 312 (320); auch heute noch *Deutsch,* S. 73; *Vogelgesang,* S. 114 f.

Einbeziehung eines Datenschutzbeauftragten und Weitergabe- beziehungsweise Verwertungsverbote zu schützen.

Das Recht auf informationelle Selbstbestimmung, wie es vom BVerfG im Volkszählungsurteil entwickelt wurde, ist nicht unbestritten geblieben, wenn auch seine Existenz als solches mittlerweile allgemein anerkannt ist.[983] Vor allen Dingen seine Verankerung ist nach wie vor umstritten: ist es eine Ausformung der allgemeinen Handlungsfreiheit oder des allgemeinen Persönlichkeitsrechts?[984] Das BVerfG nennt als verfassungsrechtlichen Anknüpfungspunkt das allgemeine Persönlichkeitsrecht aus Art. 2 I iVm. 1 I GG. Damit hat der Datenschutz Verfassungsrang. Dabei beschränkt sich das Datenschutzrecht nicht auf den Schutz vor einem Mißbrauch von Daten, sondern erstreckt sich auf alle Erhebungen, und alle Formen der Speicherung, Verwendung oder Weitergabe personenbezogener Daten, auch wenn kein Mißbrauch zu befürchten ist.[985]

Zusammenfassend kann gesagt werden, daß der Schutzbereich des Rechts auf informationelle Selbstbestimmung nach herrschender Meinung jede Erhebung, Speicherung, Verwendung und Weitergabe personenbezogener Daten ohne Rücksicht auf die Qualität oder Menge der Informationen umfaßt.

Aufgrund der Schleierfahndungsnormen hat die Polizei die Möglichkeit, personenbezogene Daten zu erheben, eventuell auch zu verarbeiten. Daher fallen Schleierfahndungsmaßnahmen in den Schutzbereich des Rechts auf informationelle Selbstbestimmung.

### 2. Zu den Grundrechten auf informationelle Selbstbestimmung beziehungsweise Datenschutz in den Landesverfassungen

Das Grundgesetz läßt – wie aus Art. 31, 142 GG hervorgeht – den Ländern die Freiheit, ebenfalls Grundrechte zu normieren.[986] In allen Ländern, die Schleierfahndungsnormen geschaffen haben – mit Ausnahme von Mecklenburg-Vorpommern, dessen Landesrecht lediglich eine Berechtigung zum Anhalten und Inaugenscheinnehmen von Fahrzeugen, also allein zur Vornahme von informationsrechtlich irrelevanten Maßnahmen kennt – können also Landesgrundrechte einschlägig sein. Vor allem die Verfassungen der neuen Bundesländer

---

[983] *Bäumler,* in Lisken/Denninger, J Rdnr. 2 ff.; *Deutsch,* S. 67 ff.; *Gusy,* KritV 2000, 52 ff.; *Krause,* JuS 1984, 268 ff.; *Kunig,* Jura 1993, 595 f. Eine Aufnahme in den Grundrechtskatalog des GG scheiterte jedoch; siehe BT-Drs. 12/6000, S. 60 ff.; BT-Drs. 13/1150, S. 169 f.

[984] Eine Übersicht über die verschiedenen Ansichten bietet *Kunig,* Jura 1993, 595 f.; siehe auch *Bleckmann,* § 21 Rdnr. 89 f.

[985] *Dix,* Jura 1993, 571 (573); *Kunig,* Jura 1993, 595 (599 f.).

[986] *Pietzcker,* in Isensee, Handbuch des Staatsrechts, Band IV, § 99, Rdnr. 41 ff.

enthalten Regelungen zum Datenschutz,[987] in der Regel wurde das Recht auf informationelle Selbstbestimmung explizit festgeschrieben.

In den Verfassungen von Brandenburg, Sachsen, Sachsen-Anhalt und Thüringen ist entweder allgemein ein Recht auf Datenschutz[988] normiert oder aber ein Grundrecht mit folgendem Wortlaut verankert: „Jeder Mensch hat das Recht, über die Preisgabe und Verwendung der persönlichen Daten zu bestimmen."[989] Art. 33 S. 2 der sächsischen Verfassung normiert darüber hinaus noch das Verbot, Daten ohne freiwillige und ausdrückliche Zustimmung der berechtigten Person zu erheben, zu speichern, zu verwenden oder weiterzugeben.[990] In Bayern wird nach der Rechtsprechung des BayVerfGH das Recht auf informationelle Selbstbestimmung als Ausprägung der Garantien der Menschenwürde und der Handlungsfreiheit nach Art. 100, 101 BayVerf angesehen.[991] In den sonstigen „alten" Bundesländern, beispielsweise in Baden-Württemberg mit Art. 2 I BWVerf, wurden die Grundrechte des Grundgesetzes pauschal inkorporiert. Damit gewähren auch diese Landesverfassungen das Recht auf informationelle Selbstbestimmung. In Art. 2 SaarVerf wurde ein Recht auf Datenschutz explizit normiert.[992]

Allen landesverfassungsrechtlichen Vorschriften, die ein Recht auf Datenschutz und informationelle Selbstbestimmung explizit geregelt haben, ist gemein, daß sie das Urteil des Bundesverfassungsgerichts zur Volkszählung konkretisieren.[993] Sie gewähren derzeit einen dem Rechts auf informationelle Selbstbestimmung des Grundgesetzes entsprechenden Schutz, so daß die Beurteilung der Verfassungsmäßigkeit der Schleierfahndungsnormen anhand der Landesverfassungen nicht anders ausfallen kann als eine Prüfung am Maßstab des Grundgesetzes.[994] Auch die Schranken des Rechts auf informationelle Selbstbestimmung nach Landesverfassungsrecht entsprechen den Anforderungen des Art. 2 I GG,[995] in einigen Ländern gehen sie, jedoch ohne nennenswerte

---

[987] *Stern,* Band III/2, § 93 IV, S. 1445 ff.

[988] Art. 6 I S. 1 SachsAnhVerf.

[989] Art. 11 I BbgVerf; Art. 6 II S. 2 ThürVerf; Art. 33 S. 1 SächsVerf („[...] das Recht, über die Erhebung, Verwendung und Weitergabe seiner personenbezogenen Daten zu bestimmen"); Art. 6 I SachsAnhVerf.

[990] Der SächsVerfGH hat sich daher auch auf das in Art. 33 SächsVerf verankerte Recht auf informationelle Selbstbestimmung berufen, siehe LKV 1996, 273 ff.

[991] BayVerfGHE 50, 156 (178); NVwZ 2003, 1375.

[992] Zu den Garantien der Landesverfassungen siehe auch *Höfelmann,* S. 78 ff.

[993] *Kunig,* Jura 1993, 595 (598); *Will,* KritV 1993, 467 (476).

[994] Siehe die Ausführungen des LVerfG MV LKV 2000, 149 (151 f.) zu Art. 6 I MVVerf; BayVerfGH NVwZ 2003, 1375; *Denninger,* FS Stein, S. 15 (21); *Engelken,* DVBl. 2000, 269; *Seidel/Reimer/Möstl,* S. 278 und auch schon BayVerfGH JZ 1995, 299. Im Ergebnis geht auch *Kloepfer,* S. 17 ff. davon aus, daß der Landesverfassung von Nordrhein-Westfalen ein Grundrecht auf Datenschutz immanent ist.

Auswirkungen für die Prüfung der Verfassungsmäßigkeit der Schleierfahndungsnormen zu haben, leicht über die grundgesetzlichen Anforderungen hinaus.[996]

### 3. Zur Frage des Eingriffs in das Recht auf informationelle Selbstbestimmung

Aufgrund der Schleierfahndungsnormen sind, wie oben gezeigt wurde, vielfältige Maßnahmen gegenüber einem Betroffenen möglich. Zulässig sind je
nach Rechtsgrundlage ein Anhalten, Festhalten, Sistieren und ein Befragen, das
Verlangen der Aushändigung mitgeführter Ausweispapiere, Datenverarbeitungsmaßnahmen wie Speichern und Datenabgleich, eine Durchsuchung sowohl der
angehaltenen Person als auch von ihr mitgeführter Sachen, eine Inaugenscheinnahme mitgeführter Sachen, eine Ingewahrsamnahme der betroffenen Person
sowie erkennungsdienstliche Maßnahmen. Ob diese Maßnahmen einen Eingriff
in das Recht auf informationelle Selbstbestimmung darstellen können, ist im
folgenden zu klären.

#### a) Der Eingriffsbegriff

Allgemein wird unter einem Eingriff in ein Grundrecht jedes staatliche Handeln verstanden, das es dem einzelnen ganz oder teilweise unmöglich macht
oder wesentlich erschwert, sich entsprechend den Schutzbereichsgewährleistun-
gen des betreffenden Grundrechts zu verhalten, egal ob das staatliche Handeln
final oder unbeabsichtigt erfolgt, ob es unmittelbare oder bloß mittelbare Auswirkungen beziehungsweise rechtliche oder rein tatsächliche Auswirkungen zei-
tigt und ob es mit Befehl und Zwang verbunden ist oder nicht.[997]

Um diesen sehr weiten Eingriffsbegriff einzugrenzen, wird zum Teil ange-
nommen, daß nur dann ein Eingriff vorliege, wenn er durch einen gezielten
Rechtsakt vorgenommen werde, womit faktische informationelle Eingriffe keine
Grundrechtsbeeinträchtigung darstellen würden.[998] Da bei einer Schleierfahn-

---

[995] Art. 11 II BbgVerf; Art. 33 S. 3 SächsVerf; Art. 6 I S. 2 SachsAnhVerf; Art. 6 III ThürVerf.

[996] So fordert Art. 11 II BbgVerf bereichsspezifische Datenschutzregelungen und erklärt eine Datenspeicherung auf Vorrat für unzulässig. In Sachsen-Anhalt muß die gesetzliche Ermächtigung Inhalt, Zweck und Ausmaß der Erhebung, Verarbeitung und Nutzung bestimmen. In Thüringen ist nach Art. 6 III S. 2 ThürVerf beim Datenschutz den Belangen der historischen Forschung und der geschichtlichen Aufarbeitung angemessen Rechnung zu tragen.

[997] *Pieroth/Schlink,* Rdnr. 238 ff. Der klassische Eingriffsbegriff umfaßte dagegen lediglich finale, unmittelbare Rechtsakte, die auf den Betroffenen durch Befehl und Zwang einwirkten. Diese Definition wurde als zu eng angesehen, siehe *Bethge,* VVDStRL 57 (1998), 7 (38); *Eckhoff,* S. 175 f.; *Ipsen,* JZ 1997, 473 (478); *Isensee,* in ders., Handbuch des Staatsrechts, Band V, § 111, Rdnr. 61 f.

dung jedoch stets im Rahmen eines gezielten Rechtsaktes Informationen über einzelne Bürger eingeholt werden, muß dieser Streit nicht entschieden werden. Jedes aktive, zielgerichtete Beschaffen von Informationen durch den (Polizei-) Beamten fällt unter den Datenerhebungsbegriff.[998] Noch keinen Eingriff stellt aber ein ungezieltes Sammeln von Informationen, ein zufälliges Bekanntwerden von Informationen oder eine bloße Entgegennahme von Daten (sog. aufgedrängte Daten) dar.[1000]

Abgegrenzt werden muß der Eingriff von der bloßen Belästigung. Diskutiert wird das Vorliegen einer bloßen Belästigung bei der Frage, ob eine Datenverarbeitung grundrechtsneutral sein könne.[1001] Nach dem Volkszählungsurteil des BVerfG gibt es jedoch keine belanglosen Daten (sogenannte Trivialdaten wie Adressen und Anschriften aus einem Telefonbuch u. ä.) mehr, solange diese personenbezogen sind. Vielmehr stellt nicht nur die Datenerhebung, sondern auch jede weitere Verarbeitung eines erhobenen Datums einen neuen, selbständigen Eingriff dar, weil es hierbei zu einer Erhöhung der Gefährdung der informationellen Selbstbestimmung kommt.[1002] Die Differenzierung, ob die persönlichen Daten belanglos sind oder nicht, hat daher für den Eingriff in das Recht auf informationelle Selbstbestimmung ebensowenig Auswirkungen wie die Differenzierung, ob eine Datenerhebung manuell, automatisiert, offen oder heimlich erfolgt. Grundlage dieses weiten Eingriffsbegriffs ist die Tatsache, daß auch noch so trivial erscheinende Daten durch eine Kombination mit anderen Daten, vor allem im Rahmen einer elektronischen Datenverarbeitung, die Erstellung eines Persönlichkeitsbildes ermöglichen. Eine Abstufung zwischen trivialen und erheblichen personenbezogenen Daten bei der Frage des Vorliegen eines Eingriffs käme letztlich einer Wiedereinführung der Sphärentheorie gleich.[1003] Nach dieser Ansicht liegt in der Erhebung allgemein zugänglicher Daten ledig-

---

[998] *Götz,* Rdnr. 143; *Waechter,* Polizei- und Ordnungsrecht, Rdnr. 514 nennt als Beispiel die Beobachtungen eines Polizisten auf einem Streifengang. Im Ergebnis so auch *Berg/Knape/Kiworr,* § 18 Teil 2 (S. 204), die eine Datenerhebung ablehnen, da die bloße Kenntniserlangung von Daten durch die Polizei keine Erhebung sei. Siehe zu dem Problem faktischer Grundrechtsbeeinträchtigungen *Albers,* DVBl. 1996, 233 ff. Kritisch zu dem engen Eingriffsbegriff *Knemeyer,* NVwZ 1988, 193 (195).

[999] Siehe §§ 1 I, II, 3 III BDSG; §§ 1, 3 II BW DSG; Art. 1, 4 V BayDSG; *Peitsch,* ZRP 1992, 127.

[1000] *Bäumler,* in Lisken/Denninger, J Rdnr. 58; *Berg/Knape/Kiworr,* § 18 Teil 2 (S. 204); *Peitsch,* Die Polizei 1991, 305 (306); *Schwabe,* DVBl. 2000, 1815 (1818); *Wolf/Stephan,* § 19 Rdnr. 2.

[1001] So wohl *Müller,* Datenerhebung, S. 47, der von einem „Mindestmaß an Erheblichkeit" und Grundrechtswesentlichkeit spricht.

[1002] *Hüsch,* S. 139 ff.; *Ipsen,* Grundrechte, Rdnr. 302; *Macht,* S. 195 f.; *Rosenbaum,* Jura 1988, 178 (180); *Schlink,* NVwZ 1986, 249 (252). Kritisch *Vogelgesang,* S. 59, der von einer „Ausuferung des Eingriffsbegriffs" spricht.

[1003] Die Sphärentheorie, die trotz der Entscheidung des BVerfG noch vertreten wird, differenziert danach, ob Daten erhoben werden, die in die äußerste (und damit nicht schützenswerte) Sphäre fallen, wie zum Beispiel das öffentliche Gespräch, siehe

lich eine Belästigung. Jedoch gilt auch hier, daß bei einer Schleierfahndung nicht nur allgemein zugängliche Informationen erhoben werden, so daß auf jeden Fall in eine schützenswerte Sphäre eingegriffen wird. Die Frage, welcher „Sphäre" die erhobenen Daten angehören, kann allenfalls bei der Rechtfertigung eines solchen Eingriffs, vor allen Dingen im Rahmen der Verhältnismäßigkeitsprüfung, eine Rolle spielen. Eine bloße Belästigung durch eine Datenerhebung und -verarbeitung im Rahmen einer Schleierfahndung ist mithin zu verneinen.

Die wohl herrschende Meinung sieht in jeder staatlichen Informationsbeschaffung in Form der Erhebung und Verarbeitung personenbezogener Daten einen Eingriff in das Recht auf informationelle Selbstbestimmung.[1004]

Die Vertreter der Gegenauffassung konzedieren zwar, daß aufgrund der Sensibilität personenbezogener Daten jede Informationserhebung und -verarbeitung eine mögliche Gefährdung des Rechts auf informationelle Selbstbestimmung bewirkt.[1005] Doch stelle nicht jede solcher Maßnahmen zwingend einen Eingriff in das Grundrecht dar.[1006] Die Eingriffskriterien müßten im Rahmen einer Gesamtschau betrachtet werden, entscheidende Kriterien zur Beurteilung eines Eingriffs seien die Art der Information, die Art der Informationsverarbeitung, die datenerhebende staatliche Stelle, der Zweck der Erhebung, die Unmittelbarkeit des Betroffenseins sowie Abwehr- und Schutzmechanismen des Betroffenen.[1007]

Auch hier müssen beide Ansichten zu dem Ergebnis kommen, daß durch Schleierfahndungsmaßnahmen ein Eingriff möglich ist, da im Rahmen einer Schleierfahndung gerade nicht nur Trivialdaten erfragt werden können. Daher kann auch hier der Streit zwischen den Theorien dahingestellt bleiben.

Eingriffe in das Recht auf informationelle Selbstbestimmung liegen nicht nur bei einer gezielten Einwirkung des Staates auf die Privatsphäre des Bürgers vor. Vielmehr sind sie schon dann gegeben, wenn die staatliche Maßnahme im Innenbereich der Verwaltung verbleibt. Auch die Verwendung beziehungsweise

---

*Deutsch,* S. 73; *Evers,* S. 44; *Pitschas,* Neues Polizeirecht, S. 149; *Vogelgesang,* S. 114 f.

[1004] *Berner/Köhler,* Vor Art. 30–49, Rdnr. 2; *Bernet/Groß/Mende,* Vor §§ 13–29 I; *Hoffmann-Riem,* Polizei- und Ordnungsrecht, S. 168; *Jarass/Pieroth,* Art. 2 Rdnr. 32; *Robrecht,* SächsVBl. 2001, 19 (20); *Schnekenburger,* BayVBl. 2001, 129 (132); *Tettinger,* Rdnr. 429 ff.

[1005] *Rogall,* S. 62; *Vogelgesang,* S. 146 ff.

[1006] So *Aulehner,* S. 451 f., *Kunig,* Jura 1993, 595 (601) und *Rogall,* S. 49, 60, 65: Ein Informationsaustausch zwischen dem Bürger und der Verwaltung im Rahmen alltäglicher Trivialkommunikation sei grundrechtsneutral.

[1007] *Rogall,* S. 60 ff. Noch weitergehend *ders.* in ZStW 103 (1991), 907 (929), wo er einen Eingriff durch die Nutzung oder Auswertung rechtmäßig erhobener Daten ablehnt.

Weitergabe von persönlichen Daten innerhalb und zwischen Behörden kann belastend wirken.[1008] Das bedeutet, daß auch Datenverarbeitungsmaßnahmen einen Eingriff in das Recht auf informationelle Selbstbestimmung darstellen können. Problemlos ist ein Eingriff bei der zweckentfremdenden Verwertung rechtmäßig erlangter Informationen ohne Ermächtigungsgrundlage gegeben.

### b) Zur Möglichkeit einer Einwilligung
### in die Datenerhebung und Datenverarbeitung

Möglich sind jedoch eine Einwilligung des Betroffenen in die Datenerhebung und damit ein Verzicht auf den durch das Grundrecht auf informationelle Selbstbestimmung gewährleisteten Schutz. Die Figur des Grundrechtsverzichts ist zwar umstritten; bei den Grundrechten jedoch, die in erster Linie dem Schutz der persönlichen Freiheit dienen – und hierzu zählt auch das Recht auf informationelle Selbstbestimmung – ist die Möglichkeit eines Verzichts anerkannt.[1009]

Zum Teil wird angenommen, eine Einwilligung in eine Datenerhebung beziehungsweise spätere Verwertung von Daten stelle einen Grundrechtsverzicht dar. Der Betroffene begebe sich bewußt seines Grundrechtsschutzes, ein Eingriff liege dann nicht vor.[1010]

Zum Teil wird dagegen behauptet, eine Einwilligung stelle gerade ein Gebrauchmachen vom Grundrecht auf informationelle Selbstbestimmung dar, sei also gerade kein Verzicht. Die Konsequenz ist allerdings die gleiche, nämlich die, daß ein Eingriff zu verneinen ist.[1011]

Voraussetzung ist aber nach allgemeiner Ansicht eine rechtlich verbindliche Einwilligung, die nicht aus dem bloßen Nichtgebrauch des Grundrechts hergeleitet werden kann.[1012] Die Einwilligung kann zwar auch konkludent erfolgen,

---

[1008] BVerfGE 65, 1 (43); 84, 239 (279).

[1009] *Starck*, in von Mangoldt/Klein/Starck, Band I, Art. 1 III, Rdnr. 260 f. Eine einfachgesetzliche Ausformung der Einwilligungsmöglichkeit findet sich in einigen Polizeigesetzen, in denen in den allgemeinen Datenverarbeitungsnormen darauf hingewiesen wird, daß personenbezogene Informationen zum Zweck der Gefahrenabwehr nur verarbeitet werden dürfen, soweit dies durch Gesetz ausdrücklich zugelassen ist oder die betroffene Person eingewilligt hat, siehe § 18 ASOG Bln; § 13 I HSOG; § 25 SOG MV; § 37 I SächsPolG; § 15 I SOG LSA und § 177 I SHLVwG.

[1010] *Bleckmann*, § 21 Rdnr. 97; *Ipsen*, Grundrechte, Rdnr. 71; *Isensee*, in ders., Handbuch des Staatsrechts, Band V, § 111 Rdnr. 60; *Jarass/Pieroth*, Art. 2 Rdnr. 33; *Müller*, Datenerhebung, S. 48; *Robbers*, JuS 1985, 925 (928).

[1011] *Geiger*, NVwZ 1989, 35 (37); *Hüsch*, S. 299; *Ipsen*, JZ 1997, 473 (476); *Kunig*, Jura 1993, 595 (601); *Macht*, S. 304 f.; *Rosenbaum*, Jura 1988, 178 (180 f.); *Schlink*, NVwZ 1986, 249 (252).

[1012] *Jarass/Pieroth*, Vor Art. 1, Rdnr. 36; *Pieroth/Schlink*, Rdnr. 131 ff.; *Sachs*, in ders., Vor zu Abschnitt 1, Rdnr. 54.

muß dann allerdings deutlich erkennbar und freiwillig sein.[1013] Die Einverständniserklärung muß auf einer freien Willensentscheidung beruhen; die Tragweite der Entscheidung muß für den Betroffenen erkennbar gewesen sein.[1014] Ebenfalls nicht möglich ist eine Einwilligung gegenüber verdeckten polizeilichen Maßnahmen. Die Einwilligung muß vor der Inanspruchnahme des Betroffenen vorliegen, eine nachträgliche Genehmigung der Informationsbeschaffung läßt den Eingriff nicht entfallen.[1015] Ein Eingriff ist danach zu verneinen, wenn der Betroffene den Zweck der Maßnahme kennt und seine Daten freiwillig preisgibt.[1016] Des weiteren ist eine Einwilligung in die Datenverarbeitung möglich, hierzu muß dem Betroffenen jedoch das Ausmaß der Verarbeitung bekannt und der jeweils konkrete Verwendungszweck klar sein. Eine Blankoeinwilligung wäre unzulässig und unwirksam.[1017]

Jedes polizeiliche Befragen des Betroffenen nach personenbezogenen Daten, der seine Angaben nicht freiwillig und in Kenntnis des Zwecks der Erhebung und der Tatsache, daß das Auskunftsverlangens mit einer Auskunftspflicht korrespondiert, mitteilt,[1018] stellt demnach einen Eingriff in das Recht auf informationelle Selbstbestimmung dar.[1019] Eine unverbindliche Befragung stellt für sich genommen keinen Eingriff in ein Freiheitsgrundrecht des befragten Bürgers dar; anders fällt die Bewertung aber aus, wenn eine Pflicht zu antworten besteht.[1020]

---

[1013] *Hasse,* ThürVBl. 2000, 169 (171); *Pieroth/Schlink,* Rdnr. 136; *Stern,* Band III/ 2, § 86 II 6.

[1014] Siehe auch § 4a I BDSG, der festlegt, daß eine Einwilligung in die Erhebung, Verarbeitung und Nutzung personenbezogener Daten nur wirksam ist, wenn sie auf einer freien Willensentscheidung beruht. Vgl. hierzu auch *Kunig,* Jura 1993, 595 (601).

[1015] *Hüsch,* S. 290; *Macht,* S. 317.

[1016] Siehe zum Beispiel § 4a BDSG; § 4 II, III BW DSG iVm. § 48 PolG; Art. 15 II, III BayDSG iVm. Art. 49 BayPAG. *Berner/Köhler,* Vor Art. 30 Rdnr. 2; *Sachs,* in ders., Vor Abschnitt 1, Rdnr. 56.

[1017] *Hsu,* S. 127.

[1018] *König,* Rdnr. 74; *Peitsch,* Die Polizei 1993, 67.

[1019] *Mandelartz/Sauer/Strube,* zu § 9 Rdnr. 3; *Pieroth/Schlink,* Rdnr. 418; *Roos,* § 10 Rdnr. 1; *Rühle/Suhr,* § 10, 1 (S. 159).

[1020] Daher wird auch die Bezeichnung „Anhörung gegen den Willen des Betroffenen" verwandt; siehe *Gusy,* NVwZ 1991, 614 ff. Allerdings geht *Gusy* davon aus, daß allein die Duldungspflicht des Betroffenen einen Eingriff bedeute, da ein psychischer Zwang ausgeübt werde und der Betroffene sich die Frage anhören müsse. Ähnlich auch *Heckmann,* VBlBW 1992, 164 (171); *Heesen/Hönle/Peilert,* § 22 Rdnr. 1, *Müller,* Datenerhebung, S. 48 und *Schipper,* Rdnr. 251 unter Hinweis auf die Gesetzesmaterialien zum SHLVwG, Drs. 12/1575, S. 47. Dort wird auf BVerfGE 27, 1 (6) verwiesen, wo ein Recht darauf, „für sich zu sein" statuiert werde, sowie auf BVerfGE 32, 54 (75); 34, 269 (281). Insgesamt wird geschlußfolgert, daß der Bürger ein Recht habe, in Ruhe gelassen zu werden, weshalb schon das Stellen einer unverbindlichen Frage als Eingriff zu klassifizieren sei. Ein solches Recht, sich keine von einer staatlichen Stelle gestellte Frage anhören zu müssen, läßt sich aber weder aus Art. 2 I iVm. 1 I GG noch der allgemeinen Handlungsfreiheit des Art. 2 I GG ableiten; siehe

Zwar darf im Rahmen der Befragung und der Identitätsfeststellung nach Personendaten gefragt werden,[1021] allerdings besteht nicht nach allen Normen eine Pflicht zur Auskunftserteilung. Werden in Kenntnis der Freiwilligkeit Angaben gemacht, handelt es sich um einen Grundrechtsverzicht, der einen Eingriff ausschließt.[1022] Werden jedoch die Angaben unter Zwang abgegeben beziehungsweise in Unkenntnis der Nichtverpflichtung zur Auskunftserteilung, stellt das staatliche Handeln einen Eingriff in das Recht auf informationelle Selbstbestimmung dar, der es dem einzelnen unmöglich macht, selbständig über die Preisgabe seiner personenbezogenen Daten zu entscheiden.[1023] In dem Urteil des LVerfG MV wird hervorgehoben, daß das Recht auf informationelle Selbstbestimmung auch zum Inhalt hat, darüber zu bestimmen, ob und wann der Polizei Informationen zur Identität mitgeteilt werden.

### c) Zum Vorliegen eines Eingriffs bei Folgemaßnahmen

Nach einer Ansicht, die sich aber nur schwer mit dem vom BVerfG entwickelten Recht auf informationelle Selbstbestimmung vereinbaren läßt, liegt ein Eingriff in dieses Recht bei einer Schleierfahndungsmaßnahme erst vor, wenn es zu einer Sistierung, also einem Verbringen auf die Polizeistelle, komme. Sofern nur verlangt werde, anzuhalten, mitgeführte Ausweispapiere vorzuzeigen und zur Überprüfung auszuhändigen, handele es sich lediglich um einen Eingriff in die allgemeine Handlungsfreiheit.[1024]

Wieder andere sehen einen Eingriff erst in einer Datenverarbeitung, nicht schon in einer Datenerhebung, da erst mit der Verarbeitung in das Recht des Betroffenen, über die Daten zu verfügen, eingegriffen werde.[1025] Die Datenerhebung könne auch erfolgen, ohne daß eine Verwendungsabsicht bestehe bezie-

---

*Berg/Knape/Kiworr,* § 18 Teil 4 (S. 215). Ein Eingriff liegt vielmehr nur vor, wenn der Betroffene verpflichtet wird, die Befragung gegen seinen Willen zu dulden.

[1021] Im Rahmen der Identitätsfeststellung müssen diese Angaben es ermöglichen, eine Person von anderen zu unterscheiden und Verwechslungen auszuschließen, siehe oben S. 133.

[1022] Im Ergebnis ebenso *Waechter,* Polizei- und Ordnungsrecht, Rdnr. 537.

[1023] Ebenfalls einen Eingriff in das Recht auf informationelle Selbstbestimmung stellt die Befragung Dritter dar – auch wenn dann gegenüber demjenigen, dessen Daten preisgegeben werden, mangels Bekanntgabe kein Verwaltungsakt vorliegt. Eine solche Form der Datenerhebung ist auch dann ein Eingriff, wenn der Dritte die Daten freiwillig preisgibt. Dagegen stellt sie keinen Eingriff dar, wenn der Dritte die Daten unaufgefordert offenbart, da keine Datenerhebung durch die Polizei vorliegt; siehe *Berg/Knape/Kiworr,* § 18 Teil 4 (S. 220).

[1024] *Lisken,* in Lisken/Denninger, C Rdnr. 45; *Murswiek,* in Sachs, Art. 2 GG Rdnr. 240; *Dreier,* in ders., Band 1, Art. 2 Rdnr. 65. Siehe auch schon *Gusy,* VerwArch 74 (1983), S. 91 (104 f.).

[1025] Es kommt allerdings nicht darauf an, ob die Datenverarbeitung automatisch oder manuell erfolgt; siehe *Groß,* AöR 113 (1988), 161 (166).

hungsweise ohne daß das Verfügungsrecht des Betroffenen tangiert werde. In einem solchen Fall liege kein Eingriff vor.[1026] Dagegen spricht, daß der Schutzbereich des Rechts auf informationelle Selbstbestimmung die Befugnis des Bürgers umfaßt, selbst zu entscheiden, wann, wo und zu welchem Zweck persönliche Daten preisgegeben werden. Damit umfaßt das Recht aber auch die Erhebung von Daten und nicht nur ihre Verarbeitung, so daß auch schon eine bloße Erhebung als Eingriff zu klassifizieren ist. So kann bereits die Erhebung von Daten den Bürger beeinflussen, sein „Tun" zu ändern und gerade dies wird von einigen polizeilichen Datenerhebungsmaßnahmen schließlich auch bezweckt. Liegt in der Datenerhebung ausnahmsweise kein Eingriff, weil der Bürger auf sein Grundrecht verzichtet oder weil er ungefragt Daten Preis gibt, so besteht dennoch die Möglichkeit, daß eine sich anschließende Datenverarbeitung einen Eingriff in das Recht auf informationelle Selbstbestimmung darstellt.

Auch eine Befragung Dritter beeinträchtigt das Recht auf informationelle Selbstbestimmung desjenigen, dessen Daten erfragt werden; denn in der Regel geschieht die Datenerhebung bei Dritten ohne Kenntnis und damit ohne Einwilligung des Grundrechtsinhabers. Der Befragte ist bezüglich der Grundrechte des Betroffenen nicht dispositionsbefugt, so daß eine möglicherweise erfolgte Einwilligung des Befragten an einem Eingriff in das Recht auf informationelle Selbstbestimmung des Betroffenen nichts ändert.[1027]

Ein Eingriff in das Recht auf informationelle Selbstbestimmung stellt darüber hinaus die Pflicht dar, mitgeführte Personalausweise oder andere Ausweispapiere vorzuzeigen und auszuhändigen. Die Durchsuchung des Betroffenen und seiner mitgeführten Sachen nach Identitätspapieren sowie das Durchführen erkennungsdienstlicher Maßnahmen dienen der Identitätsfeststellung und greifen somit ebenfalls in das Recht auf informationelle Selbstbestimmung ein. Dagegen sind Durchsuchungen, die nicht der Identitätsfeststellung dienen, sowie Inaugenscheinnahmen mitgeführter Sachen ausschließlich am Recht auf freie Entfaltung der Persönlichkeit nach Art. 2 I GG zu messen. Die Verfassungskonformität von Maßnahmen des Anhaltens, Festhaltens beziehungsweise Sistierens und die Vollziehung von Identitätsgewahrsam ist am Maßstab des Rechts auf Freiheit der Person nach Art. 2 II, 104 GG als dem gegenüber dem Recht auf allgemeine Handlungsfreiheit spezielleerem Grundrecht zu messen.

Damit bleibt festzuhalten: Bei einer Befragung im Rahmen einer Schleierfahndung werden nicht nur allgemein zugängliche Daten erfaßt, sondern Daten zu einem persönlichen Lebenssachverhalt preisgegeben. Werden die Daten im Rahmen einer Befragung (auch aufgrund einer Identitätsfeststellung) nicht frei-

---

[1026] *Schmitt Glaeser,* in Isensee, Handbuch des Staatsrechts, Band IV, § 129 Rdnr. 96. Ähnlich *Zöller,* S. 35, der eine Datenerhebung, bei der keine Datenverarbeitung vorgesehen ist, als unter der Relevanzschwelle liegend ansieht.

[1027] *Müller,* Datenerhebung, S. 49.

willig und in Kenntnis des Zwecks der Befragung mitgeteilt, stellt diese Datenerhebung und erst recht die weitere Speicherung, Verwendung und Weitergabe der Daten einen Eingriff in das Recht des einzelnen auf informationelle Selbstbestimmung dar.[1028]

### 4. Zur verfassungsrechtlichen Rechtfertigung des Eingriffs in das Recht auf informationelle Selbstbestimmung

#### a) Die Einschränkbarkeit des Rechts auf informationelle Selbstbestimmung

Grundsätzlich ist das Recht auf informationelle Selbstbestimmung einschränkbar. Umstritten ist jedoch, ob eine Rechtfertigung nach dem Prinzip des Gesetzesvorbehaltes durch oder aufgrund eines Gesetzes[1029] beziehungsweise durch andere Grundrechte und mit Verfassungsrang ausgestattete Werte zulässig ist oder eine Schranke besonderer Art gilt.[1030]

Nach der Rechtsprechung des BVerfG sind die Schranken des Rechts auf informationelle Selbstbestimmung Art. 2 I GG zu entnehmen.[1031] Neben den Rechten anderer und den Sittengesetzen wäre dann die verfassungsgemäße Ordnung, das heißt die Gesamtheit der Normen, die formell und materiell mit der Verfassung in Einklang stehen, Grundrechtsschranke.[1032] Demnach wäre das Grundrecht grundsätzlich durch Polizei- und Ordnungsgesetze einschränkbar.[1033] Das Bundesverfassungsgericht hat jedoch die Einschränkbarkeit des Rechts auf informationelle Selbstbestimmung dahingehend präzisiert, daß konkrete Anforderungen an das einschränkende Gesetz gestellt werden. So müßten

---

[1028] Im Ergebnis so auch LVerfG MV DVBl. 2000, 262 (263 ff.). Ebenso die Stellungnahme des Landesdatenschutzbeauftragten in BW LT-Drs. 12/117, S. 9 ff.; *Pieroth/Schlink,* Rdnr. 418; *Würtenberger/Heckmann/Riggert,* Rdnr. 537.

[1029] Das Prinzip beruht auf dem Rechtsstaatsprinzip das Art. 20 III GG; siehe auch BVerfGE 40, 237 (248) und dem Demokratieprinzip, da nur das unmittelbar demokratisch legitimierte Parlament die Befugnis haben soll, Grundrechte von Bürgern einzuschränken; BVerfGE 59, 231 (261 ff.).

[1030] Siehe *Tiedemann,* DÖV 2003, 74 ff., der allerdings zu dem Ergebnis kommt, daß das allgemeine Persönlichkeitsrecht vorbehaltlos gewährleistet sei (S. 76). In bezug auf das Recht auf informationelle Selbstbestimmung fänden dagegen die Schranken der allgemeinen Handlungsfreiheit Anwendung, da diese aus Art. 2 I GG und nicht aus Art. 2 I iVm. 1 I GG abzuleiten seien (a. a. O., S. 77).

[1031] BVerfGE 65, 1 (43 f.). Siehe hierzu *Murswiek,* in Sachs, Art. 2 Rdnr. 103; *Pieroth/Schlink,* Rdnr. 382; *Schmitt Glaeser,* in Isensee, Handbuch des Staatsrechts, Band VI, § 129 Rdnr. 37; *Scholz/Pitschas,* S. 27 f.

[1032] Ständige Rechtsprechung des BVerfG; siehe nur BVerfGE 6, 32 (38, 41); 80, 137 (153); *Murswiek,* in Sachs, Art. 2 Rdnr. 42 ff. A. A. *Hesse,* Verfassungsrecht, Rdnr. 425 ff.

[1033] *Schenke,* Rdnr. 176.

sich aus dem Gesetz die Voraussetzungen und der Umfang einer Beschränkung für den Bürger klar erkennbar ergeben, das Gebot der Normenklarheit und das Gebot der Verhältnismäßigkeit müßten gewahrt sein.[1034] Jedoch könne aus dem Recht auf informationelle Selbstbestimmung kein Recht des einzelnen auf unbeschränkte Herrschaft über seine Daten abgeleitet werden.[1035] Eine Einschränkung sei für das einzelne Individuum als Teil der Rechtsgemeinschaft dann hinzunehmen, wenn sie im überwiegenden Interesse der Allgemeinheit sei. Je stärker die Mißbrauchsgefahr beziehungsweise der Zwang bei der Datenerhebung, desto umfangreicher müsse die Regelung sein.[1036] Weiterhin müsse Klarheit über den Zweck der Angaben und die Verknüpfungs- und Verwendungsmöglichkeiten bestehen. Zudem seien Vorkehrungen zum Schutz gegen zweckentfremdete Verwendungen und Weitergaben von Daten erforderlich, damit Mißbrauch weitestgehend ausgeschlossen werden könne. Je mehr Rückschlüsse die Datenerhebung, -verwendung beziehungsweise -speicherung auf den einzelnen Bürger zulasse, desto klarer und enger müsse die Zweckbindung konkretisiert sein. Umgekehrt bedeute dies auch, je anonymer die Daten erhoben beziehungsweise erfaßt worden seien, je mehr sie sich einer reinen Statistik nähern, desto großzügiger dürfe der Staat Daten erheben und verwenden.[1037] Allgemeine staatliche Eingriffsbefugnisse oder gar nur Kompetenzregeln reichten dagegen nicht zur Legitimierung von Eingriffen in das Recht auf informationelle Selbstbestimmung aus, denn der Zweck der Datenerhebung müsse sich konkret aus dem Gesetz ergeben.[1038]

Nach Scholz/Pitschas dagegen hat der Staat unter anderem die Aufgabe der Informationsvorsorge. Daher sei ein gesetzesvorbehaltsfreier Raum der Exekutive zulässig – und dementsprechend bedürfe es in diesen Fällen keines Gesetzesvorbehaltes.[1039] Gegen diese Argumentation spricht, daß ein Schluß von der Aufgabe auf die Befugnis unzulässig ist, zumal Staatsaufgabe nicht die Informationsvorsorge selbst, sondern der Schutz der öffentlichen Sicherheit und Ordnung ist.

Als Fazit der Erörterung der Anforderungen an die Einschränkbarkeit des Rechts auf informationelle Selbstbestimmung durch Schleierfahndungsnormen ist mithin festzuhalten: Es besteht die Notwendigkeit einer speziellen Ermächtigungsgrundlage für die Vornahme von Schleierfahndungen, die Durchführung einer Schleierfahndung auf der Basis einer polizeilichen Generalklausel wäre unzureichend.[1040] Die Schleierfahndungsnormen müssen die Voraussetzungen

---

[1034] BVerfGE 45, 400 (420); 65, 1 (44).

[1035] BVerfGE 65, 1 (43 f.).

[1036] BVerfGE 65, 1 (46).

[1037] BVerfGE 65, 1 (48).

[1038] BVerfGE 65, 1 (46); 84, 239 (280); 92, 191 (197).

[1039] *Scholz/Pitschas,* S. 126 f.

und Schranken einer Einschränkbarkeit des Rechts auf informationelle Selbstbestimmung klar und für den Bürger erkennbar regeln, Art und Umfang der Datenerhebung müssen dargelegt sein, der Schutz vor einer Weitergabe oder Zweckentfremdung der Daten muß gewährleistet sein. Darüber hinaus muß das Interesse an der Erhebung beziehungsweise Verwertung der Daten das Interesse des Betroffenen an einer uneingeschränkten Gewährleistung seines Rechts auf informationelle Selbstbestimmung überwiegen.

### b) Die Schleierfahndungsnormen als Schrankenregelungen

Die Schleierfahndungsnormen stellen dann legitime Schranken des Rechts auf informationelle Selbstbestimmung dar, wenn sie ihrerseits den oben aufgeführten verfassungsrechtlichen Anforderungen genügen, namentlich dem Wesentlichkeitsprinzip,[1041] dem Bestimmtheitsgebot[1042] und dem Gebot der Verhältnismäßigkeit.[1043] Zudem müssen sie einem überwiegenden Allgemeinwohlinteresse dienen.

### c) Das Wesentlichkeitsprinzip als Grenze der Schrankenregelung

Das Wesentlichkeitsprinzip entspringt dem Rechtsstaatsgebot[1044] und dem Demokratieprinzip. Es hat zum Inhalt, daß der Gesetzgeber alle grundrechtswesentlichen Entscheidungen selbst regeln muß und nicht der Exekutive überlassen darf.[1045] Für den Gesetzgeber besteht die Verpflichtung, die polizeilichen Befugnisse proportional zur Eingriffstiefe auszugestalten. Das bedeutet, je stärker in ein Grundrecht eingegriffen wird, desto detaillierter müssen die gesetzlichen Vorgaben sein.[1046]

Die Schleierfahndungsnormen regeln zunächst den Eingriffszweck („zur Bekämpfung der grenzüberschreitenden Kriminalität", „zur Verhütung von Straftaten"). Die Örtlichkeiten, an denen kontrolliert werden darf, sind durch den Gesetzgeber festgelegt, wenn auch zum Teil relativ weit gefaßt. Dies ist jedoch nicht in bezug auf das Wesentlichkeitsprinzip, sondern allein in bezug auf das Bestimmtheitsgebot problematisch. Die Rechtsfolgen bei einem Vorliegen der

---

[1040]  Siehe hierzu schon oben S. 58 f.

[1041]  *Ossenbühl,* in Isensee, Handbuch des Staatsrechts, Band III, § 62, Rdnr. 23; *Papier/Möller,* AöR 122 (1997), S. 177 (180).

[1042]  *Degenhart,* Rdnr. 349 ff.; *Papier/Möller,* AöR 122 (1997), 177 (179 ff.).

[1043]  *Degenhart,* Rdnr. 390 ff.; *Stern,* Band III/2, § 84, S. 769 ff.

[1044]  Entwickelt durch das BVerfG zum Schulrecht; siehe *Ossenbühl,* in Isensee, Handbuch des Staatsrechts, Band III, § 62 Rdnr. 41.

[1045]  BVerfGE 98, 218 (251).

[1046]  BVerfGE 49, 89 (126 f.); 98, 218 (252).

Tatbestandsvoraussetzungen sind ebenfalls vom Gesetzgeber festgelegt. Somit ist eigentlich dem Wesentlichkeitsgebot Genüge getan.

Das LVerfG MV hat unter dem Gesichtspunkt eines Verstoßes gegen das Wesentlichkeitsprinzip jedoch folgende Einwände gegen die mittlerweile aufgehobene Schleierfahndungsnorm von Mecklenburg-Vorpommern vorgebracht, die sich auf andere Normen zu verdachtsunabhängigen Personenkontrollen übertragen lassen:

Die Eingriffsschwelle[1047] sei im Polizeirecht üblicherweise eine konkrete Gefahrensituation, bei der Schleierfahndung könne jedoch jedermann beliebig kontrolliert und somit zur staatlichen Zweckverfolgung vereinnahmt werden. Würde die Schleierfahndung willkürliche Kontrollen zulassen, läge tatsächlich ein Verstoß gegen das Wesentlichkeitsprinzip vor. Jedoch dürfen die Kontrollen, wie gezeigt, gerade nicht völlig beliebig stattfinden. Jede einzelne Schleierfahndung steht unter dem Vorbehalt der rechtmäßigen Ermessensausübung; willkürliche Kontrollen sind unzulässig. Ob die normativen Vorgaben der Schleierfahndung zu weitreichend sind, ist allenfalls eine Frage der Verhältnismäßigkeit, nicht jedoch des Wesentlichkeitsprinzips. Will der Gesetzgeber eine Norm erlassen, die gefahrenunabhängig ist, kann er gerade die klassischen Voraussetzungen des Polizeirechts, namentlich die Voraussetzung des Vorliegens einer Eingriffschwelle, nicht erfüllen, da es eine solche dann nicht gibt! Im Endeffekt hat auch das LVerfG MV die Norm nicht am Wesentlichkeitsprinzip scheitern lassen, da die auf einen 30-km-Streifen beschränkte Regelung für verfassungskonform angesehen wurde, obgleich sie keine Eingriffsschwelle festlegt.

Eine weitere Forderung des LVerfG MV im Rahmen der Prüfung der Vereinbarkeit der Schleierfahndungsnorm mit dem Wesentlichkeitsprinzip war die einer stärkeren Eingrenzung des Adressatenkreises dahingehend, daß nur bei Vorliegen polizeilicher Lagebilder kontrolliert werden dürfe.[1048]

Hier stellt sich die Frage, ob diese Eingrenzung tatsächlich von Verfassungs wegen geboten ist, also das Wesentlichkeitsprinzip die Aufstellung eines Lagebilderfordernisses verlangt, oder eine solche Eingrenzung lediglich wünschenswert ist im Interesse der Normklarheit. An dieser Stelle entscheidend ist, daß sich aus dem Wesentlichkeitsprinzip eine verfassungsrechtliche Forderung nach Lagebildern nicht ergibt. Damit ist zwar noch nichts darüber gesagt, ob sich diese Forderung nicht aus anderen verfassungsrechtlichen Geboten ergibt, aus dem Wesentlichkeitsprinzip jedoch läßt sich keine Einschränkung dahingehend ableiten, daß die Normen das Erfordernis des Vorliegens eines Lagebildes festzulegen haben.[1049]

---

[1047] LVerfG MV DVBl. 2000, 262 (267 f.).

[1048] LVerfG MV DVBl. 2000, 262 (266).

[1049] Im Ergebnis ebenso *Kastner,* VerwArch 92 (2001), 216 (242 f.).

Da die Schleierfahndungsnormen nicht vollkommen tatbestandslose Regelungen sind, die an jedem beliebigen Ort beliebige Kontrollen zulassen, ist es dem Gesetzgeber erlaubt, die Eingriffsvoraussetzungen der Norm relativ weit zu fassen. Eine Konkretisierung der Norm findet dann zwar durch die Exekutive im Rahmen der Anwendung der Norm im Einzelfall statt, allerdings unter Berücksichtigung des gesetzlich fixierten Verhältnismäßigkeitsgrundsatzes.[1050]

### d) Das Bestimmtheitsgebot als Grenze der Schrankenregelung

Das Bestimmtheitsgebot ist eine Ausformung des Rechtsstaatsgebots beziehungsweise eine besondere Ausprägung des Gebots der Rechtssicherheit[1051] mit dem Inhalt, daß Regelungen so gefaßt sein müssen, daß der Bürger, der von der Norm betroffen sein könnte, die Rechtslage und die Voraussetzungen des Eingreifens der Norm erkennen und sich auf diese einstellen kann.[1052] Daher wird das Bestimmtheitsgebot auch als Gebot der Normenklarheit bezeichnet.[1053] Voraussetzungen und Intensität des Eingriffs dürfen nicht dem Belieben der unter den grundrechtlichen Gesetzesvorbehalt gestellten vollziehenden oder der diese kontrollierenden rechtsprechenden Gewalt überantwortet sein.[1054] Ziel soll es sein, daß die Eingriffsnorm so präzise wie möglich gefaßt ist, wobei eine optimale Verständlichkeit der Norm zu erstreben ist. Dabei ist zu beachten, daß eine Norm um so klarer gefaßt sein muß, je intensiver der mögliche Eingriff in die Rechte des Bürgers ist.[1055] Das Maß an Bestimmtheit läßt sich jedoch nicht pauschal festlegen, vor allen Dingen ist es zulässig, juristische Auslegungsmethoden zur Konkretisierung der Norm zu verwenden.[1056] Eine Regelung ist lediglich so bestimmt zu fassen, wie es nach Eigenart der zu ordnenden Lebensverhältnisse und mit Rücksicht auf den Normzweck möglich ist.[1057] Ist der zu regelnde Lebenssachverhalt eher vielgestaltig und eine konkrete Regelung nicht

---

[1050] Kritisch hierzu *Denninger,* Normbestimmtheit, S. 13.

[1051] BVerfGE 49, 168 (181); 59, 104 (114); 62, 169 (183); 80, 103 (107). Hergeleitet wird dieses Gebot aus Art. 20 III GG iVm. Art. 28 I GG. Es ist auch in den Landesverfassungen verankert, beispielsweise in Art. 3 I S. 1 BayVerf.

[1052] BVerfGE 21, 73 (79); 52, 1 (41); 65, 1 (44); 83, 130 (145); NJW 1995, 3110 (3111).

[1053] Dem Gebot der Normenklarheit wird zum Teil keine eigene Bedeutung zugemessen. So etwa BayVerfGH DVBl. 1995, 348 (349); *Pitschas,* Neues Polizeirecht, S. 15; *Vogelgesang,* (§ 23 I) S. 69 f.

[1054] BVerfGE 8, 71 (76); SächsVerfGH SächsVBl. 1996, 160 (169).

[1055] BVerfGE 83, 130 (145); BayVerfGH NVwZ 2003, 1375 (1376); *Papier/Möller,* AöR 122 (1997), 177 (187 f.).

[1056] BVerfGE 83, 130 (145); *Würtenberger,* FS Hollerbach, S. 223 (225 ff.); nach *Papier/Möller,* AöR 122 (1997), 177 (185) gibt es eine „gleitende Skala" zwischen eindeutig bestimmt und eindeutig unbestimmt.

[1057] BVerfGE 49, 168 (181); 59, 104 (114); 78, 205 (212); BayVerfGH BayVBl. 1995, 143 (144); *Möller,* NVwZ 2000, 382 (384).

geeignet, alle Aspekte der Materie zu erfassen, so darf sich der Gesetzgeber einer abstrakten Regelung bedienen.[1058] Das bedeutet für das Polizeirecht, daß auch die Verwendung von Generalklauseln und unbestimmten Rechtsbegriffen zulässig sind, um ein effektives und flexibles Einschreiten der Polizei zu ermöglichen.[1059] Entscheidende Bedeutung bei der Beurteilung der Bestimmtheit einer Norm kommt der vollumfänglichen gerichtlichen Nachprüfbarkeit zu.[1060]

Unter dem Gesichtspunkt der Bestimmtheit von Normen über Datenerhebungen wurde im Volkszählungsurteil darauf hingewiesen, daß bei einem Zwang zur Abgabe personenbezogener Daten der Verwendungszweck bereichsspezifisch und präzise bestimmt sein müsse sowie die Verwendung auf den gesetzlich bestimmten Zweck begrenzt bleiben müsse.[1061] Der verständige Bürger müsse sich aufgrund des Gesetzes ein Bild davon machen können, wer, was, wann und bei welcher Gelegenheit über ihn zur Kenntnis nimmt und mit welchen Verwendungsmöglichkeiten seiner Daten er zu rechnen habe.

So stellt sich nun die Frage, ob die Schleierfahndungsnormen den soeben skizzierten Grundsätzen der Normklarheit genügen. Vor allen Dingen an den beiden Tatbestandsmerkmalen der Örtlichkeit und der Zwecksetzung der Norm werden Bestimmtheitszweifel geäußert. Die Tatsache, daß die Schleierfahndungsnormen geringe Eingriffsvoraussetzungen aufstellen und kein Gefahrenerfordernis festlegen, bedeutet zudem, daß dem einzigen objektiv nachzuvollziehenden Tatbestandsmerkmal, nämlich der Örtlichkeit, eine entscheidende Bedeutung zukommt.

aa) Zur Bestimmbarkeit des räumlichen Bereichs
der Zulässigkeit von Schleierfahndungen

Der Begriff der öffentlichen Einrichtung des internationalen Verkehrs wurde durch Verwaltungsvorschriften präzisiert, dessen Bestimmtheit ist daher unproblematisch gegeben.[1062] Auch das Grenzgebiet bis zu einer Tiefe von 30 km und der Küstenmeerbereich sind hinreichend bestimmt.[1063] Ebenso läßt sich

---

[1058] *Kastner*, VerwArch 92 (2001), 216 (243); *Papier/Möller*, AöR 122 (1997), 177 (186).

[1059] Vor allem bei der polizeilichen Generalklausel ist aufgrund umfangreicher Rechtsprechung von ausreichender Bestimmtheit auszugehen; siehe BVerfG NJW 1995, 3110 (3111); *Brandt/Smeddinck*, Jura 1994, 225 (226); *Dürig*, in Maunz/Dürig, Art. 3 Abs. 1 Rdnr. 328; *Rachor*, in Lisken/Denninger, F Rdnr. 109; *Würtenberger/ Heckmann/Riggert*, Rdnr. 398.

[1060] *Kastner*, VerwArch 92 (2001), 216 (244); *Möllers*, NVwZ 2000, 382 (385). Der SächsVerfGH SächsVBl. 1996, 175 formuliert es so: die Verwendung unbestimmter Rechtsbegriffe sei jedenfalls dann verfassungsrechtlich unbedenklich, „wenn eine nachträgliche gerichtliche Kontrolle möglich ist und dadurch eine nähere Konkretisierung herbeigeführt werden kann".

[1061] BVerfGE 65, 1 (46).

problemlos feststellen, ob es sich bei einer Straße um eine Bundesautobahn oder eine Europastraße handelt und ob man sich im öffentlichen Verkehrsraum aufhält oder nicht.[1064]

Problematischer sind jedoch die Begriffe der „Durchgangsstraßen" beziehungsweise „sonstigen Straßen mit erheblicher Bedeutung für den grenzüberschreitenden Verkehr" beziehungsweise für die „grenzüberschreitende Kriminalität".[1065] Zumindest ist nicht auf den ersten Blick erkennbar, ob eine Straße Bündelungsfunktion für den grenzüberschreitenden Verkehr oder die Kriminalität hat. In den Gesetzesbegründungen wurde jedoch angegeben, daß bewußt auf eine abschließende Aufzählung verzichtet wurde.

Im Rahmen einer (verfassungskonformen)[1066] Auslegung lassen sich der Begriff der „anderen Straßen mit Bedeutung für den grenzüberschreitenden Verkehr" jedoch immerhin dahingehend konkretisieren, daß diese Straßen dem internationalen Durchgangsverkehr dienen müssen und der tatsächlichen Bedeutung von Autobahnen, Bundes- und Europastraßen entsprechen müssen. Straßen mit erheblicher Bedeutung für die grenzüberschreitende Kriminalität oder den grenzüberschreitenden Verkehr können nach dieser Begriffspräzisierung nur Straßen sein, denen insgesamt eine erhebliche Bedeutung zukommt. Ob dies bei der konkreten Durchführung einer Schleierfahndung tatsächlich gegeben ist, beruht auf einer polizeilichen Lageeinschätzung[1067] und ist gerichtlich voll nachprüfbar. Indizien für die Einordnung einer Straße können fernzielbezogene Hinweisschilder oder auch eine hohe Quote von Fahrzeugen mit ausländischen Kennzeichen sein.[1068] Nach Heckmann beschränken sich die Kontrollen auf den 30-km-Streifen und ansonsten auf Verkehrswege und -einrichtungen und kommen daher für den Betroffenen nicht überraschender als sonstige Verkehrskontrollen.[1069]

---

[1062] So auch BayVerfGH NVwZ 2003, 1375 (1376); a. A. *Hornmann,* Ergänzungsheft, § 18 Rdnr. 15. In bezug auf die Binnenwasserstraßen ebenso LVerfG MV LKV 2000, 149 (156). Daß das Tatbestandsmerkmal einer Auslegung zugänglich ist, läßt sich am Urteil des VG Augsburg vom 18.12.2003, Az. Au 8 K 02.1703, S. 10 ff. nachvollziehen.

[1063] LVerfG MV LKV 2000, 149 (156).

[1064] A. A. *Tischer,* S. 398, die annimmt, die Verwendung des Tatbestandsmerkmals „öffentlicher Verkehrsraum" sei zu unbestimmt.

[1065] Die Bestimmtheit lehnt *Möllers,* NVwZ 2000, 382 (84 f.) ab, da die Örtlichkeit sich aus dem Gesetz selbst ergeben müßte, dies aber nicht tue.

[1066] Die Möglichkeit einer verfassungskonformen Auslegung von Normen, an deren Bestimmtheit Zweifel bestehen, ist seit BVerfGE 2, 266 (282) ständige Rechtsprechung; allgemein kritisch zur verfassungskonformen Auslegung *Hesse,* Verfassungsrecht, Rdnr. 82 f.

[1067] *Beinhofer,* BayVBl. 1995, 193 (196); *Schnekenburger,* BayVBl. 2001, 129 (131).

[1068] *Weingart,* BayVBl. 2001, 69 (72).

[1069] *Heckmann,* FS Steinberger, S. 467 (479).

Diese Einschätzung teilt der Bayerische Verfassungsgerichtshof und geht daher von einer hinreichenden Bestimmtheit der Bezeichnung „Durchgangsstraße mit erheblicher Bedeutung für den grenzüberschreitenden Verkehr" aus.[1070] Mit den üblichen Auslegungsmethoden sei es den Gerichten möglich, den Begriff zu bestimmen und die Anwendung der Vorschrift zu kontrollieren.[1071]

Tatsächlich hat das VG Würzburg einigen Straßen in Würzburg die Eigenschaft einer Durchgangsstraße abgesprochen, da die im zugrundeliegenden Sachverhalt befahrenen Straßen lediglich dem Binnenverkehr dienten. In dem Verfahren wurde die Rechtmäßigkeit einer Identitätsfeststellung, die sich an eine Verfolgung eines Autofahrers über mehrere Straßen hinweg anschloß, überprüft.[1072] Ebenso hat das VG Bayreuth einer Straße in Bayreuth, auf der der Kläger angehalten, befragt und durchsucht wurde, die Eigenschaft als Durchgangsstraße abgesprochen.[1073]

Fraglich ist, ob die oben vorgenommene Einengung des Begriffs „andere Straße mit Bedeutung für den internationalen Verkehr" beziehungsweise „mit Bedeutung für die internationale Kriminalität" ausreichend ist, der Begriff also nunmehr den Anforderungen des Bestimmtheitsgebotes genügt. Entscheidend für die Beurteilung ist, daß eine Regelung lediglich so bestimmt zu fassen ist, wie es nach Eigenart der zu ordnenden Lebensverhältnisse und mit Rücksicht auf den Normzweck möglich ist.[1074] Die Schleierfahndung stellt ein Instrument zur flexiblen Reaktion auf sich verlagernde Kriminalitätsschwerpunkte dar.[1075] Mit Rücksicht auf den Normzweck ist daher eine präzisere Beschreibung der Straßen, auf denen kontrolliert werden darf, nicht geboten. Die Verwendung von Begriffen, die von den handelnden Polizeibeamten zunächst eine eigenständige Bewertung und Interpretation verlangen (dahingehend, ob es sich um eine Durchgangsstraße mit erheblicher Bedeutung für die grenzüberschreitende Kriminalität handelt) ist im Polizeirecht nicht unüblich,[1076] sie findet sich etwa bei der Einschätzung der Gefährlichkeit oder Gefährdung eines Ortes (§ 26 I Nr. 2 PolG BW: „erfahrungsgemäß").[1077] Im Streitfall ist die von der Polizei vorge-

---

[1070] BayVerfGH NVwZ 2003, 1375 (1376).

[1071] Zur Bestimmbarkeit mittels Auslegung siehe BVerfGE 17, 67 (82); 83, 130 (145); 90, 1 (16 ff.); *Papier/Möller,* AöR 122 (1997), 177 (189); *Würtenberger,* FS Hollerbach, S. 223 (225 ff.).

[1072] VG Würzburg, Urteil vom 13.5.1996, Az. W 5 K 95.865, S. 7.

[1073] VG Bayreuth, Urteil vom 29.1.2002, Az. B 1 K 01.468, S. 12.

[1074] BVerfGE 49, 168 (181).

[1075] Siehe VV PolG BW vom 18.7.1997, GBl. 1997, 406 (412); BayVerfGH NVwZ 2003, 1375 (1376); *Beinhofer,* BayVBl. 1995, 193 (196); *Schmidbauer/Steiner/Roese,* Art. 13 Rdnr. 19; *Spörl,* Die Polizei 1997, 217 (218); *Walter,* Die Polizei 1999, 33 (37).

[1076] *Beinhofer,* BayVBl. 1995, 193 (196 f.).

[1077] Zugegebenermaßen weisen die Örtlichkeiten der Identitätsfeststellung an gefährlichen oder gefährdeten Orten eine besondere kriminogene Valenz auf, die häufig

nommene Bewertung, ob eine Straße erhebliche Bedeutung für die grenzüberschreitende Kriminalität beziehungsweise den grenzüberschreitenden Verkehr aufweist, gerichtlich voll nachprüfbar.[1078] Ist dem Gericht eine Einschätzung der Straßen möglich, kann auch der Bürger abschätzen, ob die von ihm benutzte Straße einen möglichen Bezug zum Grenzübertritt aufweist.[1079]

Nach Ansicht des LVerfG Mecklenburg-Vorpommern jedoch läßt sich lediglich vermuten, nicht aber verläßlich vorhersagen, welche Straße eine „andere Straße" im Sinn der Schleierfahndungsnorm sei.[1080] Es sei dem Bürger daher nicht möglich, den Orten, an denen Schleierfahndungen durchgeführt werden, fernzubleiben und sich so einer Maßnahme zu entziehen. Kein Bürger müsse oder könne wissen, welche Straße Bündelungsfunktion für den grenzüberschreitenden Verkehr habe, es sei denn, es handele sich um Straßen von oder zur Grenze bis zur ersten Gabelung. Andererseits argumentiert das LVerfG MV, gerade Straßen mit erheblicher Bedeutung für den grenzüberschreitenden Verkehr seien wichtige Kontrollorte, so daß die Unbestimmtheit ausnahmsweise hinzunehmen sei, wenn sie verfahrensmäßig kompensiert werde.[1081]

Eine Möglichkeit der verfahrensmäßigen Kompensation sieht das Gericht in der Erstellung eines (verwaltungsinternen) Lagebildes, aus dem hervorgeht, wo sich Kriminalitätsschwerpunkte befinden, die zu grenzüberschreitender Kriminalität führen können.[1082] Das Lagebilderfordernis wird vom LVerfG MV auch aus Verhältnismäßigkeitsgründen gefordert.

Da es – wie bereits oben gezeigt wurde – im Polizeirecht üblich ist, wertungsbedürftige Begriffe zu verwenden, und die Eigenart des zu regelnden Sachverhaltes eine konkretere Regelung nicht zuläßt, ist von einer hinreichenden Bestimmtheit des Tatbestandsmerkmales „andere Straße mit Bedeutung für den grenzüberschreitenden Verkehr" beziehungsweise „mit Bedeutung für die grenzüberschreitende Kriminalität" auszugehen. Berücksichtigt man also den Kontext sowie die Zwecksetzung der Normen, so sind Kontrollen nur auf be-

---

auch in der Bevölkerung bekannt ist und üblicherweise auf engem Raum begrenzt ist; siehe auch *Rachor,* in Lisken/Denninger, F Rdnr. 354; *Stephan,* DVBl. 1998, 81 (83).

[1078] *Schmidbauer/Steiner/Roese,* Art. 13 Rdnr. 19; *Schnekenburger,* BayVBl. 2001, 129 (131 f.).

[1079] *Schnekenburger,* BayVBl. 2001, 129 (132); *Weingart,* BayVBl. 2001, 69 (72).

[1080] So auch *Stephan,* DVBl. 1998, 81 (82 f.). Ähnlich die Einschätzung von *Möllers,* NVwZ 2000, 382 (385), der von einem Verstoß gegen den Bestimmtheitsgrundsatz ausgeht, weil das Tatbestandsmerkmal von tatsächlichen Erkenntnissen der Polizei abhänge. Bedenken gegen die Regelung äußert *Schwan,* ThürVBl. 2000, 1 (6). Im Ergebnis wird die Bestimmtheit auch von *Castillon,* S. 127 ff. abgelehnt.

[1081] LVerfG MV DVBl. 2000, 262 (268).

[1082] So auch *Moser von Filseck,* BWVP 1996, 272 (273). Dagegen nimmt *Peters,* Personenkontrollen, S. 99 ff. an, das Tatbestandsmerkmal „Lageerkenntnisse" genüge zwar nicht dem Bestimmtheitsgebot, doch führe dies nicht zur Verfassungswidrigkeit der Norm.

stimmten Straßen statthaft, deren Eigenschaft als potentielle Örtlichkeit von Schleierfahndungsmaßnahmen zudem ex ante feststellbar ist.[1083] Außerdem bleibt zu beachten, daß die Tatbestandsvoraussetzungen des Vorliegens einer „Durchgangsstraße" und der „Bedeutung für den grenzüberschreitenden Verkehr" beziehungsweise „Bedeutung für die grenzüberschreitende Kriminalität" voll gerichtlich nachprüfbar sind.[1084]

Festzuhalten bleibt, daß das Bestimmtheitsgebot nicht gebietet, ein Erfordernis von Lagebildern zu normieren. Möglicherweise ergibt sich aber aus Verhältnismäßigkeitserwägungen, daß die Festlegung eines Lagebilderfordernisses zu verlangen ist, so daß im Rahmen der noch vorzunehmenden Prüfung der Vereinbarkeit der Schleierfahndungsnormen mit dem Verhältnismäßigkeitsprinzip auf ein vom LVerfG MV schon im Rahmen der Bestimmtheit gefordertes Verfahrenserfordernis einzugehen sein wird.

### bb) Zur Bestimmtheit des Normzwecks

Bei Eingriffen in das Recht auf informationelle Selbstbestimmung fordert das BVerfG, daß der legitime Zweck des Gesetzes hinreichend bestimmt und im Gesetz manifestiert sein muß.[1085]

Die Polizei darf eine Schleierfahndung nicht zu beliebigen Zwecken durchführen. Ob sie zu einem der in den Normen genannten Zwecken vorgegangen ist, läßt sich jedoch, da es sich um subjektive Voraussetzungen handelt, von außen nicht erkennen. Die Polizei darf zu den im Gesetz genannten Zwecken dann aktiv werden, wenn sie es für erforderlich hält.[1086] Darüber hinausgehende Tatsachen oder tatsächliche Anhaltspunkte für das Vorliegen grenzüberschreitender Kriminalität sind nicht erforderlich.[1087] Das bedeutet aber nicht, daß die Polizei nach Belieben[1088] kontrollieren dürfte, vielmehr ist jede Kontrolle durch den genannten Zweck begrenzt und daher beispielsweise nur zur Bekämpfung der grenzüberschreitenden Kriminalität zulässig (und folglich bei Vorliegen anderer Gründe rechtswidrig).[1089] Zwar ist ein Schluß von einer (möglichen) rechtsstaatlichen Gesinnung der Polizei auf eine rechtsstaatliche Befugnisan-

---

[1083] *Kastner,* VerwArch 92 (2001), 216 (246).

[1084] So auch *Roese,* ZfIS 1998, 13 (14).

[1085] BVerfGE 65, 1 (46).

[1086] *Stephan,* DVBl. 1998, 81 (82).

[1087] So auch die einschlägige Verwaltungsvorschrift des Innenministeriums in Baden-Württemberg, VV PolG vom 18.7.1997, BW GBl. 1997, S. 406. Einige Normen erfordern explizit das Vorliegen von Lageerkenntnissen, siehe dazu S. 116.

[1088] So *Lisken,* NVwZ 1998, 22 (25). Im Ergebnis so auch LVerfGH Sachsen, Urteil vom 10.7.2003 – Vf. 43-II-00, S. 36, der von einer beliebig hohen Kontrolldichte und -breite durch die Schleierfahndung ausgeht.

[1089] So auch BW LT-Drs. 12/117, S. 22.

wendung unzulässig,[1090] doch ist auch ist das Vorliegen der subjektiven Tatbestandselemente gerichtlich vollständig nachprüfbar.[1091]

Es stellt sich nunmehr die Frage, ob die in den Gesetzen genannten Zweckfestlegungen, denen entscheidende Bedeutung zur Begrenzung der Normen zukommt, hinreichend bestimmt sind.

*(1) Die Bekämpfung der grenzüberschreitenden Kriminalität*

Die Definitionsansätze für den Begriff der „grenzüberschreitenden Kriminalität" sind vielfältig. Daher ist auch umstritten, ob dieses Tatbestandsmerkmal den Bestimmtheitsanforderungen genügt.[1092]

Die Definition, die am ehesten den Willen des Gesetzgebers trifft, ist diejenige, die unter grenzüberschreitender Kriminalität solche Verstöße gegen (Neben-)Strafrecht (insbesondere gegen die §§ 29 ff. BtMG) versteht, deren Unterbindung beziehungsweise Verfolgung durch die Überschreitung der (Bundes-) Grenzen durch den Täter erschwert wird.[1093] Hierunter fällt Kriminalität, die die Besonderheit der Grenzsituation oder auch der Grenznähe ausnutzt, insbesondere die Schwierigkeiten grenzüberschreitender Fahndungen und Strafverfolgungen nutzt.[1094] So kommen vor allen Dingen Straftaten in Betracht, bei denen Tatbeiträge in mehreren Staaten geleistet werden, Inlandstaten, bei denen sich der Täter ins Ausland absetzen oder seine Beute ins Ausland verbringen will, sowie Auslandstaten, bei denen sich der Täter im Inland in Sicherheit bringen will. Klassische Delikte grenzüberschreitender Kriminalität sind Einschleusungen und illegale Einreisen.

Manche Autoren gehen davon aus, daß sich diese Aufzählungen in etwa mit dem Begriff der „Organisierten Kriminalität" decken.[1095]

---

[1090] So aber *Schäuble,* BW LT-Prot. 12/6, S. 130 f.; *Zeitlmann,* BT-Prot. 13/245, S. 22829.

[1091] *Honnacker/Beinhofer,* Art. 13 Rdnr. 29; *Rommelfanger/Rimmele,* § 19 Rdnr. 20.

[1092] Bejahend BayVerfGH NVwZ 2003, 1375 (1376); LVerfGH Sachsen, Urteil vom 10.7.2003 – Vf. 43-II-00, S. 35; kritisch hierzu *Baller/Eiffler/Tschisch,* § 18 Rdnr. 46, die das Urteil des BayVerfGH als sehr zweifelhaft erachten, da es die Aufgabe des Gesetzgebers verkenne; nach *Hornmann,* Ergänzungsheft, § 18 Rdnr. 15 und *Pausch* 3.2.8 (S. 182) genügt der Normzweck nicht dem Bestimmtheitsgebot, da er nicht hinreichend präzise und normenklar sei. *Waechter,* Polizei- und Ordnungsrecht, Rdnr. 546 formuliert seine Bedenken wie folgt: „Diese finale Zweckorientierung macht die besondere Unbestimmtheit der Norm aus."

[1093] Siehe *Moser von Filseck,* BWVP 1996, 272 (273). Kritisch gegenüber den Definitionsansätzen, die grenzüberschreitende Kriminalität mit internationaler Kriminalität gleichsetzen (*Honnacker/Beinhofer,* Art. 13 Rdnr. 29) sowie gegenüber der Definition, die auf ein „Nutzbarmachen des Grenzkontrollabbaus" (*Rachor,* in Lisken/Denninger, F Rdnr. 359) abstellt, BayVerfGH NVwZ 2003, 1375 (1376).

[1094] LVerfGH Sachsen, Urteil vom 10.7.2003 – Vf. 43-II-00, S. 35 f.

Diskutiert wird, ob zur ausreichenden Bestimmbarkeit des Zweckes ein abschließender Straftatenkatalog notwendig ist.[1096] Die Möglichkeit, die Straftaten aufzuzählen, zu deren Bekämpfung Schleierfahndungen statthaft sein sollen, besteht zwar. Aber auch ohne einen Straftatenkatalog ist eine hinreichende Bestimmtheit des Begriffes der grenzüberschreitenden Kriminalität gegeben. Es besteht somit keine verfassungsrechtliche Notwendigkeit, in die Schleierfahndungsnormen einen Straftatenkatalog aufzunehmen.[1097]

So wird beispielsweise in Sachsen-Anhalt der Kreis der Straftaten, zu deren Bekämpfung Schleierfahndungen statthaft sind, dadurch eingegrenzt, daß nur Straftaten von erheblicher Bedeutung Schleierfahndungsmaßnahmen zulassen.[1098] Darüber hinaus werden in einigen Verwaltungsvorschriften zu den Normen konkrete Straftatenkataloge aufgestellt.[1099] Aus der Gesamtschau der Normen ergibt sich daher, daß lediglich schwere beziehungsweise Organisierte Kriminalität erfaßt werden soll, sofern sie grenzüberschreitende Bezüge aufweist. Vor allen Dingen eine teleologische und historische Auslegung der Normen anhand der Gesetzesmaterialien ergibt, daß die Schleierfahndung keine Maßnahme zur Bekämpfung von Bagatelldelikten sein soll.[1100] Eine Konkretisierung auf nur „erhebliche" Straftaten wurde jeweils mit dem Argument abgelehnt, zum Deliktsfeld der Organisierten Kriminalität gehörten auch mittelschwere Delikte. Das LVerfG MV kritisiert zwar, daß ein statthafter Kontrollzweck auch die Bekämpfung leichter grenzüberschreitender Kriminalität sein könne.[1101] Doch

---

[1095] So etwa *Hornmann*, Ergänzungsheft, § 18 Rdnr. 15, der eine hinreichende Bestimmtheit verneint. Siehe auch *Kastner*, VerwArch 92 (2001), 216 (244). Auf die Schwere der Kriminalität kommt es dagegen nicht an, außer in dem Gesetz wird direkt auf Straftaten von erheblicher Bedeutung Bezug genommen (was nur in Niedersachsen und Sachsen-Anhalt der Fall ist); siehe LVerfGH Sachsen, Urteil vom 10.7.2003 – Vf. 43-II-00, S. 36.

[1096] So die Forderung von LVerfG MV DVBl. 2000, 262 (266 f.); *Castillon*, S. 151; *Hornmann*, Ergänzungsheft, § 18 Rdnr. 15; vom hessischen Landesbeauftragten für den Datenschutz, 28. Tätigkeitsbericht, Nr. 5.1.2 sowie von *Wulff*, S. 28 f. Kritisch hierzu *Engelken*, DVBl. 2000, 269 (270 f.). Siehe zu diesem Problemkreis auch BVerfG NJW 2001, 879 (880) (ausreichende Bestimmtheit des Begriffs „Straftaten von erheblicher Bedeutung").

[1097] So auch BayVerfGH NVwZ 2003, 1375 (1376); *Schnekenburger*, BayVBl. 2001, 129 (134) mit dem Hinweis darauf, daß es als kaum praktikabel erscheine, einen Nachweis darüber zu erbringen, daß eine Kontrolle gerade zur Bekämpfung eines bestimmten Deliktes durchgeführt werde.

[1098] § 3 Nr. 4 SOG LSA, der allerdings nur Regelbeispiele enthält. Eine abschließende Regelung hält daher *Kolb*, NJ 2000, 570 (572) für wünschenswert.

[1099] VV PolG BW vom 18.7.1997, GBl. 1997, 406 (411), AB NGefAG vom 16.7.1998, NdsMBl. 1998, 1078 (1080); Erlaß des hess BMI zu § 18 II Nr. 6 vom 15.8.2000, Az. III B 33 – 22 e02 09 – 592/00.

[1100] Siehe auch *Heckmann*, FS Steinberger, S. 467 (480).

[1101] LVerfG MV LKV 2000, 149 (152, 154) mit Hinweis auf die Intention des Gesetzgebers, spezifisch die Organisierte Kriminalität bekämpfen zu wollen, MV LT-Drs. 2/2468, S. 15; PlPr. 2/59, S. 3569 ff. und 2/76, S. 4757 ff.

wäre nach der gerade vorgenommenen Eingrenzung des Normzwecks ein Vorgehen zur Bekämpfung leichter grenzüberschreitender Kriminalität nur zulässig, wenn diese Kriminalität organisierter Art ist.[1102]

## (2) Die Unterbindung unerlaubter Aufenthalte und die Verhinderung unerlaubter Einreisen

Beim Zweck der Unterbindung unerlaubter Aufenthalte beziehungsweise der Verhinderung unerlaubter Einreisen muß es nach Ansicht des LVerfG MV um Fälle gehen, die genauso schwer wiegen wie ein Delikt der grenzüberschreitenden Kriminalität. Im Endeffekt handele es sich bei den insofern in Betracht kommenden Taten um Unterfälle der grenzüberschreitenden Kriminalität, da auch das Schlepperunwesen unter die grenzüberschreitende Kriminalität falle.[1103] Bestimmtheitsbedenken werden insofern zu Recht nicht vorgebracht.

### cc) Ergebnis

Mit der Einführung der Schleierfahndung wurde nach Denninger das klassische, rechtsstaatlich gebotene Erfordernis einer hinreichend bestimmten Ermächtigungsgrundlage endgültig aufgegeben.[1104] Der (hessische) Gesetzgeber habe einen erhofften, aber bislang (in anderen Bundesländern) nicht deutlich verifizierten Gewinn an Innerer Sicherheit mit einem großen Verlust an Rechtssicherheit erkauft.[1105]

Pieroth/Schlink/Kniesel formulieren es dagegen so: „(...) die Abwehr einer abstrakten Gefahr kann manchmal und auch hier nur so allgemein formuliert werden, daß auch die besonderen Maßgaben der Verhältnismäßigkeit nicht schon in der Norm vorgegeben, sondern nur zur Norm entwickelt werden können."[1106]

Im Ergebnis sind sowohl der räumliche Bereich, in dem Schleierfahndungen durchgeführt werden dürfen, als auch die Zwecksetzungen der Schleierfahn-

---

[1102] Eine Straftat von erheblicher Bedeutung ist auch bei nur mittlerer Kriminalität anzunehmen, wenn der Rechtsfrieden erheblich gestört werden kann und eine Eignung vorliegt, das Gefühl der Rechtssicherheit der Bevölkerung erheblich zu beeinträchtigen, siehe BVerfGE 103, 21 (34). Dies ist bei Organisierter Kriminalität zu bejahen.

[1103] LVerfG MV LKV 2000, 149 (155).

[1104] *Denninger*, Polizeirecht, S. 281 und *Denninger/Petri*, S. 13 (21).

[1105] Die hessische Regierung geht dagegen davon aus, daß die hessische Regelung den vom Urteil des LVerfG MV aufgestellten Rechtmäßigkeitsvoraussetzungen genüge, da sie bereits als tatbestandliche Voraussetzung das Vorliegen von Lageerkenntnissen verlange und Bestimmtheitsbedenken daher unbegründet seien. Siehe LT-Drs. 15/848, S. 5.

[1106] *Pieroth/Schlink/Kniesel*, § 14 Rdnr. 42.

dungsnormen hinreichend bestimmt. Der durch die Schleierfahndung zu regelnde Lebenssachverhalt ist zwangsnotwenig flexibel, da die Fahndungsmaßnahme gerade keine stationäre Kontrolle sein soll. Der Bürger (vor allem ein potentieller Straftäter) wird daher in gewisser Weise immer von dem konkreten Kontrollort überrascht und soll schließlich auch für ihn überraschend kontrolliert werden – ansonsten wären Schleierfahndungen zur Erfolglosigkeit verdammt.

Der Einwand, die Rechtsfolgen der Schleierfahndung seien zu unbestimmt,[1107] vermag nicht zu überzeugen. Wie oben gezeigt wurde, sind die zulässigen Rechtsfolgen klar erkennbar und bestimmt.[1108] Die Rechtsfolgeregelungen gelten nicht nur für die Schleierfahndungen, sondern in gleicher Weise für sämtliche Identitätsfeststellungen. Allenfalls aus Verhältnismäßigkeitserwägungen können sich möglicherweise Restriktionen in bezug auf die zu ergreifenden Maßnahmen ergeben.

*e) Das Verhältnismäßigkeitsprinzip*
*als Grenze der Schrankenregelung*

Der Grundsatz der Verhältnismäßigkeit folgt nach Ansicht des BVerfG nicht nur aus dem Rechtsstaatsprinzip, sondern auch aus dem Wesen der Grundrechte selbst. Der durch diese gewährte Freiheitsanspruch der Bürger gegen den Staat dürfe durch die öffentliche Gewalt nur soweit beschränkt werden, als es zum Schutz der öffentlichen Interessen absolut notwendig sei.[1109] Demnach ist ein Gesetz nur verhältnismäßig, wenn es zur Erreichung eines legitimen Zweckes geeignet, erforderlich und angemessen ist.

Einzelgesetzliche Konkretisierungen, wie sie sich zum Beispiel in § 4 Thür-PAG finden, sollen die verhältnismäßige Anwendung der Norm im konkreten-individuellen Einzelfall sicherstellen. Im folgenden allerdings geht es um eine abstrakt-generelle Betrachtung der Verhältnismäßigkeit der Schleierfahndungsnormen an sich, also unabhängig von deren konkreter Anwendung im Einzelfall.

Voraussetzung für die Verhältnismäßigkeit der Schleierfahndungsregelungen als gesetzliche Normen zur Auskunft über personenbezogene Daten ist, daß sie geeignet und erforderlich sind, das angestrebte Ziel der Bekämpfung der grenzüberschreitenden international Organisierten Kriminalität zu erreichen. Darüber hinaus verlangt das Gebot der Verhältnismäßigkeit im engeren Sinne, daß ein

---

[1107] *Castillon,* S. 154 in bezug auf die Durchführung einer Identitätsfeststellung.
[1108] Siehe oben S. 131 ff.
[1109] BVerfGE 19, 342 (348 f.); 65, 1 (44). Zur verfassungsrechtlichen Verankerung siehe auch *Krebs,* Jura 2001, 228 ff.; *Kunig,* in von Münch/Kunig, Art. 2, Rdnr. 24.

angemessener Ausgleich erzielt worden ist zwischen einerseits dem durch Schleierfahndungen bewirkten Schutz vor einer Beeinträchtigung von Rechtsgütern wie Leben und Eigentum, die durch internationale und Organisierte Kriminalität bedroht sind, und andererseits den Restriktionen des Rechts auf informationelle Selbstbestimmung.

Der Staat muß im Rahmen seiner Pflicht, den Bürger vor Kriminalität zu schützen, auch auf neuartige Herausforderungen wie die internationale und Organisierte Kriminalität angemessen reagieren (können). Bei der Umsetzung dieser Schutzpflicht durch Schaffung neuer Ermächtigungsgrundlagen ist aber immer zu hinterfragen, ob eine neue Regelung tatsächlich zur Erreichung des Schutzzieles geeignet, erforderlich und angemessen ist.[1110]

### aa) Zum Vorliegen eines legitimen Eingriffsziels

Das vom Gesetzgeber anvisierte Ziel – also der Zweck der Norm – muß legitim sein, wobei aber ein breiter politischer Gestaltungsspielraum des Gesetzgebers besteht.[1111] Zweck der Schleierfahndung ist die präventive Bekämpfung der grenzüberschreitenden Kriminalität, die Verhütung von Straftaten und die Verhinderung illegaler Einreisen.[1112] Zum einen sollen – in kurzfristiger Hinsicht – grenzüberschreitende Straftaten unterbunden werden sowie illegale Einreisen verhindert werden. Zum anderen geht es langfristig gesehen um die allgemeine Abschreckung von Straftätern und damit eine nachhaltige Bekämpfung grenzüberschreitender Kriminalität.[1113] Im Kern geht es um Schutz des Lebens, der Gesundheit und des Eigentums der Bürger. Insofern kann unschwer das Vorliegen eines legitimen Eingriffsziels bejaht werden. Die vorbeugende Bekämpfung von Straftaten (der grenzüberschreitenden Kriminalität) stellt also ein legitimes Ziel dar.[1114]

---

[1110] Siehe nur BVerfGE 27, 344 (352 f.); 65, 1 (54); 100, 313 ff. sowie *Jakobs,* DVBl. 1985, 97 ff.

[1111] *Stern,* Band III/2, § 84 II, S. 777.

[1112] *Waechter,* DÖV 1999, 138 ff.

[1113] *Heckmann,* FS Steinberger, S. 467 (484 f.).

[1114] BayVerfGH NVwZ 2003, 1375 (1376); LVerfGH Sachsen, Urteil vom 10.7.2003 – Vf. 43-II-00, S. 40; VGH Mannheim, NVwZ 2004, 498 (501); *Gallwas,* Polizeispiegel 2001, 39 (43); *Horn,* BayVBl. 2003, 545 (548); *Kastner,* VerwArch 92 (2001), 216 (247); *Mahlmann,* LKV 2001, 102 (104); *Möllers,* NVwZ 2000, 382 (385); *Müller-Terpitz,* DÖV 1999, 329 (335). Nicht erforderlich ist dagegen ein Nachweis dahingehend, es sei durch den Grenzkontrollwegfall zu einem Sicherheitsdefizit gekommen. So aber *Lisken,* NVwZ 1998, 22.

### bb) Zur objektiven Eignung der Schleierfahndung
### zur Zielerreichung

An dieser Stelle ist die Frage zu beantworten, ob die Schleierfahndungsnormen objektiv geeignet sind, das angestrebte Ziel zu erreichen, gegen Täter grenzüberschreitender Delikte oder deren Taten im Vorfeld vorzugehen und diese künftig zu verhindern. Nach Ansicht des BVerfG ist ausreichend, daß das Mittel generell geeignet ist, den definierten Zweck zu erreichen beziehungsweise umgekehrt gesprochen nicht von vorneherein zur Zweckerreichung untauglich ist.[1115]

Internationale Kriminalität benutzt für Transit- und Transportrouten vor allen Dingen internationale Infrastruktur wie Autobahnen, Flughäfen und anderen Verkehrseinrichtungen von zentraler Bedeutung.[1116] Organisierte Tätergruppen begehen bevorzugt im Einzugsbereich überregionaler Verkehrswege professionelle Überfallserien und Einbruchsdiebstähle.[1117] Kontrollen an diesen Orten sind daher prinzipiell geeignet, grenzüberschreitende Kriminalität zu bekämpfen.

Das unmittelbare Ergebnis zum Beispiel einer Identitätsfeststellung ist zunächst nur, daß die Polizei in Erfahrung gebracht hat, daß die kontrollierte Person, deren Identität nun bekannt ist, sich an der Stelle, an der sie kontrolliert wurde, befindet. Ziel der Schleierfahndung ist aber gerade nicht die Erstellung eines Bewegungsbildes. Bei der Befragung können allenfalls sachdienliche Hinweise zu weiteren Erkenntnissen führen.

Die Eignung der Identitätsfeststellung zur Gefahrenabwehr wird daher zum Teil bezweifelt.[1118] So wird sogar angenommen, daß alle informationellen Maßnahmen grundsätzlich zur Gefahrenabwehr untauglich seien.[1119] Es werde mit der Kenntnis der Personalien allein ohne Datenabgleich kaum gelingen, eine gesuchte Person aufzugreifen, auch die allgemeine Gefahrensuche bleibe bei einer isolierten Identitätsfeststellung erfolglos. Ein Abschreckungseffekt werde nicht beziehungsweise allenfalls in repressiver Hinsicht erzielt, indem der Täter befürchte, wenn nun seine Personaldaten bekannt seien, könne er nach Begehung der Tat leichter identifiziert werden – damit diene eine Identitätsfeststel-

---

[1115] BVerfGE 90, 145 (182); 100, 313 (373 ff.); LVerfG MV DVBl. 2000, 262 (267). Siehe auch *Michael,* JuS 2001, 148 (149).

[1116] *Stephan,* DPolBl 2004, 26 (27).

[1117] *Züfle,* DPolBl 2004, 24.

[1118] *Alberts/Merten/Rogosch,* § 12 Rdnr. 2; *Dittes* (PDS-Fraktion), Plenarprotokoll des Thüringer Landtages 3/6 vom 16.12.1999. *Hormann,* Ergänzungsheft, § 18 Rdnr. 16 charakterisiert die Schleierfahndung als eine „Suche nach der Nadel im Heuhaufen"; *Waechter,* Polizei- und Ordnungsrecht, Rdnr. 546; *Weßlau,* S. 297.

[1119] *Denninger,* Polizeirecht, S. 309; *Waechter,* Polizei- und Ordnungsrecht, Rdnr. 510 mit der Ausnahme, daß Identifikationsfeststellungen auch unmittelbar der Durchführung konkreter Gefahrenabwehrmaßnahmen dienen können.

lung Zwecken der Repression und sei zur Prävention ungeeignet.[1120] Die isolierte Grundmaßnahme ist nach dieser Ansicht ungeeignet, ihre Ziele zu erreichen.

Nach vorherrschender Ansicht können jedoch aus mehreren Gründen keine Bedenken hinsichtlich der Geeignetheit der Identitätsfeststellung sowie Befragung zur vorbeugenden Kriminalitätsbekämpfung erhoben werden. Befragungen und Identitätsfeststellungen sind gefahrenvorbeugende Vorfeldmaßnahmen – sie können für sich genommen außer durch Zufallsfunde keine Kriminalität bekämpfen. Sie sind Mittel der Erkenntnisgewinnung (über Strukturen der Kriminalität).[1121] Eine Informationsgewinnung im Vorfeld konkreter Gefahren kann die Polizei in die Lage versetzen, wirksam zur Kriminalitätsbekämpfung tätig zu werden. Informationelle Maßnahmen sind geeignet, die gebotene Vorsorge zu treffen, um Gefahrenabwehrmaßnahmen gegenüber dem richtigen Adressaten ergreifen und die Gefahrenbeseitigung effektiv und rechtmäßig durchführen zu können.

Schleierfahndungsmaßnahmen haben eine generalpräventive abschreckende Wirkung[1122]; in diesem Zusammenhang wird vom „Zipperlein"-Effekt gesprochen.[1123] Bevorstehende Straftaten können durch die Aufhebung der Anonymität des Betroffenen verhindert werden,[1124] da im Fall des Eintritts einer Störung der Betroffene mit Ermittlungen zu seiner Person rechnen muß[1125] und somit ein psychisches Hindernis für die Begehung von (weiteren) Straftaten geschaffen wurde. Es läßt sich zwar nicht generell annehmen, daß durch die Feststellung der Identität einer Person oder eine Befragung der Betroffene stets von der Begehung von Straftaten abgehalten wird. Es darf jedoch vermutet werden, daß der Betroffene aufgrund seines Bekanntseins Abstand von einem rechtswidrigen Vorhaben nehmen wird.[1126] Geneigte kriminelle Kreise können verunsichert

---

[1120] *Bizer,* S. 50.

[1121] LVerfG MV LKV 2000, 149 (155); *Poscher,* S. 138; *Peters,* Rechtsnormenbildung, S. 208 bezeichnet die Identitätsfeststellung als zweckneutral.

[1122] BayVerfGH NVwZ 2003, 1375 (1377). Siehe auch *Waechter,* DÖV 1999, 138 (144 f.); *Rachor,* in Lisken/Denninger, F Rdnr. 366.

[1123] *Heckmann,* Polizei- und Sicherheitsrecht, Rdnr. 324; *Prümm/Sigrist,* Rdnr. 153; *Würtenberger,* Besonderes Verwaltungsrecht, Rdnr. 157; *Würtenberger/Heckmann/Riggert,* Rdnr. 324, 345. So gehen *Berg/Knape/Kiworr,* § 18 Teil 1 (S. 200) davon aus, daß z. B. bei einer Identitätsfeststellung an gefährlichen Orten der Kenntnis über das Vorhandensein bestimmter Informationen bei der Polizei bei der betroffenen Person eine „psychische Hemmschwelle" verursacht, die sie evt. von der Begehung von Straftaten abhält. Eine Studie zur Abschreckungswirkung von (Straßen-)Kontrollen auf Verkehrsteilnehmer findet sich bei *Gelau,* Die Polizei 2001, 68 ff. Kritisch hierzu *Waechter,* DÖV 1999, 138 (139).

[1124] *Götz,* Rdnr. 279; *Rühle/Suhr,* § 10, 6 (S. 167). Kritisch hierzu *Altschaffel,* 15.12 (S. 157).

[1125] BayVerfGH NVwZ 2003, 1375 (1377); *Waechter,* DÖV 1999, 138 (144 f.).

[1126] *Riegel,* DVBl. 1979, 709 (711).

werden; dies hält sie möglicherweise von der Begehung künftiger Straftaten ab.[1127] Darüber hinaus bewirken verstärkte Kontrollen und eine größere Polizeipräsens, daß das Entdeckungsrisiko für potentielle Straftäter steigt. Der Erfolg dieser indirekten Vorsorgeaktivitäten der Polizei läßt sich statistisch jedoch nur schwer messen, eine Überprüfung anhand objektiver Kriterien ist bei der Verbrechensvorsorge fast unmöglich. Ob eine Maßnahme die gewünschten Erfolge bewirkt, kann erst nach einer längeren Praxiserfahrung beurteilt werden.[1128]

Darüber hinaus besteht eine direkte Eignung von Schleierfahndungen zur Straftatenverhütung durch Folgemaßnahmen wie beispielsweise einer Inaugenscheinnahme und Durchsuchung, die die Möglichkeit eröffnen, daß mitgeführte Gegenstände entdeckt werden, die einen konkreten Gefahrenverdacht begründen.[1129] Zudem ist oftmals ein Abgleich mit der Fahndungsdatei zielführend; gerade durch diese Maßnahme wird in hohem Maße eine Abschreckungswirkung erzielt.[1130]

Im Rahmen der verdachts- und ereignisunabhängigen Personenkontrollen besteht die Möglichkeit, Erkenntnisse über die Strukturen der Organisierten und grenzüberschreitenden Kriminalität sowie zu deren Bekämpfung zu gewinnen und damit geplanten Straftaten vorzubeugen. Die Schleierfahndung kann durch Erfolge bei der Gefahrensuche dem Ziel der Eindämmung der grenzüberschreitenden Kriminalität förderlich sein.

Der Übergang von einer direkten zu einer indirekten Verhaltenssteuerung durch Abschreckung mag rechtspolitisch befremdlich wirken – und nach Ansicht von Kritikern einem „Pieksen mit der Stecknadel im Heuhaufen" gleichen[1131] – eine Eignung von Schleierfahndungen zur Kriminalitätsbekämpfung kann jedoch deswegen nicht abgelehnt werden.

Weiter wird gegen die Eignung der Schleierfahndung zur Bekämpfung der grenzüberschreitenden Kriminalität vorgebracht, daß sich professionelle Straftäter durch eine Identitätsfeststellung kaum abschrecken ließen,[1132] es bestünde

---

[1127] *Berner/Köhler*, Art. 13 Rdnr. 8 bezeichnen Informationsmaßnahmen daher als elementare Schutzaufgabe.

[1128] LVerfGH Sachsen, Urteil vom 10.7.2003 – Vf. 43-II-00, S. 41.

[1129] *Berg/Knape/Kiworr*, § 18 Teil 5 (S. 228); *Waechter*, DÖV 1999, 138 (143). Allerdings ist zu beachten, daß es sich insofern um Zufallsfunde handelt; siehe *Mahlmann*, LKV 2001, 102 (104). *Ipsen*, Polizei- und Ordnungsrecht, Rdnr. 350 hebt hervor, daß Gefahrenverdachtsmomente auch direkt aufgrund einer Befragung erlangt werden können, etwa wenn der Befragte offensichtlich falsche Angaben macht.

[1130] So auch BayVerfGH NVwZ 2003, 1375 (1377).

[1131] *Herrnkind*, KJ 2000, 188 (196); *Waechter*, DÖV 1999, 138 (144).

[1132] *Denninger*, FS Stein, 15 (27); *Rachor*, in Lisken/Denninger, F Rdnr. 387. Im Ergebnis ebenso wohl auch *Gantzer*, Bay PlPr. 13/89, S. 6425 f., der der Schleierfahndung eine generalpräventive Wirkung abspricht und davon ausgeht, daß sie ein gutes Mittel sei, Straftäter zu verfolgen und zu fassen. Daß die Schleierfahndung dann aber

die Gefahr, daß nur Kleinkriminelle erwischt würden, obgleich die Schleierfahndung das Ziel habe, die Organisierte Kriminalität einzudämmen.[1133] Dieses Argument überzeugt aber insofern nicht, als die Schleierfahndung – wie gerade gezeigt wurde – nur zulässig ist, wenn der Polizei Erkenntnisse darüber vorliegen, daß Organisierte oder erhebliche grenzüberschreitende Kriminalität bekämpft werden kann. Die Schleierfahndung ist ein flexibles Instrument der Kriminalitätsbekämpfung, Fahndungsmöglichkeiten bestehen überall dort, wo Kriminalitätsschwerpunkte liegen oder vermutet werden, mithin auch im Bereich der Organisierten und erheblichen grenzüberschreitenden Kriminalität.[1134]

Castillon äußert Bedenken hinsichtlich der Eignung einer Befragung, die nicht mit einer Aussagepflicht des Befragten korrespondiert.[1135] In diesem Fall ist die Polizei auf die freiwillige Mitarbeit des Betroffenen angewiesen. Doch auch wenn Befragungsnormen, die durch die Festlegung einer Aussagepflicht flankiert werden, sicherlich eine effektivere polizeiliche Arbeit ermöglichen als „schlichte" Befragungsbefugnisse, so sind doch Befragungsnormen ohne korrespondierende Aussagepflicht nicht ungeeignet. Das gleiche gilt für die Regelung von Mecklenburg-Vorpommern, die allein die Befugnis für eine bloße Anhalte- und Sichtkontrolle normiert. Durch die Abschreckungswirkung der Kontrollen erscheint es auch möglich, daß künftig unerlaubtes Überschreiten der Grenze verhindert wird, auch wenn eine illegale Einreise, die bereits stattgefunden hat, durch die Kontrollen nicht mehr verhindert werden kann.

Angesichts des großen Spektrums drohender Gefahren hat der Gesetzgeber bei der Beurteilung, ob die Schleierfahndungsmaßnahmen zur Bekämpfung der grenzüberschreitenden Kriminalität geeignet sind, einen weiten Spielraum.[1136] Zweifel an der Geeignetheit haben sich zugunsten des Gesetzgebers auszuwirken.[1137] Da nicht ausgeschlossen werden kann, daß die Schleierfahndungsmaßnahmen die grenzüberschreitende Kriminalität vorbeugend bekämpfen können, sind sie als geeignet anzusehen, die mit den Schleierfahndungsnormen verfolgten Ziele zu erreichen.

Der Gesetzgeber hat allerdings die Pflicht, die Geeignetheit seiner Normen regelmäßig zu überprüfen, also eine sogenannte „begleitende Beobachtung" durchzuführen, und gegebenenfalls die betreffende Norm „nachzubessern".[1138] In Berlin ist der Gesetzgeber zu dem Ergebnis gekommen, daß wegen der feh-

---

eine strafprozessuale Maßnahme wäre und ganz anderen (verfassungsrechtlichen) Anforderungen genügen müßte, wird nicht erkannt.

[1133] *Stephan,* DVBl. 1998, 81 (83 f.). So auch *Hornmann,* Ergänzungsheft, § 18 Rdnr. 15.

[1134] *Beinhofer,* BayVBl. 1995, 193 (196).

[1135] *Castillon,* S. 164 f.

[1136] BVerfGE 77, 84 (106); SächsVerfGH JZ 1996, 957 (960); *Würtenberger,* Besonderes Verwaltungsrecht, Rdnr. 31. A.A. *Calliess,* ZRP 2002, 1 (6 f.).

[1137] *Pieroth/Schlink,* Rdnr. 303, 308.

lenden Grenznähe Berlins durch Schleierfahndungen nur Kleinkriminalität erfaßt worden sei. Daraufhin wurde die Berliner Schleierfahndungsnorm im April 2004 abgeschafft.[1139]

### cc) Zur Erforderlichkeit der Schleierfahndung

Die Erforderlichkeit einer Maßnahme ist gegeben, wenn keine anderen geeigneten Maßnahmen in Betracht kommen, die ein milderes Mittel darstellen, aber den gleichen Erfolg erzielen. Von mehreren gleich wirksamen Mitteln muß dasjenige gewählt werden, welches das betroffene Grundrecht nicht oder weniger stark belastet.[1140]

Sowohl die Rechtsprechung als auch Teile der Literatur gehen wie selbstverständlich davon aus, daß die Schleierfahndungsnormen dem Erforderlichkeitsgebot genügen.[1141]

Als Alternative zu den Schleierfahndungsmaßnahmen kommen vor allem gefahrenabhängige Maßnahmen zur Bekämpfung der grenzüberschreitenden Kriminalität in Betracht.[1142] Herkömmliche Polizeimaßnahmen, die auf einem Vorliegen eines Gefahrenverdachtes basieren, wie etwa die gefahrenabhängige Befragung oder die Identitätsfeststellung an gefährlichen beziehungsweise gefährdeten Orten mit dem Erfordernis tatsächlicher Anhaltspunkte für das Begehen bestimmter Straftaten,[1143] sind zwar ebenfalls geeignet zur Bekämpfung der grenzüberschreitenden Kriminalität,[1144] sie stellen aber gleichfalls Eingriffe in das Recht auf informationelle Selbstbestimmung dar, die den Betroffenen nicht unbedingt weniger belasten. Doch können gefahrenabhängige Maßnahmen mög-

---

[1138] LVerfG MV DVBl. 2000, 262 (267). Der BayVerfGH NVwZ 2003, 1375 (1377) weist allerdings darauf hin, daß die Pflicht nicht verfassungsrechtlicher Natur sei. Siehe ferner *Rachor,* in Lisken/Denninger, F Rdnr. 384.

[1139] Siehe hierzu schon Anm. 135.

[1140] LVerfGH Sachsen, Urteil vom 10.7.2003 – Vf. 43-II-00, S. 41; *Manssen,* Rdnr. 629; *Michael,* JuS 2001, 654 (656 f.); *Pieroth/Schlink,* Rdnr. 306.

[1141] LVerfG MV DVBl. 2000, 262 (267); *Möllers,* NVwZ 2000, 382 (385); *Schnekenburger,* BayVBl. 2001, 129 (132); *Stephan,* DVBl. 1998, 81 (83 f.).

[1142] Einen Verzicht auf die Schleierfahndung erwägen *Moser von Filseck,* BWVP 1996, 272 (274); Gesetzentwurf der PDS zur Änderung des Polizeiaufgabengesetzes in Thüringen, Drs. 3/139 und Plenarprotokoll des Landtags Thüringen 3/6 vom 16.12. 1999.

[1143] Für die Razzia a. A. *Becker,* Deutsche Polizei 1997, S. 30 (31), der davon ausgeht, daß mit zunehmender Nähe zur Grenze mehr tatsächliche Anhaltspunkte „für die Verübung von Straftaten wie Kfz-Verschiebung oder Menschenschmuggel" vorliegen würden.

[1144] Daher plädieren *Bizer,* S. 53 ff. und *Stephan,* DVBl. 1998, 81 (83) für ausschließlich deren Einsatz. In Schleswig-Holstein wird die Identitätsfeststellung an gefährlichen Orten zur Erkenntnisgewinnung in bezug auf grenzüberschreitende Kriminalität eingesetzt; siehe Anm. 1222.

licherweise weniger gut geeignet sein zur Bekämpfung der grenzüberschreitenden Kriminalität. Gefahrenabhängige Maßnahmen sind ein aliud zur Schleierfahndung – gerade der „Überraschungseffekt", also die Unvorhersehbarkeit der einzelnen Schleierfahndungskontrolle, scheint deren Effektivität auszumachen. Ein solcher Erfolg ist mit gefahrenabhängigen Maßnahmen nicht zu erreichen.

Maßnahmen nach StPO scheiden zu präventiven Zwecken aus; Verkehrskontrollen nach § 36 V StVO haben einen anderen Zweck und lassen weder eine Befragung noch eine Identitätsfeststellung zu.

Eine Wiedereinführung der Grenzkontrollen wäre nach Art. 2 II SDÜ lediglich befristet möglich und würde den grenzüberschreitenden Verkehr erheblich behindern.[1145]

Maßnahmen gänzlich ohne Eingriffscharakter wie bloße Belehrungen der Polizei, künftig keine Straftaten zu begehen, sind kein hier in Betracht kommendes milderes Mittel, da sie nicht ebenso effektiv sind wie Schleierfahndungen.

Damit scheiden also verdachtsabhängige Maßnahmen als mildere Alternative mit gleicher Effektivität aus. Es stellt sich jedoch noch die Frage, ob bei der Ausgestaltung der verdachtsunabhängigen Maßnahmen das Gebot der Erforderlichkeit hinreichend beachtet wurde.

Grundsätzlich sind die Befragungsnormen ohne Auskunftspflicht aufgrund des Unterbleibens eines Eingriffs in das Recht auf informationelle Selbstbestimmung sehr milde Mittel. Die Befragungsnormen mit Auskunftspflicht stellen einen Eingriff in das Recht auf informationelle Selbstbestimmung dar. Die Identitätsfeststellungsnormen eröffnen die Möglichkeit, den Betroffenen zu durchsuchen, ihn erkennungsdienstlich zu behandeln, festzuhalten, zu sistieren und gegebenenfalls in Gewahrsam zu nehmen und bewirken damit über den Eingriff in das Recht auf informationelle Selbstbestimmung hinaus auch einen Eingriff in das Recht der Freiheit der Person.

Unterschiede zwischen den Normen werden vor allem dann offenbar, wenn der Betroffene nicht freiwillig Auskunft erteilt. Die Befragungsnormen ohne Auskunftspflicht sind in solchen Fällen nur bedingt hilfreich, da eine Auskunft nicht erwirkt werden kann. Ergeben sich aus dem Verhalten und der Situation der Befragung keine Anhaltspunkte auf das Vorliegen eines Gefahrenverdachtes, ist die Maßnahme gescheitert. Dem Verlangen nach Aushändigen mitgeführter Ausweispapiere kann sich der Betroffene dadurch entziehen, daß er behauptet, keine mitzuführen, wozu er auch nicht verpflichtet ist, außer er ist Fahrer eines Kraftfahrzeugs (dann besteht die Verpflichtung zum Mitführen des Führerscheins) oder eine Grenze wurde überschritten. Liegen von dem Betroffenen keine Daten vor, kann auch kein Datenabgleich vorgenommen werden. Die

---

[1145] *Müller-Terpitz,* DÖV 1999, 329 (335).

Inaugenscheinnahme mitgeführter Sachen ist in diesem Fall die einzige Möglichkeit, die verbleibt, um effektive Gefahrenabwehrmaßnahmen durchzuführen.

Die Befragungsnormen mit Auskunftspflicht eröffnen im Fall einer Verweigerung der Mitwirkung die Möglichkeit, strafprozessual vorzugehen und auf diesem Weg eine Identitätsfeststellung durchzuführen, um den Verstoß gegen § 111 OWiG ahnden zu können. Auf diese Weise kann dann zumindest mit den gewonnenen Daten ein Datenabgleich vorgenommen werden.

Die Identitätsfeststellungsnormen lassen, will der Betroffene keine Angaben zu seiner Identität machen, Maßnahmen bis hin zum Identitätsgewahrsam zu, sehen also mannigfaltige Möglichkeiten zur Identitätsfeststellung vor, sollte der Betroffene Angaben verweigern.

Da Maßnahmen aufgrund von Befragungsnormen mit Auskunftspflicht ebenso wie Identitätsfeststellungsmaßnahmen ein „Drohpotential" beinhalten, sind beide gleichermaßen effektiv.[1146]

Die Befragungsnormen haben aber den Vorteil, daß auch nach sachdienlichen Hinweisen gefragt werden darf, während dies nach den Identitätsfeststellungsnormen nicht zulässig ist. Nach den Befragungsnormen ist es zudem statthaft, das Verkehrsmittel in Augenschein zu nehmen, was nach den Identitätsfeststellungsnormen lediglich bei einer Durchsuchung nach Ausweispapieren geschehen darf – womit allenfalls Zufallsfunde gemacht werden können.

Sinnvoll ist eine Identitätsfeststellung allerdings im Prinzip ausschließlich dann, wenn ihr ein Datenabgleich folgt – ansonsten wäre fast keine Abschreckungswirkung zu erzielen.[1147]

Als Tendenz läßt sich daher im Rahmen der Prüfung der Erforderlichkeit der Schleierfahndungsnormen festhalten, daß Maßnahmen auf der Basis von Befragungsnormen mit einer Auskunftspflicht zu den Personalien zur Zielerreichung ebenso geeignet sind wie Identitätsfeststellungsmaßnahmen, aber im Vergleich zu diesen ein milderes Mittel darstellen. Dem Gesetzgeber steht jedoch eine Einschätzungsprärogative bei der Wahl seiner Maßnahmen zu. Geht er davon aus, daß eine Identitätsfeststellung gleich geeignet ist wie eine Befragung mit Auskunftspflicht, ist diese Einschätzung noch akzeptabel und die Identitätsfeststellungsnormen daher nicht verfassungswidrig.

Auch in bezug auf die Auswahl der Örtlichkeiten und das Erfordernis eines Lagebildes oder des Vorliegens bestimmter polizeilicher Erfahrungen gibt es unterschiedlich schwere beziehungsweise milde Maßnahmen. Welche dieser Maßnahmen besonders effektiv und zugleich milder als andere Schleierfahndungsmaßnahmen sind, läßt sich anhand des derzeit vorhandenen empirischen

---

[1146] *Heckmann*, FS Steinberger, S. 467 (488).
[1147] LVerfGH Sachsen, Urteil vom 10.7.2003 – Vf. 43-II-00, S. 32.

Materials nicht sagen. Eine Begrenzung der Schleierfahndung auf Maßnahmen im Grenzgebiet (und nicht auch auf Durchgangsstraßen oder in öffentlichen Einrichtungen des internationalen Verkehrs) wäre beispielsweise nicht ebenso effektiv wie die derzeitigen Regelungen, denn auch auf Durchgangsstraßen oder in öffentlichen Einrichtungen des internationalen Verkehrs kann es zu grenzüberschreitender Kriminalität kommen und auch dort können Erfolge bei der Kriminalitätsbekämpfung erzielt werden.[1148] Eine Beschränkung lediglich auf Bundesstraßen könnte vom potentiellen Täter „umfahren" werden. Für den betroffenen Bürger würde sich eine örtliche Beschränkung der Schleierfahndung im übrigen nur dann als ein milderes Mittel darstellen, wenn sich für ihn damit die Wahrscheinlichkeit einer Kontrolle verringerte.[1149]

Da dem Gesetzgeber ein weiter Einschätzungs- sowie Prognosespielraum zusteht, der nur dann verletzt wird, wenn ein eindeutig milderes, aber gleich effektives Mittel zur Verfügung steht,[1150] ist im Ergebnis die Erforderlichkeit der Schleierfahndungsnormen zu bejahen.

### dd) Zur Verhältnismäßigkeit der Schleierfahndung im engeren Sinne

Im Rahmen der Verhältnismäßigkeit im engeren Sinne ist zu prüfen, ob die Beeinträchtigung, die ein Eingriff für den einzelnen bedeutet, in einem angemessenen Verhältnis zu dem mit dem Eingriff verfolgten Zweck steht.[1151]

Da Schleierfahndungsmaßnahmen einen Eingriff in das Recht auf informationelle Selbstbestimmung darstellen, ist zu beachten, daß ein solcher nur im überwiegenden Allgemeininteresse hingenommen werden muß.[1152]

Zunächst sollen hier die beiden sich gegenüberstehenden Interessen gegeneinander abgewogen werden – auf der einen Seite das Recht auf informationelle Selbstbestimmung und andererseits die Aufgabe der Bekämpfung der grenzüberschreitenden Kriminalität. Würde beispielsweise die Aufgabe der Bekämpfung grenzüberschreitender Kriminalität – abstrakt betrachtet – das Recht auf informationelle Selbstbestimmung überwiegen, so wären die Normen zur Schleierfahndung unproblematisch angemessen. Überwiegt dagegen keines der

---

[1148] BayVerfGH NVwZ 2003, 1375 (1377).

[1149] *Heckmann,* FS Steinberger, S. 467 (489).

[1150] BVerfGE 77, 84 (106); SächsVerfGH JZ 1996, 957 (960); *Stern,* Band III/2, § 84 II 4, S. 782. Siehe auch schon Anm. 1136. A. A. *Lisken,* ZRP 1990, 15 (16), der eine Rechtfertigung eines Eingriffs in die Freiheit des Bürgers nur annimmt, wenn die polizeiliche Maßnahme nachweislich für den Grundrechtsschutz notwendig ist.

[1151] *Pieroth/Schlink,* Rdnr. 310.

[1152] BVerfGE 65, 1 (44); 67, 100 (143); 78, 77 (85); 84, 239 (279 f.); 85, 219 (224); BayVerfGH BayVBl. 1995, 143 (144).

beiden Interessen das andere, so ist auf die konkrete Ausgestaltung der Normen zu achten.

So ist im Hinblick auf das von einer Maßnahme negativ betroffene Individualinteresse zu berücksichtigen, wie die Einschreitschwellen ausgestaltet sind, wie viele Betroffene es geben kann und wie intensiv die möglichen Beeinträchtigungen sind. Im Hinblick auf das mit einer Maßnahme verfolgte Allgemeininteresse ist vor allen Dingen das Gewicht der verfolgten Belange und die Wahrscheinlichkeit und Größe des Gefahreneintritts zu berücksichtigen.[1153] Die so zu berücksichtigenden Individualinteressen und Allgemeininteressen müssen in einem angemessenen Verhältnis zueinander stehen.[1154] Je stärker Schleierfahndungsmaßnahmen in Grundrechte eingreifen, desto schwerer muß der mit ihnen verfolgte Zweck wiegen. Ob danach die Verhältnismäßigkeit der Schleierfahndungsnormen bejaht werden kann, ist lebhaft umstritten.[1155]

*(1) Die Güterabwägung im Rahmen der Zweck-Mittel-Relation*

Hier stehen sich auf der einen Seite das Recht auf informationelle Selbstbestimmung des im Rahmen einer Schleierfahndung Betroffenen und andererseits die legitime Aufgabe der Bekämpfung der grenzüberschreitenden Kriminalität gegenüber. Je höherwertig das vom Gesetzgeber angegebene Ziel einer Norm einzuschätzen ist, desto eher ist die Mittel-Zweck-Relation gewahrt.

Das Recht auf informationelle Selbstbestimmung wurde oben schon vorgestellt, das Ziel der Schleierfahndung – die Bekämpfung der grenzüberschreitenden Kriminalität – ebenfalls. Im Rahmen der Verhältnismäßigkeitsprüfung sind jedoch allein verfassungsrechtliche Aspekte von Bedeutung, diese wurde für die Bekämpfung der grenzüberschreitenden Kriminalität noch nicht dargestellt. Daher ist nun zunächst zu klären, welche Wertigkeit die Aufgabe der Bekämpfung der grenzüberschreitenden Kriminalität verfassungsrechtlich hat.

---

[1153] BVerfGE 100, 313 (375 f.); LVerfG MV LKV 2000, 149 (153); BayVerfGH NVwZ 2003, 1375 (1377); LVerfGH Sachsen, Urteil vom 10.7.2003 – Vf. 43-II-00, S. 42.

[1154] BVerfGE 95, 173 (183); LVerfG MV DVBl. 2000, 262 (264).

[1155] Die Verhältnismäßigkeit wird beispielsweise abgelehnt von *Stephan,* DVBl. 1998, 81 (83 ff.) und *Lisken,* NVwZ 1998, 23 f., dagegen von *Beinhofer,* BayVBl. 193 (197), *Moser von Filseck,* Die Polizei 1997, 70 (72), *Schenke,* Besonderes Verwaltungsrecht, Rdnr. 81 und *Walter,* Die Polizei 1999, 33 (37) bejaht.

*(2) Zur Frage einer Pflicht des Staates zur Gewährleistung*
   *„Innerer Sicherheit"*

Gefahrenabwehr ist eine (seit Thomas Hobbes anerkannte) Staatsaufgabe,[1156] die zum Ziel hat, die Bürger vor Kriminalität, genauer vor einer Verletzung ihrer Individualrechtsgüter wie Leben, körperlicher Unversehrtheit und Eigentum zu schützen. Diese Staatsaufgabe wird sogar als eine Hauptaufgabe eines Staates angesehen.[1157] Seit der Abschaffung des Faustrechts ist der einzelne existentiell darauf angewiesen, daß seine individuellen Rechtsgüter durch den Staat geschützt werden.[1158] Das Gewaltmonopol des Staates ermöglicht eine dauerhafte Sicherung der Rechtsordnung und ist somit Legitimationsgrund für Maßnahmen zur Herstellung der Inneren Sicherheit.[1159]

Darüber hinaus ist die Gefahrenabwehr, die Gewährung „Innerer Sicherheit", Teil einer staatlichen Schutzpflicht. Zwar findet sich explizit im Grundgesetz keine ausdrückliche Normierung eines Schutzzweckes „Innere Sicherheit". Weder ist der Begriff der „Sicherheit" im Grundgesetz definiert, noch ist die Gewährleistung „Innerer Sicherheit" als Staatsziel explizit im Grundgesetz verankert.[1160] Jedoch ist die Schutzpflicht des Staates als Bestandteil des ungeschriebenen Verfassungsrechts anerkannt.[1161] Die Ableitung erfolgt nach überwiegender Meinung aus einer Gesamtbetrachtung der Verfassung[1162] unter Einbeziehung einzelner Grundrechte.[1163] Die Grundrechte sind historisch betrachtet in erster Linie als Abwehrrechte gegen staatliches Handeln (sogenannter „status negativus") angesehen worden.[1164] Dementsprechend lag der Schwerpunkt bei

---

[1156] *Hobbes,* Leviathan oder Wesen, Form und Gewalt des kirchlichen und bürgerlichen Staates, 1651. Siehe auch *Di Fabio,* Jura 1996, 566 (567); *Kutscha,* LKV 2003, 114. Ein historischer Überblick findet sich bei *Calliess,* ZRP 2002, 1 (2 f.).

[1157] *Krölls,* GewArch 1997, 445 (448) bezeichnet die Aufgabe des Schutzes der Inneren Sicherheit als eine „fundamentale, originäre Aufgabe des modernen Staates." Ebenso *Schoch,* Polizeirecht, Rdnr. 20; *Trute,* Gedächtnisschrift Jeand'Heur, S. 403 (413); *Würtenberger,* Besonderes Verwaltungsrecht, Rdnr. 1, 19 („unverzichtbare Grundfunktion des demokratischen Rechtsstaates"); *Zippelius,* § 17 II.

[1158] *Beinhofer,* BayVBl. 1995, 193 (196); *Möstl,* S. 42 ff.; *Saipa/Wahlers/Germer,* NdsVBl. 2000, 285 (288); *Schoch,* Polizeirecht, Rdnr. 2, 20; *Würtenberger/Heckmann/Riggert,* Rdnr. 22.

[1159] *Würtenberger,* Freiheit und Sicherheit, S. 15.

[1160] Die Staatsaufgabe Innere Sicherheit kommt im Grundgesetz kaum zum Ausdruck, sie klingt allenfalls in Art. 13 IV, VII, 35 II, 73 Nr. 10b, 87 I, 91 GG an.

[1161] A. A. scheint *Gusy,* DÖV 1996, 573 (578) zu sein.

[1162] U. a. wird die Schutzpflicht aus einigen sicherheitsbezogenen Grundgesetzartikeln, den Kompetenznormen der Art. 73–75 GG und organisationsrechtlichen Bestimmungen wie Art. 35 II, 73 Nr. 1 GG deduziert. Vgl. *Böckenförde,* JA 1984, 325 (331).

[1163] *Hain,* JZ 2002, 1036 (1041 f.); *Isensee,* in ders., Handbuch des Staatsrechts, Band III, § 79 Rdnr. 2.

[1164] BVerfGE 1, 97 (104 f.); *Bleckmann,* § 11, Rdnr. 1; *Schmidt/Bleibtreu,* Vor Art. 1, Rdnr. 1; *Starck,* in von Mangoldt/Klein/Starck, Band I, Art. 1 III, Rdnr. 148.

der wissenschaftlichen Durchdringung der Grundrechte lange auf der Abwehr-rechtsfunktion, auch wenn anerkannt war, daß die Grundrechte eine objektive Werteordnung darstellen.[1165] In den 70iger Jahren wies das BVerfG in einer Reihe von Entscheidungen darauf hin, daß sich aus dem Schutz der Menschen-würde und den Grundrechten als eben dieser objektiven Werteordnung eine konkrete Handlungspflicht des Staates ergibt.[1166] So stellte das BVerfG fest: „Die Sicherheit des Staates als verfaßter Friedens- und Ordnungsmacht und die von ihm zu gewährleistende Sicherheit seiner Bevölkerung sind Verfassungs-werte, die mit anderen im gleichen Rang stehen und unverzichtbar sind, weil die Institution Staat von ihnen die eigentliche und letzte Rechtfertigung herlei-tet."[1167] Neben der Leistungs- und Teilhabefunktion haben die Grundrechte auch die Funktion des Schutzes vor Dritten, insbesondere im Hinblick auf das Leben und die Gesundheit der Bürger.[1168] Schutzpflichten aus Grundrechten sollen vor einer Bedrohung der grundrechtlich geschützten Werte durch An-griffe von Dritten (dem Staat oder Privaten) schützen beziehungsweise solche Angriffe abwehren.[1169] Vor allem aber das Gewaltmonopol des Staates, das dem Bürger grundsätzlich verbietet, zum Schutz seiner Rechtsgüter Gewalt an-zuwenden, gebietet es, daß der Staat diese Angriffe zu verhindern versucht.[1170] Diese Pflicht ist aufgrund der Autorität des Staates ureigenste Staatsaufgabe[1171] und hat als solche zu sichern, daß jeder die ihm gewährten grundrechtlichen Freiheiten ausüben kann, ohne vom Staat oder privaten Dritten gestört zu wer-den. Die Schutzpflicht des Staates besteht nicht nur bei Angriffen auf die kör-perliche Unversehrtheit, sondern vielmehr bei Angriffen auf alle grundgesetz-lich geschützten Rechtsgüter.[1172] So soll die „Innere Sicherheit" dem Schutz der von Art. 2 II S. 1 GG erfaßten Rechtsgüter Leben und körperliche Unver-sehrtheit ebenso dienen wie dem Schutz des durch Art. 14 I GG gewährleisteten

---

[1165] Erstmals BVerfGE 7, 198 (205). Siehe hierzu aus der Lehre *Isensee,* in ders., Handbuch des Staatsrechts, § 111 Rdnr. 77 f.

[1166] BVerfGE 39, 1 (41, Fristenlösung); 46, 160 (164, Schleyer); 49, 89 (141 ff., Kalkar); 53, 30 (57 ff., Müllheim-Kärlich); 88, 203 (Schwangerschaftsabbruch II). Siehe auch *Erichsen,* Jura 1997, 85 ff.

[1167] BVerfGE 49, 24 (56 f.).

[1168] *Lisken,* in Lisken/Denninger, C Rdnr. 9; *Winkler,* NWVBl. 2000, 287 (289); *Würtenberger/Heckmann/Riggert,* Rdnr. 27.

[1169] *Pieroth/Schlink,* Rdnr. 92; *Pitschas,* JZ 1993, 857. A. A. *Wulff,* S. 27, der der Sicherheit auch den Status eines Guts von Verfassungsrang abspricht.

[1170] BVerfGE 69, 315 (360); *Drews/Wacke/Vogel/Martens,* S. 2; *Saipa/Wahlers/Germer,* NdsVBl. 2000, 285 (287 f.); *Schoch,* Polizeirecht, Rdnr. 20; *Tettinger,* NWVBl. 2000, 281. Ausdrücklich wurde dieses Schutzprinzip in Art. 1 II BWVerf normiert: Der Staat hat die Aufgabe, den in seinem Gebiet lebenden Menschen Schutz zu gewähren.

[1171] Siehe oben Anm. 1157 sowie BVerfGE 39, 1; 53, 30; *Schoch,* Polizeirecht, Rdnr. 20.

[1172] *Klein,* NJW 1989, 1633 (1636); *Schwach,* S. 49.

Eigentums (zum Beispiel Schutz vor Dieben).[1173] Allgemein betrachtet kann also eine Schutzpflicht des Staates aus dem objektiven Gehalt der Verfassung abgeleitet werden.[1174] Diese Schutzpflicht des Staates gilt als Schlüsselbegriff[1175] – würde der Staat ihr nicht genügen, müßten die Bürger zur Selbsthilfe greifen.

Andere anerkennen zwar auch eine Schutzpflicht des Staates, leiten diese aber anders her. Sie nehmen an, die Schutzpflicht sei Ausfluß des abwehrrechtlichen Aspekts der Grundrechte, ein Element des Rechts- und Sozialstaatsprinzips und der Staatsaufgabe Sicherheit.[1176] Es gebe eine staatliche Pflicht, einen Raum zu schaffen, in dem die Wahrnehmung der Grundrechte überhaupt erst möglich sei.

Zwar ist die genaue dogmatische Herleitung der staatlichen Schutzpflichten, wie sie eben dargestellt wurde, umstritten, doch hat dieser Streit keine praktische Auswirkung, da mit der Anerkennung staatlicher Schutzpflichten noch nichts über deren inhaltlichen Umfang gesagt ist. Die staatliche Schutzpflicht ist an alle staatlichen Gewalten adressiert, allerdings wird ihnen bei der Wahl der konkreten Maßnahme ein breiter Gestaltungsspielraum zugestanden.[1177] Eine Konkretisierung der Schutzpflichten darf nur durch den Gesetzgeber erfolgen,[1178] der aber keine Regelungen treffen muß, die jegliche Gefährdung Privater mit absoluter Sicherheit ausschließen. Im Rahmen dieses großen politischen Freiraums ist auch ein Zurückbleiben hinter realisierbaren Schutzstandards verfassungsrechtlich legitim. Die Grenze ist erst dann erreicht, wenn der Kern der Sicherheitsaufgaben betroffen ist. So besteht keine Pflicht des Staates, die Schleierfahndung einzuführen, da auch die Polizeigesetze der Länder, die (derzeit) keine Schleierfahndungsnorm enthalten, die Gewährleistung eines ausreichenden Sicherheitsstandards ermöglichen.[1179] Das Untermaßverbot[1180] ist demnach nicht verletzt, wenn es keine Schleierfahndungsnorm gibt.

---

[1173] *Isensee,* in ders., Handbuch des Staatsrechts, Band V, § 111 Rdnr. 86, 93; *Klein,* DVBl. 1994, 489 ff.

[1174] *Manssen,* Rdnr. 49; *Pieroth/Schlink,* Rdnr. 92.

[1175] Siehe *Lisken,* NVwZ 1998, 22 (23).

[1176] *Isensee,* in ders., Handbuch des Staatsrechts, Band V, § 111 Rdnr. 83 f. Eine Übersicht über die verschiedenen Ansätze findet sich bei *Aulehner,* S. 431 ff.

[1177] BVerfGE 46, 160; 56, 54 ff.; *Murswiek,* JuS 1998, 184 (185); *Würtenberger/ Heckmann/Riggert,* Rdnr. 24.

[1178] BVerfGE 88, 203 (253 f.): „Es ist Aufgabe des Gesetzgebers, Art und Umfang des nur als Ziel von der Verfassung vorgegebenen Schutzes zu bestimmen."

[1179] A. A. *Kunkel* während der öffentlichen Anhörung von Sachverständigen zu dem Entwurf eines Ersten Gesetzes zur Änderung des Bundesgrenzschutzgesetzes, Protokoll der 87. Sitzung des Innenausschusses des Deutschen Bundestages vom 15.6.1998, S. 19.

[1180] BVerfGE 88, 203 (254 ff.); *Erichsen,* Jura 1997, 85 (88); *Greiner,* S. 38; *Isensee,* in ders., Handbuch des Staatsrechts, Band V, § 111 Rdnr. 167; *Merten,* S. 15 (25 ff.); *Würtenberger,* Besonderes Verwaltungsrecht, Rdnr. 20. Zur Pflicht zu polizei-

Bei der hier interessierenden Beurteilung der Verfassungsmäßigkeit der Schleierfahndungsregelungen geht es aber gerade um die gegenteilige Frage: Wie weit darf der Staat bei der Erfüllung seiner staatlichen Schutzpflicht gehen, inwiefern dürfen Grundrechte Dritter im Rahmen der Erfüllung dieser Schutzpflicht beeinträchtigt werden?[1181] Der Gesetzgeber hat bei der Erfüllung der Schutzpflicht gegenüber seinen Bürgern einen weiten Einschätzungs-, Wertungs- und Gestaltungsspielraum. Bei der Regelung der Reichweite der Schutzpflichten im Polizeirecht ist daher von entscheidender Bedeutung, wie der Gesetzgeber Art und Ausmaß der Gefahr und die Wertigkeit der zu schützenden Rechtsgüter einschätzt. Das Polizeirecht allgemein ist Ausfluß der Schutzpflicht des Staates, da Gefahren abgewehrt beziehungsweise Störungen beseitigt werden sollen, die unter anderem dem Bürger als Teil des Schutzgutes der öffentlichen Sicherheit und Ordnung drohen.[1182] Die staatliche Pflicht der Gewährleistung Innerer Sicherheit mittels polizeilicher Informationsvorsorge ist somit prinzipiell geeignet, einen Eingriff in das Recht auf informationelle Selbstbestimmung zu legitimieren.

Daß der Staat Risikovorsorge mittels langfristig geplanter Gefahrenvorsorge betreibt und nicht allein konkrete Gefahrenabwehrmaßnahmen ergreift, also sich nicht auf Maßnahmen beschränkt, die erst bei unmittelbar bevorstehender Gefährdung zulässig sind, ist prinzipiell zulässig. Die Gewährleistung von Sicherheit und Schutz für die Bevölkerung ist eine zentrale Aufgabe eines Staates, bei Zunahme illegaler Einwanderung und Ausweitung Organisierter Kriminalität kann die Innere Sicherheit nicht allein mit repressiven Mitteln aufrecht erhalten werden, es bedarf vielmehr eines umfassenden Netzes vorbeugender Maßnahmen.

Eine abstrakte Abwägung zwischen dem Recht auf informationelle Selbstbestimmung und der Schutzpflicht des Staates im Rahmen der Inneren Sicherheit ergibt keinen eindeutigen Vorrang des einen oder anderen Rechtsgutes.

Als Zwischenergebnis bleibt festzustellen: Es besteht eine Pflicht des Staates zur Gewährleistung der Inneren Sicherheit, jedoch ist deren Reichweite nicht festgelegt und ein eindeutiger Vorrang für den Schutz der Inneren Sicherheit oder das Recht auf informationelle Selbstbestimmung läßt sich nicht erkennen. Etwas anderes könnte sich zum einen aus den Landesverfassungen ergeben, zum anderen aus einer „Aufwertung" der Inneren Sicherheit durch die Anerkennung eines Grundrechtes auf Sicherheit.

---

lichem Einschreiten siehe *Knemeyer,* VVDStRL 35 (1977), 221 (249 ff., 261 ff.); *Wahl/Masing,* JZ 1990, 553 (556).

[1181] *Erichsen,* VVDStRL 35 (1977), 171 (192 ff.); *Rasch,* DVBl. 1987, 194 ff.; *Schenke,* Besonderes Verwaltungsrecht, Rdnr. 208 ff.; *Würtenberger,* Besonderes Verwaltungsrecht, Rdnr. 22.

[1182] *Bleckmann,* § 11 Rdnr. 208 f.

### (3) Zur Ableitung einer Pflicht zur Gewährung Innerer Sicherheit aus den Landesverfassungen

In Art. 99 BayVerf ist ausdrücklich eine Pflicht des Staates zur Gewährung der „Inneren Sicherheit" normiert. Jedoch gebietet auch diese Schutzpflicht nicht zwingend die Einführung beziehungsweise Aufrechterhaltung der Schleierfahndung zum Schutz der Bürger – auch hier steht die konkrete Ausformung des Schutzes und dessen Reichweite im Ermessen des Gesetzgebers, so daß sich auch aus der bayerischen Landesverfassung kein anderes Abwägungsergebnis ergibt.

### (4) Zur Frage der Existenz eines Grundrechts auf Sicherheit

Sicherheit ist für den Bürger ein elementares Gut, dementsprechend stellt sich die Frage, ob es „nur" eine objektive Schutzpflicht des Staates gibt oder darüber hinaus ein subjektives Grundrecht des einzelnen auf Sicherheit.[1183] Ausdrücklich im Grundgesetz erwähnt ist ein Grundrecht auf Sicherheit nicht. Im Laufe der Ausdifferenzierung der Gesellschaft nahm jedoch die Forderung nach staatlich garantierter Sicherheit zu.[1184] Gleichzeitig mit dem Zugewinn technischer Möglichkeiten, der auch neue Kriminalitätsformen wie die Organisierte Kriminalität mit sich brachte, stieg die Erwartungshaltung der Bürger, der Staat werde diese Entwicklungen steuern können. Klassische Gefahrenabwehr wurde immer mehr zum Sicherheitskonzept mit dem Ziel Risikobeobachtung, Risikosteuerung und Risikovorsorge. Nach Di Fabio[1185] ist dies die Renaissance der Sicherheitsaufgaben im heutigen Rechtsstaat.

Die Befürworter eines Grundrechts auf Sicherheit argumentieren, daß der Staat die originäre Aufgabe habe, eine Ordnung herzustellen, die den Bürgern ihre Grundrechtsausübung ermögliche.[1186] Darüber hinaus bestehe die Pflicht, die individuelle Grundrechtsausübung zu gewährleisten. Hieraus resultiere als Folge, daß der Bürger ein (Grund-)Recht darauf Sicherheit habe.

Die Existenz eines Grundrechts auf Sicherheit ist jedoch abzulehnen: Der Schutz des Rechtes auf Sicherheit eines Bürgers könnte nur durch Eingriffe in den Schutz anderer Rechtsgüter anderer Bürger gewährleistet werden, würde also einen Schutz der Freiheit einzelner durch die Beschneidung der Freiheit anderer bedeuten. Hätte der Bürger ein Grundrecht auf Sicherheit, entstünde ein Grundrecht auf staatlichen Eingriff in andere Grundrechte, womit die Grundrechte in ihrer Grundfunktion ausgehebelt wären.[1187] Der Bürger hat zwar einen

---

[1183] So *Isensee*, S. 33 f.; *Peters*, Personenkontrollen, S. 155 ff.; *Robbers*, S. 13 ff.
[1184] Siehe *Luhmann*, S. 390 f.
[1185] *Di Fabio*, Risikoentscheidungen, S. 27.
[1186] *Isensee*, S. 33; *Schwach*, S. 51; *Wielsch*, S. 32.

Anspruch darauf, seine Grundrechte ausüben zu können, und es besteht die Pflicht des Staates, sich schützend und fördernd vor das Individuum zu stellen.[1188] Diese Schutzpflicht stellt jedoch kein eigenständiges Grundrecht dar, sie gilt nicht nur gegenüber dem einzelnen, sondern gegenüber der Gesamtheit der Bürger und richtet sich damit an den Gesetzgeber.[1189]

Auch ein europarechtliches Grundrecht auf Sicherheit gibt es nicht; ein solches kann nicht aus Art. 29 EUV, 61 EGV und Art. 5 I EMRK abgeleitet werden. Europaweit findet sich kein Grundrecht auf Innere Sicherheit in den Verfassungen der Mitgliedsstaaten, und nur wenige Staaten kennen aus Grundrechten resultierende Schutzpflichten.[1190] In Art. 5 EMRK ist zwar ein Recht auf Sicherheit explizit verankert. Gemäß Art. 6 II, 46d EUV müssen EU-Organe die EMRK berücksichtigen. Auch der EuGH anerkennt die EMRK als Rechtsquelle für den europäischen Grundrechtsschutz.[1191] Darüber hinaus sichert Art. 6 EUV jedem ein Recht auf Freiheit und Sicherheit zu. Art. 29 I EUV und Art. 61 EGV sprechen vom Aufbau des Raumes der Freiheit, Sicherheit und des Rechts. Art. 29 II, 30 EUV und Art. 61 a, e EGV verpflichten, Maßnahmen zur Verbrechensbekämpfung zu ergreifen. Einzige Konsequenz dieser Normen ist jedoch die Verpflichtung der EU, Maßnahmen zur Gewährleitung der Inneren Sicherheit zu ergreifen. Aus ihnen resultiert nicht etwa ein europarechtliches Grundrecht auf Sicherheit.

Im Ergebnis besteht kein Grundrecht des Bürgers auf Sicherheit aus dem GG oder auf europäischer Ebene, wohl aber das Recht des Bürgers aus der im Grundgesetz beschriebenen Staatsaufgabe Sicherheit, daß ein Mindestsicherheitsstandard gewährleistet wird, und die Pflicht des Staates, die Sicherheit seiner Bürger zu schützen.[1192] Jedoch besteht kein Anspruch auf konkrete Gesetzgebung und existieren keine grundgesetzlichen Vorgaben hinsichtlich der Reichweite polizeilicher Regelungen. Bedient sich der Staat gestufter Eingriffsmaßnahmen, müssen diese jeweils angemessen sein.

Da die abstrakte Abwägung der beiden betroffenen Rechtsgüter zu keinem eindeutigen Ergebnis führt,[1193] ist nunmehr entscheidend, ob der konkrete Eingriff in das Individualinteresse informationelle Selbstbestimmung in einem angemessenen Verhältnis steht zu dem kollektiven Interesse an Innerer Sicherheit,

---

[1187] *Hansen,* KJ 1999, 231 (241); *Kniesel,* ZRP 1996, 482 (486); *Petri,* S. 125 f. Ähnlich auch *Kühling,* S. 53 (54).

[1188] BVerfGE 39, 1 (36).

[1189] BVerfGE 46, 160 (165).

[1190] *Petri,* S. 127.

[1191] *Schwach,* S. 57.

[1192] BVerfGE 46, 214 (223).

[1193] So auch LVerfGH Sachsen, Urteil vom 10.7.2003 – Vf. 43-II-00, S. 44 und *Schwarz,* ZG 2001, 246 (265).

also eine praktische Konkordanz besteht. Besondere Beachtung verdienen dabei die Gestaltung der Eingriffsschwellen, die Größe der Gefahr und die Wahrscheinlichkeit der Gefahrrealisierung sowie die Zahl der Betroffenen, die Intensität der Beeinträchtigung und das Gewicht der gesetzgeberischen Ziele.[1194]

Daher gilt es nun zu untersuchen, ob die Schleierfahndungsnormen insofern, als sie eine Kontrolle jeder Person an bestimmten Örtlichkeiten ermöglichen, eine angemessene Regelung darstellen.

*(5) Zur Angemessenheit einer „Jedermann-Kontrolle"
     ohne Vorliegen eines Gefahrenverdachts*

Im Rahmen einer Schleierfahndung Betroffene dürfen kontrolliert werden, ohne daß von ihnen ein konkreter Gefahrenverdacht ausgehen muß oder sie sich in einer besonderen Gefahrennähe befinden müssen. Das bedeutet, daß für jedermann im Tatbestandsbereich eine Grundrechtsbeeinträchtigung möglich ist.

Kritiker der Schleierfahndung wenden daher ein, es gebe eine verfassungsrechtlich begründete Vermutung der Redlichkeit des Bürgers – entsprechend der Unschuldsvermutung nach dem Straf(prozeß)recht – die gebiete, daß nur Personen in Anspruch genommen werden dürfen, die sich verdächtig gemacht haben.[1195] Da bei der Schleierfahndung aber jedermann in Anspruch genommen werden dürfe und damit polizeipflichtig sei, liege den Schleierfahndungsnormen die Grundvermutung einer Unredlichkeit eines jeden zugrunde. Es drohe, daß jedermann zum potentiellen Störer abgestempelt werde.[1196] Jedermannkontrollen ohne Gefahrenverdacht seien ein rechtssystematischer Fremdkörper im Polizeirecht.[1197] Ähnlich argumentiert auch der hessische Landesdatenschutzbeauftragte: Es sei ein Wesensmerkmal des Rechtsstaates, daß Bürger außerhalb kon-

---

[1194] BVerfGE 100, 313 (375 f.); LVerfG MV DVBl. 2000, 262 (264).

[1195] *Lisken,* NVwZ 1998, 22 (24) mit Verweis auf *Weßlau,* S. 300, die wiederum auf *Dencker,* FS Dünnebier, S. 447 (461) verweist. Die drei genannten Autoren vertreten die These, das strafrechtliche Prinzip der Unschuldsvermutung sei auf das Polizeirecht übertragbar. Diese Argumentation wurde von vielen ohne eigene Begründung aufgenommen, siehe nur *Dittes* (PDS-Fraktion), Plenarprotokoll des Thüringer Landtages 3/6 vom 16.12.1999. Ebenso *Augstein,* SZ vom 29.4.1999, S. 13; *Roggan,* Handbuch, S. 140. Etwas abgeschwächter *Möllers,* NVwZ 2000, 382 (385): Die Schleierfahndung mache den polizeilichen Notstand zum Regelfall. Immerhin eine Begründung für die Annahme der Redlichkeitsvermutung findet sich bei *Schnekenburger,* BayVBl. 2001, 129 (133), der davon ausgeht, daß sich eine Redlichkeitsvermutung aus dem Menschenwürdegrundsatz des Grundgesetzes ergebe. Die Menschenwürde sei zwar kein eigenes Grundrecht, fließe aber in die Interpretation des Rechts auf informationelle Selbstbestimmung ein. Sehr kritisch zu diesem Ansatz, es handle sich um ein Konstitutionsprinzip des Grundgesetzes, *Schwabe,* NVwZ 1998, 709 (710).

[1196] *Pitschas,* Die Verwaltung 2000, 111 (131).

[1197] *Lisken,* ZRP 1990, 15 (19).

kreter Verdachts- und Gefahrenlagen unbehelligt blieben.[1198] Die Schleierfahndung sei daher eine Maßnahme eines Polizeistaates.[1199]

Diese Ansichten verkennen, daß auch nach klassischem, rechtsstaatlich anerkanntem Polizeirecht Nichtstörer in Anspruch genommen werden dürfen, für die ebenfalls diese „Redlichkeitsvermutung" gelten müßte. Die Inanspruchnahme von Nichtstörern wird unter bestimmten Umständen als geboten und legitim erachtet um angemessen gefahrenabwehrend reagieren zu können.[1200] Zugegebenermaßen sind die Voraussetzungen einer Nichtstörerinanspruchnahme nach klassischem Polizeirecht recht hoch. Die Inanspruchnahme eines Nichtstörers ist nur zulässig, wenn ein Einschreiten zur Abwehr einer gegenwärtigen (erheblichen) Gefahr notwendig ist. Sie ist nur statthaft, wenn die Gefahrensituation nicht anderweitig beseitigt werden kann, was bedeutet, daß Maßnahmen gegen den Störer nicht (rechtzeitig) möglich oder nicht erfolgversprechend sein dürfen und die Polizei keine Möglichkeit haben darf, die Gefahr (rechtzeitig) mit eigenen Mitteln oder durch Beauftragte abzuwehren. Ferner ist eine Nichtstörerinanspruchnahme nur statthaft, wenn dem Nichtstörer keine erhebliche Eigengefährdung oder Verletzung höherwertiger Pflichten abverlangt wird.[1201] Daher wird auch gefordert, daß nur in diesen Fällen ein Eingriff statthaft sei, sonst aber gegenüber Unbeteiligten gar nicht.[1202]

Als Konsequenz läßt sich festhalten, daß die Polizeipflichtigkeit einer Person nicht bedeutet, daß sie Störereigenschaft aufweisen muß. Zudem ist die Annahme, bei der Schleierfahndung werde jedem Bürger ein konkreter Gefahrenverdacht nachgesagt, falsch. Es wird gerade kein Verdacht erhoben, man könne Störer sein; vielmehr sollen Kenntnisse zur grenzüberschreitenden und Organisierten Kriminalität erlangt werden, deren Täter abgeschreckt werden sollen und die damit konkret bekämpft werden soll.[1203]

---

[1198] Ähnlich *Stephan,* DVBl. 1998, 81 (83): „Es ist eine eherne Grundregel des Polizeirechts, nur bei Gefahrenlagen präventiv einzuschreiten." Bedenken zur Nichtstörerinanspruchnahme auch schon bei *Hoffmann-Riem,* JZ 1978, 335 (337): „Verfassungsrechtlich gilt das Gebot möglichster Schonung des Nichtstörers." Ähnlich auch *Ruder/Schmitt,* Rdnr. 558 b.

[1199] 37. Tätigkeitsbericht des hessischen Datenschutzbeauftragten, LT-Drs. 15/0023, S. 36. Ähnlich auch *Roggan,* Verpolizeilichung, S. 77 (81); *ders.,* NVwZ 2001, 134 (140).

[1200] Grundsätzlich gegen die Annahme einer verfassungsrechtlich verankerten Redlichkeitsvermutung im Polizeirecht LVerfGH Sachsen, Urteil vom 10.7.2003 – Vf. 43-II-00, S. 44; BayVerfGH NVwZ 2003, 1375 (1378); *Müller-Terpitz,* DÖV 1999, 329 (335); *Schwabe,* NVwZ 1998, 709 (710 f.) und mit anderer Begründung auch LVerfG MV DVBl. 2000, 262 (265).

[1201] *Alberts,* ZRP 1990, 147.

[1202] *Benda,* Rdnr. 27 f.; *Lisken,* NVwZ 1998, 22 (24).

[1203] *Heckmann,* FS Steinberger, S. 467 (491); *Kastner,* VerwArch 92 (2001), 216 (251); *Müller-Terpitz,* DÖV 1999, 329 (335).

Selbst in Gefahrensituationen ist es – insofern wird der Abwehr einer Gefahr Vorrang eingeräumt – zulässig, einen vermeintlichen Störer, der mit der Gefahrenlage überhaupt nichts zu tun hat, als Anscheinsstörer in Anspruch zu nehmen.

Eine vergleichbare Situation ist diejenige der Inanspruchnahme einer Person aufgrund einer abstrakten Gefahr. Im Polizeirecht ist allgemein anerkannt beziehungsweise gesetzlich verankert, daß zum Beispiel auch gegen abstrakte Gefahren vorgegangen werden kann und damit auch gegenüber Personen, die weder einen konkreten Gefahrenverdacht erregen noch Nichtstörer sind.[1204] Andere gehen dagegen davon aus, daß prinzipiell ein Vorgehen im Vorfeld nur bei einer konkreten Gefahr zulässig sei.[1205] Das Recht auf „Privatheit" stehe einer Inanspruchnahme entgegen – im Vorfeld seien lediglich organisatorische Vorbereitungen ohne Eingriffscharakter zulässig.[1206] Polizeiliche Vorfeldarbeit sei eine zentrale Aufgabe einer liberal-rechtsstaatlichen Polizei.[1207] Würde gegen abstrakte Gefahren vorgegangen werden dürfen, sei eine materielle Begrenzungswirkung des betreffenden Gesetzes, welche durch Gerichte einer unabhängigen Kontrolle unterzogen werden könne, nicht mehr erkennbar.[1208] Ähnlich wird auch im Bereich des Strafprozeßrechts argumentiert: Eine Absenkung der Verdachtsschwelle des § 152 II StPO sei bedenklich.[1209]

Nach diesen Ansichten ist es dem Gesetzgeber verwehrt, eine neue Polizeirechtsdogmatik zu entwickeln, die vom Gefahrenbegriff losgelöst ist. Warum dies so sein soll, leuchtet jedoch nicht ein. Nur dann, wenn zwingende Gründe wie beispielsweise ein verfassungsrechtliches Verbot der Loslösung vom Gefahrenbegriff bestünden, wäre diese Auffassung nachvollziehbar. Ein derartiges Verbot besteht aber, wie bereits gezeigt wurde, gerade nicht. Ganz im Gegenteil können sich aus der Schutzpflicht des Staates seinen Bürgern gegenüber sogar Pflichten ergeben, neuartige dogmatische Wege zu gehen, wenn diese eine verhältnismäßig geringfügige Beeinträchtigung der Rechte der Bürger, dafür aber

---

[1204] Zur historischen Entwicklung und dem heutigen Stand der Normen, die eine Inanspruchnahme von „Nicht-Störern" zulassen, siehe *Alberts,* ZRP 1990, 147 ff.

[1205] *Schoreit,* DRiZ 1991, 320 (325). Ähnlich auch *Merten,* ZRP 1988, 172 f.; *Lisken,* NWVBl. 1990, 325 (328 ff.). Die Begründung *Liskens,* NVwZ 1998, 22 (23 f.) lautet: Repressives Polizeihandeln sei nach § 152 StPO nur bei Vorliegen eines konkreten Tatverdachts erlaubt – dies sei ein Verfassungsprinzip und daher auf das Polizeirecht übertragbar. Mithin würde durch die Ermöglichung von Schleierfahndungen der „permanente Ausnahmezustand" verhängt.

[1206] *Lisken,* ZRP 1990, 15 (17).

[1207] So *Hund,* ZRP 1991, 463 ff. und NJW 1992, 2118 (2119 f.); *Lisken,* ZRP 1990, 15 (18) und ZRP 1994, 49 (51); *Müller,* StV 1995, 602 ff.; *Roggan,* Bürgerrechte & Polizei 2000, 70 ff.; *Schoreit,* DRiZ 1991, 320 (322 ff.).

[1208] *Gusy,* StV 1993, 269 (273).

[1209] *Hund,* ZRP 1992, 463 (464) nennt als Beispiele: Ermittlungen gegen Personen mit luxuriösem Lebensstil, der ersichtlich den Einnahmequellen nicht entspricht; Ermittlungen gegen Personen, die verrufene Gaststätten besuchen.

einen signifikanten Gewinn an Sicherheit bewirken. Informationsvorsorge kann der vorbeugenden Bekämpfung von Straftaten und der Abwehr künftiger Gefahren dienen und ist, solange sie verhältnismäßig ist, rechtsstaatliches polizeiliches Handeln.[1210]

Für die Beantwortung der Frage der Zulässigkeit von Gefahrenvorsorgemaßnahmen im Polizeirecht bietet sich ein Blick auf das Umweltrecht als Teil des Sonderordnungsrechts an.[1211] Im Umweltrecht ist anerkannt, daß ein Eingreifen im Vorfeldbereich zulässig ist, wenn ein Abwarten bis zu einer sicheren Gefahrenprognose unzumutbar wäre, da Risikozusammenhänge (noch) nicht bekannt sind.[1212] Risikovorsorge und Informationsvorsorge im Gefahrenvorfeld werden hier durch den verfassungsrechtlichen Auftrag des Staates aus Art. 20a GG sowie grundrechtlichen Schutzpflichten, die Belange der Bürger und der Allgemeinheit zu schützen, gerechtfertigt. Grundlage einer Inanspruchnahme kann hier die abstrakte Gefährlichkeit des Verhaltens des Adressaten sein, unabhängig von seiner persönlichen Verantwortlichkeit. In der Diskussion um die Zulässigkeit von Vorsorgemaßnahmen im Umweltrecht wurde allerdings festgehalten, daß die Garantien des Verhältnismäßigkeitsprinzips für die Grundrechte der Bürger im Vorsorgebereich abnehmen.[1213] Ist der Zweck einer Maßnahme sehr weit, bringt auch eine Zweck-Mittel-Relations-Prüfung keine wirkliche Einschränkung der Anwendbarkeit der Norm. Im Umweltrecht – so wird zumindest befürchtet – besteht die Tendenz, daß Vorsorgetatbestände uferlos werden.[1214] Der Unterschied zum Polizeirecht liegt darin, daß im Umweltrecht in der Regel eine Beurteilung durch Sachverständige geboten ist, zumindest aber weitaus häufiger vorkommt als im Polizeirecht.[1215] Diese Sachverständigenkontrolle wird als wichtiges Korrektiv angesehen. Im Polizeirecht dagegen beruht die Einschätzung der Lage im Vorsorgebereich auf kriminalistischer Erfahrung.[1216]

---

[1210] Siehe hierzu auch *Pitschas/Aulehner*, NJW 1989, 2353 (2355); *Pitschas*, JZ 1993, 857 (864 f.); *Scholz/Pitschas*, S. 157 ff.

[1211] Ähnlich argumentiert auch der LVerfGH Sachsen, Urteil vom 10.7.2003 – Vf. 43-II-00, S. 36 ff. Das Gericht vergleicht die Schleierfahndungssituation mit der Situation des Umweltrechts, wo anerkannt sei, daß weitgehend tatbestandslose Normen eines gesetzlichen Regelungsausgleichs in Form eines normativen Schutzkonzepts bedürften. Voraussetzungen für ein solches Konzept müssen nach LVerfGH Sachsen, Urteil vom 10.7.2003 – Vf. 43-II-00, S. 39 sein: Entwicklung auf übergeordneter Leitungsebene, eine kurzfristige Ausrichtung, Gewichtung sowie Begrenzung der vorgesehenen Kontrollen nach Ort und Häufigkeit. Wichtig sei auch die Dokumentation dieses Konzepts. Kritisch zur Übertragung des umweltrechtlichen Vorsorgeprinzips auf das Recht der Inneren Sicherheit *Calliess*, DVBl. 2003, 1096 ff.

[1212] *Di Fabio*, Jura 1996, 566 (570); *Kunig*, in von Münch/Kunig, Art. 2, Rdnr. 68; *Martens*, DÖV 1982, 89 (94); *Neumann*, S. 80 ff.; *Trute*, Gedächtnisschrift Jeand'Heur, S. 403 (414); *Wahl/Appel*, S. 1 (13 ff.); *Würtenberger*, Freiheit und Sicherheit, S. 15 (18).

[1213] *Trute*, Gedächtnisschrift Jeand'Heur, S. 403 (409).

[1214] *Trute*, Gedächtnisschrift Jeand'Heur, S. 403 (410).

[1215] Siehe auch *Wahl*, NVwZ 1991, 409 (410).

Übertragen auf das Polizeirecht würden die umweltrechtlichen Ansätze bedeuten, daß Vorfeldmaßnahmen dann unproblematisch zulässig wären, wenn die drohenden Gefahren ähnlich gewichtig sind wie die Gefahren im Umweltrecht und darüber hinaus mit Gefahrenabwehrmaßnahmen, die klassischem Polizeirecht entsprechen, nicht mehr abgewehrt werden könnten, da sie im Zeitpunkt des Gefahrenurteils nicht mehr erfolgreich zu bekämpfen wären. Im Fall der Schleierfahndungsnormen ist mit dem Zweck der Bekämpfung der Organisierten Kriminalität, zumindest aber der Verhinderung erheblicher Straftaten, ein gewichtiges Schutzgut betroffen.

Geht der Gesetzgeber davon aus, daß neue Kriminalitätsformen nur mit modernen Mitteln zu bekämpfen sind, da das klassische Instrumentarium bislang keine Wirkung gezeigt hat, ist diese Einschätzung nicht von vornherein fehlerhaft.[1217]

Ebenfalls zu bedenken ist, daß auch in anderen Rechtsgebieten außerhalb des Ordnungsrechts Jedermann-Inanspruchnahmen nicht völlig unüblich sind. Beispiele finden sich bei Schwabe, der anführt, daß Vertrauen zwar gut sei, oft aber Kontrollen auch ohne Verdacht oder Gefahr in Recht und Praxis vorgesehen seien, zum Beispiel bei der Steuerprüfung, in öffentlichen Verkehrsmitteln oder bei Prüfungsarbeiten.[1218]

Auch die Landesverfassungsgerichte gehen durchweg davon aus, daß polizeiliche Maßnahmen im Vorfeld konkreter Gefahren zulässig sind. Nach dem BayVerfGH sind Datenerhebungs- und Verarbeitungsnormen erst gar nicht dem Bereich der Gefahrenvorsorge zuzuordnen.[1219] Nach dem SächsVerfGH sind Informationserhebungen sowie die Informationsverarbeitung im Vorfeld von konkreten Gefahren verfassungsrechtlich unbedenklich zulässig und für eine effektive Polizeiarbeit unverzichtbar.[1220] Auch das LVerfG MV geht von einer ausnahmsweisen Zulässigkeit der Gefahrenvorsorge aus, allerdings seien Gefahrenschwellen erforderlich, um Blankoermächtigungen zu vermeiden.[1221]

---

[1216] *Trute,* Gedächtnisschrift Jeand'Heur, S. 403 (410).

[1217] Allgemein hierzu *Trute,* Gedächtnisschrift Jeand'Heur, S. 403 (415).

[1218] *Schwabe,* NVwZ 1998, 709 (710).

[1219] BayVerfGH DVBl. 1995, 347 (348 f.).

[1220] SächsVerfGH DVBl. 1996, 1423 (1428 ff.).

[1221] LVerfG MV DÖV 2000, 71 (75); siehe auch *Lisken,* NVwZ 1998, 22 (25). So nehmen Kritiker der Schleierfahndung aufgrund der „tatbestandslosen Ermächtigung" einen Verstoß gegen das in Art. 20 III GG verankerte Rechtsstaatsprinzip an, siehe *Hornmann,* Ergänzungsheft, § 18 Rdnr. 17; *Lisken,* NVwZ 1998, 22 ff.; *Pausch,* 3.2.8 (S. 182); *Stephan,* DVBl. 1998, 81 ff.; *Waechter,* DÖV 1999, 138 ff. Allgemein für Maßnahmen ohne konkreten Gefahrenverdacht bejaht dies auch *Kniesel,* Kriminalprävention, S. 133 (141). *Kühne,* Strafprozeßrecht, Rdnr. 380 äußert „erhebliche rechtsstaatliche Bedenken".

Bei den der Schleierfahndung ähnlichen Maßnahmen wie der Identitätsfeststellung an Kontrollstellen, gefährlichen oder gefährdeten Orten beruht die Inanspruchnahme des Kontrollierten ebenfalls lediglich auf dem Aufenthalt an einem bestimmten Ort und nicht auf einem bestimmten (verdächtigen) Verhalten des Kontrollierten.[1222] Aufgrund der Nähe der Schleierfahndungsnormen zu diesen Vorschriften wird sogar davon ausgegangen, daß die Schleierfahndung gar kein Novum im Polizeirecht darstelle.[1223] Der Unterschied zwischen einer abstrakten und einer konkreten Gefahr besteht nicht in einem Unterschied in bezug auf die Wahrscheinlichkeit des Eintritts einer Gefahr, sondern vielmehr in der Veränderung der Betrachtungsweise beziehungsweise des Bezugspunktes. Der abstrakten Gefahr liegt eine typische Situation mit einer gesicherten Wissensbasis zugrunde, so daß keine Einzelfallprognose erforderlich ist. Bei der Risikobekämpfung im Gegensatz zur Gefahrenbekämpfung sei zum Schutz hochrangiger Rechtsgüter eine Freiheitsbeschränkung möglich.[1224] Festzuhalten bleibt daher, daß auch bei Vorliegen einer lediglich abstrakten Gefahr (Vorfeld-) Maßnahmen zum Schutz hochrangiger Rechtsgüter zulässig sein können.

Bei dem Vergleich der Schleierfahndungsnormen mit anderen Normen, denen eine abstrakte Gefahr zugrunde liegt, fällt jedoch auf, daß bei den anderen Normen ein irgendwie gearteter Zusammenhang mit einer Gefahrensituation bestehen muß. So ist zum Beispiel eine Kontrolle auf der Basis einer Norm, die Kontrollen an gefährdeten Objekten gestattet, zulässig, wenn tatsächliche Anhaltspunkte dahingehend vorliegen, daß eine Explosion eines in der unmittelbaren Nähe zur Kontrollörtlichkeit gelegenen Gebäudes droht.[1225] Außerdem sind die Örtlichkeiten, an denen es zu Kontrollen kommen kann, deutlich weiter eingeschränkt, und es ist dem Bürger eher möglich, diese Orte zu meiden. Die ebenfalls der Schleierfahndung ähnliche Maßnahme der Verkehrskontrolle nach § 36 V StVO, die auch keine adressatenbezogene Maßnahme ist, findet jedoch im gesamten Verkehrsraum statt, ebenfalls ein weiter Raum, dem man sich allenfalls durch Nichtteilnahme am Straßenverkehr entziehen könnte. Bei der Verkehrskontrolle sind jedoch die Rechtsfolgen der Inanspruchnahme geringer.

---

[1222] Dies sieht auch LVerfG MV LKV 2000, 149 (153). In Schleswig-Holstein hat die Verkehrspolizei mangels Schleierfahndungsnorm die Kriminalitätsbekämpfung auf Autobahnen auf der Basis der Ermächtigungsgrundlage zur Durchführung von Razzien (Identitätsfeststellung an gefährlichen Orten) ausgedehnt, bei der aufgrund eines Lagebildes auffällige Fahrzeuge und Personen kontrolliert werden; vgl. 21. Tätigkeitsbericht des Landesbeauftragten für den Datenschutz in Schleswig-Holstein, 1998, 4.2.5. Dabei werden jedoch auch ganze Autobahnabschnitte zu gefährlichen Orten erklärt, siehe *Brenneisen/Martins,* DPolBl 2004, 30.

[1223] *Beinhofer,* BayVBl. 1995, 196; *Moser von Filseck,* Die Polizei 1997, 73; *Walter,* Die Polizei 1999, 33 (37); *Wolf/Stephan,* § 26 Rdnr. 22c.

[1224] BVerwG NVwZ 2003, 95 ff. anläßlich der Überprüfung einer Rechtsverordnung. Siehe hierzu *Trute,* Die Verwaltung 2003, 501 (503 ff.).

[1225] OVG Berlin, NJW 1986, 3223; *Möllers,* NVwZ 2000, 382 (383).

Möglich wäre natürlich, daß auch die Normen, die eine Inanspruchnahme eines Nichtstörers, eine Identitätsfeststellung an gefährlichen und gefährdeten Orten oder Verkehrskontrollen gestatten, rechtsstaatswidrig sind und eine Redlichkeitsvermutung auch diesen Regelungen entgegensteht. Da aber die Inanspruchnahme eines Nichtstörers im Polizeirecht kein Novum ist, bedürfte es einer sorgfältigen Begründung, warum solche Regelungen rechtsstaatswidrig sein sollen. Aus der Verfassung ergibt sich explizit keine allgemeingültige Redlichkeitsvermutung in sämtlichen Rechtsgebieten und daher auch keine Pflicht eines Zurechnungszusammenhangs.[1226] Auch Art. 6 II EMRK statuiert nur eine Unschuldsvermutung hinsichtlich strafender Maßnahmen, um die es im Polizeirecht aber gerade nicht geht.

Hund argumentiert diesbezüglich mit der Menschenwürde: Der Bürger habe das Recht auf einen unangetasteten Bereich privater Lebensgestaltung. Allerdings anerkennt auch Hund, daß dieses Recht sich nicht unmittelbar aus Art. 1 GG ergibt, sondern das Resultat einer Abwägung verschiedener Grundrechtsgewährleistungen unter Berücksichtigung des Verhältnismäßigkeitsprinzips ist. Trotzdem kommt er zu dem Ergebnis, daß sämtliche Vorfeldaktivitäten außer denen des Staatsschutzes unzulässig seien.[1227] Im Ergebnis ist auch diesem Einwand entgegenzuhalten, daß die Inanspruchnahme von jedermann nicht bedeutet, der Inanspruchgenommene sei ein potentieller Straftäter. Auch die Inanspruchnahme eines Betroffenen im Rahmen einer Identitätsfeststellung bedeutet nicht, diesen für einen Straftäter zu halten. Ein Menschenwürdeverstoß ist nicht zu erkennen.[1228] Die Durchführung einer Schleierfahndung degradiert den Betroffenen nicht zu einem bloßen Objekt[1229] staatlichen Handelns.[1230] Es wäre verfassungswidrig, ohne konkrete Verdachtsmomente in den Kernbereich der Menschenwürde einzugreifen, wie dies zum Beispiel bei einer verdachtsunabhängigen längerfristigen Observation oder der Erstellung von Bewegungsbildern der Fall wäre. Unterhalb der Schwelle zum Eingriff in den Kernbereich der Menschenwürde kann es aber Maßnahmen geben, die einen so geringen Eingriff darstellen, daß eine Rechtfertigung durch den polizeilichen Auftrag zur

---

[1226] BayVerfGH NVwZ 2003, 1375 ff.; SächsVerfGH S. 42 ff. und ebenso *Heckmann,* FS Steinberger, S. 467 (494); *Möllers,* NVwZ 2000, 382 (385 f.); *Trute,* Die Verwaltung 2003, 501 (519).

[1227] *Hund,* NJW 1992, 2118 (2119 f.).

[1228] LVerfG MV DVBl. 2000, 262 (265) sowie *Schwabe,* NVwZ 1998, 709 (710 f.), *Soria,* NVwZ 1999, 270 (271) und *Trute,* Gedächtnisschrift Jeand'Heur, S. 403 (414). Menschenwürdegarantien finden sich ebenfalls in den Landesverfassungen, beispielsweise in Art. 100 BayVerf. *Lisken,* NVwZ 1998, 22 (23 f.) und *Schnekenburger,* BayVBl. 2001, 129 (133) gehen aufgrund der von ihnen konstruierten Redlichkeitsvermutung, die sie unter anderem aus der Menschenwürdegarantie ableiten, jedoch von einem Verstoß aus.

[1229] Sogenannte Objektformel des BVerfG; siehe BVerfGE 50, 166 (175); 72, 105 (115 f.); 87, 209 (228) sowie *Jarass/Pieroth,* Art. 1 Rdnr. 5, 7.

[1230] So auch *Lambiris,* S. 67 für verdachts- und ereignisunabhängige Maßnahmen.

Gefahrenvorsorge und vorbeugenden Verbrechensbekämpfung möglich ist.[1231] Als solche Maßnahmen sind auch Schleierfahndungen zu klassifizieren.

Das Volkszählungsurteil hat klar gemacht, daß dem Betroffenen das Recht, über die Verwendung seiner Daten zu entscheiden, unabhängig davon zusteht, ob er unbescholten ist oder nicht.[1232] Eine Einschränkung ist zwar grundsätzlich zulässig, aber nur dann, wenn überwiegende Allgemeininteressen vorliegen.

Das LVerfG MV geht davon aus, ein fehlender Zurechnungszusammenhang zwischen dem Betroffenen und der Gefährdung eines geschützten Rechtsgutes mache die Norm verfassungswidrig.[1233] Es sei von Verfassungs wegen geboten, daß polizeirechtliche Normen entweder aufgrund des Adressaten der Norm oder der Örtlichkeit in einem Zurechnungszusammenhang mit einer Gefahrensituation stünden.[1234] Der einzelne müsse von Maßnahmen verschont bleiben, die nicht durch eine hinreichende Beziehung zwischen ihm und einer Gefährdung eines zu schützenden Rechtsguts oder eine entsprechende Gefahrennähe legitimiert seien. Bei einer Identitätsfeststellung an gefährlichen oder gefährdeten Orten halte sich der Betroffene an Orten auf, die typischerweise gefahrenträchtig seien, eine Durchgangsstraße sei dagegen typischerweise nicht gefahrenträchtig.[1235] Dagegen bestehe im Grenzgebiet und in öffentlichen Einrichtungen des internationalen Verkehrs eine örtliche Sondersituation, da die Örtlichkeiten durch ihre Grenznähe definiert seien.[1236]

Ob die Örtlichkeit, an der ein Betroffener in Anspruch genommen wird, tatsächlich eine Gefährlichkeit bedingt oder nicht, ist keine Frage der Möglichkeit der Inanspruchnahme von jedermann, sondern vielmehr eine Frage der Angemessenheit der Kontrolle an den vom Gesetz vorgesehenen Örtlichkeiten. Daher ist erst bei der Beantwortung der Frage der Angemessenheit der Örtlichkeiten weiter unten (S. 303) zu dieser Frage Stellung zu nehmen. Vielmehr ist davon auszugehen, daß die prinzipielle Inanspruchnahme objektiv redlicher Personen zulässig ist, ihre Angemessenheit also nicht pauschal abgelehnt werden darf. Der Zurechnungszusammenhang ist ein Abwägungskriterium innerhalb der Ver-

---

[1231] *Würtenberger,* Freiheit und Sicherheit, S. 15 (25).

[1232] Daher kann hier auch nicht der Grundsatz gelten, der unbescholtene Bürger habe nichts zu verbergen.

[1233] LVerfG MV DVBl. 2000, 262 (265).

[1234] LVerfG MV DVBl. 2000, 262 (265); zustimmend *Castillon,* S. 172; ähnlich *Hornmann,* Ergänzungsheft, § 18 Rdnr. 18; *Mandelartz/Sauer/Strube,* zu § 9a Rdnr. 6; *Rachor,* in Lisken/Denninger, F Rdnr. 380; *Quambusch,* Kriminalistik 2005, 156 (157) leitet einen verfassungsrechtlichen Zurechnungszusammenhang aus dem Willkürverbot und dem Grundsatz der Verhältnismäßigkeit her. Differenziert *Waechter,* DÖV 1999, 138 (145 f.). Kritisch hierzu *Engelken,* DVBl. 2000, 269 (279); *Möllers,* ThürVBl. 2000, 41 (42); *Roggan,* NordÖR 2000, 99 (101) und BayVerfGH NVwZ 2003, 1375 (1378).

[1235] LVerfG MV DVBl. 2000, 262 (265 f.).

[1236] LVerfG MV DVBl. 2000, 262 (268).

hältnismäßigkeit,[1237] eine verfassungsrechtliche Notwendigkeit eines Zurechnungszusammenhangs und damit eine automatische Verfassungswidrigkeit bei Fehlen des Zusammenhangs existiert jedoch nicht.[1238]

Ein Polizeistaat ist dadurch gekennzeichnet, daß die Polizeidichte vom Bürger als übertrieben hoch empfunden wird.[1239] Die Schleierfahndungsnormen sind zwar vor allen Dingen von Wissenschaftlern kritisiert worden, von der breiten Bevölkerung aber akzeptiert worden.[1240] Daß nun gerade durch die Einführung der Schleierfahndung die Grenze zum Polizeistaat überschritten wurde, kann nicht angenommen werden.

Nicht zu leugnen ist jedoch, daß der potentielle Adressatenkreis der Schleierfahndungsnormen groß ist und auch unbescholtene Bürger umfaßt.[1241] Die Schleierfahndung knüpft als einziges objektives Tatbestandsmerkmal an den Aufenthalt an einem bestimmten Ort. Da sich jeder Mensch, der sich fortbewegt, relativ schnell an einem Ort gelangen kann, an dem eine Schleierfahndung stattfinden darf, umfaßt der Adressatenkreis der Schleierfahndungsnormen eine Vielzahl von Menschen. Es bleibt also festzuhalten, daß eine überaus große Zahl Unbeteiligter von den Eingriffen betroffen sein kann.[1242] Folge der Polizeipflicht für jedermann ist die Aufgabe der Anonymität, die allerdings nicht bedeutet, es werde nun ein „gläserner Mensch" entstehen.[1243]

Eine weitere Einschränkung der Jedermann-Kontrolle wurde bereits unter dem Gesichtspunkt der Ermessensausübung beziehungsweise der (einfachgesetzlichen) Verhältnismäßigkeit der Maßnahme angesprochen: Auch wenn die Polizei die Befugnis hat, jedermann zu kontrollieren, wird doch im Rahmen der Ermessensauswahl eine Vorauswahl getroffen, wer tatsächlich kontrolliert wer-

---

[1237] BVerfGE 100, 313; SächsVerfGH NVwZ 1996, 784; LVerfG MV LKV 2000, 149; *Deutsch*, S. 214. Ähnlich argumentiert auch *Waechter*, LKV 2000, 388 f., er sieht in der „Zurechnung" jedoch ein Element der Differenzierung – sie entscheide, wer in Anspruch genommen werde und wer nicht und müsse daher sachlich begründbar sein.

[1238] LVerfGH Sachsen, Urteil vom 10.7.2003 – Vf. 43-II-00, S. 43 f.; *Engelken*, DVBl. 2000, 269 (270); *Wulff*, S. 90 bezeichnet die Aufwertung des Zurechnungszusammenhangs zu einem Verfassungsprinzip als „überzogen". A. A. *Castillon*, S. 172, die sich lediglich auf das LVerfG MV beruft, den verfassungsrechtlichen Zusammenhang selbst aber auch nicht herzuleiten vermag. Ähnlich auch *Müller*, Datenerhebung, S. 79, der von einem dem Polizeirecht „seit jeher immanenten Prinzip der Störer- und Notstandsverantwortlichkeit" spricht.

[1239] *Würtenberger*, Besonderes Verwaltungsrecht, Rdnr. 26.

[1240] Siehe oben S. 204. Allgemein zu Akzeptanzfragen im Polizeirecht siehe *Würtenberger*, Akzeptanz, S. 79 ff.; *Würtenberger*, Zeitgeist, S. 191 ff.

[1241] Siehe nur die Statistik von *Stephan*, DVBl. 1998, 81 (83 f.).

[1242] *Stephan*, DVBl. 1998, 81 (83). Daran ändert auch nichts, daß die Schleierfahndung nicht in ganz Deutschland, sondern nur an eng begrenzten Örtlichkeiten stattfinden darf. So aber *Beinhofer*, BayVBl. 1995, 193 (196).

[1243] *Ipsen*, Polizei- und Ordnungsrecht, Rdnr. 350; *Waechter*, DÖV 1999, 138.

den wird. Bei dieser Vorauswahl kann dem äußeren Erscheinungsbild des Betroffenen erhebliche Bedeutung zukommen. Dies kann unter Umständen dazu führen, daß in besonderem Maße fremdländisch aussehende Personen kontrolliert werden. Eine ermessensfehlerfreie Adressatenauswahl wird man daher nur annehmen können, wenn bei der Auswahl der Zweck der Kontrolle – die Bekämpfung der Organisierten Kriminalität – besondere Berücksichtigung gefunden hat, sei es, indem die Adressatenauswahl aufgrund eines verdächtigen Verhaltens[1244] oder aufgrund eines besonderen Aussehens des Betroffenen erfolgt, weil zum Beispiel bestimmte Nationalitäten der Organisierten Kriminalität zugerechnet werden können. Wie oben bereits gezeigt wurde, unterliegt die Adressatenauswahl der vollen verwaltungsgerichtlichen Kontrolle.[1245]

Daß der einzelne Betroffene, der in eine Schleierfahndung gerät, in Anspruch genommen werden darf, auch wenn er nach klassischem Polizeirecht nicht als Störer anzusehen ist, kann zum einen als Ausfluß einer „allgemeinen Soziallast zur Steigerung des Sicherheitsniveaus" angesehen werden.[1246] Zum anderen soll mit einer potentiellen Inanspruchnahme jeder Person eine generalpräventive Abschreckungswirkung gegenüber jedermann erzielt werden. Nicht zuletzt sind Erfolge durch Zufallsfunde möglich. Ferner ist es möglich, daß durch Befragungen und Inaugenscheinnahmen mitgeführter Sachen konkrete Anhaltpunkte für einen Gefahrenverdacht erlangt werden.

Die Angemessenheit der Möglichkeit einer Inanspruchnahme jeder Person ist daher zu bejahen.

Darüber hinaus stellt sich jedoch die Frage, ob auch eine Inanspruchnahme an den von den Normen vorgesehenen Örtlichkeiten angemessen ist. Entscheidend für die Frage der Angemessenheit der Normen ist, daß Kontrollen an solchen Orten stattfinden, an denen überhaupt grenzüberschreitende Kriminalität bekämpft werden kann. Allein durch die Zwecksetzung der Bekämpfung der grenzüberschreitenden Kriminalität kommt es zu einer erheblichen Eingrenzung des Betroffenenkreises der Maßnahme.

---

[1244] *Kastner,* VerwArch 92 (2001), 216 (252).

[1245] *Möllers,* NVwZ 2000, 382 (387). Kritisch hierzu *Herrnkind,* KJ 2000, 188: Früher habe es zumindest noch einer gewissen „Kreativität" bei der Rechtfertigung einer Inanspruchnahme bedurft, seit der Einführung der anlaßunabhängigen Kontrolle sei eine solche nicht mehr erforderlich. Ähnlich auch der Landesbeauftragte für den Datenschutz in Schleswig-Holstein in einer Stellungnahme zu Regelungsvorschlägen zur Videoüberwachung und Jedermannkontrollen in Sachsen-Anhalt vom 29.5.2000, unter 2.

[1246] *Löwer,* Protokoll des Innenausschusses des Deutschen Bundestages vom 15.6. 1998, S. 102.

*(6) Zur Angemessenheit einer Kontrolle an den von*
*den Schleierfahndungsnormen vorgesehenen Örtlichkeiten*

Schleierfahndungen aufgrund der Identitätsfeststellungsnormen sind allein an bestimmten eng begrenzten Örtlichkeiten zulässig, und zwar je nach Norm auf Straßen mit erheblicher Bedeutung für den grenzüberschreitenden Verkehr beziehungsweise die grenzüberschreitende Kriminalität, in bestimmten Verkehrseinrichtungen beziehungsweise im Grenzgebiet. Befragungen nach den Schleierfahndungsnormen sind dagegen teilweise im gesamten öffentlichen Verkehrsraum des betreffenden Landes statthaft.

Das LVerfG MV ist in seinem Urteil zur Verfassungsmäßigkeit der Schleierfahndung davon ausgegangen, daß die Örtlichkeiten in zwei Kategorien unterteilt werden müssen: den 30-km-Grenzstreifen und sonstige Örtlichkeiten. Aufgrund der örtlich konkret abgrenzbaren Region wurde der 30-km-Streifen als Kontrollort vom LVerfG MV für verfassungsgemäß erachtet. Hinsichtlich der Regelungen zu Kontrollen an sonstigen Örtlichkeiten wurde die Norm nur mit Einschränkungen für verfassungskonform erklärt.[1247]

Diese Differenzierung wurde zu Recht kritisiert. Eine Inanspruchnahme wiegt an allen in Betracht kommenden Örtlichkeiten für den Betroffenen gleich schwer. Sollte für das Grenzgebiet eine örtliche Sondersituation ähnlich der Situation „gefährliche oder gefährdete Orte" angenommen werden, könnte dies ebenfalls für die sonstigen Örtlichkeiten zutreffen.[1248]

Bei den polizeilichen Maßnahmen der Identitätsfeststellung an gefährlichen Orten oder Kontrollstellen beruht die Annahme einer Gefahr auf einer abstrakten Gefährlichkeit des von der Norm erfaßten Ortes, also zum Beispiel eines Rotlichtviertels, eines Militärdepots, einer Kernkraftanlage oder eines Parlamentsgebäudes.[1249] Hoffmann-Riem bezeichnete die Maßnahmen an gefährlichen Orten vor geraumer Zeit als „Ortshaftung".[1250] Eine Inanspruchnahme aufgrund solcher Normen, die an eine abstrakte Gefährlichkeit eines bestimmten Ortes anknüpfen, sei nur ausnahmsweise und nur zum Schutz besonders wichtiger Rechtsgüter, der anders nicht oder nur unzureichend geleistet werden könne, zulässig. Wie oben gezeigt wurde, besteht an diesen Orten in der Regel aufgrund von Erfahrungswerten eine erhöhte Wahrscheinlichkeit für Gefahrensituationen. Bei der Verkehrskontrolle nach § 36 V StVO wird auf die abstrakte Gefährlichkeit der Teilnahme am Straßenverkehr abgestellt.[1251] Die Inanspruchnahme wird in diesen Fällen jeweils an ein Verhalten des Betroffenen geknüpft,

---

[1247] LVerfG MV DVBl. 2000, 262 (268).

[1248] *Heckmann*, FS Steinberger, S. 467 (499); *Möllers*, ThürVBl. 2000, 41 (42).

[1249] *Lisken*, NVwZ 1998, 22 (24), der Kontrollen an allen anderen Orten als „Methode aus dem Arsenal des permanenten Ausnahmezustandes" bezeichnet.

[1250] *Hoffmann-Riem*, JZ 1978, 335 (337).

das die Inanspruchnahme rechtfertigt, beispielsweise Ingerenz, persönliche Gefährlichkeit, Eröffnung einer Gefahrenquelle oder eben der Aufenthalt an einem bestimmten Ort zu einer bestimmten Zeit.[1252] In bezug auf die Schleierfahndungsnormen geht der BayVerfGH daher davon aus, an den Örtlichkeiten außerhalb des 30-km-Streifens, also im Bereich von Durchgangsstraßen und internationalen öffentlichen Verkehrseinrichtungen, bestehe eine abstrakt erhöhte Gefahr, die eine Inanspruchnahme bei einem Aufenthalt an diesem Ort rechtfertigte.[1253]

Nach anderer Ansicht besteht ein Wertungswiderspruch zwischen den weiten Befugnissen zu verdachtsunabhängigen Kontrollen und den Ermächtigungen zu Maßnahmen an Kontrollstellen, an gefährlichen oder an gefährdeten Orten – letztere seien tatbestandlich deutlich enger.[1254]

Die entscheidende Frage ist mithin: Ist eine abstrakte Gefahr als Grundlage für Eingriffe im Rahmen von Schleierfahndungen genügend[1255] oder hat man darüber hinaus Lageerkenntnisse, tatsächliche Hinweise oder gar konkrete Anhaltspunkte für das Vorliegen einer Gefahr zu fordern?

Tatsachen oder Anhaltspunkte, die für das Vorhandensein eines Sachverhalts sprechen, bei dem regelmäßig mit hinreichender Wahrscheinlichkeit Schäden für die Schutzgüter des § 22 Ia BGSG und der anderen Normen drohen, wären eine sinnvolle Mindestvoraussetzung, sind aber nicht verfassungsrechtlich zwingend geboten.

Eine „Nivellierung" der Normen zu Identitätsfeststellungen an gefährlichen und gefährdeten Orten und den Schleierfahndungsnormen könnte sich ergeben, wenn die Schleierfahndung nur aufgrund bestimmter Lageerkenntnisse über das Vorliegen grenzüberschreitender Kriminalität zulässig wäre. Die These, daß Kontrollen an einer bestimmten Örtlichkeit nur dann verfassungsgemäß seien, wenn Lageerkenntnisse eine Kontrolle an gerade diesem Ort nahelegten, wurde schon im Rahmen der Erörterung der hinreichenden Bestimmtheit der Schleierfahndungsnormen und der Einhaltung des Wesentlichkeitsgebots diskutiert. Einige Normen stellen explizit darauf ab, daß Lageerkenntnisse vorliegen müssen,[1256] bezüglich anderer Normen findet sich ein solches Erfordernis nur in

---

[1251] *Rachor*, in Lisken/Denninger, F Rdnr. 373; *Stephan*, DVBl. 1998, 81 (83). *Peters*, Personenkontrollen, S. 132 f. bezeichnet die Inanspruchnahme als „Lastenzurechnung aufgrund der Beherrschung einer Gefahrenquelle."

[1252] So auch *Waechter*, DÖV 1999, 138 (146).

[1253] BayVerfGH NVwZ 2003, 1375 (1377).

[1254] Der Landesbeauftragte für den Datenschutz in Schleswig-Holstein in einer Stellungnahme zu Regelungsvorschlägen zu Videoüberwachungen und Jedermannkontrollen in Sachsen-Anhalt vom 29.5.2000, unter 2; ähnlich auch *Tischer*, S. 395.

[1255] So *Dietel*, S. 57 (67). Bedenken äußert dagegen *Bull*, S. 15 (29).

[1256] So die Befragungsregelung des Bundes sowie die Normen in Berlin, Brandenburg, Hessen, Mecklenburg-Vorpommern, Saarland, Sachsen-Anhalt. Darüber hinaus-

den Ausführungsvorschriften,[1257] wieder andere Schleierfahndungsnormen kennen das Erfordernis von Lageerkenntnissen gar nicht[1258]. Fest steht jedoch, daß bei der konkreten Anwendung einer Schleierfahndungsnorm auf jeden Fall irgendwelche Anhaltspunkte für die Möglichkeit grenzüberschreitender Kriminalität vorliegen müssen, da sonst der vorgegebene Zweck der Normen nicht erfüllt werden könnte.[1259]

Fraglich ist daher, wie dieses Erfordernis bestimmter Lageerkenntnisse polizeirechtsdogmatisch einzuordnen ist und ob das Erfordernis von Lageerkenntnissen explizit in den Schleierfahndungsnormen geregelt sein muß.

Was unter Lageerkenntnissen zu verstehen ist, wurde bereits oben im polizeirechtlichen Teil der vorliegenden Untersuchung dargestellt,[1260] so daß an dieser Stelle einige wenige Feststellungen genügen. Nicht ausreichend zur Lagebeurteilung sind allgemeine Lebenserfahrungen des handelnden Polizeibeamten. Vielmehr ist eine konkrete Gefahrenprognose aufzustellen. Ausreichend für diese Prognose ist jedoch eine Gefahrenbelastetheit der Örtlichkeit.[1261] Diese Gefahrenbelastetheit kann sich auf eine Lageprognose stützen, die auf tatsächlichen Erfahrungswerten beruht. Damit ist zwar noch nicht die Schwelle zu einer konkreten Gefahr erreicht, auch noch nicht die Schwelle der tatsächlichen Anhaltspunkte für das Vorliegen einer Gefahr. Die Tendenz geht jedoch in Richtung eines Gefahrenverdachtes, wenngleich die Voraussetzungen ein wenig geringer sind.

Auch der SächsVerfGH geht davon aus, daß Prognoseentscheidungen nicht allein anhand von allgemeinem Erfahrungswissen auf der Basis von Alltagstheorien getroffen werden dürfen, sondern daß sie einer konkreten Tatsachen- und Indizlage bedürfen.[1262]

Durch ein Lagebilderfordernis werden die Tatbestandsvoraussetzungen weiter objektiviert. Es wird verständlich und nachvollziehbar, warum die Kontrolle im Einzelfall gerade der Aufrechterhaltung der Schutzgüter der Schleierfahndungsnormen dienen soll.

---

gehend, da auf Tatsachen beruhende Anhaltspunkte gefordert werden, die Regelung in Rheinland-Pfalz.

[1257] Baden-Württemberg, Niedersachsen, Sachsen und Thüringen.

[1258] Die Identitätsfeststellungsnormen des Bundes sowie Bayerns.

[1259] Das LVerfG MV weist in seinem Urteil, LKV 2000, 149 (154) darauf hin, daß faktisch nur aufgrund kriminalistischer Erfahrung und polizeilicher Lagebilder kontrolliert werde. Dies zeige auch die Anhörung im Bundestag, Protokoll des Innenausschusses des Deutschen Bundestages vom 15.6.1998 von *Kunkel*, S. 29; *Burger*, S. 35; *Walter*, S. 115; *Schapper*, S. 13, 30 f., 42 f.

[1260] Siehe S. 116 ff.

[1261] Ebenso *Kastner*, VerwArch 92 (2001), 216 (253).

[1262] SächsVerfGH SächsVBl. 1996, 160 (178).

Problematisch ist jedoch, ob die Verfahrensanforderung des Erfordernisses von Lageerkenntnissen explizit in der Norm geregelt sein muß oder ob Ausführungsbestimmungen, das Gebot verfassungskonformer Auslegung oder die bloße „Hineininterpretation" dieser Verfahrensanforderung in den Ermessensspielraum ausreichen.

Zu diesem Problem werden im wesentlichen drei Ansichten vertreten: Die einen fordern explizit die Verankerung des Erfordernisses von Lagebilderkenntnissen im Tatbestand der Normen,[1263] andere kommen im Rahmen einer verfassungskonformen Auslegung der Norm zu einem Lagebilderfordernis,[1264] und die dritte Gruppe von Autoren geht davon aus, das Lagebilderfordernis sei bereits im Tatbestand immanent enthalten[1265].

Das LVerfG MV nimmt an, daß das Erfordernis von Lagebilderkenntnissen einer Regelung direkt in der Norm bedarf.[1266] Warum das Lagebilderfordernis einer expliziten Erwähnung in der Norm bedarf, wird allerdings nicht gesagt.

Andere gehen davon aus, daß die Verfahrensanforderung des Vorliegens von Lagebilderkenntnissen unabhängig davon existiert, ob sie in der Norm explizit festgelegt ist oder nicht.[1267] Es handele sich bei den Lageerkenntnissen um ein ungeschriebenes Tatbestandsmerkmal, eine explizite Verankerung in den Schleierfahndungsnormen sei nicht erforderlich.[1268] Wenn eine Schleierfahndungsnorm das Erfordernis des Vorliegens von Lagebilderkenntnissen explizit aufstelle, sei diese Festlegung letztlich deklaratorisch. Denn die Polizei müsse sowieso immer an Erkenntnissen und Erfahrungen orientiert handeln.[1269] Schleierfahndungsmaßnahmen dürfen zudem auch unabhängig vom Erfordernis von Lageerkenntnissen aus Verhältnismäßigkeitsgründen nur aufgrund sachlicher, durch polizeiliche Erfahrung bestimmter Erwägungen ergriffen werden.[1270] Stets sei der

---

[1263] LVerfG MV DÖV 2000, 71 (73 ff.). Im Ergebnis ebenso *Peters,* Personenkontrollen, S. 173 ff. und *Krane,* S. 228.

[1264] SächsVerfGH, S. 38 f. Zur verfassungskonformen Auslegung siehe auch BVerfGE 2, 266 (282); BVerfG NJW 2001, 879 (880) sowie *Voßkuhle,* AöR 125 (2000), 177 ff. Lediglich bei einer evidenten Verfassungswidrigkeit ist ein Gesetz für nichtig zu erklären; bei Bedenken (auch bei ernsten Bedenken) ist eine verfassungskonforme Auslegung geboten; siehe *Hesse,* Rdnr. 80.

[1265] BayVerfGH NVwZ 2003, 1375 ff.

[1266] Siehe LVerfG MV DVBl. 2000, 262 (268). Ähnlich LVerfGH Sachsen, Urteil vom 10.7.2003 – Vf. 43-II-00, S. 36 ff, der ein gesetzlich manifestiertes Lagebilderfordernis verlangt. Dies sei nötig, damit eine verwaltungsgerichtliche Kontrolle möglich sei. Ein solches Konzept muß nach Auffassung des LVerfGH Sachsen, Urteil vom 10.7.2003 – Vf. 43-II-00, S. 39 folgenden Anforderungen genügen: Es muß auf einer übergeordneten Leitungsebene erstellt worden sein; es darf keine lediglich kurzfristige Ausrichtung aufweisen; die vorgesehenen Kontrollen müssen nach Ort und Häufigkeit gewichtet und begrenzt sein. Zudem müsse das Konzept dokumentiert sein.

[1267] *Schnekenburger,* BayVBl. 2001, 129 (132).

[1268] *Petersen-Thrö* bei der Anhörung im Landtag Sachsen PlPr. 3/54, S. 22.

[1269] *Heckmann,* FS Steinberger, S. 467 (502).

Verhältnismäßigkeitsgrundsatz zu beachten und stets seien sachgerechte Ermessenserwägungen anzustellen.[1271] Eine gängige Formulierung in diesem Zusammenhang geht dahin, daß die Zweckbestimmung Kontrollmotiv im Einzelfall sein muß und daher eine Begrenzung darstelle. Dies bedeute, daß polizeiliche Lagebilder und auch kriminalistische Erfahrungen „ungeschriebene" Tatbestandsvoraussetzungen seien.[1272]

Noch deutlicher drückt es Walter aus: ein gesetzlich in der Norm explizit manifestiertes Lagebilderfordernis sei eine „Wiederholung polizeitaktischer Binsenweisheiten", eine „überflüssige Redundanz".[1273]

Dieser Ansicht hat sich der BayVerfGH angeschlossen: Das Lagebilderfordernis müsse nicht in der Norm selbst manifestiert sein, sondern ergebe sich aus dem Zusammenspiel von Örtlichkeit und Zwecksetzung der Norm.[1274] Auch wenn explizit tatbestandlich keine Lageerkenntnisse erforderlich sein sollten, so verpflichte doch der Zweck der Schleierfahndung – die Bekämpfung der grenzüberschreitenden Kriminalität – dazu, daß Kontrollen nur durchgeführt werden, wenn ihnen Lageerkenntnisse zugrunde liegen.[1275]

Das OVG Bremen geht in einer ähnlich gelagerten Situation, nämlich bei der Frage, ob Betriebs- und Geschäftsräume durch die Polizei zum Zweck der Gefahrenabwehr betreten werden dürfen, im Rahmen einer verfassungskonformen Auslegung der bremischen Betretensbefugnis davon aus, daß sich der Zurechnungszusammenhang zwischen Kontrollziel und Kontrollobjekt aus zum Kontrollzeitpunkt vorhandenen Lageerkenntnissen ergeben müsse.[1276]

Wiederum ähnlich hat VGH Mannheim festgestellt, daß sich bei der präventiv-polizeilichen Videoüberwachung eine Beschränkung des Anwendungsbereichs aus der Auslegung der Vorschrift anhand des Zwecks, der Entstehungsgeschichte und der gesetzlichen Systematik sowie im Lichte des Grundrechts auf informationelle Selbstbestimmung ergebe.[1277] Auch in diesem Fall hat das Ge-

---

[1270] *Heckmann,* Polizei- und Sicherheitsrecht, Rdnr. 327; *Kastner,* VerwArch 92 (2001), 216 (254) mit dem Hinweis darauf, daß aufgrund des Lageerkenntniserfordernisses die verdachtsunabhängigen Maßnahmen den verdachtsabhängigen angenähert würden; *Schenke,* Besonderes Verwaltungsrecht, Rdnr. 81.

[1271] So auch *Castillon,* S. 143.

[1272] *Schapper* während der öffentlichen Anhörung von Sachverständigen zu dem Entwurf eines Ersten Gesetzes zur Änderung des Bundesgrenzschutzgesetzes, Protokoll der 87. Sitzung des Innenausschusses des Deutschen Bundestages vom 15.6.1998, S. 15.

[1273] *Walter,* ZfIS 1999, 237 (240).

[1274] BayVerfGH NVwZ 2003, 1375 (1377).

[1275] BayVerfGH NVwZ 2003, 1375 (1377).

[1276] OVG Bremen, NordÖR 2003, 457 (460).

[1277] VGH Mannheim, NVwZ 2004, 498 (503).

richt angenommen, daß eine explizite Begrenzung des Tatbestandes auf Maßnahmen an Kriminalitätsschwerpunkten nicht erforderlich sei.

Ein explizites Aufführen von Lagebilderfordernissen in den Schleierfahndungsnormen ist dementsprechend nicht notwendig.

Durch das Erfordernis einer Lageprognose wird ein Zurechnungszusammenhang zwischen dem Betroffenen und seiner Inanspruchnahme hergestellt, da die Örtlichkeit, an der er sich aufhält, dann als gefährlich einzustufen ist. Die Inanspruchnahme erhält hierdurch eine Rechtfertigung.[1278]

Im Ergebnis dürfen Schleierfahndungen damit nur noch an Orten mit erheblicher Bedeutung für den grenzüberschreitenden Verkehr stattfinden.[1279] Dies bedeutet auch, daß eine Differenzierung zwischen den Örtlichkeiten Grenzgebiet, Durchgangsstraßen, internationale Einrichtung des Verkehrs, öffentlicher Verkehrsraum usw. nicht geboten ist. Voraussetzung für die zulässige Durchführung von Schleierfahndungen ist allein, daß aufgrund von Lageerkenntnissen an der Örtlichkeit mit grenzüberschreitender Kriminalität zu rechnen ist.

Wichtig ist jedoch zu beachten, daß die zu berücksichtigenden Lageerkenntnisse nicht (ausschließlich) solche sein dürfen, die im Rahmen früherer Schleierfahndungen gewonnen wurden, da ansonsten die Gefahr eines Zirkelschlusses besteht. Das postulierte Erfordernis, daß die Lageerkenntnisse dokumentiert werden müßten, damit eine gerichtliche Kontrolle möglich sei,[1280] ist dagegen nicht verfassungsrechtlich begründbar. Auch nicht dokumentierte behördeninterne Lageerkenntnisse unterliegen einer – gegebenenfalls durch Einvernahme der polizeilichen Entscheidungsträger durchzuführenden – verwaltungsgerichtlichen Kontrolle.[1281]

Als Fazit bleibt festzuhalten: Die verfassungsrechtlich geforderten Lageerkenntnisse,[1282] die einen Zurechnungszusammenhang zur Inanspruchnahme herstellen, sind eine tatbestandliche Voraussetzung, die allen Normen zur Schleierfahndung immanent ist. Ein Erfordernis von dokumentierten Lageerkenntnissen, das einige Autoren aus dem G-10-Urteil des BVerfG ableiten wollen,[1283] be-

---

[1278] *Pitschas,* Die Verwaltung 2000, 111 (131).

[1279] Dem steht – je nach Norm – gleich, daß an den Orten mit illegaler Einreise oder mit der Begehung schwerer Straftaten, also den anderen zulässigen Zwecken der Schleierfahndung zu rechnen ist. Siehe hierzu auch Pressemitteilung des Landesbeauftragten für den Datenschutz und für das Recht auf Akteneinsicht in Brandenburg *Dix* vom 14.4.1999.

[1280] *Hansen,* KJ 1999, 231 (245). Allgemein zur Kontrolle von Ermessensentscheidungen durch Verwaltungsgerichte siehe *Herdegen,* AöR 114 (1989), 607 ff.

[1281] So auch *Mahlmann,* LKV 2001, 102 (103).

[1282] *Götz,* Rdnr. 281; *Schnekenburger,* BayVBl. 2001, 129 (133).

[1283] *Denninger,* FS Stein, S. 15 (31).

steht dagegen solange nicht, wie ein gerichtlicher Rechtsschutz auch ohne eine solche Dokumentation möglich ist.

Die in bezug auf die „anderen Straßen von Bedeutung für den grenzüberschreitenden Verkehr" oder „die grenzüberschreitende Kriminalität" geäußerten Bedenken erscheinen weniger gewichtig, wenn beachtet wird, daß nur solche Straßen in Betracht kommen, für die gesicherte Erkenntnisse vorliegen, daß dort mit einem Gefahrenpotential zu rechnen ist. Eine Offenlegung der Straßen, die als Durchgangsstraßen angesehen werden können, würde wohl allenfalls bedeuten, daß potentielle Straftäter andere Straßen nutzen.

Unabhängig vom Lagebilderfordernis wenden Kritiker ein, die Schleierfahndung sei geschaffen worden, um den Wegfall der Personenkontrollen an den Landesgrenzen zu kompensieren, die Normen würden aber tatsächlich räumlich darüber weit hinausgehen.[1284] Dem ist jedoch entgegenzuhalten, daß der entscheidende Zweck der Schleierfahndungsnormen die Bekämpfung der grenzüberschreitenden Kriminalität ist; diese aber findet gerade nicht nur an der Grenze statt.[1285]

Im Ergebnis begegnen sowohl die Adressatenauswahl als auch die Auswahl der Örtlichkeiten bei den Schleierfahndungsnormen keinen verfassungsrechtlichen Bedenken und stellen zulässige Mittel zur Bekämpfung der grenzüberschreitenden Kriminalität dar.[1286]

Die Angemessenheit der Norm könnte jedoch deswegen nicht mehr gewahrt sein, weil die Rechtsfolgen des Eingriffs im Vergleich zu dem verfolgten Zweck zu intensiv sind.

*(7) Zur Schwere des Eingriffs in das Recht*
*auf informationelle Selbstbestimmung*

Bei der Beurteilung der Schwere eines Eingriffs durch Befragung oder Identitätsfeststellung einschließlich der Folgemaßnahmen ist zu beachten, daß überhaupt nur dann ein Eingriff in das Recht auf informationelle Selbstbestimmung vorliegt, wenn der Bürger nicht in die Maßnahme eingewilligt hat.

Maßnahmen, die einen Eingriff in das Recht auf informationelle Selbstbestimmung darstellen, sind bei den Befragungsnormen zunächst das Befragen bei gleichzeitigem Bestehen einer Auskunftspflicht beziehungsweise ein Befragen

---

[1284] 20. Tätigkeitsbericht des Landesbeauftragten für den Datenschutz in Schleswig-Holstein, 1997, 4.2.5.

[1285] Siehe hierzu auch unten S. 342 f.

[1286] Auch das LVerfG MV DVBl. 2000, 262 (266) geht davon aus, daß es zulässig sei, in Rechte unbescholtener Bürger einzugreifen, solange damit Erkenntnisse über die grenzüberschreitende Organisierte Kriminalität gewonnen werden können.

ohne korrespondierende Auskunftspflicht, bei dem der Hinweis unterbleibt, daß keine Pflicht zur Auskunft besteht. Ferner sind Eingriffe das Aushändigenlassen mitgeführter Ausweise, die Datenspeicherung oder sonstige Verwendung erhobener Daten sowie der Datenabgleich. Bei den Identitätsfeststellungsnormen stellen darüber hinaus eine Durchsuchung zur Identitätsfeststellung und erkennungsdienstliche Maßnahmen einen Eingriff dar.

Befragungen (auch im Rahmen der Identitätsfeststellung) bei Bestehen einer Auskunftspflicht beziehungsweise Befragungen ohne den Hinweis, daß keine Pflicht zur Auskunftserteilung besteht, stellen für sich betrachtet einen Eingriff von relativ geringer Intensität in das Recht auf informationelle Selbstbestimmung dar.[1287]

Die Fragen, die gestellt werden dürfen, sind zum einen solche nach persönlichen Angaben wie Name, Vorname, Wohnanschrift, also nach Angaben, die keine besonders sensiblen Daten sind.[1288] Eine Befragung nach sachdienlichen Hinweisen, die lediglich nach den Befragungsnormen zulässig ist, stellt ebenfalls keinen tiefen Eingriff in das Recht auf informationelle Selbstbestimmung (des Befragten) dar, zumal die meisten sachdienlichen Angaben keine personenbezogenen Daten (des Befragten) sein werden. Auch das Aushändigenlassen mitgeführter Ausweise ist eine nur geringe Beeinträchtigung. Zwar hat das BVerfG – wie bereits dargestellt wurde – alle personenbezogenen Daten dem Schutzbereich des Rechts auf informationelle Selbstbestimmung unterstellt. Im Rahmen der Beurteilung der Rechtfertigung eines Eingriffs ist es jedoch zulässig, danach zu differenzieren, ob die Daten besonders schützenswert sind – es also beispielsweise um der Intimsphäre zuzuordnende Daten geht – oder nicht. Nach solchen besonders schutzwürdigen Daten wird aber in der Regel bei einer Schleierfahndung nicht gefragt werden.

---

[1287] So auch BayVerfGH NVwZ 2003, 1375 (1377); *Bernet/Groß/Mende,* § 18 S. 3, die daher bei der auf einer Gefahrensituation beruhenden Identitätsfeststellung an die Verdachtsmomente keine überzogenen Anforderungen stellen wollen; *Engelken,* DVBl. 2000, 269 (271 f.): „unterste Grenze dessen, was überhaupt als Eingriff anzusehen ist"; *Moser von Filseck,* BWVP 1996, 272 (274); Bundesinnenminister *Kanther* in der Bundestagsdebatte („Niemanden (...) fällt eine Stein aus der Krone, wenn er der Polizei auf Anfrage sagen muß, wer er ist."); BT-Prot. 13/245, S. 22825; Begründung des Gesetzentwurfs der Regierung des Saarlandes, LT-Drs. 12/149, S. 6; *Möllers,* NVwZ 2000, 382 (385): „begrenzte Eingriffsintensität"; *Kastner,* VerwArch 92 (2001), 216 (254); *Schipper,* Rdnr. 256; *Stephan,* DVBl. 1998, 81 (83); *Waechter,* Polizei- und Ordnungsrecht, Rdnr. 551: „kein erheblicher Eingriff"; *Waechter,* DÖV 1999, 138 (147): eine „bloße Lappalie" (allerdings weist er auf derselben Seite darauf hin, daß in der Bevölkerung weiterhin der Grundsatz gelte, daß der anständige Bürger mit der Polizei nichts zu tun habe); *Wolf/Stephan,* § 26 Rdnr. 22c: „relativ harmloser Eingriff"; *Würtenberger,* Besonderes Verwaltungsrecht, Rdnr. 158; a. A. *Alberts/Merten,* § 4 Rdnr. 2.

[1288] LVerfGH Sachsen, Urteil vom 10.7.2003 – Vf. 43-II-00, S. 45: „keine Daten, die dem engeren Persönlichkeitsbereich angehören". *Lambiris,* S. 69: „(...) untere Schwelle dessen, was als (...) relevante Beeinträchtigung angesehen werden kann."

So ging das BVerfG im Volkszählungsurteil davon aus, daß zwar das Recht auf informationelle Selbstbestimmung vor einer unbegrenzten Erhebung personenbezogener Daten schütze, daß aber Eingriffe in der Regel hinzunehmen seien.[1289] Der Wesensgehalt des Grundrechts sei erst verletzt, wenn vollständige Persönlichkeitsbilder erstellt werden könnten.[1290]

Aufgrund der bloßen Befragung des Betroffenen kann kein Bewegungsbild oder gar Persönlichkeitsbild des Betroffenen erstellt werden. Werden die Daten nicht gespeichert oder abgeglichen, verbleibt auch das Schreckgespinst des gläsernen Menschen, dem keinerlei Privatsphäre zukommt, im Bereich des Irrealen. Die Datenerhebung an sich ist mithin ein eher geringer Eingriff.

Die Befragung und das Vorzeigen mitgeführter Ausweispapiere sind bei den Identitätsfeststellungsnormen jedoch oft nur das Eingangstor für weitere Maßnahmen. In der Regel schließen sich weitere Maßnahmen als Folgemaßnahmen an.

Auch Folgemaßnahmen wie die Durchführung erkennungsdienstlicher Maßnahmen und der Datenabgleich stellen dann keinen Eingriff in das Recht auf informationelle Selbstbestimmung dar, wenn der Betroffene sie freiwillig und in Kenntnis des Zwecks der Maßnahme billigt.

Eine Datenspeicherung oder sonstige Verwendung von personenbezogenen Daten stellt einen schwerwiegenden Eingriff dar. Durch eine Speicherung bleiben die Daten für zukünftige Maßnahmen erhalten und können zur Erstellung eines Persönlichkeitsbildes beitragen.

Nach Ansicht des BayVerfGH ermächtigen die Schleierfahndungsnormen nicht zu einer Speicherung von Daten oder einer sonstigen Datenverwertung.[1291] Mit dieser Feststellung meint das Gericht aber nur, daß in der Norm selbst keine Ermächtigung zur Speicherung enthalten ist. Dies ist jedoch irrelevant, wenn eine andere Norm zur Datenverarbeitung an die Tatbestandsvoraussetzungen anknüpft. Die Datenverarbeitung ist dann unmittelbare Folge der Datenerhebung.

Allerdings wurde im polizeirechtlichen Teil der vorliegenden Untersuchung schon gezeigt, daß eine verdachtslose Speicherung sowohl nach den Befragungs- wie auch den Identitätsfeststellungsnormen nicht zulässig ist, daß vielmehr Anhaltspunkte für eine spätere Notwendigkeit eines Rückgriffs auf diese Daten vorliegen müssen.[1292] Denn eine Speicherung von personenbezogenen Daten aufgrund der Datenspeicherungsgeneralklauseln der Polizeigesetze ist nur zulässig, wenn der Zweckbindungsgrundsatz gewahrt wird.[1293] Dieser wird ver-

---

[1289] BVerfGE 65, 1 (42).
[1290] BVerfGE 65, 1 (42).
[1291] BayVerfGH NVwZ 2003, 1375 (1377).
[1292] Siehe S. 143 ff.

letzt, wenn Daten auf Vorrat ohne konkreten Zweck gespeichert werden.[1294] Eine verdachtsunabhängige Speicherung wäre aber gerade eine Vorratsspeicherung. Der allgemeine Zweck der Bekämpfung der grenzüberschreitenden Kriminalität bezieht sich auf keine konkrete Tat oder Gefahr. Eine solche konkrete Gefahr liegt bei der Schleierfahndung nicht vor.[1295] Damit ist die Speicherung keine Maßnahme der Schleierfahndung mehr. Auch die sonstige Verwendung der Daten ist nicht verdachtsunabhängig zulässig.

Datenschutzregelungen wie die des Zweckbindungsgrundsatzes werden oftmals als Täterschutz[1296] bezeichnet; sie sind jedoch ein Kennzeichen des Rechtsstaates und damit unverzichtbar.

Sollte ausnahmsweise die Datenspeicherung der vorbeugenden Bekämpfung der grenzüberschreitenden Kriminalität dienlich sein und Anhaltspunkte vorliegen, daß die Daten in Zukunft verwendet werden können, stellt die zulässige Datenspeicherung einen erheblichen Eingriff in das Recht auf informationelle Selbstbestimmung dar. Allerdings wird diese dadurch gerechtfertigt, daß eine konkrete Gefahr vorliegt. Bei Zweckwegfall sind außerdem nach allen Polizeigesetzen die Daten wieder zu löschen.

Ein Datenabgleich als Maßnahme der Datenverarbeitung[1297] ist verdachtsunabhängig nur zulässig mit dem Fahndungsbestand[1298] – ein solches Vorgehen stellt einen verhältnismäßig geringfügigen Eingriff dar.[1299]

Die Zulässigkeit weiterer Folgemaßnahmen wie einer Durchsuchung zur Identitätsfeststellung und einer Durchführung erkennungsdienstlicher Maßnahmen ist umstritten. Nach einer Auffassung sind erkennungsdienstliche Maßnahmen ein so schwerer Eingriff, daß eine Rechtfertigung ausscheidet.[1300] Müller-

---

[1293] *Wulff*, S. 114.

[1294] BVerfGE 65, 1 (46); *Würtenberger/Heckmann/Riggert*, Rdnr. 631.

[1295] Eine ähnliche Konsequenz ist aus dem Strafprozeßrecht bekannt: Nach § 163d I S. 1 StPO ist eine Datenspeicherung von einem konkreten Tatverdacht abhängig; bei Nichtverdächtigen ist sie nur nach einer strengen Verhältnismäßigkeitskontrolle zulässig. Im Polizeirecht plädieren daher *Wolf/Stephan*, § 37, Rdnr. 8 f. für eine bloße Erforderlichkeitskontrolle. Nach BT-Drs. 14/3990, S. 7 erfolgt durch den BGS eine Speicherung der erlangten Daten nur im Falle konkreter Verdachtsmomente.

[1296] BayVerfGH VerfGHE 47 (1994), 241 (= JZ 1995, 299 mit Anmerkung *Schrader/Werner*); SächsVerfGH DVBl. 1996, 1423; *Schenke*, DVBl. 1996, 1393.

[1297] Das LVerfG MV hat für die gesamten Datenverarbeitungsmaßnahmen bereichsspezifische Regelungen gefordert, DVBl. 2000, 262 (267 f.).

[1298] Siehe oben S. 145 ff.

[1299] LVerfGH Sachsen, Urteil vom 10.7.2003 – Vf. 43-II-00, S. 52; *Kastner*, VerwArch 92 (2001), 216 (255); *Würtenberger*, Besonderes Verwaltungsrecht, Rdnr. 158. Auch wenn der Datenabgleich mittels Computer durchgeführt wird und der Betroffene von der Maßnahme zunächst nichts mitbekommt, findet der Abgleich lediglich mit Daten statt, die der Polizei bereits bekannt sind, siehe *Peters*, Rechtsnormenbildung, S. 234.

Terpitz geht sogar davon aus, daß sämtliche Folgemaßnahmen wie Durchsuchungen, Sistierungen oder erkennungsdienstliche Behandlungen nur aufgrund weiterer tatsächlicher Anhaltspunkte zulässig sind, alles andere würde eine unverhältnismäßige Einschränkung darstellen.[1301]

Durchsuchungen zur Identitätsfeststellung oder erkennungsdienstliche Maßnahmen bedeuten einen deutlich größeren Eingriff in Grundrechte als die bisher erwähnten Maßnahmen.[1302] Daher verdienen diese Folgemaßnahme besonderer Beachtung im Rahmen der Verhältnismäßigkeitsprüfung.[1303] Diese weiteren Maßnahmen sind zwar verdachtsunabhängig möglich. Sie setzen jedoch voraus, daß eine Identitätsfeststellung mit anderen, milderen Maßnahmen nicht möglich ist (zum Beispiel, weil die Identität auf andere Weise nicht oder nur unter erheblichen Schwierigkeiten festgestellt werden könnte). Die Identitätsfeststellung bedingt also die „schwere" Folge unmittelbar[1304] und nicht etwa erst aufgrund weiterer Ermächtigungsgrundlagen.[1305] Da, wie oben gezeigt, keine Pflicht zum Mitführen eines Personalausweises besteht, kann es relativ rasch dazu kommen, daß Folgemaßnahmen erforderlich sind. Allerdings unterliegen auch die Folgemaßnahmen dem einfachgesetzlichen Verhältnismäßigkeitsvorbehalt. Da sowohl erkennungsdienstliche Maßnahmen als auch Durchsuchungen nur ausnahmsweise zulässig sind, wenn andere mildere Mittel versagen, und noch dazu nur dazu dienen dürfen, die Identität des Betroffenen zu klären,[1306] rechtfertigt dies einen Eingriff in das Recht auf informationelle Selbstbestimmung, zumal bezüglich der Speicherung der erlangten Daten das oben Gesagte gilt.

Der Eingriffscharakter von Schleierfahndungen ist, was das Recht auf informationelle Selbstbestimmung betrifft, aufgrund der möglichen Folgemaßnahmen nicht ganz so gering, wie es zunächst den Anschein hat.[1307] Die Befragung zu persönlichen Angaben ist eine relativ milde Maßnahme, jedoch sind auch die Folgemaßnahmen zu beachten. Bei der Frage der Intensität des Eingriffs ist je-

---

[1300] *Wulff,* S. 108. Ähnlich auch *Krane,* S. 201, der erkennungsdienstliche Maßnahmen nur dann als verhältnismäßig erachtet, wenn sie „ohne die Erstellung von Unterlagen" erfolgen.

[1301] *Müller-Terpitz,* DÖV 1999, 329 (335).

[1302] Die Einbeziehung der Folgemaßnahmen wurde ebenfalls von LVerfG MV DVBl. 2000, 262 (264) berücksichtigt; ähnlich *Stephan,* DVBl 1998, 81 (83). *Maske,* NVwZ 2001, 1248 (1250) bezeichnet, wohl wegen der Folgemaßnahmen, anlaßunabhängige Personenkontrollen als „Maßnahmen von besonderer Intensität".

[1303] *Beinhofer,* BayVBl. 1995, 193 (197); die VollzBK BayPAG Nr. 13.7 zu Art. 13, vom 23.12.1994 (ABl. 1995, 27); *Honnacker/Beinhofer,* Art. 13 Rdnr. 29; *Würtenberger/Heckmann/Riggert,* Rdnr. 330.

[1304] Nach *Moser von Filseck,* BWVP 1996, 272 (274) stellen sich die Folgen lediglich als mittelbar dar.

[1305] *Rachor,* in Lisken/Denninger, F Rdnr. 378; *Stephan,* DVBl. 1998, 81 (83).

[1306] Ein Zerlegen eines mitgeführten Pkw wird daher in aller Regel unzulässig sein!

[1307] *Stephan,* DVBl. 1998, 81 (83).

doch auch zu beachten, daß die „milden" Maßnahmen sehr häufig, die schwereren jedoch nur ausnahmsweise Anwendung finden. So ist die Befragung (auch im Rahmen einer Identitätsfeststellung) zwar einem sehr großen Personenkreis gegenüber zulässig und unter Quantitätsgesichtspunkten als intensiv einzustufen, für den einzelnen in Anspruch genommenen Betroffenen wird die Intensität des Eingriffs jedoch nicht dadurch größer, daß auch andere in Anspruch genommen werden. Waechter überlegt daher, auch unter Eingriffsintensitätsgesichtspunkten ein Gemeinschaftsinteresse an dem Schutz des Rechts auf informationelle Selbstbestimmung zu berücksichtigen.[1308] Danach soll auch die Zahl der Inanspruchgenommenen zu beachten sein. Die Schleierfahndung ist zwar eine „Jedermann-Kontrolle". Wie bereits gezeigt wurde, werden jedoch aus Ermessens- sowie Verhältnismäßigkeitsgründen nicht jeweils sämtliche Personen, die sich an einem Ort aufhalten, an dem eine Schleierfahndung durchgeführt wird, kontrolliert. Darüber hinaus sind Kontrollen nur zulässig, wenn an diesem Ort mit grenzüberschreitender Kriminalität zu rechnen ist. Totalkontrollen oder auch flächendeckende Kontrollen im Rahmen von Schleierfahndungsmaßnahmen sind nicht zulässig.[1309]

*(8) Das Problem experimenteller Gesetzgebung*

Die Schleierfahndungsmaßnahmen stellen, wie oben gezeigt wurde, im „klassischen" Polizeirecht ein Novum dar.[1310] Bei experimenteller Gesetzgebung stellt sich bei der Beantwortung der Frage, ob die neue Maßnahme geeigneter ist als die bekannten und bewährten Mittel, immer das Problem, daß Erfahrungswerte fehlen und die Normen daher einer besonderen Beobachtung bedürfen. Das BVerfG hat im Volkszählungsurteil gefordert, daß durch den Gesetzgeber eine ständige Prüfung und Suche nach einfacheren Methoden erfolgen müsse.[1311]

Konkretere Vorgaben hat dagegen der Sächsische Verfassungsgerichtshof aufgestellt. Danach kann es im Rahmen der Einschätzungsprärogative des Gesetzgebers genügen, daß die neue Regelung eine ernsthafte und begründete Erwartung zur Realisierung des angestrebten Erfolgs darstellt.[1312] Es sei weiterhin vom gesetzgeberischen Gestaltungsermessen gedeckt, der Polizei Befugnisse im Vorfeld von konkreten Gefahren einzuräumen. Vorfeldbefugnisse der Polizei

---

[1308] *Waechter,* NdsVBl. 2001, 77 (83).

[1309] Siehe hierzu schon S. 111.

[1310] Siehe oben S. 58 ff.

[1311] BVerfGE 65, 1 (57 f.).

[1312] SächsVerfGH DVBl. 1996, 1423 (1429): „(...) bei den komplexen, in ständiger Entwicklung begriffenen Ausprägungen kriminellen Tuns (läßt) sich angesichts der Vielgestaltigkeit der Erscheinungsformen derzeit keine sichere Prognose über mittel- und langfristige Effektivität (erstellen)."

seien nach neueren kriminalistischen Erkenntnissen für eine erfolgreiche Auseinandersetzung mit der modernen Kriminalität unverzichtbar.[1313] Dem Gesetzgeber stehe eine angemessene Zeit zur Verfügung, um einzuschätzen, ob die Maßnahmen wirksam seien.[1314]

Diesen Anforderungen an die Schleierfahndungsnormen genügt besonders jenes Gesetz, welches eine Statistikpflicht statuiert. Bislang wurde eine Statistikpflicht lediglich in Sachsen normiert; dieses Evaluierungsgebot wurde allerdings, nachdem fünf Jahre lang Erfahrungen hinsichtlich der Anwendung der Schleierfahndung in der polizeilichen Praxis gesammelt worden waren, wieder abgeschafft. Immerhin ist es durch die langjährige Evaluierung gelungen, eine gewisse Erfolgskontrolle durchführen zu können. Eine umfassende Einschätzung der Erfolge der Schleierfahndung war allerdings anhand der in Sachsen vorgenommenen Evaluierung nicht möglich und konnte wohl auch gar nicht möglich sein, da sich präventive Erfolge nur bedingt messen lassen. Einen irgendwie gearteten Eignungsnachweis kann jedoch nur sinnvoll erbringen, wer die Erfolge einer neuen Maßnahme mit statistischen Angaben, etwa zur Zahl von Eingriffen, belegt.[1315] Eine Statistikpflicht wird man aber nicht fordern können, da der Gesetzgeber auch ohne eine Pflicht (freiwillig) Nachweise über die Effektivität einer Maßnahme erbringen kann.[1316] Dabei ist jedoch zu beachten, daß die „normale" Polizeistatistik oftmals mehrere Maßnahmen vermengt und zum Beispiel alle Identitätsfeststellungen gemeinsam in einen Topf wirft – die Kontrolle gerade der verdachtsunabhängigen Maßnahmen ist damit nicht möglich. Darüber hinaus besteht das Problem, daß bei präventiven Maßnahmen statistische Angaben schwierig zu interpretieren sind, da man nicht konkret sagen kann, wie viele Straftaten tatsächlich verhindert wurden und wie viele Straftäter sich von der Begehung von Straftaten haben abschrecken lassen. Läßt sich allerdings ein allgemeiner Rückgang der Kriminalität in dem bestimmten Bereich belegen, kann dies für die Effektivität der Maßnahmen sprechen, die auf diesen Bereich zielen. Ein Anstieg bestimmter Delikte kann jedoch auch darauf beruhen, daß intensiver kontrolliert worden ist oder die Kriminalität in diesem Bereich zugenommen hat. Es gibt aber auch Situationen, aus denen direkt auf die Verhinderung von Kriminalität geschlossen werden kann, so zum Beispiel wenn illegal Eingereiste aufgegriffen werden, Waffen gefunden wer-

---

[1313] SächsVerfGH SächsVBl. 1996, 160 (175). A. A. *Lisken,* NWVBl. 1990, 325 (326), der grundrechtsrelevante Zugriffe im „Vorfeld" denkbarer Gefahren als polizeirechtlich nicht zu rechtfertigen ansieht.

[1314] SächsVerfGH SächsVBl. 1996, 160 (176); ebenso *Stephan,* DVBl. 1998, 81.

[1315] *Trute,* Gedächtnisschrift Jeand'Heur, S. 403 (416).

[1316] Der SächsVerfGH DVBl. 1996, 1423 ff. hielt in Anlehnung an die Entscheidung BVerfGE 88, 203 (309) zum Schwangerschaftsabbruch eine Berichts- und Evaluationspflicht zur Überprüfung der Geeignetheit, Erforderlichkeit und Angemessenheit der §§ 39 f. SächsPolG zur Bekämpfung der Organisierten Kriminalität für erforderlich. Ähnlich auch *Wahl/Appel,* S. 1 (33 f.).

den, deren Besitzer keinen Waffenschein hat, Drogen gefunden werden, deren Menge den Eigenbedarf übersteigt und ähnliches. Führt die Schleierfahndung zu einer Festnahme, zum Beispiel einer zur Fahndung ausgeschriebenen Person, ist dies dagegen zwar ein meßbarer Erfolg, in aller Regel aber wohl nur in repressiver Hinsicht.

Auch wenn eine aussagekräftige Statistik zu den Erfolgen einer Norm vorhanden ist, liegt es immer noch in der Einschätzungsprärogative des Gesetzgebers, ob die Maßnahme seiner Meinung nach sinnvoll ist oder nicht.[1317] Entscheidendes Element zur Beurteilung der Verhältnismäßigkeit ist die Wahrscheinlichkeit, daß tatsächlich mit der neu geschaffenen Maßnahme Gefahren verhindert werden. Daher existiert eine Pflicht des Gesetzgebers, die Effektivität der Maßnahme im Auge zu behalten, welche am besten durch eine Statistikpflicht der Polizei gewährleistet wird.

Selbst wenn Evaluationen, wie die in Sachsen durchgeführten, keine abschließenden Erfolgsaussagen treffen können, so ist den Statistiken jedoch zu entnehmen, wie die konkrete Inanspruchnahme der Betroffenen erfolgte. Eine Evaluation kann somit zeigen, ob eine Norm im Einzelfall verhältnismäßig angewendet wurde. Wenn zum Beispiel häufig Durchsuchungen stattfinden, eine Durchsuchung nach der einschlägigen Norm aber nur ausnahmsweise zulässig ist, muß der Gesetzgeber nachbessern und in die Norm weitergehendere Restriktionen einbauen. Daß eine rechtmäßige Norm mißbraucht wird, ist stets möglich. Der Gesetzgeber hat jedoch darauf zu achten, daß seine Normen zum einen für den Bürger und den Polizisten verständlich sind, zum anderen muß er nachbessern, wenn ein ständiger Mißbrauch offensichtlich wird.

Die Evaluation in Sachsen war allerdings unter diesem Gesichtspunkt eher ein abschreckendes Beispiel: Eine Begutachtung der Evaluierung (vier Berichte innerhalb der letzten vier Jahre) wurde durch das Parlament zumindest nicht nach außen erkennbar durchgeführt. Die Schleierfahndungsnorm in Sachsen war auf fünf Jahre befristet worden. In den Gesetzesberatungen zu der Frage, ob diese Befristung abgeschafft und damit die Schleierfahndung unbefristet im PolG verankert werden sollte, wurde die Debatte mit einem anderen Thema, nämlich dem polizeilichen Wohnungsverweis, verbunden. In der Plenardebatte wurde die Schleierfahndung daher von den meisten Rednern gar nicht mehr erwähnt und ausschließlich zum Wohnungsverweis Stellung genommen. Noch dazu war es dem Landtag nicht aufgefallen, daß in der den Parlamentariern zugänglichen Druckfassung des 4. Berichts eine ganz entscheidende Seite schlicht fehlte, was die Vermutung nahelegt, daß der Bericht von niemandem gelesen wurde. Wenn Evaluation betrieben wird, müssen die Ergebnisse auch geprüft werden und Rückschlüsse auf die Gesetzeslage gezogen werden.[1318]

---

[1317] *Horn,* S. 95 mwN.

Ein Vergleich der möglichen Erfolge der Schleierfahndung zur Kriminalitätsbekämpfung mit der Kriminalität in den Bundesländern, die keine Schleierfahndungsnormen haben, ist ebenfalls nicht sonderlich aussagekräftig, da die jeweiligen Bundesländer recht unterschiedliche Kriminalitätsbekämpfungsansätze verfolgen. Unterschiedliche Ergebnisse können daher auf vielfältigen Ursachen beruhen und müssen nicht notwendig der Schleierfahndung zuzuschreiben sein.

Eine weitere Möglichkeit, den Erfolg einer neuartigen Maßnahme zu evaluieren, ist die zeitliche Befristung der Ermächtigungsgrundlage – nach deren Auslaufen müßte dann allerdings durch statistische Erhebungen überprüft werden, ob die Kriminalität in dem von der Maßnahme geschützten Bereich wieder ansteigt.

Von einer Pflicht des Gesetzgebers bei experimenteller Gesetzgebung, die tatsächliche Handhabung des neuen polizeirechtlichen Instruments einschließlich der erreichten Ziele zu überprüfen und die Norm gegebenenfalls entsprechend nachzubessern, ist daher auszugehen.[1319] Eine beschränkte zeitliche Geltung der Norm und Evaluations- beziehungsweise Statistikpflichten deuten darauf hin, daß der Gesetzgeber sich dieses Problems annimmt.

Kontrolliert der Gesetzgeber sein neuartiges polizeiliches Instrument gar nicht, und genügt er damit seiner Beobachtungspflicht nicht, stellt sich die Frage, ob und wenn ja, ab wann die Norm dann als verfassungswidrig anzusehen ist. Das BVerfG geht davon aus, daß ein verfassungsgerichtliches Eingreifen erst dann erforderlich wird, „wenn der Gesetzgeber eine spätere Überprüfung und Verbesserung trotz ausreichender Erfahrungen für eine sachgerechtere Lösung unterläßt".[1320] In der Literatur wird die Meinung vertreten, dem Gesetzgeber sei eine Frist von einer Legislaturperiode zum Nachbessern seines Gesetzes einzuräumen; nach Ablauf dieser Frist sei jedoch von der Verfassungswidrigkeit der Norm auszugehen.[1321]

*(9) Gesamtabwägung*

Das BVerfG hat in seinem Urteil zur Überwachung der Telekommunikation durch den BND den Stellenwert des Verhältnismäßigkeitsprinzips bei informationellen Befugnissen von Sicherheitsbehörden zusammenfassend wie folgt dar-

---

[1318] Siehe zu den geringen Auswirkungen von Evaluationen auf die Verwaltungsrechtsdogmatik auch *Voßkuhle*, VerwArch 85 (1994), 567 (575) mwN.

[1319] SächsVerfGH JZ 1996, 957 (960); *Rachor*, in Lisken/Denninger, F Rdnr. 384; *Stephan*, DVBl. 1998, 81.

[1320] BVerfGE 45, 187 (252); 53, 257 (312 f.).

[1321] Im Zusammenhang mit dem ähnlichen Problem der Nachbesserung von Gesetzen aufgrund verfassungsgerichtlicher Vorgaben plädieren *Pitschas/Aulehner*, NJW 1989, 2353 (2359) für eine Frist von der Länge einer Legislaturperiode. Den Ablauf der Frist dürften nur Verfassungsgerichte, nicht aber Verwaltungsgerichte feststellen.

gestellt: „(…) Einbußen an grundrechtlich geschützter Freiheit (dürfen) nicht in unangemessenem Verhältnis zu den Gemeinwohlzwecken stehen, denen die Grundrechtsbeschränkung dient." Entscheidend sei, unter welchen Voraussetzungen welche und wie viele Grundrechtsträger wie intensiven Beeinträchtigungen ausgesetzt seien. Kriterien zur Beurteilung der Angemessenheit einer Norm seien daher die bereits dargestellte Gestaltung der Einschreitschwellen, die Zahl der Betroffenen und die Intensität der Beeinträchtigung.[1322]

Weiter ist zu beachten: Je näher man sich einer konkreten Gefahr nähert, um so eher darf in Rechte von Betroffenen eingegriffen werden. Je weiter man von dem Eintreten einer solchen Gefahr entfernt ist, desto höher muß das Schutzgut sein.

Die gewonnenen Ergebnisse sind nun einer Gesamtabwägung zu unterziehen.

Es stehen sich das Interesse der Öffentlichkeit an effektiver Polizeiarbeit, der Gewährleistung Innerer Sicherheit und die Polizeipflichtigkeit eines jeden dem Recht auf informationelle Selbstbestimmung des Einzelnen gegenüber.

Generell läßt sich nicht sagen, daß staatsbezogene, kollektive Bedürfnisse wie die Gewährleistung der Inneren Sicherheit automatisch höherrangig sind als bürgerbezogene individuelle Rechte wie das Recht auf informationelle Selbstbestimmung.[1323] Kritiker rügen, daß der Sicherheit deutlich mehr Gewicht beigemessen werde als der Freiheit.[1324]

Prävention und Gewährleistung Innerer Sicherheit läßt sich vielfach nur dadurch realisieren, daß in Freiheitsrechte der Bürger eingegriffen wird.[1325] Bei einer Grundrechtsbeeinträchtigung durch Maßnahmen der Gefahrenvorsorge bedarf es spezialgesetzlicher Ermächtigungsgrundlagen, die verfahrensrechtlichen sowie inhaltlichen Anforderungen genügen. Der Gesetzgeber hat die Sicherheitsinteressen und das grundrechtlich geschützte Interesse an einer ungestörten Individualsphäre gegeneinander abzuwägen.[1326] Es kommt darauf an, ob dem Gesetzgeber ein gerechter Ausgleich zwischen dem Schutz der Rechte des einzelnen und dem der Rechte der Allgemeinheit geglückt ist.[1327] Ziel darf es nicht sein, eine kriminalitätsfreie Gesellschaft (um jeden Preis) erreichen zu

---

[1322] BVerfGE 100, 313 ff.

[1323] Siehe auch BVerfGE 28, 243 (259).

[1324] So *Denninger,* StV 2002, 96 (101), der nachweist, daß im Terrorismusbekämpfungsgesetz 37 mal das Wort „Sicherheit", aber nicht ein einziges Mal das Wort „Freiheit" verwendet wird.

[1325] *Grimm,* KritV 1986, 38 ff.; *Kniesel,* ZRP 1992, 164 (167); *Würtenberger,* Freiheit und Sicherheit, S. 15 (19 f.).

[1326] *Isensee,* in ders., Handbuch des Staatsrechts, Band III § 79 Rdnr. 25; *Würtenberger,* Freiheit und Sicherheit, S. 15 (18 f.); *Würtenberger/Heckmann/Riggert,* Rdnr. 37.

[1327] *Kniesel,* ZRP 1992, 164 (167); *Kühne,* FS Schneider, S. 3 (4); *Würtenberger,* Freiheit und Sicherheit, S. 15 (20).

wollen, da jede Gesellschaft unabhängig von Präventionsmaßnahmen ein gewisses Maß an Kriminalitätsbelastung aufweist.[1328] Keine Prävention kann so perfekt sein, daß auf Repression verzichtet werden könnte.[1329] Zudem besteht eine gewisse Abneigung in der Öffentlichkeit gegenüber zu starker Überwachung seitens des Staates.[1330] Auch im Rechtsstaat können nicht alle dem Bürger drohenden Gefahren abgewehrt und alle Straftaten verhindert werden, weil andernfalls der Verlust an Freiheit für das Gemeinwesen zu hoch wäre. Ziel kann nicht ein maximaler polizeilicher Schutz sein, sondern Ziel muß vielmehr ein Optimum an Schutz sein.[1331]

Nach der Schnittmengentheorie von Calliess läßt sich der „Doppelauftrag des Staates" mit der Figur zweier sich überschneidender Kreise darstellen: zum einen der Kreis der Begrenzung staatlichen Handelns im Interesse einer Entfaltung der Freiheitsrechte, zum anderen der Kreis der Verpflichtung zu staatlichem Handeln zur Gewährung Innerer Sicherheit. Diese beiden Kreise überschneiden sich; je weiter sie sich überschneiden, desto problematischer sei – so Calliess – die Abwägung.[1332]

Die drei Urteile der Landesverfassungsgerichte beurteilen die Verhältnismäßigkeit der Schleierfahndungsnormen wie folgt:

Nach dem LVerfG MV besteht kein hinreichender Grund zur Gefahrenabwehr mittels Schleierfahndungsmaßnahmen auf Durchgangsstraßen des Landes, solche Maßnahmen seien unverhältnismäßig. Darüber hinaus seien Verfahrensregelungen erforderlich, die die Verwendung der gewonnenen Daten ausschließlich für die Bekämpfung der grenzüberschreitenden Kriminalität sicherten.[1333]

Nach Ansicht des BayVerfGH stellt die Schleierfahndung lediglich eine geringfügige Grundrechtsbeeinträchtigung dar. Zwar lägen tatbestandlich nur schwach konturierte Eingriffsschwellen vor und sei der Betroffenenkreis beliebig groß, dagegen sei der Kontrollraum eng und würden durch die Bekämpfung grenzüberschreitender Kriminalität bedeutsame Güter geschützt.[1334]

Der LVerfGH Sachsen geht davon aus, daß willkürliche, überzogene Kontrollen nicht zu befürchten seien, da die Kontrollen nur nach pflichtgemäßem Ermessen ausgeübt werden dürften. Nachträglicher Rechtsschutz sei möglich, es gebe in Sachsen eine Berichtspflicht gegenüber dem Parlament und die Identitätsfeststellung sei mit „keinem nennenswerten eigenen Aufwand und lediglich

---

[1328] *Waechter,* NdsVBl. 2001, 77 (85); *Ostendorf,* ZRP 2001, 151 (153).
[1329] Vgl. *Grimm,* KritV 1986, 38.
[1330] *Schenke,* AöR 125 (2000), 1 (6 f.).
[1331] *Hoffmann-Riem,* AöR 123 (1998), 513 (529).
[1332] *Calliess,* ZRP 2002, 1 sowie DVBl. 2003, 1096 (1101 f.).
[1333] LVerfG MV LKV 2000, 149 (152).
[1334] BayVerfGH NVwZ 2003, 1375 (1377).

einer Einbuße von wenigen Minuten verbunden."[1335] Damit stelle der Eingriff lediglich eine Art Lästigkeit dar. Weitere Maßnahmen seien nur dann zulässig, wenn die Identität auf andere Weise nicht, nur erschwert oder nicht zuverlässig festgestellt werden könne, was selbst dann verhältnismäßig sei, wenn es sich um eine Ingewahrsamnahme handele.[1336]

Die Normen zur Schleierfahndung verfügen auch über einige Sicherungsmechanismen, wenngleich diese je nach Norm unterschiedlich stark ausgeprägt sind:

Es ist verfassungsrechtlich nicht erforderlich, Eingriffe nur bei Vorliegen einer konkreten Gefahr zuzulassen; ebenso existiert keine verfassungsrechtliche Unschuldsvermutung im Polizeirecht. Die Verdachts- und Eingriffschwelle bei der Schleierfahndung liegt zwar unterhalb eines konkreten Gefahrenverdachtes. Auch werden keine Tatsachen verlangt, die auf Gefahren hindeuten,[1337] und müssen keine tatsächlichen Anhaltspunkte für eine Gefahr vorliegen. Doch ist allen Normen entweder explizit, zumindest aber implizit durch ihre Zweckbegrenzung zu entnehmen, daß Maßnahmen nur zur Bekämpfung der grenzüberschreitenden Kriminalität zulässig sind. Diese Einschränkung bewirkt, daß nur bei Vorliegen von Lageerkenntnissen ein Einschreiten den Grundsätzen der rechtmäßigen Ermessensauswahl sowie dem Verhältnismäßigkeitsgebot entspricht.[1338]

Daher ist die Weite der Örtlichkeiten, an denen Personenkontrollen zulässig sind, weniger entscheidend. Wie oben gezeigt, darf zulässigerweise auch auf einer Durchgangsstraße, die eine erhebliche grenzüberschreitende Bedeutung hat, mit dem Ziel der Bekämpfung grenzüberschreitender Kriminalität kontrolliert werden, solange Anhaltspunkte in Form von Lageerkenntnissen dahingehend vorliegen, daß mit grenzüberschreitender Kriminalität zu rechnen ist. Eine rechtmäßige flächendeckende Schleierfahndung ist nur in absoluten Sondersituationen denkbar. Das Argument, Personenkontrollen könnten mangels einer ausreichenden Zahl von Polizeibeamten ohnehin nicht flächendeckend durchgeführt werden, verfängt nicht, da es nicht um eine tatsächliche, sondern eine rechtliche Bewertung geht. Aber auch die rechtliche Bewertung läßt keine Totalkontrolle zu. Ermessensgesichtspunkte und das Verhältnismäßigkeitsprinzip lassen nur Stichprobenkontrollen beziehungsweise Kontrollen nach einer bestimmten Vorselektion zu.

---

[1335] LVerfGH Sachsen, Urteil vom 10.7.2003 – Vf. 43-II-00, S. 46.

[1336] LVerfGH Sachsen, Urteil vom 10.7.2003 – Vf. 43-II-00, S. 46 ff.

[1337] Läßt man die Norm aus Rheinland-Pfalz außer Betracht.

[1338] *Castillon,* S. 200 f., geht dagegen davon aus, daß Lageerkenntnisse explizit in den jeweiligen Normen festgelegt sein müßten, da sie sonst mangels eines Zurechnungszusammenhangs unverhältnismäßig seien. Ähnlich auch *Wulff,* S. 98, der zum Ergebnis der Verfassungswidrigkeit des § 12 VI NSOG gelangt, da diese Norm nicht lagebildabhängig sei und Befragungen sowie Inaugenscheinnahmen zulasse.

Darüber hinaus dürfen Schleierfahndungen nur zur Bekämpfung qualifizierter Gefahren im Sinne von Straftaten von erheblicher Bedeutung oder Straftaten der Organisierten Kriminalität (keine Bagatelldelikte oder Ordnungswidrigkeiten) durchgeführt werden. Die durch die Schleierfahndung geschützten Rechtsgüter und Sicherheitsinteressen sind daher durchweg als hochrangig anzusehen.[1339]

Zu beachten ist jedoch, daß der Betroffene kein Störer ist und daher nur in geringerem Umfang als ein für eine Gefahrenlage Verantwortlicher Rechtseingriffe hinzunehmen hat. Dies schließt jedoch Grundrechtseingriffe nicht prinzipiell aus.[1340]

Meist sind mit Schleierfahndungsmaßnahmen nur relativ geringe Eingriffe verbunden[1341] – schwerwiegende Folgen zeitigen Schleierfahndungsmaßnahmen nur, wenn Maßnahmen der 1. Stufe keinen Erfolg gebracht haben. Dann unterliegen die Folgemaßnahmen jedoch dem Verhältnismäßigkeitsgebot.[1342] Durch die Maßnahmen der Schleierfahndung ist es verdachtsunabhängig nicht möglich, ein Bewegungsbild zu erstellen, da jegliche Speicherung von Daten verdachtsunabhängig nicht zulässig ist. Besondere Datenschutzregelungen sind daher nicht erforderlich. Es droht weder eine Totalkontrolle noch ist die Befürchtung, es könne ein „gläserner Mensch" drohen, berechtigt. Vereinzelte Maßnahmen belasten im übrigen den einzelnen Bürger weniger als die Einrichtung permanenter Kontrollstellen, die nicht so effektiv wären, da sie von Straftätern gemieden werden könnten.

Kritiker der Schleierfahndung monieren, daß nicht jede nützliche Ermittlungsmethode und -befugnis verfassungsrechtlich zulässig sei. Je nach Intensität des Eingriffs komme es auf die „Erforderlichkeit" an.[1343] Die in Deutschland zulässigen Schleierfahndungsmaßnahmen führten dazu, daß die „Unbefangenheit freiheitlicher Lebensentfaltung"[1344] leide. Dieses Argument widerspricht jedoch nicht nur der Lebenserfahrung, sondern läßt sich auch nicht empirisch belegen.

Einige Normen sehen als verfahrensmäßige Kompensation eine Anordnungszuständigkeit des Behördenleiters vor.[1345] Ein solcher Vorbehalt bedeutet, auch wenn kein Polizeiexterner wie beispielsweise ein Richter über die Durchführung einer Maßnahme entscheidet, einen erhöhten „Legitimationsaufwand"[1346] für die

---

[1339] Siehe hierzu oben S. 274.

[1340] *Peitsch,* Die Polizei 1990, 213 (219).

[1341] *Schenke,* Rdnr. 121.

[1342] A. A. *Castillon,* S. 200 f., die Folgemaßnahmen nur dann für verfassungsgemäß erachtet, wenn zusätzliche tatbestandliche Eingriffsschwellen vorliegen.

[1343] *Lisken,* DRiZ 1987, 184 (187).

[1344] So die Befürchtung *Liskens* in ZRP 1994, 49 (50) im Zusammenhang mit der Einführung von Vorfeldbefugnissen allgemein.

[1345] So die Normen in Brandenburg, Mecklenburg-Vorpommern und Sachsen-Anhalt. Siehe auch *Jaeger,* Kriminalist 1996, 329 (330).

Beamten, die eine Schleierfahndung durchführen wollen und führt daher tendenziell zu einer besonders sorgfältigen Prüfung, ob, wann und wo Kontrollen sinnvollerweise stattfinden sollten. Für Behördenleitervorbehalte (im Gegensatz zu Richtervorbehalten) spricht, daß eine Person entscheidet, der die polizeiliche Situation vertraut ist. Gegen eine solche Regelung ist jedoch vorzubringen, daß eine besondere Kontrolle im Grunde nicht stattfindet, denn im Rahmen der Pflicht zur allgemeinen Dienstaufsicht sind ähnliche Kontrollen durch den Behördenleiter ohnehin durchzuführen. Allerdings kann ein Behördenleitervorbehalt bewirken, daß die recht weiten Tatbestandsvoraussetzungen besser durch Verwaltungsgerichte kontrollierbar sind, weil eine Dokumentation vorliegt, die durch ein Gericht nachvollzogen werden kann. Dieser Gewinn an Rechtssicherheit für den Bürger ist vor allen Dingen bei verdeckten Maßnahmen angebracht, bei offenen Maßnahmen wie der Schleierfahndung, die in der Regel mit einem gewissen organisatorischen Aufwand und gut vorbereitet durchgeführt werden, aber gleichfalls sinnvoll.

Für die Angemessenheit der Schleierfahndung spricht, daß dem Bürger prinzipiell gerichtlicher Rechtsschutz gegen die Maßnahme möglich ist, da es sich um eine offene Maßnahme handelt und der Bürger mithin nicht wie bei verdeckten Maßnahmen mangels Kenntnis des polizeilichen Handelns machtlos ist.

Weitere verfahrensrechtliche Voraussetzungen ergeben sich auch nicht aus der G-10-Entscheidung des BVerfG, die für verdeckte Maßnahmen der Datenerhebung besondere Verfahrenanforderungen aufstellt.[1347] Denn die Schleierfahndung ist als offene Datenerhebungsmaßnahme konzipiert. Sofern Dritte befragt werden sollen, sind weitere Voraussetzungen zu beachten, beispielsweise die, daß eine direkte Inanspruchnahme des Betroffenen nicht möglich ist.

Die im Zusammenhang mit der Erörterung der polizeirechtlichen Aspekte der Schleierfahndung angesprochene Mißbrauchsgefahr der Schleierfahndung beispielsweise zu rassistischen Maßnahmen[1348] könnte möglicherweise besondere verfahrensrechtliche Vorkehrungen erfordern.[1349] Doch genügen insofern die allgemeinen Aufsichtspflichten der Vorgesetzten, die auch ohne eine besondere Regelung bei diskriminierenden polizeilichen Aktivitäten zu einem Einschreiten verpflichtet sind.

Kritiker der Schleierfahndung gehen davon aus, daß keine vernünftige Relation bestehe zwischen den Erfolgen der Schleierfahndung einerseits und den mit Schleierfahndungen verbundenen Eingriffen in das Recht auf informationelle Selbstbestimmung andererseits.[1350] Könnte die Schleierfahndung im Hinblick

---

[1346] *Lisken/Mokros,* NVwZ 1991, 609 (613).

[1347] BVerfG NJW 2000, 55 (63 f.).

[1348] Siehe oben S. 187.

[1349] So bei einer in besonderem Maße bestehenden Mißbrauchsgefahr BVerfGE 65, 1 (45 f.); *Kastner,* VerwArch 92 (2001), 216 (257); *Waechter,* NdsVBl. 2001, 77 (85).

auf die allgemeine Sicherheitslage als entbehrlich angesehen werden, wäre eine Verfassungswidrigkeit anzunehmen.[1351]

Die Effektivität der Schleierfahndungen liegt nach den bisher vorliegenden Zahlen bei ca. 3–4 %.[1352] Diese Zahlen werden von den einen als Erfolg,[1353] von anderen als Mißerfolg der Schleierfahndung interpretiert.[1354]

Jedoch hat der Gesetzgeber auch in bezug auf die Angemessenheit einer Maßnahme einen Einschätzungsspielraum – in dessen Rahmen er auch Maßnahmen mit einstelliger Erfolgsquote als erfolgreich zulassen kann. Es ist nicht zu beanstanden, wenn der Gesetzgeber der Kriminalprävention den Vorrang vor einer repressiven Reaktion auf Kriminalität einräumt und präventive Maßnahmen als besser und effektiver erachtet.[1355]

## 5. Ergebnis

Zusammenfassend kann mit Schoch[1356] gesagt werden: Die Bekämpfung von Erscheinungsformen der Organisierten und nicht organisierten grenzüberschreitenden Kriminalität wie Menschenschmuggel, Waffenhandel, Drogenhandel, Bandendiebstahl und Autoschieberei ist ein in hohem Maße verfassungslegitimes Ziel; sie ist aufgrund der staatlichen Schutzpflicht prinzipiell legitimiert. Die Schleierfahndung ist zur Erreichung dieses Ziels geeignet und erforderlich. Bei der Beurteilung der Angemessenheit kommt dem Gesetzgeber ein Einschätzungsspielraum zu.

Dieser Einschätzungsspielraum wäre erst dann verletzt, wenn die gesetzgeberischen Erwägungen so offensichtlich falsch wären, „daß sie vernünftigerweise keine Grundlage für gesetzgeberische Maßnahmen abgeben können".[1357] Dies kann jedoch für die Schleierfahndungsnormen nicht angenommen werden. Vor

---

[1350] *Kolb*, NJ 2000, 570 (572); *Stephan*, DVBl. 1998, 81 (84): Da nur extrem geringe Chancen bestünden, durch Schleierfahndungen Gefahren abzuwehren oder vorzubeugen, seien Zweifel an der Geeignetheit und Erforderlichkeit der Schleierfahndung angebracht und könne ein noch so geringer Grundrechtseingriff unverhältnismäßig sein.

[1351] *Berner/Köhler*, Art. 13 Rdnr. 8; ähnlich auch Kramer, Rdnr. 179, der die Schleierfahndung in Hessen als sehr bedenklich und vor allem aufgrund der fehlenden Außengrenzen als fragwürdig erachtet.

[1352] So die Angaben von *Maurer*, Bürgerrechte & Polizei 1998, 51 ff.; *Waechter*, DÖV 1999, 138 (144).

[1353] *Ebert/Honnacker*, § 14 Rdnr. 8.

[1354] *Dittes* (PDS-Fraktion), Plenarprotokoll des Landtages Thüringen 3/6 vom 16.12. 1999.

[1355] *Grimm*, KritV 1986, 38; *Ostendorf*, ZRP 2001, 151; *Pitschas*, Kriminalprävention, S. 13 ff. Bedenken dagegen äußert *Schoreit*, DRiZ 1991, 320 (322 f.), der davon ausgeht, das Strafprozeßrecht werde durch präventive Maßnahmen verdrängt.

[1356] *Schoch*, Polizeirecht, Rdnr. 201.

allen Dingen aufgrund der sich gegebenenfalls aus der Zweck-Mittel-Relation der Norm ergebenden Beschränkung auf Orte und Situationen, die ausweislich von Lageerkenntnissen eine gewisse Gefährlichkeit aufweisen, ist der Tatbestand keineswegs völlig voraussetzungs- und konturenlos.

Die Schleierfahndungsnormen stellen mithin eine verfassungsgemäße Schranke des Rechts auf informationelle Selbstbestimmung dar und vermögen Eingriffe in dessen Schutzbereich zu rechtfertigen.

## II. Die Vereinbarkeit der Schleierfahndungsnormen mit dem Recht auf Freizügigkeit nach Art. 11 GG

Der sachliche Schutzbereich des Rechts auf Freizügigkeit umfaßt nach der Rechtsprechung des BVerfG das Recht, an jedem Ort innerhalb des Bundesgebietes Aufenthalt und Wohnsitz zu nehmen.[1358] Unter „Aufenthalt" ist jedes vorübergehende Verweilen an einem Ort zu verstehen, das nicht vom Wohnsitz nehmen umfaßt ist, allerdings nur, wenn es von einer gewissen Bedeutung ist.[1359] Umstritten ist hierbei, was unter „vorübergehendem Verweilen mit gewisser Bedeutung" zu verstehen ist. Die Ansichten reichen von jeglicher räumlicher Bewegungsfreiheit,[1360] über das Erfordernis einer Mindestverweildauer[1361] bis hin zu der Auffassung, der Aufenthalt müsse eine gewisse Persönlichkeitsrelevanz aufweisen[1362]. Vom Schutzbereich erfaßt ist zudem die Möglichkeit einer Fortbewegung mit dem Ziel eines Ortswechsels, wobei aber nur die Erreichbarkeit des Ortes überhaupt geschützt ist.[1363] Der Aufenthalt ist nur insofern geschützt, als er nicht der Fortbewegung dient. Streitig ist darüber hinaus, ob Art. 11 GG lediglich vor unmittelbaren Beeinträchtigungen der Freiheit des Ortswechsels zur Wohnsitz- und Aufenthaltnahme schützt, mithin mittelbar-faktische Beeinträchtigungen keinen Eingriff darstellen.[1364] Eine vermittelnde Ansicht nimmt an, daß ein Eingriff durch mittelbar-faktische Einwirkungen dann zu bejahen ist, wenn von ihnen ein beherrschender Einfluß auf die Willensbildung ausgehe.[1365] Eine Verlängerung der Reisezeit – zum Beispiel

---

[1357] BVerfGE 77, 84 (106). Siehe auch *Wernsmann,* NVwZ 2000, 1360 (1363) und *Würtenberger,* Freiheit und Sicherheit, S. 15 (26).

[1358] BVerfGE 2, 266 (273); 43, 203 (211); 80, 137 (150); *Finger,* Die Polizei 2005, 82 (86 f.); *Hantel,* JuS 1990, 865 (866); *Ziekow,* S. 439 ff.

[1359] *Jarass/Pieroth,* Art. 11 Rdnr. 2; *Lambiris,* S. 73; *Pieroth/Schlink,* Rdnr. 791.

[1360] *Pernice,* in Dreier, Art. 11 Rdnr. 13 f.

[1361] *Jarass/Pieroth,* Art. 11 Rdnr. 2.

[1362] *Epping,* Rdnr. 630.

[1363] Zum Schutzbereich des Rechts auf Freizügigkeit siehe *Braun,* S. 40 ff. sowie *Schoch,* Jura 2005, 34 (35 f.).

[1364] So *Krüger/Pagenkopf,* in Sachs, Art. 11 Rdnr. 20.

[1365] *Pernice,* in Dreier, Art. 11 Rdnr. 22; *Pieroth/Schlink,* Rdnr. 801.

durch eine Kontrolle im Grenzgebiet – stellt jedoch eine solch kurzzeitige Maßnahme dar, die mit einem Verkehrsstau auf einer Autobahn vergleichbar ist. Damit ist entweder mangels Erheblichkeit schon der Schutzbereich des Art. 11 GG
nicht eröffnet oder eine bloße Belästigung und somit kein Eingriff anzunehmen,
da die Fortbewegung im Endergebnis nicht unmöglich gemacht wird.[1366]

Das Recht auf Freizügigkeit ist demnach durch Schleierfahndungen nicht betroffen; demgemäß müssen sich die Schleierfahndungsnormen auch nicht an
Art. 11 GG messen lassen. Einschlägig kann aber das Recht auf Bewegungsfreiheit nach Art. 2 II 2 GG sein.

### III. Die Vereinbarkeit der Schleierfahndungsnormen mit dem Recht auf Freiheit der Person nach Art. 2 II 2 und Art. 104 II GG

Der sachliche Schutzbereich der Art. 2 II 2, 104 II GG[1367] umfaßt die körperliche (Fort-)Bewegungsfreiheit,[1368] wobei der Schwerpunkt des Schutzes auf
der Freiheit des Bewegungsvorganges an sich liegt.[1369] Da der Hauptzweck
eines Anhaltens, eines Festhaltens, einer Sistierung und auch einer Ingewahrsamnahme jeweils das Festhalten des Betroffenen ist, kommt es nicht darauf an,
ob durch die Maßnahme zum Beispiel auch die Berufsfreiheit tangiert wird; der
Prüfungsmaßstab ist vielmehr ausschließlich Art. 2 II 2 iVm. 104 GG.[1370] Die
Reichweite des Schutzbereichs des Rechts auf Freiheit der Person ist jedoch
umstritten.

---

[1366] So auch *Kunig,* in von Münch/Kunig, Art. 11, Rdnr. 20; *Waechter,* DÖV 1999,
138 (141). Ähnlich auch *Wolf/Stephan,* § 26 Rdnr. 18 zu einer Kontrolle an einer
Kontrollstelle. Pauschal bezogen auf alle Standardmaßnahmen *Lambiris,* S. 73, konkret bezogen auf die Schleierfahndung auf S. 74.

[1367] Auch hier gibt es Grundrechte aus den Landesverfassungen, die Art. 2 II 2, 104
II GG jedoch vollständig entsprechen, siehe zum Beispiel Art. 102 BayVerf, Art. 16 I
S. 2, 17 I SächsVerf, 3 I S. 2 ThürVerf.

[1368] BVerfGE 65, 317 (321); 94, 166 (194); *Schulze-Fielitz,* in Dreier, Band 1, Art. 2
II, Rdnr. 60; *Dürig,* in Maunz/Dürig, Art. 2 II Rdnr. 49; *Gusy,* NJW 1992, 457 (458);
*Hantel,* JuS 1990, 865 (866); *Ipsen,* Grundrechte, Rdnr. 248; *Isensee,* in ders., Hand-
buch des Staatsrechts, Band VI, § 130, Rdnr. 4; *Kunig,* in von Münch/Kunig, Art. 2,
Rdnr. 73; *Starck,* in von Mangoldt/Klein/Starck, Band I, Art. 2 Abs. 2, Rdnr. 180. Die
Freiheit von jeglichem staatlichem Zwang hingegen fällt unter Art. 2 I GG.

[1369] Art. 2 II steht in engem Zusammenhang mit den Justizgrundrecht Art. 104 GG,
siehe *Murswiek,* in Sachs, Art. 2 Rdnr. 228; *Starck,* in von Mangoldt/Klein/Starck,
Band I, Art. 2 Abs. 1, Rdnr. 57.

[1370] *Braun,* S. 63.

## 1. Zum Schutzbereich des Rechts auf Freiheit der Person und zum Vorliegen eines Eingriffs

In der Rechtsprechung des BVerfG wurde der Schutzbereich des Art. 2 II GG dahingehend verstanden, daß er die (im Rahmen der geltenden Rechtsordnung gegebene tatsächliche) körperliche Bewegungsfreiheit erfaßt und vor einer Verhaftung, Festnahme und ähnlichen Eingriffen, also vor unmittelbarem Zwang, schützt.[1371] Die Befugnis, sich unbegrenzt überall aufzuhalten oder hinbewegen zu dürfen, sei nicht erfaßt.[1372] Auch das BVerfG nimmt eine graduelle Abgrenzung anhand der Intensität des Eingriffs zwischen Freiheitsbeschränkung und Freiheitsentziehung vor.[1373] Eine Freiheitsbeschränkung liege vor, wenn jemand durch die öffentliche Gewalt gegen seinen Willen daran gehindert werde, einen Ort aufzusuchen oder sich dort aufzuhalten, der ihm an sich (tatsächlich und rechtlich) zugänglich sei.[1374] Die tatsächliche körperliche Bewegungsfreiheit ist demnach nur im Rahmen der allgemeinen Rechtsordnung geschützt. Die allgemeine Rechtsordnung stellt dann einen als vorgegeben hinzunehmenden Rahmen der körperlichen Bewegungsfreiheit dar.[1375] Folge ist, daß nicht jede Einschränkung der Bewegungsfreiheit, die sich aus allgemeinen Gesetzen ergibt, einen Eingriff in das Recht auf Freiheit der Person darstellt.[1376] Eine Freiheitsentziehung sei gegeben, wenn die – tatsächlich und rechtlich an sich gegebene – körperliche Bewegungsfreiheit nach jeder Richtung hin aufgehoben werde.[1377]

In der Literatur wird von der Ansicht des BVerfG über die Reichweite des Schutzbereiches zum Teil abgewichen. Im einzelnen differieren die Auffassungen erheblich.

Nach einer Auffassung, die den Schutzbereich sehr weit zieht, umfaßt das Recht die Befugnis, jeden beliebigen Ort aufzusuchen und jeden beliebigen Ort zu meiden.[1378] Jede Beeinträchtigung, die im Ergebnis dazu führt, daß ein Ort nicht aufgesucht oder gemieden werden kann, ist danach ein Eingriff.[1379] Die Differenzierung zwischen einer Freiheitsbeschränkung und einer Freiheitsentzie-

---

[1371] BVerfGE 22, 21 (28); BVerfG NJW 2002, 3161. So auch *Ipsen,* Grundrechte, Rdnr. 254.

[1372] BVerfGE 94, 166 (198).

[1373] BVerfG NJW 2002, 3161.

[1374] Dementsprechend fallen Ein- und Ausreisebeschränkungen nicht in den Schutzbereich der Freiheit der Person, siehe BVerfGE 94, 166 (198).

[1375] *Sachs,* Verfassungsrecht, Rdnr. 118.

[1376] *Murswiek,* in Sachs, Art. 2 Rdnr. 235a.

[1377] BVerfG NJW 2002, 3161.

[1378] *Dürig,* in Maunz/Dürig, Art. 2 II, Rdnr. 49 f.; *Gusy,* in von Mangoldt/Klein/Starck, Band III, Art. 104, Rdnr. 18; *Gusy,* NJW 1992, 457 (458); *Pieroth/Schlink,* Rdnr. 413; *Stein/Frank,* S. 276.

[1379] *Dürig,* in Maunz/Dürig, Art. 104, Rdnr. 5 f.; *Gusy,* NJW 1992, 457 (458, 460).

hung wird graduell vorgenommen, je nachdem, ob das Grundrecht nur teilweise oder vollständig eingeschränkt wird.[1380]

Andere Stimmen in der Literatur wollen wie das BVerfG den Schutzbereich enger fassen, begrenzen diesen aber nicht normativ durch eine Reduktion auf Einschränkungen durch besondere Gesetze, sondern stellen rein faktisch auf bestimmte Arten von Bewegungseinschränkungen ab.

Nach der Auffassung von Würtenberger[1381] schützt Art. 2 II GG nur vor räumlicher Begrenzung auf einen bestimmten Bereich, nicht aber davor, sich in bestimmten begrenzten Räumen nicht aufhalten zu dürfen.

Noch enger ist der Eingriffsbegriff nach Jarass/Pieroth,[1382] nach dem der Betroffene auf eng begrenztem Raum festgehalten werden muß, in dem besondere Sicherungen gegen das Verlassen bestehen.

Eine andere Ansicht sieht den Schutzbereich nur eröffnet, wenn die Bewegungsfreiheit mittels unmittelbaren Zwangs eingeschränkt werde.[1383]

Die dargestellten verschiedenen Auffassungen über den Schutzbereich müssen nun auf die im vorliegenden Kontext allein interessierenden Maßnahmen der Schleierfahndung bezogen werden.

Eingriffe im Rahmen einer Schleierfahndung können möglicherweise durch ein Anhalten, Festhalten, Verbringen zur Dienststelle (Sistierung) oder eine Ingewahrsamnahme erfolgen. Daher muß nun je nach Maßnahme differenziert werden:

Vorab sei allerdings folgender Hinweis angebracht: Oftmals wird bei der Prüfung der Art. 2 II, 104 I GG nicht das Vorliegen eines Eingriffs in das Recht der Freiheit Person diskutiert, sondern gleich in die Prüfung der Rechtfertigung eingestiegen. Eine solche Prüfung ist aber nur angezeigt, wenn zuvor das Vorliegen eines Eingriffs bejaht wurde. Auf der Rechtfertigungsebene ist jedoch zu differenzieren: Für bloße Freiheitsbeschränkungen gelten die Schranken der Art. 2 II, 104 I GG. Für die Freiheitsentziehung als Sonderfall der Freiheitsbe-

---

[1380] *Dürig*, in Maunz/Dürig, Art. 104, Rdnr. 5 f., 12; *Epping*, Rdnr. 559; *Gusy*, NJW 1992, 457 (460); *Leibholz/Rinck/Hesselberger*, Art. 104, Rdnr. 24; *Stein/Frank*, S. 277. In den Details dieser Ansicht liegen noch einige Unterschiede: so liegt nach *Dürig*, in Maunz/Dürig, Art. 2 Rdnr. 50 kein Eingriff bei einer Erscheinenspflicht einer Person vor. Nach *Gusy*, NJW 1992, 457 (459 f.) liegt dann kein Eingriff vor, wenn es sich nur um eine Nebenpflicht handelt. Nach *Pieroth/Schlink*, Rdnr. 414 ff. liegt dann kein Eingriff vor, wenn dem Betroffenen offensteht, wann er einer Erscheinenspflicht nachkommt.

[1381] *Zippelius/Würtenberger*, § 25 II 1 mwN.

[1382] *Jarass/Pieroth*, Art. 2 Rdnr. 61.

[1383] *Schulze-Fielitz*, in Dreier, Band 1, Art. 2 II, Rdnr. 104; *Isensee*, in ders., Handbuch des Staatsrechts, Band VI, § 130, Rdnr. 5 ff.; *Kunig*, in von Münch/Kunig, Art. 2, Rdnr. 74, 76; *Starck*, in von Mangoldt/Klein/Starck, Band I, Art. 2 Abs. 2, Rdnr. 180.

schränkung gilt Art. 104 II–IV GG. Sinn und Zweck des Art. 104 II GG ist der Schutz vor einer willkürlichen Inhaftierung. Eine Freiheitsentziehung liegt unstreitig erst bei einem Festhalten an einem eng umgrenzten Ort vor.[1384]

### a) Zum Vorliegen eines Eingriffs bei einem Anhalten

Die Befugnis zum Anhalten berechtigt lediglich zu einer kurzzeitigen Maßnahme. Fraglich ist, ob auch schon ein solches kurzzeitiges Anhalten einen Eingriff darstellt. Einige sehen im Anhalten keinen Eingriff in das Recht auf Freiheit der Person,[1385] andere dagegen schon.[1386] Wird der Eingriff bejaht, nehmen einige an, daß es sich beim Anhalten um eine Freiheitsbeschränkung, aber keine Freiheitsentziehung handelt.[1387] Andere sehen bereits im Anhalten eine Freiheitsentziehung.[1388] Eine vermittelnde Ansicht bejaht zwar einen Eingriff, doch sei weder die Schwelle zur Freiheitsbeschränkung noch die zur Freiheitsentziehung erreicht.[1389]

Ein Eingriff in das Grundrecht auf Freiheit der Person liegt auf jeden Fall vor. Hält der Betroffene nicht freiwillig an, wird er hierzu mittels unmittelbaren Zwangs gezwungen.[1390] Da ein Anhalten eine kurzzeitige Maßnahme am Ort der Kontrolle ist, kann hierin zwar keine Freiheitsentziehung wie bei einem Einsperren gesehen werden. Eine Freiheitsbeschränkung ist dagegen zu bejahen.[1391]

---

[1384]  BVerwGE 62, 325 (328); *Jarass/Pieroth,* Art. 104 Rdnr. 10.

[1385]  BayVerfGH NVwZ 2003, 1375; *Hsu,* S. 88. Einige Vertreter dieser Ansicht nehmen dann allerdings einen Eingriff in Art. 2 I GG an; siehe *Drews/Wacke/Vogel/ Martens,* S. 187; *Kay/Böcking,* Eingriffsrecht I, S. 321; *Kunig,* in von Münch/Kunig, Art. 2, Rdnr. 78; *Rühle/Suhr,* § 10, 1 (S. 159 f.).

[1386]  *Brenneisen/Martins,* DPolBl 2004, 30 (31); *Ebert/Honnacker,* § 14 Rdnr. 11; *Habermehl,* Rdnr. 542; *Honnacker/Beinhofer,* Art. 13 Rdnr. 35; *Mandelartz/Sauer/ Strube,* zu § 9 Rdnr. 3; *Petersen-Thrö/Robrecht/Elzermann,* S. 145 bejahen einen Eingriff, auch wenn die Bewegungsfreiheit nur für sehr kurze Zeit eingeschränkt wird.

[1387]  *Berner/Köhler,* Art. 13 Rdnr. 11; *Degenhart,* in Sachs, Art. 104 Rdnr. 5a; *Gallwas/Mößle/Wolff,* Rdnr. 641; *Kay/Böcking,* Polizeirecht, Rdnr. 134; *Lambiris,* S. 72; *Müller,* Datenerhebung, S. 82; *Rachor,* in Lisken/Denninger, F Rdnr. 488; *Schipper,* Rdnr. 257; *Schmidbauer/Steiner/Roese,* Art. 13 Rdnr. 24; *Schulze-Fielitz,* in Dreier, Band 3, Art. 104, Rdnr. 24.

[1388]  *Riegel,* Bundesgrenzschutzneuregelungsgesetz, § 23 Rdnr. 3; anders aber wieder unter Rdnr. 28: keine Freiheitsentziehung.

[1389]  *Ebert,* § 15 Nr. 4.1.

[1390]  *Ipsen,* Grundrechte, Rdnr. 254.

[1391]  So auch große Teile der Literatur, siehe Anm. 1387.

### b) Zum Vorliegen eines Eingriffs bei einem Festhalten und einer Sistierung

Vorweg ist daran zu erinnern, daß sowohl ein Festhalten als auch eine Sistierung als verdachtsunabhängige Schleierfahndungsmaßnahmen nur aufgrund der Schleierfahndungsnormen zur Identitätsfeststellung zulässig sind.

Ein Festhalten ist dann anzunehmen, wenn die Maßnahme zeitlich über ein kurzfristiges Anhalten hinausreicht. Festhalten ist also eine längerfristige Maßnahme. Auch in bezug auf die Frage, inwieweit ein Festhalten einen Eingriff darstellt, werden unterschiedliche Ansichten vertreten. Diejenigen, die schon ein Anhalten als einen Eingriff bewerten, müssen einen Eingriff erst recht bei einem Festhalten bejahen. Einige sehen im Festhalten stets nur eine Freiheitsbeschränkung i. S. d. Art. 104 I GG.[1392] Andere differenzieren nach der Zeitdauer der Inanspruchnahme: Nach Lisken ist jedes Festhalten, das über eine ganz kurzzeitige Maßnahme hinausreicht, eine Freiheitsentziehung.[1393] Wieder andere sehen im Festhalten bis zu einer Stunde nur eine Freiheitsbeschränkung, alle Maßnahmen, die über eine Stunde andauerten, seien Freiheitsentziehungen in Form des Gewahrsams.[1394] Daneben gibt es Autoren, die eine Freiheitsentziehung erst ab einer Festhaltedauer von zwei Stunden annehmen.[1395] Nach einer Ansicht, die von dem Grundsatz in dubio pro libertate ausgeht, liegt in jedem Festhalten im Regelfall eine (kurzfristige) Freiheitsentziehung.[1396] Andere plädieren für eine differenzierende Betrachtung.[1397]

---

[1392] *Berner/Köhler,* Art. 13 Rdnr. 11; *Degenhart,* in Sachs, Art. 104 Rdnr. 5a; *Ebert/Honnacker,* § 14 Rdnr. 14 (die allerdings unter Festhalten eine Sistierung verstehen); *Habermehl,* Rdnr. 543; *Heckmann,* Polizei- und Sicherheitsrecht, Rdnr. 332; *Honnacker/Beinhofer,* Art. 13 Rdnr. 41; *Kunig,* in von Münch/Kunig, Art. 2, Rdnr. 78; *Schmidbauer/Steiner/Roese,* Art. 13 Rdnr. 25; *Scholz/Decker,* S. 136; *Schulze-Fielitz,* in Dreier, Band 3, Art. 104, Rdnr. 24; *Würtenberger/Heckmann/Riggert,* Rdnr. 333. In diese Richtung scheint auch BGHZ 82, 261 (265 f.) zu tendieren. In diesem Urteil ging es um die rechtliche Bewertung einer Vorführung zu einer Zwangsuntersuchung, die vom BGH lediglich als Freiheitsbeschränkung eingestuft wurde.

[1393] *Lisken,* Polizei-heute 1995, 126 (128). Daher habe bei Polizeikontrollen nach § 36 V StVO, Kontrollstellen oder eben Maßnahmen der Schleierfahndung der verantwortliche Polizist für Richterpräsenz zu sorgen.

[1394] *Rommelfanger/Rimmele,* § 19 Rdnr. 28; *Wolf/Stephan,* § 26 Rdnr. 27; *Alberts/Merten,* § 4 Rdnr. 9 gehen von einem Zeitraum von 3 Stunden aus.

[1395] *Weingart,* BayVBl. 2001, 33 (41).

[1396] LVerfG MV DVBl. 2000, 262 (263); *Berg/Knape/Kiworr,* § 21 (S. 255); *Drews/Wacke/Vogel/Martens,* S. 188; *Götz,* Rdnr. 280; *Heesen/Hönle/Peilert,* § 23 Rdnr. 35; *Krane,* S. 182; *Lambiris,* S. 72; *Mandelartz/Sauer/Strube,* zu § 9 Rdnr. 3; *Meixner/Fredrich,* Rdnr. 218; *Meixner/Martell,* § 20 Rdnr. 28, 34; *Möller/Wilhelm,* Rdnr. 294; *Mußmann,* Rdnr. 189; *Niehörster,* § 46; *Ruder/Schmitt,* Rdnr. 167 f.; *Roos,* § 10 Rdnr. 30; *Rühle/Suhr,* § 10, 3 (S. 166); *Schipper,* Rdnr. 258; *Scholler/Schloer,* S. 108; *Tegtmeyer/Vahle,* § 12 Rdnr. 36; *Wagner/Ruder,* Rdnr. 516, führen jedoch an, daß bei solch kurzfristigen Maßnahmen keine richterliche Entscheidung er-

Nach einer weiteren Ansicht sei das zeitliche Element zwar auch zu berücksichtigen, daneben aber sei auch auf den Zweck des Festhaltens abzustellen. Diene das Festhalten nicht mehr ausschließlich der Identitätsfeststellung, zum Beispiel aufgrund organisatorisch vermeidbarer Wartezeiten, liege eine Freiheitsentziehung vor.[1398]

Die Rechtsprechung betont hingegen, der Unterschied zwischen einem Anhalten und einem Festhalten sei gradueller Art. Die Klassifizierung sei abhängig vom Zweck und der Intensität der Maßnahme. Eine Freiheitsentziehung liege dann vor, wenn die Bewegungsfreiheit massiv eingeschränkt werde und die Maßnahme von ungewöhnlicher Dauer sei.[1399]

Eine Sistierung, also ein Verbringen zur Wache, ist prinzipiell eine dem Festhalten ähnliche Maßnahme, es kommt lediglich ein Ortswechsel hinzu. Daher werden Festhalten und Sistierung auch grundsätzlich gleich behandelt.[1400] Andererseits werden auch hier Differenzierungen vorgenommen. So soll nach einer Ansicht nur die Sistierung, nicht aber das kurzzeitige Festhalten eine Freiheitsentziehung sein.[1401]

Eine Differenzierung zwischen Sistierung und Festhalten ist nicht angebracht – der Ort der Maßnahme hat keine entscheidende Bedeutung. Bei einem kurzfristigen Festhalten an einem bestimmten oder eng umgrenzten Ort auch gegen den Willen des Betroffenen liegt keine Freiheitsentziehung vor. Eine Freiheitsentziehung ist nur dann zu bejahen, wenn es zu einem Einschließen oder Unterbringen in Hafträumen kommt. Ist der Zweck einer Maßnahme von Anfang an darauf gerichtet, die Bewegungsfreiheit des Betroffenen einzuschränken (bei der Schleierfahndung nur in Form des Identitätsgewahrsams denkbar), liegt von Anfang an eine Freiheitsentziehung vor. Soll eine andere Maßnahme durchgeführt werden, wie zum Beispiel eine Identitätsfeststellung mittels erkennungsdienstlicher Maßnahmen in einer Polizeiwache, liegt nur eine Freiheitsbeschränkung vor.

Ähnlich argumentiert auch das BVerwG in zwei vergleichbaren Fällen: einmal ging es darum, daß der Betroffene zur Durchführung einer Abschiebung

---

forderlich sei, da sich dadurch die Freiheitsentziehung nur verlängern würde; ebenso *Haus/Wohlfarth,* Rdnr. 246.

[1397] *Degenhart,* in Sachs, Art. 104 Rdnr. 6; *Habermehl,* Rdnr. 543; *Heckmann,* Polizei- und Sicherheitsrecht, Rdnr. 332; *Rachor,* in Lisken/Denninger, F Rdnr. 488.

[1398] *Hoffmann-Riem,* Polizei- und Ordnungsrecht, S. 162.

[1399] BVerwGE 62, 325 (328); 82, 243 (245).

[1400] LVerfGH Sachsen, Urteil vom 10.7.2003 – Vf. 43-II-00, S. 49; *Schulze-Fielitz,* in Dreier, Band 1, Art. 2 II, Rdnr. 63; *Würtenberger/Heckmann/Riggert,* Rdnr. 333. Demnach ist eine kurzfristige Sistierung keine Freiheitsentziehung, sondern nur eine Freiheitsbeschränkung, da sie nicht dem Betroffenen die Bewegungsfreiheit entziehen, sondern ausschließlich eine Identitätsfeststellung ermöglichen soll.

[1401] *Mandelartz/Sauer/Strube,* zu § 9 Rdnr. 3.

festgehalten wurde,[1402] der andere Fall betraf eine polizeiliche Vorführung.[1403] Nicht jede Zwangsmaßnahme, die vorübergehend in die Bewegungsfreiheit eingreife, sei eine Freiheitsentziehung. Maßnahmen unmittelbaren Zwangs, die nur ein Verhalten durchsetzen sollen, zu welchem der Betroffene gesetzlich verpflichtet sei, seien dementsprechend nur Freiheitsbeschränkungen. Die Auswirkung auf die Bewegungsfreiheit durch das Festhalten oder die Sistierung sei nur eine kurzfristige, sekundäre Folge.[1404] Das BVerfG hatte in einem anderen Fall, in dem der Betroffene zur Vorbereitung einer Abschiebung in einen Haftraum eingeschlossen wurde, dagegen zu recht eine Freiheitsentziehung angenommen.[1405]

In Bayern ist auch beim Festhalten eine richterliche Entscheidung über die Zulässigkeit und Dauer der Maßnahme erforderlich, was dafür spricht, daß der bayerische Gesetzgeber das Festhalten als Freiheitsentziehung angesehen hat. Allerdings geht das BayObLG davon aus, daß je nach Intensität des Eingriffs lediglich eine Freiheitsbeschränkung vorliegen kann.[1406] So sei eine zwangsweise Vorführung keine Freiheitsentziehung, sondern nur eine Freiheitsbeschränkung. Das Festhalten zur Durchführung erkennungsdienlicher Maßnahmen sei ebenfalls lediglich eine Freiheitsbeschränkung, da Intensität und Dauer der Beschränkung der Bewegungsfreiheit nicht erheblich seien.[1407] Das BayObLG folgert daraus, daß dann auch keine richterliche Entscheidung erforderlich sei.

Nach § 163c III StPO ist ein Festhalten zur Identitätsfeststellung zu repressiven Zwecken nur für maximal 12 Stunden zulässig. Eine 12 Stunden-Frist ist jedoch für präventive Maßnahmen nur in der hessischen Schleierfahndungsnorm zu finden.[1408] Aus § 18 III HSOG ergibt sich, daß ein Festhalten zur Identitätsfeststellung nur bis zu 12 Stunden dauern darf.

### c) Zum Vorliegen eines Eingriffs bei einer Ingewahrsamnahme

Eine Ingewahrsamnahme zur Identitätsfeststellung ist lediglich nach der baden-württembergischen und der sächsischen Norm zulässig.

---

[1402] BVerwGE 62, 325 ff.
[1403] BVerwGE 82, 243 ff.
[1404] BVerwGE 62, 325 (328); 82, 243 (245).
[1405] BVerfGE 105, 239 ff.
[1406] BayObLG DVBl. 1983, 1069.
[1407] BayObLG DVBl. 1983, 1069 (1070).
[1408] *Meyer-Goßner,* § 163c Rdnr. 15. Kritisch *Hirsch,* ZRP 1989, 81 (82), der einen Wertungswiderspruch zwischen 12-stündigem Gewahrsam für die Identitätsfeststellung bei der Strafverfolgung und 14-tägigem Gewahrsam zur Gefahrenabwehr sieht.

Der Identitätsgewahrsam stellt eine Freiheitsentziehung dar.[1409] Dies hat, wie sich zum Beispiel aus § 28 II 3 PolG BW und Art. 104 II GG ergibt, zur Folge, daß grundsätzlich eine unverzügliche richterliche Entscheidung über die Zulässigkeit des Identitätsgewahrsams erforderlich ist. Nach allgemeiner Ansicht entfällt diese Verpflichtung, wenn die Entscheidung des Richters erst zu einem Zeitpunkt ergehen könnte, zu dem die Freiheitsentziehung schon beendet wäre, wenn man auf die an sich gebotene Mitwirkung eines Richters verzichtete.[1410]

## 2. Zur Rechtfertigung des Eingriffs in das Recht auf Freiheit der Person

Selbst wenn beim kurzfristigen Anhalten und beim kurzfristigen Festhalten ein Eingriff bejaht wird, ist dieser nur von geringer Intensität. Das Anhalten ist eine zwingende Voraussetzung für die Durchführung der eigentlichen Grundmaßnahme, dem Befragen oder Feststellen der Identität. Im Rahmen der Abwägung überwiegt bei solchen ganz kurzfristigen Maßnahmen das Allgemeininteresse und rechtfertigt den Eingriff.

Ein längerfristiges Festhalten und eine Sistierung sowie eine Ingewahrsamnahme bedeuten einen erheblichen Eingriff in den Schutzbereich. Eine Rechtfertigung kann daher nur aufgrund formeller Gesetze, den Schleierfahndungsnormen, erfolgen. Diese sind, wie oben gezeigt, hinreichend bestimmt und genügen dem Wesentlichkeitsprinzip, sind geeignet und erforderlich.[1411] Die Verhältnismäßigkeitsprüfung ist hier allerdings eigenständig vorzunehmen.

Sowohl ein längerfristiges Festhalten, eine längerfristige Sistierung als auch eine Ingewahrsamnahme werden als grundsätzlich verfassungsgemäß erachtet, wobei das Erfordernis der Beachtung des Verhältnismäßigkeitsgrundsatzes betont wird.[1412] Schon vom Gesetz her sind das Festhalten, die Sistierung und die Ingewahrsamnahme nur zulässig, wenn die Identität sonst nicht oder nur unter erheblichen Schwierigkeiten festgestellt werden kann. Dabei ist zu beachten, daß die Sistierung schwerer wiegt als das Festhalten vor Ort und die Ingewahrsamnahme einen besonders intensiven Eingriff bedeutet.[1413]

---

[1409] *Rachor,* in Lisken/Denninger, F Rdnr. 488.

[1410] VGH Mannheim, VBlBW 2005, 63 (66); *Würtenberger/Heckmann/Riggert,* Rdnr. 363 mwN. So auch *Aschmann,* S. 242 f. und *Wolter,* DÖV 1997, 939 (940); a. A. *Lisken,* Polizei-heute 1995, 126: Die Entscheidung des Richters müsse auf jeden Fall herbeigeführt werden, auch wenn dies bedeute, daß der Betroffene länger festgehalten werden müsse. Allenfalls ein Verzicht des Betroffenen auf den Richterentscheid sei denkbar.

[1411] So auch BayVerfGH NVwZ 2003, 1375 (1378).

[1412] *Kastner,* VerwArch 92 (2001), 216 (258); *Würtenberger/Heckmann/Riggert,* Rdnr. 333.

Für Sachsen wurde verfassungsgerichtlich geklärt, daß der Identitätsgewahrsam grundsätzlich eine verfassungsgemäße Maßnahme darstellt, da er nur so lange aufrecht erhalten werden darf, wie zur Identitätsfeststellung erforderlich, wobei auch andere mildere zur Verfügung stehende Mittel der Identitätsfeststellung zu berücksichtigen sind.[1414] Insgesamt betrachtet sei die Regelung des Identitätsgewahrsams verhältnismäßig.[1415]

Daher ist eine gestufte Erforderlichkeitsprüfung der Maßnahmen vorzunehmen.[1416] Eine Situation, in der ein längerfristiges Festhalten oder gar eine Ingewahrsamnahme zulässig ist, dürfte nur äußerst selten und nur unter Voraussetzungen, die in die Nähe eines konkreten Gefahrenverdachtes rücken, gegeben sein. Unter diesen Voraussetzungen sind sowohl eine Sistierung als auch andere freiheitsbeschränkende Folgemaßnahmen verfassungsgemäß.[1417]

## IV. Die Vereinbarkeit der Schleierfahndungsnormen mit der allgemeinen Handlungsfreiheit nach Art. 2 I GG

### 1. Zum Schutzbereich der allgemeinen Handlungsfreiheit und zum Vorliegen eines Eingriffs

Der Schutzbereich des Art. 2 I GG umfaßt die allgemeine Handlungsfreiheit einer jeden Person.

Ein Eingriff in Art. 2 I GG ist in bezug auf die Schleierfahndungsnormen immer dann anzunehmen, wenn ein Eingriff in speziellere Grundrechte abgelehnt wurde, beispielsweise wenn man der Auffassung folgt, ein kurzzeitiges Anhalten stelle keinen Eingriff in Art. 2 II, 104 GG dar. Das Grundrecht der allgemeinen Handlungsfreiheit nach Art. 2 I GG ist ein Auffanggrundrecht.[1418]

---

[1413] *Wulff*, S. 106, nimmt daher an, die Sistierung sei unangemessen, da ein unfreiwilliger Ortswechsel vorgenommen werde und eine hohe Eingriffsintensität vorliege. Ähnlich auch *Krane*, S. 201.

[1414] SächsVerfGH DVBl. 1996, 1423 (1425). Lediglich die Höchstgrenze von 14 Tagen für die Ingewahrsamnahme wurde für verfassungswidrig erklärt – es sei nicht ersichtlich, daß der Identitätsgewahrsam für eine derart lange Zeit erforderlich sein könne. Siehe hierzu auch *Knemeyer/Keller*, SächsVBl. 1996, 197 (198) sowie *Ziercke*, in Paeffgen/Schumer, S. 266, der davon ausgeht, daß sich im heutigen Computerzeitalter die Identität einer Person binnen 12 Stunden feststellen lasse.

[1415] LVerfGH Sachsen, Urteil vom 10.7.2003 – Vf. 43-II-00, S. 50.

[1416] *Honnacker/Beinhofer*, Art. 13 Rdnr. 41; *Wolf/Stephan*, § 28 Rdnr. 23.

[1417] Im Ergebnis ebenso BayVerfGH NVwZ 2003, 1375 (1379).

[1418] Die Landesverfassungsnormen weichen auch hier inhaltlich nicht von der grundgesetzlichen Gewährleistung ab, vgl. z. B. Art. 101 BayVerf.

Wenn der Betroffene sich freiwillig und in Kenntnis des Zwecks einer Befragung stellt, liegt auch kein Eingriff in die allgemeine Handlungsfreiheit vor, da die Einwilligung, die schon bei dem Recht auf informationelle Selbstbestimmung angesprochen wurde, auch dieses Grundrecht umfaßt. Die Aufforderung durch die Polizei, eine Auskunft zu erteilen, stellt für sich genommen noch keinen Eingriff in die allgemeine Handlungsfreiheit dar, da der Betroffene sich der Befragung jederzeit durch Entfernen entziehen könnte. Kann der Betroffene aber einer Befragung nicht ausweichen und muß er sie erdulden, ist ein Eingriff zu bejahen.[1419]

Die Inaugenscheinnahme mitgeführter Sachen stellt einen Eingriff in die allgemeine Handlungsfreiheit dar. Sie geht in zeitlicher Hinsicht auch über eine bloße Lästigkeit hinaus, so daß sie nicht lediglich als Belästigung klassifiziert werden kann. Allerdings ist die Eingriffsintensität eher gering.[1420]

Ein Eingriff in die allgemeine Handlungsfreiheit liegt auch in einer Durchsuchung, die nicht der Identitätsfeststellung dient (der Fall einer Durchsuchung zur Identitätsfeststellung wurde schon bei der Erörterung der Relevanz des Rechts auf informationelle Selbstbestimmung betrachtet).[1421] Eine solche Durchsuchung sowohl der Person als auch mitgeführter Sachen ist nach bayerischem, sächsischem und thüringischem Polizeirecht sowie aufgrund des BGSG zulässig.[1422]

## 2. Zur Rechtfertigung des Eingriffs in die allgemeine Handlungsfreiheit

Auch ein Eingriff in die allgemeine Handlungsfreiheit bedarf einer Rechtfertigung. Für Art. 2 I GG besteht eine sogenannte Schrankentrias, wobei die Schranke der verfassungsmäßigen Ordnung die wichtigste darstellt. Sie umfaßt alle verfassungsgemäßen Normen,[1423] also auch die der Polizeigesetze der Länder und des BGSG.

---

[1419] *Berg/Knape/Kiworr,* § 18 Teil 4 (S. 216); *Mühl/Leggereit/Hausmann,* Rdnr. 152.

[1420] *Kastner,* VerwArch 92 (2001), 216 (254).

[1421] Prüfungsmaßstab ist nach LVerfGH Sachsen, Urteil vom 10.7.2003 – Vf. 43-II-00, S. 50 das Recht auf informationelle Selbstbestimmung. Nach *Weingart,* BayVBl. 2001, 69 (71) ist dagegen die Eigentumsfreiheit bei der Durchsuchung von Sachen betroffen.

[1422] Wie bereits oben in Anm. 660 gezeigt wurde, ist in anderen Bundesländern zwar vorgesehen, daß eine Durchsuchung durchgeführt werden kann, wenn die Person festgehalten werden darf. Eine Durchsuchung berechtigt dann jedoch nur dazu, nach Identitätspapieren zu suchen.

[1423] *Pieroth/Schlink,* Rdnr. 382 ff.

Daß die Normen zur Schleierfahndung prinzipiell verfassungsgemäß sind, wurde bereits oben gezeigt. Die Schleierfahndungsnormen können somit eine zulässige Schranke der allgemeinen Handlungsfreiheit darstellen.[1424] Allerdings ist auch hier eine gesonderte Verhältnismäßigkeitsprüfung vorzunehmen.

Eine Befragung ohne Ausweichmöglichkeit, eine Inaugenscheinnahme mitgeführter Sachen und ein kurzzeitiges Anhalten stellen jeweils nur sehr geringe Eingriffe dar. Bei einer Inaugenscheinnahme ist bedeutsam, daß gerade keine Durchsuchung zulässig ist und ein Mißbrauch der Befugnis zur Rechtswidrigkeit der Maßnahme führt. Eine Inaugenscheinnahme ist eine zeitlich kurzfristige Maßnahme, da die mitgeführten Sachen nur „beschaut" werden dürfen.

Die Durchsuchung nach anderem als Identitätspapieren ist dagegen ein schwerwiegender Eingriff. Eine Durchsuchung sowohl der Person als auch mitgeführter Sachen kann eine äußerst zeitintensive Maßnahme sein. Da die Durchsuchung nicht auf Orte, an denen üblicherweise Identitätspapiere zu finden sind, beschränkt ist, ist diese Durchsuchung auch räumlich betrachtet sehr intensiv. Eine solche Maßnahme vollkommen verdachtsunabhängig zuzulassen, wäre unverhältnismäßig. Wie bereits gezeigt wurde, müssen mindestens Hinweise, die denen eines konkreten Gefahrenverdachtes entsprechen, vorliegen, um eine Inanspruchnahme zu rechtfertigen. So ist beispielsweise in Bayern eine Durchsuchung an gefährlichen Orten an zusätzliche Tatbestandsvoraussetzungen geknüpft. Eine Durchsuchung bei der tatbestandlich offeneren Schleierfahndungsnorm voraussetzungslos zuzulassen, wäre daher erst recht unverhältnismäßig.[1425] Die auf Lagebilder oder auch tatsächliche Anhaltspunkte gestützte Erwartung, etwas zu finden, was der Bekämpfung der grenzüberschreitenden Kriminalität dient, ist allerdings bereits eine hinreichende Voraussetzung.[1426]

Auch der LVerfGH Sachsen sieht in einer Durchsuchung einen schwereren Eingriff als in einer bloßen Identitätsfeststellung.[1427] Gleichwohl sei eine Durchsuchung nicht unangemessen. Eine bloße Identitätsfeststellung gebe kaum oder gar keinen Aufschluß darüber, ob der Betroffene mit grenzüberschreitender Kriminalität in Verbindung stehe. Zudem diene eine Durchsuchung auch dem Selbstschutz der handelnden Beamten. Nach dieser Argumentation erscheint es problematisch, einer bloßen Identitätsfeststellung ohne Durchsuchungsmöglichkeit die Eignung zur Gefahrenabwehr zuzusprechen. Der Anfrage nach Angaben zur Person oder auch dem Datenabgleich werden mit dieser Argumentation so geringe Gefahrenabwehrmöglichkeiten zugesprochen, daß die Schleierfahn-

---

[1424] Ebenso BayVerfGH NVwZ 2003, 1375 (1379); LVerfGH Sachsen, Urteil vom 10.7.2003 – Vf. 43-II-00, S. 51.

[1425] Ebenso *Petersen-Thrö/Robrecht/Elzermann,* S. 154 und *Wulff,* S. 104 (allerdings nur für die sächsische Norm).

[1426] *Heckmann,* FS Steinberger, S. 467 (503).

[1427] LVerfGH Sachsen, Urteil vom 10.7.2003 – Vf. 43-II-00, S. 51.

dungsnormen (und auch alle anderen Identitätsfeststellungsnormen) besser als Durchsuchungsbefugnisse ausgestaltet werden müßten.

## V. Die Vereinbarkeit der Schleierfahndungsnormen mit dem Gleichheitssatz des Art. 3 GG

### 1. Die Vereinbarkeit der Schleierfahndungsnormen mit dem allgemeinen Gleichheitssatz des Art. 3 I GG

Der allgemeine Gleichheitssatz des Art. 3 I GG soll die Gleichbehandlung von Personen im Rahmen vergleichbarer Sachverhalte sicherstellen.[1428] Der Schutzbereich ist tangiert, wenn zwei vergleichbare Sachverhalte unterschiedlich behandelt werden. Verletzt ist der Gleichheitssatz, wenn eine Gruppe von Normadressaten anders behandelt wird als andere Normadressaten, obwohl zwischen beiden Gruppen keine Unterschiede von solcher Art und solchem Gewicht bestehen, daß sie die ungleiche Behandlung rechtfertigen können.[1429] Eine Verletzung kann aber auch vorliegen, wenn wesentlich Ungleiches gleich behandelt wird.[1430]

Eine Ungleichbehandlung von wesentlich Gleichem ist bei der Schleierfahndung in mehreren Varianten denkbar: zum einen, wenn in einem zulässigen Kontrollbereich bestimmte Betroffene kontrolliert werden, andere dagegen nicht. Zum anderen, wenn Kontrollen an bestimmten Örtlichkeiten, zum Beispiel auf Durchgangsstraßen, vorgenommen werden, an anderen Örtlichkeiten, etwa auf anderen Straßen, die nicht im Grenzgebiet liegen, dagegen nicht, so daß Personen, die auf diesen anderen Straßen unterwegs sind, unbehelligt bleiben.[1431]

Eine Ungleichbehandlung ist dann gerechtfertigt, wenn sachliche Gründe für eine Differenzierung zwischen beiden Gruppen vorliegen, in den genannten Fällen also im Hinblick auf die Zielsetzung der Schleierfahndung relevante Unterschiede zwischen den in Anspruch genommenen Personen beziehungsweise zwischen den verschiedenen Straßen vorliegen.

An den in den Schleierfahndungsnormen vorgesehenen Örtlichkeiten ist eine Inanspruchnahme schon deswegen gerechtfertigt, weil sich aus der Mittel-

---

[1428] *Jarass/Pieroth,* Art. 3 Rdnr. 1.

[1429] BVerfGE 55, 72 (88); 82, 126 (146); 84, 133 (157); 84, 348 (359); 85, 238 (244); 87, 234 (255); 88, 5 (12). Siehe hierzu *Jarass,* NJW 1997, 2545 ff.; *Sachs,* JuS 1997, 124 (126). In den Landesverfassungen ist das allgemeine Gleichheitsrecht ebenfalls verbürgt, siehe beispielsweise Art. 118 I BayVerf.

[1430] Siehe nur BVerfGE 84, 133 (158); 98, 365 (385).

[1431] *Schnekenburger,* BayVBl. 2001, 129 (135): Maßgebliche Vergleichsgruppen sind zum einen Bürger auf Straßen, auf denen nicht kontrolliert wird, und zum anderen Bürger auf Straßen, auf denen eine Schleierfahndung stattfindet.

Zweck-Relation Lageerkenntnisse ergeben müssen, die auf eine örtliche Sondersituation hindeuten. Im Grenzgebiet, auf Durchgangsstraßen und in internationalen Einrichtungen des öffentlichen Verkehrs besteht darüber hinaus eine höhere Gefahr grenzüberschreitender Kriminalität als an anderen Örtlichkeiten. Daher ist die Pflicht, an diesen Orten anders als an anderen, nicht so gefahrbelasteten Orten Kontrollen erdulden zu müssen, im Hinblick auf den Gleichheitssatz rechtmäßig.

Knüpft die Differenzierung an personengebundene Merkmale an, führt also ein Merkmal, das der Betroffene nicht einfach ändern kann (zum Beispiel seine Hautfarbe), zu einer Ungleichbehandlung, so unterliegt diese Differenzierung einer strengen Verhältnismäßigkeitsprüfung.[1432] Ist das Differenzierungsmerkmal noch dazu das der Rasse, Abstammung oder Sprache, ist der vorrangige Art. 3 III GG einschlägig.

Die Inanspruchnahme nur einiger der Personen, die sich an Orten befinden, an denen eine Schleierfahndung zulässig ist, ist bei einer sachgerechten Ermessensauswahl gerechtfertigt. Es ist zulässig, im Rahmen einer Schleierfahndung alle betroffenen Personen zu kontrollieren; eine Vorselektion, die sich an kriminalistischen Erfahrungen orientiert, ist aber ebenso erlaubt. Letztere bewirkt, daß deutlich weniger Personen in Anspruch genommen werden und die Maßnahme dadurch insgesamt weniger belastend ist. Die konkrete Auswahl des Betroffenen erfolgt hier allerdings meist anhand personengebundener Merkmale.

Diese Gründe für eine Ungleichbehandlung der verschiedenen Vergleichsgruppen sind jeweils hinreichend gewichtig,[1433] um die Ungleichbehandlung zu rechtfertigen.

## 2. Die Vereinbarkeit der Schleierfahndungsnormen mit den speziellen Gleichheitsrechten des Art. 3 III GG

Kritiker der Schleierfahndung wenden ein, durch Schleierfahndungsmaßnahmen werde Rassismus institutionalisiert.[1434] Daher stellt sich die Frage, ob die Schleierfahndung gegen spezielle Differenzierungsverbote des Art. 3 III GG verstößt, vor allen Dingen gegen das Verbot, niemanden aufgrund seiner Abstammung, Rasse, Sprache, Heimat oder Herkunft zu diskriminieren. Eine objektive Tendenz zur Diskriminierung könnte dann vorliegen, wenn Ausländer

---

[1432] BVerfGE 88, 87 (96 f.); 100, 195 (205); *Michael*, JuS 2001, 148 (152) sowie JuS 2001, 866. Das Gegenteil stellen verhaltensbezogene Merkmale dar, die jeder mehr oder weniger frei bestimmen kann.

[1433] BVerfGE 100, 138 (174).

[1434] Siehe nur *Herrnkind*, Institutioneller Rassismus, S. 99 ff. sowie *Rath*, DRiZ 2003, 157.

von verdachtsunabhängigen Kontrollen deutlich mehr betroffen sind als Deutsche.[1435]

Ein Eingriff in den Schutzbereich ist gegeben, wenn betroffene Personen anhand ihrer Abstammung, Rasse, Sprache, Heimat oder Herkunft ungleich behandelt werden. Auch eine indirekte Ungleichbehandlung, die nicht ausdrücklich in einer Norm oder Maßnahme angelegt ist, sondern lediglich faktisch zu einer Ungleichbehandlung führt, ist als Beeinträchtigung ausreichend.[1436]

Die Diskriminierungsverbote des Art. 3 III GG gelten jedoch nicht absolut; die Inanspruchnahme einer Gruppe von Personen, die sich von einer anderen Gruppe nur durch ihre Abstammung, Rasse, Sprache, Heimat oder Herkunft unterscheidet ist dann zulässig, wenn sie zur Lösung von Problemen, die naturgemäß nur in dieser Gruppe auftreten können, dient. Das BVerfG bejaht einen Verstoß gegen Differenzierungsverbote bei einer verhaltens- und sachbezogenen Differenzierung, wenn die Ungleichbehandlung von wesentlich Gleichem willkürlich und unsachlich geschieht,[1437] bei personenbezogener Ungleichbehandlung darüber hinaus bei Unverhältnismäßigkeit.[1438]

Hier liegt eine mögliche Diskriminierung nicht direkt in den Rechtsgrundlagen zur Schleierfahndung an sich begründet, sondern kann sich allenfalls durch die konkrete Ausgestaltung ihres Vollzugs ergeben.

Wenn man „Jedermannkontrollen" zuläßt, dann ist auch das Aussehen einer Person ein sachgemäßes Differenzierungskriterium.[1439] Die meisten Europäer können ebenso wie Deutsche in Deutschland nicht gegen aufenthaltsrechtliche Vorschriften verstoßen. Nichteuropäer und damit typischerweise anders aussehende Personen als Staatsangehörige europäischer Länder sind mithin im Hinblick auf den Zweck der Kontrolle wegen unerlaubter Einreise der wichtigste Adressatenkreis bei Maßnahmen der Schleierfahndungen.

Aus der Statistik, die in Sachsen zur Evaluierung der Schleierfahndung erstellt wurde, ergibt sich im übrigen keine diskriminierende Ausländerinanspruchnahme.[1440] Der Anteil ausländischer Staatsangehöriger und Staatenloser an den Kontrollen betrug im Schnitt 22%. Der Ausländeranteil in Sachsen betrug zwar 2001 nur 2,5% und 2002 nur 2,7%.[1441] Betrachtet man jedoch die

---

[1435] Bejahend *Pütter*, Bürgerrechte & Polizei 2000, 6 (18).

[1436] *Osterloh*, in Sachs, Art. 3 Rdnr. 256.

[1437] *Brüning*, JZ 2001, 669.

[1438] BVerfGE 55, 72 (89); 60, 329 (346 f.); 81 156 (206); 93, 99 (111); 97, 271 (291). Ebenso *Jarass*, NJW 1997, 2545 (2546 f.).

[1439] *Waechter*, DÖV 1999, 138 (141).

[1440] Siehe hierzu S. 207 f.

[1441] Siehe <www.statistik.sachsen.de/Inhalt/32bericht/faltblatt/AuslaenderFaltblatt03. pdf>, sowie <www.statistik-portal.de/Statistik-Portal/de_jb01_jahrtab2.asp>, zuletzt aufgerufen am 30.5.2005.

von der Polizei insgesamt in Sachsen ermittelten Tatverdächtigen ohne deutsche Staatsangehörigkeit, so lag die Quote Nichtdeutscher an den Tatverdächtigen 2002 bei 17% und 2001 bei 19,6%.[1442] Aufgrund dieser Zahlen kann nicht von einer diskriminierenden Inanspruchnahme von ausländischen Staatsangehörigen ausgegangen werden.

Auch aus der Anzahl der aufgedeckten Delikte im Bereich illegalen Aufenthaltes läßt sich nicht auf eine Diskriminierung von Ausländern schließen.[1443] Kritiker bejahen einen Verstoß gegen Art. 3 GG, da, wenn auch nur mittelbar, an eine bestimmte Personengruppe, nämlich an Migranten angeknüpft werde.[1444] Wie für Sachsen gezeigt wurde, entspricht der Umfang der Inanspruchnahme von Migranten und ausländischen Staatsangehörigen jedoch ungefähr dem Anteil der ausländischen Tatverdächtigen an der Zahl der insgesamt ermittelten Tatverdächtigen.

Erst recht bei Kontrollen, die der Verhinderung und Verhütung unerlaubter Einreisen oder unerlaubter Aufenthalte dienen und daher schon vom Tatbestand der Ermächtigungsgrundlage her Nichtdeutsche als Zielgruppe haben, ist eine erhöhte Inanspruchnahme von ausländischen Staatsangehörigen zulässig. Bei ausländerspezifischen Delikten, beispielsweise Straftaten nach dem AuslG, liegt der Anteil der Ausländer naturgemäß mit 93,2% sehr hoch. Daher werden im Rahmen einer Vorselektion bei Kontrollen zur Verhinderung unerlaubter Einreisen ausländisch aussehende Personen öfter in Anspruch genommen werden als andere. Diese Inanspruchnahme ist allerdings verhältnismäßig, da diese Personengruppe dem potentiellen Betroffenenkreis entspricht. Kontrolliert werden aber nicht immer nur ausländische Staatsangehörige, da die Staatsangehörigkeit einer Person gerade nicht sicher aus ihrem Aussehen oder Verhalten herzuleiten ist und vielmehr auch europäisch aussehende Personen dem potentiellen Betroffenenkreis angehören, da sie beispielsweise als Schleuser in Betracht kommen können. Bei Maßnahmen nach den Befragungsnormen können Personen jeder Staatsangehörigkeit als Informationsquelle dienen.

Bei der Auswahl des Adressaten im Rahmen einer Schleierfahndung ist zwar ein Ermessensspielraum eröffnet. Jedoch muß allen Kontrollen ein Lagebild zugrunde liegen. Hebt dieses Lagebild besondere Personengruppen hervor, ist deren primäre Kontrolle nicht willkürlich und auch kein Verstoß gegen Art. 3 GG, da ein sachlich begründetes Differenzierungskriterium vorliegt.[1445] Umgekehrt gilt: Wenn ein Lagebild keine Anhaltspunkte dafür gibt, daß Personen mit bestimmten Merkmalen im Sinne des Art. 3 III GG zu der Gruppe der Inan-

---

[1442] PKS Berichtsjahr 2001, 2002 jeweils S. 107 ff.

[1443] So aber *Herrnkind*, KJ 2000, 188 (200, 204 f.).

[1444] *Kant*, Bürgerrechte & Polizei 2000, 29 (35); im Ergebnis auch *Roggan*, Handbuch, S. 148 ff.

[1445] Im Ergebnis ebenso *Krane*, DPolBl 2004, 32.

spruchzunehmenden gehören, dürfen diese auch nicht in Anspruch genommen werden.

Als Fazit bleibt festzuhalten, daß den Schleierfahndungsnormen als solches keine Diskriminierung immanent ist. Zwar kann es bei Kontrollen zur Verhinderung unerlaubter Einreisen zu einer erhöhten Inanspruchnahme von ausländischen Staatsangehörigen kommen, eine solche ist jedoch durch den Normzweck gerechtfertigt.

## VI. Fazit

Die Schleierfahndungsnormen stehen materiellem Verfassungsrecht nicht entgegen.[1446]

---

[1446] Auch sonstiges Verfassungsrecht steht den Schleierfahndungsnormen nicht entgegen. Die durch Art. 2 II S. 1 GG geschützte körperliche Unversehrtheit wäre allenfalls bei (körperlichen) Untersuchungen eines Inanspruchgenommenen betroffen, nicht jedoch bei dessen bloßer Durchsuchung (zur Abgrenzung von Untersuchung zu Durchsuchung siehe auch Anm. 652). Die Durchführung erkennungsdienstlicher Maßnahmen greift ebenfalls nicht in das Recht auf körperliche Unversehrtheit ein (*Lambiris*, S. 70). Art. 13 GG, das Recht auf Unverletzlichkeit der Wohnung, ist dann einschlägig, wenn das zu durchsuchende Fahrzeug eine Wohnung darstellt (siehe hierzu schon oben S. 176). In diesem Fall ist grundsätzlich eine richterliche Anordnung erforderlich. Bei Gefahr im Verzug – diese ist aber regelmäßig bei einer Schleierfahndung nicht gegeben – wäre eine richterliche Anordnung allerdings entbehrlich. Auch das Zitiergebot in Art. 19 I 2 GG ist nicht verletzt. In den Polizeigesetzen findet sich immer eine Norm, in der die möglicherweise betroffenen Grundrechte aufgezählt werde, siehe beispielsweise § 4 PolG BW; Art. 79 BayPAG; § 10 HSOG; § 10 NSOG; § 79 Sächs-PolG; § 11 SOG LSA. Das Recht auf informationelle Selbstbestimmung ist allerdings nur in einigen wenigen Polizeigesetzen aufgeführt (§ 8 BbgPolG; § 79 SächsPolG; § 11 SOG LSA). Da jedoch bei der Rechtfertigung von Eingriffen in das Recht auf informationelle Selbstbestimmung die Schranken des Art. 2 I GG gelten, ist das Zitiergebot nicht anwendbar, siehe nur VGH Mannheim, NVwZ 2004, 498 (501); *Jarass/ Pieroth*, Art. 2 Rdnr. 45. Denn der Gesetzgeber muß stets bewußt sein, die allgemeine Handlungsfreiheit einzuschränken, so *Herzog*, in Maunz/Dürig, Art. 19 Abs. 1 Rdnr. 57. Da dem betroffenen Bürger effektiver Rechtsschutz gegen Schleierfahndungsmaßnahmen möglich ist, ist auch die Rechtsschutzgarantie aus Art. 19 IV GG nicht verletzt. Auch der Wesensgehalt der Handlungsfreiheit oder der Freizügigkeit der Person wird nicht durch die Schleierfahndung verletzt, da die Eingriffe zu marginal sind, um den Kern der jeweiligen Freiheit zu betreffen, siehe *Waechter*, Polizei- und Ordnungsrecht, Rdnr. 552. Der Grundsatz der Einheitlichkeit der Rechtsordnung, den das BVerfG (BVerfGE 98, 83 ff. und BVerfGE 98, 106 ff.) in den Entscheidungen zur Abfallabgabe und zur kommunalen Verpackungssteuer aufgestellt hat, ist nicht betroffen. Der Bundesgesetzgeber hat im Personalausweisgesetz eine Grundsatzentscheidung getroffen, daß lediglich eine Besitzpflicht für Ausweispapiere besteht, aber keine Pflicht, diese Dokumente mit sich zu führen. Die Landesgesetze zur Schleierfahndung unterlaufen diese Verpflichtung nicht, da durch die Schleierfahndungsnormen keine Mitführungspflicht statuiert wird.

*Teil 4*

# Sonstige Aspekte
# der Schleierfahndung

### Kapitel 11

## Die Vereinbarkeit der Schleierfahndung
## mit dem SDÜ und mit der EMRK

Die Schleierfahndung soll in erster Linie den möglichen Kriminalitätsanstieg durch den im Rahmen des Schengener Durchführungsübereinkommens beschlossenen Wegfall der Grenzkontrollen an den Schengenbinnengrenzen kompensieren. Es stellt sich aber die Frage, ob eine derartige Kompensation durch Schleierfahndungsmaßnahmen – die schließlich auch mit Kontrollen verbunden ist – überhaupt mit dem SDÜ vereinbar ist. Darüber hinaus ist zu klären, ob Schleierfahndungsmaßnahmen EMRK-konform sind.[1447]

Es stellen sich hier zunächst zwei Fragen, nämlich zum einen die Frage der Vereinbarkeit der Schleierfahndungsnormen mit Art. 2 I SDÜ und zum anderen die Frage, ob eventuell eine Überkompensation vorliegt. Erst im Anschluß an die Beantwortung dieser zwei Fragen wird die Vereinbarkeit der Schleierfahndungsnormen mit der EMRK überprüft.

---

[1447] Allgemein hierzu *Müller-Terpitz,* DÖV 1999, 329 (334 f.); *Soria,* NVwZ 1999, 270 ff.; *Stephan,* DVBl. 1998, 81 (84). Das SDÜ bleibt auch nach der Inkorporation des Schengen-Besitzstandes in die dritte Säule der EU durch den Amsterdamer Vertrag ein völkerrechtlicher Vertrag und ist somit einfaches Bundesrecht. Eine Unvereinbarkeit von Schleierfahndungsnormen mit dem SDÜ würde – unabhängig davon, ob es sich um Landes- oder Bundesnormen handelt, zur (zumindest partiellen) Rechtswidrigkeit und Unwirksamkeit der Schleierfahndungsnormen führen. Denn das SDÜ ist zum einen gegenüber den Schleierfahndungsnormen lex specialis, zum anderen kommt ihm als gemeinschaftsrechtlichem Normenbestand zumindest Anwendungsvorrang vor konfligierenden nationalen Normen zu. *Schmidt-Jortzig,* NordÖR 1999, 483 (485 f.) geht davon aus, daß der Schengen-Besitzstand aufgrund der Übernahme nun dem sekundären Gemeinschaftsrecht angehört.

# I. Die Vereinbarkeit der Schleierfahndung mit Art. 2 I SDÜ

Ziel des SDÜ ist die Abschaffung der Personenkontrollen an den gemeinsamen Grenzen (Präambel). Dementsprechend legt Art. 2 I SDÜ fest, daß die Innengrenzen zwischen den Vertragsstaaten an jeder Stelle ohne Personenkontrollen überschritten werden dürfen. Nationale Grenzkontrollen an den Binnengrenzen dürfen nur noch ausnahmsweise und lediglich für einen begrenzten Zeitraum sowie nach Absprache mit den anderen Vertragsstaaten durchgeführt werden, wenn die öffentliche Sicherheit dies erfordert (Art. 2 II SDÜ). Darüber hinaus aber läßt Art. 2 III SDÜ die im Recht eines jeden Vertragsstaates begründeten Verpflichtungen unberührt.[1448] Dieser Vorbehalt soll bewirken, daß die für die Gefahrenabwehr zuständigen Behörden weiterhin polizeiliche Maßnahmen zur Abwehr von Gefahren, die durch den Wegfall der Grenzen drohen, ergreifen können.[1449] Allerdings dürfen diese Maßnahmen nicht so weit gehen, daß sie den Zweck des Art. 2 I SDÜ – die Abschaffung der Binnengrenzkontrollen – konterkarieren.[1450] Es darf also keine „zweite Grenzlinie im Landesinneren" geschaffen werden, an der die früheren Grenzkontrollen letztlich in der Sache weiter durchgeführt werden.[1451] Würde die Schleierfahndung die Einführung einer neuen Kontrolle bedeuten, die im Endeffekt die gleichen Wirkungen hat wie die alten Grenzkontrollen, würden die direkt an der Grenze nunmehr unzulässigen Kontrollen letztlich nur in das Landesinnere verlagert. Dies wäre mit Art. 2 I SDÜ unvereinbar.[1452]

Grenzkontrolle im Sinn des SDÜ ist jede an den Grenzen vorgenommene Kontrolle, die unabhängig von jedem anderen Anlaß ausschließlich aufgrund des beabsichtigten Grenzübertritts durchgeführt wird (Art. 1 SDÜ). Die Überprüfung knüpft somit unmittelbar an den Grenzübertritt an.

Hierin liegt der Unterschied zu den polizeirechtlichen Regelungen: die verdachts- und ereignisunabhängigen Personenkontrollen werden nicht anläßlich

---

[1448] Art. 2 III SDÜ lautet: „(...) die Ausübung der Polizeibefugnisse durch die nach Maßgabe des nationalen Rechts zuständigen Behörden einer Vertragspartei in dem gesamten Hoheitsgebiet dieser Vertragspartei (...) bleiben von der Abschaffung der Personenkontrollen an den Binnengrenzen unberührt". Auf diese Norm weist ausdrücklich LVerfG MV LKV 2001, 149 (151) hin: die Vertragsstaaten seien weiterhin für die Bereiche öffentliche Sicherheit und Ordnung zuständig. Ebenso *Heesen/Hönle/Peilert*, § 22 Rdnr. 9.

[1449] BT-Drs. 13/10790, S. 4 f.; *Beinhofer*, BayVBl. 1995, 193 (195); *Moser von Filseck*, BWVP 1996, 272; *Stephan*, DVBl. 1998, 81 (84).

[1450] Siehe auch *Lisken*, NVwZ 1998, 22 (23); *Pieroth*, VerwArch 88 (1997), 568 (588 f.).

[1451] *Beinhofer*, BayVBl. 1995, 193 (195); *Lisken*, NVwZ 1998, 22 (23); *Moser von Filseck*, BWVP 1996, 272; *Müller-Terpitz*, DÖV 1999, 329 (335).

[1452] *Lisken*, NVwZ 1998, 22 ff.

eines beabsichtigten Grenzübertritts vorgenommen, sondern zur Bekämpfung beziehungsweise Verhinderung grenzüberschreitender Kriminalität, die nicht notwendigerweise mit einem Grenzübertritt verbunden sein muß.[1453] Dies gilt jedenfalls für Schleierfahndungen nach den Landesnormen. Bei Schleierfahndungen durch den BGS (und in Bayern, wo die Aufgaben des BGS teilweise durch die Landespolizei wahrgenommen werden) ist Anlaß der Kontrolle im 30-km-Streifen und in grenzüberschreitenden Zügen dagegen ein Grenzübertritt. An Schengen-Außengrenzen sind Kontrollen durch den BGS problemlos zulässig und mit dem SDÜ vereinbar, da das SDÜ gerade verstärkte Kontrollen an den Außengrenzen verlangt.[1454] Problematisch sind allein Schleierfahndungen nach dem BGSG und BayPAG im Bereich der Schengen-Binnengrenzen. Aber auch bei diesen Maßnahmen geht es nicht um eine – mit dem SDÜ nicht vereinbare – allgemeine systematische und polizeiliche Kontrolle des grenzüberschreitenden Verkehrs. Vielmehr verfolgen diese Maßnahmen allein den Zweck, unerlaubte Einreisen zu unterbinden beziehungsweise zu verhindern und grenzbezogene Straftaten zu verhindern.[1455] Die Schleierfahndung stellt auch deshalb keine verdachts- und ereignisunabhängige Grenzkontrolle im vom SDÜ untersagten Sinne dar, weil nicht der gesamte grenzüberschreitende Verkehr routinemäßig kontrolliert wird.[1456] Ausweislich der Gesetzesbegründung zur Schaffung der BGSG-Schleierfahndungsnormen sind die Kontrollmaßnahmen im Hinblick auf ihren Stichprobencharakter keine Ersatzgrenzkontrollen; sie erfolgten nur zur Überwachung der Einhaltung nationaler ausländerrechtlicher Bestimmungen.[1457] Im Rahmen der verdachtsunabhängigen Personenfeststellung dürfen

---

[1453] Für die Annahme grenzüberschreitender Kriminalität genügt beispielsweise das Verschicken der Tatbeute ins Ausland. Siehe auch *Heckmann*, Polizei- und Sicherheitsrecht, Rdnr. 327; *Stephan*, DVBl. 1998, 81 (84); *Walter*, Die Polizei 1999, 33 (35); *Würtenberger*, Stellungnahme, S. 97 (103); *Würtenberger/Heckmann/Riggert*, Rdnr. 329.

[1454] In Bayern ist für die Kontrollen an den Schengen-Außengrenzen zur Schweiz und Tschechien jeweils der BGS zuständig; siehe *Beinhofer*, BayVBl. 1995, 193 (194 f.).

[1455] *Fehn*, Die Polizei 2001, 114 verweist auf den Stichprobencharakter der Maßnahmen sowie auf die engen tatbestandlichen Voraussetzungen. Siehe auch *Heesen/Hönle/Peilert*, § 23 Rdnr. 13. *Beinhofer*, BayVBl. 1995, 193 (195) argumentiert, daß die Kontrolle nicht anläßlich des beabsichtigten Grenzübertritts erfolge. Dagegen haben *Bizer*, S. 43 und *Seebode* in der öffentlichen Anhörung von Sachverständigen zu dem Entwurf eines ersten Gesetzes zur Änderung des BGSG, Protokoll der 87. Sitzung des Innenausschusses des Deutschen Bundestages am 15.6.1998, S. 69 das Vorliegen von Ersatzkontrollen bejaht.

[1456] Siehe auch *Beinhofer*, BayVBl. 1995, 193 (195); *Heesen/Hönle/Peilert*, § 2 Rdnr. 29; *Moser von Filseck*, Die Polizei 1997, 70 (73). Nach *Müller-Terpitz*, DÖV 1999, 329 (334) sollten lediglich routinemäßige Grenzkontrollen ausgeschlossen werden, sonstige Personenkontrollen im Binnenland blieben vom SDÜ unberührt. *Soria*, NVwZ 1999, 270 schließt daraus, daß es unzulässig sei, eine Kontrolle so anzulegen, daß nur Grenzübergänger betroffen seien, also beispielsweise eine Kontrolle an der einzigen Zufahrtsstraße zu einer Grenzübergangsstelle durchzuführen.

darüber hinaus auch Personen befragt werden, die die Grenze nicht überschritten haben, zumal auf Durchgangsstraßen oder in Einrichtungen des internationalen Verkehrs.[1458]

Auch nach der Einführung des SDÜ waren sich die beteiligten Staaten einig, daß beispielsweise Kontrollen von Ausländern im Landesinneren dahingehend, ob sie Einreisebestimmungen beachtet haben, zulässig sind.[1459] Andere Schengen-Staaten haben ebenfalls Regelungen zu anlaßunabhängigen Kontrollen eingeführt.[1460]

Auch die Vorstellungen der Kommission der Europäischen Gemeinschaften zur Zulässigkeit von Grenzkontrollen[1461] stehen der Zulässigkeit der Schleierfahndung nicht entgegen. In Art. 19a des Entwurfs der Verordnung über den Gemeinschaftskodex für das Überschreiten der Grenzen durch Personen wird darauf hingewiesen, daß Personenkontrollen im Rahmen der Ausübung der allgemeinen Polizeibefugnisse zulässig seien und daher auch Kontrollen im Grenzgebiet, sofern diese „nach den für das gesamte Hoheitsgebiet geltenden Modalitäten" vorgenommen würden. Diese Einschränkung ist jedoch nicht erforderlich, da, wie bereits dargelegt, die Schleierfahndungsnormen in Deutschland keine Grenzkontrollen zweiter Linie sind. Die Begrenzung der Schleierfahndungsnormen auf bestimmte Örtlichkeiten dient der Verhältnismäßigkeit der Normen ebenso wie das Erfordernis, die Kontrollen nur aufgrund eines bestimmten Lagebildes vorzunehmen. Die Schleierfahndungsnormen wurden bewußt nicht so formuliert, daß jeweils im gesamten Land Kontrollen zulässig sind (keine einzige Norm läßt dies zu, allenfalls im öffentlichen Verkehrsraum), sondern nur an den Brennpunkten grenzüberschreitender Kriminalität und daher auch im Grenzgebiet. Sämtliche Normen zur Schleierfahndung knüpfen nicht an einen Grenzübertritt als Eingriffsvoraussetzung.

Aus den gleichen Gründen ist die Schleierfahndung auch mit Art. 7a, 8a EGV vereinbar, die einen Raum ohne Binnengrenzen sowie ein Recht der Unionsbürger, sich im Hoheitsgebiet der Mitgliedstaaten frei zu bewegen und aufzuhalten (Freizügigkeit), statuieren. In einer Entscheidung des EuGH aus dem Jahr 1993[1462] wurde zunächst geklärt, daß Art. 7a, 8a EGV keine unmittelbare

---

[1457] *Müller-Terpitz,* DÖV 1999, 329 (334); *Soria,* NVwZ 1999, 270; *Walter,* Kriminalistik 1999, 290 (294). Siehe auch BT-Drs. 13/10790, S. 4; kritisch hierzu die Stellungnahme des Bundesrates, BT-Drs. 13/11119, S. 5.

[1458] *Beinhofer,* BayVBl. 1995, 193 (195); *Moser von Filseck,* BWVP 1996, 272 (273); *Stephan,* DVBl. 1998, 81 (84); BW LT-Drs. 12/117, S. 6.

[1459] Siehe beispielsweise Frankreich, das die Ausgleichsmaßnahmen des SDÜ nicht für ausreichend erachtet, siehe Anm. 60.

[1460] Siehe Anm. 73.

[1461] Vorlage der Kommission für einen Vorschlag zu einer Verordnung des Rates über den Gemeinschaftskodex für das Überschreiten der Grenzen durch Personen vom 26.5.2004, KOM (2004) 391 endgültig, 2004/0127 (CNS).

Wirkung entfalten. Darüber hinaus legte der EuGH dar, daß Kontrollen durchgeführt werden dürfen, um zu überprüfen, ob es sich um einen Staatsangehörigen eines Mitgliedsstaates handelt oder nicht.[1463] Der Abschluß des SDÜ stellt auch keinen Verstoß gegen Art. 7a EGV dar, da das SDÜ gerade der Erleichterung des freien Personenverkehrs dienen soll.[1464] Das Gemeinschaftsrecht verbietet nicht Kontrollen, ob eine Einreise legal war. Zudem besteht weiterhin die Pflicht, sich durch ein gültiges Legitimationspapier auszuweisen.[1465] Darüber hinaus ist eine Einschränkung des Rechts auf Freizügigkeit aus Gründen der öffentlichen Sicherheit, Ordnung und Gesundheit nach Art. 48 III EGV zulässig.[1466] Das bedeutet, daß stichprobenartige Kontrollen zulässig sind.[1467]

Auch wenn die Schleierfahndung eine Kompensationsmaßnahme für den Wegfall der Grenzkontrollen darstellt,[1468] so ist sie doch keine inhaltlich mit den ursprünglichen Grenzkontrollen identische Maßnahme. Daher verstoßen die Schleierfahndungsnormen auch nicht gegen den politischen Willen der Vertragsstaaten des SDÜ beziehungsweise gegen den Zweck des Art. 2 I SDÜ.[1469]

Die Argumentation Liskens, wer Grenzkontrollen abschaffe, zeige, daß er sie für entbehrlich halte,[1470] überzeugt nicht. Diese Ansicht verkennt, daß es nur an den Binnengrenzen zu einer Abschaffung der Grenzkontrollen gekommen ist – an den Schengen-Außengrenzen dagegen zu verstärkten Kontrollen. Auch die Schengen-Vertragsstaaten sind davon ausgegangen, daß Grenzkontrollen grundsätzlich sinnvoll sind, allerdings nur an den Außengrenzen. Das Abschaffen der Kontrollen bedeutet nicht, daß damit auch Schleierfahndungen in Grenznähe für überflüssig gehalten werden müssen. Denn Schleierfahndungen stellen gerade keine Grenzkontrolle, auch keine indirekte, dar. Sie finden nicht kontinuierlich statt und erfassen nicht jede Person, die eine Grenze passiert. Schleierfahndungen sind damit mildere Maßnahmen.

---

[1462] EuGH, RS. Wijsenbeek, EuGRZ 1999, 564 ff. (Personenkontrollen bei Einreise über Binnengrenzen (Flughafen) stellen keine Behinderung des freien Personenverkehrs dar).

[1463] EuGH, EuGRZ 1999, 564 (567). Ebenso *Achermann/Bieber/Epiney/Wehner,* S. 33 ff.

[1464] *Achermann/Bieber/Epiney/Wehner,* S. 36.

[1465] *Soria,* NVwZ 1999, 270 (271).

[1466] *Heesen/Hönle/Peilert,* § 22 Rdnr. 9; *Soria,* NVwZ 1999, 270 (271).

[1467] Allerdings aufgrund der sonst diskriminierenden Wirkung mit der Maßgabe, daß nicht nur Staatsangehörige fremder Staaten kontrolliert werden dürfen; vgl. *Soria,* NVwZ 1999, 270 (271).

[1468] *Schmidt-Jortzig,* NordÖR 1999, 483 (484).

[1469] So aber *Heid,* S. 115; *Kühne,* Strafprozessrecht, Rdnr. 381; *Lisken,* NVwZ 1998, 22 (23); *Pieroth,* VerwArch 88 (1997), 568 (591); *Rupprecht/Hellenthal,* S. 23 ff. (135 f.); *Sturm,* Kriminalistik 1995, 162 (165). Siehe zur Vereinbarkeit der Schleierfahndung mit den EU-Verträgen und der Kritik der EU-Kommission hieran auch *Prantl,* SZ vom 10.11.2004, S. 4.

[1470] *Lisken,* NVwZ 1998, 22.

## II. Zur Problematik einer
## möglichen Überkompensation des Wegfalls
## der Grenzkontrollen

Kritiker der Schleierfahndung bemängeln, daß die Schleierfahndungsregelungen über eine Kompensation des Abbaus der Personenkontrollen an den Binnengrenzen der europäischen Union hinausgehen; an der Grenze zu Polen und Tschechien seien sowohl Schleierfahndung als auch normale Grenzkontrollen erlaubt, da es sich um Schengen-Außengrenzen handele.[1471] Daher ist nun zu prüfen, ob die Schleierfahndungsnormen in dieser Hinsicht mit dem Schengener (Durchführungs-)Übereinkommen vereinbar sind.

Das SDÜ sieht eine Verstärkung der Kontrollen an den Schengen-Außengrenzen vor (Art. 3–7 SDÜ).[1472] Die Sichtvermerkspolitik soll gemäß Art. 9 ff. SDÜ vereinheitlicht werden,[1473] und die Vertragsstaaten sind verpflichtet, Maßnahmen zu ergreifen und Sanktionen zu verhängen zur Unterbindung illegaler Einreisen (Art. 27 SDÜ). Zudem soll das Asylrecht formell vereinheitlicht werden und sollen asylrechtliche Entscheidungen gegenseitig anerkannt werden, Art. 28 ff. SDÜ. Zur vorbeugenden Bekämpfung und Aufklärung strafbarer Handlungen ist ein Informationsaustausch und die gegenseitige Unterstützung der Polizeidienste nach Maßgabe des nationalen Rechts und der jeweiligen Zuständigkeit vorgesehen, Art. 39 SDÜ.[1474] Als Ausgleichsmaßnahmen für den Wegfall der Grenzkontrollen sind nach Art. 40, 41 SDÜ unter bestimmten Voraussetzungen eine grenzüberschreitende Observation (aus repressiven Gründen)[1475] und eine polizeiliche Nacheile[1476] (unmittelbare Verfolgung eines flüchtigen Tatverdächtigen über die Landesgrenzen) gestattet. Im SDÜ wurde also ein ganzes Maßnahmenpaket zur Kompensation des angenommenen Sicherheitsverlustes aufgrund des Wegfalls der Grenzkontrollen verankert, das sowohl die Strafverfolgung als auch die Gefahrenabwehr betrifft. Diese Ausgleichsmaßnahmen zeigen, daß die Gefahren im Grenzgebiet und im Zusam-

---

[1471] *Rommelfanger/Rimmele,* § 19 Rdnr. 16.

[1472] Gemäß Art. 6 II SDÜ bedeutet dies, daß zumindest bei allen einreisenden Personen eine Identitätsfeststellung und bei einreisenden Drittausländern eine fahndungstechnische Überprüfung durchzuführen ist; vgl. *Beinhofer,* BayVBl. 1995, 193 (194). Zu dem Problem der verstärkten Kontrolle von EU-Bürgern im Reiseverkehr mit dem Vereinigten Königreich und Irland siehe *Bieber,* NJW 1994, 294 (295).

[1473] Zu den Problemen der Vereinheitlichung der Sichtvermerkspolitik siehe *Huber,* NVwZ 1996, 1069 (1071 f.).

[1474] Zu den praktischen Schwierigkeiten des Informationsaustauschs siehe *Wolters,* Grenzüberschreitende Zusammenarbeit, S. 36 (38 f.).

[1475] *Heesen/Hönle/Peilert,* § 2 Rdnr. 36.

[1476] Ausführlich dazu *Gleß/Lüke,* Jura 1998, 70 (73 f.) sowie *Heesen/Hönle/Peilert,* § 2 Rdnr. 37 f. und *Soria,* VerwArch 89 (1998), S. 400 (411). Praktische Probleme stellt *Hertweck,* S. 63 (68 f.) dar.

menhang mit dem Grenzübertritt für nicht unerheblich gehalten wurden. Kernstück der polizeilichen Zusammenarbeit stellt die in Art. 92 ff. SDÜ geregelte Schaffung des Schengener Informationssystems (SIS) dar.[1477] Das SIS soll gemäß Art. 93 SDÜ der Gewährleistung der öffentlichen Sicherheit und Ordnung einschließlich der Staatssicherheit dienen. Wenn alle Schengen-Staaten dem SDÜ beigetreten sind, wird das SIS gemäß Art. 142 SDÜ zum EIS, dem Europäischen Automatisierten Fahndungssystem.[1478]

Die Schaffung des SIS könnte möglicherweise als eine Maßnahme zu klassifizieren sein, die Schleierfahndungen entbehrlich macht. Dies hätte die Konsequenz, daß Schleierfahndungen eine mit dem Gedanken des SDÜ unvereinbare Überkompensation des vereinbarten Wegfalls der Grenzkontrollen darstellten. Um diese Frage sachgerecht beantworten zu können, soll zunächst das SIS näher dargestellt werden.

Das Schengener Informationssystem ist seit 1995 in Betrieb. Es ist ein zentrales Personen- und Sachfahndungssystem, das der Ausschreibung zur Festnahme, der Erstellung von Vermerken zur Einreiseverweigerung für Personen aus Drittländern sowie der Ausschreibung zur verdeckten Registrierung mittels elektronischen Datenverbundes der Mitgliedsstaaten dient, kurz gesagt ein Fahndungscomputer aller beteiligten Länder.[1479] Welche Daten gespeichert werden dürfen, ist Art. 94, 99 SDÜ zu entnehmen. In bezug auf Personen sind dies persönliche Merkmale, der Ausschreibungsgrund und die zu ergreifenden Maßnahmen, Art. 94 III SDÜ. Die Nutzung dieser Daten ist auf polizeiliche Zwecke beschränkt, Art. 102 SDÜ. Zugreifen auf den Datenbestand dürfen gemäß Art. 101 SDÜ außer den Behörden, die direkt Zugang haben (also dem BKA), die Behörden, die für Grenzkontrollen und sonstige polizeiliche oder zollrechtliche Überprüfungen zuständig sind, sowie Botschaften, Konsulate und Ausländerbehörden, die für die Visaerteilung Informationen benötigen. Es bestehen datenschutzrechtliche Auskunfts-, Berichtigungs-, Löschungs- und Schadensersatzansprüche Betroffener nach Art. 109–111 SDÜ. Für den Zugriff auf Daten

---

[1477] Siehe *Achermann/Bieber/Epiney/Wehner,* S. 129 ff.; *Hemesath,* Kriminalistik 1995, 169 ff.; *Tuffner,* Kriminalistik 2000, 39 ff.; *Wolters,* FS Herold, S. 225 (233 f.); kritisch hierzu *Busch,* Bürgerrechte & Polizei 1999, 80 ff.

[1478] Das EIS, auch SIS II genannt, soll der EU-Erweiterung Rechnung zu tragen, siehe Verordnung des Europäischen Rates Nr. 2424/2001, Abl. Nr. L 328 vom 13.12. 2001, S. 4; *Heesen/Hönle/Peilert,* § 2 Rdnr. 28; *Leutheusser-Schnarrenberger,* Grundrechte-Report 2004, 159 ff. und 19. Tätigkeitsbericht des Bundesbeauftragten für den Datenschutz, 2001–2002, S. 107 f. Dabei soll das SIS von einer polizeilichen Ausschreibungsdatei zu einem umfassenden polizeilichen Informationssystem ausgebaut werden. Zur Notwendigkeit eines solchen Schrittes aus polizeilicher Sicht siehe *Hoppe,* S. 209 (216).

[1479] *Busch,* Bürgerrechte & Polizei 1999, 80 ff.; *Gleß/Lüke,* Jura 1998, 70 (74); *Ruthig,* S. 183 (198 ff.); *Soria,* VerwArch 89 (1998), S. 400 (411 ff.). *Hamm,* NJW 1998, 2407 bezeichnet das SIS als „gigantische Zentraldatei". Zugriff haben auch die beiden Nicht-Schengen-Staaten Großbritannien und Irland.

des nationalen Teils des SIS – dies sind bezogen auf Deutschland die Daten, die das BKA einstellt – trifft das SDÜ dagegen keine Regelungen.

Die größte Fahndungsdatenbank der Welt macht einen bisher nicht dagewesenen Transfer von sensiblen Personendaten möglich.[1480] Kritik am SIS wird vor allen Dingen an folgenden Punkten laut. Zum einen sind die datenschutzrechtlichen Vorgaben recht niedrig, beispielsweise findet keine Kontrolle der Fahndungsanfragen statt. Zum anderen bestehen im Hinblick auf die Frage des Rechtsschutzes gegen Speicherungen im SIS beziehungsweise bei einem Auskunftsverlangen weiterhin ungeklärte Probleme.[1481] Darüber hinaus fehlt eine parlamentarischer Kontrolle vergleichbare Instanz.[1482]

Unabhängig von aller Kritik ist das SIS zwar ein Baustein im Rahmen der Kompensationsmaßnahmen für den angenommenen Sicherheitsverlust, seine konkrete Wirkung ist jedoch lediglich die einer Erleichterung der polizeilichen Zusammenarbeit.[1483] Das SIS ist eine Datenbank, die nichts über die durch die jeweiligen Polizeien der Mitgliedsstaaten durchzuführenden Kontrollen aussagt. Würden in den beteiligten Staaten keinerlei Personenkontrollen durchgeführt, würde das SIS leerlaufen. Eine Datenbank kann nur dann weiterhelfen, wenn aus Anlaß einer Kontrolle Daten abgeglichen werden, also zum Beispiel bei den Kontrollen an den Schengen-Außengrenzen – wird aber nicht kontrolliert, nutzt auch die größte Datenbank nichts.

Von einer Überkompensation durch die Einführung der Schleierfahndung kann also keine Rede sein – durch das SDÜ wurden keinerlei neue Personenkontrollbefugnisse geschaffen, die Schleierfahndungen entbehrlich machen könnten.

Kritiker wenden ein, daß die Schleierfahndung ursprünglich nur eine Kompensation des Wegfalls der Binnengrenzkontrollen darstellen sollte, darüber jedoch weit hinausgewachsen sei.[1484]

Flexible Kontrollen seien nicht nur an der Grenze und im Umfeld der Grenze, sondern auch auf Bahnhöfen, Flughäfen, in Zügen oder S-Bahnen zu-

---

[1480] *Leutheusser-Schnarrenberger,* ZRP 2004, 97 geht für das Jahr 2003 von einem Bestand von 11,3 Millionen Datensätzen aus.

[1481] Siehe *Gleß,* Jura 2000, 400 (404).

[1482] *Bäumler,* CR 1994, 487 (491); *Gusy/Gimbal,* S. 124 (137 ff.); *Kattau,* S. 140 ff.; *Leutheusser-Schnarrenberger,* ZRP 2004, 97 (99); *Oberleitner,* S. 59; *Pitschas,* ZRP 1993, 174 (177).

[1483] So auch *Kattau,* S. 97; *Oberleitner,* S. 66 f.

[1484] *Meixner/Martell,* § 14 Rdnr. 13; 20. Tätigkeitsbericht des Landesdatenschutzes in Schleswig-Holstein, 1997, 4.2.5. Ähnlich auch der Vorsitzende der Polizeigewerkschaft *Freiburg,* zitiert nach *Prantl,* SZ vom 25.4.2000, S. 11, der davon ausgeht, durch den Grenzabbau sei die Kriminalität nicht angestiegen. Insofern kritisch *Hellenthal,* Kriminalistik 1997, 123 (126); *Weiß* (in Reaktion auf den Beitrag von *Prantl*), SZ vom 10.5.2000, S. 15.

lässig. Anlaß für die Einführung der Schleierfahndung war zwar tatsächlich der Wegfall der Binnengrenzkontrollen. Ihre Zwecksetzung ist jedoch allgemein die Bekämpfung der grenzüberschreitenden Kriminalität, die eben auch im Hinterland stattfindet und nicht nur in unmittelbarer Nähre der Grenze, so daß auch insofern nicht von einer Überkompensation die Rede sein kann.

Sonstige Maßnahmen zur Bekämpfung beispielsweise der Organisierten Kriminalität auf europäischer Ebene können auch durch die europäische Polizeibehörde Europol durchgeführt werden. Eine weitere Möglichkeit auf europäischer Ebene ist eine Sicherheitskooperation zwischen dem BGS, den Landespolizeibehörden und den Polizeibehörden von Nachbarstaaten mit dem Ziel der Schaffung eines Sicherheitsschleiers im Binnengrenzraum.[1485]

Diese europäischen Ansätze sind jedoch derzeit noch zu wenig ausgebaut und nicht erfolgversprechend genug,[1486] als daß sie die Schleierfahndung verdrängen könnten. Die im SDÜ vorgesehenen Kompensationsmaßnahmen zum Ausgleich des erwarteten Sicherheitsdefizits gelten noch nicht lange und konnten bislang noch nicht effizient eingesetzt werden. Es ist aber davon auszugehen, daß sie in Zukunft besser und sinnvoll eingesetzt werden können und mit ihnen dann auch grenzüberschreitender Kriminalität vorgebeugt werden kann.[1487] Es ist daher zu bedenken, daß in Zukunft möglicherweise kein Bedarf für die nationale Schleierfahndung mehr besteht, da die vorhandenen Fahndungsinstrumente ausreichend sind.[1488]

Der Entschließungsantrag der Fraktion der SPD zum Gesetzentwurf der Bundesregierung zu dem Schengener Übereinkommen vom 19.6.1990 betreffend den schrittweisen Abbau der Kontrollen an den gemeinsamen Grenzen, lautet: „Der Deutsche Bundestag weist aber mit Nachdruck darauf hin, daß der Abbau der Binnengrenzkontrollen nicht zu Lasten der Inneren Sicherheit gehen darf. Deshalb ist den im Vertragsentwurf vereinbarten Ausgleichsmaßnahmen (...) eine fundamentale Bedeutung zuzumessen. Der Deutsche Bundestag stellt nunmehr fest, daß die bisher vereinbarten Ausgleichsmaßnahmen völlig unzureichend sind. (...) (Sie) entsprechen nicht dem Erfordernis einer effizienten Kriminalitätsbekämpfung."[1489]

---

[1485] *Heesen/Hönle/Peilert*, § 2 Rdnr. 40 mit Hinweis auf Vereinbarungen über die polizeiliche Zusammenarbeit mit den Niederlanden (in Kraft getreten am 1.2.1997), Luxemburg (in Kraft getreten seit Juni 1996), Frankreich (in Kraft getreten am 9.10.1997) und Österreich (in Kraft getreten am 16.12.1997).

[1486] *Erbel*, DVBl. 2001, 1714 (1724); *Würtenberger/Heckmann/Riggert*, Rdnr. 57. *Walter*, Die Polizei 1999, 33 ff. sieht weder die Nacheile noch das SIS als angemessenen Ausgleich für den Wegfall der Grenzkontrollen an, da ein erhebliches Ansteigen der Organisierten Kriminalität vorliege.

[1487] *Stephan*, DVBl. 1998, 81 (85).

[1488] *Lisken*, NVwZ 1998, 22; *Stephan*, DVBl. 1998, 81 (85).

[1489] BT-Drs. 12/5141, S. 23.

Auch das europäische Parlament ist der Auffassung, daß die Abschaffung der allgemeinen Grenzkontrollen unter dem Aspekt der Sicherheits- und Einwanderungspolitik möglicherweise durch Maßnahmen kompensiert werden müsse, die andere selektivere und gezieltere Formen der stichprobenmäßigen Kontrollen vorsehen.[1490]

In diesem Zusammenhang stellt sich die Frage, ob es statthaft wäre, Schleierfahndungen auch dann noch durchzuführen, wenn das Schengener Abkommen außer Kraft gesetzt würde. Nach Art. 2 II SDÜ besteht die Möglichkeit, das Abkommen aus konkretem Anlaß für kurze Zeit außer Kraft zu setzen und reguläre Grenzkontrollen vorzunehmen.[1491] Dies geschah beispielsweise anläßlich des Weltwirtschaftsgipfels in Genua im Jahr 2001 und im Jahr 2002 während der Sicherheitskonferenz in München.[1492] Aus Anlaß des Terroranschlags in den USA vom 11.9.2001 wurde diskutiert, das Schengener Abkommen für längere Zeit außer Kraft zu setzen und Grenzkontrollen wieder aufzunehmen.[1493] Die Intention der Gesetzgeber bei der Schaffung der Schleierfahndungsnormen war zunächst, der durch den Wegfall der Grenzkontrollen neu entstehenden Kriminalität zu begegnen. Darüber hinaus wurde jedoch ganz allgemein die Bekämpfung der grenzüberschreitenden Kriminalität bezweckt. Aus diesem Grund dürften Schleierfahndungen auch im Falle einer Wiedereinführung von Grenzkontrollen weiterhin durchgeführt werden, müßten dann jedoch einer strengeren Verhältnismäßigkeitsprüfung unterzogen werden.

## III. Die Vereinbarkeit der Schleierfahndung mit der EMRK

Ein Verstoß gegen die EMRK, die in Deutschland als einfaches Bundesrecht gilt, kann vom EGMR und nationalen Gerichten festgestellt werden. In Betracht kommen eine Unvereinbarkeit der Schleierfahndungsnormen mit Art. 5 EMRK

---

[1490] BR-Drs. 240/97, S. 4.

[1491] Die für einen beschränkten Zeitraum durchgeführten Grenzkontrollen entziehen sich einer Jurisdiktion durch den EuGH, siehe auch *Weiß*, in Streinz, Art. 62 EGV Rdnr. 9; für eine eingeschränkte Zuständigkeit des EuGH dagegen *Schmahl*, in von der Groeben, Art. 62 EG Rdnr. 6.

[1492] Pressemitteilung des Bayerischen Staatsministeriums des Inneren 30/02 vom 22.1.2002 anläßlich der vom 1.–3.2.2002 in München stattfindenden Konferenz für Sicherheitspolitik. Ebenfalls außer Kraft gesetzt wurde die Regelung aus Anlaß des Staatsbesuchs des iranischen Staatspräsidenten *Chatami* vom 7.–12.7.2000; vgl. *Heesen/Hönle/Peilert*, § 2 Rdnr. 29. Auch andere Staaten machen von der Ausnahmeregelung Gebrauch, so Belgien und Luxemburg im Januar 2000 (siehe SZ vom 10.1.2000, S. 8) sowie Österreich im Juni 2001 (siehe SZ vom 26.6.2001, S. 40). Für die Jahre 2001 und 2002 siehe Schengen-Erfahrungsbericht 2001, S. 18; 2002, S. 17. Im Jahr 2003 wurden keine Kontrollen nach Art. 2 II SDÜ durchgeführt, siehe Schengen-Erfahrungsbericht 2003, S. 2.

[1493] *Palmer*, BZ vom 5.10.2001, S. 6.

(Recht auf Freiheit und Sicherheit) und Art. 8 EMRK (Recht auf Achtung des Privat- und Familienlebens)[1494].

In bezug auf die Vereinbarkeit der Schleierfahndungsnormen mit Art. 5 EMRK stellt sich das Problem der zeitlichen Begrenzung einer Ingewahrsamnahme zur Identitätsfeststellung. In einem Urteil des EGMR wurde zu einer Identitätsfeststellung nach § 163 b StPO Stellung genommen. Eine solche darf nicht über eine Dauer von 12 Stunden hinausreichen; in dem vom EGMR zu beurteilenden Fall wurde diese Frist um 45 Minuten überschritten. Daher nahm das Gericht einen Verstoß gegen Art. 5 I c EMRK an.[1495] Aus dem Urteil kann gefolgert werden, daß die Zwölf-Stunden-Frist des § 163 c III StPO für repressive Freiheitsentziehungen zur Identitätsfeststellung eine absolute Grenze darstellt.[1496] Eine Schlußfolgerung für präventive Maßnahmen läßt sich dem Urteil jedoch nicht entnehmen. In der Rechtsprechung sowie der Literatur wird angenommen, daß die Bestimmungen zum Identitätsgewahrsam in Sachsen und Baden-Württemberg nicht gegen Art. 5 EMRK verstoßen.[1497] Der Staat setzt das Mittel der Ingewahrsamnahme zur wirksamen Gefahrenabwehr ein.[1498] Zu beachten ist auch die konkrete Ausgestaltung der Gewahrsamsnormen: ohne richterliche Entscheidung ist eine längerfristige Ingewahrsamnahme unzulässig, siehe nur § 28 III S. 2 PolG BW. In Sachsen ist gemäß § 21 VII S. 3 SächsPolG die Maximaldauer eines Identitätsgewahrsams auf 3 Tage beschränkt, wohingegen in Baden-Württemberg gemäß § 28 III PolG BW die Maximaldauer erst nach 14 Tagen endet. Sowohl in Sachsen als auch in Baden-Württemberg gilt aufgrund des Verhältnismäßigkeitsprinzips, daß der Betroffene nur so lange in Gewahrsam gehalten werden darf, bis seine Identität durch das Festhalten oder auf eine anderen Art und Weise festgestellt werden konnte. Dies sind angemessene, verhältnismäßige Bestimmungen.

Von Art. 8 EMRK mitumfaßt ist das Recht auf Achtung der Privatsphäre und der Schutz personenbezogener Daten.[1499] Der Umfang des Schutzes ist nach der Rechtsprechung des EuGH vergleichbar mit dem Schutzumfang des Rechts auf informationelle Selbstbestimmung.[1500] Ein möglicher Eingriff bedarf ebenfalls

---

[1494] Dieses Recht wurde vom EuGH in der Entscheidung vom 5.10.1994, Rs C 404/92 P Slg. 1994 I, 4780 als ein von der Gemeinschaftsordnung geschütztes Grundrecht bezeichnet, das sich aus den gemeinsamen Verfassungstraditionen der Mitgliedsstaaten herleitet. Siehe auch *Kreutz,* ZFIS 1999, 75 (76).

[1495] EGMR, K.F. ./. Deutschland, NJW 1999, 775. In der Sache Giulia Manzoni wurde bestätigt, daß eine längere Freiheitsentziehung, als es das nationale Recht vorsieht, einen Verstoß gegen Art. 5 I c EMRK begründet, siehe *Ambos/Ruegenberg,* NStZ-RR 1998, 161 (162).

[1496] *Eiffler,* NJW 1999, 762 (763).

[1497] Ebenso SächsVerfGH, DVBl. 1996, 1423 (1424 f.) sowie *Stoermer,* S. 161 f.

[1498] VGH Mannheim, VBlBW 2005, 63 (64).

[1499] *Frowein/Peukert,* Art. 8 Rdnr. 5.

[1500] *Frowein/Peukert,* Art. 8 Rdnr. 6; *Weichert,* DuD 2000, 662 (663).

einer gesetzlichen Grundlage; im Endeffekt ist keine andere Bewertung als hinsichtlich des grundgesetzlichen Rechts auf informationelle Selbstbestimmung angezeigt. Damit ist von einer Vereinbarkeit der Schleierfahndungsnormen mit Art. 8 EMRK auszugehen.

Im Ergebnis bleibt festzuhalten, daß die Schleierfahndungsnormen sowohl mit dem SDÜ als auch mit der EMRK vereinbar sind.

Kapitel 12

# Rechtsschutz gegen Schleierfahndungsmaßnahmen

Die verfassungsrechtlich gebotene Möglichkeit effektiven Rechtsschutzes sowohl gegen polizeirechtliche Normen als auch gegen einzelne polizeiliche Maßnahmen ist eine für den Bürger wesentliche Errungenschaft des modernen Rechtstaates. Im Folgenden soll kurz dargelegt werden, welche verwaltungsbeziehungsweise verfassungsgerichtlichen Rechtsschutzmöglichkeiten im Hinblick auf die Schleierfahndung bestehen und welche spezifischen Rechtsschutzprobleme insofern zu beachten sind.

## I. Zu den Möglichkeiten verwaltungsgerichtlichen Rechtsschutzes

### 1. Zur Eröffnung des Rechtswegs zum Verwaltungsgericht

Sollte die Polizei bei Kontrollmaßnahmen im Rahmen einer Identitätsfeststellung nach § 163 b StPO tätig geworden sein, wären die §§ 23 ff. EGGVG einschlägig und wäre der Rechtsweg zu den ordentlichen Gerichten eröffnet.[1501] Sollte die Polizei doppelfunktional vorgegangen sein, also sowohl repressive als auch präventive Zwecke mit einer Kontrolle verfolgt haben, so entscheidet über den statthaften Rechtsweg der objektiv erkennbare Sachzusammenhang, der sich aus dem Schwerpunkt der Maßnahme ergibt.[1502] In allen anderen Fällen ist problemlos der Rechtsweg zum Verwaltungsgericht eröffnet.[1503]

---

[1501] Zu der Abgrenzung der §§ 23 ff. EGGVG zur richterlichen Entscheidung gemäß § 98 II S. 2 StPO analog siehe *Biernat,* JuS 2004, 401 (402) sowie *Schoch,* Jura 2001, 628 (630). § 98 II S. 2 StPO (analog) ist nach BGHSt 44, 171 ff. sowie 265 ff. auch bei der Überprüfung von Maßnahmen sowie der Art und Weise des Vollzugs einschlägig, die die Strafverfolgungsbehörden in originärer eigener Zuständigkeit angeordnet und durchgeführt haben, auch nach Erledigung der Anordnung; siehe *Laser,* NStZ 2001, 120 (121 ff.) mwN. Die Überprüfung der Rechtmäßigkeit einer Anordnung des Richters richtet sich nach §§ 304 ff. StPO, auch nach Erledigung der Anordnung.

## 2. Zu den in Betracht kommenden Klagearten

Die statthafte Klageart richtet sich nach dem Begehren des Bürgers. Von entscheidender Bedeutung ist hierbei, in welchen Fällen eine Schleierfahndungsmaßnahme einen Verwaltungsakt darstellt beziehungsweise als Realakt zu klassifizieren ist.

### a) Der Normalfall: Die Schleierfahndung als Verwaltungsakt

Ein Verwaltungsakt wird nach § 35 VwVfG (und den entsprechenden Normen der LVwVfGs) definiert als eine hoheitliche Maßnahme einer Verwaltungsbehörde zur Regelung eines Einzelfalles mit unmittelbarer Außenwirkung.[1504]

Bei Maßnahmen eines Polizeibeamten im Rahmen einer Schleierfahndung kann der hoheitliche Charakter, ein Verhalten mit Erklärungsgehalt auf dem Gebiet des öffentlichen Verwaltungsrechts,[1505] unproblematisch bejaht werden. Auch der Regelungscharakter einer Schleierfahndung, also solcher Maßnahmen, die die unmittelbare Herbeiführung einer (verbindlichen) Rechtsfolge bezwecken,[1506] ist zu bejahen.[1507] Eine Schleierfahndung ist im Regelfall eine hoheitliche Einzelfallregelung, denn eine Maßnahme der Befragung beziehungsweise Identitätsfeststellung richtet sich an einen individualisierten Adressatenkreis. Die Schleierfahndung ist unproblematisch eine Maßnahme mit unmittelbarer Außenwirkung, da sie sich nicht auf den Innenrechtskreis einer Verwaltungsbehörde beschränkt.[1508]

Zur Wirksamkeit eines Verwaltungsaktes muß dieser gemäß § 41 (L-) VwVfG dem Adressaten bekannt gegeben werden.[1509] Nach den allgemeinen

---

[1502] Siehe hierzu auch oben S. 70 ff. Zu den Rechtsschutzfragen bei doppelfunktionalen Maßnahmen siehe *Schoch*, Jura 2001, 628 (631).

[1503] Eine Ausnahme stellt lediglich der Rechtsschutz gegen eine noch andauernde Freiheitsentziehung dar, im Rahmen einer Schleierfahndung demnach gegen eine Ingewahrsamnahme in Baden-Württemberg oder Sachsen. Nach § 28 IV S. 1 PolG BW und § 22 VIII SächsPolG ist das AG für eine Entscheidung über den Gewahrsam zuständig. Ist die Ingewahrsamnahme beendet und ein AG war mit der Sache (noch) nicht befaßt, ist der Verwaltungsrechtsweg eröffnet, siehe *Finger*, JuS 2005, 116 (119 f.) mwN sowie *Wolter*, DÖV 1997, 939 (944).

[1504] *Hufen*, § 14 Rdnr. 3 ff.; *Kopp/Ramsauer*, § 35 VwVfG Rdnr. 1 ff.; *Maurer*, § 9 Rdnr. 6 ff.

[1505] *Schoch/Schmidt-Aßmann/Pietzner*, § 42 Abs. 1 Rdnr. 73.

[1506] *Maurer*, § 9 Rdnr. 6 ff.; *Kopp/Ramsauer*, § 35 Rdnr. 47; *Wolff/Bachof/Stober*, Band 2, § 45 Rdnr. 43.

[1507] A.A. *Scholz/Decker*, S. 132, die den Regelungscharakter einer bloßen Befragung verneinen.

[1508] Allgemein zur Außenwirkung siehe *Schoch/Schmidt-Aßmann/Pietzner*, § 42 Abs. 1 Rdnr. 47.

Grundsätzen der polizeilichen Datenerhebung, die auch für Schleierfahndungs-maßnahmen gelten,[1510] ist eine Identitätsfeststellung beziehungsweise Befragung eine Maßnahme, die grundsätzlich offen und bei dem Betroffenen zu erfolgen hat.[1511] Sie wird daher grundsätzlich dem Betroffenen bekanntgegeben.

Damit ist die Schleierfahndung im Normalfall ein Verwaltungsakt.[1512]

Ebenfalls Verwaltungsakte sind die unselbständigen Maßnahmen zur Durchsetzung der Identitätsfeststellung wie das Gebot anzuhalten,[1513] das Befragen, das Ausweisverlangen und eine Durchsuchung zwecks Identitätsfeststellung. Einzige Ausnahme ist die unfreiwillige Sistierung des Betroffenen – wird der Betroffene unter Anwendung unmittelbaren Zwanges zur Dienststelle verbracht und wehrt er sich gerichtlich gegen die Zwangsverbringung, wäre dies ein Ersuchen um Rechtsschutz gegen die Zwangsmaßnahme, das Gericht hätte dann inzident die Wirksamkeit der Grundverfügung (Identitätsfeststellung) zu prüfen.[1514]

Dritte dürfen nur in Ausnahmefällen über die Identität einer anderen Person befragt werden, da nach den allgemeinen Grundsätzen zum Datenschutz personenbezogene Daten grundsätzlich direkt bei dem Betroffenen zu erheben sind. Ohne dessen Kenntnis dürfen Dritte meist nur dann befragt werden, wenn die Befragung der betroffenen Person (1.) nicht oder nicht rechtzeitig möglich

---

[1509] Siehe auch *Hansen*, Rdnr. 115 ff.; *Kopp/Ramsauer*, § 41 Rdnr. 1 ff.

[1510] A. A. zumindest für die Identitätsfeststellung *Karnop*, Rdnr. 312, da dies eine Maßnahme der Gefahrenabwehr und nicht der Datenerhebung sei.

[1511] Siehe z. B. § 19 II PolG BW; *Haus/Wohlfarth*, Rdnr. 243; *Jochum/Rühle*, Rdnr. 59; *Kunkel/Pausch/Prillwitz*, § 18 Rdnr. 2; *Roos*, § 10 Rdnr. 3; *Schipper*, Rdnr. 240; *Schoch*, Polizeirecht, Rdnr. 199.

[1512] *Heckmann*, Polizei- und Sicherheitsrecht, Rdnr. 310, 333; *Kraft/Kay/Böcking*, S. 85. A. A. *Karnop*, Rdnr. 312 und *Müller*, Polizeigesetz Sachsen, Erläuterungen zu § 19, S. 111, die tatsächliches Verwaltungshandeln annehmen. Für eine grundsätzliche Annahme von Realakten bei Standardmaßnahmen *Schmitt-Kammeler*, NWVBl. 1995, 166 (170); für die grundsätzliche Annahme eines Verwaltungsakts bei Standardmaßnahmen: *Götz*, Rdnr. 278; *Mußmann*, Rdnr. 177; *Schenke*, Rdnr. 115 f.; *Würtenberger*, Besonderes Verwaltungsrecht, Rdnr. 156. Übersicht über den Streitstand bei *Berger*, S. 107 ff. Eine weitere Differenzierung nehmen sowohl *Schmidbauer/Steiner/Roese*, Art. 12 Rdnr. 25 als auch *Waechter*, Polizei- und Ordnungsrecht, Rdnr. 539 vor: ein Verwaltungsakt liege nur bei einer Befragung mit Auskunftpflicht vor. Dem kann nicht zugestimmt werden, da die Freiwilligkeit der Antwort des Betroffenen nichts an den Voraussetzungen des Vorliegens eines Verwaltungsaktes ändert.

[1513] Das Anhalten ist keine Maßnahme des Verwaltungszwangs, siehe oben Anm. 478.

[1514] Siehe BVerfG NVwZ 1999, 290 (292); OVG Münster, NVwZ 2001, 231. Nach *Lambiris*, S. 119 ff. können ein Festhalten, erkennungsdienstliche Maßnahmen, die Ingewahrsamnahme und eine Durchsuchung Realakte sein. Ist diesen faktischen Maßnahmen eine Anordnung vorangegangen (etwa die Anordnung „Bitte folgen Sie mir zur Wache"), dann sei in der tatsächlichen Durchführung lediglich eine Konkretisierung der Anordnung (= Verwaltungsakt) zu sehen. Ähnlich auch *Finger*, JuS 2005, 116 (117).

ist,[1515] (2.) sie einen unverhältnismäßigen Aufwand bedeuten würde,[1516] (3.) die Erfüllung der Aufgaben erheblich erschwert oder gefährdet würde[1517] oder (4.) der Zweck vereitelt würde.[1518] Eine Befragung einer Person über die Identität eines Dritten – etwa die Befragung eines Kraftfahrzeugführers über die Identität seiner schlafenden Mitreisenden – ist aber gleichfalls ein Verwaltungsakt. Die Bekanntgabe erfolgt im Beispielsfall an den Fahrzeugführer, dieser ist der Adressat der Maßnahme.

Konsequenz aus dem Vorliegen eines Verwaltungsaktes für die Klageart ist, daß bei Schleierfahndungsmaßnahmen eine Anfechtungsklage nach § 42 I 1. Alt. VwGO beziehungsweise nach Erledigung der Maßnahme[1519] nach Klageerhebung eine Fortsetzungsfeststellungsklage nach § 113 I 4 VwGO zu erheben wäre. Bei Erledigung vor Klageerhebung ist nach einer Ansicht eine Fortsetzungsfeststellungsklage analog § 113 I 4 VwGO zu erheben,[1520] nach anderer Auffassung ist statthafte Klageart die Feststellungsklage nach § 43 VwGO.[1521]

### b) Der Sonderfall: Die Schleierfahndung als Realakt

Eine Schleierfahndung ist mithin nur dann als Realakt zu klassifizieren, wenn die Maßnahme nicht – wie das von den allgemeinen Grundsätzen der Datenerhebung prinzipiell verlangt wird – offen beim Betroffenen durchgeführt wird, sondern die Identitätsfeststellung ohne Inanspruchnahme einer Person erfolgt. Als Realakt ist damit eine verdeckte Schleierfahndungsmaßnahme zu bewerten. So ist beispielsweise die heimliche Entnahme von Ausweispapieren aus dem Gepäck einer Person durch Zivilpolizisten zwecks Überprüfung der Identität des Gepäckbesitzers, die nicht als polizeiliche Maßnahme erkennbar sein soll, eine verdeckte Schleierfahndung in Form eines Realaktes.[1522] Zu beachten ist, daß

---

[1515] Siehe z. B. Art. 30 II 2 BayPAG.

[1516] Siehe z. B. Art. 30 II 2 BayPAG.

[1517] Siehe z. B. § 19 I 2 PolG BW; Art. 30 II 2 BayPAG; § 13 IV 2 HSOG; § 30 I S. 2 Nr. 6 NSOG.

[1518] Siehe § 19 I 2 PolG BW; zur Inanspruchnahme Dritter allgemein siehe *Nissen*, Rdnr. 85.

[1519] Erledigt ist eine Maßnahme, wenn sich die Geltungsdauer des Verwaltungsakts durch die Anwendung inhaltlich erschöpft hat.

[1520] BVerwGE 12, 87 (90); *Kopp/Schenke*, § 113 Rdnr. 95; *Schmid*, LKV 1998, 477 (478); *Schoch*, Jura 2001, 628 (632).

[1521] BVerwGE 109, 203 (208 f.); *Schoch/Schmidt-Aßmann/Pietzner*, § 113 Rdnr. 99; *Wehr*, DVBl. 2001, 785 (787 ff.). Die Entscheidung zwischen beiden Ansichten kann nach VG Bayreuth, Urteil vom 29.1.2002, Az. B 1 K 01.468, S. 8 und auch VGH Mannheim, Urteil vom 18.12.2003, Az. 1 S 2211/02, S. 5 offen gelassen werden, da keine unterschiedlichen Klagevoraussetzungen bestünden.

[1522] Keine verdeckten Maßnahmen sind Befragungen oder Identitätsfeststellungen durch Zivilstreifen. Verdeckt geht die Polizei nur dann vor, wenn es ihr Ziel ist, den Betroffenen in Unkenntnis über Maßnahmen ihm gegenüber zu lassen. Das ist nicht

23*

Maßnahmen außer in den im Gesetz explizit zugelassenen Fällen nur dann verdeckt durchgeführt werden dürfen, wenn ansonsten die Erfüllung der polizeilichen Aufgaben gefährdet wäre, eine offene Maßnahme einen unverhältnismäßige hohen Aufwand erforderte und schutzwürdige Belange der betroffenen Person einem verdeckten Vorgehen nicht entgegenstehen oder wenn anzunehmen ist, daß der verdeckte Zugriff dem überwiegenden Interesse der betroffenen Person entspricht.[1523]

Allerdings können auch offene Schleierfahndungsmaßnahmen Realakte sein, vor allen Dingen wenn die Personalien ohne Kenntnis des Betroffenen festgestellt werden.[1524] So ist beispielsweise die Kontrolle des offen herumliegenden Ausweises einer in einem Zugabteil schlafenden Person durch uniformierte Polizeibeamte in Anwesenheit anderer Reisender eine offene polizeiliche Maßnahme, gleichwohl aber in Ermangelung einer Bekanntgabe der Identitätsfeststellung gegenüber dem Betroffenen kein Verwaltungsakt, sondern ein Realakt. Gleiches gilt für die Durchsuchung eines Bewußtlosen nach Ausweispapieren und dessen anschließender Kontrolle zum Zwecke der Identitätsfeststellung.

Die Annahme eines Realaktes bedeutet jedoch keinen geringeren Rechtsschutz für den Bürger.[1525] Liegt ein Realakt vor, ist je nach Begehren des Klägers eine allgemeine Leistungsklage oder eine Feststellungsklage nach § 43 VwGO zulässig, auch nach Erledigung.[1526] Möchte der Kläger die Feststellung der Rechtswidrigkeit der Maßnahme erreichen, ist eine Feststellungsklage zu erheben. Möchte der Kläger dagegen, daß eine Schleierfahndung zum Beispiel auf einer bestimmten Straße nicht mehr durchgeführt wird, da diese seiner Ansicht nach keine Durchgangsstraße ist, wäre eine Leistungsklage zu erheben. Sollte eine Person sich allerdings mittels einer Klage – prophylaktisch – gegen eine erst künftige Rechtsverletzung wehren wollen, etwa gerichtlich festgestellt wissen wollen, daß Kontrollen auf einer bestimmten Straße, die er tagtäglich

---

gegeben, wenn eine Zivilstreife eine Identitätsfeststellung vornimmt, außer diese würde mit Verschleierungsabsicht vorgehen. Vgl. *Roos,* § 10 Rdnr. 4. Insgesamt zu der Frage, wann eine verdeckte Datenerhebung vorliegt, siehe *Berg/Knape/Kiworr,* § 18 Teil 3 (S. 212 f.).

[1523] Siehe die jeweiligen Datenerhebungsnormen in den Polizeigesetzen, § 19 II S. 2 PolG BW; Art. 30 III S. 2 BayPAG; § 13 VII S. 2 HSOG; § 26 II S. 2 SOG MV; § 30 II Nr. 3 NSOG; § 25 III S. 2 SaarPolG; § 37 V S. 2 SächsPolG; § 15 VI S. 2 SOG LSA; § 31 III S. 2 ThürPAG. *Schipper,* Rdnr. 240; *Waechter,* Polizei- und Ordnungsrecht, Rdnr. 528.

[1524] *Kay/Böcking,* Eingriffsrecht I, S. 322.

[1525] *Drews/Wacke/Vogel/Martens,* S. 217; *Maurer,* § 20 Rdnr. 26; *Schoch,* JuS 1995, 215 (218).

[1526] VGH Mannheim VBlBW 1998, 109 (110); *Maurer,* § 15 Rdnr. 7; *Schoch,* JuS 1995, 628 (632); *Würtenberger,* Verwaltungsprozeßrecht, Rdnr. 645. A. A. *Redeker/von Oertzen,* § 113 Rdnr. 36, die eine Fortsetzungsfeststellungsklage nach § 113 VwGO analog für die richtige Klageart halten.

nutzt, unstatthaft wären, so wäre eine Klage nur bei Vorliegen eines qualifizierten Rechtsschutzbedürfnisses statthaft.[1527]

### 3. Sonstige prozessuale Voraussetzungen

Sonstige Voraussetzungen, wie beispielsweise die Klagebefugnis nach § 42 II VwGO bei einer Anfechtungsklage,[1528] weisen für Klagen gegen Maßnahmen einer Schleierfahndung keine prozessualen Besonderheiten auf. So ist bei vorbeugendem Rechtsschutz ein qualifiziertes Rechtsschutzinteresse erforderlich[1529] und bei Erledigung eines Verwaltungsaktes eine Klage nur bei Vorliegen eines Fortsetzungsfeststellungsinteresses zulässig.[1530] Im Fall einer Feststellungsklage gegen einen erledigten Realakt muß ein berechtigtes Feststellungsinteresse gegeben sein, § 43 I VwGO.[1531] Ein Widerspruchsverfahren

---

[1527] Zur vorbeugenden Unterlassungsklage siehe *Schenke,* AöR 95 (1970), 223 (226 ff.).

[1528] Und analog bei einer allgemeinen Leistungsklage, siehe BVerwGE 36, 192 (199); 41, 253 (256); 60, 144 (150); *Hufen,* § 17 Rdnr. 15; *Kopp/Schenke,* § 42 Rdnr. 62; *Schmitt Glaeser/Horn,* Rdnr. 387. Die Klagebefugnis ist zu bejahen, wenn der Kläger geltend macht, daß der staatliche Maßnahme ihn möglicherweise in seinen Rechten verletzt.

[1529] BVerwGE 26, 23 (24 ff.); 40, 323 (326); *Schmitt Glaeser/Horn,* Rdnr. 313. Dies ist zu bejahen, wenn der Kläger geltend macht, möglicherweise einen Unterlassungsanspruch gegenüber der künftigen Maßnahme zu haben.

[1530] Das Vorliegen eines Fortsetzungsfeststellungsinteresses ist bei drei Fallkonstellationen anerkannt, nämlich bei einer Wiederholungsgefahr (BVerwG DVBl. 1960, 287; 1963, 920; NVwZ 1994, 282; *Kopp/Schenke,* § 113 Rdnr. 141; *Schmitt Glaeser/ Horn,* Rdnr. 356; problematisch ist aber, wie konkret die Wiederholungsgefahr sein muß – da verdachts- und ereignisunabhängige Maßnahmen sich jederzeit wiederholen können, sind hier keine zu hohen Anforderungen zu stellen), dem Vorliegen eines Rehabilitationsinteresses (BVerwGE 45, 51; 87, 23; BVerwG DVBl. 1974, 846; Maßnahmen, die über eine normale Identitätsfeststellung bzw. übliche Verkehrskontrolle nicht hinausgehen, können keine diskriminierende Wirkung entfalten) und zur Vorbereitung eines Entschädigungsprozesses (insofern allerdings nur, wenn die Klage vor Erledigung des Verwaltungsaktes erhoben wurde, siehe BVerwGE 81, 226 ff. – die Rechtmäßigkeit des Verwaltungsaktes ist Vorfrage im Amtshaftungsprozeß, der vor einem Zivilgericht stattfindet – zwei Verfahren entsprechen nicht dem Prinzip der Prozeßökonomie). Siehe zu den Fallgruppen *Kopp/Schenke,* § 113 Rdnr. 136 f. Das OVG Hamburg, ZRP 2003, 276 will auch auf die Art des Eingriffs, insbesondere im grundrechtlich geschützten Bereich in Verbindung mit dem Gebot effektiven Rechtsschutzes, als Feststellungsinteresse genügen lassen. Siehe auch *Lorenz,* Jura 1983, 393 (394 f.). Ein Rehabilitationsinteresse ist zu bejahen, wenn die angegriffene Maßnahme bei objektiver Betrachtung diskriminierenden Charakter hatte und zu einem nicht unerheblichen Eingriff in die grundrechtlich geschützte Sphäre des Betroffenen geführt hat, siehe BVerwGE 61, 164 (165 ff.); *Schmitt Glaeser/Horn,* Rdnr. 356. Bei Grundrechtseingriffen dürfen keine zu hohen Anforderungen an die diskriminierende Wirkung gestellt werden, siehe BVerwGE 61, 164 ff. sowie *Trute,* Die Verwaltung 32, 73 (90).

[1531] Dieses Feststellungsinteresse ist vergleichbar mit dem Fortsetzungsfeststellungsinteresse, in der Rechtsprechung wird aber zum Teil auch § 42 II VwGO analog angewendet, siehe nur BVerwGE 100, 262 (271).

nach den §§ 68 ff. VwGO ist lediglich bei einer Anfechtungsklage, nicht jedoch bei einer Fortsetzungsfeststellungsklage erforderlich.[1532] Auch ist die Durchführung eines Widerspruchsverfahrens vor Erhebung einer Feststellungsklage nicht vorgesehen. Bei einer Anfechtungsklage ist die Klagefrist des § 74 I S. 1 VwGO von einem Monat zu beachten, bei einer Fortsetzungsfeststellungsklage wird § 74 I S. 1 VwGO analog angewendet.[1533] Wird keine Rechtsbehelfsbelehrung erteilt, gilt die Jahresfrist des § 58 II VwGO. Bei der analogen Anwendung der Vorschriften für die Fortsetzungsfeststellungsklage gilt keine Frist,[1534] ebensowenig bei einer Feststellungsklage nach § 43 VwGO.

In der Regel wird gegen Maßnahmen der Schleierfahndung Erledigungsrechtsschutz einschlägig sein, da sich die Anordnungen mit ihrem zeitlich unmittelbar nachfolgenden Vollzug erledigen.[1535] Aufgrund dieser in der Regel sofortigen Erledigung kommt ein Ersuchen um vorläufigen Rechtsschutz nicht in Betracht. Zudem ist zu bedenken, daß nach dem Wortlaut des § 80 II S. 1 Nr. 2 VwGO bei einer Rechtsmitteleinlegung gegen Maßnahmen des Polizeivollzugsdienstes die Vollziehbarkeit der unaufschiebbaren Anordnung bestehen bleibt.[1536]

## II. Zu den Möglichkeiten verfassungsgerichtlichen Rechtsschutzes

Grundsätzlich können alle Arten verfassungsgerichtlichen Rechtsschutzes im Kontext von Schleierfahndungsmaßnahmen Relevanz erlangen. Hier sollen jedoch nur am häufigsten in Betracht kommende Arten verfassungsgerichtlichen Rechtsschutzes, nämlich die Verfassungsbeschwerde und die abstrakte beziehungsweise konkrete Normenkontrolle vorgestellt werden.

### 1. Die abstrakte Normenkontrolle

Im Rahmen einer abstrakten Normenkontrolle kann die Vereinbarkeit einer in Kraft getretenen Bestimmung des Polizeigesetzes mit der jeweiligen Landesver-

---

[1532] Das Vorverfahren hat die Funktionen, dem Bürger Rechtsschutz zu gewähren, eine Selbstkontrolle der Verwaltung zu ermöglichen und zur Entlastung der Gerichte beizutragen. Nach Erledigung einer Maßnahme ist eine Korrektur durch die Verwaltung jedoch nicht mehr möglich, siehe BVerwGE 26, 161 (166); 81, 226 (229); *Eyermann*, § 73 Rdnr. 11; *Guldi*, VR 1999, 178 (179); *Schmitt Glaeser/Horn*, Rdnr. 362. A.A. *Kopp/Schenke*, § 113 Rdnr. 127.

[1533] *Kopp/Schenke*, § 74 Rdnr. 2.

[1534] BVerwGE 109, 203 (204, 209).

[1535] *Götz*, JuS 1985, 869.

[1536] *Beital//Führing/Petersen-Thrö/Robrecht*, S. 189 nehmen daher an, daß diese Regelung restriktiv auszulegen sei und trotz des eindeutigen Wortlautes der Norm ein Widerspruch aufschiebende Wirkung habe.

fassung (Landesverfassungsnormenkontrolle) beziehungsweise die Vereinbarkeit einer Bestimmung des BGSG oder eines Landespolizeigesetzes mit dem Grundgesetz oder mit sonstigem Bundesrecht (Bundesverfassungsnormenkontrolle, Art. 93 I Nr. 2 GG, §§ 13 Nr. 6, 76 ff. BVerfGG) überprüft werden. Für die Bundesverfassungsnormenkontrolle sind gemäß Art. 93 I Nr. 2 GG die Bundesregierung, eine Landesregierung oder ein Drittel der Mitglieder des deutschen Bundestages antragsberechtigt. Antragsbefugt ist gemäß § 76 I BVerfGG der Antragsteller, wenn er eine Norm für nichtig hält beziehungsweise eine Norm für gültig hält, die durch ein Gericht, eine Verwaltungsbehörde oder ein anderes Organ wegen ihrer vermeintlichen Verfassungswidrigkeit nicht angewendet wurde.[1537]

## 2. Die konkrete Normenkontrolle

Eine konkrete Normenkontrolle nach Art. 100 I GG, §§ 13 Nr. 11, 80 ff. BVerfGG kommt dann in Betracht, wenn ein Richter davon ausgeht, daß es für seine Entscheidung auf die Gültigkeit einer Norm ankommt, von deren Nichtigkeit er überzeugt ist.[1538] Die Entscheidungserheblichkeit muß gemäß § 80 II BVerfGG nachgewiesen werden.

## 3. Die Verfassungsbeschwerde

Bundesverfassungsbeschwerden richten sich nach Art. 93 I Nr. 4a GG, §§ 13 Nr. 8a, 90 ff. BVerfGG, die Landesverfassungsbeschwerden richten sich nach den jeweiligen landesrechtlichen Vorgaben, beispielsweise in Bayern nach Art. 120 BayVerf, Art. 51 BayVerfGHG, in Brandenburg nach Art. 6 II, 113 Nr. 4 BbgVerf, in Sachsen nach Art. 81 I 4 SächsVerf, in Sachsen-Anhalt nach Art. 75 Nr. 6 SachsAnhVerf und in Thüringen nach Art. 80 I Nr. 1 ThürVerf.

### a) Zur Antragsberechtigung bei der Verfassungsbeschwerde

Antragsberechtigt ist gemäß Art. 93 I 4a GG, § 90 I BVerfGG jedermann, der sich gegen einen Akt der öffentlichen Gewalt – also der vollziehenden Gewalt, Rechtsprechung oder Gesetzgebung – wendet und behauptet, durch diesen Akt in einem seiner Grundrechte oder grundrechtsgleichen Rechte verletzt zu sein. Die Grundrechtsverletzung muß nach dem Vortrag des Klägers möglich erscheinen.

---

[1537] *Ipsen*, Staatsorganisationsrecht, Rdnr. 890 ff.
[1538] *Ipsen*, Staatsorganisationsrecht, Rdnr. 915 ff.

Darüber hinaus muß der Beschwerdeführer in seinen Rechten selbst, gegenwärtig und unmittelbar betroffen sein.[1539] Das ist auf jeden Fall gegeben, wenn gegen ihn im Rahmen einer Schleierfahndung vorgegangen wurde.

Problematisch ist jedoch die Zulässigkeit einer Verfassungsbeschwerde, wenn sich der Beschwerdeführer unmittelbar gegen ein Gesetz, namentlich gegen eine Schleierfahndungsnorm, wendet.

Nach Ansicht des BVerfG ist die Antragsberechtigung dann zu bejahen, wenn das Gesetz den Betroffenen schon vor seiner tatsächlichen Inanspruchnahme zu Dispositionen veranlaßt, die er nach einem Gesetzesvollzug nicht mehr nachholen oder korrigieren kann.[1540] Dies wird teilweise schon dann bejaht, wenn die Norm eine Ermächtigung zum Grundrechtseingriff enthält.[1541] Die verfassungsgerichtliche Rechtsprechung bejaht eine Antragsbefugnis jedenfalls dann, wenn die Vorschrift in einer Weise auf den Rechtskreis des Betroffenen einwirkt, daß konkrete Rechtspositionen unmittelbar kraft Gesetz erlöschen oder genau bestimmbare Pflichten begründet werden.[1542]

Für die Schleierfahndungsnormen wurde eine unmittelbare Betroffenheit durch die Norm vom LVerfG MV bejaht,[1543] vom LVerfG Sachsen-Anhalt dagegen verneint.[1544]

Die Entscheidung hängt davon ab, ob davon auszugehen ist, daß durch die Schleierfahndungsnormen der klagende Bürger derart beeinträchtigt wird, daß er sein Verhalten ändert, also zum Beispiel den 30-km-Grenzstreifen meidet. Das LVerfG MV hat angenommen, daß der Bürger durch die damals in Mecklenburg-Vorpommern geltende Schleierfahndungsnorm in seinem Rechtskreis unmittelbar betroffen sei.

Von einer Antragsberechtigung ist jedenfalls dann auszugehen, wenn der Beschwerdeführer zum Beispiel im Grenzgebiet wohnt und damit eine Kontrolle in naher Zukunft als sehr wahrscheinlich angesehen werden muß.

Besteht jedoch nur die abstrakte Möglichkeit, daß der Beschwerdeführer irgendwann in der Zukunft eventuell in eine Kontrolle gerät, obwohl er weder im Grenzgebiet wohnt noch dorthin reist, ist nach anderer Ansicht die Beschwerdebefugnis abzulehnen.[1545] Das LVerfG Sachsen-Anhalt hat eine verhaltenssteu-

---

[1539] Ständige Rechtsprechung des BVerfG; siehe BVerfGE 1, 97 (101); 64, 301 (319); 77, 84 (100); 81, 70 (82); 90, 128 (135 f.); Jarass/Pieroth, Art. 93 Rdnr. 41 ff.

[1540] BVerfGE 70, 35 (51); 71, 305 (334 f.); 90, 128 (136).

[1541] Siehe nur Buchholz/Rau, NVwZ 2000, 396 (397) mwN.

[1542] BVerfGE 97, 157 (164); LVerfG MV SächsVBl. 1999, 248 (249).

[1543] LVerfG MV SächsVBl. 1999, 248 (249 f.); zustimmend Lisken, DRiZ 2000, 272 (275). Abgelehnt wurde diese Auffassung vom Sondervotum des Richters Häfner, SächsVBl. 1995, 248 (250 ff.). Ebenso ferner von Jutzi, NJ 1999, 474 (475) und Buchholz/Rau, NVwZ 2000, 394 (398), allerdings jeweils mit anderer Begründung.

[1544] SachsAnhVerfG NVwZ 2002, 1370 ff.

ernde Wirkung des § 14 III SOG LSA jedenfalls abgelehnt. Die sachsen-anhaltinische Norm unterscheide sich grundlegend von der mecklenburg-vorpommerischen – die sachsen-anhaltinische Norm ermächtige nur zu einer Befragung,
die mecklenburg-vorpommerische zu einer Identitätsfeststellung gegebenenfalls
mittels erkennungsdienstlicher Maßnahmen. In Sachsen-Anhalt könne der Bürger die Kontrollörtlichkeit nicht meiden und daher sein Verhalten auch nicht
gezielt ändern. Daher sei eine Antragsberechtigung abzulehnen.[1546]

### b) Zur Beachtlichkeit einer Frist
### für die Erhebung einer Verfassungsbeschwerde

Nach § 93 I S. 1 BVerfGG muß eine Verfassungsbeschwerde binnen eines
Monats, bei Gesetzen binnen eines Jahres nach Inkrafttreten der Norm (siehe
§ 93 III BVerfGG) erhoben werden.

### c) Zur Möglichkeit der Einlegung von Verfassungsbeschwerden
### gegen Urteile der Landesverfassungsgerichtshöfe

Nach der Entscheidung des bayerischen Verfassungsgerichtshofs wurde überlegt, ob gegen die Entscheidung ein Gang zum BVerfG möglich wäre. Anlaß
waren Divergenzen zwischen der bayerischen Entscheidung und der des Ver-
fassungsgerichts von Mecklenburg-Vorpommern. Der bayerische Verfassungsgerichtshof war gemäß Art. 100 III GG nicht gehalten, das Bundesverfassungsgericht anzurufen, da es in der Entscheidung nicht um die Auslegung des
Grundgesetzes, sondern der Landesverfassung ging.[1547] Ebenso würde bei einer
Entscheidung des Bundesverfassungsgerichtes nur eine Vereinbarkeit mit dem
Grundgesetz überprüfbar sein.

### 4. Die Möglichkeit einer Popularklage
### nach bayerischem Landesverfassungsrecht

In Bayern gibt es neben der Möglichkeit der Verfassungsbeschwerde die
Möglichkeit einer Popularklage gemäß Art. 98 S. 4 BayVerf iVm. Art. 2 Nr. 7,
55 BayVerfGHG. Es handelt sich dabei um eine Klage gegen Normen des bayerischen Landesrechts, die jede Person erheben kann, die möglicherweise in einem Grundrecht der bayerischen Landesverfassung verletzt ist.

---

[1545] *Buchholz/Rau,* NVwZ 2000, 396 (397).
[1546] SachsAnhVerfG NVwZ 2002, 1370 (1371 f.). Zustimmend *Martell,* NVwZ
2002, 1336.
[1547] So auch *Horn,* BayVBl. 2003, 545 (549).

Kapitel 13

# Staatshaftungsrechtliche Folgen
# der Schleierfahndung

Prinzipiell gilt nicht nur für das Polizeirecht der Grundsatz, daß es kein „dulde und liquidiere" gibt.[1548] Wird ein Betroffener rechtmäßig in Anspruch genommen, stehen ihm schließlich auch keine Ersatzansprüche zu.[1549] Eine Ausnahme gilt in Fällen, in denen dem Betroffenen eine Aufopferungsentschädigung zugesprochen wird. Anerkannter und gesetzlich geregelter Fall ist die rechtmäßige Inanspruchnahme als Nichtstörer in einer Notstandssituation, die eine Entschädigung zur Folge hat.[1550] Argumentiert wird hier mit der Entstehung eines Sonderopfers für die Allgemeinheit.[1551] Der Umfang der Entschädigung beschränkt sich auf einen Ausgleich der Vermögensnachteile, die unmittelbare Folge der Nichtstörerinanspruchnahme sind. Der Anspruch ist ausgeschlossen, wenn durch die Inanspruchnahme die Person oder das Vermögen des Betroffenen geschützt wurden.[1552] Dann muß die Polizei aber überwiegend im Interesse des Privaten gehandelt haben.

Wie bereits gezeigt wurde, ist die Schleierfahndung als Standardmaßnahme von den Begriffen der Störer- beziehungsweise Nichtstörerinanspruchnahme losgelöst. Schleierfahndungen werden nicht im Rahmen einer Notstandssituation durchgeführt, daher können die Entschädigungsregelungen für eine Nichtstörerinanspruchnahme allenfalls analoge Anwendung finden. Dazu aber müßte eine vergleichbare Interessenlage gegeben sein. Mit derselben dogmatischen Argumentation würde sich ein Rückgriff auf den ungeschriebenen staatshaftungsrechtlichen Anspruch aus Aufopferung oder aus aufopferungsgleichem Eingriff begründen lassen.[1553]

Bei der Notstandsinanspruchnahme ist zu trennen zwischen Personen, denen eine materielle Polizeipflicht obliegt, und solchen, bei denen dies nicht der Fall ist. Eine Inanspruchnahme von Personen, denen eine materielle Polizeipflicht obliegt, ist lediglich Ausdruck einer bereits gesetzlich bestehenden Pflicht zur Störungsbeseitigung. Im Gegensatz dazu steht der lediglich polizeilich Ver-

---

[1548] *Detterbeck/Windthorst/Sproll,* § 2 Rdnr. 3.

[1549] Siehe nur BVerwGE 38, 209 ff.

[1550] § 55 I 1 PolG BW; Art. 70 I BayPAG; § 70 BbgPolG; § 64 I 1 HSOG; § 72 I SOG MV; § 80 I 1 NSOG; § 68 I 1 SaarPolG; § 52 I 1 SächsPolG; § 69 I 1 SOG LSA; § 221 I SHLVwG und § 68 I 1 ThürPAG.

[1551] OLG Köln, DÖV 1996, 86.

[1552] *Treffer,* SächsVBl. 1995, 225 f. Regelungen hierzu finden sich in Baden-Württemberg, Bayern, Brandenburg, Hessen, Mecklenburg-Vorpommern, Sachsen und Sachsen-Anhalt.

[1553] Dazu allgemein *Ossenbühl,* S. 134 ff.

pflichtete, dem ohne Polizeiverfügung keine Handlungspflicht obliegt.[1554] Da es im Grenzbereich und an sonstigen Örtlichkeiten, an denen eine Schleierfahndung durchgeführt werden darf, keine besonderen Verhaltensnormen gibt, ist derjenige, der im Rahmen einer Schleierfahndung in Anspruch genommen wird, in der Terminologie der Nichtstörerinanspruchnahme kein materiell Polizeipflichtiger. Dies läßt aber keine Aussagen zu möglichen Entschädigungsansprüchen zu.

Fraglich ist daher, ob die Inanspruchnahme aufgrund einer Schleierfahndung ein Sonderopfer für den Inanspruchgenommenen bedeutet, das von der Allgemeinheit zu tragen ist.

Anerkannt ist bislang eine entsprechende Anwendung von § 55 PolG BW und vergleichbaren Nichtstörerentschädigungsnormen nur in den Fällen der unbeabsichtigten Inanspruchnahme und ggf. bei Schäden, die freiwillige Helfer erleiden.[1555]

Bei rechtmäßigen Maßnahmen im Vorfeldbereich wird vertreten, ein Sonderopfer könne nur angenommen werden und somit eine Entschädigung nur gewährt werden, wenn es zu einer Überschreitung der Normalfallsituation gekommen sei, die der Gesetzgeber bei Schaffung der Ermächtigungsgrundlage vor Augen hatte.[1556] Die Schleierfahndung würde nach dieser Auffassung dann prinzipiell keine Staatshaftung nach sich ziehen, wenn sie rechtmäßig durchgeführt wurde und der Umfang der Inanspruchnahme dem „Normalfall" von Schleierfahndungsmaßnahmen entspricht.

Ein Sonderopfer mit der Folge einer Entschädigungspflicht trotz Fehlen einer polizeigesetzlichen Entschädigungsregelung wird von einigen mit dem Argument bejaht, die Situation sei vergleichbar mit der einer Nichtstörerinanspruchnahme.[1557] Wenn durch eine Norm jedermann betroffen sein könne, sei bei einem Eingriff in ein Freiheitsgrundrecht ein Aufopferungsanspruch zu bejahen. Modellcharakter hätten dabei die Nichtstörerentschädigungsnormen. Auch bei einem allgemeinen Lebensrisiko könne ein Aufopferungsanspruch entstehen, dies gelte beispielsweise im Fall des Impfschadens, der bei einer Impfung aufgrund einer gesetzlich angeordneten Impfpflicht entstanden sei. Da in Deutschland keine Pflicht zum Mitführen von Ausweisen bestehe, müßten Schäden aus einer Kontrolle, die aus dem Nichtmitführen eines Ausweispapiers resultierten, ersetzt werden.

---

[1554] *Martensen*, DVBl. 1996, 286 (291).

[1555] *Ruder/Schmitt*, Rdnr. 743 f.

[1556] *Ossenbühl*, S. 400 f.

[1557] *Möller*, NVwZ 2000, 382 (386); *Mußmann*, Rdnr. 527; *Riegel*, Personenkontrolle, S. 202; *Schenke*, Rdnr. 121; *Trute*, Gedächtnisschrift Jeand'Heur, S. 403 (423); *Waechter*, DÖV 1999, 138 (147).

Andere wenden sich prinzipiell gegen eine Entschädigung, da kein Sonderopfer bestehe, sondern die Kontrolle vielmehr ein allgemeines Lebensrisiko darstelle.[1558] Ein unerwarteter Verkehrsstau habe die gleichen Folgen wie eine Schleierfahndung, auch eine solche gehöre daher zum allgemeinen Lebensrisiko.[1559]

Eine vermittelnde Ansicht geht von einer Entschädigungspflicht in dem Fall aus, daß eine Kontrolle ein besonderes Opfer für den Betroffenen bedeute. Dies sei beispielsweise der Fall, wenn eine Kontrolle länger als 5–10 Minuten dauere und den Betroffenen keine Verantwortung für die Kontrolle oder die zögerliche „Abfertigung" treffe.[1560] Eine Entschädigung eines an einer Kontrollstelle oder sonstigen Kontrolleinrichtung in Anspruch genommenen komme dann in Betracht, wenn durch eine länger dauernde Identitätsfeststellung ein nachweisbarer Schaden entstanden sei.[1561] Manche bejahen bei einem unzumutbaren Sach- oder Vermögensschaden eine Entschädigungspflicht.[1562]

Nach Ansicht des OLG Koblenz liegt bei einem eineinhalbstündigen Aufenthalt auf einer Polizeidienststelle zur Personalienfeststellung keine Situation vor, die eines materiellen Ausgleichs bedürfe.[1563]

Betrachtet man das Problem dogmatisch, so steht der (gewohnheitsrechtlich anerkannte)[1564] Aufopferungsgedanke für einen Ausgleich zwischen Gemeinwohl und Individualinteressen bei einer prinzipiellen Verpflichtung des Staates zur Kompensation für eine hoheitliche Beeinträchtigung individueller Rechtspositionen.[1565] Eine Aufopferungsentschädigung kann daher dann angenommen werden, wenn der einzelne zum Wohl der Allgemeinheit in bezug auf seine Rechtsgüter ein Sonderopfer erbringt. Bei einer Verletzung nicht vermögensrechtlicher Rechtsgüter wie Leben, Freiheit, Gesundheit oder auch dem allgemeinen Persönlichkeitsrecht[1566] durch einen hoheitlichen Eingriff[1567] steht dem Betroffenen ein öffentlich-rechtlicher Aufopferungsanspruch zu, wenn er im Vergleich zu anderen ungleich stärker belastet wurde. Das Vorliegen eines Son-

---

[1558] *Rühle*, Kap. K Rdnr. 8; *Würtenberger*, Besonderes Verwaltungsrecht, Rdnr. 374; *Würtenberger/Heckmann/Riggert*, Rdnr. 871.

[1559] *Heckmann*, FS Steinberger, S. 467 (479).

[1560] *Lisken*, Polizei-heute 1995, 126 (128).

[1561] *Riegel*, Personenkontrolle, S. 94.

[1562] *Weingart*, BayVBl. 2001, 33 (43); ähnlich auch *Rühle*, Kap. K Rdnr. 8, der bei besonders schwerwiegenden Eingriffen eine Ausgleichspflicht des Staates erwägt.

[1563] OLG Koblenz, NJW 2000, 963.

[1564] Zur historischen Herleitung siehe *Detterbeck/Windthorst/Sproll*, § 16 Rdnr. 2 ff.

[1565] *Detterbeck/Windthorst/Sproll*, § 16 Rdnr. 1; *Ossenbühl*, S. 125.

[1566] *Detterbeck/Windthorst/Sproll*, § 16 Rdnr. 62.

[1567] Ein Eingriff wird abgelehnt, wenn der Betroffene entweder selbstverschuldet oder freiwillig in die schadensstiftende Situation geraten ist; siehe *Detterbeck/Windthorst/Sproll*, § 16 Rdnr. 63.

deropfers wird nicht nur durch den Eingriffsakt, sondern auch dessen Folgen bestimmt.[1568] Wesentliches Kriterium ist, ob die Beeinträchtigung gesetzlich gewollt und vom verfassungsrechtlichen Zweck der Norm umfaßt ist.[1569] Ein Sonderopfer ist abzulehnen, wenn eine allgemeine Zwangssituation besteht, sich also nur das allgemeine Lebensrisiko realisiert.[1570] Das Vorliegen eines Sonderopfers ist bei der Rechtswidrigkeit einer Maßnahme indiziert. Bei der Rechtmäßigkeit einer Maßnahme ist genau zu prüfen, ob dem einzelnen durch die hoheitliche Maßnahme ein Sonderopfer auferlegt wurde. Für die Aufopferungsentschädigung im Bereich der (auf einer rechtmäßigen Maßnahme beruhenden) Verletzung von Eigentum, dem sogenannten enteignenden Eingriff, ist anerkannt, daß die Zumutbarkeitsgrenze überschritten sein muß.[1571] Ob dies der Fall ist, wird anhand von unterschiedlichen Theorien geprüft. Nach Ansicht des BGH ist die Zumutbarkeit überschritten, wenn die Belastung anderen nicht in dieser Form zugemutet wird.[1572] Das BVerwG stellt auf die Schwere und Tragweite der Beeinträchtigung ab.[1573] Wird dies bejaht, wird der unmittelbar verursachte Vermögensschaden entschädigt, es wird also zwar nicht Schadensersatz geleistet, wohl aber eine angemessene Entschädigung.

Versucht man, diese Prinzipien auf die Situation einer Schleierfahndung zu übertragen, kommt man zu folgendem Ergebnis:

Der Vergleich zwischen den Belastungen der Inanspruchgenommenen kann nur zwischen den aufgrund einer Schleierfahndung belasteten Personen vorgenommen werden. Denn letztendlich ist jeder aufgrund einer polizeilichen Maßnahme Inanspruchgenommene gegenüber anderen, die nicht in Anspruch genommen werden, stärker belastet. Werden also durch eine Schleierfahndung einzelne Personen im Vergleich zu anderen stärker belastet, spricht dies für einen Ausgleichsanspruch. Hinzu kommt, daß in einer solchen Situation zu berücksichtigen ist, ob aufgrund der Schwere und Tragweite der Beeinträchtigung die Zumutbarkeitsgrenze überschritten wurde. Fälle eines kurzzeitigen Anhaltens, Befragens und Ausweisverlangens, die der Gesetzgeber als „Normalfall" der Schleierfahndung vor Augen hatte, lösen demnach keine Entschädigungspflicht aus. Beim Festhalten, Sistieren, Ingewahrsamnehmen müssen jeweils erweiterte Tatbestandsvoraussetzungen erfüllt sein. Liegen diese nicht vor, ist die Inanspruchnahme rechtswidrig. Werden solche Maßnahmen beispielsweise außergewöhnlich lange angewendet, kann an eine Entschädigung gedacht werden; bei einer extrem langen Kontrolldauer wird man allerdings bereits die Rechtswid-

---

[1568] *Brüning,* JuS 2003, 2 (7).

[1569] BGHZ 100, 335 (338 f.).

[1570] BGHZ 46, 327; *Detterbeck/Windthorst/Sproll,* § 16 Rdnr. 66.

[1571] *Detterbeck/Windthorst/Sproll,* § 17 Rdnr. 64.

[1572] BGHZ 6, 270 (279); 60, 126 (130); 80, 111 (114).

[1573] BVerwGE 5, 143 (145); 61, 295 (303).

rigkeit der Inanspruchnahme zu bejahen haben. Diese dogmatische Herleitung eines Entschädigungsanspruches propagieren auch die Vertreter der vermittelnden Ansicht, die nicht prinzipiell bei jeder Schleierfahndung, sondern nur in besonders langwierigen Fällen und bei nachweisbar außergewöhnlichem Schaden einen Ausgleichsanspruch bejahen. So ist beispielsweise eine Entschädigungspflicht zu bejahen, wenn der Bundesgrenzschutz in einer Bahnhofshalle die Identität eines Reisenden feststellt, der Reisende aufgrund dieser Kontrolle seinen Zug verpaßt und er nunmehr eine neue Fahrkarte kaufen muß, da seine ursprüngliche Fahrkarte nur für den verpaßten Zug gültig war. Entschädigung wäre dann in Höhe der Kosten für die neue Fahrkarte zu leisten. Ein entgangener Gewinn ist dagegen nur bei einer rechtswidrigen Inanspruchnahme zu erstatten. Denn im Rahmen der Aufopferungsentschädigung ist lediglich eine angemessene Entschädigung zu leisten; Aufopferungsansprüche sind nicht mit Schadensersatzansprüchen gleichzusetzen.[1574]

Ein Amtshaftungsanspruch nach § 839 I BGB, Art. 34 S. 1 GG kommt in Betracht, wenn ein Polizeivollzugsbeamter bei Durchführung einer Schleierfahndung eine Amtspflichtverletzung begeht. Dies ist beispielsweise bei einer rechtswidrigen Datenerhebung beziehungsweise -verarbeitung, bei einer rechtswidrigen Ingewahrsamnahme oder anderen rechtswidrigen Vollzugsmaßnahmen der Fall, sofern die verletzte Amtspflicht einem Dritten gegenüber oblag (sogenannte Drittbezogenheit). Die Drittbezogenheit ist bei den genannten Maßnahmen jeweils zu bejahen. War die Pflichtverletzung kausal für einen Schaden des Betroffenen, ist der Schaden in Form von Geldersatz zu ersetzen. Handelte der Beamte nur fahrlässig, kann er gemäß § 839 I 2 BGB nur in Anspruch genommen werden, wenn der Verletzte nicht auf andere Weise Ersatz erlangen kann. Nach einer Entscheidung des OLG Stuttgart[1575] ist bei einer Identitätsfeststellung zum Schutz privater Rechte eine Amtspflichtverletzung anzunehmen, wenn der Polizeibeamte sich mit mündlichen Angaben des Verursachers begnügt.

Ein Folgenbeseitigungsanspruch gerichtet auf Wiederherstellung des ursprünglichen Zustandes kommt dagegen nach Durchführung einer Schleierfahndung schon aus tatsächlichen Gründen in aller Regel nicht in Betracht, da solche Maßnahmen typischerweise keine Folgen zeitigen, die einer Rückgängigmachung zugänglich wären. Auch ein öffentlich-rechtlicher Unterlassungsanspruch

---

[1574] Ersatzfähig ist somit nur der Schaden, der unmittelbar aus der Rechtsverletzung bzw. Aufopferungssituation entsteht, Folgeschäden sind ausgeschlossen. Siehe auch *Brüning*, JuS 2003, 2 (6); *Schenke*, NJW 1991, 1777 (1784). Möglich ist auch die Berücksichtigung eines Mitverschuldens analog § 254 BGB – wenn z.B. im oben genannten Beispiel der Reisende den kontrollierenden Beamten nicht mitteilt, daß seine Karte nur für den gerade eintreffenden Zug gültig ist.

[1575] Urteil vom 8.11.1972, 1 W 63/72 NPA 769; nachgewiesen bei *Rühle/Suhr*, § 10, 3 (S. 165).

dürfte im Kontext rechtswidriger Schleierfahndungsmaßnahmen kaum praktische Relevanz erlangen können.

Der Rechtsweg bei staatshaftungsrechtlichen Ansprüchen geht gemäß § 40 II 1 VwGO zu den ordentlichen Gerichten.

*Teil 5*

# Zusammenfassung

Die in dieser Arbeit als Schleierfahndung bezeichneten polizeilichen Befugnisse haben gemeinsam, daß sie verdachtsunabhängige Kontrollen zur Bekämpfung der grenzüberschreitenden Kriminalität zulassen. Sie wurden von 1994 an, beginnend mit Bayern, in den meisten Bundesländern und auch durch den Bundesgesetzgeber geschaffen und lediglich in Berlin mangels sinnvoller Einsatzmöglichkeit wieder abgeschafft. Die jeweiligen Gesetzgeber wollten ihrer Aufgabe gerecht werden, das Polizeirecht ständig neuen und veränderten Gefahrenlagen anzupassen. Der Wegfall der allgemeinen Kontrollen an der deutschen Grenze durch das Schengener Durchführungsübereinkommen (SDÜ) machte nach Ansicht der Gesetzgeber Maßnahmen zur vorbeugenden Bekämpfung von schweren Straftaten und Organisierter Kriminalität erforderlich. Als allgemeine Tendenz läßt sich im Polizeirecht eine Vorverlagerung polizeilicher Aktivität feststellen, die gekoppelt ist mit einer Verminderung der Anforderungen an das Vorliegen einer Gefahrensituation und einer vermehrten Inanspruchnahme von sogenannten Nichtstörern. Die Schleierfahndung fügt sich problemlos in dieses Vorsorgeprinzip ein.

Die Schleierfahndungsnormen lassen sich in fünf Arten von Kontrollbefugnissen einteilen: Identitätsfeststellungsnormen mit und ohne explizitem Lagebilderfordernis, Befragungsnormen mit und ohne explizitem Lagebilderfordernis (wobei hier die rheinland-pfälzischen Norm aufgrund ihrer Ereignisabhängigkeit eine Sonderrolle einnimmt) sowie die Norm von Mecklenburg-Vorpommern, die zu einer Anhalte- und Sichtkontrolle ermächtigt.

Die Schleierfahndung ist eine sogenannte Standardmaßnahme. Hierunter versteht man Maßnahmen, die im polizeilichen Alltag häufig und jeweils in sehr ähnlicher Form vorzunehmen sind. Wegen des mit einer solchen Maßnahme typischerweise verbundenen Grundrechtseingriffes ist eine spezielle Regelung geboten; ein Rückgriff auf die polizeiliche Generalklausel ist ausgeschlossen. Die Tatbestandsvoraussetzungen der Standardmaßnahmen sind von denen der Generalklausel losgelöst – so daß eine Gefahr wie auch ein Störer beispielsweise i. S. v. §§ 6 ff. PolG BW nicht zwingend erforderlich sind. Dennoch gehen die meisten Standardmaßnahmen davon aus, daß entweder eine konkrete Gefahr, auch in Form einer Anscheinsgefahr oder eines Gefahrenverdachtes, vorliegen muß, oder aber zumindest die Situation einer abstrakten Gefahr in Form des

Vorliegens von Tatsachen oder tatsächlichen Anhaltspunkten für das Vorliegen einer Gefahr gegeben sein müssen. Nicht so jedoch die Normen zur Schleierfahndung mit Ausnahme der aus Rheinland-Pfalz.

Es gibt eine Vielzahl der Schleierfahndung ähnlicher – jedoch von dieser abgrenzbare und abzugrenzende – Maßnahmen. Zu nennen sind zunächst repressive Personenkontrollen nach § 163b StPO. Nach dieser Norm sind die Staatsanwaltschaften und Beamten des Polizeidienstes zur Identitätsfeststellung berechtigt, wenn der Betroffene einer Straftat verdächtig ist (sogenannter Anfangsverdacht i.S.v. § 152 II StPO). Ebenfalls eine repressive Maßnahme ist die Errichtung von Kontrollstellen nach § 111 StPO auf öffentlichen Plätzen und Straßen und an anderen öffentlich zugänglichen Orten, wenn Tatsachen den Verdacht begründen, daß eine schwere Straftat nach § 129a StGB (Bildung terroristischer Vereinigungen), eine andere in § 129a StGB aufgeführte „Katalogtat" oder eine Tat nach § 250 I 1 StGB (schwerer Raub) begangen worden ist. Bei einer Verkehrskontrolle nach § 36 V StVO dürfen Verkehrsteilnehmer zur Prüfung ihrer Fahrtüchtigkeit angehalten sowie Fahrzeugpapiere und die Betriebssicherheit des Fahrzeugs geprüft werden. Sollte eine Kontrolle sowohl der Repression als auch der Prävention dienen, ist eine solche doppelfunktionale Maßnahme anhand der Ermächtigungsgrundlage, die dem objektiven Schwerpunkt der Maßnahme entspricht, zu bewerten.

Andere präventiv-polizeiliche Maßnahmen sind Identitätsfeststellungen bei einer konkreten Gefahr, an gefährlichen oder gefährdeten Orten (auch im Rahmen von Razzien), an Kontrollstellen und in Kontrollbereichen sowie die Prüfung von Berechtigungsscheinen. Vor allem die Norm zur Identitätsfeststellung an einem Ort, an dem der Prostitution nachgegangen wird, ist in vielen Ländern ebenfalls verdachts- und ereignisunabhängig ausgestaltet, während andere Befugnisse an gefährlichen und gefährdeten Orten ereignisabhängig sind. Nach den sonstigen Befragungsnormen sind lediglich verdachtsabhängige Maßnahmen zulässig.

Zu den formellen Voraussetzungen einer Schleierfahndung gehören neben den allgemeinen Voraussetzungen verwaltungsrechtlicher Maßnahmen wie beispielsweise einer Anhörung teilweise spezielle Vorgaben wie Behördenleitervorbehalte oder eine Evaluierungspflicht.

Sowohl bei den Identitätsfeststellungsnormen wie auch den Befragungsnormen gibt es jeweils zwei bis drei Tatbestandsvoraussetzungen: (1.) Die Kontrolle muß an einer gesetzlich zugelassenen Örtlichkeit stattfinden, (2.) je nach Norm sind bestimmte Lageerkenntnisse für die Zulässigkeit einer Schleierfahndung erforderlich und (3.) der Beamte muß zur Erfüllung eines bestimmten Zweckes gehandelt haben. Die Örtlichkeiten, an denen eine Befragung oder Identitätsfeststellung zulässig ist, können wiederum in drei Gruppen eingeteilt werden. Schleierfahndungen sind je nach Ausgestaltung der einschlägigen

Norm statthaft a) in (internationalen) Verkehrseinrichtungen, b) im (öffentlichen) Verkehrsraum und auf bestimmten Straßen (mit Bedeutung für die grenzüberschreitende Kriminalität beziehungsweise den grenzüberschreitenden Verkehr) beziehungsweise c) im Grenzgebiet. Einige Schleierfahndungsnormen verlangen als zusätzliches Tatbestandsmerkmal das Vorliegen eines polizeilichen Lagebildes, das Bestehen von Lageerkenntnissen beziehungsweise von polizeilichen Erkenntnissen oder das Gegebensein von (grenz)-polizeilicher Erfahrung. Folgende Kontrollzwecke beziehungsweise Kontrollmotive wurden normiert: a) Bekämpfung der grenzüberschreitenden Kriminalität, b) Verhinderung beziehungsweise Unterbindung einer unerlaubten Grenzüberschreitung (Einreise) und eines unerlaubten Aufenthalts beziehungsweise c) (vorbeugende) Verhütung von Straftaten.

Diese Tatbestandsvoraussetzungen betreffen jeweils Rechtsfragen, weshalb diesbezüglich eine volle verwaltungsgerichtliche Kontrollbefugnis besteht. Vor allen Dingen in bezug auf die Frage, ob eine Straße eine Durchgangsstraße ist oder der grenzüberschreitenden Kriminalität oder dem grenzüberschreitenden Verkehr dient, können die Gerichte eigene Überlegungen anstellen; die Einschätzung der Polizei ist für die Gerichte nicht verbindlich.

Nach den Befragungsnormen ist es statthaft, jede Person kurzzeitig anzuhalten, zu befragen und zu verlangen, daß mitgeführte Ausweispapiere oder auch Grenzübertrittspapiere zur Prüfung ausgehändigt werden. Ferner dürfen mitgeführte Sachen in Augenschein genommen werden. Dagegen ermächtigt § 27a SOG MV allein dazu, die angetroffene Person kurzzeitig anzuhalten und mitgeführte Fahrzeuge, insbesondere deren Kofferraum und Ladeflächen, in Augenschein zu nehmen. Die Befragung bedeutet jedoch nicht, daß auch eine Pflicht zur Auskunft besteht. Lediglich wenn das Gesetz eine solche ausdrücklich normiert, was nur nach dem BGSG und der Norm von Sachsen-Anhalt der Fall ist, besteht eine Auskunftspflicht. Nach den meisten Gesetzen ist unabhängig von einem Verlangen des Betroffenen von Amts wegen auf die Freiwilligkeit der Angaben hinzuweisen. Zudem besteht keine generelle Pflicht zum Mitführen von Ausweispapieren. Von diesem Grundsatz gibt es jedoch zwei hier relevante Ausnahmen. Im Fall eines Grenzübertritts müssen Grenzübertrittspapiere mitgeführt werden, und der Fahrer eines Kraftfahrzeuges hat seinen Führerschein mitzuführen.

Datenverarbeitungsmaßnahmen sind nur dann zulässig, wenn die Vermutung besteht, daß die personenbezogenen Daten in Zukunft zur Gefahrenabwehr benötigt werden können. Verdachts- und ereignisunabhängig zulässig ist der Datenabgleich mit Fahndungsdateien (sowohl INPOL als auch SIS).

Bei den nach den Befragungsnormen zulässigen polizeilichen Maßnahmen sind zwar die Tatbestandsvoraussetzungen für verdachtsunabhängige Befragungen sehr weit gefaßt, vor allem, was den räumlichen Bereich zulässiger Maßnahmen anbelangt. Dagegen sind nach diesen Normen nur Maßnahmen zulässig, die den Betroffenen wenig belasten.

Bei einer Identitätsfeststellung im Rahmen einer Schleierfahndung ist zu unterscheiden zwischen der Grundmaßnahme und sogenannten Folgemaßnahmen. Die Grundmaßnahmen (Maßnahmen erster Stufe) bestehen in einer Identitätsfeststellung, bezüglich derer jedermann polizeipflichtig ist, der sich im objektiven Geltungsbereich der einschlägigen Norm aufhält. Sie erfolgt zunächst durch Befragung (die Ermächtigung ist insofern nach allen Normen gleich, wobei keine Auskunftspflicht besteht) und durch die Aufforderung, mitgeführte Ausweise vorzulegen. An eine solche Grundmaßnahme können sich, sofern sie nicht zum gewünschten Erfolg – Klärung der Identität des Betroffenen – geführt hat, Folgemaßnahmen, sogenannte Maßnahmen zweiter und dritter Stufe, anknüpfen, für deren Zulässigkeit ebenfalls keine konkrete Gefahr zu bestehen braucht. Solche Folgemaßnahmen sind namentlich die Sistierung, die Durchsuchung der betreffenden Person sowie von ihr mitgeführter Sachen, erkennungsdienstliche Maßnahmen und der Identitätsgewahrsam. Zu beachten ist, daß eine verdachtsunabhängige Durchsuchung prinzipiell nur der Identitätsfeststellung dienen darf, Durchsuchungen zu anderen Zwecken sind aus Verhältnismäßigkeitserwägungen nur bei einer Verdichtung von Tatsachen vergleichbar dem Vorliegen einer konkreten Gefahr und somit nicht im Rahmen einer Schleierfahndung zulässig.

Verdachts- und ereignisunabhängige Identitätsfeststellungen sind zwar an engere tatbestandliche Voraussetzungen gebunden als verdachts- und ereignisunabhängige Befragungen. Vor allem die Örtlichkeiten, an denen eine Maßnahme vorgenommen werden darf, sind bei den Identitätsfeststellungsnormen zum großen Teil deutlich eingeschränkter definiert als nach den Befragungsnormen, die zum Teil eine Kontrolle im gesamten öffentlichen Verkehrsraum zulassen. Aber die statthaften Folgemaßnahmen nach den Identitätsfeststellungsnormen sind dafür relativ weitgehend.

Von entscheidender Bedeutung für die Rechtmäßigkeit einer Schleierfahndung ist die Wahrung des Verhältnismäßigkeitsgrundsatzes. Die konkrete Maßnahme muß geeignet sein, das mit ihr verfolgte Ziel – namentlich die Bekämpfung der grenzüberschreitenden Kriminalität – zu erreichen. Es darf kein milderes Mittel vorhanden sein – was auch für die jeweilige Auswahl der zulässigen Maßnahmen auf der Rechtsfolgenseite gilt, so daß beispielsweise eine Person nur dann für eine Befragung zur Polizeidienststelle gebracht werden darf, wenn eine Befragung vor Ort nicht ausreicht. Zudem muß die Zweck-Mittel-Relation gewahrt sein und dürfen im Rahmen der Ausübung des Ermessens keine willkürlichen Kontrollen vorgenommen werden.

In der polizeilichen Praxis wird die Schleierfahndung als äußerst erfolgreiche Maßnahme betrachtet, die in hohem Maße geeignet sei, der organisierten Kriminalität entgegenzuwirken. Lediglich in Berlin wurde die Geeignetheit der Schleierfahndung nach 5-jährigem Probelauf abgelehnt und die Norm daher aus dem ASOG gestrichen. Das diesen Einschätzungen zugrundeliegende Zahlenmaterial ist jedoch eher dürftig und noch dazu für eine Einschätzung der Kontrollen dahingehend, ob sie präventive Erfolge zeitigen, wenig geeignet.

Bislang sind drei Gerichtsentscheidungen ergangen, die sich mit der Frage der formellen und materiellen Verfassungsmäßigkeit der Schleierfahndung befassen. Das Landesverfassungsgericht Mecklenburg-Vorpommern hat Teile der (damals geltenden, heute geänderten) Schleierfahndungsnorm von Mecklenburg-Vorpommern für verfassungswidrig und damit nichtig erklärt. Nach einem Urteil des Landesverfassungsgerichtshofs Sachsens sind ereignis- und verdachtsunabhängige Kontrollen grundsätzlich verfassungsgemäß. Doch dürften Kontrollen außerhalb des Grenzstreifens nur bei Vorliegen eines vorab zu dokumentierenden polizeibehördlichen Konzepts durchgeführt werden. Der Bayerische Verfassungsgerichtshof dagegen hat die Schleierfahndungsnorm des bayerischen Polizeigesetzes für insgesamt verfassungsgemäß erklärt.

Die vorliegende Untersuchung kommt zu dem Ergebnis, daß die Schleierfahndungsnormen formell verfassungsgemäß zustande gekommen sind. Es besteht weder eine die deutsche Zuständigkeit verdrängende europäische Gesetzgebungskompetenz, noch wird bezüglich der landesrechtlichen Normen die Länderzuständigkeit durch eine im GG bestimmte Bundeszuständigkeit verdrängt. Ziel der Schleierfahndung ist es nicht, begangene Straftaten aufzudecken, sondern vielmehr künftige Straftaten zu verhindern und damit Gefahren für die öffentliche Sicherheit abzuwenden, weitere Störer von einer eventuellen Straftatenbegehung abzuhalten und dadurch allgemein kriminelle Kreise zu verunsichern. Die in den Schleierfahndungsnormen genannten Zwecke sind mithin mehrheitlich dem in die Gesetzgebungskompetenz der Länder fallenden Bereich der präventiven Straftatenverhütung zuzuordnen. Lediglich die Norm Niedersachsens dient auch der Strafverfolgungsvorsorge. In § 484 IV StPO wird jedoch auch diesbezüglich eine Landesgesetzgebungskompetenz eröffnet. Eine mögliche doppelfunktionale Anwendung oder gar Verfolgung ausschließlich repressiver Zwecke durch den handelnden Polizeibeamten hätte zwar die Rechtswidrigkeit der einzelnen Schleierfahndungsmaßnahme zur Konsequenz, führte aber nicht zur formellen Verfassungswidrigkeit der Norm als solcher.

Auch die grundgesetzlichen speziellen Kompetenzen des Bundesgesetzgebers im Bereich der besonderen Gefahrenabwehr stehen einer Landeskompetenz zur Regelung von Schleierfahndungen nicht entgegen. Vor allem dienen die Landesnormen nicht der Abwehr grenzbezogener Straftaten, sondern vielmehr der grenzüberschreitenden Kriminalität allgemein. In Thüringen, wo eine Kollision mit den Bundesnormen eintreten könnte, weil die dortige Landesnorm auch den Schutz vor unerlaubten Einreisen bezweckt, ist eine ausdrückliche Subsidiarität der Landesnorm angeordnet. In Bayern wurden Aufgaben des Grenzschutzes auf die Landespolizei übertragen, so daß auch hier keine parallele Gesetzgebungskompetenz besteht.

Der Bund hat dagegen die Kompetenz zur Normierung und Vornahme von Grenzschutzmaßnahmen sowie bahn- und luftfahrpolizeilichen Maßnahmen. Das Gepräge des Bundesgrenzschutzes als Sonderpolizei des Bundes ist durch die Einführung der bundesrechtlichen Schleierfahndungsnormen nicht verloren gegangen.

Durch Maßnahmen der Schleierfahndung wird in das Grundrecht auf informationelle Selbstbestimmung aus Art. 2 I iVm. 1 I GG eingegriffen. Lediglich bei Einwilligung des Betroffenen entfällt ein solcher Eingriff.

In bezug auf die Frage der Rechtfertigung dieses Eingriffs sind die Bestimmtheit der Schleierfahndungsnormen sowie deren Verhältnismäßigkeit problematisch. Der räumliche Bereich der Schleierfahndungsnormen ist bis auf die „anderen Straßen von erheblicher Bedeutung für den grenzüberschreitenden Verkehr" ohne Zweifel gut bestimmbar. Doch auch dieser Begriff ist letztlich hinreichend bestimmt. Es muß sich um eine Durchgangsstraße handeln, die beispielsweise durch Verkehrsschilder auf internationale Verbindungen hinweist. Da die Normqualität nicht deutlich gewinnen würde, wenn die Straftaten, die dem Begriff der „grenzüberschreitenden Kriminalität" unterfallen können, enumerativ aufgezählt würden, ist auch die Verwendung dieses Begriffs verfassungsrechtlich nicht zu beanstanden.

Bei der Prüfung der Verhältnismäßigkeit der Normen zur Schleierfahndung ist die sehr weite Einschätzungsprärogative des Gesetzgebers zu berücksichtigen. Da sie nicht völlig ungeeignet zur Prävention sind und auch mildere Maßnahmen nicht notwendig ebenso effektiv sind (festzuhalten bleibt jedoch, daß die Befragungsnormen mit Auskunftspflicht mildere Eingriffe vorsehen als die Identitätsfeststellungsnormen und im Hinblick auf ihre Effektivität nicht hinter den Identitätsfeststellungsnormen zurückstehen), kann allenfalls die Angemessenheit der Norm problematisch sein. Die informationelle Selbstbestimmung der Bürger ist ein wichtiges Schutzgut. Andererseits aber obliegt dem Staat eine Schutzpflicht zur Gewährleistung Innerer Sicherheit. Ein angemessener Ausgleich zwischen beiden Größen und damit die Verhältnismäßigkeit von Schleierfahndungsnormen kann nur dann bejaht werden, wenn eine Kontrolle zur den in den Normen genannten Zwecken ausschließlich dann stattfindet, wenn Lageerkenntnisse auf das Vorliegen grenzüberschreitender Kriminalität hindeuten. In diesem Fall wird nämlich die Kontrolle aufgrund eines Zurechnungszusammenhanges durchgeführt, der die Schleierfahndung in die Nähe der Identitätsfeststellung an gefährlichen Orten rückt. Der Aufenthalt an einem gefährlichen Ort rechtfertigt eine Inanspruchnahme der Bürger, die sich an diesem Ort aufhalten. Das Lagebilderfordernis muß aber nicht explizit in der Norm geregelt sein – es ist der Zweck-Mittel-Relation der jeweiligen Norm immanent. Die Schwere der Eingriffe durch Schleierfahndungen ist im Verhältnis zu ihrem Nutzen angemessen – eine Befragung ohne Auskunftsverpflichtung stellt meist gar keinen Eingriff dar, sämtliche Folgemaßnahmen der Identitätsfeststellung sind nur zulässig, wenn entweder eine konkrete Gefahr vorliegt oder sich die Identität nicht auf andere Weise feststellen läßt. Es würde jedoch eine sinnvolle Ergänzung der Normen bedeuten – da es sich um experimentelle Gesetzgebung handelt – wenn eine Pflicht zu einer aussagekräftigen Evaluierung der ergriffenen Schleierfahndungsmaßnahmen normiert werden würde.

Mögliche Eingriffe in das Recht auf Freiheit der Person durch das Anhalten, Festhalten oder eine Ingewahrsamnahme sind ebenfalls zu rechtfertigen. Das gleiche gilt für Eingriffe in die allgemeine Handlungsfreiheit. Eine Diskriminierung von Personen ist in den Schleierfahndungsnormen nicht angelegt.

Auch wenn die Schleierfahndung als eine Kompensationsmaßnahme für den Wegfall der Grenzkontrollen zu klassifizieren ist, kann sie doch nicht als eine inhaltlich mit den früheren Grenzkontrollen identische Maßnahme bewertet werden und stellen Schleierfahndungen auch keine Ersatzgrenzkontrollen im Hinterland dar. Daher verstoßen die Schleierfahndungsnormen nicht gegen den politischen Willen der Vertragsstaaten des SDÜ beziehungsweise den Zweck des Art. 2 I SDÜ. Auch eine Überkompensation des Wegfalls der Grenzkontrollen ist nicht gegeben. Denn das mit dem SDÜ geschaffene SIS als zentrale Maßnahme zur Kompensation des Wegfalls der Grenzkontrollen besteht im Kern lediglich in einer Zentraldatei und gibt keine Kontrollbefugnisse.

Hinsichtlich der Rechtsschutzmöglichkeiten gegen Schleierfahndungen bestehen keine verwaltungsprozessualen Besonderheiten. Verfassungsprozessuale Probleme stellen sich nur insoweit, als fraglich ist, inwieweit eine Verfassungsbeschwerde unmittelbar gegen Schleierfahndungsnormen zulässig ist. In aller Regel jedoch fehlt es an der für die Zulässigkeit einer solchen Verfassungsbeschwerde erforderlichen unmittelbaren Betroffenheit.

Entstehen bei einer Inanspruchnahme außergewöhnliche Schäden oder dauert die Inanspruchnahme ungewöhnlich lange, steht dem Betroffenen ein staatshaftungsrechtlicher Ausgleichsanspruch aufgrund des erbrachten Sonderopfers zu.

Die derzeit gültigen Schleierfahndungsnormen sind allesamt verfassungsgemäß, wenngleich diese Aussage in bezug auf Folgemaßnahmen mit einer kleinen Einschränkung versehen werden muß. So sind Durchsuchungen, die nicht der Identitätsfeststellung dienen, bei Fehlen eines konkreten Gefahrenverdachts unverhältnismäßig. Diese Einschränkung tangiert aber die Verfassungsmäßigkeit der Schleierfahndungsnormen als solche nicht.

Auch wenn die hier untersuchten Schleierfahndungsnormen allesamt verfassungsgemäß sind, so sind doch in rechtspolitischer Hinsicht die Befragungsnormen, die die Möglichkeit eröffnen, sachdienliche Hinweise zu grenzüberschreitender Kriminalität zu erlangen, gegenüber den Identitätsfeststellungsnormen vorzugswürdig. Denn sie ermächtigen zu weniger schwerwiegenden Eingriffen in schutzwürdige Rechtspositionen der Bürger, sind aber ebenso effektiv wie die Identitätsfeststellungsnormen. Die tatbestandliche Weite der Normen in bezug auf die Örtlichkeiten, an denen Maßnahmen ergriffen werden dürfen, ist dagegen unproblematisch, da sich aus der Zweck-Mittel-Relation der jeweiligen Norm Anhaltspunkte in Form von Lageerkenntnissen dahingehend ergeben müssen, daß an der betreffenden Örtlichkeit der Zweck der Norm erfolgreich realisiert werden kann. Es wäre wünschenswert, wenn die jeweiligen Gesetzgeber die von ihnen geschaffenen Normen im Sinne des hier Gesagten überdenken würden, damit die Polizeien im Ergebnis über ein effektives Instrumentarium verfügen, das ihnen einerseits ermöglicht, ihrer Aufgabe der Gewährleistung Innerer Sicherheit gerecht zu werden, das aber andererseits auch hohen rechtsstaatlichen Anforderungen genügt.

# Literaturverzeichnis

*Achenbach,* Hans: Vorläufige Festnahme, Identifizierung und Kontrollstelle im Strafprozeß, JA 1981, S. 660 ff.

*Achermann,* Alberto/*Bieber,* Roland/*Epiney,* Astrid/*Wehner,* Ruth: Schengen und die Folgen, Bern 1995.

*Aden,* Hartmut: Polizeipolitik in Europa – Eine interdisziplinäre Studie über die Polizeiarbeit in Europa am Beispiel Deutschlands, Frankreichs und der Niederlande, Opladen 1998.

*Ahlers,* Henrik: Grenzbereich zwischen Gefahrenabwehr und Strafverfolgung, Frankfurt a. M. u. a. 1998.

*Albers,* Marion: Faktische Grundrechtsbeeinträchtigungen als Schutzbereichsproblem, DVBl. 1996, S. 233 ff.

– Die Determination polizeilicher Tätigkeit in den Bereichen der Straftatenverhütung und der Verfolgungsvorsorge, Berlin 2001.

*Alberts,* Hans-Werner: Der Nicht-Störer im bereichsspezifischen Datenschutz, ZRP 1990, S. 147 ff.

*Alberts,* Hans-Werner/*Merten,* Karlheinz: Gesetz über die Datenverarbeitung der Polizei, 3. Aufl. Hamburg 2002.

*Alberts,* Hans-Werner/*Merten,* Karlheinz/*Rogosch,* Josef Konrad: Gesetz zum Schutz der öffentlichen Sicherheit und Ordnung, Stuttgart 1996.

*Albrecht,* Peter-Alexis: Vom Unheil der Reformbemühungen im Strafverfahren, StV 2001, S. 416 ff.

*Altschaffel,* Thomas: Allgemeines Polizei- und Ordnungsrecht für Nordrhein-Westfalen, 2. Aufl. Hilden/Rheinland 2000.

*Ambos,* Kai/*Ruegenberg,* Guido: Internationale Rechtsprechung zum Straf- und Strafverfahrensrecht, NStZ-RR 1998, 161 ff.

*Artzt,* Matthias: Doppelfunktionales Handeln des Polizeivollzugsdienstes, Kriminalistik 1998, S. 353 ff.

– Die verfahrensrechtliche Bedeutung polizeilicher Vorfeldermittlungen: zugleich eine Studie zur Rechtstellung des von Vorfeldermittlungen betroffenen Personenkreises, Frankfurt a. M. u. a. 2000.

*Arzt,* Clemens: Voraussetzungen und Grenzen der automatisierten Kennzeichenerkennung, DÖV 2005, S. 56 ff.

*Aschmann,* Tjark Erich: Der Richtervorbehalt im deutschen Polizeirecht, Würzburg 1999.

*Atzbach,* Rudolf: Polizeiliche Informationsverarbeitung, Kriminalistik 2001, S. 323 ff.

*Augstein,* Reinhard: Verwendungsnachweisprüfung durch Stichprobenauswahl: Vorschriften bei Bund und Ländern sowie Anwendungsprobleme, NVwZ 2001, S. 655 ff.

*Aulehner,* Josef: Rechtsschutz gegen strafprozeßuale Grundrechtseingriffe, BayVBl. 1988, S. 709 ff.

– Polizeiliche Gefahren- und Informationsvorsorge: Grundlagen, Rechts- und Vollzugsstrukturen, dargestellt auch im Hinblick auf die deutsche Beteiligung an einem europäischen Polizeiamt (EUROPOL), Berlin 1998.

*Bäumler,* Helmut: Normenklarheit als Instrument der Transparenz, JR 1984, S. 361 ff.

– Neues schleswig-holsteinisches Polizeirecht, NVwZ 1992, S. 638 ff.

– Schengener Abkommen und Wirtschaftskriminalität, CR 1994, S. 487 ff.

– Erosion des Datenschutzes? 20 Jahre Polizeigesetzgebung – aus der Sicht eines Datenschützers, in: Friedrich-Ebert-Stiftung Forum Berlin (Hrsg.), Sicherheit vor Freiheit? Terrorismusbekämpfung und die Sorge um den freiheitlichen Rechtsstaat, Berlin 2003, S. 23 ff. (zit. Bäumler, Datenschutz).

*Baldus,* Manfred: Transnationales Polizeirecht – Verfassungsrechtliche Grundlagen und einfach-gesetzliche Ausgestaltung polizeilicher Eingriffsbefugnisse in grenzüberschreitenden Sachverhalten, Baden-Baden 2001.

*Baller,* Oesten/*Eiffler,* Sven/*Tschisch,* Andreas: ASOG Berlin, Stuttgart u.a. 2004.

*Baumann,* Reinhold: Stellungnahme zu den Auswirkungen des Urteils des Bundesverfassungsgerichts vom 15.12.1983 zum Volkszählungsgesetz 1983, DVBl. 1984, S. 612 ff.

*Becker,* Rainer: Derzeitige Rechtslage problematisch – Aber Kontrollstellen heute schon möglich, Deutsche Polizei 1997, S. 30 ff.

– Widersprüchliche Regelungen bei Eingriffsermächtigungen für Ordnungsbehörden im SOG Mecklenburg-Vorpommern, NordÖR 1999, S. 50 ff.

– Die polizeiliche Befragung zum Zwecke der Gefahrenabwehr in Zusammenhang mit Veranstaltungen und Versammlungen, Die Polizei 2005, S. 1 ff.

*Behrendes,* Udo: Aufgaben der Polizei im Rahmen der staatlichen und kommunalen Kriminalprävention, in: Pitschas, Rainer (Hrsg.), Kriminalprävention und „Neues Polizeirecht" – zum Strukturwandel des Verwaltungsrechts in der Risikogesellschaft, Berlin 2002, S. 109 ff.

*Beinhofer,* Paul: Europäischer Abbau der Grenzkontrollen und polizeiliche Aufgabenerfüllung, BayVBl. 1995, S. 193 ff.

*Beital,* Norbert/*Führing,* Thorsten/*Petersen-Thrö,* Ulf/*Robrecht,* Michael P.: Polizeirecht – Fälle und Lösungen, Baden-Baden 2003.

*Belz,* Reiner: Polizeigesetz des Freistaates Sachsen, 3. Aufl. Dresden 1999.

*Belz,* Reiner/*Mußmann,* Eike: Polizeigesetz für Baden-Württemberg, 6. Aufl. Stuttgart u.a. 2001.

*Benda,* Ernst: Das Recht auf informationelle Selbstbestimmung und die Rechtsprechung des Bundesverfassungsgerichts zum Datenschutz, DuD 1984, S. 86 ff.

*Benda,* Ernst/*Maihofer,* Werner/*Vogel,* Hans-Jochen (Hrsg.): Handbuch des Verfassungsrechts der Bundesrepublik Deutschland, 2. Aufl. Berlin/New York 1994 (zit. Benda).

*Benfer,* Jost: Rechtseingriffe von Polizei und Staatsanwaltschaft, 2. Aufl. München 2001.

*Berg,* Günter/*Knape,* Michael/*Kiworr,* Ulrich: Allgemeines Polizei- und Ordnungsrecht für Berlin: Kommentar für Ausbildung und Praxis, 8. Aufl. Hilden/Rheinland 2000.

*Berger,* Claudius: Regelungsimmanente Vollzugelemente bei den Standardmaßnahmen im nordrhein-westfälischen Polizeigesetz, Frankfurt a.M. u.a. 2001.

*Berner,* Georg/*Köhler,* Gerd Michael: Polizeiaufgabengesetz, 17. Aufl. München 2004.

*Bernet,* Peter C./*Groß,* Rolf/*Mende,* Wolfgang: Polizeirecht in Hessen: das Recht der Polizei und der sonstigen Gefahrenabwehrbehörden, Wiesbaden Losebl. Stand 1991 (42. EG).

*Bethge,* Herbert: Der Grundrechtseingriff, VVDStRL 57 (1998), S. 7 ff.

*Bieber,* Roland: Die Abkommen von Schengen über den Abbau der Grenzkontrollen, NJW 1994, S. 294 ff.

*Bieber,* Roland/*Epiney,* Astrid/*Haag,* Marcel: Die Europäische Union, 6. Aufl. Baden-Baden 2005.

*Biernat,* Peter: Rechtsschutz gegen Zwangsmaßnahmen im Ermittlungsverfahren, JuS 2004, 401 ff.

*Bizer,* Johann: Die Zweite Novelle zum Sächsischen Polizeigesetz, Leipzig 1999.

– Identitätskontrolle im Sprühnebel – Der Sächsische Verfassungsgerichtshof zur Schleierfahndung im Freistaat, in: Müller-Heidelberg, Till/Finckh, Ulrich/Steven, Elke/Rogalla, Bela/Micksch, Jürgen/Kaleck, Wolfgang/Kutscha, Martin (Hrsg.), Grundrechte-Report 2004, Frankfurt a.M. 2004, S. 110 ff. (zit. Bizer, Grundrechte-Report 2004).

*Bleckmann,* Albert: Staatsrecht, Band 2, Die Grundrechte, 4. Aufl. Köln/Berlin/Bonn/München 1997.

*Bock,* Michael: Kriminologie, 2. Aufl. München 2000.

*Bockwoldt,* Gesine: Rechtmäßigkeit und Kostentragungspflicht polizeilichen Handelns, Stuttgart u.a. 2003.

*Böckenförde,* Ernst-Wolfgang: Geschichtliche Entwicklung und Bedeutungswandel der Verfassung, JA 1984, S. 325 ff.

*Borsdorff,* Anke: Bargeldkontrollen und Verdachtsunabhängige Fahndung. Die neuen verdachtslosen Eingriffsbefugnisse für den Bundesgrenzschutz, in: Möllers, Martin H.W. (Hrsg.), Veränderungen bei den Vollzugsaufgaben des Bundesgrenzschutzes durch Politik und Recht, Lübeck 1999, S. 87 ff.

*Brammertz*, Serge: Grenzüberschreitende polizeiliche Zusammenarbeit am Beispiel der Euregio Maas-Rhein, Freiburg i. Br. 1999.

*Brandt*, Edmund/*Smeddinck*, Ulrich: Der Gefahrenbegriff im Polizeirecht, Jura 1994, S. 225 ff.

*Braun*, Stefan: Freizügigkeit und Platzverweis, Baden-Baden 2000.

*Brenneisen*, Hartmut/*Martins*, Michael: Lagebildabhängige Kontrollen, DPolBl 2004, S. 30 f.

*Breucker*, Marius: Transnationale polizeiliche Gewaltprävention: Maßnahmen gegen reisende Hooligans, Würzburg 2003.

*Brodersen*, Kilian: Das Strafverfahrensänderungsgesetz 1999, NJW 2000, S. 2536 ff.

*Brüning*, Christoph: Gleichheitsrechtliche Verhältnismäßigkeit, JZ 2001, S. 669 ff.

– Die Aufopferung im Spannungsfeld von verfassungsrechtlicher Eigentumsgarantie und richterrechtlicher Ausgestaltung, JuS 2003, S. 2 ff.

*Brunn*, Bernd/*Fritz*, Roland: Gemeinschaftskommentar zum Ausländerrecht, Neuwied, Stand November 2003, 68. EG (zit. Gemeinschaftskommentar zum Ausländerrecht).

*Buchholz*, Ralf/*Rau*, Markus: Rechtssatzverfassungsbeschwerde gegen Gesetze zur vorbeugenden Verbrechensbekämpfung?, NVwZ 2000, S. 396 ff.

*Büllesfeld*, Dirk: Polizeiliche Videoüberwachung öffentlicher Straßen und Plätze zur Kriminalitätsvorsorge, Stuttgart u. a. 2002.

*Bull*, Hans Peter: Die „Sicherheitsgesetze" im Kontext von Polizei- und Sicherheitspolitik, in: ders. (Hrsg.), Sicherheit durch Gesetze?, Baden-Baden 1987, S. 15 ff.

*Busch*, Heiner: Europa – ein „Mekka der Kriminalität"?, KJ 1990, S. 1 ff.

– Hart an der Grenze, Bürgerrechte & Polizei 1998, S. 20 ff.

– Neue Wachstumsringe im SIS. Ausbauplanung und Datenstatistik, Bürgerrechte & Polizei 1999, S. 80 ff.

*Butzer*, Hermann: Flucht in die polizeiliche Generalklausel?, VerwArch 93 (2002), S. 506 ff.

*Caesar*, Peter: Möglichkeiten und Grenzen der europäischen Zusammenarbeit der Justizbehörden, in: Hailbronner, Kay (Hrsg.), Zusammenarbeit der Polizei- und Justizverwaltungen in Europa, Heidelberg 1996, S. 23 ff.

*Calliess*, Christian: Sicherheit im freien Rechtsstaat, ZRP 2002, S. 1 ff.

– Gewährleistung von Freiheit und Sicherheit im Lichte unterschiedlicher Staats- und Verfassungsverständnisse, DVBl. 2003, S. 1096 ff.

*Castillon*, Nicole: Dogmatik und Verfassungsmäßigkeit neuer Befugnisse zu verdachts- und anlaßunabhängigen Polizeikontrollen, Berlin 2002.

*Chemnitz*, Uwe: Polizeirecht in NRW. Das kommentierte nordrhein-westfälische Polizeigesetz, 5. Aufl. Wuppertal 1996.

*Contin*, Rodolfo: Erhöhung der inneren Sicherheit durch eine Beteiligung der Schweiz an Schengen, Kriminalistik 2005, S. 51 ff.

*Corts,* Udo: Anforderungen an die Polizeiorganisation im neuen Jahrhundert unter Berücksichtigung begrenzter Ressourcen am Beispiel des Landes Hessen, Die Polizei 2000, S. 199 ff.

*Corts,* Jochen/*Hege,* Hans: Die Funktion des Tatverdachts im Strafverfahren, JA 1976, S. 303 ff.

*Czychowski,* Manfred/*Reinhardt,* Michael: Wasserhaushaltsgesetz, 8. Aufl. München 2003.

*Dahm,* Georg/*Delbrück,* Jost/*Wolfrum,* Rüdiger: Völkerrecht. Band I/1: Die Grundlagen. Die Völkerrechtssubjekte. 2. Aufl. Berlin u. a. 1989.

*Darnstädt,* Thomas: Gefahrenabwehr und Gefahrenvorsorge, Frankfurt 1983.

*Degenhart,* Christoph: Staatsrecht I (Staatsorganisationsrecht), 20. Aufl. Heidelberg 2004.

*Dencker,* Friedrich: Zur Zulässigkeit staatlich gesteuerter Deliktsbeteiligung, in: Hanack, Ernst Walter (Hrsg.), Festschrift für Hanns Dünnebier zum 75. Geburtstag am 12. Juni 1982, Berlin 1982, S. 447 ff. (zit. Dencker, FS Dünnebier).

*Denninger,* Erhard: Das Recht auf informationelle Selbstbestimmung und Innere Sicherheit, KJ 1985, S. 215 ff.

– Normbestimmtheit und der Verhältnismäßigkeitsgrundsatz, Leipzig 1995 (zit. Denninger, Normbestimmtheit).

– „Schleierfahndung" – Polizeiliche Kontrollen ohne Gefahr oder Verdacht?, in: Müller-Heidelberg, Till/Finckh, Ulrich/Narr, Wolf-Dieter/Pelzer, Marei (Hrsg.), Grundrechte-Report 1998, Reinbek 1998, S. 216 ff. (zit. Denninger, Grundrechte-Report 1998).

– Polizeirecht, in: Meyer, Hans/Stolleis, Michael (Hrsg.), Staats- und Verwaltungsrecht für Hessen, 5. Aufl. Baden-Baden 2000, S. 267 ff. (zit. Denninger, Polizeirecht).

– Freiheit durch Sicherheit? Anmerkungen zum Terrorismusbekämpfungsgesetz, StV 2002, S. 96 ff.

– Freiheit durch Sicherheit?, KJ 2002, S. 467 ff.

– Schleierfahndung im Rechtsstaat?, in: Faber, Heiko/Frank, Götz (Hrsg.), Demokratie in Staat und Wirtschaft, Festschrift für Ekkehard Stein zum 70. Geburtstag, Tübingen 2002, S. 15 ff. (zit. Denninger, FS Stein).

*Denninger,* Erhard/*Petri,* Thomas Bernhard: Normenklarheit und Normbestimmtheit im Polizeirecht – Sieben Thesen, in: Bäumler, Helmut (Hrsg.), Polizei und Datenschutz, Neuwied 1999, S. 13 ff.

*Deutsch,* Markus: Die heimliche Erhebung von Informationen und deren Aufbewahrung durch die Polizei, Heidelberg 1992.

*Detterbeck,* Steffen/*Windthorst,* Kay/*Sproll,* Hans-Dieter: Staatshaftungsrecht, München 2000.

*Diederichs,* Otto: Seltsame Metamorphosen des Bundesgrenzschutzes, in: Müller-Heidelberg, Till/Finckh, Ulrich/Narr, Wolf-Dieter/Soost, Stefan (Hrsg.), Grundrechte-Report 1999, Reinbek 1999, S. 170 ff.

*Dietel,* Alfred: „Innere Sicherheit" – Verheißung und reale Möglichkeit, in: Bull, Hans Peter (Hrsg.), Sicherheit durch Gesetze?, Baden-Baden 1987, S. 57 ff.

*Di Fabio,* Udo: Risikoentscheidungen im Rechtsstaat, Tübingen 1994 (zit. Di Fabio, Risikoentscheidungen).

– Gefahr, Vorsorge, Risiko: Die Gefahrenabwehr unter dem Einfluß des Vorsorgeprinzips, Jura 1996, S. 566 ff.

– Die „Dritte Säule" der Union, DÖV 1997, S. 89 ff.

*Dix,* Alexander: Rechtsfragen der polizeilichen Datenverarbeitung, Jura 1993, S. 571 ff.

*Doehring,* Karl: Völkerrecht. Ein Lehrbuch. 2. Aufl. Heidelberg 2004.

*Dörr,* Oliver: Das Schengener Durchführungsübereinkommen, DÖV 1993, S. 696 ff.

*Dörschuck,* Michael: Doppelfunktionales Handeln des Polizeivollzugsdienstes, Kriminalistik 1997, S. 740 ff.

*Dreier,* Horst: Erkennungsdienstliche Maßnahmen im Spannungsfeld von Gefahrenabwehr und Strafverfolgung, JZ 1987, S. 1009 ff.

– (Hrsg.), Grundgesetz: Kommentar, Band 1, Präambel, Art. 1–19, 2. Aufl. Tübingen 2004, Band 3, Art. 83–146, Tübingen 2000 (zit. Bearbeiter, in Dreier).

*Drewes,* Michael: Schleierfahndung – ein Gesamtüberblick, DPolBl 2004, S. 4 ff.

*Drews,* Bill/*Wacke,* Gerhard/*Vogel,* Klaus/*Martens,* Wolfgang: Gefahrenabwehr, 9. Aufl. Köln/Berlin/Bonn/München 1986.

*Düx,* Heinz: Globale Sicherheitsgesetze und weltweite Erosion von Grundrechten – Statt „Feindstrafrecht" globaler Ausbau demokratischer Rechte, ZRP 2003, S. 189 ff.

*Dvorak,* Heinz: Die Überprüfung von Personen durch die Polizei. Verkehrskontrollen (§ 36 Abs. 5 StVO) – ein Mittel allgemeiner Fahndung?, Die Polizei 1985, S. 201 ff.

*Ebert,* Frank: OBG Thüringen, Kronach/München/Bonn/Potsdam, Stand 1998.

*Ebert,* Frank/*Honnacker,* Heinz: Thüringer Gesetz über die Aufgaben und Befugnisse der Polizei, 3. Aufl. Stuttgart u. a. 2003.

*Eckhoff,* Rolf: Der Grundrechtseingriff, Köln 1992.

*Eiffler,* Sven-R.: Die Überprüfung polizeilicher Maßnahmen durch den Europäischen Gerichtshof für Menschenrechte, NJW 1999, S. 762 f.

*Einwag,* Alfred/*Schoen,* Gerd-Dieter: Bundesgrenzschutzgesetz, 2. Aufl. München 1988.

*Emmerig,* Ernst: Die Doppelfunktion der Polizei, DVBl. 1958, S. 338 ff.

*Engelken,* Klaas: Anmerkung zu LVerfG M.-V., Urteil vom 21.10.1999 – LVerfG 2/98 –, DVBl. 2000, S. 269 ff.

*Epping,* Volker: Grundrechte, 2. Aufl. Berlin 2005.

*Erbel,* Günter: Öffentliche Sicherheit und Ordnung, DVBl. 2001, S. 1714 ff.

*Erichsen*, Hans-Uwe: Der Schutz der Allgemeinheit und der individuellen Rechte durch die polizei- und ordnungsrechtlichen Handlungsvollmachten der Exekutive, VVDStRL 35 (1977), S. 171 ff.

– Polizeiliche Standardmaßnahmen, Jura 1993, S. 45 ff.

– Grundrechtliche Schutzpflichten in der Rechtsprechung des Bundesverfassungsgerichts, Jura 1997, S. 85 ff.

*Esser*, Sabine: Das Polizeirecht in den neuen Bundesländern – Ein Vergleich, Würzburg 1997.

*Evers*, Hans-Ulrich: Privatsphäre und Ämter für Verfassungsschutz, Berlin 1960.

*Eyermann*, Erich/*Fröhler*, Ludwig/*Geiger*, Harald: Verwaltungsgerichtsordnung, Kommentar, 10. Aufl. München 1998 (zit. Eyermann).

*Falk*, Bernhard: Polizeiliche Bekämpfungsdefizite, Kriminalistik 1998, S. 37 ff.

*Fehn*, Karsten: Zuständigkeitsfragen zwischen Bundesgrenzschutz und Landespolizei – Bereich Bahn und Luftsicherheit beziehungsweise Durchführung lagebildabhängiger Kontrollen, Die Polizei 2001, S. 8 ff., S. 83 ff., S. 114 ff.

*Feltes*, Thomas: Anlassunabhängige Polizeikontrollen aus der Sicht des Polizeirechts, in: Bündnis 90/Die Grünen im Landtag von Baden-Württemberg (Hrsg.), Anlassunabhängige Polizeikontrollen im Spannungsfeld zwischen Polizeipraxis und Bürgerrechten, Stuttgart 1996.

*Fezer*, Gerhard: Rechtsschutz gegen erledigte strafprozessuale Zwangsmaßnahmen, Jura 1982, S. 126 ff.

*Finger*, Hans-Joachim: Eisenbahngesetze, 6. Aufl. München 1970.

*Finger*, Thorsten: Betretungs- und Aufenthaltsverbote im Recht der Gefahrenabwehr, Die Polizei 2005, S. 2 ff.

– Polizeiliche Standardmaßnahmen und ihre zwangsweise Durchsetzung – Rechtsnatur, Rechtsgrundlage und Rechtsschutz am Beispiel der Ingewahrsamnahme, JuS 2005, S. 116 ff.

*Fischer*, Gerhard/*Hitz*, Fredi/*Laskowski*, Rainer/*Walter*, Bernd: Bundesgrenzschutzgesetz, 2. Aufl. Stuttgart/Dresden 1996.

*Foerster*, Viktor: Rechtliche Grundlagen des Schengener Abkommen, in: Heckmann, Friedrich/Tomei, Verónica (Hrsg.), Freizügigkeit in Europa, Bonn 1996, S. 19 ff.

*Franke*, Jürgen/*Unger*, Christoph: Niedersächsisches Gefahrenabwehrgesetz, 6. Aufl. Hannover 2001.

*Friauf*, Karl Heinrich: Polizei- und Ordnungsrecht, in: Schmidt-Aßmann, Eberhard (Hrsg.), Besonderes Verwaltungsrecht, 11. Aufl. Berlin 1999, S. 105 ff.

*Frings*, Wolfgang/*Spahlholz*, Lothar: Das Recht der Gefahrenabwehr in Nordrhein-Westfalen, 2. Aufl. Hamburg 2002.

*Frowein*, Jochen/*Peukert*, Wolfgang: Europäische Menschenrechtskonvention, EMRK-Kommentar, 2. Aufl. Kehl 1996.

*Gärditz,* Klaus: Strafprozeß und Prävention, Tübingen 2003.

*Gallwas,* Hans-Ullrich: Zur Verfassungsmäßigkeit der Schleierfahndung nach Art. 13 Abs. 1 Nr. 5 BayPAG, Polizeispiegel 2001, S. 39 ff.

*Gallwas,* Hans-Ullrich/*Mößle,* Wilhelm/*Wolff,* Heinrich Amadeus: Bayerisches Polizei- und Sicherheitsrecht, 3. Aufl. Stuttgart/Dresden 2004.

*Geiger,* Andreas: Die Einwilligung in die Verarbeitung von persönlichen Daten als Ausübung des Rechts auf informationelle Selbstbestimmung, NVwZ 1989, S. 35 ff.

*Gelau,* Christhard: Die Wirksamkeit polizeilicher Überwachung im Straßenverkehr aus verhaltenswissenschaftlicher Sicht, Die Polizei 2001, S. 68 ff.

*Gleß,* Sabine: Rechtsschutz gegen grenzüberschreitende Strafverfolgung in Europa, Jura 2000, S. 400 ff.

*Gleß,* Sabine/*Lüke,* Monika: Strafverfolgung über Grenzen hinweg, Jura 1998, S. 70 ff.

*Göbel-Zimmermann,* Ralph: Asyl- und Flüchtlingsrecht, München 1999.

*Göddeke,* Dieter: Das neue Bremische Polizeigesetz, Die Polizei 2002, S. 125 ff.

–  Nochmals: Neues Polizeigesetz in Bremen, NVwZ 2002, S. 181 ff.

*Göres,* Ulrich: Rechtmäßigkeit des Zugriffs der Strafverfolgungsbehörden auf die Daten der Mauterfassung, NJW 2004, S. 195 ff.

*Götz,* Volkmar: Rechtsschutz gegen Maßnahmen der Polizei, JuS 1985, S. 869 ff.

–  Die Entwicklung des allgemeinen Polizei- und Ordnungsrechts (1984–1986), NVwZ 1987, S. 858 ff.

–  Die Entwicklung des allgemeinen Polizei- und Ordnungsrechts (1994–1997), NVwZ 1998, S. 679 ff.

–  Allgemeines Polizei- und Ordnungsrecht, 13. Aufl. Göttingen 2001.

*Graulich,* Kurt: Die Novellierung des Hessischen Gesetzes über die öffentliche Sicherheit und Ordnung im Jahr 2004, NVwZ 2005, S. 271 ff.

*Greiner,* Arved: Die Verhinderung verbotener Internetinhalte im Wege polizeilicher Gefahrenabwehr, Hamburg 2001.

*Grimm,* Dieter: Verfassungsrechtliche Anmerkungen zum Thema Prävention, KritV 1986, S. 38 ff.

*Von der Groeben,* Hans (Hrsg.): Kommentar zum Vertrag über die Europäische Union und zur Gründung der Europäischen Gemeinschaft, Band 1, 6. Aufl. Baden-Baden 2003 (zit. Bearbeiter, in von der Groeben).

*Gromitsaris,* Athanasios: Subjektivierung oder Objektivierung im Recht der Gefahrenabwehr, DVBl. 2005, S. 535 ff.

*Groß,* Gerhard: Das Recht auf informationelle Selbstbestimmung mit Blick auf die Volkszählung 1987, das neue Bundesstatistikgesetz und die Amtshilfe, AöR 113 (1988), S. 161 ff.

*Guldi,* Harald: Der praktische Fall: Die Razzia im Versammlungsraum, VR 1999, S. 178 ff.

*Gusy,* Christoph: Grundrechtsschutz vor staatlichen Informationseingriffen, VerwArch 74 (1983), S. 91 ff.

– Polizeiliche Befragung am Beispiel des § 9 NRWPolG, NVwZ 1991, S. 614 ff.

– Freiheitsentziehung und Grundgesetz, NJW 1992, S. 457 ff.

– Polizeiarbeit zwischen Gefahrenabwehr und Strafverfolgung, StV 1993, S. 269 ff.

– Rechtsgüterschutz als Staatsaufgabe, DÖV 1996, S. 573 ff.

– Informationelle Selbstbestimmung und Datenschutz: Fortführung oder Neuanfang?, KritV 2000, S. 52 ff.

– Polizeirecht, 5. Aufl. Tübingen 2003.

*Gusy,* Christoph/*Gimbal,* Anke: Rechtliche Schranken der polizeilichen Zusammenarbeit im Rahmen des Schengener Informationssystems, in: Baldus, Manfred/Soiné, Michael (Hrsg.), Rechtsprobleme der internationalen polizeilichen Zusammenarbeit, Baden-Baden 1999, S. 124 ff.

*Habel,* Holger/*Ritter,* Markus: Zum Begriff der Ausreise von Ausländern an einem Flughafen als Schengen-Außengrenze, Die Polizei 2000, S. 259 ff.

*Habermehl,* Kai: Polizei- und Ordnungsrecht, 2. Aufl. Baden-Baden 1993.

*Häring,* Gustav: Grenzfahndung, in Bundeskriminalamt, Möglichkeiten und Grenzen der Fahndung, BKA-Vortragsreihe Band 25, 1980, S. 51 ff.

*Hailbronner,* Kay: Ausländerrecht, Heidelberg, Stand März 2004, 34. EG.

*Hain,* Karl-E.: Ockham's Razor – ein Instrument zur Rationalisierung der Grundrechtsdogmatik?, JZ 2002, S. 1036 ff.

*Hamm,* Rainer: Bürger im Fangnetz der Zentraldateien, NJW 1998, S. 2407 ff.

*Hanf,* Petra (Hrsg.): Tatort Europa: Asyl und innere Sicherheit, Bonn 1997.

*Hansen,* Peter: Allgemeines Verwaltungsrecht der Polizei, Stuttgart 2003.

*Hansen,* Ralf: Eine Wiederkehr des „Leviathan"? Starker Staat und neue Sicherheitsgesellschaft, KJ 1999, S. 231 ff.

*Hantel,* Peter: Das Grundrecht der Freiheit der Person nach Art. 2 II 2, 104 GG, JuS 1990, S. 865 ff.

*Hantschel,* Michael: Klausur Strafprozeßrecht: „Der Feuerteufel", Jura 2001, S. 472 ff.

*Harings,* Lothar: Grenzüberschreitende Zusammenarbeit der Polizei- und Zollverwaltungen und Rechtsschutz in Deutschland, Berlin 1998.

*Hartmann,* Arthur: Die Mafia und ihre Strukturen, Kriminalistik 2000, S. 642 ff.

*Harzer,* Regina: Verbrecherfahndung durch „künstliche Staus" – Strafrechtliche und strafrechtsphilosophische Kommentare zu einer modernen polizeilichen Maßnahme, in: Zaczyk, Rainer (Hrsg.), Festschrift für E. A. Wolff zum 70. Geburtstag am 1.10.1998, Berlin/Heidelberg 1998, S. 85 ff.

*Hasse,* Lutz: Thüringen: Präventivpolizeiliche Videoüberwachung öffentlicher Räume – Zur Verfassungskonformität eines Grundrechtseingriffs, ThürVBl. 2000, S. 169 ff.

*Hassemer,* Winfried: Innere Sicherheit im Rechtsstaat, StV 1993, S. 664 ff.

*Haurand,* Günter: Allgemeines Polizei- und Ordnungsrecht in Nordrhein-Westfalen, Darstellung, 4. Aufl. Wiesbaden 2004.

*Haus,* Florian C./*Cole,* Mark D.: Grundfälle zum Europarecht, JuS 2002, S. 1181 ff.

*Haus,* Klaus-Ludwig/*Wohlfarth,* Jürgen: Allgemeines Polizei- und Ordnungsrecht, Baden-Baden 1997.

*Heckenberger,* Wolfgang: Aufgaben und Befugnisse der Vollzugspolizei in England und Deutschland, Köln/Berlin/Bonn/München 1997.

*Hecker,* Wolfgang: Rechtsfragen der Aufgabenübertragung an den Bundesgrenzschutz, NVwZ 1998, S. 707 ff.

*Heckmann,* Dirk: Polizeiliche Datenerhebung und -verarbeitung, VBlBW 1992, S. 164 ff., S. 203 ff.

– Zur Verfassungsmäßigkeit der Zweiten Novelle des Sächsischen Polizeigesetzes – Gewahrsamsdauer und polizeilicher Einsatz besonderer Mittel, SächsVBl. 1999, S. 221 ff.

– Polizei- und Sicherheitsrecht, in: Becker, Ullrich/Heckmann, Dirk/Kempen, Bernhard/Manssen, Gerrit, Öffentliches Recht in Bayern, 2. Aufl. München 2001, S. 203 ff. (zit. Heckmann, Polizei- und Sicherheitsrecht).

– Die Bekämpfung grenzüberschreitender Kriminalität durch verdachtsunabhängige Personenkontrollen, in: Cremer, Hans-Joachim/Giegerich, Thomas/Richter, Dagmar/Zimmermann, Andreas (Hrsg.), Tradition und Weltoffenheit des Rechts, Festschrift für Helmut Steinberger, Heidelberg 2002, S. 467 ff. (zit. Heckmann, FS Steinberger).

*Heesen,* Dietrich/*Hönle,* Jürgen/*Peilert,* Andreas: Bundesgrenzschutzgesetz, 4. Aufl. Hilden/Rheinland 2002.

*Heid,* Daniela A.: Das tschechische Polizeirecht im Vergleich mit „Europäischem Polizeirecht" unter besonderer Berücksichtigung der Schengener Abkommen, Würzburg 2002.

*Hellenthal,* Markus: Grenzsicherheit – Ein Baustein der inneren Sicherheit, Kriminalistik 1997, S. 123 ff.

*Hemesath,* Wolfgang: Das Schengener Informationssystem – SIS, Kriminalistik 1995, S. 169 ff.

*Hentschel,* Peter: Straßenverkehrsrecht, 37. Aufl. München 2003.

*Herdegen,* Matthias: Gestaltungsspielräume bei administrativer Normgebung – Ein Beitrag zu rechtsformabhängigen Standards für die gerichtliche Kontrolle von Verwaltungshandeln, AöR 114 (1989), S. 607 ff.

*Herrnkind,* Martin: Personenkontrollen und Schleierfahndung, KJ 2000, S. 188 ff.

– „Schleierfahndung" Institutionalisierter Rassismus und weitere Implikationen sogenannter verdachtsunabhängiger Polizeikontrollen, in: Komitee für Grundrechte und Demokratie (Hrsg.), Verpolizeilichung der Bundesrepublik Deutschland – Polizei und Bürgerrechte in den Städten, Einhausen 2002, S. 99 ff. (zit. Herrnkind, Institutioneller Rassismus).

*Hertrich,* Michael: Die gerichtliche Überprüfung von doppelfunktionalen Hoheitsakten der Polizei in Bayern, Berlin 1996.

*Hertweck,* Günter: Probleme der grenzüberschreitenden Zusammenarbeit anhand konkreter Beispiele Baden-Württemberg/Frankreich, in: Hailbronner, Kay (Hrsg.), Zusammenarbeit der Polizei- und Justizverwaltungen in Europa, Heidelberg 1996, S. 63 ff.

*Hesse,* Konrad: Grundzüge des Verfassungsrechts in der Bundesrepublik Deutschland, Neudruck der 20. Aufl. Heidelberg 1999 (zit. Hesse, Verfassungsrecht).

*Hetzer,* Wolfgang: Polizei und Geheimdienste zwischen Strafverfolgung und Staatsschutz, ZRP 1999, S. 19 ff.

*Heyer,* Erk Volkmar: Allgemeines Polizei- und Ordnungsrecht, in: Manssen, Gerrit/ Schütz, Hans-Joachim (Hrsg.), Staats- und Verwaltungsrecht für Mecklenburg-Vorpommern, Baden-Baden 1999, S. 217 ff.

*Hilger,* Hans: Zum Strafrechtsänderungsgesetz 1999 (StVÄG 1999), NStZ 2000, S. 561 ff. und NStZ 2001, S. 15 ff.

– Vor(feld)ermittlungen/Datenübermittlungen, in: Wolter, Jürgen/Schenke, Wolf-Rüdiger/Rieß, Peter/Zöller, Mark Alexander (Hrsg.), Datenübermittlungen und Vorermittlungen, Festgabe für Hans Hilger, Heidelberg 2003, S. 11 ff.

*Hirsch,* Burkhard: 14 Tage Polizeigewahrsam, ZRP 1989, S. 81 ff.

*Höfelmann,* Elke: Das Grundrecht auf informationelle Selbstbestimmung anhand der Ausgestaltung des Datenschutzrechts und der Grundrechtsnormen der Landesverfassungen, Frankfurt 1997.

*Hoffmann,* Gero/*Thumann,* Harald: Polizeirecht in Thüringen, Textausgabe mit amtlicher Begründung, Berlin 1992.

*Hoffmann-Riem,* Wolfgang: Abbau von Rechtsstaatlichkeit durch Neubau des Polizeirechts?, JZ 1978, S. 335 ff.

– Informationelle Selbstbestimmung in der Informationsgesellschaft – Auf dem Weg zu einem neuen Konzept des Datenschutzes, AöR 123 (1998), S. 513 ff.

– Polizei- und Ordnungsrecht, in: Hoffmann-Riem, Wolfgang/Koch, Hans-Joachim (Hrsg.), Hamburgisches Staats- und Verwaltungsrecht, 2. Aufl. Baden-Baden 1998, S. 147 ff. (zit. Hoffmann-Riem, Polizei- und Ordnungsrecht).

*Honnacker,* Heinz/*Beinhofer,* Paul: Polizeiaufgabengesetz – PAG – Gesetz über die Aufgaben und Befugnisse der Bayerischen Staatlichen Polizei, 18. Aufl. Stuttgart u. a. 2004.

*Hoppe,* Christian: Internationale Kooperationsmaßnahmen (Interpol, Europol, Schengen und andere Gremien), in: Bundeskriminalamt (Hrsg.), Festschrift für Horst Herold zum 75. Geburtstag: das Bundeskriminalamt am Ausgang des 20. Jahrhunderts, Wiesbaden 1998, S. 209 ff.

*Horn,* Hans-Detlef: Experimentelle Gesetzgebung unter dem Grundgesetz, Berlin 1989.

– Die Rechtsprechung des Bayerischen Verfassungsgerichtshofs, Anmerkung zu der Entscheidung vom 28.3.2003 – Schleierfahndung, BayVBl. 2003, S. 545 ff.

– Sicherheit und Freiheit durch vorbeugende Verbrechensbekämpfung – Der Rechtsstaat auf der Suche nach dem rechten Maß, in: ders. (Hrsg.), Recht im Pluralismus, Festschrift für Walter Schmitt Glaeser zum 70. Geburtstag, Berlin 2003, S. 435 ff. (zit. Horn, FS Schmitt Glaeser).

*Hornmann,* Gerhard: Hessisches Gesetz über die öffentliche Sicherheit und Ordnung (HSOG): Kommentar, München 1997.

– Ergänzungsheft zu HSOG Kommentar, München 2001 (zit. Hornmann, Ergänzungsheft).

*Hsu,* Wen-I.: Die Aufgaben und Befugnisse der Polizei bezüglich des personenbezogenen Datenschutzes im Polizeirecht, Tübingen 1998.

*Huber,* Bertold: Das Schengener Durchführungsübereinkommen und seine Auswirkungen auf das Ausländer- und Asylrecht, NVwZ 1996, S. 1069 ff.

*Hüsch,* Hans-Peter: Verwertungsverbote im Verwaltungsverfahren, Pfaffenweiler 1991.

*Hüttemann,* Frank: Länderreport: Sachsen-Anhalt, LKV 2003, S. 508 ff.

*Hufen,* Friedhelm: Verwaltungsprozeßrecht, 5. Aufl. München 2003.

*Hund,* Horst: Polizeiliches Effektivitätsdenken contra Rechtsstaat – Die sogenannten Vorfeldstrategien, ZRP 1991, S. 463 ff.

– Überwachungsstaat auf dem Vormarsch – Rechtsstaat auf dem Rückzug?, NJW 1992, S. 2118 ff.

*Ipsen,* Jörn: Gesetzliche Einwirkungen auf grundrechtlich geschützte Rechtsgüter, JZ 1997, S. 473 ff.

– Niedersächsisches Polizei- und Ordnungsrecht, 3. Aufl. Stuttgart u. a. 2004 (zit. Ipsen, Polizei- und Ordnungsrecht).

– Staatsrecht I (Staatsorganisationsrecht), 16. Aufl. München 2004 (zit. Ipsen, Staatsorganisationsrecht).

– Staatsrecht II (Grundrechte), 7. Aufl. Neuwied/Kriftel 2004 (zit. Ipsen, Grundrechte).

*Ipsen,* Knut: Völkerrecht, 5. Aufl. München 2004 (zit. Ipsen, Völkerrecht).

*Isensee,* Josef: Das Grundrecht auf Sicherheit: zu den Schutzpflichten des freiheitlichen Verfassungsstaates, Vortrag gehalten vor der Berliner Juristischen Gesellschaft am 24. November 1982, Berlin 1983.

*Isensee,* Josef/*Kirchhof,* Paul (Hrsg.): Handbuch des Staatsrechts, Band III, Das Handeln des Staates, 2. Aufl. Heidelberg 1996; Band IV, Finanzverfassung, bundesstaatliche Ordnung, 2. Aufl. Heidelberg 1999; Band V, Allgemeine Grundrechtslehren, 2. Aufl. Heidelberg 2000; Band VI, Freiheitsrechte, 2. Aufl. Heidelberg 2001 (zit. Isensee, Handbuch des Staatsrechts).

*Jaeger,* Wolfgang: Vorfeldermittlungen und Datenumwidmung im Spannungsfeld von Polizeirecht, Strafverfahrensrecht und nachrichtendienstlichen Befugnissen, Der Kriminalist 1996, S. 329 ff. u. S. 377 ff.

*Jagow,* Joachim/*Burmann,* Michael/*Heß,* Rainer/*Mühlhaus,* Hermann: Straßenverkehrsrecht, 18. Aufl. München 2004.

*Jahn*, Ralf: Der praktische Fall – Öffentlichrechtliche Klausur: Fahrzeugkontrolle mit Folgen, JuS 1998, S. 833 ff.

– Ausgewählte Grundprobleme des Polizeirechts, JA 2000, S. 79 ff.

*Jakobs*, Michael Ch.: Der Grundsatz der Verhältnismäßigkeit, DVBl. 1985, S. 97 ff.

*Jansen*, Michael: Pässe und zwischenstaatlicher Personenverkehr, VerwArch 90 (1999), S. 267 ff.

*Jarass*, Hans D.: Regelungsspielräume des Landesgesetzgebers im Bereich der konkurrierenden Gesetzgebung und in anderen Bereichen, NVwZ 1996, S. 1041 ff.

– Folgerungen aus der neueren Rechtsprechung des BVerfG für die Prüfung von Verstößen gegen Art. 3 I GG, NJW 1997, S. 2545 ff.

– Allgemeine Probleme der Gesetzgebungskompetenz des Bundes, NVwZ 2000, S. 1089 ff.

*Jarass*, Hans D./*Pieroth*, Bodo: Grundgesetz für die Bundesrepublik Deutschland: Kommentar, 7. Aufl. München 2004.

*Jochum*, Theo/*Rühle*, Dietrich G.: Polizei- und Ordnungsrecht, 2. Aufl. Baden-Baden 2000.

*Jorzik*, Manuela/*Kunze*, Wolfgang: Rechtsschutz gegen Maßnahmen der Ermittlungsbehörden, Jura 1990, S. 294 ff.

*Jutzi*, Siegfried: Organisationskompetenz des Bundes für Bahnpolizei und Luftverkehrssicherung, DÖV 1992, S. 650 ff.

– Kommentar zu LVerfG Meckl.-Vorp., Zwischenurteil vom 6. Mai 1999 – 2/98, NJ 1999, S. 474 f.

*Kaiser*, Günther: Kriminologie, 3. Aufl. Heidelberg 1996.

*Kant*, Martina: Verdachtsunabhängige Kontrollen, Bürgerrechte & Polizei 2000, S. 29 ff.

– „Evaluation" der Schleierfahndung, Bürgerrechte & Polizei 2004, S. 46 ff.

*Karnop*, Stefan: Recht der Gefahrenabwehr, Baden-Baden 1998.

*Kastner*, Berthold: Verdachtsunabhängige Kontrollen im Lichte des Verfassungsrechts, VerwArch 92 (2001), S. 216 ff.

*Kattau*, Thomas: Strafverfolgung nach dem Wegfall der europäischen Grenzkontrollen, Pfaffenweiler 1993.

*Kay*, Wolfgang/*Böcking*, Reinhold: Polizeirecht Nordrhein-Westfalen, München 1992 (zit. Kay/Böcking, Polizeirecht).

– Allgemeines Verwaltungs- und Eingriffsrecht im Polizeidienst, Band I, 4. Aufl. Witten 2003 (zit. Kay/Böcking, Eingriffsrecht I).

– Allgemeines Verwaltungs- und Eingriffsrecht im Polizeidienst, Band II, 4. Aufl. Witten 2003 (zit. Kay/Böcking, Eingriffsrecht II).

*Keller*, Rolf/*Griesbaum*, Rainer: Das Phänomen der vorbeugenden Bekämpfung von Straftaten, NStZ 1990, S. 416 ff.

*Kepura,* Jürgen: Passfälschung und Schleusungskriminalität, Kriminalistik 2000, S. 27 ff.

*Kessler,* Georg: Verkehrsunfallbekämpfung und Kriminalitätskontrolle durch Bundesgrenzschutz bei der Kontrolle des grenzüberschreitenden Verkehrs, in: Schriftenreihe der Polizeiführungsakademie, 1998, S. 93 ff.

*Kinzig,* Jörg: Die rechtliche Bewältigung von Erscheinungsformen organisierter Kriminalität, Berlin 2004.

*Kirsch,* Stefan: Die Entwicklung des Strafrechts in der Europäischen Union, BRAK-Mitt. 2005, S. 8 ff.

*Klein,* Eckard: Grundrechtliche Schutzpflicht des Staates, NJW 1989, S. 1633 ff.

*Klein,* Hans: Die grundrechtliche Schutzpflicht, DVBl. 1994, S. 489 ff.

*Kleinknecht,* Th./*Müller,* H./*Reitberger,* L. (Begründer)/*Heintschel-Heinegg,* Bernd von/*Stöckel,* Heinz (Hrsg.): Kommentar zur Strafprozeßordnung, Loseblatt Stand Dezember 2003 (36. Lieferung), Neuwied/Kriftel (zit. Bearbeiter, in KMR).

*Kloepfer,* Michael: Datenschutz als Grundrecht, Königstein 1980.

*Kloesel,* Arno/*Christ,* Rudolf/*Häußer,* Otto: Deutsches Ausländerrecht, 3. Aufl. Stuttgart, Stand Juli 2003, 53. EG.

*Knemeyer,* Franz-Ludwig: Der Schutz der Allgemeinheit und der individuellen Rechte durch die polizei- und ordnungsrechtlichen Handlungsvollmachten der Exekutive, VVDStRL 35 (1977), S. 221 ff.

–  Funktionen der Aufgabenzuweisungsnormen in Abgrenzung zu den Befugnisnormen, DÖV 1978, S. 11 ff.

–  Datenerhebung und Datenverarbeitung im Polizeirecht, NVwZ 1988, S. 193 ff.

–  Datenerhebung, Datenverarbeitung und Datennutzung als Kernaufgaben polizeilicher Vorbereitung auf die Gefahrenabwehr und Strafverfolgung (Informationsvorsorge), in: Arndt, Hans-Wolfgang (Hrsg.), Völkerrecht und deutsches Recht, Festschrift für Walter Rudolf zum 70. Geburtstag, München 2001, S. 483 ff. (zit. Knemeyer, FS Rudolf).

–  Polizei- und Ordnungsrecht (PdW), 3. Aufl. München 2003 (zit. Knemeyer, PdW).

–  Polizei- und Ordnungsrecht, 10. Aufl. München 2004 (zit. Knemeyer, Polizeirecht).

*Knemeyer,* Franz-Ludwig/*Keller,* Bernhard: Verfassungsrechtliche Grenzen des Polizeigewahrsams und der polizeilichen Datenerhebung, SächsVBl. 1996, S. 197 ff.

*Kniesel,* Michael: Neue Polizeigesetze contra StPO? Zum Regelungsstandort der vorbeugenden Bekämpfung von Straftaten und zur Verfassungsmäßigkeit polizeilicher Vorfeldtätigkeit, ZRP 1987, S. 377 ff.

–  Vorbeugende Bekämpfung von Straftaten im neuen Polizeirecht – Gefahrenabwehr oder Strafverfolgung?, ZRP 1989, S. 329 ff.

–  Neufassung des Polizeirechts in Nordrhein-Westfalen, NVwZ 1990, S. 743 ff.

–  Vorbeugende Bekämpfung von Straftaten im juristischen Meinungsstreit – eine unendliche Geschichte, ZRP 1992, S. 164 ff.

–  „Innere Sicherheit" und Grundgesetz, ZRP 1996, S. 482 ff.

- Polizeirechtliche Störerbestimmungen – Befugnisnormen oder Ermessensgrenzen, DÖV 1997, S. 905 ff.

- Prävention und Polizeirecht, in: Kerner, Hans-Jürgen/Jehle, Jörg-Martin/Marks, Erich (Hrsg.), Entwicklung der Kriminalprävention in Deutschland, Godesberg 1998, S. 133 ff. (zit. Kniesel, Kriminalprävention).

*Kniesel*, Michael/*Vahle*, Jürgen: Fortentwicklung des materiellen Polizeirechts, DÖV 1987, S. 953 ff.

- Polizeiliche Informationsverarbeitung und Datenschutz im künftigen Polizeirecht (Hrsg.: Clages, Horst), Heidelberg 1990 (zit. Kniesel/Vahle, Datenschutz).

*Koch*, Martin: Datenerhebung und -verarbeitung in den Polizeigesetzen der Länder, Baden-Baden 1999.

*König*, Josef: Eingriffsrecht, 2. Aufl. Stuttgart 2001.

*Kötter*, Matthias: Subjektive Sicherheit, Autonomie und Kontrolle – Eine Analyse der jüngeren Diskurse des Sicherheitsrechts, Der Staat 43 (2004), S. 371 ff.

*Kolb*, Angela: Das neue Polizeirecht in Sachsen-Anhalt, NJ 2000, S. 570 ff.

*Kopp*, Friedrich/*Ramsauer*, Ulrich: Verwaltungsverfahrensgesetz, 8. Aufl. München 2003.

*Kopp*, Ferdinand O./*Schenke*, Wolf-Rüdiger: Verwaltungsgerichtsordnung, 13. Aufl. München 2003.

*Kraft*, Heinz/*Kay*, Wolfgang/*Böcking*, Reinhold: Eingriffsmaßnahmen der Polizei, 3. Aufl. Stuttgart u. a. 2000.

*Kramer*, Urs: Hessisches Polizei- und Ordnungsrecht, Stuttgart 2004.

*Krane*, Christian: „Schleierfahndung" – Rechtliche Anforderungen an die Gefahrenabwehr durch ereignisunabhängige Personenkontrollen, Münster 2003.

- Das Verhältnis der polizeilichen Standardbefugnisse zueinander und zur Generalklausel, NordÖR 2004, S. 425 ff.

- Rechtliche und ethische Probleme bei ereignisunabhängigen Personenkontrollen, DPolBl 2004, S. 32 ff.

*Krause*, Peter: Das Recht auf informationelle Selbstbestimmung – BVerfGE 65, 1, JuS 1984, S. 268 ff.

*Krebs*, Walter: Zur verfassungsrechtlichen Verortung und Anwendung des Übermaßverbotes, Jura 2001, S. 228 ff.

*Krech*, Joachim: Zweite Novelle des Gesetzes über die öffentliche Sicherheit und Ordnung in Mecklenburg-Vorpommern – Verfassungsrechtliche Betrachtungen zu wesentlichen Veränderungen im Polizei- und Ordnungsrecht, LKV 2003, S. 201 ff.

*Kremer*, Bernd: Immunität für Europol-Bedienstete?, Frankfurt a. M./Berlin, 2003.

*Kreutz*, Marcus: „Datenschutz ist Täterschutz" – Ausrede, Ärgernis oder Tatsache?, ZFIS 1999, S. 75 ff.

*Krölls*, Albert: Die Privatisierung der Inneren Sicherheit, GewArch 1997, 445 ff.

*Kühling,* Jürgen: Die Rechtsprechung des Bundesverfassungsgerichts und das Recht der Inneren Sicherheit, in: Friedrich-Ebert-Stiftung Forum Berlin (Hrsg.), Sicherheit vor Freiheit? Terrorismusbekämpfung und die Sorge um den freiheitlichen Rechtsstaat, Berlin 2003, S. 53 ff.

*Kühne,* Hans-Heiner: Kriminalitätsbekämpfung durch innereuropäische Grenzkontrollen, Berlin 1991 (zit. Kühne, Kriminalitätsbekämpfung).

– Das Paradigma der inneren Sicherheit: Polizeiliche Möglichkeiten – Rechtsstaatliche Grenzen, in: Schwind, Hans-Dieter/Kube, Edwin/Kühne, Hans-Heiner (Hrsg.), Festschrift für Hans-Joachim Schneider zum 70 Geburtstag am 14. November 1998: Kriminologie an der Schwelle zum 21. Jahrhundert, Berlin/New York 1998, S. 3 ff. (zit. Kühne, FS Schneider).

– Strafprozessrecht, 6. Aufl. Heidelberg 2003 (zit. Kühne, Strafprozessrecht).

*Kugelmann,* Dieter: Der polizeiliche Gefahrenbegriff in Gefahr?, DÖV 2003, S. 781 ff.

*Kunig,* Philip: Der Grundsatz informationeller Selbstbestimmung, Jura 1993, S. 595 ff.

*Kunkel,* Claudia/*Pausch,* Wolfgang/*Prillwitz,* Günther: Hessisches Gesetz über die öffentliche Sicherheit und Ordnung (HSOG), Mainz-Kostheim 1991.

*Kurth,* Hans-J.: Identitätsfeststellung, Einrichtung von Kontrollstellen und Gebäudedurchsuchung nach neuem Recht, NJW 1979, S. 1377 ff.

*Kutscha,* Martin: Große Koalition der Inneren Sicherheit?, Bürgerrechte & Polizei 1998, S. 57 ff.

– „Schlanker Staat" mit Januskopf, KJ 1998, S. 399 ff.

– Alles unter Kontrolle, in: Müller-Heidelberg, Till/Finckh, Ulrich/Grundmann, Verena/Steven, Elke (Hrsg.), Grundrechte-Report 2000, Reinbek 2000, S. 149 ff. (zit. Kutscha, Grundrechte-Report 2000).

– Innere Sicherheit und informationelle Selbstbestimmung, in: Lange, Hans-Jürgen (Hrsg.), Staat, Demokratie und Innere Sicherheit in Deutschland, Band 1, Opladen 2000, S. 355 ff. (zit. Kutscha, Innere Sicherheit).

– Polizeirecht auf dem Prüfstand der Landesverfassungsgerichte, NJ 2000, S. 63 ff.

– „Schleierfahndung" und Aufenthaltsverbot, LKV 2000, S. 134 ff.

– Auf dem Weg in einen Polizeistaat neuen Typs?, in: Komitee für Grundrechte und Demokratie (Hrsg.), Verpolizeilichung der Bundesrepublik Deutschland – Polizei und Bürgerrechte in den Städten, Einhausen 2002, S. 67 ff. (zit. Kutscha, Polizeistaat).

– Novellierung des Thüringer Polizeiaufgabengesetzes – mehr Sicherheit durch weniger Grundrechtsschutz?, LKV 2003, S. 114 ff.

– Sächsisches Polizeirecht nach Maßgabe der Grundrechte, NJ 2003, S. 623 ff.

*Lambiris,* Andreas: Klassische Standardbefugnisse im Polizeirecht, Stuttgart u. a. 2002.

*Lampe,* Klaus von: Organisierte Kriminalität unter der Lupe, Kriminalistik 2001, S. 465 ff.

*Lange*, Hans-Jürgen: Innere Sicherheit als Netzwerk, in ders. (Hrsg.): Staat, Demokratie und Innere Sicherheit in Deutschland, Band 1, Opladen 2000, S. 235 ff.

*Laser*, Andrea: Das Rechtsschutzsystem gegen strafprozessuale Zwangsmaßnahmen, NStZ 2001, 120 ff.

*Legnaro*, Aldo: Die Stadt, der Müll und das Fremde – plurale Sicherheit, die Politik des Urbanen und die Steuerung der Subjekte, Kriminologisches Journal 1998, S. 262 ff.

*Lehngut*, Gerold: Illegale Migration als Problem der Inneren Sicherheit, ZFIS 1998, S. 259 ff.

*Leibholz*, Gerhard/*Rinck*, Hans-Justus/*Hesselberger*, Dieter: Grundgesetz für die Bundesrepublik Deutschland, Kommentar an Hand der Rechtsprechung des Bundesverfassungsgerichts, Band II, 7. Aufl. Köln 1993, Loseblatt, 41. Ergänzungslieferung, Stand August 2003.

*Leisner*, Anna: Die polizeiliche Gefahr zwischen Eintrittswahrscheinlichkeit und Schadenshöhe – Ein Beitrag zur Entscheidungstheorie im modernen Verwaltungsstaat, DÖV 2002, S. 326 ff.

*Lemke*, Michael/*Julius*, Karl-Peter/*Krehl*, Christoph/*Kurth*, Hans-Joachim/*Rautenberg*, Erardo Cristoforo/*Temming*, Dieter (Hrsg.): Heidelberger Kommentar zur Strafprozeßordnung, 3. Aufl. Heidelberg 2001 (zit. Bearbeiter, in Heidelberger Kommentar).

*Leutheusser-Schnarrenberger*, Sabine: Ein System gerät außer Kontrolle: Das Schengener Informationssystem, ZRP 2004, S. 97 ff.

– Wer kontrolliert das Supersystem? Das „Schengener Informationssystem der zweiten Generation" (SIS II), in: Müller-Heidelberg, Till/Finckh, Ulrich/Steven, Elke/Rogalla, Bela/Micksch, Jürgen/Kaleck, Wolfgang/Kutscha, Martin (Hrsg.), Grundrechte-Report 2004, Frankfurt a. M. 2004, S. 159 ff. (zit. Leutheusser-Schnarrenberger, Grundrechte-Report 2004).

*Lindner*, Josef Franz: Die gemeinschaftsrechtliche Dimension des Polizeirechts – Eine dogmatische Analyse, JuS 2005, S. 302 ff.

*Lintner*, Eduard: Mehr Innere Sicherheit mit neuer Strategie, ZFIS 1997, S. 131 ff.

*Lisken*, Hans F.: Neue polizeiliche Ermittlungsmethoden im Rechtsstaat des Grundgesetzes, DRiZ 1987, S. 184 ff.

– Polizeigesetz NW 1990 – Neue Aufgaben, Befugnisse und Anwendungsfragen, NWVBl. 1990, S. 325 ff.

– Über Aufgaben und Befugnisse der Polizei im Staat des Grundgesetzes, ZRP 1990, S. 15 ff.

– Auf dem Weg zu einer anderen Polizei?, KJ 1992, S. 472 ff.

– „Sicherheit" durch „Kriminalitätsbekämpfung"?, ZRP 1994, S. 49 ff.

– Vorfeldeingriffe im Bereich der „Organisierten Kriminalität" – Gemeinsame Aufgabe von Verfassungsschutz und Polizei?, ZRP 1994, S. 264 ff.

– Polizeiliche Freiheitsentziehung in der Praxis, Polizei-heute 1995, S. 126 ff.

– „Verdachts- und ereignisunabhängige Personenkontrollen zur Bekämpfung der grenzüberschreitenden Kriminalität"?, NVwZ 1998, S. 22 ff.

– Jedermann als Betroffener, in: Bäumler, Helmut (Hrsg.), Polizei und Datenschutz, Neuwied 1999, S. 32 ff. (zit. Lisken, Jedermann als Betroffener).

– Das Ende der „Schleierfahndung" in Mecklenburg-Vorpommern, DRiZ 2000, S. 272 ff.

– Zur polizeilichen Rasterfahndung, NVwZ 2002, S. 513 ff.

*Lisken,* Hans/*Denninger,* Erhard (Hrsg.): Handbuch des Polizeirechts, 3. Aufl. München 2001 (zit. Bearbeiter, in Lisken/Denninger, Kapitel).

*Lisken,* Hans/*Lange,* Hans-Jürgen: Die Polizeien des Bundes, in: Lange, Hans-Jürgen (Hrsg.), Staat, Demokratie und Innere Sicherheit in Deutschland, Band 1, Opladen 2000, S. 151 ff.

*Lisken,* Hans/*Mokros,* Reinhard: Richter- und Behördenleitervorbehalte im neuen Polizeirecht, NVwZ 1991, S. 609 ff.

*Lorenz,* Dieter: Das Gebot effektiven Rechtsschutzes des Art. 19 Abs. 4 GG, Jura 1983, S. 393 ff.

*Luhmann,* Niklas: Soziale Systeme, 1. Aufl. Frankfurt a. M. 1984.

*Maaßen,* Hans-Georg: Neue Initiativen zur Bekämpfung der organisierten Kriminalität in Deutschland, ZFIS 1997, S. 134 ff.

*Macht,* Klaus: Verwertungsverbote bei rechtswidriger Informationserlangung im Verwaltungsverfahren, Berlin 1999.

*Mahlmann,* Matthias: Die Grenzen finaler Eingriffsnormen im Polizeirecht Mecklenburg-Vorpommerns und Berlins, LKV 2001, S. 102 ff.

*Mandelartz,* Herbert/*Sauer,* Helmut/*Strube,* Bernhard: Saarländisches Polizeigesetz, Hilden 2002.

*Mangoldt,* Hermann von/*Klein,* Friedrich/*Starck,* Christian (Hrsg.): Das Bonner Grundgesetz, Band I, Präambel, Artikel 1 bis 19, 4. Aufl. München 1999; Band III, 4. Aufl. München 2001 (zit. Bearbeiter, in von Mangoldt/Klein/Starck).

*Manske,* Mirko: Das „Europol-Informations-System" (Europol-IS), Kriminalistik 2001, S. 105 ff.

*Manssen,* Gerrit: Staatsrecht Band 1, Grundrechtsdogmatik, München 1995.

*Mantel,* Georg: Rechtsprobleme im bahnpolizeilichen Aufgabenbereich des Bundesgrenzschutzes, Die Polizei 1999, S. 221 ff.

*Marschall,* Ernst A./*Kastner,* Fritz/*Krüger,* Andreas: Bundesfernstraßengesetz, 5. Aufl. Köln/Berlin/Bonn/München, 1998.

*Marschall,* Ernst A./*Schweinsberg,* Ralf: Eisenbahnkreuzungsgesetz, 5. Aufl. Köln u. a. 2000.

*Martell,* Jörg-Michael: Sachsen-Anhalt: Polizeirechtsnovelle in den Landtag eingebracht, LKV 2000, S. 298.

– Sachsen-Anhalt: Die neuen Regelungen im Polizeirecht, LKV 2001, S. 22 ff.

– Keine unmittelbare Grundrechtsbetroffenheit durch gesetzliche Befugnis zu lagebildabhängigen Kontrollen, NVwZ 2002, S. 1336 f.

*Martens,* Wolfgang: Wandlungen im Recht der Gefahrenabwehr, DÖV 1982, S. 89 ff.

*Martensen,* Jürgen: Materielle Polizeipflicht und polizeiliche Verpflichtbarkeit des Bürgers in Anscheins- und Verdachtslagen, DVBl. 1996, S. 286 ff.

*Maske,* Rainer: Nochmals: Die Videoüberwachung von öffentlichen Plätzen, NVwZ 2001, S. 1248 ff.

*Maunz,* Theodor/*Dürig,* Günter/*Herzog,* Roman: Grundgesetz: Kommentar, München, Loseblatt, 42. Ergänzungslieferung, Stand Februar 2003 (zit. Bearbeiter, in Maunz/ Dürig).

*Maurer,* Albrecht: Schleierfahndung im Hinterland, Bürgerrechte & Polizei 1998, S. 51 ff.

*Maurer,* Hartmut: Allgemeines Verwaltungsrecht, 15. Aufl. München 2004.

*Medert,* Klaus M./*Süßmuth,* Werner: Paß- und Personalausweisrecht, Band 1: Personalausweisrecht des Bundes und der Länder, 3. Aufl. Stuttgart u. a. 1998.

*Meixner,* Kurt/*Fredrich,* Dirk: Hessisches Gesetz über die öffentliche Sicherheit und Ordnung (HSOG), 9. Aufl. Stuttgart u. a. 2001.

*Meixner,* Kurt/*Martell,* Jörg-Michael: Gesetz über die öffentliche Sicherheit und Ordnung des Landes Sachsen-Anhalt (SOG LSA), 3. Aufl. Stuttgart u. a. 2001.

*Merten,* Detlef: Grundrechtliche Schutzpflichten und Untermaßverbot, in: Hochschule für Verwaltungswissenschaften (Hrsg.), Akademische Gedenkfeier zu Ehren Prof. Dr. Iur. Willi Geiger, Speyer 1994, S. 15 ff.

*Merten,* Karlheinz: Das Abrufrecht der Staatsanwaltschaft aus polizeilichen Dateien, NStZ 1987, S. 10 ff.

– Das geplante Polizeirecht in Nordrhein-Westfalen, ZRP 1988, S. 172 ff.

*Merten,* Karlheinz/*Merten,* Heike: Vorbeugende Verbrechensbekämpfung. Rechtsweg und Standortfragen, ZRP 1991, S. 213 ff.

*Meyer-Goßner,* Lutz: Strafprozeßordnung, 48. Aufl. München 2005.

*Michael,* Lothar: Die drei Argumentationsstrukturen des Grundsatzes der Verhältnismäßigkeit – Zur Dogmatik des Über- und Untermaßverbotes und der Gleichheitssätze, JuS 2001, S. 148 ff.

– Grundfälle zur Verhältnismäßigkeit, JuS 2001, S. 654 ff., S. 764 ff., S. 866 ff.

*Möller,* Manfred/*Wilhelm,* Jürgen: Allgemeines Polizei- und Ordnungsrecht, 5. Aufl. Stuttgart u. a. 2003.

*Möller-Bierth,* Ulrike: Polizeiliche Inanspruchnahme im Grenzbereich zwischen Störerhaftung und polizeilichem Notstand, Köln 1997.

*Möllers,* Christoph: Anmerkung zu LVerfG M-V, Urteil vom 21.10.1999 – LVerfG 2/ 98 – ThürVBl. 2000, S. 41 ff.

– Polizeikontrollen ohne Gefahrenverdacht. Ratio und rechtliche Grenzen der neuen Vorfeldbefugnisse, NVwZ 2000, S. 382 ff.

*Möncke,* Ulrich/*Laeverenz,* Judith: Zentrale Register im Verkehrsrecht, DuD 2004, S. 282 ff.

*Möstl,* Markus: Die staatliche Garantie für die öffentliche Sicherheit und Ordnung, Tübingen 2002.

– Gefahr und Kompetenz, Jura 2005, S. 48 ff.

*Moser von Filseck,* Dietrich: Verdachts- und ereignisunabhängige Personenkontrollen, BWVP 1996, S. 272 ff.

– Baden-Württemberg novellierte das Polizeigesetz, Die Polizei 1997, S. 70 ff.

*Mühl,* Lothar/*Leggereit,* Rainer/*Hausmann,* Winfried: Polizei- und Ordnungsrecht für Hessen, Baden-Baden 2004.

*Müller,* Klaus: Polizeigesetz des Freistaats Sachsen, Köln 1992 (zit. Müller, Polizeigesetz Sachsen).

*Müller,* Oswin: Der Abschied von der konkreten Gefahr als polizeirechtliche Eingriffsbefugnis, StV 1995, S. 602 ff.

*Müller,* Rolf-Georg: Polizeiliche Datenerhebung durch Befragung, Berlin 1997 (zit. Müller, Datenerhebung).

*Müller-Terpitz,* Ralf: Grenzpolizeiliche Schleierfahndung im Binnenraum. Zur ersten Änderung des Bundesgrenzschutzgesetzes, DÖV 1999, S. 329 ff.

*Münch,* Ingo von/*Kunig,* Philip (Hrsg.): Grundgesetz-Kommentar, Band 1, Präambel, Art. 1 bis Art. 19, 5. Aufl. München 2000, Band 3, Artikel 70 bis Artikel 146 und Gesamtregister, 4./5. Aufl. München 2003 (zit. Bearbeiter, in von Münch/Kunig).

*Murswiek,* Dietrich: Rechtsprechungsübersicht, JuS 1998, S. 184 f.

*Mußmann,* Eike: Allgemeines Polizeirecht in Baden-Württemberg: systematische Darstellung, 4. Aufl. Stuttgart u. a. 1994.

*Nachbaur,* Andreas: Begrüßung und Einführung in das Tagungsthema, in: ders. (Hrsg.), Die grenzüberschreitende Zusammenarbeit von Polizei und Justiz in den Schengen-Staaten, Villingen-Schwennigen, 1998, S. 7 ff.

*Neumann,* Dieter: Vorsorge und Verhältnismäßigkeit. Die kriminalpräventive Informationserhebung im Polizeirecht, Berlin 1994.

*Niehörster,* Frank: Brandenburgisches Polizeigesetz, 2. Aufl. Stuttgart 2003.

*Nissen,* Peter: Recht der Gefahrenabwehr, in: Schmalz, Hans-Joachim/Ewer, Wolfgang/von Mutius, Albert/Schmidt-Jortzig, Edzard (Hrsg.), Staats- und Verwaltungsrecht für Schleswig-Holstein, Baden-Baden 2002, S. 145 ff.

*Nolte,* Martin: Aufgaben und Befugnisse der Polizeibehörden bei Sportgroßveranstaltungen, NVwZ 2001, S. 147 ff.

*Notzon,* Heike: Zum Rückgriff auf polizeirechtliche Befugnisse zur Gefahrenabwehr im Rahmen der vorbeugenden Verbrechensbekämpfung, Frankfurt a. M. u. a. 2002.

*Oberleitner,* Rainer: Schengen und Europol, Wien 1998.

*Obermayer,* Klaus: Kommentar zum Verwaltungsverfahrensgesetz, 3. Aufl. Neuwied/ Kriftel 1999.

*Oldiges,* Martin: Polizeirecht in: Grimm, Dieter/Papier, Hans Jürgen, Nordrhein-westfälisches Staats- und Verwaltungsrecht, Frankfurt a. M. 1986, S. 236 ff.

*Ossenbühl,* Fritz: Staatshaftungsrecht, 5. Aufl. München 1998.

*Ostendorf,* Heribert: Chancen und Risiken von Kriminalprävention, ZRP 2001, S. 151 ff.

*Paeffgen,* Hans-Ullrich: Art. 30, 70 101 I GG – vernachlässigbare Normen? – Revisibilität von Landesrecht durch das BVerwG und „vorbeugende Verbrechensbekämpfung", JZ 1991, S. 437 ff.

– Strafprozeß im Umbruch oder: Vom unmöglichen Zustand des Strafprozeßrechts, StV 1999, S. 625 ff.

– Kompetenzen zur (präventiven und repressiven) Datenübermittlung, in: Wolter, Jürgen/Schenke, Wolf-Rüdiger/Rieß, Peter/Zöller, Mark Alexander (Hrsg.), Datenübermittlungen und Vorermittlungen, Festgabe für Hans Hilger, Heidelberg 2003, S. 153 ff.

*Paeffgen,* Hans-Ullrich/*Gärditz,* Klaus F.: Die Funktionalitätsunterschiede zwischen Polizeirecht und Strafprozessrecht, in: Wolter, Jürgen/Schenke, Wolf-Rüdiger (Hrsg.), Zeugnisverweigerungsrechte bei (verdeckten) Ermittlungsmaßnahmen, Heidelberg 2003, S. 239 ff.

*Paeffgen,* Hans-Ullrich/*Schumer,* Tom (Hrsg.): Das sächsische Polizeigesetz vor dem Verfassungsgerichtshof des Freistaates Sachsen, Dresden 1997.

*Pätzel,* Claus: Probleme des Datenschutzes bei Staatsanwaltschaft und Gericht in Gegenwart und Zukunft, DRiZ 2001, S. 24 ff.

*Papier,* Hans-Jürgen: Polizeiliche Aufgabenverteilung zwischen Bund und Ländern, DVBl. 1992, S. 1 ff.

*Papier,* Hans-Jürgen/*Möller,* Johannes: Das Bestimmtheitsgebot und seine Durchsetzung, AöR 122 (1997), S. 177 ff.

*Pau,* Petra/*Schubert,* Katina: Bundesgrenzschutz, Bürgerrechte & Polizei 1999, S. 18 ff.

*Pausch,* Wolfgang: Polizei- und Ordnungsrecht in Hessen, 3. Aufl. Stuttgart u. a. 2002.

*Peilert,* Andreas: Rechtliche und politische Defizite bei der Bekämpfung der grenzüberschreitenden Kriminalität, Die Polizei 1999, S. 65 ff.

*Peitsch,* Dietmar: Vorbeugende Bekämpfung von Straftaten und Vorbereitung auf die Gefahrenabwehr als Aufgaben der Polizei und ihre Beschreibung in den Novellierungsentwürfen des Polizei- und Strafverfahrensrechts, Die Polizei 1990, S. 213 ff.

– Vom Polizeirecht zum Informationsrecht, Die Polizei 1991, S. 305 ff.

– Die Informationsbeschaffung im neuen Polizeirecht, ZRP 1992, S. 127 ff.

– Polizeiliche Datenerhebung durch Befragung, Die Polizei 1993, S. 67 ff.

*Pestalozza,* Christian: Thesen zur kompetenzrechtlichen Qualifikation von Gesetzen im Bundesstaat, DÖV 1972, S. 181 ff.

*Peters,* Michael: Die Rechtsnormenbildung im Bereich der polizeilichen Informationsverwaltung, Frankfurt am Main u. a. 2003 (zit. Peters, Rechtsnormenbildung).

*Peters,* Tilmann: Anlassunabhängige Personenkontrollen – Zur Verfassungsmäßigkeit der entsprechenden Ermächtigungsgrundlagen in den Polizeigesetzen der Länder und im Bundesgrenzschutzgesetz, Hamburg 2003 (zit. Peters, Personenkontrollen).

*Petersen-Thrö,* Ulf/*Robrecht,* Michael P./*Elzermann,* Hartwig: Polizeirecht für Sachsen, Fälle und Lösungen, 2. Aufl. Baden-Baden 2004.

*Petri,* Thomas Bernhard: Europol, Frankfurt a. M. 2000.

*Pfeiffer,* Gerd: Strafprozeßordnung und Gerichtsverfassungsgesetz, 4. Aufl. München 2002.

– (Hrsg.): Karlsruher Kommentar zur Strafprozeßordnung und zum Gerichtsverfassungsgesetz mit Einführungsgesetz, 5. Aufl. München 2003 (zit. Bearbeiter, in Karlsruher Kommentar zur StPO).

*Pieroth,* Bodo: Die präventiven und repressiven Aufgaben des Bundesgrenzschutzes, besonders an den Binnengrenzen, VerwArch 88 (1997), S. 568 ff.

*Pieroth,* Bodo/*Schlink,* Bernhard: Staatsrecht Band 2, Grundrechte, 20. Aufl. Heidelberg 2004.

*Pieroth,* Bodo/*Schlink,* Bernhard/*Kniesel,* Michael: Polizei- und Ordnungsrecht, 2. Aufl. München 2004.

*Pinkenburg,* Hartmut: Polizeiliche Informationsbeschaffung und Privatsphäre, Frankfurt a. M. u. a. 2000.

*Pitschas,* Rainer: Europäisches Polizeirecht als Informationsrecht, ZRP 1993, S. 174 ff.

– Innere Sicherheit und internationale Verbrechensbekämpfung als Verantwortung des demokratischen Rechtsstaates, JZ 1993, S. 857 ff.

– Neues Polizeirecht, Speyer 1999 (zit. Pitschas, Neues Polizeirecht).

– Das Informationsverwaltungsrecht im Spiegel der Rechtsprechung, Die Verwaltung 2000, S. 111 ff.

– Polizei und Sicherheitsgewerbe, Wiesbaden 2000 (zit. Pitschas, Polizei und Sicherheitsgewerbe).

– Innere Sicherheit in der EU und europarechtliche Grundlagen des Sicherheitsgewerbes, NVwZ 2002, S. 519 ff.

– Öffentliche Sicherheit durch Kriminalprävention, in: ders. (Hrsg.), Kriminalprävention und „Neues Polizeirecht" – zum Strukturwandel des Verwaltungsrechts in der Risikogesellschaft, Berlin 2002, S. 13 ff. (zit. Pitschas, Kriminalprävention).

– Polizeirecht im kooperativen Staat, DÖV 2002, S. 221 ff.

*Pitschas,* Rainer/*Aulehner,* Josef: Informationelle Sicherheit oder „Sicherheitsstaat"?, NJW 1989, 2353 ff.

*Pohl,* Joachim: Informationsbeschaffung beim Mitbürger, Berlin 2002.

*Poppenhäger,* Holger: Informationelle Gewaltenteilung, Zulässigkeit und Grenzen der Nutzung personenbezogener Daten für statistische Zwecke und Zwecke des Verwaltungsvollzugs, NVwZ 1992, S. 149 ff.

*Poscher,* Ralf: Gefahrenabwehr: eine dogmatische Rekonstruktion, Berlin 1999.

– Der Gefahrenverdacht – Das ungelöste Problem der Polizeirechtsdogmatik, NVwZ 2001, S. 141 ff.

*Prümm,* Hans Paul/*Sigrist,* Hans: Allgemeines Sicherheits- und Ordnungsrecht, 2. Aufl. München 2003.

*Prümm,* Hans Paul/*Thieß,* Uwe: Das neue allgemeine Gesetz zum Schutz der öffentlichen Sicherheit und Ordnung zu Berlin, LKV 1992, S. 321 ff.

– Allgemeines Polizei- und Ordnungsrecht – Fälle mit Lösungen, Neuwied 1994.

*Pütter,* Norbert: Polizeiübergriffe, Bürgerrechte & Polizei 2000, S. 6 ff.

– Polizeiliche Lagebilder – Professionelle Polizeiarbeit oder Augenwischerei?, Bürgerrechte & Polizei 2004, S. 37 ff.

*Quambusch,* Erwin: Wirkungsvolle Videoüberwachung – Aspekte eines polizeilichen Pilotprojekts, Kriminalistik 2005, S. 156 ff.

*Rasch,* Ernst: Polizei und Grundrechte, DVBl. 1987, S. 194 ff.

*Rasch,* Ernst/*Schulze,* Hartmut: Hessisches Gesetz über die öffentliche Sicherheit und Ordnung, 5. Aufl. Wiesbaden 1995.

*Rath,* Christian: Kleine und große Risiken der modernen Kriminalität, DRiZ 2003, S. 157.

*Redeker,* Konrad/*von Oertzen,* Hans Joachim: Verwaltungsgerichtsordnung, Kommentar, 14. Aufl. Stuttgart/Berlin/Köln 2004.

*Reinhard,* Hans von Sumiswald: Allgemeines Polizeirecht, Bern/Stuttgart/Wien 1993.

*Renner,* Günter: Ausländerrecht, 7. Aufl. München 1999.

*Richter,* Dieter/*Dreher,* Udo: Fahndungskonzept „Schiene": Zugkontrollen im Rahmen der Schleierfahndung, Die Polizei 1998, S. 277 ff.

*Riegel,* Reinhard: Musterentwurf und Alternativentwurf für ein einheitliches Polizeigesetz: Ein Vergleich zweier Konzeptionen, DVBl. 1979, S. 709 ff.

– Polizeiliche Personenkontrolle, Stuttgart u. a. 1979 (zit. Riegel, Personenkontrolle).

– Bundespolizeirecht, München 1985 (zit. Riegel, Bundespolizeirecht).

– Der unbescholtene Bürger als Objekt sicherheitsbehördlicher Informationsverarbeitung?, DVBl. 1987, S. 325 ff.

– Das Gesetz zur Fortentwicklung des Datenschutzes im Bereich der Polizei und der Ordnungsbehörden (GFDPol) in Nordrhein-Westfalen: Anspruch und Wirklichkeit. Zugleich ein Beitrag zu Entwicklungstendenzen im Polizeirecht, DÖV 1990, S. 651 ff.

– Polizeiliche Informationsverarbeitung für Gefahrenabwehr und Strafverfolgung, RDV 1990, S. 232 ff.

– Zu Stand und Entwicklungstendenzen des informationellen Befugnisrechts zur polizeilichen Aufgabenerfüllung: Licht, Schatten und Hoffnung, DÖV 1994, S. 814 ff.

– Bundesgrenzschutzneuregelungsgesetz, Köln 1996 (zit. Riegel, Bundesgrenzschutzneuregelungsgesetz).

– Das informationelle Befugnisrecht zur polizeilichen Aufgabenerfüllung im Lichte des Volkszählungsurteils, RiA 1996, S. 12 ff.

*Rieger,* Anette: Die Abgrenzung doppelfunktionaler Maßnahmen der Polizei, Berlin u. a. 1993.

*Rieß,* Peter (Hrsg.): Die Strafprozeßordnung und das Gerichtsverfassungsgesetz, 25. Aufl. Berlin/New York 2001 (zit. Bearbeiter, in Löwe/Rosenberg).

– Datenübermittlungen im neuen Strafprozessrecht, in: Wolter, Jürgen/Schenke, Wolf-Rüdiger/Rieß, Peter/Zöller, Mark Alexander (Hrsg.), Datenübermittlungen und Vorermittlungen, Festgabe für Hans Hilger, Heidelberg 2003, S. 171 ff.

*Ritter,* Markus: Polizeipraktische Notwendigkeit und rechtliche Zulässigkeit des Aufbaus einer Bundespolizei im föderativen Deutschland, Münster 1999.

– Zur Einreiseproblematik an einem Flughafen als Schengen-Außengrenze, Die Polizei 2000, S. 82 ff.

*Robbers,* Gerhard: Der Grundrechtsverzicht – Zum Gegensatz „volenti non fit iniuria" im Verfassungsrecht, JuS 1985, S. 925 ff.

– Sicherheit als Menschenrecht: Aspekte der Geschichte, Begründung und Wirkung einer Grundrechtsfunktion, Baden-Baden 1987.

*Robrecht,* Michael P.: Das Verhältnis der Befragung nach § 18 Abs. 1 SächsPolG zu den Grundregeln der Datenerhebung, SächsVBl. 2001, S. 19 ff.

– Grenzen polizeilicher Durchsuchung zur Gefahrenabwehr unter besonderer Berücksichtigung des Polizeigesetzes des Freistaates Sachsen, LKV 2001, S. 391 ff.

*Roese,* Eberhard: Ereignisunabhängige Kontrollen von Personen und deren mitgeführten Sachen, ZFIS 1998, S. 13 ff.

*Rogall,* Klaus: Informationseingriff und Gesetzesvorbehalt im Strafrecht, ZStW 103 (1991), S. 907 ff.

– Informationseingriff und Gesetzesvorbehalt im Strafprozessrecht, Tübingen 1992.

*Roggan,* Fredrik: Über das Verschwimmen von Grenzen zwischen Polizei- und Strafprozeßrecht, KritV 1998, 336 ff.

– Aktuelles Polizeirecht – Wie schlecht steht es um die Bürgerrechte?, Bürgerrechte & Polizei 2000, S. 70 ff.

– Auf legalem Weg in einen Polizeistaat: Entwicklung des Rechts der Inneren Sicherheit, Bonn 2000 (zit. Roggan, Polizeistaat).

– Verfassungswidrige Schleierfahndungen – Anmerkungen zum Urteil des Landesverfassungsgerichts Mecklenburg-Vorpommern, NordÖR 2000, S. 99 ff.

– Die Videoüberwachung von öffentlichen Plätzen – Oder: Immer mehr gefährliche Orte für Freiheitsrechte, NVwZ 2001, S. 134 ff.

– Auf legalem Weg in einen Polizeistaat, in: Komitee für Grundrechte und Demokratie (Hrsg.), Verpolizeilichung der Bundesrepublik Deutschland – Polizei und Bürgerrechte in den Städten, Einhausen 2002, S. 77 ff. (zit. Roggan, Verpolizeilichung).

– Handbuch zum Recht der inneren Sicherheit, Bonn 2003 (zit. Roggan, Handbuch).

*Rommelfanger,* Ulrich/*Rimmele,* Peter: Polizeigesetz des Freistaates Sachsen, Stuttgart u. a. 2000.

*Ronellenfitsch,* Michael: Der Bundesgrenzschutz als Bahn- und Flugplatzpolizei, Verw-Arch 90 (1999), S. 139 ff.

– Der Beitrag der Eisenbahnunternehmen zur Terrorismusabwehr, DVBl. 2005, S. 65 ff.

*Roos,* Jürgen: Polizei- und Ordnungsbehördengesetz Rheinland-Pfalz: POG, 2. Aufl. Stuttgart/München/Hannover/Berlin/Weimar/Dresden 2000.

*Rosenbaum,* Christian: Der grundrechtliche Schutz vor Informationseingriffen, Jura 1988, S. 178 ff.

*Rossi,* Matthias: Beschränkungen der Ausreisefreiheit im Lichte des Verfassungs- und Europarechts, AöR 127 (2002), S. 612 ff.

*Rublack,* Susanne: INPOL-neu aus datenschutzrechtlicher Sicht, DuD 1999, S. 437 ff.

*Ruder,* Karl-Heinz/*Schmitt,* Steffen: Polizeirecht Baden-Württemberg, 6. Aufl. Baden-Baden 2005.

*Rühle,* Dietrich G.: Polizei- und Ordnungsrecht für Rheinland-Pfalz, 3. Aufl. Baden-Baden 2004.

*Rühle,* Dietrich G./*Suhr,* Hans-Jürgen: Polizei- und Ordnungsbehördengesetz Rheinland-Pfalz, Hilden 2000.

*Rupprecht,* Reinhard/*Hellenthal,* Markus: Innere Sicherheit im Europäischen Binnenmarkt, Gütersloh 1992.

*Ruthig,* Josef: Verfassungsrechtliche Grenzen der transnationalen Übermittlung personenbezogener Daten, in: Wolter, Jürgen/Schenke, Wolf-Rüdiger/Rieß, Peter/Zöller, Mark Alexander (Hrsg.), Datenübermittlungen und Vorermittlungen, Festgabe für Hans Hilger, Heidelberg 2003, S. 183 ff.

*Rzepka,* Dorothea: Das Strafverfahren in den Händen der Polizei: Ist-Zustand und kriminalpolitische Visionen, KritV 1999, 312 ff.

*Sachs,* Michael: Die Maßstäbe des allgemeinen Gleichheitssatzes – Willkürverbot und sogenannte neue Formel, JuS 1997, S. 124 ff.

– Verfassungsrecht II – Grundrechte, 2. Aufl. Berlin 2003 (zit. Sachs, Verfassungsrecht).

*Sachs,* Michael (Hrsg.): Grundgesetz: Kommentar, 3. Aufl. München 2003 (zit. Bearbeiter, in Sachs).

*Sack,* Fitz: Prävention als staatliches Sicherheitsversprechen – Wandlungen des Gewaltmonopols in Deutschland, in: Komitee für Grundrechte und Demokratie (Hrsg.), Verpolizeilichung der Bundesrepublik Deutschland – Polizei und Bürgerrechte in den Städten, Einhausen 2002, S. 21 ff.

*Saipa,* Axel/*Wahlers,* Heinrich/*Germer,* Klaus: Gewaltmonopol, Gefahrenabwehrauftrag und private Sicherheitsdienste: Ergänzung oder Beeinträchtigung staatlicher Kernaufgaben?, NdsVBl. 2000, S. 285 ff.

*Samper,* Rudolf/*Honnacker,* Heinz: Polizeiorganisationsgesetz, 6. Aufl. München 1998 (zit. Samper/Honnacker, POG).

*Sánchez,* Alfredo Chirino: Das Recht auf Informationelle Selbstbestimmung und seine Geltung im Strafverfahren, am Beispiel der neuen Ermittlungsmethoden in der Strafprozeßordnung, Frankfurt a. M. 1999.

*Saurer,* Johannes: Die Ausweitung sicherheitsrechtlicher Regelungsansprüche im Kontext der Terrorismusbekämpfung, NVwZ 2005, S. 275 ff.

*Schaefer,* Hans Christoph: Strafverfolgung und innere Sicherheit nach den Terroranschlägen, NJW 2001, S. 3755.

*Schäfer,* Herbert: Die Prädominanz der Prävention, GA 1986, S. 49 ff.

– Wer macht sich wodurch verdächtig?, Die Polizei 2001, S. 353 ff.

*Schäuble,* Wolfgang: Europa ohne Grenzen – eine sichere Gemeinschaft, Innere Sicherheit 1989, S. 10 ff.

*Schenke,* Ralf P.: Verfassungsrechtliche Probleme einer präventiven Überwachung der Telekommunikation. Eine Untersuchung anhand telekommunikativer Standortbestimmungen, AöR 125 (2000), S. 1 ff.

– Verfassungsfragen einer Nutzung repressiver Daten zu Zwecken der Gefahrenabwehr am Beispiel der Überwachung der Telekommunikation, in: Wolter, Jürgen/Schenke, Wolf-Rüdiger/Rieß, Peter/Zöller, Mark Alexander (Hrsg.), Datenübermittlungen und Vorermittlungen, Festgabe für Hans Hilger, Heidelberg 2003, S. 211 ff. (zit. Schenke, Verfassungsfragen, in FS Hilger).

*Schenke,* Wolf-Rüdiger: Vorbeugende Unterlassungs- und Feststellungsklage im Verwaltungsprozeßrecht, AöR 95 (1970), S. 223 ff.

– Staatshaftung und Aufopferung – Der Anwendungsbereich des Aufopferungsanspruchs, NJW 1991, 1777 ff.

– Verfassungsrechtliche Probleme polizeilichen Gewahrsams und polizeilicher Informationseingriffe, DVBl. 1996, S. 1393 ff.

– Die Verwendung der durch strafprozessuale Überwachung der Telekommunikation gewonnenen personenbezogenen Daten zur Gefahrenabwehr, JZ 2001, S. 997 ff.

– Polizei- und Ordnungsrecht in: Steiner, Udo (Hrsg.), Besonderes Verwaltungsrecht, 7. Aufl. Heidelberg 2003, S. 185 ff. (zit. Schenke, Besonderes Verwaltungsrecht).

– Probleme der Übermittlung und Verwendung strafprozessual erhobener Daten für präventivpolizeiliche Zwecke, in: Wolter, Jürgen/Schenke, Wolf-Rüdiger/Rieß, Peter/Zöller, Mark Alexander (Hrsg.), Datenübermittlungen und Vorermittlungen, Festgabe für Hans Hilger, Heidelberg 2003, S. 225 ff. (zit. Schenke, Probleme der Übermittlung, in FS Hilger).

– Polizei- und Ordnungsrecht, 3. Aufl. Heidelberg 2004.

*Schenke,* Wolf-Rüdiger/*Ruthig,* Josef: Rechtsscheinhaftung im Polizei- und Ordnungsrecht?, VerwArch 87 (1996), S. 329 ff.

*Schieder,* Alfons: Die automatisierte Erkennung amtlicher Kfz-Kennzeichen als polizeiliche Maßnahme, NVwZ 2004, S. 778 ff.

*Schild,* Hans-Hermann: Die Novellierung des Hessischen Gesetzes über die öffentliche Sicherheit und Ordnung (HessSOG), NVwZ 1990, S. 738 ff.

– Verwendung von Daten aus erkennungsdienstlicher Behandlung nach § 81b StPO, DuD 2002, S. 679 ff.

*Schily,* Otto: Sicherheitsstrategien gegen Verbrechen an der Schwelle des 21. Jahrhunderts, RUP 1999, S. 1 ff.

*Schipper,* Dieter/*Bock,* Klaus/*Brenneisen,* Hartmut/*Schneider,* Wolfgang/*Wilksen,* Michael: Polizei- und Ordnungsrecht in Schleswig-Holstein, 4. Aufl. Stuttgart u.a. 2003 (zit. Schipper).

*Schlink,* Bernhard: Datenschutz und Amthilfe, NVwZ 1986, S. 249 ff.

– Das Objektive und das Subjektive beim polizeirechtlichen Gefahrenbegriff, Jura 1999, S. 169 ff.

*Schmidbauer,* Wilhelm/*Steiner,* Udo/*Roese,* Eberhard: Bayerisches Polizeiaufgabengesetz und Bayerisches Polizeiorganisationsgesetz: Kommentar, München 1999.

*Schmid,* Ines: Die verdachts- und ereignisunabhängigen Kontrollen in den Polizeigesetzen der neuen Bundesländer, LKV 1998, S. 477 ff.

*Schmidt-Bleibtreu,* Bruno/*Klein,* Franz/*Brockmeyer,* Hans-Bernhard: Kommentar zum Grundgesetz, 10. Aufl. Neuwied/Kriftel 2004 (zit. Bearbeiter, in Schmidt-Bleibtreu/Klein).

*Schmidt-Jortzig,* Edzard: Zunehmende europäische Überwölbung des nationalen Polizei- und Sicherheitsrechts, NordÖR 1999, S. 483 ff.

*Schmitt Glaeser,* Walter/*Horn,* Hans-Detlef: Die Rechtsprechung des Bayerischen Verfassungsgerichtshofs, BayVBl. 1996, S. 417 ff.

– Verwaltungsprozeßrecht: Kurzlehrbuch mit Systematik zur Fallbearbeitung, 15. Aufl. Stuttgart 2000.

*Schmitt-Kammeler,* Arnulf: Zur Handhabung polizeilicher Standardermächtigungen, NWVBl. 1995, S. 166 ff.

*Schnekenburger,* Franz: Das Aus für „verdachtsunabhängige" Personenkontrollen?, BayVBl. 2001, S. 129 ff.

*Schoch,* Friedrich: Grundfälle zum Polizei- und Ordnungsrecht, JuS 1994, S. 391 ff., S. 479 ff., S. 667 ff., S. 754 ff., S. 849 ff., S. 932 ff.

– Grundfälle zum Polizei- und Ordnungsrecht, JuS 1995, S. 30 ff., S. 215 ff.

– Rechtsschutz gegen polizeiliche Maßnahmen, Jura 2001, S. 628 ff.

– Die „Gefahr" im Polizei- und Ordnungsrecht, Jura 2003, S. 472 f.

– Polizei- und Ordnungsrecht, in: Schmidt-Aßmann, Eberhard (Hrsg.), Besonderes Verwaltungsrecht, 12. Aufl. Berlin 2003, S. 111 ff. (zit. Schoch, Polizeirecht).

– Abschied vom Polizeirecht des liberalen Rechtsstaats? – Vom Kreuzberg-Urteil des preußischen Oberverwaltungsgerichts zu den Terrorismusbekämpfungsgesetzen unserer Tage, Der Staat 43 (2004), S. 347 ff.

– Das verwaltungsbehördliche Ermessen, Jura 2004, S. 462 ff.

– Das Grundrecht der Freizügigkeit (Art. 11 GG), Jura 2005, S. 34 ff.

*Schoch,* Friedrich/*Schmidt-Aßmann,* Eberhard/*Pietzner,* Rainer (Hrsg.): Verwaltungsgerichtsordnung, 9. EG, München 2003.

*Scholler,* Heinrich/*Schloer,* Bernhard: Grundzüge des Polizei- und Ordnungsrechts in der Bundesrepublik Deutschland, 4. Aufl. Heidelberg 1993.

*Scholz,* Georg/*Decker,* Andreas J.: Bayerisches Sicherheits- und Polizeirecht, 7. Aufl. München 1994.

*Scholz,* Rupert/*Pitschas,* Rainer: Informationelle Selbstbestimmung und staatliche Informationsverantwortung, Berlin 1984.

*Scholzen,* Reinhard: Schleierfahndung – die historische Entwicklung, DPolBl 2004, S. 2 ff.

*Schoreit,* Armin: Verwaltungsstreit um Kriminalakten – Eine zweifelhafte Entscheidung zur präventivpolizeilichen Verbrechensbekämpfung, NJW 1985, S. 169 ff.

– Weiterer Ausbau der zentralistischen polizeilichen EDV-Systeme zum Nachteil der Justiz, DRiZ 1986, S. 54 f.

– Gefahrenabwehr – vorbeugende Verbrechensbekämpfung – Legalitätsprinzip, DRiZ 1991, S. 320 ff.

*Schrader,* Hans-Hermann/*Werner,* Ulrich: Anmerkung zu BayVerfGH, Entscheidung vom 19.10.1994 – Vf. 12-VII-92 und 13-VIII-92, JZ 1995, S. 305 f.

*Schreckenberger,* Waldemar: Von den Schengener Abkommen zu einer gemeinsamen Innen- und Justizpolitik (Die Dritte Säule), VerwArch 88 (1997), S. 389 ff.

*Schreiber,* Wolfgang: Der Bundesgrenzschutz mit erweitertem Aufgabenspektrum, DVBl. 1992, S. 589 ff.

*Schürholz,* Franz-Hellmut: Kriminalitätsbekämpfung in Baden-Württemberg, Kriminalistik 2000, S. 310 ff.

*Schütte,* Matthias: Befugnis des Bundesgrenzschutzes zu lageabhängigen Personenkontrollen, ZRP 2002, S. 393 ff.

– Der Bundesgrenzschutz – die Polizei des Bundes – ein geschichtlicher Überblick, Die Polizei 2002, S. 309 ff.

– Lagebildorientierte Kontrollbefugnisse des BGS, Polizei & Wissenschaft 2002, S. 47 ff.

*Schulze-Fielitz,* Helmuth: Nach dem 11. September: An den Leistungsgrenzen eines verfassungsstaatlichen Polizeirechts?, in: Horn, Hans-Detlef (Hrsg.), Recht im Pluralismus, Festschrift für Walter Schmitt Glaeser zum 70. Geburtstag, Berlin 2003, S. 407 ff.

*Schumacher,* Joachim: Verwertbarkeit rechtswidrig erhobener Daten im Polizeirecht, Aachen 2001.

*Schwabe,* Jürgen: Das Erste Gesetz zur Änderung des Bundesgrenzschutzgesetzes, NJW 1998, S. 3698 ff.

- Kontrolle ist schlecht, Vertrauen allein der Menschenwürde gemäß?, NVwZ 1998, S. 709 ff.

- Wirrwarr im Recht der polizeilichen Datenverarbeitung, DVBl. 2000, S. 1815 ff.

- Gefahrenabwehr und zeitliche Nähe des Schadens, DVBl. 2001, S. 968 f.

*Schwach,* Joachim: Europol – notwendig aber rechtswidrig?, Hassfurt 2000.

*Schwan,* Eggert: Die Abgrenzung des Anwendungsbereichs der Regeln des Straf- und Ordnungswidrigkeitenverfolgungsrechtes von dem des Rechtes der Gefahrenabwehr, VerwArch 70 (1979), S. 109 ff.

*Schwan,* Hartmut: Grundzüge des Polizei- und Ordnungsrechts in Thüringen (Teil I), ThürVBl. 2000, S. 1 ff.

*Schwarz,* Kyrill-A.: Die staatliche Überwachung der Öffentlichkeit, ZG 2001, S. 246 ff.

*Schwind,* Hans-Dieter: Kriminologische Lagebeurteilung und kriminalpolitische Aktivitäten: Geht die innere Sicherheit unseres Landes verloren?, ZRP 1999, S. 107 ff.

*Seebode,* Manfred: Schleierfahndung. Zum Spannungs- und Abhängigkeitsverhältnis von Freiheit und Sicherheit im sich einigen Europa, in: Bemmann, Günter/Spinellis, Dionysios (Hrsg.), Strafrecht – Freiheit – Rechtsstaat, Festschrift für G.-A. Mangakis, Athen/Komotini 1999, S. 693 ff. (zit. Seebode, FS für Mangakis).

*Seel,* Lothar: Umstrukturierung der Thüringer Polizei, LKV 1999, S. 430 ff.

*Seidel,* Achim/*Reimer,* Ekkehart/*Möstl,* Markus: Besonderes Verwaltungsrecht, München 2003.

*Sieber,* Ulrich: Logistik der organisierten Kriminalität in der Bundesrepublik Deutschland, JZ 1995, S. 758 ff.

*Siebrecht,* Michael: Die polizeiliche Datenverarbeitung im Kompetenzstreit zwischen Polizei- und Prozessrecht, JZ 1996, S. 711 ff.

- Ist der Datenabgleich zur Aufklärung einer Straftat rechtmäßig?, StV 1996, S. 566 ff.

*Sigrist,* Hans: Probleme der Identitätsfeststellung und der polizeilichen Razzia nach dem Berliner ASOG, JR 1976, S. 397 ff.

*Simitis,* Spiros: Die informationelle Selbstbestimmung – Grundbedingung einer verfassungskonformen Informationsordnung, NJW 1984, S. 398 ff.

- (Hrsg.): Kommentar zum Bundesdatenschutzgesetz, 5. Aufl. Baden-Baden 2003 (zit. Bearbeiter, in Simitis, BDSG).

*Soiné,* Michael: Die polizeirechtliche Öffentlichkeitsfahndung, ZRP 1992, S. 84 ff.

- Zur Neuregelung der strafprozessualen Öffentlichkeitsfahndung, ZRP 1994, S. 392 ff.

- Vorbereitung für die Hilfeleistung und das Handeln in Gefahrenfällen, DÖV 2000, S. 173 ff.

- Strafverfahrensänderungsgesetz 1999, Kriminalistik 2001, S. 173 ff. und S. 245 ff.

*Soria,* José Martínez: Die polizeiliche Zusammenarbeit in Europa und der Rechtsschutz des Bürgers, VerwArch 89 (1998), S. 400 ff.

– Verdachtsunabhängige Kontrollen durch den Bundesgrenzschutz, NVwZ 1999, S. 270 ff.

*Sparwasser,* Reinhard/*Geißler,* Birgit: Grenzen der Zustandsstörerhaftung am Beispiel des Altlastenrechts, DVBl. 1995, S. 1317 ff.

*Spörl,* Karl-Heinz: Zur Einführung einer verdachts- und ereignisunabhängigen Personenkontrolle („Schleierfahndung") in Bayern, Die Polizei 1997, S. 217 ff.

*Staats,* Johann-Friedrich: Zur Aufgabenzuweisung in den Polizeigesetzen, DÖV 1979, S. 155 ff.

*Stein,* Ekkehart/*Frank,* Götz: Staatsrecht, 19. Aufl. Tübingen 2004.

*Stein,* Volker: Fälle und Erläuterungen zum Polizei- und Ordnungsrecht Rheinland-Pfalz, 2. Aufl. München 2004.

*Stelkens,* Paul/*Bonk,* Hans Joachim/*Sachs,* Michael: Verwaltungsverfahrensgesetz, 6. Aufl. München 2001.

*Stephan,* Francoise: Verdachts- und ereignisunabhängige Kontrollen (sog. Schleierfahndung) in Hessen, DPolBl 2004, S. 26 ff.

*Stephan,* Ulrich: Zur Verfassungsmäßigkeit anlaßunabhängiger Personenkontrollen, DVBl. 1998, S. 81 ff.

*Stern,* Klaus (Hrsg.): Das Staatsrecht der Bundesrepublik Deutschland, Band III/2, Grundrechtstatbestand, Grundrechtsbeeinträchtigungen und Grundrechtsbegrenzungen, Grundrechtsverluste und Grundpflichten, München 1994.

*Stiebig,* Volker: Sic transit gloria mundi? – Das Prostitutionsgesetz im Lichte der europäischen Integration oder: Plädoyer wider die Sittenwidrigkeit, BayVBl. 2004, S. 545 ff.

*Stoermer,* Christian: Der polizeirechtliche Gewahrsam, Berlin 1998.

*Streinz,* Rudolf (Hrsg.): EUV/EGV: Vertrag über die Europäische Union und Vertrag zur Gründung der Europäischen Gemeinschaft, München 2003.

*Sturm,* Joachim: Das Schengener Durchführungsübereinkommen – SDÜ, Kriminalistik 1995, S. 162 ff.

*Suckow,* Horst/*Hoge,* Andreas: Niedersächsisches Gefahrenabwehrrecht, 12. Aufl. Köln 1999.

*Sydow,* Fritz: Verbrechensbekämpfung nach neuem Recht, ZRP 1977, S. 119 ff.

*Taschner,* Hans Claudius: Schengen oder die Abschaffung der Personenkontrollen an den Binnengrenzen der EU, Baden-Baden 1990 (zit. Taschner, Personenkontrollen).

– Schengen, Baden-Baden 1997 (zit. Taschner, Schengen).

*Tegtmeyer,* Henning/*Vahle,* Jürgen: Polizeigesetz Nordrhein-Westfalen, 9. Aufl. Stuttgart u. a. 2004.

*Tettinger,* Peter J.: Empfiehlt es sich, das Recht des Sicherheitsgewerbes zu kodifizieren?, NWVBl. 2000, S. 281 ff.

406          Literaturverzeichnis

– Besonderes Verwaltungsrecht/1: Kommunalrecht, Polizei- und Ordnungsrecht, 7. Aufl. Heidelberg 2004.

*Thomsen,* Hans-Joachim: Gemeinsame Fahndungsgruppe Polizei/BGS/Zoll bei dem Polizei-Autobahnrevier Schleswig – ein erfolgreiches Kooperationsmodell, DPolBl 2004, S. 28 f.

*Tiedemann,* Paul: Von den Schranken des allgemeinen Persönlichkeitsrechts, DÖV 2003, S. 74 ff.

*Tischer,* Birgit: Das System der informationellen Befugnisse der Polizei, Frankfurt 2004.

*Tolmein,* Oliver: Europol, StV 1999, S. 108 ff.

*Treffer,* Christian: Der Auschluß der Staatshaftung bei polizeilichen Schutzmaßnahmen, SächsVBl. 1995, S. 225 f.

*Trute,* Hans-Heinrich: Das Polizei- und Ordnungsrecht im Spiegel der Rechtsprechung, Die Verwaltung 32 (1999), S. 73 ff.

– Die Erosion des klassischen Polizeirechts durch die polizeiliche Informationsvorsorge, in: Erbguth, Wilfried/Müller, Friedrich/Neumann, Volker (Hrsg.), Rechtstheorie und Rechtsdogmatik im Austausch, Gedächtnisschrift für Bernd Jeand'Heur, Berlin 1999, S. 401 ff. (zit. Trute, Gedächtnisschrift Jeand'Heur).

– Gefahr und Prävention in der Rechtsprechung zum Polizei- und Ordnungsrecht, Die Verwaltung 2003, S. 501 ff.

*Tuffner,* Martin: Das Schengener Informationssystem (SIS), Kriminalistik 2000, S. 39 ff.

*Vahle,* Jürgen: Identitätsfeststellung, VR 1989, S. 102 ff.

– Innere Sicherheit, VR 1989, S. 101 f.

– Das Recht des Staates zur Personalienfeststellung, DuD 1992, S. 10 ff.

– Erkennungsdienst und Datenschutz, Kriminalistik 1992, S. 229 ff.

– Der praktische Fall: Polizeirecht – „Eine Razzia im Vergnügungsviertel", VR 1996, S. 388 ff.

*Vogelgesang,* Klaus: Grundrecht auf informationelle Selbstbestimmung?, Baden-Baden 1987.

*Volkmann,* Uwe: Broken Windows, Zero Tolerance und das deutsche Ordnungsrecht, NVwZ 1999, S. 225 ff.

*Voß,* Thomas: Europol: Polizei ohne Grenzen?, Freiburg 2003.

*Voßkuhle,* Andreas: Verwaltungsdogmatik und Rechtstatsachenforschung – Eine Problemskizze –, VerwArch 85 (1994), S. 567 ff.

– Theorie und Praxis der verfassungskonformen Auslegung von Gesetzen durch Fachgerichte – Kritische Bestandsaufnahme und Versuch einer Neubestimmung, AöR 125 (2000), S. 177 ff.

*Waechter,* Kay: Polizeiliches Ermessen zwischen Planungsermessen und Auswahlermessen, VerwArch 88 (1997), S. 298 ff.

– Die „Schleierfahndung" als Instrument der indirekten Verhaltenssteuerung durch Abschreckung und Verunsicherung, DÖV 1999, S. 138 ff.

– Rechtsgütergewichtung und wahre sowie eingebildete Bedrohungen – Auch über die rechtliche Bedeutung von Kriminalitätsangst und Überfremdungsfurcht, DVBl. 1999, S. 809 ff.

– Der dogmatische Status von Zurechnungsgründen im Gefahrenabwehrrecht, LKV 2000, S. 388 f.

– Polizei- und Ordnungsrecht, 1. Aufl. Baden-Baden 2000 (zit.: Waechter, Polizei- und Ordnungsrecht).

– Videoüberwachung öffentlicher Räume und systematischer Bildabgleich, NdsVBl. 2001, S. 77 ff.

– Die aktuelle Situation des Polizeirechts, JZ 2002, S. 854 ff.

*Wagner,* Erwin/*Ruder,* Karl-Heinz: Polizeirecht (Sachsen), Baden-Baden 1999.

*Wagner,* Heinz: Kommentar zum Polizeigesetz von Nordrhein-Westphalen und zum Musterentwurf eines einheitlichen Polizeigesetzes des Bundes und der Länder, Neuwied 1987.

*Wahl,* Rainer: Risikobewertung der Exekutive und richterliche Kontrolldichte – Auswirkungen auf das Verwaltungs- und das gerichtliche Verfahren, NVwZ 1991, S. 409 ff.

*Wahl,* Rainer/*Appel,* Ivo: Prävention und Vorsorge: Von der Staatsaufgabe zur rechtlichen Ausgestaltung, in: Wahl, Rainer (Hrsg.), Prävention und Vorsorge. Von der Staatsaufgabe zu den verwaltungsrechtlichen Instrumenten, Bonn 1995, S. 1 ff.

*Wahl,* Rainer/*Masing,* Johannes: Schutz durch Eingriff, JZ 1990, S. 553 ff.

*Walter,* Bernd: Erweiterte Befugnisse der Polizei zur Bekämpfung der illegalen Einreise und der grenzüberschreitenden Kriminalität: Eine unabdingbare Notwendigkeit nach dem Wegfall der allgemeinen Grenzkontrollen in Westeuropa, Die Polizei 1999, S. 33 ff.

– Verdachts- und ereignisunabhängige Kontrollen der Polizeien des Bundes und der Länder zur Bekämpfung der grenzüberschreitenden Kriminalität im Spannungsfeld zwischen kriminalpolitischer Erforderlichkeit und rechtlicher Zulässigkeit, ZFIS 1999, S. 237 ff.

– Verdachts- und ereignisunabhängige Polizeikontrollen. Zulässige Fortentwicklung des Polizeirechts oder Angriff auf rechtsstaatliche Grundfesten?, Kriminalistik 1999, S. 290 ff.

– Schleierfahndung – Eine Eingriffsnorm im Spannungsfeld zwischen Rechtstatsachen, politischer Instrumentalisierung und sicherheitspolitischer Notwendigkeit, Kriminalistik 2004, S. 668 ff.

*Wehr,* Matthias: Abschied von der Fortsetzungsfeststellungsklage analog § 113 Abs. 1 Satz 4 VwGO, DVBl. 2001, S. 785 ff.

*Weichert,* Thilo: Rechtsfragen der Videoüberwachung, DuD 2000, S. 662 ff.

*Weingart,* Olaf: Die bayerische Polizeirechtsnorm des Art. 13 Abs. 1 Nr. 5 PAG – Zur sog. Schleierfahndung und deren Verfassungsmäßigkeit, BayVBl. 2001, S. 33 ff., S. 69 ff.

*Wernsmann,* Rainer: Wer bestimmt den Zweck einer grundrechtseinschränkenden Norm – BVerfG oder Gesetzgeber?, NVwZ 2000, S. 1360 ff.

*Weßlau,* Edda: Vorfeldermittlungen – Probleme der Legalisierung „vorbeugender Verbrechensbekämpfung" aus strafprozeßrechtlicher Sicht, Berlin 1989.

*Westphal,* Volker: Die Berücksichtigung des Schengener Durchführungsübereinkommens bei aufenthaltsrechtlichen Maßnahmen, ZAR 1998, S. 175 ff.

*Wick,* Manfred: Gefahrenabwehr – Vorbeugende Verbrechensbekämpfung – Legalitätsprinzip, DRiZ 1992, S. 217 ff.

*Wiederin,* Ewald: Einführung in das Sicherheitspolizeirecht, Wien 1998.

*Wielsch,* Torsten: Die europäische Gefahrenabwehr – Stand und Perspektiven europäischer Polizeiarbeit nach dem Maastrichter Vertrag, Leipzig 1998.

*Will,* Rosemarie: Die Grundrechtsgewährleistungen und die staatsorganisationsrechtlichen Regelungen der neuen Verfassungen im Vergleich, KritV 1993, S. 467 ff.

*Willich,* Martin: Historische und aktuelle Probleme der Rechtsstellung des Bundesgrenzschutzes, seiner Aufgaben und Befugnisse, Hamburg 1978.

*Winkler,* Markus: Private Wachdienste als Horch- und Guckposten der Polizei? Rechtsprobleme der Tätigkeit von Sicherheitsunternehmen im öffentlichen Raum, NWVBl. 2000, S. 287 ff.

*Wittig,* Petra: Schleppnetzfahndung, Rasterfahndung und Datenabgleich, JuS 1997, S. 961 ff.

*Wolf,* Heinz/*Stephan,* Ulrich: Polizeigesetz für Baden-Württemberg, Kommentar, 5. Aufl. Stuttgart u. a. 1999.

*Wolff,* Hans Julius/*Bachof,* Otto/*Stober,* Rolf: Verwaltungsrecht: ein Studienbuch, Band 2, 6. Aufl. München 2000.

*Wolffgang,* Hans-Michael/*Hendricks,* Michael/*Merz,* Matthias: Polizei- und Ordnungsrecht Nordrhein-Westfalen, 2. Aufl. München 2004.

*Wollweber,* Harald: Nochmals: Das Strafverfahrensänderungsgesetz 1999, NJW 2000, S. 3623 ff.

*Wolter,* Henner: Die Richtervorbehalte im Polizeirecht, DÖV 1997, S. 939 ff.

*Wolter,* Jürgen: Heimliche und automatisierte Informationseingriffe wider Datengrundrechtsschutz. Gesamtanpassung und Gesamtreform von Strafprozeßrecht und Polizeirecht, GA 1988, S. 49 ff.

– Beweisverbote und Informationsübermittlung der Polizei bei präventiver Videoüberwachung eines Tatverdächtigem, Jura 1992, S. 520 ff.

– Datenschutz und Strafprozeß. Zum Verhältnis von Polizeirecht und Strafprozeßrecht, ZStW 107 (1995), S. 793 ff.

– Zur Verbindung von Strafprozessrecht und Polizeirecht, in: Kühne, Hans-Heiner/
Jung, Heike/Kreuzer, Arthur/Wolter, Jürgen (Hrsg.), Festschrift für Klaus Rolinski,
Baden-Baden 2002, S. 273 ff. (zit. Wolter, FS Rolinski).

– Polizeiliche und justizielle Datenübermittlungen in Deutschland und der Europäischen Union – Polizei und Europol, Staatsanwaltschaft und Eurojust, in: Wolter,
Jürgen/Schenke, Wolf-Rüdiger/Rieß, Peter/Zöller, Mark Alexander (Hrsg.), Datenübermittlungen und Vorermittlungen, Festgabe für Hans Hilger, Heidelberg 2003,
S. 275 ff.

*Wolters,* Jörg: Aktuelle Entwicklungen auf dem Gebiet der internationalen polizeilichen Rechtshilfe und der internationalen Personenfahndung, in: Bundeskriminalamt
(Hrsg.), Festschrift für Horst Herold zum 75. Geburtstag: Das Bundeskriminalamt
am Ausgang des 20. Jahrhunderts, Wiesbaden 1998, S. 225 ff. (zit. Wolters, FS
Herold).

– Grenzüberschreitende Zusammenarbeit nach den Bestimmungen des SDÜ – Anspruch und Wirklichkeit aus der Sicht des Bundeskriminalamtes, in: Nachbaur, Andreas (Hrsg.), Die grenzüberschreitende Zusammenarbeit von Polizei und Justiz in
den Schengen-Staaten, Villingen-Schwennigen, 1998, S. 36 ff. (zit. Wolters, Grenzüberschreitende Zusammenarbeit).

*Würtenberger,* Thomas: Akzeptanz von Recht und Rechtsfortbildung, in: Eisenmann,
Peter/Rill, Bernd (Hrsg.), Jurist und Staatsbewußtsein, Heidelberg 1987, S. 79 ff.
(zit. Würtenberger, Akzeptanz).

– Zeitgeist und Recht, 2. Aufl. Tübingen 1991 (zit. Würtenberger, Zeitgeist).

– Verwaltungsprozeßrecht, München 1998 (zit. Würtenberger, Verwaltungsprozeßrecht).

– Polizei- und Ordnungsrecht, in: Achterberg, Norbert/Püttner, Günther/Würtenber-
ger, Thomas (Hrsg.), Besonderes Verwaltungsrecht II, 2. Aufl. Heidelberg 2000,
§ 21, S. 381 ff. (zit. Würtenberger, Besonderes Verwaltungsrecht).

– Stellungnahme zu dem Gesetzentwurf des Landesregierung für ein viertes Gesetz
zur Änderung des Hessischen Gesetzes über die öffentliche Sicherheit und Ordnung, in: Ausschußvorlage INA/15/7 des Innenausschusses des Hessischen Landtages zur mündlichen Anhörung am 23.02.2000, Teil 4, S. 97 ff. (zit. Würtenberger,
Stellungnahme).

– Auslegung von Verfassungsrecht – realistisch betrachtet, in Bohnert, Joachim/
Gramm, Christof/Kindhäuser, Urs/Lege, Joachim/Rinken, Alfred/Robbers, Gerhard
(Hrsg.), Verfassung – Philosophie – Kirche, Festschrift für Alexander Hollerbach
zum 70. Geburtstag, Berlin 2001, S. 223 ff. (zit. Würtenberger, FS Hollerbach).

– Freiheit und Sicherheit – Die Grenzen der Persönlichkeitsentfaltung, in: Rill,
Bernd (Hrsg.), Grundrechte – Grundpflichten: eine untrennbare Verbindung, Argu-
mente und Materialien zum Zeitgeschehen 27, München 2001, S. 15 ff. (zit. Würtenberger, Freiheit und Sicherheit).

– Übermittlung und Verwendung strafprozessual erhobener Daten für präventivpoli-
zeiliche Zwecke, in: Wolter, Jürgen/Schenke, Wolf-Rüdiger/Rieß, Peter/Zöller,
Mark Alexander (Hrsg.), Datenübermittlungen und Vorermittlungen, Festgabe für
Hans Hilger, Heidelberg 2003, S. 263 ff. (zit. Würtenberger, in FS Hilger).

*Würtenberger,* Thomas/*Heckmann,* Dirk/*Riggert,* Rainer: Polizeirecht in Baden-Württemberg, 5. Aufl. Heidelberg 2002.

*Würz,* Karl: Polizeiaufgaben und Datenschutz in Baden-Württemberg, Stuttgart u. a. 1993 (zit. Würz, Polizeiaufgaben).

– Erhebung personenbezogener Daten, in: Stephan, Ulrich/Zeitler, Stefan (Hrsg.), Drei Jahre neues Polizeigesetz – haben sich die Regelungen bewährt?, Villingen-Schwenningen 1995, S. 13 ff. (zit. Würz, Personenbezogene Daten).

– Das Schengener Durchführungsübereinkommen, Stuttgart u. a. 1997 (zit. Würz, Das Schengener Durchführungsübereinkommen).

*Wulff,* Christian: Befugnisnormen zur vorbeugenden Verbrechensbekämpfung in den Landespolizeigesetzen – untersucht am Beispiel von verdachts- und ereignisunabhängigen Personenkontrollen und von offenen Videoüberwachungen im öffentlich zugänglichen Raum, Aachen 2003.

*Zeitler,* Stefan: Die Razzia aus verwaltungsrechtlicher und verwaltungsvollstreckungsrechtlicher Sicht, VBlBW 1992, S. 328 ff.

– Allgemeines und Besonderes Polizeirecht für Baden-Württemberg, Stuttgart/Berlin/Köln 1998.

*Ziekow,* Jan: Über Freizügigkeit und Aufenthalt, Tübingen 1997.

*Ziercke,* Jörg: Welche Eingriffsbefugnisse benötigt die Polizei, DuD 1998, S. 319 ff.

*Zippelius,* Reinhold: Allgemeine Staatslehre, 14. Aufl. München 2003.

*Zippelius,* Reinhold/*Würtenberger,* Thomas: Deutsches Staatsrecht, 31. Aufl. München 2005.

*Zöller,* Mark Alexander: Informationssysteme und Vorfeldmaßnahmen von Polizei, Staatsanwaltschaft und Nachrichtendiensten, Heidelberg 2002.

*Züfle,* Thomas: Verdachts- und ereignisunabhängige Personenkontrollen nach dem Polizeigesetz in Baden-Württemberg, DPolBl 2004, S. 24 ff.

# Sachwortverzeichnis

# Marion Albers

# Die Determination polizeilicher Tätigkeit in den Bereichen der Straftatenverhütung und der Verfolgungsvorsorge

Schriften zum Öffentlichen Recht, Band 842

401 S. 2001 ⟨3-428-10383-1⟩ € 62,–

Mit der Straftatenverhütung und der Verfolgungsvorsorge sind in den letzten Jahren neue Aufgaben und Befugnisse in die Polizeigesetze aufgenommen worden. Auch im Strafverfahrensrecht hat es fundamentale Änderungen gegeben. Die vielfältige Kritik an den Gesetzesnovellierungen greift die Erweiterungen der polizeilichen Kompetenzen an und bezweifelt die Wirksamkeit der rechtlichen Determination.

Die Autorin der vorliegenden Arbeit wird von der Überlegung geleitet, daß sich das Polizeirecht aus dem allgemeinen Gefahrenabwehrrecht ausdifferenziert und eine neue Dogmatik benötigt. Dabei bleibt die traditionell elementare Unterscheidung von Gefahrenabwehr und Strafverfolgung eine Ausgangsbasis. Straftatenverhütung und Verfolgungsvorsorge können dann in ihren jeweils eigenständigen Strukturen und Komponenten ausgearbeitet werden. Sie sind von der Gefahrenabwehr und voneinander zu unterscheiden. Teils mit Hilfe des Rückgriffs auf tradierte und nur in bestimmtem Umfang zu modifizierende dogmatische Muster, teils über eine Ausarbeitung verhütungs- oder vorsorgespezifischer Formen läßt sich ein Konzept ineinandergreifender Regelungen entwickeln, die das polizeiliche Handeln angemessen determinieren. Alle vier Aufgabenbereiche – Straftatenverhütung, Gefahrenabwehr, Verfolgungsvorsorge und Strafverfolgung – sind als vernetztes Quadrat zu denken und ergeben ein neues Gesamtbild, das das Polizeirecht kennzeichnet.

Internet: http://www.duncker-humblot.de

# Duncker & Humblot · Berlin

# Schriften zum Öffentlichen Recht